로마서

성서와함께 총서 신약 4

총서기획위원

김영남(신약 · 가톨릭대학교 교수)
박요한 영식(구약 · 가톨릭대학교 교수)
백운철(신약 · 가톨릭대학교 교수)
최안나(구약 · 영원한 도움의 성모회)

로마서

김영남

성서와함께

머리말

"나는 복음을 부끄러워하지 않습니다. 복음은 … 믿는 사람이면 누구에게나 구원을 가져다주는 하느님의 힘이기 때문입니다"(로마 1,16).

"그런데 우리가 아직 죄인이었을 때에 그리스도께서 우리를 위하여 돌아가심으로써, 하느님께서는 우리에 대한 당신의 사랑을 증명해 주셨습니다"(로마 5,8).

"무엇이 우리를 그리스도의 사랑에서 갈라놓을 수 있겠습니까? … 나는 확신합니다. 죽음도, 삶도, … 그 밖의 어떠한 피조물도 우리 주 그리스도 예수님에게서 드러난 하느님의 사랑에서 우리를 떼어 놓을 수 없습니다"(로마 8,35-39).

《로마서》를 드디어 마치며 주 하느님께 온 마음으로 감사드리는 이 시간, 머릿속에는 사도 바오로의 위의 말씀이 우렁차게 울려 퍼지는 듯하다. 바오로 사도가 선포하고자 했던 복음의 내용이 무엇인지 진지하게 알고 싶어 하는 모든 분을 향해 이 책을 썼지만, 특히 신학대학과 교리신학원의 학생 및 성서사도직에 봉사하는 '말씀의 봉사자'들을 염두에 두었다. 이 책을 쓰면서 성서 그리스어까지 공부한 사람들을 위한 '학문적 해설'과 일반 신자들을 위한 '대중적 해설'이라는 두 마리 토끼를 다 잡으려고 노력하였다. 그런데 그렇기 때문에 이도 저도 이루지 못하고 두 마리 토끼를 다 놓치고 만 격이 된 것 같다.

유구한 교회의 역사에 찬란한 족적을 남긴 로마서 주석서가 많고 이 시대에도 참으로 경탄할 만큼 훌륭한 주석서가 적잖음을 생각할 때, 이 소박한 '로마서 해설서'를 세상에 내놓는 것이 부끄럽기도 하다. 혹시라도 바오로 사도의 중요한 가르침을 나의 부주의로 크게 잘못 해석하지나 않았을지 두렵기까지 하다. 하지만 이 책에는 그동안 오랜 기간 로마서에 관하여 연구하고 가톨릭신학대학과 교리신학원 등 여러 곳에서 강의하면서 얻은 지식과 깨달음이 응축되어 있다. 여기에는 사도 바오로가 온 생명을 다해 세상에 전하고자 했던 복음의 내용을 철저히 이해하고자 하는 노력과 이해한 것을 전하고자 하는 강한 열망이 담겨 있다.

아무쪼록 이 책이 독자들로 하여금 바오로 사도가 로마서에서 가르치는 바에 더욱 귀를 기울이도록 이끄는 데 미력하나마 도움을 주어, 그들의 삶에 "믿는 사람이면 누구에게나 구원을 가져다주는 하느님의 힘"(로마 1,16)이 더욱 힘차게 드러나기를 바란다. 나아가 그들이 세속화의 너울이 거세게 일고 있는 현대 사회에서, '예수 그리스도를 통해 일하시는 하느님에 대한 믿음'과 그로 인한 '복음의 기쁨'을 더욱 널리 전파하기를 간절히 바란다.

이 책을 준비하면서 여러 차례 나의 역부족을 절감했다. 처음에는 잘 모르고 들어섰다가, 가면 갈수록 골짜기는 더 깊어지고 산봉우리도 더 높게만 느껴지는 장대한 산에 오르는 듯하였다. 이 힘겨운 등산을 하는 중에 참으로 많은 분에게서 큰 도움을 받았다. 무엇보다 먼저, 성경을 전공할 수 있도록 허락해 주시고 늘 깊은 사랑 속에 관심을 보이며 격려해 주셨던 고故 김수환 스테파노 추기경님을 비롯한 교회의 여러 어른께 마음 깊이 감사를 드린다. 그동안 정성껏 가르쳐 주셨던 국내외의 존경하올 스승님들, 학문의 길을 동반하며 소중한 조언을 해 주고 큰 힘이 되어 준 신학대학의 교수, 동료 사제, 수도자, 그리고 내 강의를 경청하며 질의응답을 통해 자극을 주었던 신학생과 신앙의 형제자매들께 진심으로 감사드린다. 끝으로 처음 정하였던 집필 기한을 무려 삼 년이나 넘겼는데도 끝까지 기다려 주며 복잡한 글을 간결하게 잘 다듬고 세밀하게 교정을 보아 준 도서출판 '성서와함께'의 수녀님과 편집진에게도 마음 깊이 감사드린다.

2014년 성탄절에
서울, 혜화동, 낙산 위에서

김영남 다미아노 신부

일러두기

1. 이 책에 사용된 한국어 성경의 본문과 성경의 이름 및 고유명사는 별도 언급이 없는 한 다음 성경을 따랐다: 한국 천주교 주교회의 성서위원회 (엮음), 《성경》, 한국천주교중앙협의회, 2005년. (이하 성경, 가톨릭 공용 성경이라 적음) 필자가 그리스어 원문의 의미를 더 정확히 드러내기 위하여 별도로 번역한 경우에는 각주로 밝히거나 직역이라는 주를 붙였다.

2. 이 책에 사용된 신약성경의 그리스어 원문의 대본은 다음과 같다.
Nestle-Aland, *Novum Testamentum Graece*, edited by Barbara Aland, Kurt Aland, Bruce M. Metzger, Carlo M. Martini, Johannes Karavidopoulos, Stuttgart: Deutsche Bibelgesellschaft, 2001(27. revidierte Auflage).

3. 독자들이 이 책을 읽을 때 성경을 옆에 놓고 수시로 성경 본문을 확인함을 전제하여 각 단락의 시작 부분에 해설의 대상이 되는 성경 본문의 전체를 (예컨대 로마 1,1-7의 본문 전체) 싣지 않았다. 그 대신 개별 구절의 본문을 제시하고 해설을 붙였다.

4. 성서 그리스어를 공부하지 않고 이 책을 읽는 독자를 돕기 위해 그리스어 원문의 알파벳을 영문 알파벳으로 바꾸어 표기했다. 음역 원칙은 *Biblica* (교황청 성서연구원에서 발행하는 잡지)의 기준을 따랐다. 히브리어도 같은 기준을 따랐으며, 음역한 단어는 모두 이탤릭체로 표시하였다.

α= a	β = b	γ = g	δ = d	ε = e	ζ = z
η = ē	θ = th	ι = i	κ = k	λ = l	μ = m
ν = n	ξ = x	o = o	π= p	ρ= r	σ·ς = s
τ= t	υ= y/u	φ = ph	χ= ch	ψ = ps	ω =ō

* υ의 경우 y로 음역하는 것을 원칙으로 하되, 다른 철자와 합쳐서 중모음이 될 경우에는 u로 음역하였다. 예컨대 ευ=eu, αυ=au, υι=ui 등으로 음역하였다. 예: κύριος=kyrios, εὐαγγέλιον=euaggelion. 참조: υ를 y로 음역할 경우 우리말로는 '위'로 표기하였다. κύριος=kyrios=퀴리오스.
* γγ의 경우, 발음은 ng로 되지만 그리스어 문자를 있는 그대로 반영하여 음역하였다. 예컨대 εὐαγγέλιον의 경우, 실제 발음은 *euan̲gelion*이지만 영문 알파벳 음역은 *euaggelion*로 하였다.
* 모음으로 시작되는 단어 앞에 붙여진 거친 숨표(spiritus asper)는 h를 붙여서 음역하였다. 예컨대 ὁδός=*hodos*, αἷμα=*haima*, ἅγια=*hagia*, ἁγιασμός=*hagiasmos*.

5. 각주와 참고 문헌: 로마서 주석서의 우리말 번역본이 있을 경우, 가능한 한 해당하는 원서를 인용하였다. 이는 무엇보다도 한국어 번역본의 번역이 적절한지 여부에 대하여 논의하는 것이 불필요한 일이라고 판단하였기 때문이다. 그리스어 원문 성경에 대하여 다양한 번역본, 또는 학자들이 어떻게 해석하고 있는지를 밝히기에도 시간이 부족한 탓이다. 단, 독자들이 참조하도록 우리말 번역서의 서지 사항은 소개하였다.

6. 보충 설명: 본문을 해설하면서 특정 용어나 개념, 가설 등에 대하여 긴 설명이 필요할 경우, 다른 해설을 마친 후 '보충 설명(excursus)'이라는 제목 아래 더 자세한 설명을 덧붙였다. 독자들은 기본 해설을 먼저 읽고 난 뒤 시간이 있을 경우 보충 설명을 보면 더 좋을 것이다. 보충 설명 중 일부는 너무 전문인인 내용이라 일반 독자에게 어려울 수 있다.

차 례

머리말   5
일러두기   8
보충 설명 및 참조 목록   16

입문   19
  1. 중요성   21
  2. 수신자: 로마의 그리스도 신자 공동체   22
  3. 집필 동기와 목적   25
  4. 집필 장소와 시기   30
  5. 구성   31

제1부 편지의 서두(1,1-15)

제1장 서두 인사(1,1-7): 바오로의 사도적 자의식과 하느님의 복음   41
  1. 문법 구조와 특성   41
  2. 바오로의 삼중적 자기소개(1,1)   42
  3. 하느님의 복음(1,2-4)   48

4. 사도직의 은총과 신앙의 순종(1,5-7)   55
제2장 하느님에 대한 감사와 로마를 방문하려는 원의으 표명(1,8-15)   67
  1. 하느님에 대한 감사(1,8)   67
  2. 로마를 방문하려는 원의의 표명(1,9-12)   70
  3. 복음이라는 보화를 전해 주어야 할 책임(1,13-15)   72

제2부 교의 단원(1,16-11,36)

제1장 교의 단원의 주제문: 구원을 가져다주는 하느님의 힘이요
  그 안에서 하느님의 의로움이 계시되는 복음(1,16-17)   77
  1. 문맥   78
  2. 복음은 구원을 가져다주는 하느님의 힘(1,16)   79
  3. 복음에서 계시되는 하느님의 의로움(1,17)   84
    3.1. 하느님의 의로움의 계시   84
    3.2. 하느님의 의로움의 의미   86
    3.3. 믿음으로   98
    3.4. 성경 인증   100
제2장 그리스도의 구속救贖 은총이 없는 인류의 상태(1,18-3,20)   110
  1. 생각의 흐름과 구성   110
  2. 죄인들을 향한 하느님의 진노(1,18-32)   111
    2.1. 하느님의 진노의 계시(1,18)   112
    2.2. 피조물(자연)을 통한 하느님의 계시(1,19-21)   115
    2.3. 피조물(자연)에 계시된 하느님의 진리를 거짊한 결과(1,22-32)   119

3. 유다인들도 "변명의 여지가 없음"(2,1-29) 126
      3.1. 생각의 흐름과 구성, 내적 통일성 126
      3.2. 하느님의 심판(2,1-11) 129
      3.3. 들음과 행함(2,12-26) 135
      3.4. 유다인들의 죄(2,17-29) 139
   4. 모든 인간이 죄의 지배 아래 있음(3,1-20) 143
      4.1. 생각의 흐름 143
      4.2. 구절 해설 144

제3장 믿음을 통한 의화(3,21-4,25) 164
   1. 율법과 상관없이, 그리스도 예수에 대한 믿음을 통해 선사되는
      의화와 그리스도의 죽음을 통한 속량/ 구속(3,21-26) 164
      1.1. 중요성과 문맥, 구성 164
      1.2. 구절 해설 168
   2. 믿음을 통한 의화의 보편성(3,27-31) 198
      2.1. 문맥과 구성 198
      2.2. 구절 해설 198
   3. 아브라함의 예에서 드러난 '믿음을 통한 의화'와 믿음의 성격(4장) 203
      3.1. 문맥과 구성 203
      3.2. 구절 해설 205

제4장 믿음으로 의롭게 된 그리스도인의 상태(5,1-8,39) 217
   1. 의롭게 된 이들이 누리는 삶: 평화와 '확신에 찬 희망' (5,1-11) 217
      1.1. 문맥과 구성 217
      1.2. 구절 해설 219
   2. 아담과 그리스도, 죄와 죽음의 지배와 은총의 지배(5,12-21) 239

2.1. 문맥과 구성, 강조점	240
2.2. 구절 해설	242
3. 세례를 받았다는 것과 윤리 생활의 관계(6,1-14)	260
3.1. 문맥과 구성	260
3.2. 구절 해설	261
4. 죄에서 해방된 그리스도인의 책임(6,15-23)	276
4.1. 문맥	276
4.2. 구절 해설	277
5. 율법에서 해방된 그리스도인의 근본적 상태(7,1-6)	284
5.1. 문맥과 구성	284
5.2. 구절 해설	284
6. 죄의 종이 된 '나'에게 율법이 지니는 의미(7,7-25)	294
6.1. 문맥과 구성	294
6.2. 구절 해설	295
7. 성령의 힘을 받은 그리스도인의 삶(8,1-17)	308
7.1. 중요성과 구성	308
7.2. 구절 해설	311
8. 장차 계시될 영광에 대한 희망과 현재의 고난, 그리고 그 속에서 이루어지는 성령의 역할(8,18-30)	332
8.1. 문맥과 구성	332
8.2. 구절 해설	334
9. 주 예수 그리스도의 사랑을 통해 드러난 '하느님의 사랑'에 대한 확신(8,31-39)	358
9.1. 문맥과 구성	358

9.2. 구절 해설	361
제5장 이스라엘 문제(9,1-11,36)	371
1. '예수 그리스도를 믿지 않는 이스라엘'에 대한 바오로의 슬픔과 고통 및 '하느님의 계획'(9,1-29)	373
2. 의로움을 추구하는 길에서 걸려 넘어진 이스라엘과 그 이유(9,30-10,21)	391
2.1. 문맥과 구성	391
2.2. 구절 해설	392
3. 온 이스라엘의 구원에 대한 희망과, '하느님의 지혜와 자비'의 신비에 대한 찬양 (11,1-36)	409
3.1. 문맥과 구성	409
3.2. 구절 해설	410

제3부 권고 단원(12,1-15,13)

제1장 권고 단원의 성격과 구성	427
1. 성격	427
2. 구성	428
제2장 일상생활 전체가 하느님께 봉헌하는 제사가 되도록 살라는 권고 (12,1-21)	430
제3장 사랑은 율법의 완성(13,1-14)	445
1. 문맥과 구성	445
2. 구절 해설	446

제4장 믿음이 강한 이들과 약한 이들의 관계(14,1-23)   **465**
    1. 문맥과 구성   465
    2. 구절 해설   465
제5장 공동체 내의 일치에 대한 호소와 그리스도의 모범(15,1-13)   **482**

제4부 편지의 결문(15,14-16,27)

제1장 바오로의 사도직 이해(15,14-21)   493
제2장 바오로의 여행 계획(15,22-33)   504
제3장 추천서, 안부 인사 및 종결 찬양(16,1-27)   510

약어표   542
선별된 참고문헌   543

보충 설명 및 참조 목록

* 클라우디우스 칙령과 로마의 그리스도 신앙 공동체의 사정   35
* 1,1의 해설을 정리하며   47
* '선교 영역 분할'(갈라 2,7-9)과 바오로 사도의 선교 대상   58
* 1,1-7을 정리하는 세 가지 질문   66
* 바오로 서간에 나타난 감사의 중요성   69
* '하느님의 정의'와 '하느님의 의로움'이라는 번역   102
* '하느님의 의로움'에 대한 마르틴 루터의 해석의 전환   106
* '행실에 따른 심판'(특히 2,6-11)의 원칙이 바오로 신학에서 차지하는 위치   132
* 2,14의 "다른 민족"은 누구인가?   138
* 바오로는 그리스어 전치사구 '엑스 에르곤 노무(ex ergōn nomou)'를 어떤 의미로 쓰는가?   156
* 3,20에 사용된 ex ergōn nomou가 특별한 의미를 지니고 있는가?   157
* 3,20에서 바오로는 왜 '율법에 따른 행위로는 아무도 의롭게 되지 못할 것'이라고 말하는가?   161
* 2,13과 3,20의 관계 규명 및 그와 관련된 '심판'과 '의화'에 관한 논의의 결론   162
* 3,21-26의 그리스어 원문의 구조를 반영한 필자 직역   166
* 3,21-26의 그리스어 원문의 구조를 반영한 영문 음역   167
* 3,25의 그리스어 힐라스테리온(hilastērion)의 의미   179
* 3,25ㅁ의 그리스어 paresis는 묵과인가 용서인가?   186
* 3,21-26이 오늘의 우리에게 제기하는 문제   196

- * 의화와 화해에 관한 요셉 라칭어의 견해   234
- * 칭의稱義와 화해의 관계에 관한 페터 슈툴마허의 견해   236
- * 5,12ㄷ에 나오는 그리스어 에프호(*eph' hō*)의 해석 문제   246
- * 5,18-19에 나오는 "모든"과 "많은"의 의미적 상호관계   254
- * '그리스도와 함께 죽고 함께 부활한다'는 표현의 의미   268
- * 그리스도의 부활에 참여한다는 것   272
- * 그리스도의 은총을 값싼 은총으로 만드는 신앙 태도에 대한 고발   274
- * 6,17의 "표준 가르침"에 관하여   279
- * 7,6에서 '문자'와 '영'이 대조된 의미   289
- * 2코린 3,6에서 '영'과 '문자'가 대조된 의미   291
- * 7,7-25에 나오는 '나'는 누구인가?   300
- * "의인이면서 동시에 죄인"이라는 마르틴 루터의 주장   307
- * 8,14에서 그리스어 '휘오이 테우(*huioi theou*)'를 사용한 의미   329
- * 8,15의 그리스어 '휘오테시아(*huiothesia*)'의 의미   330
- * '탄식하다'인가, '신음하다'인가?
  - 그리스어 동사 *stenazō*의 우리말 번역 문제   339
- * 9,5ㄴ의 구두점에 관하여   380
- * 9,22의 "멸망하게 되어 있는 진노의 그릇"의 번역과 관련된 문제   387
- * 9,32의 "믿음으로"와 "행위들로"의 대조   393
- * 10,3의 "자기의 의로움"과 '하느님의 의로움'의 관계   396
- * "온 이스라엘이 구원을 받게 되리라"(11,26)의 해석   417
- * 16장은 로마서에 원래 있었나? 후대에 첨가되었나?   528
- * 로마서가 원래 14장으로 되어 있다는 가설에 대한 반론   540

입문

1. 중요성

로마서는 바오로 사도가 3차 선교 여행을 마무리한 시기, 안팎으로 차분해진 환경에서 쓴 글이다. 바오로의 여러 편지 중에 가장 길고(16장) 가장 심오한 신학적 내용을 풍부히 담고 있으며, 내용도 가장 조직적으로 잘 제시되어 있다.[1] 그런 까닭에(로마 교회의 중요성도 고려되었겠지만), 로마서는 경전 목록의 역사에서 바오로의 서간 가운데 늘 첫자리를 차지하였다.

로마서 해석의 역사는 그리스도교 '신학의 역사' 또는 '교의教義(dogma)의 역사'와 궤를 같이한다고 해도 과언이 아닐 만큼, 로마서는 그리스도교 신학사에 지대한 영향을 미쳤다. 예컨대 오리게네스, 요한 크리소스토모, 암브로시오, 아우구스티노, 토마스 데 아퀴노와 같은 신학자들에게 큰 영향을 미쳤다. 서구 신학의 틀이 형성되는 데 큰 영향을 준 아우구스티노의 신학 체계에서 로마서는 결정적 중요성을 갖고 있다. 특히 아우구스티노와 펠라지오가 벌인 은총론 논쟁의 주된 배경은 로마서에 대한 해석과 관련한 사항이었다.

16세기 종교개혁 시대에 마르틴 루터, 멜란히톤, 칼뱅과 같은 종교개혁 지도자들이 주장한 신학 이론의 전거典據가 되었던 것도 바로 로마서(와 갈라티아서)였다. 로마서를 어떻게 해석하느냐에 따라 신학의 기본 흐름이 바뀐 적이 여러 번 있다. 같은 종교개혁자들 사이에서도 로마서를

---

[1] 예컨대 바오로 사도는 갈라티아서에서도 로마서에서처럼 '의화義化'와 '율법'의 문제를 핵심 주제로 다루고 있다. 하지만 갈라티아서에서는 격양된 상태에서 급하게 다루는 데 비하여, 로마서에서는 차분하게 이모저모 고려하며 특히 자신의 주장을 오해하고 있는 많은 유다인(그리스도인)들까지 고려하며 종합적으로도 다룬다.

어떻게 이해하느냐에 따라 파가 갈리기도 하였다. 1919년(더 큰 반향을 불러일으킨 제2판은 1921년)에 발표된 카를 바르트의 《로마서》는 폰 하르낙으로 대변되는 자유주의 신학에 반격을 가하며, 20세기 개신교 신학에 활발한 논쟁과 함께 새로운 기풍을 불러일으켰다.

이상에서 살펴 본 바와 같이, 로마서의 중요성은 아무리 강조해도 지나치지 않다. 그렇다고 '바오로의 신학 전체'나 '그리스도교의 교리 전체'가 로마서에 요약되어 있다고 주장하는 것은 분명히 과장된 표현이다. 예컨대 바오로 신학에서 대단히 중요한 '성찬례(성체성사)'에 관한 전승과 그에 관한 가르침을 찾아보려면 로마서가 아니라 코린토 1서(1코린 11,23-26)를 봐야 한다. '부활 신앙'에 관한 초대 교회의 전승과 상세한 가르침을 찾아보려면 로마서가 아니라 1코린 15장을 보아야 한다. 로마서가 바오로 서간 가운데 가장 종합적이며 체계적으로 쓰인 것은 분명하지만, 이 서간 역시 특정한 상황에서 쓰인 편지라는 점을 반드시 고려해야 한다.

로마서에서 중요하게 다루어지는 주제들이 신학적으로 매우 중요하고 과거의 교회 역사에 중대한 영향을 미쳤음에도 불구하고, 오늘날의 많은 사람에게는 (평범한 그리스도교 신자들에게조차) 매우 낯설고 어렵게 느껴진다. 현대인이 로마서를 마주 대하며 느끼는 이 낯설음과 어려움을 해소하는 데 로마서 주석서와 해설서가 도움을 줄 것이다.

2. 수신자: 로마의 그리스도 신자 공동체

로마서의 수신자인 로마의 그리스도 신자 공동체는 사도 바오로에 의해

창립되지 않았다. 이 점이 다른 바오로 서간들과 뚜렷이 다르다. 바오로는 로마서를 쓰기 전에 한 번도 로마 공동체에 들른 적이 없었다(1,10-13; 15,22-23 참조). 정확한 시기를 말하기는 어렵지만, 로마서가 쓰이기 훨씬 전에 로마에는 이미 그리스도 공동체가 있었던 것으로 추정된다. 역사 기록에 의하면 1세기에, 로마 제국의 수도로서, 당대 지중해 세계의 중심지였던 로마에는 많은 유다인이 직업이나 다른 여러 이유로 이주해 살고 있었고, 그들의 회당도 여럿 있었다고 한다. 그 유다인들 가운데에는 그리스도 신자가 되어 로마로 이주해 온 사람도 있었을 것이고, 로마에 살다가 예루살렘으로 순례를 떠나 그리스도 신자들을 접촉하고 신자가 되어 돌아온 사람도 있었을 것이다. 사도 2,10에 의하면 오순절 성령강림 사건 때 예루살렘에 와 있던 외국인들 가운데 로마인도 있었다.[2] 또 사도 2,41에 의하면 베드로 사도의 오순절 설교를 듣고 세례받은 사람이 삼천 명 가량이었는데, 그중에도 로마에서 온 이들이 있었을 것이다. 이런 배경에서 보면 로마의 초창기 그리스도 신자 공동체는 주로 유다인으로 구성되었을 것이라고 추정할 수 있다.

이런 추정은 이른바 '클라우디우스 칙령'[3]을 고려하면 더욱 분명해진다. 로마의 전기 작가 수에토니우스가 120년경에 저술한 《황제들의 생애》 중 "클라우디우스의 생애(Claudii vita, 25)"에 의하면 49년에 클라우디우스 황제가 유다인들을 로마에서 추방하였다(사도 18,2 참조).[4] 이유

---

[2] 아마 그들 중 대부분은 디아스포라 출신 유다인이었을 것이고, 일부가 '하느님을 경외하는 이들'이나 '개종자(*prosēlytos*)들'이었을 것이다.
[3] 이에 관하여 더 자세한 점은 35쪽에 나오는 '보충 설명: 클라우디우스 칙령과 로마의 그리스도 신앙 공동체의 사정'을 볼 것.
[4] 로마 황제가 유다인들을 로마에서 추방할 정도로 '유다인 그리스도 신자들'과 '다른 유

는 유다인들이 크레스투스라는 자의 조종을 받아 소요를 일으켰기 때문이라고 적고 있다. 그런데 학자들은 이 크레스투스(Chrestus)라는 이름을 크리스투스(Christus), 곧 '그리스도'를 잘못 알아듣고 쓴 말로 보고 있다. 이 기록만 봐도 이미 49년 이전에 로마에는 주로 유다인으로 구성된 그리스도인 공동체가 있었음을 알 수 있다. 이 칙령은 54년 네로 황제에 의해 해제되었다.

그러므로 이 칙령을 중요하게 받아들여 해석하면, 적어도 49년부터 54년까지 로마 그리스도 공동체의 대다수는 이방인 출신 그리스도인으로 볼 수 있다. 그들은 율법 규정들을 그다지 엄격하게 지키지는 않았을 것이다.[5] 사도 바오로가 로마서를 쓸 즈음에는 추방되었던 많은 유다인 그리스도인들이(예컨대 아퀼라와 프리스카 부부) 로마로 돌아왔으리라 추정된다. 그래도 공동체를 주도하던 이들은 이방인 출신 그리스도 신자였던 것 같다(1,6; 11,13-24 참조). 그런 가운데 유다인 출신 그리스도 신자들과 이방인 출신 그리스도 신자들 사이에서 율법에 따른 음식 규정이나 축제 규정 등을 꼭 지켜야 하는지와 관련하여 갈등이 생긴 것 같다. 이런 관점에서 보면, '(믿음이) 강한 자와 약한 자 사이의 갈등 문제'(14,1-15,13)와 '이방인 출신 그리스도인들을 향한 바오로의 경고'(11,

---

다인들' 사이에 갈등이 컸다는 것은, 그런 사건이 터질 만큼 로마에 유다인 출신 그리스도인이 많았음을 암시한다.

5 이때 로마에 있던 이방인 그리스도 신자들이 마주했을 상황에 관해 슈툴마허(《로마서 주석》, 30-31쪽)가 추정한 내용은 매우 흥미롭다. 그는 이렇게 말한다. "이들(이방인 그리스도인들)은 '특별 회당'으로 유다인의 종교적 특권과 법적 특권의 보호 아래 모이는 집회를 더 이상 가질 수 없게 되었고, 유대인의 회당에 의존하지 않고 그들 나름대로 자유로운 단체 모임을 결정해야 했다."

13-24)를 로마서의 구체적 사정과 관련하여 더 잘 이해할 수 있다. 또 이런 역사적 배경에서 볼 때, 로마 9-11장에서 다루어지는 '이스라엘 문제'의 중요성도 더 잘 드러난다.

바오로는 지중해 동부 지역에서 그가 잘 알고 지내던 신자들 가운데 로마로 돌아가 살던 신자들의 서신이나 인편을 통해 이런 소식을 들었을 것이다. 아무튼 바오로가 로마 신자들의 "믿음이 온 세상에 알려지고 있기 때문"(1,8)에 하느님께 감사드릴 정도로, 르마의 그리스도 공동체는 신앙생활을 열심히 한 것 같다.

3. 집필 동기와 목적

로마서의 집필 동기는 네 가지로 나눠 볼 수 있다. 그 가운데 강조점은 학자별로 약간 차이가 난다.

3.1. 에스파냐 선교와 관련하여(15,19ㄴ-20.22-24)

로마서를 쓸 당시 바오로는 선교사로서 중대한 전환점에 서 있었다. 그는 지중해 동부 지역에서 자신이 급히 해야 할 선교 활동은 일단 완수했다고 생각했다. 그래서 로마 제국의 내해內海가 된 지중해의 서부 지역에 대한 선교를 구상하며 에스파냐(스페인)를 거점으로 삼을 계획을 구체적으로 세우고 있었다. 이 선교 계획을 위해, 제국의 수도에 있던 로마 교회의 지원은 그에게 무척 중요했다. "나는 예루살렘에서 일리리쿰까지[6] 이르는 넓은 지역에 그리스도의 복음을 선포하는 일을 완수하였습니다"(15,19). "내가 에스파냐로 갈 때 지나는 길에 여러분을 보고, 먼저 얼마 동안 여러분과 기쁨을 나누고 나서 여러분의 도움을 받아 그곳으로 가게 되기를 바랍니다"(15,24).

3.2. 예루살렘의 가난한 교우들을 위한 성금의 전달 계획과 관련하여 (15,26-33)

편지를 쓸 당시에 바오로는 그동안 모은 성금을 가난한 예루살렘 성도聖徒에게 전달하기 위해 예루살렘 여행을 준비하고 있었다(15,25-26). 그런데 15,30 이하에 드러나듯, 바오로는 성금 전달을 앞두고 예루살렘에서 '그리스도인이 아닌 유다인에게서' 받게 될 위협을 예견하고 있었다. 그뿐 아니라 특히 '율법(토라)' 문제 때문에 바오로에 대하여 부정적 선입견을 갖고 있던 유다인 그리스도인들마저 자신의 선의를 제대로 받

---

6 일리리쿰(Illyricum)은 로마 제국의 속주 중 하나로서 바오로 당대에는 마케도니아의 북서쪽, 오늘날 알바니아의 북부와 '보스니아-헤르체고비나', 크로아티아 등 발칸 반도 중 아드리아 해안(이탈리아 반도를 바라보는 쪽의 해안)을 낀 지역을 일컫는다. 피츠마이어는 바오로가 3차 선교 여행 말기에 트로아스에서 마케도니아로 건너가, 기다리던 티토를 만나 코린토 공동체의 화해에 관한 기쁜 소식을 듣고 2코린 1-9장의 편지를 쓴 다음(2코린 2,12-13; 7,5-7; 사도 20,1-3 참조), 아카이아 지방으로 바로 내려가지 않고 일리리쿰 쪽을 들렀다가 내려갔으리라 추정한다(J. A. Fitzmyer, *First Corinthians*, Anchor Yale Bible 32, Yale University Press, 2008, p. 44). 필자가 보기에 이 추정은 설득력이 높다. 에냐시아 도로(Via Egnatia)를 이용한다면 마케도니아에서 일리리쿰 속주의 남쪽으로 가는 일은 어렵지 않았을 것이며, 이 일이 바오로가 로마 15,19에서 일리리쿰에 대하여 이야기하는 시점에서 가까운 시기에 일어났다고 볼 때 바오로의 말을 더 잘 이해할 수 있게 되기 때문이다. 로마 15,19에서 바오로는 예루살렘에서 시작하여 최근에 이르기까지 선교 생활 전체를 회고한다.

아 주지 않을지 모른다고 걱정했다. "형제 여러분, 나는 우리 주 예수 그리스도를 통하여 성령의 사랑으로 여러분에게 부탁합니다. 나를 위하여 하느님께 기도드리며 나와 함께 싸워 주십시오. 내가 유다의 순종하지 않는 자들에게서 구출되고 예루살렘을 위한 나의 구제 활동이 성도들에게 기꺼이 받아들여지도록, 내가 하느님의 뜻에 따라 기쁜 마음으로 여러분에게 가서 여러분과 함께 쉴 수 있도록, 그렇게 해 주십시오"(15,30-32). 이 말씀을 진지하게 고려하면, 바오로는 로마서를 통해 로마에 있던 유다인 신자들의 오해를 풀려고 한 것이다.

로마의 그리스도 신자들 가운데에도 유다인이 적지 않게 있었을 것이다. 로마서 집필 당시에는 클라우디우스 칙령도 이미 해제되었기에, 아퀼라와 프리스카 부부(로마 16,3-5; 사도 18,2 참조)처럼 추방되었던 유다인 그리스도인 가운데 로마로 돌아온 이들이 있었을 것이다. 그뿐 아니라 생업이나 다른 여러 일 때문에 예루살렘이나 지중해 동부 지역에 거주하다 로마로 이주한 유다인 그리스도인도 있었을 것이다. 당시에 수도인 로마와 예루살렘 사이에는 사람과 물류가 활발하게 왕래하였다. 로마에 살던 유다인들이 축제나 다른 일로 예루살렘에 갔다가, 예루살렘의 유다인들에게서 바오로 사도에 관한 잘못된 소문을 들었을 수 있다. 특히 율법과 관련된 바오로의 발언(예컨대 갈라티아서에 나오는 율법 관련 발언)을 전해 듣고 바오로를 크게 오해한 사람들도 있었을 것이다. 바오로는 로마서에서 그들의 오해를 풀기 위해 무척 노력한다.

더구나 로마 교회를 방문한 후 그들의 후원을 얻어 에스파냐 선교를 구상하던 바오로에게는 로마 16,17-20에 일부 표현된 것처럼, 자신의 선교를 반대하는 거짓 교사들이 '로마 교회'까지 발판을 구축하는 일이 일어나서는 결코 안 되었을 것이다. 그렇게 되면, 그의 에스파냐 선교 계획만 어려워지는 것이 아니라 복음 선포 자체가 왜곡되어 큰 타격을 받게 될 것이기 때문이었다. 그 무렵 바오로는 수도 로마에 있는 교회가 가질 영향력도 내다보았을 가능성이 크다. 바오로가 보기에 앞으로 큰 영향력을 발휘할 수 있는 로마 교회가 거짓 복음을 전파하는 사람들의 영향 하에 들어가는 것은 참으로 염려스러운 일이었을 것이다. 로마 교회가 그렇게 되지 않도록 하기 위해, 로마 신자들이 바오로가 선포한 복음의 의미를 잘 깨닫고 참된 복음을 따라 충실하게 살아가도록 하기 위해, 바오로는 혼신을 다해 로마서를 집필하였다고 이해할 수 있다.

3.3. 첫머리의 감사기도(1,10-13)와 여행 계획(15,22-23)과 관련하여

바오로는 로마서를 쓰기 전에 로마 공동체의 교우들을 무척 만나고 싶어 여러 번 그들을 방문하려고 하였으나 번번이 실패하였다. 그런데 로마서를 쓸 당시에는 그가 그토록 염원하던 로마 교우들과의 만남을 실행하려고 계획하고 있었다. 그가 로마를 방문하려는 목적은 로마 교우들과 "성령의 은사를 나누"고(1,11) 서로의 "믿음을 통하여 다 함께 서로 격려를 받으려는 것"(1,12)이었다. 바오로는 로마서를 통해 이런 나눔의 기쁨을 미리 맛보고자 한 것이다. 이 점이 너무나 평범하게 보일지 모르나, 로마서의 집필 동기를 너무 거창한 데에서만 찾는 것도 문제다. 동료 그리스도 신자들과의 친교와 나눔은 바오로에게 큰 기쁨이고 보람이었다(필리 1,3-4; 4,1 참조).

3.4. 로마 공동체 내의 갈등 상황을 해결하기 위하여

일부 학자들은 로마 공동체 내의 갈등 상황(14,1-15,13에 나오는 '강한 이들과 약한 이들' 사이의 갈등; 11,13.16-24에 나오는 '유다인들과 이방인들' 사이의 갈등)을 해소하고자 한 것도, 바오로가 로마서를 쓰게 된 주요 동기 중 하나라고 주장한다. 로마 교회가 처한 내부 사정을 중시하면서 로마서를 해석하려는 이 주장은, 근년에 학자들이 바오로 당시 교회가 당면한 역사적 상황을 배경으로 바오로의 서간을 이해하고자 노력하게 되면서 더욱 강하게 제기되었다. 로마 16장이 본래 로마서의 일부였다고 본다면, 인사 명단에 나오는 사람들에게서 바오로는 로마 교회의 사정을 직간접적으로 많이 들었을 것이다.[7]

전체적으로 로마서는 바오로가 로마 여행에 앞서 자신의 복음을 오해하는 사람이 많은 로마 공동체의 그리스도 신자들에게 자신이 선포하는 복음을 자세히 설명하는 역할을 한다. 즉 복음의 근본 내용은 무엇인가? 왜 복음을 믿어야 하는가? 복음을 믿는다는 것과 모세의 율법은 어떤 관계인가? 복음과 이스라엘은 어떤 관계인가? 일상생활에서 복음대로 살아가려면 어떻게 해야 하는가? 등을 밝힌다. 로마서의 모든 부분은 '복음(구체적으로 "우리 주 예수 그리스도를 통한 하느님의 복음")'이라는 주제와 떼어 생각할 수 없다.

---

[7] 로마서의 단일성(통합성) 문제와 관련된 이 문제에 관해서는 이 책 528쪽에 있는 '보충 설명: 16장은 로마서에 원래 있었나? 후대에 첨가되었나?'를 볼 것. 그 중에서도 로마서 집필 동기와 16장의 관계에 대해 논하는 538-539쪽을 참조할 것.

4. 집필 장소와 시기

집필 장소는 분명히 코린토이다. 코린토라는 말이 직접 언급되지 않지만 정황이 그렇다. 예컨대 바오로가 머무르는 집의 주인 가이오스는 코린토 사람이다. 바오로는 코린토의 가이오스 집에서(16,23: "집주인인 가이오스")[8] 테르티우스(16,22)에게 받아쓰기를 시켜 로마서를 썼다. 그리고 포이베를 추천하면서(16,1-2) 켕크레애(코린토가 관장하는 두 항구 중 하나)를 언급한다는 점도 로마서의 집필 장소가 코린토임을 암시한다.

집필 시기는 불분명하다. 로마서는 예루살렘 모교회母敎會를 위한 헌금에 대해 이야기하는 코린토 1서(1코린 16,1-4)와 2서(2코린 8장과 9장)보다 분명히 늦게 쓰였다. 로마서에 의하면(15,28-29) 이 모금은 이미 끝난 상태이다. 2코린 2,13과 2코린 7,5 이하(2,14-7,4까지는 사도직에 관한 바오로의 삽입 부분)를 보면 바오로는 티토를 보내 놓고 그 결과를 노심초사 기다리다가, 에페소에서 마케도니아까지 올라가 그곳에서 티토를 만나 좋은 소식을 듣고 크게 기뻐하며 위로를 받는다. 사도 20,2-3을 참고하면 바오로는 계속 여행하여 코린토로 내려가 거기에서 석 달 정도 지낸 뒤 예루살렘 귀경길에 오른다. 로마서는 코린토 2서에 나오는 '눈물의 편지'(2코린 10-13장 참조)가 잘 보여 주듯, 그토록 마음 아픈 일이 많던 코린토 공동체와 다시 화해하고 안팎의 평화를 되찾은 뒤에 쓴 편지이다. 사도 20-21장에 의하면, 바오로는 코린토에서 배를 타고 시리아 쪽

---

[8] 1코린 1,14에 의하면 가이오스는 바오로에게서 세례받은 사람이다. 그러나 로마 16장이 본래 로마서의 일부가 아니었다고 볼 경우에 로마서의 집필 장소 문제는 복잡하게 될 수밖에 없다.

으로 바로 돌아가려고 하다가 계획을 변경해 마케도니아를 거쳐 돌아갔다(사도 20,3). 즉 필리피-트로아스-밀레토스(사도 20,17-36)-로도스(사도 21,1)-티로-카이사리아를 두루 거쳐 예루살렘으로 돌아갔다. 로마서가 바오로의 3차 선교 여행 말기에 코린토에서 쓰였다면, 그 시기는 57-58년경 겨울(겨울에는 바닷길로 여행할 수 없으므로 "뱃길이 열리기를 기다렸다." 사도 20,2 참조)로 추정할 수 있다.[9]

5. 구성

5.1. 5장의 위치 문제

크게 보면 로마서의 구성과 관련한 의견은 대부분 일치한다. 다만 5장 전체(또는 5,1-11)[10]를 앞뒤 어느 쪽에 연결시키느냐는 문제가 가장 큰

---

[9] 로마서의 집필 시기에 관한 학자들의 견해는 다양하다: ① 55년의 처음 석 달, ② 55-56년의 겨울 또는 56-57년의 겨울, ③ 57년 초 또는 58년 초, ④ 57-58년의 겨울(필자의 견해). 이에 관한 상세한 내용은 각 주장의 근거 문헌까지 정확히 밝히면서도 간결하게 제시하는 J. A. Fitzmyer, *Romans*, p. 87 참조.

[10] 일부 학자들은 5,1-11을 분리하여 다룬다. 그들에 의하면 5,1-11은 1,18-4,25의 결론부이지만 5,12-21은 6-8장의 도입부이다. 이렇게 주장하는 학자들은 Black, Bonnard, Fueillet, Leenhardt, Zahn 등이다. 던(Dunn, *Romans*, p. 243)은 5,1-21을 1,18-5,21의 결론부로 보면서도 5장을 두 부분으로 나누고, 두 부분이 로마서에서 '다리' 역할을 한다고 본다. 5장의 첫 부분인 5,1-11은 개인에 관한 내용으로 6-8장과 연결되고, 5,12-21은 인류 전체와 관련되며 그 점에서 9-11장과 관련된다고 본다. 그런데 1,18-5,21을 '믿음을 통한 의화(칭의)'라는 주제를 가진 한 단원으로 봐야 한다고 주장하는 학자들 가운데는 그다음 6-8장의 주제를 '성화聖化(sanctification)'로 보는 이가 많다.

논란거리다.[11] 일부 학자들은 5장이 1,18-4,25에서 다룬 '믿음을 통한 의화義化'라는 주제의 결론에 해당하므로 앞쪽과 연결해 봐야 한다 (1,18-5,21)고 주장한다.[12] 반면에 많은 학자가 5장이 앞에서 전개한 논의를 바탕으로 새 주제를 시작하는, 즉 5-8장 단원을 도입하는 부분이라고 주장한다. 그들은 이 단원의 주제를 '믿음으로 의롭게 된 사람들의 조건과 삶'이라고 본다.[13] 나도 이 견해를 따른다. 그 근거로 중요한 두 가지 사항만 제시한다. ① 5,1-11은 앞에서 전개한 주제와 연관되는 한편(5,1의 "믿음으로 의롭게 된 우리는 …") 다음, 특히 8장에서 자세히 전개될 내용을 미리 압축하여 제시하는 역할도 한다(고난 속에서도 품고 있는 불굴의 희망, 성령에 관한 언급, 그리스도의 사랑을 통한 하느님의 사랑 등). 즉 5,1-11과 8,18-39은 5-8장 단원을 묶는 역할을 한다. 여기서 바오로는 일종의 포괄법(inclusio)[14]을 사용한 것 같다. ② 1,18-4,25에서는 의

---

11 이 문제에 관한 다양한 견해와 관련된 학자들의 분류는 J. A. Fitzmyer, *Romans*, pp. 96-97 참조.

12 이런 주장을 하는 학자는 Calvin, Lagrange, Léon-Dufour, Pesch, Sanday & Headlam, Schlatter, Weiss, Wilkens, Dunn 등이다. 그런데 던(Dunn, *Romans*, pp. 37.44)이 보는 로마서의 구성은 매우 독특하다. 그에 의하면 1,18-5,21은 1,17의 "하느님의 의로움이 … 계시됩니다"라는 문장과 "의로운 이는 믿음으로 …" 문장에 상응하고, 6-8장은 1,17의 "의로운 이는 믿음으로 …"에 상응하며, 9-11장은 1,17의 "하느님의 의로움이 … 계시됩니다"에 상응한다고 본다. 마지막 경우 던은 "믿음에서"의 믿음은 '하느님의 충실함'을 뜻한다고 해석한다. 1,17에 나오는 "믿음에서 믿음으로" 안의 믿음을 던이 '하느님의 충실함'의 의미와 '인간의 믿음'의 의미로 해석하는 것에 관해서는 이 책 99쪽 주 27을 볼 것.

13 로마 5-8장을 한 단원으로 보는 학자는 Byrne, Cranfield, Fitzmyer, Jeremias, Käsemann, Kümmel, Lietzmann, Lyonnet, Michel, Moo, Nygren, Osten-Sacken, Prat, Schlier, Schreiner, Wikenhauser 등이다.

14 라틴어 inclusio는 '포괄'이라는 뜻을 가진 일종의 전문용어다. 이는 어떤 글이 똑같은

화론을 다루면서 '유다인과 이방인'의 관계를 중요한 주제로 다루지만, 5-8장에는 그 주제가 직접 등장하지 않는다.

5.2. 9-11장의 위치와 중요성

과거에는 '이스라엘의 문제'를 다루는 이 단락을 고의 단원에 연결하지 않을 뿐만 아니라 별로 중요하지 않은 일종의 '부록' 정도로 평가했다. 하지만 최근의 바오로 연구에서 바오로가 지닌 '유다적 배경'을 더욱 긍정적으로 평가하면서 9-11장이 로마서 신학에서 차지하는 중요성도 강조되고 있다. 이 단원은 "하느님의 말씀이 허사로 돌아갔다는 것은 아닙니다"(9,6), 그리고 "하느님의 은사와 소명은 철회될 수 없는 것"(11,29)이라는 말씀의 큰 틀로 둘러싸여 있다. 구원의 역사에서 이스라엘이 지니는 특별한 지위가 그 안에서 깊이 있게 (그리고 아픈 마음으로) 성찰된다. 구약성경의 율법서와 예언서에 나온 하느님의 약속이 허사로 돌아갔다고 이해한다면, 바오로가 1-8장에서 정성을 들여 논증하려고 한 예수 그리스도를 통한 하느님의 복음의 신빙성 자체도 무너지고 만다. 왜냐하면 바오로는 자신이 전하던 '하느님의 복음'이 근본적으로 "하느님께서 당신의 예언자들을 통하여 미리 성경에 약속해 놓으신 것"(1,2;

문장으로 시작하고 마치는 표현 방법을 일컫는다. 성경에서 매우 자주 사용되며, 수미상관법首尾相關法 또는 두미일치법頭尾一致法으로 번역되기도 한다. 포괄법을 가장 잘 보여 주는 예가 시편 8이다. 이 시편은 "주 저희의 주님 온 땅에 당신 이름, 이 얼마나 존엄하십니까!"로 시작하고 끝맺는다. 똑같은 문장이 아니라, 첫 문장(부분)에 나온 주요 주제어가 마지막 문장(부분)에 반복될 경우에도 포괄법이 사용되었다고 볼 수 있다(예컨대 요한 5,19과 5,30).

참조 1,17; 3,21)으로 보기 때문이다. 바오로가 제시하는 신학적 논거의 핵심은 성경 인증이다(1,17; 4장의 '아브라함 이야기' 외에 수많은 성경 인용문 참조). 이 단원(9-11장)은 '교회와 이스라엘 민족의 관계', '신약성경과 구약성경의 관계'와 같이 그리스도교의 정체성을 파악하기 위한 핵심 주제와 관련해서도 매우 중요하다. 이런 점들이 지난 몇 십 년 동안 새롭게 조명을 받았다.

5.3. 로마서의 기본 구성

앞에서 말한 것을 정리하면, 로마서는 다음과 같이 크게 네 부분으로 나눠 볼 수 있다.
  (1) 편지의 서두(1,1-15)
  (2) 교의 단원(1,16-11,36): 이 부분을 다시 나누면 다음과 같다.
    ① 주제를 제시하는 부분(1,16-17)
    ② 주제를 부정적 방법으로 논증하는 부분(1,18-3,20)
    ③ 주제를 긍정적 방법으로 논증하는 부분(3,21-4,25)
    ④ 믿음으로 의롭게 된 그리스도인의 상태에 대해 말하는 부분(5-8장)
    ⑤ 이스라엘 문제를 다루는 부분(9-11장)
  (3) 권고 단원(12,1-15,13)
  (4) 편지의 결문(15,14-16,27)[15]

---

[15] 로마 16장에 관해서는 학자들의 의견이 크게 엇갈린다. 특히 16장이 원래부터 로마서의 한 부분이었느냐, 아니면 본디 다른 곳(예컨대 에페소)으로 발송된 것이 후일 로마

> **보충 설명: 클라우디우스 칙령과 로마의 그리스도 신앙 공동체의 사정**
>
> 클라우디우스 황제가 유다인들을 로마에서 추방했다는 내용은 사도 18,2에 나온다. "거기에서 그(바오로)는 폰토스 출신의 아퀼라라는 어떤 유다인을 만났다. 아퀼라는 클라우디우스 황제가 모든 유다인은 로마를 떠나라는 칙령을 내렸기 때문에 자기 아내 프리스킬라와 함께 얼마 전에 이탈리아에서 온 사람이었다." 이 내용은 로마의 전기 작가 수에토니우스(Gaius Suetonius Tranquillus, 69년경-122년경)가 쓴 《황제들의 생애》라는 책에서도 확인된다. 그 책의 일부인 "클라우디우스 황제의 생애"에 이런 구절이 나온다.
>
> "Iudaeos impulsore Chresto assidue tumultuantes Roma expulit"[16]
> "그(클라우디우스)는 Chrestus의 사주(부추김)를 받아 계속(끈질지게) 소란을 일으키는 유다인들을 로마에서 추방하였다"
> (Claudii vita, 25,4).

서의 끝 부분에 첨부된 것이냐에 관해 논란이 많았다. 이에 관한 자세한 내용은 이 책 528쪽에 있는 '보충 설명: 16장은 로마서에 원래 있었나? 후대에 첨가되었나?'를 볼 것.

[16] J. A. Fitzmyer, *First Corinthians*, p. 37에는 "tumultuantis"로 나오나, 이는 아무리 봐도 문법상 오타인 것 같아 "tumultuantes"라고 고쳐야 할 듯싶다. P. Stuhlmacher, *Der Brief an die Römer*, (NTD 6)에는 "tumultuantes"라고 인용되어 있다.

대다수 학자들은 위의 글에 나오는 크레스투스(Chrestus)가 크리스투스(Christus)를 잘못 표기한 말로 본다. 여기에 나오는 유다인들의 소동이란, 로마에 살던 '유다인 그리스도인들'과 '다른 유다인들' 간에 벌어진 "Christus(메시아)"를 둘러싼 불목(반목)을 가리키는 것이 분명하다. 이렇게 보면 적어도 이 클라우디우스 칙령이 내려질 때에는, 그만큼 로마에 유다계 그리스도인이 꽤 있었다고 추정할 수 있다.

이에 대해 5세기의 그리스도인 작가 파울루스 오로시우스(Paulus Orosius)는 수에토니우스의 글을 그대로 인용하면서 다음과 같은 내용을 덧붙였다. "플라비우스 요세푸스(Flavius Josephus)가 말하기를, 수에토니우스가 기록한 (로마에서 유다인들을 추방한다는 내용의) 클라우디우스 칙령은 클라우디우스 황제 재위 9년(49년 1월 25일-50년 1월 24일)에 내려졌다"[Historiae adversus paganos(이교인들에 대항하는 역사들) 7.6.15-16, CSEL 5.451].

그런데 문제는, 지금까지 남아 있는 요세푸스의 글에서 그 내용을 전혀 확인할 수 없다는 점이다. 또 그가 클라우디우스 재위 9년이라는 정보를 어디서 얻었는지도 알 길이 없다. 그래서 클라우디우스 칙령이 49년에 반포되었다는 주장은 신빙성이 없다고 말하는 학자들이 있다. 예컨대 머피 오코너(Murphy-O'Connor)는 이 칙령의 반포 연도를 41년(클라우디우스 재위 1년)으로 본다. 또 수에토니우스의 기록은 모든 유다인을 추방했다는 뜻이 아니라, 소동을 일으킨 유다인만 추방한 것이라고 주장한다. 뤼데만(Lüdemann) 역시 이 칙령의 반포 연도를 41년으로 보면서, 수에토니우스의 기록은 "로마에 살던 모든 유다인"을 추방했다는 뜻이 아니라 "단 하나의 회당에" 추방령이 내려졌다는 것이라고 주장한다.

피츠마이어는 머피 오코너가 디오 카시우스(Dio Cassius)의 다음 글에서 큰 영향을 받은 것 같다고 본다.

> 2세기 초반의 디오 카시우스에 의하면, 황제는 유다인들이 로마에서 급증하는 것과 소동을 일으키지 않고 그들을 로마에서 추방하기가 어려울 것을 알고, "그들을 추방하라"고 명을 내리지 않고 "그들이 모임을 갖지 못하게 하라"고 명을 내렸다고 한다(로마사 60,6,6).

피츠마이어는 디오 카시우스에 의존하는 머피 오코너와 뤼데만의 주장에 설득력이 없다고 조목조목 반박한다. 피츠마이어는, 수에토니우스의 기록과 디오 카시우스의 기록이 클라우디우스 재위 시절에 일어난 서로 다른 사건을 가리키는 것으로 해석한다. 디오 카시우스의 기록은 클라우디우스 재위 첫 해인 41년에 일어난 일을 가리키고, 그때는 아직 "모든 유다인"을 추방하지 않았다는 것이다. 피츠마이어는 디오 카시우스의 기록에 크레스투스 또는 크리스투스라는 단어 자체가 언급되지 않는다는 점을 강조한다.

클라우디우스 칙령의 반포 연도를 49년경으로 보는 전통적 견해는 사도 18,2의 기록과 잘 맞는다. 바오로가 코린토에 처음 간 연도(51년과 52년 사이에 체류)와 클라우디우스 칙령 때문에 로마에서 추방되어 온 유다인 부부[아퀼라와 프리스카(프리스킬라)]를 만난 것이 연결된다.

* 참고 문헌
  - J. A. Fitzmyer, *First Corinthians*, Anchor Yale Bible 32, Yale University Press, 2008, pp. 37-40.
  - 리날도 파브리스, 《바오로의 열정과 복음 선포》, 박요한 영식 옮김, 성바오로, 2000, 20-21쪽.

제1부

편지의 서두(1,1–15)

제1장
서두 인사(1,1-7): 바오로의 사도적 자의식과 하느님의 복음

1. 문법 구조와 특성

1,1-7은 바오로계 서간 가운데 가장 길고 장중한 서두 인사이다. 이 일곱 구절이 그리스어 원문에서는 한 문장으로 이어져 있다. 바오로 서간의 서두 인사는 흔히 ① 발신자, ② 수신자, ③ '은총과 평화의 축원'이라는 기본 양식을 갖춘다.[1] 그런데 여기에서는 "바오로가"(1절) "로마의 모든 신자에게"(7절) "은총과 평화를 (빕니다)"(7절)라는 기본 골격에 여러 수식어구가 삽입되어 있다. 삽입된 글은 크게 두 가지이다. 하나는 바오로 자신이 누구인지 밝히는 것이고(1절), 다른 하나는 '하느님의 복음'에 관한 것이다(2-6절). 또 하느님의 복음에 관한 삽입구에는 '하느님의 아드님 우리 주 예수 그리스도'에 관한 긴 삽입구가 포함되어 있다.

---

[1] 바오로 시대에 그리스어를 사용한 사람들이 쓰던 편지의 '서두 인사 양식'은 세 가지 요소로 구성된다: ① 발신자의 이름, ② 수신자의 이름, ③ 흔히 "인사합니다"로 번역되는 그리스어 카이레인(*chairein*). 이 양식이 신약성경에도 두 곳(야고 1,1; 사도 23,26)에 나온다. 야고 1,1에 이 양식을 적용하면 다음과 같다. ① "하느님과 주 예수 그리스도의 종 야고보가" ② "세상에 흩어져 사는(디아스포라, 국의 공동체) 열두 지파에게" ③ "인사합니다(*chairein*)." 이런 일반 양식과 바오로의 서두 인사 양식의 차이점에 관해서는 1,7ㄴ에 관한 해설 참조.

2. 바오로의 삼중적 자기소개(1,1)

1,1: 그리스도 예수님의 종으로서 사도로 부르심을 받고 하느님의 복음을 위하여 선택을 받은 바오로가 (이 편지를 씁니다.)[2]

1절은 로마서를 읽는 독자들에게 깊은 인상을 준다. 바오로가 자신을 어떻게 이해하는지를 잘 보여 주기 때문이다. 번역문과 달리 그리스어 원문에는 '바오로(Paulos)'라는 말이 첫 자리에 나오고, 그다음에 세 개의 수식어구("그리스도 예수님의 종", "사도로 부르심을 받은", "하느님의 복음을 위하여 선택을 받은")가 연이어 등장한다. 바오로를 소개하는 세 겹의 수식어구 하나하나가 그에게 의미심장한 표현이다.

그리스도 예수님의 종(doulos Christou Iēsou)

바오로는 자신을 잘 모르는 로마의 그리스도교 신자들에게 맨 먼저 '그리스도 예수님의 종'으로 소개한다. 이 명칭이 자신을 가장 잘 드러낸다고 생각했던 것 같다. '종'을 뜻하는 그리스어 둘로스(doulos)에는 종이라는 말이 일반적으로 뜻하는 '비천함'뿐 아니라 '영예로운'이라는 의미도 있다. 칠십인역 성경에서 '하느님의 종'이라는 명칭은 개별 이스라엘 사람(신명 32,36)과 이스라엘 백성 전체(이사 48,20; 49,3)에게 모두 적용되었다. 이 명칭이 적용되는 사람은 '하느님에게 중요한 임무를 받아 수행한 위인'으로, 아브라함(시편 105,42)과 모세(여호 14,7; 시편 105,26), 여호

---

[2] ( )는 필자가 넣은 것으로, 괄호 안의 글이 그리스어 원문에는 없다는 점을 드러내기 위한 표시다. 그렇다고 괄호 안에 있는 글의 의미가 원문에 함축되어 있다는 점을 부인하는 것은 아니다.

수아(여호 24,29), 다윗(2사무 7,5), 예언자들(예레 7,25; 25,4; 아모 3,7)을 들 수 있다. 그리스어 구약성경의 이런 용법을 고려해 보면, 바오로가 1,1에서 자신을 예수 그리스도의 종이라고 소개하여 자신도 구약성경에 나오는 영예로운 '주님의 종'들의 대열에 함께 서 있다고 여긴 것 같다. 그러면서 이 명칭으로 '자신이 예수 그리스도께 철저히 종속되어 있다는 점'도 표현한다.

사도로 부르심을 받은(klētos apostolos)

이 표현에는 자신이 '하느님께 부르심을 받고 파견된 자'라는 자의식이 강하게 들어 있다. 아포스톨로스(apostolos)라는 단어는 성경 외의 그리스어에서는 종교적 의미를 지니지 않았다. 이 단어는 동사 아포스텔로(apostellō, 보내다, 파견하다)에서 파생된 형용사로 '파견된'이라는 뜻을 가졌던 것 같다. 신약성경 이전 시대의 그리스어 문헌(칠십인역을 포함하여)에서는 명사 아포스톨로스가 아주 드물게 쓰였고, 사용되더라도 '파견된 사람', '사자使者', '소식 전달자'라는 일반적 의미만 지녔다. 그러다 그리스도교에서 비로소 하나의 독특한 의미를 지닌 용어로 자리 잡게 된 것 같다.

이 단어의 개념에서 중요한 것은 파견된 자가 '대리인'으로서 가지는 법적 권한이다. 라삐 유다교에서 쓰인 아람어 '셜리아흐(שליח)'는 파견하는 사람을 대리하여 활동할 법적 권한을 가진 대리인이라는 의미를 지녔다(에즈 7,14; 다니 5,24 참조). 바오로의 사도 개념 이면에도 이와 비슷하게 '파견된 대리인은 파견한 사람을 대리한다'는 권위 의식이 있던 것 같다. 이 명칭을 자신에게 부여하여 바오로가 자신을 '주 예수 그리스도에게서 권한을 받고 파견된 자, 그의 사절'(2코린 5,20 참조)로 의식했음이 드러난다. 종(둘로스)은 매우 겸허한 칭호인데 반해, 사도(아포스톨로스) 칭호는 권위를 지녔다. 바오로는 이 칭호를 제한된 사람에게만 적용한다. 루카는 바오로보다 더 엄격하게 적용하여, 예수님의 공생활을 '증언할 수 있는 사람'인 열두 제자에게만 이 칭호를 부여한다(사도 1,15-26 참조). 그러나 바오로는 사도직 자체가 가진 권위를 깊이 의식하면서도, 그 사도직을 근본적으로 '봉사'의 사도직으로 이해했다. 그의 사도직은 일차적으로 하느님과 주 예수 그리스도에 대한 봉사직인 동시에, 하느님의 밭이며 하느님의 건물인 교회의 형제자매에 대한 봉사직이다(특히 1코린 3장; 1테살 2장 참조).

바오로가 굳이 "(하느님께) 부르심을 받았다"고 소개하는 것은 자신이 개인적 욕심을 품고 스스로 결심하거나 어떤 인간적 매개를 거쳐 사도가 된 것이 아니라, 오직 하느님의 '부르심'이라는 은총에 힘입어 사도가 되었다는 점을 강조하는 것이다(갈라 1,1.11-12.15-17 참조). 바오로에 따르면 그 부르심은 '하느님께서 당신의 아드님을 계시해 주신 사건'(갈라 1,16)이다. 이를 통해 그는 그리스도를 믿게 되고 이방인들의 사도로 세워졌다(갈라 1,15-16; 하느님의 부르심이 지닌 은총의 성격에 관한 1,5의 해설 참조). 한편 '부르심을 받은 사도'라고 강조하는 배경에는 바오로가 그리스도인들에게 사도로 인정받기 위해 겪은 갈등도 엿보인다(1코린 9,1-2; 15,9; 2코린 11,5; 12,12; 갈라 1,1 참조).

하느님의 복음을 위해 선택을 받은(*aphōrismenos eis euaggelion theou*)

이 수식어는 앞에 나온 두 수식어를 바오로 사도가 받은 '사명'과 연결시킨다. 이 수식어에 의하면, 바오로가 예수 그리스도의 종이며 사도로 부르심을 받은 목적은 '하느님의 복음'을 선포하는 데 있다.

"선택을 받은"에 해당하는 동사(*aphorizō*)는 본래 '분리하다', '따로 떼어 놓다'라는 뜻을 지니는데, 이는 바오로의 소명을 논하는 데 중요하다. 바오로는 자신의 소명 체험을 이야기할 때 이 동사를 사용하였다. "어머니 배 속에 있을 때부터 나를 따로 뽑으시어 당신의 은총으로 부르신 하느님께서…"(갈라 1,15; 참조 예레 1,5). 여기서 '따로 뽑다'에 해당하는 그리스어 동사가 아포리조(*aphorizō*)이다. 이 동사는 구약성경에서 희생 제사에 바치기 위해 '골라 놓은' 희생 제물(탈출 29,26-27)이나 전례 직무를 수행하기 위해 '따로 세워진' 레위인들(민수 3-11장), 또는 '선택된' 백성 전체에게 적용되기도 하였다.

이러한 구약성경의 배경에서 보면 바오로가 자기 소명에 관해 말하면서 사용하는 '떼어 놓은(선별된)'이라는 표현의 의미를 좀 더 깊이 이해할 수 있다. 즉 바오로는 하느님의 복음을 위해 자신이 하느님께 선별되어 그분과 특별한 관계를 맺게 되었다고 의식한다. 그런데 문맥에 따르면 이 선별은 분리로 이해되지 않는다. 하느님과 맺는 특별한 관계가 그를 타인과 '구별'되게 하지만 '분리'시키지는 않는다. 오히려 사람들 가운데에서 불러서 선별하는 것은 다른 사람들을 위한 일이다. 하느님과의 특별한 관계는 '선교'를 동반한다.

1절에 연속해서 세 번이나 나오는 자신에 대한 긴 수식어를 바오로의 권위 의식(강한 자의식)의 표현으로 볼 수도 있다. 그러나 권위를 표현하는 면이 있다는 점은 인정해야 하나 이를 의도했다고 보기는 어렵다. 바오로가 지닌 강한 사도적 자의식이 자연스럽게 우러나온 표현이라고 보는 것이 옳은 것 같다. 1절의 수식어들은 바오로가 '하느님의 복음을 전파하는 사명'을 얼마나 중대하게 여기는지 잘 보여 준다.

하느님의 복음(euaggelion theou)

이 어구에서 '하느님의'라는 2격은 '객어적 2격(objective genitive)'이 아니라 '원천적 2격(genitive of origin)'이다. 즉 여기서 말하는 하느님의 복음은 하느님에 관한 복음이 아니라 '하느님에게서 오는 복음'을 의미한다. 이 어구를 통해 바오로는 하느님께서 인류가 기뻐 용약할 일을 하셨다는 메시지를 표현하려 했다고 볼 수 있다. 구약성경에서 '복음'이라는 어휘가 사용된 대표적 예는 다음에서 볼 수 있다. "얼마나 아름다운가, 산 위에 서서 기쁜 소식을 전하는 이의 저 발! 평화를 선포하고 기쁜 소식을 전하며 구원을 선포하는구나. '너의 하느님은 임금님이시다.' 하고 시온에게 말하는구나"(이사 52,7). 이 말씀의 일부분을 바오로는 10,15에서 직접 인용한다.

하느님께서 마련해 주신 이 '하느님의 복음'의 내용은 이어지는 3-4절에서 '하느님의 아드님 예수 그리스도'에 관한 것으로 밝혀진다. 바오로는 하느님께서 예수 그리스도를 통하여 근본적으로 인류가 기뻐 용약할 일을 하셨으며, 자신은 그것을 선포하기 위해 하느님께 부르심을 받았다는 확신을 로마서 첫머리에서 표현한 것이다. 바오로가 전파하는 '하느님의 복음'이 무엇인지 밝히는 것은 로마서의 중심 주제로(1,16-17 참조), 로마서 전체에서 여러 면에 걸쳐 다뤄질 것이다('하느님의 복음'이라는 어구가 나오는 로마 15,16; 2코린 11,7; 1테살 2,2.8.9 참조).

1,1의 해설을 정리하며

바오로 사도가 자신을 잘 모르는 로마 교회의 그리스도 신자들에게 자기를 소개할 때 사용한 첫째 표현이 "그리스도 예수님의 종"이다. 이는 바오로가 지닌 사도적 자의식이 어떤 것인지 이해하는 데 열쇠가 된다. 사실 바오로는 과거에 "그리스도 예수님의 종"의 삶과 정반대로 살았다. 그는 오히려 나자렛 사람 '예수를 그리스도(메시아)'라고 고백하며 그런 믿음을 갖고 살아가도록 사람들을 불러 모으는 것 자체를 도저히 용납할 수 없었다. 그래서 거룩하신 하느님과 토라를 위해서도 그들을 없애야 한다고 여겨 열성을 다해 박해한 사람이었다 (1코린 15,9; 갈라 1,13; 필리 3,4-6 참조). 왜 그랬을까? 다마스쿠스 체험이 있기 전까지 바오로에게 나자렛 사람 예수는, 유다의 종교 지도자들에게 중죄인으로 단죄를 받고 십자가에 달려 처참하게 처형된 죄인이었을 따름이다. 반면에 그에게 메시아는, 하느님께서 보내 주기로 약속하신 구원자로 강력한 힘을 가진 자였다. 이 메시아는 과거의 다윗 임금처럼 탁월한 리더십을 발휘하여 유다인을 결집시키고, 결집된 힘으로 이민족 통치자들을 쫓아내고 주권을 되찾아 민족에 평화와 번영을 가져올 구원자였다. 바오로와 그의 조상들은 고난의 한가운데에서 그런 메시아를 하느님께서 보내 주시리라 간절히 기다리고 있었다.

그런데 바오로의 삶이 180도 바뀌었다. 그는 이른바 다마스쿠스 사건을 체험한 뒤에(사도 9,1-31; 22,1-21; 26장 참조) "그리스도 예수님의 종"이라고 자처하기 시작했다. 그의 변화는 일시적이거나 가식적인 것이 아니었다. 이는 온갖 고난을 겪으면서도 죽음에 이르기까지 충실하게 "그리스도 예수님의 종"으로 산 그의 나머지 생애가 확고하게 증언한다. 바오로는 이 변화가 스스로 깨달아 얻은 것이 아니라, 온전히 하느님의 은총으로 이루어진 것이라고 여러 차례 강조한다. 그는 하느님께서 은혜롭게 자신의 인생에 개입하지 않으셨다면, 하느님의 교회를 박해하던 그 일을 자랑스럽게 여기며 계속했을 것이라고 생각한다(갈라 1,13-17; 필리 3,4-11 참조). 바오로는 1,1-7에서도 그리스도 예수님의 종으로 살 수 있는 것 자체를 큰 은총이라고 여긴다는 점을 두 곳에서 분명히 보여 준다. 하나는 "사도로 부르심을 받고"(1,1)라는 어구 속의 "부르심을 받고"라는 수식어다. 다른 하나는 "사도직의 은총을 받았습니다"(1,5)라는 표현이다.

3. 하느님의 복음(1,2-4)

'하느님의 복음'이 무엇인지 설명하는 2-4절은, 그리스어 문법으로 보면 1절 끝에 나오는 '하느님의 복음'이라는 말을 선행사로 삼는 긴 관계문이다.

1,2: "이 (하느님의) 복음은 하느님께서 당신의 예언자들을 통하여 미리 성경에 약속해 놓으신 것으로"

이 문장은 바오로가 전하는 복음이 하느님께서 오래 전부터 준비해 오신 것이라는 점을 말해 준다. 바오로는 자신이 전하는 '하느님의 복음'에 대하여 적지 않은 유다인이 반대하고 있지만, 그 복음은 자신이 만들어 낸 것이 아니라(갈라 1,11-12 참조) 하느님께서 오래 전부터 준비해 오신 것이라고 말한다. 구약성경에서 이미 약속해 놓으신 것으로 성경이 그것을 증언하고 있다고 주장한다. 바오로의 논증에서 '성경 인증'은 매우 중요하다.

위에서 '성경'이라고 번역된 그리스어(*hagiai graphai*)를 직역하면 '거룩한 기록들(Holy Scriptures)'인데, 이 단어는 칠십인역에 나오지 않는다. 하지만 바오로는 성경과 관련하여 이 단어의 단수 형태(*hē graphē*, 그 기록, the Scripture)를 자주 사용한다(로마 4,3; 9,17; 10,11; 11,2; 갈라 3,8.22; 4,30). 때로는 아무 수식어 없는 복수 형태(*graphai*, 기록들, Scriptures)로 성경을 가리키기도 한다(로마 15,4; 1코린 15,3.4).

1,3-4: "당신 아드님에 관한 말씀입니다.

    그분께서는 육으로는 다윗의 후손으로 태어나셨고,
    거룩한 영으로는 힘을 지니신 하느님의 아드님으로 확인되신
    죽은 이들 가운데에서 부활하시어,
    우리 주 예수 그리스도이십니다."

        (그리스어 원문 순서에 따라 4절 일부 어구의 순서를 바꾸었다: 필자)

여기서 바오로는 자신이 선포하는 '하느님의 복음'의 핵심 내용이 하느님의 아드님에 관한 것이라고 먼저 말한 다음, 그분이 누구인지 설명한다. 4절 끝에 의하면 하느님의 아들은 요컨대 "우리 주님 예수 그리스도"이다.

그리스어 원문의 3-4절에는 어느 정도 대구對句를 이루는 분사구 두 개가 이어져 있다. 그 내용을 병행하여 제시하면 다음 표와 같다.

kata sarka 　　　　　　"육으로는"	kata pneuma hagiōsynēs 　　　　　　"거룩함의 영으로는"
tou genomenou 　　　　　　"태어나신"	tou horisthentos 　　　　　　"확인되신"
ek spermatos Dauid 　　　　　　"다윗의 후손으로"	huiou theou en dynamei 　　　　　　"힘을 지니신 하느님의 아드님" ex anastaseōs nekrōn 　　　　　　"죽은 이들 가운데에서 부활하시어"

그런데 1,3-4에는 바오로 이전에 이미 교회에서 사용되던 '초창기 교회의 전승문'이 들어 있다고 추정하는 학자가 많다. 그들이 내세우는 논거는 주로 (교회의 전승 과정에서 형성된 것으로 추정되는) 대구법이 사용되었다는 점, 바오로가 다른 곳에서는 사용하지 않는 "거룩함의 영"과 같은 특별한 어휘가 쓰였다는 점, 바오로의 다른 서간에서는 3-4절에서 말하는 신앙을 반복하지 않는다는 점이다. 나도 3-4절에 초창기 교회의 전승문이 들어 있을 가능성은 상당히 크다고 본다. 그러나 전승문의 원래 형태와 바오로가 수정한 부분에 관한 학자들의 논의가 지나친 경우(추정을 근거로 한 추정의 연속일 경우)도 적지 않다고 생각한다. 바오로가 로마서 서두에서 '전승문'을 사용한 것이 사실이라면, 이는 로마서를 쓰는 바오로의 의도와도 합치한다고 볼 수 있다. 바오로가 로마 교우들도 근본 가르침으로 받아들이는 '공동 신앙'을 고백하는 것이(1코린 15,11 참조) 수신자인 로마 교우들의 공감을 얻는 데 도움이 되었을 것이다. 1,3-4은 전통적으로 그리스도교의 핵심인 예수 그리스도의 두 가지 본성(인성人性과 신성神性) 교리에 관한 성경의 중요한 증거로 읽혔다.

1,3: "그분께서는 육으로는 다윗의 후손으로 태어나셨고."

바오로는 다른 여러 곳에서 카타 사르카(kata sarka, 육으로는, 육에 따라서)를 카타 프네우마(kata pneuma, 영으로는, 영에 따라서)와 대조하여 사용할 때, 육(肉)(sarx)을 주로 윤리적 어감으로 사용했다(로마 8,4-9,12-13; 갈라 5,16-19 참조). 그러나 1,3에서 쓰인 "육으로는"에서 '육'이 예수님의 인성 또는 육체 조건을 말한다는 점은 분명한 것 같다. 다만 이 어구에서 '육'이 부정적 어감('사멸할 존재로서의 인간', '나약함', 이사 40,6 참조)을 지녔느냐에 대해 토론할 여지는 있다. 하지만 앞에서 보았듯이, 원래부터 하느님의 아드님이셨지만 다윗의 후손으로 태어난 분이 부활 후에 "권능(힘)을 지니신" 분이 되셨다는 점을 감안한다면, '육'이라는 단어가 '연약함'의 어감을 갖고 있다고 볼 수 있다.

"태어나셨고"에 해당하는 그리스어 동사 기노마이(ginomai)는 보통 '~이 되다'(영어의 become)로 번역되는데, 1,3처럼 '태어나다'를 뜻할 수도 있다[갈라 4,4 참조: "때가 차자 하느님께서 당신의 아드님을 보내시어 여인에게서 태어나(genomenon ek gynaikos)"]. 그런데 이 동사가 기본적으로 '되다'를 의미하고 '낳다'를 뜻하는 동사 겐나오(gennaō)가 따로 있음을 지적하면서 1,3의 게노메노스(genomenos)를 '오신'(영어 came이나 has come)으로 번역한 학자들이 있다.[3] 이를 감안하여 이 어구를 다시 옮긴다면 다음과 같이 될 수 있다. "그분은 육의 관점에서 보면 다윗 가문 출신이었다."

"다윗의 후손으로": '후손'으로 번역된 그리스어 스페르마(sperma)는 기본 의미가 '씨'인데 후손이란 의미도 가진다(창세 12,7; 15,13; 2사무 7,12;

---

[3] 예로 D. J. Moo, *Romans*, (NICNT), pp. 50-51; G. Fee, *Empowering Presence*, p. 480.

시편 89,5; 갈라 3,16.29 참조). 예수님이 다윗의 후손이라는 점은 신약성경의 다른 곳에서도 여러 번 언급된다(마태 1,1.17; 마르 12,35-37; 루카 1,32; 3,31; 사도 2,30; 2티모 2,8; 묵시 22,16 참조). 이 점을 굳이 언급하는 배경에는 다윗과 같은 메시아를 기다려 온 이스라엘의 역사가 있다고 볼 수 있다(이런 메시아에 대한 기다림의 근거로 꼽히는 2사무 7,12-16 참조).

1,4: "거룩한 영으로는 죽은 이들 가운데에서 부활하시어, 힘을 지니신 하느님의 아드님으로 확인되신 주 예수 그리스도이십니다."

"거룩한 영으로는"(직역: "거룩함의 영에 따라서는"): 이 표현은 바오로 서간에서 여기에만 나온다. '거룩한 영'이라는 어구는 칠십인역에 *to pneuma to hagion*("거룩한 영")이라고 번역된 히브리어 루아흐 코데쉬(*ruaḥ qōdeš*, 시편 51,13; 이사 63,10 참조)를 직역한 것으로 볼 수 있다. 이 어구는 바오로 서간에서 가끔 사용된다(로마 15,16.19; 1코린 6,19; 2코린 6,6; 13,13; 1테살 4,8 참조). 그런데 1,4에 나오는 '거룩한 영'이 후대의 삼위일체의 제3위격 '성령'을 가리키지는 않는 것 같다. 샌데이-헤드램(Sanday and Headlam)과 피츠마이어가 주장하듯이,[4] 3-4절에서 대구를 이루는 *sarx*(육)와 *pneuma*(영)가 같은 위격(라틴어 persona) 안에 있는 것으로 보이기 때문이다. 3절의 카타 사르카(*kata sarka*)라는 어구를 '육으로 말하자면' 또는 '육의 관점에서 보면'의 뜻으로 본다면,[5] 또 육을 부활 이전의 예수님의 인성이나 육체 조건을 뜻한다고 본다면, 3-4절의 대조를 다음과 같은 의미로 해석할 수 있다: "'육'의 관점에서 보면 그분은 다윗 가문 출신이지만, '거룩함의 영'의 관점에서 보면, 그분은 부활하신 이

---

[4] J. A. Fitzmyer, *Romans*, p. 236.
[5] 나는 그리스어 전치사 카타(*kata*)가 필리 3,5-6에서도 이런 의미로 쓰였다고 본다.

후 권능을 지니신 하느님의 아드님이시다"[1코린 15:45: "마지막 아담(그리스도)은 생명을 주는 영이 되셨습니다" 참조].

"힘을 지니신 하느님의 아드님으로": 원문에서 3-4절 전체는 맨 앞에 나온 단어 "그분(하느님)의 아드님"이란 단어를 수식하는 분사구문으로 연결되어 있다. 그러므로 4절의 의미를, 원래 하느님의 아드님이 아니었다가 죽음에서 부활한 후에야 비로소 하느님의 아들이 되었다고 이해할 수 없다. 원래부터 '하느님의 아드님이신 분'이 다윗의 후손으로 태어나신 것이고,[6] 부활 후에 "힘(권능)을 지니신" 하느님의 아드님으로 "확인되신(책봉되신, 임명되신)" 것이다. 3-4절에 의하면 예수의 부활 이전과 이후의 차이점은 "힘(권능)을 지니신(en dynamei)"이라는 수식어가 "하느님의 아드님"에 붙은 것이다.[7] 4절은 예수 그리스도는 부활하시기 '전에도 하느님의 아들이셨지만' 그때에는 인간적 조건(sarx)이라는 약함 속에 계셨으나, 부활하신 후에는 부활하신 분으로서 권능을 지니신 하느님의 아드님으로 일하고 계신 주님이라고 표현한다.

"확인되신"이라고 번역된 그리스어는 동사 호리조(horizō)에서 나왔다. 이 동사는 기본적으로 '경계를 정하다', '한정하다'를 뜻하나 '임명하다', '세우다'(임명하다와 비슷한 의미), '결정하다'를 뜻하기도 한다. 사도행전에는 이 동사가 여러 곳에 여러 의미로 쓰이지간, 바오로계 문헌에서

---

[6] 이에 관하여 C. E. B. Cranfield, *Romans*, p. 58; J. A. Fitzmyer, *Romans*, p. 233 참조.
[7] 그리스어 원문에서 4절에 나오는 *en dynamei*['힘(권능)으로' 또는 '힘(권능) 안에서']가 *horisthentos*(확인되신, 임명되신)를 수식한다고 보는 견해와 바로 앞의 *huiou theou*(하느님의 아드님)를 수식한다고 보는 견해도 있다. 나는 다른 많은 학자와 함께 후자의 견해가 옳다고 생각한다. 그래서 위에서 말한 그리스어 원문의 문법 구조를 이해하는 것이 중요하다고 생각한다.

는 1,4에만 나온다. 영어 번역본에서도 이 단어는 다양하게 번역된다: declare('선언하다': KJV, NIV, NRSV), establish('세우다': NAB, NJB, Fitzmyer, *Romans*), designate('지정하다', '임명하다': RSV; Moo, *Romans*). 뜻밖에도 불가타(Vulgata, 대중 라틴 말) 역본에서는 그리스어 호리스텐토스(*horisthentos*)를 praedestinatus('미리 정해진')으로 옮긴다. 나는 1,4에서 이 동사가 '임명하다'와 '세우다'의 뜻으로 쓰였다고 생각한다. 박영식은 이를 '책봉하다'로 옮겼다(한국 천주교회 200주년 신약성서 6a, 《로마서》, 분도출판사, 1996년, 32쪽).

"우리 주 예수 그리스도이십니다.": 바오로가 자주 사용하는 표현인 예수 그리스도에 '주님(*kyrios*)'이라는 존칭이 덧붙여 있다. 이 존칭은 예수 그리스도께서 부활하여 살아 계신 분임을 표현한다. '예수는 주님이시다'라는 고백이 얼마나 중요한지는 다음 말씀에 잘 나타나 있다. "그대가 예수님은 주님이시라고 입으로 고백하고 하느님께서 예수님을 죽은 이들 가운데에서 일으키셨다고 마음으로 믿으면 구원을 받을 것입니다"(10,9). 이런 표현은 인류 구원을 위한 하느님의 계획에서 그리스도의 부활이 얼마나 중요한 역할을 하는지 드러낸다. "우리 주님"이라는 표현은 신앙을 고백하는 분위기를 풍긴다. 즉 이 표현은 예수님이 십자가에 못 박혀 죽은 과거의 인물이 아니라, 만물을 주재主宰하시는 '주님'(특히 필리 2,10-11 참조)으로 현재 우리의 삶에 실제로 영향을 주는 분이라고 고백하는 의미를 지닌다.

"우리 주 예수 그리스도"라는 표현은 그리스도교 신자들에게 매우 익숙하다. 하느님께 드리는 가톨릭교회의 공식 기도문은 대부분 "성자 우리 주 예수 그리스도를 통하여 비나이다"로 끝난다. 너무나 익숙하기 때문에 이 표현을 아무런 느낌 없이 입에 올릴 때도 많다. 그러나 바오로 사도에게 이 표현은 '그리스도 신앙을 집약해 놓은 것'이다. 로마서에서도 어떤 단원을 시작하거나 요약하는 중요한 자리에 나온다(4장의 끝 24절; 5장의 시작과 끝 1절과 21절; 6장의 끝 23절; 7장의 끝 25절; 8장의 끝 39절 참조).

4. 사도직의 은총과 신앙의 순종(1,5-7)

1,5: "우리는 바로 그분(우리 주 예수 그리스도)을 통하여 사도직의 은총을 받았습니다. 이는 그분의 이름을 위하여 모든 민족들에게 믿음의 순종을 일깨우려는 것입니다."

여기서 바오로는 사도직의 '은총성'과 목표에 대하여 말한다. 1절에서 자신에 대하여 말하던 바오로가 5절에서는 갑자기 복수 1인칭("우리")을 사용하여 말한다. 이는 바오로가 수행하는 사도직이 다른 사도들이 수행하는 사도직과 분리된 것이 아니라는 점을 드러낸다(사도직의 공통성에 관하여 1코린 15,11: "그리하여 나나 그들이나, 우리 모두 이렇게 선포하고 있으며 여러분도 이렇게 믿게 되었습니다" 참조).

"**사도직의 은총**(직역: 은총과 사도직)**을 받았습니다**": 어떤 사도가 수행하고 있건 사도직은 누가 원한다고 해서 '차지할 수 있는 것'이 아니라 하느님의 부르심을 받은 이가 '은총의 선물'로 받는 것이다(사도직의 은총에 관하여 로마 12,3; 15,15; 1코린 3,10; 갈라 1,15-16; 2,9 참조). 바오로에 의하면 '하느님의 복음'을 전할 수 있다는 사실 자체가 은총이다!(1코린 9,16.18 참조)

"**모든 민족들에게 믿음의 순종을 일깨우려는 것입니다**": 이 문장에 따르면, 하느님께서 그리스도를 통하여 바오로를 포함한 사도들에게 '사도직을 수행할 은총'을 주신 목적은 만백성을 "믿음의 순종"으로 이끌기 위한 것이다. 믿음의 순종이라는 어구는 시작 부분인 1,5과 끝 부분인 16,26의 종결 찬송에 나온다. 그런데 이 어구에 대하여 '믿음이라는 순종', '믿음으로 이루어져 있는 순종', 또는 '율법에서 오는 순종'과 대비되는 의미에서 '믿음에서 오는 순종' 등으로 해석할 수 있다. '믿음에 대한 순종'이라고 해석하는 경우도 있는데(사도 6,7: "믿음에 순종하였다" 참조), 이때 '믿음'은 일종의 (신앙고백) 신조를 의미한다. 일부 학자들은 '순종(복종)'이라는 낱말이 지닌 부정적 어감(예컨대 '노예의 복종', '군대식 복종') 때문에 이 어구에서 이 낱말을 다른 말로 바꾸어 번역하려고 한다(예컨대 '믿음의 투신/ 참여', '믿음의 선포' 등). 이런 시도는 바오로가 강조하는 '하느님의 자녀들이 지닌 자유'(로마 8,15-17; 갈라 4,6-7 참조)의 중요성이 '순종'이라는 말 때문에 훼손될 것을 염려하는 데서 나왔다. 나도 이런 염려가 정당하다고 생각한다.

그러나 엄연히 본문에 나오는 '순종'을 없애거나 대체하는 것은 바오로의 본뜻을 왜곡하는 것이라고 생각한다. 바오로는 그리스도교 신자들이 하느님의 자녀로서 누리는 자유를 강조하면서도, 신앙이 지닌 '의무(순종)'에 대해서도 말하기 때문이다. 은총을 그토록 강조하는 바오로도 신앙생활을 하는 중에 자신의 욕구와 의지를 포기하고 하느님의 뜻에 온전히 순종해야 할 때가 있음을 분명히 의식한다(로마 6,12-13; 8,12-13; 필리 2,12-13 참조). 신앙은 복음의 요청에 순종하는 것, 복음이 제기하는 도전을 받아들이는 것을 뜻하기도 한다. 물론 바오로가 말하는 믿음의 순종은 노예의 복종이 아니다. 그 순종은 하느님의 자녀로 하느님을 '압바, 아버지!'라고 부를 수 있는 자유(와 은총)를 지닌 사람들이 하느님께 드리는 응답이다.

"모든 민족들": 많은 학자가 5절에 나오는 '모든 민족들(panta ta ethnē)'을 유다인을 제외한 다른 민족들 모두란 의미로 '모든 이방인' 또는 '모든 이방 민족'으로 번역한다. 구약성경에서 히브리어 고임(goyim)은 직역하면 '민족들'이지만, 실제로는 유다인의 입장에서 보아 '유다인이 아닌 다른 민족들'을 뜻했다. 바오로도 다른 곳에서 그리스어 에트네(ethnē)를 '유다인이 아닌 민족들'이라는 뜻으로 자주 사용한다(로마 11,13 "이민족들의 사도"; 로마 15,16.18; 갈라 1,15-16 참조[8]). 나도 이렇게 많은 예에서 보는 것처럼 바오로도 5절에서 에트네를 '이방인들'의 의미로 사용했으리라고 본다. 그렇지만 바오로가 "이방인들의 사도"로 자칭한다고 해서, 그리고 자신의 사명을 "할례 받지 않은 이들에게 복음을 전하는 일"(갈라 2,7)로 여겼다고 해서, 그가 유다인을 배제하고 선교했다고 생각해서는 안 된다고 본다.

"그분의 이름을 위하여": 원문에서 "은총의 사도직"을 수식하는 이 어구는 다음과 같이 번역되기도 한다: "그의 이름을 대신하여"(피츠마이

---

[8] 로마 15,9-12.25-29의 맥락에서 보면 15,16.18의 etanē는 '유다인이 아닌 민족들' 즉 이방인을 의미하는 것이 분명하다. 또 갈라 2,1-11을 배경으로, 특히 갈라 2,7-9에 비추어 볼 때 갈라 1,16의 ethnē도 분명히 유다인 편에서 볼 때 '다른 민족들'인 이방인을 뜻한다. 갈라 2,7-9을 보면 논쟁을 배경으로 바오로는 할례 받은 사람들을 위한 사도직과 할례 받지 않은 사람들을 위한 사도직을 구분하면서 갈라 2,8에서 자신에게는 '다른 민족들(이방인)을 위한 사도직(apostolē eis ta ethnē)'이 맡겨졌다고 주장한다. 따라서 갈라 2,2과 1,16에 나오는 ethnē도 '다른 민족들(이방인)'로 알아들어야 한다. 이 점은 유다인과 대조하여 ethnē를 사용하는 다음 구절들을 그러하면 더욱 분명해진다: 로마 2,14.24; 3,29; 9,24.30; 11,11.12.13.25 등. 그 밖에도 에페 3,1.6.8; 1테살 2,16; 1티모 2,7; 2티모 4,17 참조.

어);⁹⁾ "그분 이름의 영광을 위하여"(TOB, NJB). 성경의 세계에서 이름은 단지 구별하는 기능뿐 아니라, 이름을 가진 사람을 가리키면서 그의 특성과 의미를 드러낸다.¹⁰⁾ 아무튼 이 어구에서 분명히 드러나는 점은 바오로가 "은총으로 받아" 수행하는 사도직은 궁극적으로 자신(자신의 영광)이나 신자들을 위한 것이 아니라 "그분" 곧 주 예수 그리스도를 위한 것으로 의식하였다는 점이다.

보충 설명: '선교 영역 분할'(갈라 2,7-9)과 바오로 사도의 선교 대상¹¹⁾

갈라 2,7-9에서 바오로는 자신과 바르나바, 그리고 야고보와 케파와 요한 사이에 "우리는 다른 민족들(이방인들)에게 가고, 그들은 할례 받은 이들에게 가기로"(갈라 2,9) 합의가 이루어졌다고 기록한다. 그런데 이른바 '선교 영역 분할에 관한 합의'에서의 분할이 '인종적 의미에서의 분할이냐 아니면 지역적 의미에서의 분할이냐' 하는 문제에 관해 논란이 있다. 즉 유다인과 이민족 사이의 분할이 그들의 거주

---

⁹ '위하여'라는 뜻을 가진 그리스어 전치사 휘페르(*hyper*)는 때로 '대신하여'라는 뜻도 가진다.

¹⁰ '주님의 이름'과 관련하여 신학적으로 가장 중요한 장면은 "야훼"(주님, 아도나이)라는 하느님의 이름이 계시되는 탈출 3,13-15일 것이다. 시편 23,3에 나오는 "당신의 이름 때문이어라"도 참조.

¹¹ 이 문제에 관해서는 김영남, "바오로 서간과 사도행전을 통해 본 '선교사 바오로'와 선교신학 그리고 그의 한국적 적용", 〈사목연구〉 22호(2009년), 97-136쪽, 특히 103-106쪽 참조.

지와 상관없이 행해지느냐, 아니면 유다인이 많이 사는 지역과 이민족이 많이 사는 지역을 구분하느냐 하는 문제이다. 후자의 의미로 이해한다면, 바오로는 필리피, 테살로니카, 코린토 등 이민족들이 많이 사는 지역에 가서 선교할 때 '예루살렘 사도들과의 합의'를 이행하면서도 유다인 회당을 방문할 수 있었을 것이다.

바오로는 다른 민족들(이방인들)에게 복음을 전할 사명이 자신에게 특별히 주어졌다고 의식한 것은 분명하다(갈라 2,16; 2,2; 로마 1,5.13 이하; 15,16.18 참조). 그래서 로마의 교우들에게 자신을 "이민족들(이방인들)의 사도(*ethnōn apostolos*)"라고까지 소개한다(11,13). 그러나 이 표현을 '이민족들만을 위한 사도'라고 배타적으로 이해해서는 안 된다. 바오로의 서간에 그토록 자주 나오는 구약성경의 인용이나 암시는 바오로가 다른 민족들만을 선교 대상으로 삼았다고 하면 이해할 수 없다. 이 현상은 유다인 출신 그리스도인이 서간의 수신 공동체에 상당히 많았다는 점을 전제한다.

또 이러한 배타적 이해는 바오로가 로마서에서 그토록 설파하려고 애쓰는 그의 신학에도 맞지 않는다. 바오로는 로마서에서 유다인이든 이민족이든 구별 없이 누구나 구원을 필요로 하는 상태에 있으며, 만민을 위해 돌아가시고 부활하신 예수 그리스도에 대한 믿음을 통해 누구나 구원될 수 있다고 설파한다[1,16-17에 나오는 주제문과 1,18-3,20과 3,21-26(-4,25)의 대조 참조].

또 "(나는) 유다인들을 얻으려고 유다인들에게는 유다인처럼 되었습니다. 율법 아래 있는 이들을 얻으려고, 율법 아래 있는 이들에게

> 는 율법 아래 있지 않으면서도 율법 아래 있는 사람처럼 되었습니다"(1코린 9,20)라는 말을 '수사적' 표현이라고만 보지 않고 진지하게 받아들인다면, 바오로는 유다인들에게도 복음을 전한 것이다. 이렇게 보는 것이(사도행전의 예를 끌어오지 않더라도) 역사적으로도 더 자연스럽다.

1,6: "여러분도 그들 가운데에서 부르심을 받고 예수 그리스도의 사람이 되었습니다."

여기서 '그들'은 5절에 언급된 '민족들'(다른 민족들, 이방인들)을 가리킨다. 그렇다고 바오로가 로마서의 수신자들('하느님께 부르심을 받은 이들')을 '이방인'으로만 생각했다고 여겨서는 안 된다. 로마의 그리스도 신자들 중에는 '부르심을 받아 예수 그리스도의 사람이 된' 유다인도 분명히 많이 있었을 것이다. 그러므로 "그들 가운데에서"라는 말은 '이방인들의 지역에서'라는 의미로 받아들이는 것이 옳은 것 같다. 이방인들이 대부분을 차지한 지역에서 어떤 이들은 '이방인으로서' 부름을 받았고, 어떤 이들은 '유다인으로서' 부름을 받았다고 보면 되겠다. 사실 로마의 그리스도 공동체에는 유다인도 많이 있었다. 바오로의 사도직은 분명 이들도 대상으로 삼았다. '민족들'이란 낱말이 사용되는 곳에서 바오로는, 자신이 전하는 복음이 '유다인을 제외한 이방민족들을 위한 것'이 아니라, '유다인이든 이방인이든 모든 백성을 위한 것'임을 강조한다. 강조점은 배타성이 아니라 포괄성에 있다.

그런데 눈여겨 볼 점은 바오로가 '복음을 전하는 사도직'을 은총으로 이해하듯이, 사도들의 복음 선포를 듣고 그것을 믿음으로 받아들인 사람들도 '은총을 받은 사람'으로 이해한다는 것이다. 바오로가 사도로 '부르심을 받은 것'처럼(1,1 '부르심을 받은 사도') 그리스도를 믿는 신자들도 하느님께 '부르심을 받은 사람들'이다. 바오로가 예수 그리스도의 종으로서 '예수 그리스도의 사람'인 것처럼, 그리스도 신자들도 '예수 그리스도의 사람들'이다. 나아가 바오로는 하느님의 부르심을 '사랑의 부르심'으로 의식한다. '같은 하느님', '같은 주님'께 사랑을 받고 부르심을 받았다는 의식은 그들(사도들과 신자들)을 깊은 차원에서 일치시키는 요소이다.

1,7ㄱ: "성도로 부르심을 받은 이들로서 하느님께 사랑받는 로마의 모든 신자에게 〔인사합니다.〕"

로마서의 '수신자'가 언급되는 구절이다. 바오토는 수신자에게 두 가지 수식어를 사용한다. "성도로 부르심을 받은"과 "하느님께 사랑받는"이라는 표현이다. 그리스도를 믿는 신자들이 '하느님께 (특별한) 사랑을 받는 사람들'이라는 표현은 이미 1테살 1,4에 나왔다(2테살 2,13; 콜로 3,12; 로마 9,25 참조). 이 하느님의 사랑이 그리스도인이 누리는 기쁨의 원천이다. 이 사랑이 얼마나 큰지에 대하여는 뒤에서(5,5.8; 8,32.39) 깊이 있게 살펴볼 것이다.

"성도聖徒로 부르심을 받은(klētoi hagioi)": 이 어구에 나오는 '거룩함'의 의미가 무엇이냐에 대하여 논란이 좀 있다. 클레토이 하기오이(klētoi hagioi)를 '거룩한 이들이 되도록 부르심을 받은' 또는 '부르심을 받은 성도들'(이 경우에 hagioi라는 말은 '신자들'이라는 말을 대신하는 관용어로 사용된 것)이라고 옮긴다. 피츠마이어는 여기에 나오는 '거룩함'의 의미를 구약성경의 용례에 따라 '아무런 죄도 없는 상태'를 뜻하기보다 '하느님께 속해 있다'는 의미로 이해한다. 사실 구약성경에서 이스라엘이 '거룩한 백성'이라고 불릴 수 있는 가장 큰 이유는, 그들이 계명을 완전무결하게 지켰다는 데 있지 않고 '지극히 거룩하신 하느님'께 속해 있다는 데 있다. 거룩하신 하느님께서 이 세상 뭇 민족들 가운데서 그들을 '부르시어 (따로 가려내시어)' '당신 것'으로(탈출 19,5) 삼으셨다는 데 있다. 나도 바오로가 그리스도 신자들을 '거룩한 이들(성도)'이라고 부를 때에 거룩함을 이렇게 이해하였다고 생각한다. 바오로에 의하면 그리스도를 믿는 신자들의 공동체는 하느님께서 마지막 시대에 이 세상 민족들 가운데서 '따로 불러 모으신' 거룩한 하느님의 백성이다(1코린 1,2).

그런데 나는 거룩함의 의미를 근본적으로 거룩하신 하느님께 속해 있음으로 보려는 해석에 동의하면서도, '거룩함'과 '죄 없는 상태'를 완전히 분리해 이해하려는 점에 대하여는 반대한다. 바오로는 분명히 '죄 없이 깨끗하게 되는 것'과 '거룩하게 되는 것'을 관련지어 말하기 때문이다. 예컨대 바오로는 코린토의 그리스도 신자들을 "성도로 부르심을 받은"(1코린 1,2) 이들이라고 부를 뿐 아니라 '그리스도 예수님 안에서 거룩하게 된 이들'이라고도 부른다. "거룩하게 되었다"(1코린 6,11: "여러분은 주 예수 그리스도의 이름과 우리 하느님의 영으로 깨끗이 씻겨졌습니다. 그리고 거룩하게 되었고 또 의롭게 되었습니다")는 말씀에는 믿음과 세례를 통하여 모든 죄를 용서 받고 의롭게 되었다는 뜻이 담겨 있다. '거룩하게 되는 것'이 자신의 윤리적 노력으로 얻는 결과가 아니라 그리스도를 통하여 그리스도 안에서 이루어지는 일이듯이, '거룩하게 된 상태'는 그리스도를 통하여 그리스도 안에서 죄 없는 상태에 있게 되는 것을 말한다. 앞의 두 구절(1코린 1,2; 6,11)이 보여 주듯이, 그리스도 신자들은 그리스도 신앙을 처음 가질 때 '선사받은 거룩함'을 계속 보존하도록 부르심을 받았다고 볼 수 있다.

1,7ㄴ: "하느님 우리 아버지와 주 예수 그리스도에게서 은총과 평화가 여러분에게 〔내리기를 빕니다.〕"

"은총과 평화가 여러분에게": 앞에서 보았듯이, 바오로 서간에 나오는 전형적인 서두 인사 양식의 셋째 요소는 은총과 평화를 축원하는 부분이다. 바오로는 그리스어를 사용하는 일반인들이 편지에서 쓰는 카이레인(chairein, 인사합니다)이라는 동사 대신 그리스도 신앙을 표현하는 중요한 두 명사를 사용하여 "은총과 평화가 여러분에게(charis hymin kai eirēnē)"라고 축원한다. 그만큼 은총(charis)과 평화(eirēnē)를 중요하게 여긴 것이다. 또 그리스어 원문에서 이 두 명사 사이에 "여러분에게"라는 말을 넣어 수신자에게 친근감을 표현한다.

'은총'이라고 번역되는 그리스어 카리스(charis)의 첫째 의미는 '아름다움' 또는 '사랑스러움'이고 나아가 '호의, 친절' 등의 의미를 갖는다. 그리스어 성경에서 카리스로 옮긴 히브리어 '헨(ḥēn)'은 무엇보다도 '높은 지위에 있는 사람이 거저 베푼 호의 또는 선물'을 의미하며, 나아가 그런 호의나 선물이 불러일으키는 고마움과 은혜로움을 뜻한다. 은총은 신약성경에서 '바오로의 개념'이라 불릴 만큼 바오로가 특히 많이 사용하였다. 복음서에서 은총은 중요한 단어가 아니었다. 마태오 복음서와 마르코 복음서에는 한 번도 나오지 않고, 요한 복음서에는 서문에만 나오며, 루카 복음서에는 몇 번 나오나 여러 의미로 쓰인다. 반면에 바오로 서간에서는 매우 자주 사용된다(1테살의 시작과 끝 인사에 두 번; 2테살 네 번; 필리 세 번; 갈라 일곱 번; 1코린 열 번; 2코린 열여덟 번; 로마 스물네 번 등). 한마디로, 바오로에게 은총은 예수 그리스도를 통해 주어진 하느님의 헤아릴 길 없는 사랑을 뜻한다고 볼 수 있다.

좀 더 설명하면, 바오로가 이해한 은총 개념과 관련하여 가장 근본적인 것은 '그리스도의 십자가 죽음을 통한 구속救贖 또는 의화義化의 은총'이다. 다음 구절이 그 예이다. "그러나 그리스도 예수님 안에서 이루어진 속량을 통하여 그분의 은총으로 거저 의롭게 됩니다"(3,24; 참조 3,21-26). "그런데 우리가 아직 죄인이었을 때에 그리스도께서 우리를 위하여 돌아가심으로써, 하느님께서는 우리에 대한 당신의 사랑을 증명해 주셨습니다. 그러므로 이제 그분의 피로 의롭게 된 우리가 그분을 통하여 하느님의 진노에서 구원을 받게 되리라는 것은 더욱 분명합니다"(5,8-9; 참조 4,5; 5,5-9). [그 밖에 8,32(당신 아드님까지 내어 주셨는데); 8,35.39을 참고하라.]

'평화': 히브리어 샬롬은 어원상 '온전하다'는 뜻을 내포한다. 히브리인들은 이 말을 일상에서 인사말로 사용하나, 바오로에게 이 말은 그리스도론적 의미를 갖는다. 즉 바오로가 기원하는 평화란 단지 전쟁이나 분쟁이 없는 상태를 넘어서 '예수 그리스도를 통해 이루어진 평화' 또는 '예수 그리스도를 통해 선사되는 평화'까지 의미한다. 그리하여 이 말은 화해 또는 의화(개신교 용어로는 '칭의稱義') 등의 개념과 함께 예수 그리스도의 구원 사건으로 나타난 효과를 표현하는 바오로의 중요 개념 중 하나로 쓰인다. 다음 말씀이 좋은 예이다. "그러므로 믿음으로 의롭게 된 우리는 우리 주 예수 그리스도를 통하여 하느님과 더불어 평화를 누립니다"(5,1).

바오로에 의하면 평화란 궁극적으로 하느님께서 예수 그리스도를 통해 우리에게 선물로 베풀어 주시는 것이지 인간이 만들어 내는 것이 아니다. 그러므로 평화는 무엇보다 기도로 하느님께 청해야 하는 것이다.[12] 그래서 바오로는 '평화와 은총'이라는 말을 짝지어 편지의 처음과 끝 인사에 거의 빠지지 않고 축원의 내용으로 사용한다. 그에게 평화와 은총은 서로 긴밀히 연관된 개념이다. 그런데 "은총과 평화가 여러분에게"라는 표현이 바오로 편지의 모든 서두 인사말에 나오는 데 비하여, 편지 끝의 인사 축원에는 평화가 빠지고 은총만 언급되는 경우가 많다 [로마 15,33("평화의 하느님께서 여러분 모두와 함께")만 제외]. 따라서 바오로는 은총이라는 개념을 평화라는 개념보다 더 포괄적으로 사용한다고 볼 수 있다. 그에게 평화는 은총의 결과 가운데 하나인 셈이다(갈라 5,22-23에 나오는 '성령의 열매' 가운데 둘째로 '평화'가 언급되는 점 참조). 한편, 예언자들이 선포한 '메시아 시대의 평화'(메시아가 오면 누리게 될 평화. 이사 2,2-4; 9,5-6; 즈카 9,9-10; 미카 5,4 참조)의 배경에서도 평화에 관한 바오로 사도의 말씀을 관찰할 수 있다.

"하느님 우리 아버지와 주 예수 그리스도에게서": 이 어구는 바오로가 축원하는 은총과 평화가 하느님 우리 아버지와 주 예수 그리스도에게서 나온다는 것을 밝혀 준다. 바오로는 그리스도인들이 "예수 그리스도의 아버지 하느님"(15,6; 2코린 1,3)을 감히 "우리 아버지"(로마 1,7; 1코린 1,3; 2코린 1,2; 필리 1,2)라고 부를 수 있게 된 것은 바로 '성령'을 통해서라고 설명한다(8,15). 성령을 받은 것은 그들이 예수 그리스도를 믿었기 때문이다(갈라 3,2.14; 4,6). 그래서 바오로는 그리스도인들이 "한마음 한목소리로 우리 주 예수 그리스도의 아버지 하느님을 찬양하게 되기를

---

12 그렇다고 바오로 사도가 그리스도 신자들은 평화를 위해 노력하지 않아도 된다고 가르친 것은 아니었다. 이는 바오로 자신이 공동체의 일치를 위해 얼마나 노력했는지만 보아도 충분하다.

빕니다"(15,6)라고 기원한다.

1,1-7을 정리하는 세 가지 질문

로마 신자의 대다수는 바오로 사도를 직접 만나지 못했으며, 다른 사람들을 통하여(예컨대 아퀼라와 프리스카 부부 등. 16,3-16 참조) 바오로를 알았다. 또 유다인들 중에는 평소에 바오로가 율법에 관해 한 발언(예컨대 갈라티아서에 나온 발언)을 전해 듣고 그를 오해한 사람들도 있었을 것이다. 그래서 다음과 같은 질문이 나올 수 있고, 앞에서 살펴본 1,1-7의 내용을 이에 대한 답변으로 보면 좀 더 쉽게 이해할 수 있다.

(1) "바오로, 당신은 도대체 누구입니까? 누구이기에 여러 곳에 다니며 교회를 세우고 있습니까?" 이 질문을 배경으로 1절을 보면 바오로의 말을 좀 더 이해할 수 있다.
(2) "바오로, 당신이 전한다는 복음이 도대체 어떤 것입니까? 우리가 알고 있던 복음과 다른 것 같은데, 사실이요?" 또는 "당신에게 예수님은 누구입니까?" 이런 질문을 배경으로 1절의 끝 부분과 2-4절을 읽으면, 바오로 사도의 말을 이해할 수 있다.
(3) "당신이 수행한다는 사도직이란 무엇이고 왜 그 일을 하는 것입니까?" 이 질문을 배경으로 5-7절을 읽으면, 바오로 사도의 말을 이해할 수 있다.

제2장
하느님에 대한 감사와 로마를 방문하려는 원의의 표명(1,8-15)

바오로는 1,8-15에서 로마의 교우들로 인해 하느님께 감사를 드리면서, 그들에게 방문하고자 하는 원의를 표명한다. 그는 사랑을 담아 조심스럽고 겸손하게 그들을 언급한다. 집필 동기에서 밝혔듯이, 로마서의 수신자는 바오로의 복음 선포를 듣고 신앙을 가진 것이 아니라 이미 활발하게 신앙생활을 하고 있었다(8절 참조). 또 바오로는 에스파냐 선교를 앞두고 그들의 도움을 기대하고 있었다(15,24 참조).

1. 하느님에 대한 감사(1,8)

1,8: "먼저 여러분 모두의 일로, 예수 그리스도를 통하여 나의 하느님께 감사를 드립니다."

바오로는 서두 인사에 이어 으레 하느님께 감사를 올리는데 로마서에서도 마찬가지다. 서두 인사(1,1-7)가 조금 길었을 뿐 인사가 끝난 다음 즉시 "감사합니다! 하느님께"라고 쓴다. 여기에는 "먼저"란 말을 덧붙여 하느님께 감사드리는 것을 최우선으로 삼는 태도를 드러낸다. 이와 관련하여 하느님에 대한 감사가 바오로 서간에서 차지하는 자리를 좀 더 살펴보자(보충 설명 참조).

8절을 비롯하여 바오로 서간의 다른 곳에서도, 바오로는 '예수 그리스도를 통하여' '하느님을' 향하는 구조로 감사를 표현한다. 그리스도인의 기도도 그분의 아드님 예수 그리스도의 매개를 거쳐 하느님께 바쳐진다고 표현한다. 다음 구절에서 기도의 이런 구조를 살펴볼 수 있다. "누가 그들을 단죄할 수 있겠습니까? 돌아가셨다가 참으로 되살아나신 분, 또 하느님의 오른쪽에 앉아 계신 분, 그리고 우리를 위하여 간구해 주시는 분이 바로 그리스도 예수님이십니다"(8,34; 참조 1코린 15,57). 그 밖에 "예수 그리스도를 통하여"(2,16; 16,27 참조), "우리 주 예수 그리스도를 통하여"(5,1.11.21; 15,30) 참조.

"여러분 모두의 일로(여러분 모두에 관하여)": 바오로는 로마 공동체의 그룹 사이에 갈등이 있음을 알고 있지만(11,11-24; 14,1-15,13 참조), 모든 공동체 구성원을 위해 감사 기도를 올린다.

"나의 하느님께 감사를 드립니다": "나의 하느님"이라는 표현은 자주 쓰인다(2코린 12,21; 필리 1,3; 4,19; 필레 4 참조). 이는 유다인들이 평소 기도할 때 즐겨 쓰는 시편에도 자주 나온다(시편 3,8; 5,3; 7,2; 63,2 참조).

"여러분의 믿음이 온 세상에 알려지고 있기 때문입니다": 로마서를 쓸 당시 로마에는 이미 그리스도 신자 공동체가 있었다. 이 교회가 제국의 여러 곳에 널리 알려진 것으로 보아 제법 큰 공동체였으리라 추정된다. 제국의 수도 로마에 그리스도 신자 공동체가 있다는 사실도 기쁜 일이지만, 바오로는 근본적으로 그리스도를 믿을 수 있다는 것 자체를 하느님의 선물로 이해했다. 그래서 하느님께 감사드리는 것이다. "온 세상에 알려지고 있다"는 표현은 과장법이다.

보충 설명: 바오로 서간에 나타난 감사의 중요성

바오로 서간에서 감사가 차지하는 중요성은 우선 서간의 구성에서 드러난다. 바오로 사도는 편지를 쓸 때 거의 매번(갈라티아서 예외) 서두 인사(발신자, 수신자, '은총과 평화가 여러분에게') 다음에 즉시 하느님께 감사를 드린다[로마 1,8; 1코린 1,4; 2코린 1,3("하느님께서는 찬미받으시기를 빕니다"); 에페 1,3; 필리 1,3; 콜로 1,3; 2테살 1,3; 2티모 1,3("하느님께서 찬미받으시기를 빕니다"); 필레 1,4]. 다만, 갈라티아서에는 서두에 감사가 나오지 않고 오히려 '탄식'이 나온다.[13] 이 점은 갈라티아서가 그만큼 격앙된 상태에서 쓰인 '논쟁적 서간'임을 드러낸다

또 감사의 중요성은 서간의 내용에도 드러난다. 바오로에게 '감사(eucharistia)'는 하느님에게서 받은 은총/ 선물(charis)에 대한 응답이다. 그는 '그리스도를 알고 믿고 살 수 있게 된 것'과 '사도로 복음을 전하며 사는 것'을 하느님의 큰 은총으로 여겼다. 하느님께 감사하는 것은 그리스도인이 은총을 받아들이는 가장 합당하고 근본적인 태도인 것이다. 그리스도 신앙은 인간의 행동이 아니라 하느님의 은총(거저 베푸시는 호의, 총애)에서 출발하기 때문이다. 하느님의 은총에 대한 인간의 올바른 태도는 먼저 하느님의 사랑을 인정하고 그에 대해 감사하는 것이다.

---

13 갈라티아서에서 서두 인사 다음에 하느님께 감사하는 내용이 전혀 없지는 않다. 갈라 1,5에 '영광송'이 나오기 때문이다. 그러나 수신자를 기억하며 하느님께 드리는 감사는 생략되어 있다.

2. 로마를 방문하려는 원의의 표명(1,9-12)

1,9-10: "그분 아드님의 복음을 선포하며 내 영으로 섬기는 하느님께서 나의 증인이십니다. 나는 끊임없이 여러분 생각을 하며, 기도할 때마다 하느님의 뜻에 따라 어떻게든 내가 여러분에게 갈 수 있는 길이 열리기를 빌고 있습니다."

"하느님께서 나의 증인이십니다": 이 구절은 그리스어 원문에서 한 문장으로 이어진 9-10절의 제일 앞에 나와 있다. 바오로는 가끔 하느님을 자신이 하는 일의 증인이라고 일컫는다(1테살 2,5.10; 필리 1,8; 2코린 1,23 참조). 여기서는 바오로가 로마 교우들을 위해 끊임없이 기도하고 있다는 사실에 대해 하느님이 증인이 되어 주신다는 뜻이다. 로마 교우들이 이 사실을 알아 주는 것이 바오로에게는 하느님을 증인으로 청할 만큼 중요하다는 것이다.

"그분 아드님의 복음을 선포하며(직역: 복음 안에서)": 직역한 어구에서 복음이라는 명사는 '복음을 선포하는 행위'를 뜻한다. 3절의 시작 부분에서 바오로는 자신이 전하는 하느님의 복음의 핵심 내용이 그분의 아드님에 관한 것이라고 분명히 밝혔는데, 여기서 다시 그 점을 언급한다.

9절에서 '섬기다'라고 번역된 동사 '라트레우에인(*latreuein*)'은 칠십인역에서 이스라엘 백성이 야훼 하느님께 종교 의식을 갖추어 예배를 드리는 행위를 뜻하였다(탈출 3,12; 10,7; 신명 6,13 등). 이를 보면 바오로에게 복음을 선포하는 일은 하느님께 올리는 예배의 차원이다. 물론 그에게 성체성사(성찬례) 같은 '전례'는 매우 중요했다(1코린 11,17-34 참조).

"내 영으로 하느님을 섬긴다": '내 영으로'는 '나에게 선사된 하느님의 영으로(영 안에서)'라는 뜻으로 이해할 수 있다.

1,11-12: "나는 여러분을 보게 되기를 간절히 바랍니다. 여러분과 함께 성령의 은사를 나누어 여러분의 힘을 북돋아 주려는 것입니다. 다시 말하면, 내가 여러분과 같이 지내면서 여러분의 믿음과 나의 믿음을 통하여 다 함께 서로 격려를 받으려는 것입니다."

바오로는 로마의 그리스도 신자들이 무척 보고 싶다고 표현하면서 방문 목적을 밝히는데, 매우 주목할 만한 말씀이 나온다. 그는 로마의 교우들을 방문하려는 목적을 "성령의 은사를 나누어 여러분의 힘을 북돋아 주려는 것"(1,11)이라고 말한다. 그런데 이 말이 너무 일방적이라고 느꼈는지, 바로 이어서 '상호적 격려'에 대하여 조심스럽게 말한다. "다시 말하면, 내가 여러분과 같이 지내면서 … 다 함께 서로 격려를 받으려는 것입니다"(1,12).

이 말씀은 우리의 신앙생활에 많은 것을 시사한다. 특히 바오로처럼 다른 사람들을 신앙의 길로 인도할 책임을 진 사람들이 명심해야 할 말씀이다. 신앙의 길에서 혼자만의 길은 없다. 한쪽에서는 주기만 하고, 다른 쪽에서는 받기만 하는 일방통행 길은 없다. 가진 것이 없는 사람은 없는 대로 있는 사람은 있는 대로, 약한 사람은 약한 대로 강한 사람은 강한 대로 주거나 받는 것이 있기 마련이다. 신앙생활의 출발점(기초)은 각자가 쌓아 놓은 업적이 아니라, 자비하신 하느님께서 베풀어 주신 은총이기 때문이다.

3. 복음이라는 보화를 전해 주어야 할 책임(1,13-15)

1,13: "나는 여러분이 이 사실도 알기를 바랍니다. 비록 지금까지 좌절되기

는 하였지만, 나는 여러분에게 가려고 여러 번 작정하였습니다. 다른 민족들에게서처럼 여러분에게서도 내가 어떤 성과를 거두려는 것이었습니다."

"형제 여러분(*adelphoi*)"이라는 호칭이 로마서에서 처음 나온다. 바오로는 이 호칭을 동료 그리스도 신자들을 가리킬 때 즐겨 사용한다(7,1.4; 8,12; 10,1; 11,25; 12,1 참조). 이 호칭은 바오로 서간 밖에서도 쓰이고(1베드 5,12; 2베드 3,15) 사도행전에서 자주 사용된다(사도 1,15-16; 9,30; 10,23; 11,1.12.29; 12,17 참조). 베드로 사도도 예루살렘에 모인 유다인 군중에게 "형제 여러분"이라 했고(사도 2,29) 스테파노도 그렇게 한다(사도 7,2.26). 이를 보면 이 호칭은 유다인의 전통에서 유래하였음을 알 수 있다.

그러나 바오로와 초창기 그리스도인들은 이 호칭("형제들이여", "형제 여러분")을 혈통과는 무관하게 사용한다. 그들에 의하면, 그리스도 신자들은 유다인이었든 이방인이었든 상관없이 모두 믿음과 세례를 통해 하느님의 아드님이신 그리스도와 결합하여 하느님을 아버지라고 부를 수 있는 '자녀들'이 되었다. 즉 신앙의 차원에서 같은 아버지를 모시는 진정한 '형제자매'가 된 것이다(로마 8,15-16; 갈라 3,26-28; 4,6).

"나는 여러분이 이 사실도 알기를 바랍니다(직역: 나는 여러분이 모르기를 원치 않습니다)": 바오로는 '알기를 바란다'는 표현을 자주 사용한다(로마 11,25; 1코린 10,1; 12,1; 2코린 1,8; 1테살 4,13). 그런데 매번 "형제 여러분"이라는 호칭과 함께 쓴다는 점이 특이하다. 이 어구를 통해 바오로는 이제 말하려는 내용이 매우 중요하다는 점을 드러낸다.

바오로는 전부터 로마의 그리스도 신자들을 간절히 보고 싶어 했을 뿐 아니라 비록 실패하였지만 실제로 방문할 계획도 여러 번 세웠다고 말하여, 자신이 결코 그들에게 무관심하지 않았다는 점을 표현한다.

바오로가 여기서 말하는 '성과(*karpos*, 뜻은 열매)'는 복음을 전하는 활동으로 거둔 성과이다.

1,14: "나는 그리스인들에게도 비그리스인들에게도, 지혜로운 이들에게도 어리석은 이들에게도 다 빚을 지고 있습니다."

여기서 "그리스인들"이라고 번역된 그리스어는 헬레네스(*Hellēnes*)이다. 피츠마이어에 의하면, 이 단어는 기원전 700년경 이래 언어, 문화, 종교로 연합된 그리스의 각 종족과 도시국가 사람들을 지칭하였다고 한다. 알렉산드로스 대왕의 정복 이후 이 단어는 좀 더 넓은 의미로 쓰여 인종상 그리스 사람에 속하지 않지만 그리스어를 사용하고 그리스 문화와 교육을 공유한 사람들을 가리키기도 했다.[14]

위에서 "비非그리스인들"이라고 번역된 그리스어는 바르바로이(*barbaroi*)이다. 이 단어는 고대 그리스인들이 보기에 자기들이 알아들을 수 없는 말(예컨대 '바르바르…')을 지껄이는 사람들을 지칭한 데서 유래한 것 같다. 그래서 매우 발달된 문화를 가졌다고 자부하던 그리스인들이 다른 민족을 가리킬 때 사용되었다. 즉 이 단어는 고대 그리스인들에 비해 '문화가 덜 발달된 지역의 사람들'이라는 어감을 지녔다(이 단어에서 유래한 영어 barbarian은 '야만인', '미개인'을 뜻하지만, 바오로는 그런 의미로 쓰지 않았다).

이 구절에서 "빚을 지고 있다"는 표현이 깊은 의미를 지닌다. 여기서 바오로가 말하는 빚은 '간접적인' 빚이다. 생전 만나 본 적도 없는 사람들에게 바오로가 직접 빚질 일은 없었을 것이다. 앞에서(1,1.5) 밝혔듯이, 바오로는 하느님께 부르심을 받고 '하느님의 복음'이라는 '보화(보물)'를 만백성에게 전하는 사도의 사명을 받았다. 말하자면 복음은 바오로 혼

---

[14] J. A. Fitzmyer, *Romans*, p. 250.

자 가지기 위한 것이 아니라 다른 사람들에게 전하라고 하느님께서 그에게 맡겨 놓으신 보화이다(2코린 4,7: "우리는 이 보물을 질그릇 속에 지니고 있습니다"). 그런 의미에서 바오로는 다른 사람들, 특히 아직 복음을 들어 보지 못한 사람들에게 '빚을 지고 있다'고 느끼는 것이다.

바오로는 상대가 문명인인 그리스인이든, 문화가 덜 발달한 지역 사람이든, 똑똑한 사람이든 무식한 사람이든 차별하지 않고 모든 사람에게 하느님께서 그에게 전하라고 맡겨 놓으신 '복음'을 전해야 한다고 의식하였다. 그가 지닌 복음 선포의 열정과 사명감은 실로 대단하였다. "사실은 내가 복음을 선포한다고 해서 그것이 나에게 자랑거리가 되지는 않습니다. 나로서는 어찌할 수 없는 의무이기 때문입니다. 내가 복음을 선포하지 않는다면 나는 참으로 불행할 것입니다"(1코린 9,16; 참조 9,16-18.19-23).

1,15: "로마에 있는 여러분에게도 복음을 전하는 것이 나의 소원입니다."

적어도 이 구절에서 바오로는 '복음을 전하다(*euaggelizesthai*)'는 동사를 이미 그리스도 신앙을 가진 사람들에게도 적용한다. 그가 아직 복음을 듣지 못한 곳에 전하는 것을 하느님께 받은 사명으로 이해한 것이 분명하다(15,20: "나는 그리스도께서 아직 알려지지 않으신 곳에 복음을 전하는 것을 명예로 여깁니다"). 그렇다고 해서 그가 이미 신앙을 가진 사람들에게 복음을 전혀 전하지 않은 것은 아니었다. 1,15에서 보듯 바오로는 복음 선포가 필요한 곳이면 어느 곳이든, 어느 사람에게든 복음을 전하려 했다고 해석하는 것이 옳을 것이다.

제2부

교의 단원(1,16-11,36)

제1장
교의 단원의 주제문: 구원을 가져다주는 하느님의 힘이요
그 안에서 하느님의 의로움이 계시되는 복음(1,16-17)

그리스어 원문의 구조를 반영한 번역[1]

16절 ㄱ 나는 복음을 부끄러워하지 않습니다.
　　　ㄴ 〔복음은〕 먼저 유다인에게 그리고 그리스인에게까지,
　　　ㄷ 믿는 사람이면 누구에게나
　　　ㄹ 구원을 가져다주는 하느님의 힘이기 때문입니다.
17절 ㄱ 그〔복음〕 안에서 하느님의 의로움이 계시됩니다.
　　　ㄴ 믿음에서 믿음으로
　　　ㄷ 이는 〔성경에〕 기록된 그대로입니다. "의로운 이는 믿음으로 살 것이다."

---

1 이 번역문은 《성경》(한국 천주교 주교회의)의 번역을 기본적으로 따르되, 그리스어 원문의 구조를 살리기 위해 순서를 조금 변경했다. 원문에는 없으나 의미상 들어 있는 단어는 〔 〕 표시를 하여 구분하였다.
　그리스어 원문의 구조를 반영한 1,16-17의 영문 음역은 아래와 같다.
  16 *ou gar epaischynomai to euaggelion,*
　　dynamis gar theou estin eis sōtērian panti tō pisteuonti,
　　Ioudaiō te prōton kai Hellēni.
  17 *dikaiosynē gar theou en autō apokalyptetai*
　　ek pisteōs eis pistin, kathōs gegraptai,
　　ho de dikaios ek pisteōs zēsetai.

1. 문맥

로마서의 구성에서 보았듯, 1,16-17은 교의 단원(1,18-11,36)의 주제가 제시된 부분이다. 이 단원을 잘 이해해야 로마서의 중심 메시지를 잘 파악할 수 있다.

피츠마이어에 의하면[2] 이 주제는 다음 세 부분으로 전개된다.

① 1,18-3,20: 부정적 방법(via negativa)으로 전개되며, 복음이 없을 때 인류에게 무슨 일이 생기는가에 대하여 다룬다.

② 3,21-31: 긍정적 방법(via positiva)으로 전개되며, 복음에서 하느님의 의로움이 그리스도를 통해 모든 죄인에게 드러나고 믿음을 통해 선사된다는 내용을 다룬다.

③ 4,2-25: 1,16-17의 주제에 관하여 '아브라함의 예'를 성경의 증거로 제시한다.

이어서 피츠마이어는 1,16-17의 주제문에서 독자가 유념할 점을 다음과 같이 간결하게 제시한다.[3]

① 그리스도 사건의 효과를 '의화'가 아니라 '구원'으로 표현한다는 점이다. 비록 1,16-4,25은 의화에 초점을 맞추지만, 바오로가 의화론을 구원론의 테두리 안에서 고찰한다는 점이 여기에 드러난다.

② 이 구원으로 만민이 초대된다는 점이다. "믿는 사람이면 누구에게나" 구원의 효과가 주어지며, 이 초대에서 배제되는 사람은 없다. (유다인과 이방인의 구별 없이) 모든 사람이 초대되었다.

---

[2] J. A. Fitzmyer, *Romans*, p. 254 참조.
[3] 같은 책, p. 254 참조.

③ 하느님의 이 구원 계획에서 유다인과 그리스인은 평등하다는 점이다. 그러나 유다인이 구원사에서 차지하는 특별한 지위는 인정된다(시간상으로도 이스라엘의 예언자들을 통해 구원이 예고되었다고 주장하는 1,2; 2,9; 9-11장 참조).
④ 구원의 보편성과 평등은 하느님께서 당신의 의로움을 드러내시며 인류의 역사를 이끌어 가는 힘인 복음을 통하여 온다는 점이다.
⑤ 인간은 믿음을 통해 이 구원에 참여한다는 점이다.

그런데 놀랍게도 1,16-17에 제시된 주제에는 그리스도와 그분의 역할에 대한 언급이 빠져 있다. 이에 대해서는 3,21-26에 가서야 자세히 다루어진다.

던은 16절과 17절이 긴밀히 연결되어 있다는 사실에 주목하면서(바오로의 의화론의 중요성을 너무 강조한 나머지) 16절을 등한시하고 17절에만 집중하는 것은 옳지 않다고 강조한다. 그에 의하면 16-17절의 주된 강조점은 16ㄴ절에 나오는 '복음의 구원하는 힘'에 있으며, 17절은 이 주장의 중심 이유를 제시하는 역할을 한다고 본다.[4]

2. 복음은 구원을 가져다주는 하느님의 힘(1,16)

1,16ㄱ: "나는 복음을 부끄러워하지 않습니다."

이 절의 앞에 있는 그리스어 접속사 가르(gar)가 보여 주듯이, 이 구절은 바로 앞 구절과 긴밀하게 연결되어 있다. 바오로는 앞부분(1,8-15)

---

[4] J. D. G. Dunn, Romans, p. 37 참조.

에서 자신은 복음을 아직 듣지 못한 사람들에게 복음이라는 보화를 나눠 주어야 할 책임을 지고 있으며(14절: "빚을 지고 있습니다"), 복음을 전하고 싶은 열망에 가득 차 있다고 말하였다(15절: "여러분에게도 복음을 전하는 것이 나의 소원입니다"). 16절은 그 열망의 근거를 제시한다.

그런데 "복음을 부끄러워한다"는 말이 무슨 의미인가? 이 질문에 대한 좋은 답이 1코린 1,22-24에 나온다. 그곳에서 '십자가에 못 박히신 그리스도를 선포하는 것'은 복음 선포의 핵심 내용인데, 바오로는 그것이 그리스도를 믿지 않는 사람들에게 얼마나 '어리석게' 비치는지 잘 알고 있었다. "유다인들은 표징을 요구하고 그리스인들은 지혜를 찾습니다. 그러나 우리는 십자가에 못 박히신 그리스도를 선포합니다. 그리스도는 유다인들에게는 걸림돌이고 다른 민족에게는 어리석음입니다"(1코린 1,22-23).

그런데도 그는 그런 그리스도를 선포하는 것을 부끄러워하지 않았다. 왜 그런가? 바오로는 그 이유를 "유다인이든 그리스인이든 부르심을 받은 이들에게 그리스도는 하느님의 힘이시며 하느님의 지혜"(1코린 1,24)이시기 때문이라고 밝힌다. 비슷한 이유가 1,16ㄹ에 제시된다.

1,16ㄹ: "(복음은 …) 구원을 가져다주는 하느님의 힘이기 때문입니다."

"구원을 가져다주는 하느님의 힘(*dynamis theou eis sotērian*)"을 직역하면 '구원을 향한 하느님의 힘'이다. 이 힘을 복음이라고 표현하는 것은 의미심장하다. 이 표현은 복음의 역동성을 말해 준다. 바오로에게 복음은 몇 가지 명제로만 표현되는 진리나 주목할 만한 사건들을 보고하고 전달하는 것이 아니다. 그에 의하면 복음 (선포)에는 구원을 가져다주는 하느님의 힘이 작용한다. 복음은 사람들을 (죄인들을 포함하여) 변화시켜 구원으로 이끌어 주는 힘을 지니고 있다는 것이다. 복음 선포의 핵심 내용은 예수 그리스도의 죽음과 부활이었을 것이다(1코린 15,3-5 참조). '하느님의 힘'이라는 표현에서 힘은 '부활의 힘'(필리 3,10)과 관련되어 있다("죽은 이들 가운데에서 부활하시어, 힘을 지니신 하느님의 아드님으로 확인되신 우리 주 예수 그리스도"라는 1,4의 표현도 참조).

'복음에 작용하는 하느님의 힘'이라는 표현을 이해하는 데 바오로의 다른 서간이 큰 도움을 준다. 바오로는 "우리 복음이 말로만이 아니라 힘과 성령과 큰 확신으로 여러분에게 전해졌기 때문"(1테살 1,5)이라고 말하면서 하느님께 감사드린다. 그는 사람인 사도나 선교사가 복음을 선포하지만 '하느님께서 성령을 통해' 그들의 선포 과정 안에 '힘차게 활동하고 계신다'고 확신하기 때문이다. 이 점은 같은 서간에서 거듭 확인된다. "우리가 전하는 하느님의 말씀을 들을 때, 여러분이 그것을 사람의 말로 받아들이지 않고 사실 그대로 하느님의 말씀으로 받아들였기 때문입니다. 그 말씀이 신자 여러분 안에서 활동하고 있습니다"(1테살 2,13). 여기서 '활동하고 있다'고 번역된 그리스어 에네르게이타이(*energeitai*, 참조 *energeia*)는 '에너지를 내고 있다'고 번역될 수 있다.

위 내용에서 보듯 바오로가 파악한 복음은 우리가 종합뉴스 시간에 듣는 수많은 소식 중 하나와 같이 그저 듣고 흘려버릴 수 있는 '들을 거리'에 불과한 것이 아니라, 듣는 사람의 삶에 '구원'과 관련하여 효과를 내는 힘을 가진 것이다. 바오로의 이 말씀은 후대의 선교사들에게 복음 선포의 사명이 얼마나 막중한지를 일깨워 줄 뿐 아니라, 복음을 선포할 때 자신의 인간적 능력만을 믿으려 해서는 안 되고 '성령을 통하여 활동하시는 하느님의 능력을 믿어야 한다'는 점을 일깨운다.

하느님의 말씀은 살아 있고 힘이 있어서(히브 4,12) 우리의 삶이 하느님을 향하도록 이끌어 주고 변화시켜 준다는 것을, 우리는 개인뿐 아니라 공동체에서 체험하곤 한다. 다행스럽게도 공동체가 함께 하느님의 말씀을 들으며 살아갈 때, 성령께서 이루어 주시는 친교가 그들 사이에 이루어진다는 것을 신앙생활을 열심히 하는 이들에게서 확인할 수 있다(〈계시 헌장〉 25항 참조).

1,16ㄷ: "믿는 사람이면 누구에게나" 또는 "모든 믿는 이에게"

이 구절에 의하면 복음(선포)이 지닌 "구원을 가져다주는 능력(힘)"은 아무에게나 저절로 작용하는 것이 아니라 복음을 믿고 받아들이는 사람들에게 작용한다. 하느님께서는 당사자의 의사와 상관없이 강제로 구원하지 않으신다. 바오로는 인간이 복음에 순종(1,5; 16,26의 "믿음의 순종" 참조)해야 한다고 본다. 구원받는 데 믿음은 필수이다. "믿는 사람이면 누구에게나" 즉 믿음만 가지고 있다면 하느님의 의로움을 받는 데 사람들 사이에 (유다인이나 이방인이나, 문명인이나 미개인이나, 자유인이나 종이나) 차별이 없다. 로마서를 쓰는 바오로에게 '복음을 통한 구원이 모든 인류를 향해 열려 있다'는 점은 대단히 중요한 주제이다. 이 주제가 로마서의 교의 단원 전체를 관통한다고 해도 과언이 아니다(1,5.16; 3,19-20; 3,22-23.29; 10,4.12; 11,32.33-36 참조).

1,16ㄴ: "먼저 유다인에게 그리고 그리스인에게까지 … (누구에게나)"

'유다인과 그리스인'이라는 표현에서 그리스인은 유다인이 아닌 다른 민족이라는 의미의 '이방인'을 대표한다. 따라서 위의 표현은 "유다인이든 이방인이든 상관없이 (모두에게)"라는 의미를 지녔다고 볼 수 있다. 그리스인이 자신을 제외한 다른 민족들을 '바르바로이(미개인, 비그리스인을 의미)'라고 부른 데 비해(1,14 참조), 유다인은 자신(이스라엘인 또는 유다인)을 제외한 다른 민족들을 이방인[5]이라고 불렀다.

교의 단원(1,16-11,36)의 주제가 제시되는 1,16에서 유다인에게 "먼저"

라는 표현을 덧붙인 점은 로마서 전체에서, 특히 '이스라엘의 문제'를 집중적으로 다루는 9-11장과 관련하여 중요한 의미를 가진다. '먼저'라는 말에서 드러나듯이 바오로는 유다인이 하느님의 구원 계획에서 차지하는 특별한 지위를 분명히 인정한다(2,9-10; 특히 9,4에 나오는 목록 참조). 복음이 유다인에게 처음 선포되었기 때문만이 아니라, 바오로가 선포하는 복음이 "하느님께서 당신의 예언자들을 통하여 미리 성경에 약속해 놓으신 것"(1,2; 참조 3,21)이며 그 약속의 실현이기 때문이다. 따라서 복음은 우선 유다인(이스라엘)에게 적용되어야 하며 결코 그들을 배제하지 않는다(9,6; 11,28-29). 문제는 유다인들의 전통에 따라 "모세 율법에 따른 행위들(erga nomou)"을 유다인은 물론 이방인도 모두 지켜야 한다고 요구하여, 결과적으로 이방인이 예수 그리스도를 통한 '하느님의 복음'을 받아들이지 못하게 만드는 것이다.

---

5 '이방인'이라는 번역 자체가 토론의 대상이다. 이 단어에 해당하는 원어의 의미가 '민족들'이기 때문이다. 그런데 구약성경에서 히브리어 고임[goyi'm, 구약성경의 그리스어 번역본에서는 에트네(ethnē)]을 직역하면 '민족들'이지만, 그 내용은 유다인의 입장에서 '다른 민족들'을 뜻했고, 바오로도 다른 곳에서 에트네를 '유다인이 아닌 다른 민족들'이란 뜻으로 자주 쓴다[로마 11,13 '이방인(다른 민족)들의 사도'; 로마 15,16,18; 갈라 1,15-16 참조]. 이런 의미에서 이 단어를 예컨대 영어로 the Gentiles, 독일어로는 die Heiden이라고 옮긴다. 한국어 번역본에서 대부분 '이방인'으로 번역되는 이 단어를 한국 천주교 주교회의에서 펴낸 성경에서는 '다른 민족들'이라고 옮겼다. 이방인異邦人의 한자가 '다른 지방 사람, 또는 다른 나라 사람'이라는 뜻을 가져 오해를 불러일으킬 우려가 있다고 판단했기 때문이다. 예컨대 로마 시민들의 입장에서 보면, 이스라엘 땅에서 온 유다인들이 이방인 곧 타지방 사람이지, 로마인이 이방인은 아니다. 사실 '이방인'이라는 한자가 지닌 의미만 본다면 다른 민족들이라는 번역이 옳지만, 한국의 그리스도교계에서 이 단어를 오랫동안 '유다인이 아닌 다른 민족 사람들'을 가리키는 의미로 자연스럽게 사용해 왔다는 점을 크게 고려하면 이방인이라는 번역을 관용어로 받아들일 수 있겠다.

3. 복음에서 계시되는 하느님의 의로움(1,17)

그런데 어떠한 근거에서 복음이 믿는 사람에게 구원을 가져다주는 하느님의 힘이라고 말할 수 있는가? 이 질문에 대한 답변이 17절이다. 바오로에 의하면 "복음에서 하느님의 의로움이 계시된다"(17절)는 사실이 바로 그 근거이다. 이 구절의 뜻을 잘 알아듣는 것이 로마서 전체를 이해하는 데 매우 중요하다.

3.1. 하느님의 의로움의 계시

1,17ㄱ: "그(복음) 안에서 하느님의 의로움이 계시됩니다."

먼저 이 문장에서 '계시됩니다'의 의미를 살펴보자. 동사 '계시하다 (*apokalyptō*)'는 복음의 (유다) 묵시문학적 성격을 드러낸다.[6] 어원상 이 동사의 뜻은 '가리던 덮개를 치우다, 천을 열다'이다. 이 동사가 단순히 어떤 사람이 몰랐던 내용을 하느님께서 알려 주신다('열어 보여 준다')는 의미로 쓰이기도(1코린 14,30) 하지만, 여기서는 유다 묵시문학에서 사용되던 종말론적 의미를 지닌다고 보는 것이 맞다.[7] 즉 이 동사에는 하느

---

6 J. A. Fitzmyer, *Romans*, p. 257 참조.
7 J. D. G. Dunn, *Romans* I, (WBC 38a), pp. 42-43 참조. '계시됩니다'라는 용어의 사용에서 드러나는 종말론적 성격은 바로 앞의 1,16에 나오는 "복음은 … 구원을 가져다주는 하느님의 힘입니다"라는 표현과도 긴밀히 연결된다. 특히 케제만은 1,17의 하느님의 의로움이라는 개념이 지닌 종말론적 성격을 강조하였다. 그에 의하면 하느님의 의로움은 구원하는 힘이 작용하는 종말론적 선물이다. E. Käsemann, *An die Römer*, (Hanbuch zum Neuen Testament 8a), Tübingen: Mohr Siebeck, [4]1980, pp. 22,26-28 (에른스트 케제만, 《로마서》, (국제성서주석 34), 한국신학연구소 번역실 옮김, 한국신

님께서 당신이 정해 두신 세상 종말의 때가 오자 그동안 알려지지 않은 (구원과 관련된) 당신의 계획을, 바오로가 전하는 복음을 통해 드러내셨다는 의미가 들어 있다고 보는 것이 옳다.

이런 배경에서 볼 때 바오로가 '복음 선포'의 사명을 얼마나 중요하게 느끼고 있었는지 제대로 이해할 수 있다. 바오로는 과연 종말론적으로 기다려진 때가 찼을 때 하느님께서 당신 아드님을 보내셨고(갈라 4,4) 그런 '하느님의 아드님'을 하느님께서 몸소 자신에게 "계시해 주셨다"고 믿었으며, 그 목적은 만민에게 그분을 복음으로 전하도록 하기 위함이라고 이해하였다(갈라 1,15-16).

결국 이 동사의 뜻은 믿음을 통한 하느님의 의로움의 복음이 선포되어 그동안 감춰져 있던 온 인류를 구원하시려는 하느님의 구원 계획이 드디어 드러난다는 것이다. 이 동사는 1,18에 다시 사용되고 3,21에서는 비슷한 의미를 가진 '드러내다(phaneroō)' 동사가 사용된다. 둘의 차이는 시제가 다르다는 점이다. 1,17에 현재 시제("계시됩니다")로 쓰였다면 3,21에는 현재완료 시제("나타났습니다")가 쓰였다. 이는 바오로가 3,21에서는 3,21-26의 단락을 시작하면서 하느님께서 인류를 위한 당신의 의로움을 세우기 위하여 결정적으로 개입하신 '그리스도의 십자가 사건'에 초점을 맞추고, 1,17에서는 아직 진행 중에 있는 '복음 선포'를 염두에 두었기 때문("복음 안에서 … 계시됩니다")이라고 이해할 수 있다.[8]

그렇다면 과연 하느님의 의로움이란 무엇을 의미하는가? 이 문제는

학연구소, 1986, 51쪽과 57-60쪽).
8 진행적 의미를 강조하기 위해 던(*Romans*, pp. 37,52)은 1,17과 1,18에 나오는 그리스어 아포칼립테타이(*apokalyptetai*)를 현재진행형으로(… is being revealed)으로 번역했다. D. J. Moo, *Romans*, pp. 69-70 참조.

로마서 주석의 역사에서 학자들 사이에 매우 많이 토론된 사항이다.

3.2. 하느님의 의로움의 의미

(1) 문법적 관점에서 본 하느님의 의로움

하느님의 의로움(*dikaiosynē theou*)의 의미를 정확히 파악하려면, 먼저 '하느님의(*theou*)'라는 단어가 어떤 성격의 2격(소유격)인지 살펴야 한다. 그리스어 문법에서 2격은 세 가지로 나누어 고찰할 수 있다. ① 주어적 2격(subjective genitive) 또는 소유적 2격(possessive genitive), ② 객어(목적어)적 2격(objective genitive), ③ 원천의 2격(genitive of origin)[9]. 각 경우마다 하느님의 의로움의 의미가 달라진다.

① "하느님의"를 주어적 2격이나 소유적 2격으로 볼 경우, 하느님의 의로움은 '하느님께서 지니신 의로움(정의)'을 뜻한다. 여기서 말하는 하느님의 의로움은 하느님의 속성屬性 가운데 하나이다('공의하신 하느님', '의로우신 하느님'이라는 표현 참조).

② 객어적 2격으로 볼 경우, 하느님의 의로움은 '하느님에 대한 의로움' 또는 '하느님 앞에서 유효한 의로움'[10] 또는 '하느님 앞에서

---

9 성경 그리스어의 2격이 지닌 여러 의미에 관하여는 F. Blass/ A. Debrunner, *Grammatik des neutestamentlichen Griechisch*, Göttingen: Vandenhoeck & Ruprecht, ¹⁵1979, §§ 162–185, 특히 § 163; M. Zerwick, *Biblical Greek*, (English edition adapted from the fourth Latin edition by J. Smith), Rome: Pontifical Biblical Institue, 1963, §§36–50, 특히 § 36 참조.

10 마르틴 루터의 "Gerechtigkeit, die vor Gott gilt[righteousness that counts(is valid) before God]"라는 표현에 관하여 J. A. Fitzmyer, *Romans*, p. 261; D. J. Moo, *Romans*, p. 71. n. 37과 거기에 소개된 A. Oepke의 문헌 참조.

(인간이) 마땅히 가져야 하는 의로움'을 뜻한다.

③ 원천의 2격으로 볼 경우, 하느님의 의르움은 '하느님에게서 오는 의로움', 나아가 '하느님께서 마련해 주신 의르움의 지위(status)'를 뜻한다. 이 해석과 앞의 객어적 2격의 해석은, 하느님의 의로움을 하느님께서 선사하신 선물로 이해할 경우 내용의 상당 부분이 겹친다.[11]

---

[11] 무(D. J. Moo, *Romans*, 특히 pp. 70-75)는 하느님의 의로움에 대한 해석을 다음 세 가지로 일목요연하게 분류한다. ① 하느님의 한 속성으로 이해하는 해석, ② 하느님께서 주신 지위로 보는 해석, ③ 하느님의 활동으로 보는 해석. 무에 의하면 이 세 가지 해석은 각각 완벽하지도 서로 배타적이지도 않다. 1,17의 해석에서 위의 세 해석은 가끔 서로 연결되어 나타난다. 전체적으로 무는 셋째 해석을 강조한다.

무는 위에 언급한 세 가지 해석 가운데 두 번째가 일반적으로 문법적 관점에서 '원천적 2격'이라고 말하는 해석이라고 설명하면서, 이 해석 단에 객어적 2격으로 보는 해석이 포함된다고 본다: "그러나 소수의 사람들은 쿠터를 뒤따라, 여기의 2격을 객어적 2격으로 보고 '하느님 앞에서 유효한 의로움'이라고 보았다." 이어서 그는 하느님의 의로움에 대한 루터의 해석을 다음과 같이 요약한다.

"루터의 개인적 영적 투쟁은 다음과 같은 깨달음으로 끝났다: '하느님의 의로움(iustitia Dei)'은 '그것으로 하느님께서 당신 자신 안에서 의로우신 의로움'을 의미하지 않고, '그것으로 우리가 하느님에 의해 의롭게 되는 의로움'을 뜻한다. 그것으로 하느님께서 공정(불편부당)하게 세상을 통치하시는 엄격한 '분배적 정의(iustitia distributiva)'를 뜻하지 않고, '자기 자신의 것이 아닌 의로움(iustitia aliena)', '믿는 죄인에게 수여된 새로운 지위(standing)로서의 의로움'을 뜻한다. 바로 이것을 깨달음으로써 루터에게 바오로의 메시지는 '좋은 새 소식(good news)'이 되었다."

피츠마이어(Fitzmyer, *Romans*, p. 261)에 의하면, 루터는 속성에 대한 스콜라 철학적 개념을 거부하고, 아우구스티노처럼 하느님의 의로움을 '하느님에게서 오는 선물'(하느님께서 죄 많은 인간들에게 부여하시는 선물)이라는 의미로 해석하는 것을 선호하였다. 그는 중세 신학자들이 자주 가르친 하느님의 의로움이 부분적으로 하느님의 속성이라고 보는 해석을 반대하였다. 또 그것이 부분적으로 하느님의 징벌 활동을 가리킨다는 생각도 반대하였다. 이 아우구스티노적 의미는 트렌토 공의회에서도 의화義

그 가운데 '하느님의'에 해당하는 그리스어 테우(*theou*)의 2격을 객어적 2격 또는 원천의 2격으로 해석하는 학자가 많다. 하지만 피츠마이어는 하느님의 의로움이라는 어구가 바오로 서간에서 그런 의미로 사용될 수 있고 그렇게 사용된 경우가(예컨대 2코린 5,21) 있음을 인정하면서도,[12] 1,17의 '하느님의'를 객어적 2격이 아니라 주어적 2격으로 보는 것이 옳다고 주장한다. 즉 1,17에서 하느님의 의로움이란 하느님께서 지니신 속성으로서 그분의 '의로운(올바른) 존재(upright being)' 또는 '의로운 행위'를 뜻한다고 본다.[13]

피츠마이어는 이 주장을 뒷받침하는 논거를 다음과 같이 제시하는데,[14] 내가 보기에 설득력이 매우 높다.

① 1,17의 하느님의 의로움은 바로 앞 16ㄴ절에 있는 '하느님의 힘'과 대구對句를 이룰 뿐 아니라, 다음 구절(1,18)에 나오는 '하느님의 진노'와도 대구를 이룬다(두 경우 다 주어적 2격이 사용된 것이 분명하다). 하느님의 진노는 슐래터(Schlatter)가 옳게 보았듯이 하느님의 행동으로 드러나는 또 하나의 속성이다.

化의 형상적形相的 원인으로 받아들여졌다[Decretum de iustificatione, 1547, cap. 7(DS 1529)].

무(Moo, *Romans*, p. 71)는 하느님의 의로움에 대해 개신교가 전통적으로 고수하는 해석(가톨릭교회의 전통적 해석과 차이점)을 다음과 같이 간결하게 말한다. "아우구스티노나 대다수 중세 신학자와 달리, 루터는 이 '의로움'을 순수하게 법정적法廷的인 것으로 보았다. 즉 의로움이란 법정적 지위(judicial status)의 문제이지, 내적 쇄신이나 도덕적 변모의 문제가 아니라는 것이다. 이렇게 하느님의 의로움을 이해한 것이 루터 신학의 심장에 서 있으며 개신교 해석의 대표적 특징이 되었다."

12 여기에 관하여는 이 책 95쪽 참조.
13 J. A. Fitzmyer, *Romans*, p. 257.
14 같은 책, p. 262.

② 나아가 3,26에서 바오로의 논증은 절정에 이른다. 거기서 그는 "당신이 의롭다는 것을 [드러내기] 위하여(*eis to einai auton dikaion*)"라고 말한다. 이 문장은 하느님의 의로움을 주어적 2격으로 해석하는 것이 옳다는 점을 분명히 드러낸다.

③ 3장에는 하느님의 속성을 드러내는 표현으로 '하느님의 충실하심(*pistis*)'(3,3)과 '하느님의 진실하심(*alētheia*)'(3,7)이 나온다. 이는 사실상 하느님의 의로움(3,5)이라는 어구의 동의어(또는 유의어)이다.

한편 피츠마이어는 1,17의 하느님의 의로움을 하느님의 속성으로 이해하는 것이 옳다고 주장하면서도, 이 속성을 결코 정적靜的인 것으로 이해하면 안 된다고 강조한다.[15] 그에 의하면 의르움이라는 속성은 하느님의 힘의 한 면을 가리키는데, 법정에서 하는 방식으로 무죄를 선언하는 구원 행위가 거기에서 나오기 때문에 역동성을 지녔다. 1,16-17의 문맥에서 볼 때 피츠마이어의 이 지적은 참으로 옳다. 여기서 "하느님의 의로움"은 바로 "믿는 사람이면 누구에게나 구원을 가져다주는 하느님의 힘"인 복음에서 계시되는 것이기 때문이다. '하느님의 의로움이 계시되는 것'과 '구원을 향한(구원으로 이끄는) 하느님의 힘'이 드러나는 것이 긴밀하게 연결되어 있다.[16]

---

15 같은 책, p. 257.
16 케제만의 큰 공헌이자 큰 영향력을 보여 준 해석은 로마서에서 '복음'과 하느님의 의로움이 지닌 종말론적 '힘(역동성)'을 깊이 파악하고 강조한 점이다. 그에게 하느님의 의로움은 '구원을 가져오는 힘(독일어 Heilsetzende Macht)'이다. E. Käsemann, *An die Römer*, (Handbuch zum Neuen Testament 8a), Tübingen: Mohr Siebeck, [4]1980. 에른스트 케제만, 《로마서》 참조.

(2) 하느님의 의로움과 관련된 용어의 구약성경과 유다적 배경[17]

의로움으로 번역된 그리스어 디카이오쉬네(dikaiosynē)는 일반 그리스어에서 덕德의 하나인 '의로움, 정의'를 뜻한다.[18] 하지만 신약성경에서 이 단어는 그 외에도 여러 의미를 가진다. 이 단어는 신약성경 중 바오로 서간에서 가장 많이 쓰이는데, 바오로가 이 단어를 사용할 때 칠십인역 용례의 영향을 많이 받았다.

① 법정을 배경으로 하는 어휘

타동사 '의롭게 하다'와 형용사 '의로운', '의롭게 함(義化)'이라는 단어는 모두 구약성경에서 주로 '재판(심판)'이라는 맥락, 즉 법정을 배경으로 사용된다. 동사 '의롭게 하다(dikaioō)'는 본디 하느님께서 심판하실 때 누군가를 '너는 의롭다'고 선언하는 것을 뜻한다.[19] 이때 '너는 의롭다'는 말은 '너는 죄가 없다'는 뜻이다. '의로

---

17 바오로 서간에 사용된 의로움(dikaiosynē)과 관련된 어휘의 구약성경 및 유다적 배경에 관하여 G. Schneisder, 'dikaios', EWNT, I: pp. 781–784; K. Kertelge, 'dikaiosynē', EWNT I: pp. 784–796; K. Kertelge, 'dikaioō', EWNT I: pp. 796,787. 특히 복잡한 내용을 일목요연하게 잘 정리해 놓은 D. J. Moo, Romans, pp. 79–89; J. A. Fitzmyer, Romans, pp. 105–107,116–119 참조.
18 예컨대 사추덕四樞德(지혜, 용기, 절제, 정의) 가운데 하나인 '정의'.
19 이 경우에 '의롭게 하다'라고 번역된 그리스어 동사 디카이오(dikaioō)가 단지 선언적 의미(하느님께 '의롭다'는 선언을 듣는다는 의미)만 갖는지 아니면 효과적 의미(하느님께서 '의롭게 만드신다'는 의미)도 갖는지는 종교개혁 이후 예민한 토론 대상이 되었다. 가톨릭교회 전통에서는 효과적 의미를 강조하는 반면에 개신교 전통에서는 주로 선언적 의미만을 인정한다. 이에 관해서는 특히 J. A. Fitzmyer, Romans, pp. 118–119; D. J. Moo, Romans, pp. 71,74–75; J. D. G. Dunn, Romans, I, pp. 41–42 참조.
한국에서 가톨릭교회는 '의화義化'라는 용어를 쓰는 반면에, 개신교는 '칭의稱義(의롭다고 칭한다)' 또는 '의인義認(의롭다고 인정한다)'이라는 용어를 쓴다. 개신교계에서는 믿음으로써 칭의를 [하느님께 받는다]는 뜻의 '이신칭의以信稱義'라는 성어成語가 널

움'이란 인간이 하느님에게서 이런 선언을 들을 수 있는 '상태' 또는 이런 선언을 들은 '지위'를 뜻한다.

② 계약을 배경으로 하는 개념

구약성경에서 의로움은 계약을 배경으로 하는 하나의 관계 개념으로, 두 당사자 사이에 마땅히 있어야 하는 상태이다. 그래서 이 단어가 이스라엘 백성과 하느님의 관계에서 하느님께 적용될 때 즉 하느님의 의로움이라고 말할 때에는, 하느님께서 계약의 하느님(의로우신 하느님)으로서 마땅히 하시는 행위(사건)를 의미한다. 이때 하느님의 '의로움'은 이스라엘 백성에게 '구원'일 수도 있고 (이스라엘이 하느님의 계명을 어길 때) '심판'일 수도 있는데, 구약성경에서는 주로 '구원'과 연관하여 쓰인다.

③ 하느님의 구원 활동을 뜻하는 구약성경의 예[20]

"나는 내 의로움을 가까이 가져왔다. 그것은 멀리 있지 않다. 나의 구원은 지체하지 않는다. 나의 영광인 이스라엘을 위하여 나는 시온에 구원을 베푼다"(이사 46,13). 이 구절에서 하느님의 의로움은 이스라엘을 위한 구원 활동, 특히 '종말론적 구원'을 의미한다(미카 7,9 참조). 이 구절이 속한 문맥에서는 하느님께서 당신 계획(약속)에 충실하시다는 점이 강조된다. 이사 46,13처럼 하느님께서 자비로 베푸시는 구원과 하느님의 의로움(정의)이 동의어나 유의어 대구로 사용되는 예가 많다(이사 51,5.6.8; 56,1; 61,10; 시편

리 쓰인다.

20 이에 관하여 J. A. Fitzmyer, *Romans*, pp. 257-258.262; D. J. Moo, *Romans*, pp. 81-82 참조.

40,10,11; 51,16; 98,2; 112,9).

칠십인역에서는 '진실, 성실'을 뜻하는 히브리어 '에메트'(창세 24, 49; 여호 24,14; 이사 38,19)와 '자애'를 뜻하는 히브리어 '헤세드'(창세 19,19; 20,13; 21,23; 탈출 15,13; 이사 63,7)가 모두 '의로움'을 뜻하는 그리스어 '디카이오쉬네'로 번역된다. 그런가 하면 칠십인역 이사 56,1(에제 18,19.21 참조)에서는 '의로움'을 뜻하는 히브리어 '처다카'가 '자비'를 뜻하는 그리스어 '엘레오스(eleos)'로 번역되어 있다.[21] 이런 번역 경향은 '체덱' 또는 '처다카'라는 히브리어가 본래 가진 심판과 관련된 어감 곧 '벌을 통해 드러나는 하느님의 정의(공의)'라는 의미가 후대에 가면서 '용서를 포괄하는 자비'의 의미를 지니게 되었음을 반영하는 것 같다.

하느님의 의로움은 '선물'이라는 성격도 지닌다. "저의 혀도 당신의 의로움을, 당신 찬양을 날마다 전하오리다"(시편 35,28). 이 구절에서 말하는 하느님의 의로움을 "당신의 의로움에 따라 제 권리를 되찾아 주소서, 주 저의 하느님. 그들이 저를 두고 기뻐하지 못하게 하소서"(시편 35,24)라는 말씀과 연관하여 보면, 하느님께서 사악한 자들에게서 의인을 구원해 주신 행동을 뜻한다. 즉 선물로 받은 '의로움'이다.

---

21 칠십인역에서 '의로움'을 뜻하는 디카이오쉬네(dikaiosynē)가 '진리'를 뜻하는 알레테이아(alētheia)와 대구를 이루는 곳을 예시하면 시편 35,6; 88,15; 97,2-3; 142,1; 이사 38,19 등이고, '자비'를 뜻하는 엘레오스(eleos)와 대구를 이루는 곳을 예시하면 시편 31,10-11; 35,6-7.11; 87,12-13; 97,3; 102,17 등이다. 시편 144,7에서는 다카이오쉬네가 크레스토테스(chrēstotēs, 선하심)와 대구를 이룬다. J. A. Fitzmyer, Romans, p. 106; D. J. Moo, Romans, p. 82 참조.

④ 하느님의 의로움이 '심판'의 의미를 포함하는 구약성경의 예

구약성경의 많은 본문이 하느님의 의로움을 하느님의 구원 활동(사건)으로 보고 있다는 점을 근거로, 하느님의 의로움은 늘 호의적 또는 구원적으로만 펼쳐진다고 주장하는 학자들이 있다. 무(Moo, *Romans*, p. 82)에 의하면, 폰 라트(von Rad, *Old Testament Theology* I, pp. 370-377)가 그렇게 결론을 내린다. 무는 이 결론이 얼마나 성급하고 잘못되었는지 많은 성경 본문을 예시하며 주장하는데[22] 설득력이 매우 크다. 무의 지적은 하느님의 의로움에 관한 해석에 균형 감각을 갖게 하는 데 크게 기여한다.

예컨대 "하늘이 그분의 의로움을 알리네, 하느님, 그분께서 심판자이심을"(시편 50,6)이라는 말씀 가운데 하느님의 의로움은 당신 백성에 대한 심판과 관련되어 사용된다. 그 앞에 나오는 "그분께서 당신 백성을 심판하시려 저 위 하늘과 땅을 부르시네"(시편 50,4)라는 말씀과 비교하면 더욱 분명하다. 다음 구절에서도 하느님의 의로움은 하느님께서 계약의 기준에 맞게 사는 사람들을 구원하고, 그렇지 않은 이들을 배척하면서 보이시는 의로움으로 묘사된다. "제가 꾸민 재앙이 제 머리 위로 되돌아오고 제가 휘두른 폭행이 제 정수리로 떨어진다. 나는 주님을 찬송하리라, 그분의 의로움에 따라. 지극히 높으신 주님의 이름에 찬미 노래 바치리라"(시편 7,17-18). 시편 9,5.9에 나오는 하느님의 의로움도 악인들을 심판하여 벌을 내리면서 의인들을 구원하는 정의로 드러난다. "하늘은 그분의 의로움을 알리고 모든 백성은 그분의 영광을 보

---

22 D. J. Moo, 같은 책, pp. 82-83.

네"(시편 97,6)에 나오는 하느님의 의로움도 악인들을 처벌하면서 당신께 충실한 이들을 구출하시는 데서 드러난다. "그분께서는 정의를 갑옷처럼 입으시고 구원의 투구를 머리에 쓰셨다. 응보의 옷을 입으시고 열정을 겉옷처럼 두르셨다"(이사 59,17)에 나오는 하느님의 의로움(정의)은 바로 이어지는 구절이 분명히 보여 주듯이 응보의 성격을 지닌다. "그분께서는 저마다 그 소행대로 갚으시니 당신의 적들에게 분노하시고 당신의 원수들에게 보복하시리라. 섬들에게 보복하시리라"(이사 59,18).

시편 143에는 약간의 긴장이 보인다. 이 시편의 저자는 1절에서 "주님, 제 기도를 들으소서. 제 애원에 귀를 기울이소서. 당신의 성실함으로, 당신의 의로움으로 제게 응답하소서" 하며 하느님의 의로움에 따른 구원의 개입을 애원한다. 그러나 2절에서는 "당신의 종과 함께 법정으로 들지 마소서. 산 이는 누구도 당신 앞에서 의로울 수 없습니다"라고 말하며, 자신의 의로움을 근거로 해서는 도저히 하느님의 법정(심판)에서 견딜 수 없음을 고백한다. "너희는 공정을 지키고 정의를 실천하여라. 나의 구원이 가까이 왔고 나의 의로움이 곧 드러나리라"(이사 56,1)는 말씀에서도 구원의 의미를 지닌 하느님의 의로움이 임박함을 예고하지만, 동시에 공정을 지키고 정의를 실천하라고 요구한다. 그렇게 하지 않을 경우 응보가 따른다는 것이다.

다른 한편, 의로움이 이스라엘 백성에게 적용될 때에는 그들이 하느님과 계약을 맺은 백성으로서 마땅히 지녀야 할 삶의 태도를 의미한다. 구약성경이 제시하는 신앙인의 이상적 삶은 바로 이 의로움의 태도에 머무르는 삶이다.

(3) 바오로 서간에 나오는 하느님의 의로움의 선물(은사)적 성격

앞에서 신앙인의 이상적 삶으로 지적한 의로움의 상태에 도달하는 방법은, 구약성경의 전통에 따르면 하느님께서 모세를 통해 주신 율법(토라)을 철두철미하게 지키는 것이다. 그것은 대단히 어려운 일이다(욥 4,17; 9,2; 시편 143,1; 에즈 9,15 참조). 그런데 놀랍게도 바오로는 하느님의 의로움이 "이제는 율법과 상관없이 … 나타났습니다"(3,21; 참조 1,17) 하고 기쁘게 선언한다. 앞에서 하느님의 의로움이 하느님의 구원 활동을 가리키는 구약성경의 예를 많이 보았다.

바오로 서간도 이런 예에서 영향을 받아, 하느님의 의로움을 하느님께서 그리스도 사건을 통해 인류에게 베푸신 구원 효과(선물)의 하나로 [23]표현한다. "하느님께서는 죄를 모르시는 그리스도를 우리를 위하여 죄로 만드시어, 우리가 그리스도 안에서 하느님의 의로움이 되게 하셨습니다"(2코린 5,21). 로마 5,17에는 "의로움의 선물"이라는 표현이 직접 나오고, "믿음을 바탕으로 하느님에게서 오는 의로움"(필리 3,9)이라고 표현하기도 한다. 또 하느님의 의로움이라는 어구가 직접 나오지는 않지만, '의로움'이라는 낱말이 '그리스도 사건을 통해 우리에게 선사된 하느님의 선물(은총)'이라는 의미로도 쓰인다. "그러나 하느님께서는 여러분

---

23 피츠마이어(*Romans*, pp. 116-124)에 의하면, 바오로는 그리스도 사건의 구원 효과를 표현하기 위하여 다음과 같은 여러 이미지를 사용하였다(앞은 그리스어, 뒤는 영어): 의화(*dikaiōsis*, justification), 구원(*sōtēria*, salvation), 화해(*katallagē*, reconciliation), 속죄贖罪(*hilastērion*, expiation), 속량贖良 또는 구속救贖(*apolytrōsis*, redemption), 자유(*eleutheria*, freedom), 성화聖化(*hagiasmos*, sanctification), 영광스럽게 됨(*doxa*, glory 또는 glorification), 용서(*paresis*, pardon 또는 passing over). 구원의 효과를 표현하는 여러 이미지가 함께 심도 있게 사용된 곳이 3,21-26이다.

을 그리스도 예수님 안에 살게 해 주셨습니다. 그리스도께서는 우리에게 하느님에게서 오는 지혜가 되시고, 의로움과 거룩함[24]과 속량이 되셨습니다"(1코린 1,30). 이 구절에 나오는 성화와 속량은 의화와 함께 바오로가 그리스도 사건을 통해 인류에게 주어진 구원 효과를 표현하기 위해 사용한 핵심 용어이다.

일반적으로 1,17에 나오는 '하느님의 의로움(정의)'를 바로 다음의 18절에 나오는 '하느님의 진노(orgē theou)'와 연결하여, 하느님께서 내리는 벌로 드러나는 의로움(정의)으로 생각한다. 그런데 그렇게 이해하면 로마서에서 바오로가 강조하는 바를 이해하기 어렵다. 그는 로마서에서 하느님의 의로움을 무서운 벌이 아니라 은혜로운 선물로 이해하기 때문이다. 이 점은 로마서 구조에서도 명확하게 드러난다. 거기에서 "하느님의 의로움"(1,18)은 "하느님의 진노"(1,18)의 동의어(유의어)가 아니다.[25]

---

24 여기에 '거룩함'으로 번역된 그리스어 *hagiasmos*는 일반적으로 성화聖化 곧 '거룩하게 함'으로 번역된다. '성성聖性'을 뜻하는 그리스어 *hagiotēs*(히브 12,10), '거룩함'을 뜻하는 *hagiosynē*(로마 1,4; 1테살 3,13)와 구분되어 사용된다. 그런데 위에 제시된 1코린 1,30의 경우 번역자들이 그리스도를 통해 그리스도 신자들이 '거룩하게 되었음'(1코린 1,2; 6,11 참조)을 표현하기 위해 예외적으로 '거룩함'이라고 번역한 것 같다. 몇몇 영어 성경에도(NIV와 NJB) holiness(거룩함)로 번역되어 있다.

25 뒤에서 자세히 보겠지만 바오로는 1,18-3,20에서 인간이 하느님의 진노를 받아 마땅한 처지에 놓여 있다고 강조한다. 하지만 3,21-26에서는 인간의 그런 죄스러운 처지에도 불구하고 보여 주시는 '하느님의 의로움'이라는 자비를 선포한다. "그러나 이제는 율법과 상관없이 하느님의 의로움이 나타났"(3,21)다는 문장에서 "그러나 이제는" 이라는 말은 1,18-3,20에서 바오로가 묘사한 인류의 암담한 처지가 극적으로 반전되었음을 보여 주는 기쁨의 표현이다. 그런데 바오로에게 하느님의 의로움이라는 선물은 결코 값싼 것이 아니라는 점을 잊지 않아야 한다. 그것은 하느님께서 원하셨고 그리스도께서 사랑으로 받아들이신 '그리스도의 죽음'이라는 엄청난 사랑의 사건으로 주어졌기 때문이다. 이 선물은 불의에 대한 하느님의 진노에도 불구하고 그리스도 때

로마서의 전체 구조에서 "복음 안에서 하느님의 의로움이 믿음에서 믿음으로 계시됩니다"(1,17)라는 말씀은 "그러나 이제는 율법과 상관없이 하느님의 의로움(정의)이 나타났습니다"(3,21)와 연결된다. 1,17이 주제 제시라면 3,21-26은 그 주제를 긍정적 방법으로 전개한다. 그런데 하느님의 의로움이 나타났다는 것을 바오로는 대단히 큰 '기쁨의 소식(복음)'으로 전한다. 이것이 죄인을 처단하는 의로움이 나타났다는 소식이라면 기쁜 소식이 아니라 두려움과 공포를 불러일으키는 소식이었을 것이다. 만일 죄인이 인류의 일부에 불과하다면 하느님께서 그들을 처단하시어 의인들이 그들의 지배에서 벗어나게 된다는 의미에서, 그 처벌 행위를 하느님의 의로운 구원 행위로 이해할 수 있을 것이다.

그러나 바오로가 진단한 인류는 일부가 아니라 전체가 죄를 지어 죄의 지배(종살이)를 받는 처지, 곧 '죄인의 처지'에 있다는 데 심각한 문제가 있다(1,8-3,20의 전체 맥락, 특히 3,9-19.23; 5,12 참조). "주님, 당신께서 죄악을 살피신다면 주님, 누가 감당할 수 있겠습니까?"(시편 130,3)라는 말씀처럼, 죄만 본다면 인간은 하느님의 진노를 받아 마땅한 처지에 있다(1,20의 "변명할 수가 없습니다"; 1,32의 "죽어 마땅하다"; 2,3의 "하느님의 심판을 모면할 수 있으리라고 생각합니까?" 참조). 그런데 바오로에 의하면, 하느님께서는 인류에게 진노를 내리지 않고 오히려 자비를 베푸셨다. 스스로 죄의 지배에서 벗어날 능력이 없는(3,9; 6,6.17.20; 7,24 참조) 인류에게, 하느님께서는 그리스도 예수 사건(특히 그분의 십자가 죽음과 부활)으로 죄의 지배에서 벗어나 구원받을 수 있는 길(의롭게 될 수 있는 길)을 열어 놓으셨다는 것이 바오로가 전한 기쁜 소식의 핵심이다. 그 길은 예

문에 주어졌으며, 따라서 그리스도를 믿으라고 요청한다.

수 그리스도에 대한 믿음의 길이다. 이렇게 바오로가 선포하고자 하는 기쁜 소식은 하느님께서 죄 많은 인간의 현실(1,18-3,20)에도 불구하고 당신의 의로움을 자비로이 보여 주신다는 것이다. 이것이 1,17과 3,21-26에서 말하고자 하는 바다.

앞의 설명을 종합해 보면, 바오로는 하느님의 의로움이라는 어구를 악인들(죄인들)에 대한 심판과 처벌을 통해 드러나는 하느님의 속성인 '정의' 또는 '공의'라는 의미로 사용하지 않는다. 오히려 인간이 죄악을 저질렀어도 그들에게 자비를 베푸시는(자비로운 용서로 드러나는) 구원 행위라는 의미로 사용하였다.

3.3. 믿음으로

1,17ㄴ: "믿음에서 믿음으로(ek pisteōs eis pistin)"

이에 대한 해석은 다양한데, 크랜필드는 일곱 가지 해석을 열거한다.[26]

① 옛 계약(구약)의 믿음에서 새 계약(신약)의 믿음으로 또는 율법의 믿음에서 복음의 믿음으로(테르툴리아노와 오리게네스의 견해)

② 설교자들의 믿음에서 청중의 믿음으로(아우구스티노의 견해)

③ 한 조항에 대한 믿음에서 다른 조항에 대한 믿음으로(토마스 데 아퀴노의 견해)

④ 현재의 믿음에서 미래의 믿음으로(토마스 데 아퀴노의 견해)

---

26 C. E. B. Cranfield, *Romans*, p. 99. 크랜필드가 제시하는 해석 외에 좀 더 자세한 여러 해석은 D. J. Moo, *Romans*, pp. 75-76 참조.

⑤ 말(words)로 하는 믿음(보지 못하는 것을 지금 말로 믿는 상태)에서 실재實在의 믿음(지금 우리가 믿는 것을 장차 소유하게 되는 신앙)으로 (아우구스티노의 견해)

⑥ 하느님의 신실함에서 인간의 믿음으로(암브로시아스터와 카를 바르트의 견해)[27]

⑦ 믿음의 성장 즉 낮은 단계의 믿음에서 좀 더 높은 단계의 믿음으로 성장하는 것을 가리키는 표현으로 보는 해석(예컨대 샌데이와 헤드램 및 라그랑즈의 견해)[28]

피츠마이어의 견해는 일곱째 견해와 비슷하다. 그는 그리스어 이중 전치사구 '에크(ek)… 에이스(eis)'가 한 단계에서 다른 단계로 이전移轉하는 것을 표현하며[예컨대 시편 84,8(칠십인역 시편 83,8)], 바오로도 이런 의미로 사용했을 수 있다고 본다[예컨대 2코린 2,16(ek… eis…); 3,18(apo… eis…)]. 즉 피츠마이어는 1,17의 "믿음에서 믿음으로"를 "시작 단계의 믿음에서 좀 더 완벽한 단계의 믿음으로"라고 해석할 수 있다고 주장한다. 그는 또 다른 해석도 가능하다고 제시한다. 즉 앞의 전치사 에크(ek)를 수단으로 이해하여 '믿음을 통해서 의롭게 된다'는 의미에서 '믿음을 통해서'라고 이해하고, 뒤의 전치사 에이스(eis)는 목적으로 이해하여 하느

---

27 이 해석의 경우 1,17에 나오는 그리스어 'ek pisteōs'의 pistis는 '(하느님의) 신실함/ 충실함'을 뜻하고, 그 다음에 오는 'eis pistin'의 pistis는 '(인간의) 믿음'을 뜻한다. 같은 문장에서 한 단어가 두 가지 의미를 가진다는 문제점이 있는데도, 던(Romans, p. 44)은 이 해석이 가장 바람직하다고 보고, 무려 일곱 가지 이유를 자세히 제시한다.

28 크랜필드(Romans, p. 99)도 그리스어 ek… eis…가 '성장'을 의미할 수 있는 예로 칠십인역 시편 83,8의 "ek dynameōs eis dynamin"를 들며, 약간 다른 표현이나 2코린 3,18의 "apo doxēs eis doxan"를 참조하라고 제시한다. '신앙의 성장'에 관한 참조 구절로 2코린 10,15과 2테살 1,3을 제시한다.

님 계획의 목적이 '믿음'이라는 뜻에서 '(사람들의) 믿음을 위하여'라고 이해하는 것이다. 그에 따르면, 바오로가 이 어구에서 말하고자 하는 바는 구원이란 처음부터 끝까지 철저히 믿음의 일이라는 점이다.[29]

3.4. 성경 인증

1,17ㄷ: "의로운 이는 믿음으로 살 것이다."

바오로에게는 자신이 선포하는 '복음'이 하느님께서 이미 (구약)성경에 계시하신 계획에 따른 것이라는 점이 매우 중요하였다. 그래서 로마서 첫머리에서 자신이 전파하는 하느님의 복음이 "하느님께서 당신의 예언자들을 통하여 미리 성경에 약속해 놓으신 것"(1,2)이라고 밝혔다. 또 신학적으로 대단히 중요한 대목인 3,21-26의 시작 부분에서도 다음과 같이 말한다. "그러나 이제는 율법과 상관없이 하느님의 의로움이 나타났습니다. 이는 율법과 예언자들이 증언하는 것입니다"(3,21). 이런 맥락에서 교의 단원의 주제를 제시하는 1,17에서도 성경 인증이 제시된다.

그런데 바오로가 제시하는 성경 인용문(하바 2,4)은 히브리어 마소라 본문(MT)이나 칠십인역(LXX) 본문 가운데 어느 것과도 꼭 같지 않다.[30]

① 히브리어 본문(MT)의 하바 2,4을 직역하면, "의인은 '자신의' 믿음

---

[29] J. A. Fitzmyer, *Romans*, p. 263. 흥미롭게도 NIV는 이 전치사구를 "처음부터 끝까지 믿음으로(*by faith from first to last*)"로 번역했다. RSV와 NRSV와 TOB은 "믿음을 통해 (그리고) 믿음을 위해"라는 의미로 번역했다.

[30] ① 마소라 본문에 적힌 하바 2,4ㄴ: וְצַדִּיק בֶּאֱמוּנָתוֹ יִחְיֶה

② 칠십인역에 적힌 하바 2,4ㄴ: *ho de dikaios ek pisteōs mou zēsetai*.

③ 로마 1,17에 인용된 하바 2,4ㄴ: *ho de dikaios ek pisteōs zēsetai*.

(충실함)으로 살리라"이다. 하바쿡 예언서에서 위의 말씀은, 하느님께서 세상의 불의와 폭력을 묵과하시는 것 같은 상황에서 예언자가 올리는 탄원에 대한 하느님의 응답이다. 이 문장은 '이민족이 쳐들어오더라도 의인은 하느님께 충실하게 살았기에 살아남을 것'이라는 뜻이다.

② 칠십인역의 하바 2,4을 직역하면, "의인은 '나의' 믿음(신실함)으로 살리라"이다. 이 문장에서 '나의 신실함'은 '하느님의 신실함'을 뜻한다. 즉 의인은 이스라엘이 하느님께 불충실한데도 그분이 보여주시는 신실함 때문에 살아남게 될 것이라는 뜻이다.

③ 바오로가 1,17에 인용한 하바 2,4의 그리스어 원문(*ho de dikaios ek pisteōs zēsetai*)의 '믿음'에는 소유대명사가 붙어 있지 않다.[31] 따라서 이 인용 구절을 옮길 때 학자들의 의견은 크게 둘로 나뉜다. 즉 "의인은 믿음으로 살리라"는 번역과 "믿음으로 인한 의인은(믿음으로 의로운 이는) 살리라"는 번역이다. 둘의 차이점은 '믿음으로(*ek pisteōs*)' 어구를 '의로운 이(*dikaios*)', 또는 '살리라(*zēsetai*)' 어느 쪽에 붙여 번역하느냐이다. 히브리어 성경이든 칠십인역 성경이든 구약성경 자체의 맥락을 존중한다면 '믿음으로'를 '살리라' 쪽으로 붙여 번역하는 것이 자연스럽다.[32] 그러나 로마서에서 바오로가

---

[31] 매우 흥미롭게도 던(*Romans*, pp. 44,45-46)은 인용된 하바 2,4ㄴ에 인칭대명사가 없는 것을 의도된 것으로 본다. 즉 하바 2,4ㄴ에 나오는 '*pistis*'를 통해 바오로는 '(하느님의) 신실함'이라는 의미와 '(인간의) 믿음'이라는 의미를 동시에 표현하려 했다고 본다.

[32] 이 전통적 견해를 지지하는 예는 다음과 같다: 불가타("iustus autem ex fide vivit"), KJV("The just shall live by faith"), NIV("The righteous will live by faith"), J. A. Fitzmyer("The one who is upright shall find life through faith").

근본적으로 논증하려는 것이 '믿음을 통한 의화'이기 때문에, 그 주제문이라고 할 수 있는 1,17에도 바오로의 그런 의도가 들어 있다고 봐야 한다는 주장에도 설득력이 있다. 그래서 "믿음으로 인한 의인은(믿음으로 의롭게 된 이는) 살리라"고 번역하게 된다.[33]

바오로가 1,17에 인용한 하바 2,4의 "살리라"는 말은 단지 이민족이 쳐들어 올 때 '죽지 않고 살아남으리라'는 뜻이 아니다. '(예수 그리스도에 대한 믿음을 통하여) 부활하여 살아 계신 그분(그리스도)의 생명에 참여하리라'는 뜻(6,4.8 참조)을 지닌다.

보충 설명: '하느님의 정의'와 '하느님의 의로움'이라는 번역

바오로 서간에 나오는 그리스어 '디카이오쉬네 테우(dikaiosynē theou)'

---

[33] 이런 식으로("믿음으로 의롭게 된 이는 살리라" 또는 "믿음으로 의로운 이는 살리라") 번역한 예는 다음과 같다. RSV("He who through faith is righteous will live"); NJB("Anyone who is upright through faith will live"); NRSV("The one who is righteous will live by faith"); EIN("Der aus Glauben Gerechte wird leben"); C. K. Barrett; E. Käsemann; C. E. B. Cranfield(Romans, p. 102에 상세한 논거 제시); U. Wilckens(Römer I, pp. 89–90); D. J. Moo(Romans, pp. 77–79에 상세한 참고 문헌과 논거 제시).

그런데 일부 학자들은 "믿음으로"가 "의로운 이"에 연결되면서 동시에 "살리라"에도 관련되어 있다고 해석한다. 예컨대 J. D. G. Dunn(Romans, p. 46)은 두 가지 의미가 다 들어가 있도록 바오로가 의도적으로 문장을 작성했다고 본다. NAB("The one who is righteous by faith will live")도 두 가지로 해석할 여지가 있다. 내가 보기에 한국어 번역본들 가운데서는 200주년 신약성서와 공동번역 성서가 그리스어 원문 ek pisteōs를 ho dikaios에 연결하여 번역하였다.

의 의미를 다루면서 제기되는 어려운 문제 가운데 하나가 이 어구의 번역이다. 왜 '하느님의 정의'가 아니라 '하느님의 의로움'으로 번역하였느냐고 항의하는 이가 적지 않다. 그들은 '정의'라고 번역해야 마땅할 그리스어 단어를 '의로움'이라고 번역하여 그 단어 자체가 지닌 고유한 힘이 약화되었다고 말한다. 이 비판은 경청해야 마땅하다. 성경 밖에서 그리스어 디카이오쉬네는 일반적으로 '정의'의 의미로 사용되었기 때문이다. 정의는 사추덕四樞德의 하나로 아리스토텔레스와 플라톤 같은 철학자도 중요하게 여기고, 그리스도교의 전통 가르침에서도 중요하게 다루어진 '덕'이었다. 전 세계 가톨릭 신자들을 위한 공용 교리서 《가톨릭교회교리서》는 '정의'를 다음과 같이 규정한다. "정의는 윤리적인 덕으로서, 마땅히 하느님께 드릴 것을 드리고 이웃에게 주어야 할 것을 주려는 지속적이고 확고한 의지이다"(1807항)[34]

---

34 여기에는 토마스 아퀴나스가 정의定義한 다음과 같은 '정의正義' 개념이 들어 있다. "정의는 굳건하고 항구한 의지로 각자에게 그의 권리를 나누어 주는 습성이다. Iustitia est habitus secundum quem aliquis constanti et perpetua voluntate ius suum unicuique tribuit"(신학대전, II-II, q. 58, a.1). 보노라(A. Bonora)에 의하면, 이 정의 개념은 로마의 법률가 울피아노(Ulpiano)가 내린 다음의 정의定義를 따른 것이다. "정의는 각자에게 그의 것을 나누어 주려는 굳건하고 항구한 의지다. Iustitia est constans et perpetua voluntas suum unicuique tribuendi"(로마법대전 Digestoa I,1,10). 보노라에 의하면 울피아노의 이 '정의正義' 개념이 법률적 차원에서 가장 일반화한 것이다.

나는 보노라의 글을 다음 글에서 인용하되 라틴어 원문은 이탈리아어 원문에서 따왔고, 번역은 번역본에서 따오면서 조금 다르게 하였다. A. Bonora, 'giustizia', in: P. Rossano/ G. Ravasi/ A. Girlanda (eds.), Nuovo Dizionario di Teologia Biblica, Edizioni Paoline, 1988, pp. 713-726, 특히 p. 714. 이 사전의 한국어 번역은 다음과 같다. A. Bonora, "정의", P. 로싸노/ G. 라바시/ A. 지를란다 엮음,《새로운 성경신

또 성경 번역의 오랜 전통에서도 그리스어 '디카이오쉬네'는 '정의'라는 뜻으로 번역되었다. 이 어구를 대중 라틴 말 번역본인 불가타(Vulgata)가 '하느님의 정의'라는 뜻의 'iustitia(justitia) Dei'로 번역한 후 대부분의 옛 번역본이 '하느님의 정의'로 번역하였고, 오늘날에도 프랑스어, 이탈리아어, 스페인어, 독일어 번역본의 대다수가 이 전통을 계승하고 있다. 다만 영어권 번역본의 경우는 다르다. 영어권 번역에서는 위의 그리스어 어구를 대부분(KJV, RSV, NRS, NAB 등) 'the justice of God'이라고 번역하지 않고 'the righteousness of God'이라고 번역하였다(NJB는 'the saving justice'라고 번역함). justice라는 단어를 일부러 피하고 righteousness라는 단어를 선택한 것이다. 왜 그랬을까? 이 문제와 관련하여 피츠마이어는 다음과 같이 설명한다. 이를 한국어 번역에도 적용할 수 있을 것이다.

> '하느님의 정의(the justice of God)'라는 번역 자체가 틀린 것은 아니지만, 이 번역은 자주 '분배적 정의(distributive justice)' 또는 '응보적 정의(retributive justice)'로 이해되었다. 또 가끔 '하느님의 자비'와 대조되는 속성으로, 특히 '벌주는 정의(punitive justice)'나 '보복하는 정의(vindicative justice)'로 이해되었다. 로마서를 해석할 때 이런 의미를 써 오곤 했지만, 그것은 바오로가 '디카이오쉬네 테우(*dikaiosynē theou*)'를 통해 의도한

학사전 3》, 바오로딸, 2011, 2044-2063쪽, 특히 2045쪽.

의미와는 거리가 멀다.[35]

피츠마이어의 설명은 이 책이 성경에 따라 그리스어 '디카이오쉬네 테우'를 '하느님의 정의'라고 번역하지 않고 '하느님의 의로움'으로 번역한 이유를 잘 밝혀 준다. 그렇게 번역한 이유는 '하느님의 정의'라는 번역 자체가 잘못되었다고 보기 때문이 아니라, 그런 번역이 불러올 오해 때문이다. '하느님의 정의'마저도 일상에서 흔히 사용하는 개념인 '분배 정의', '사회 정의', '응보(보복) 정의'적 관점에서 이해하는 것은, 바오로가 이 어구를 통해 의도했던 의미를 생각해 볼 때 잘못된 이해라고 보기 때문이다. 앞에서 '하느님의 의로움(정의)'이라는 어구가 성경에서 사용된 여러 경우를 살피면서 알아보았듯이, '하느님의 의로움(정의)'이라는 개념은 성경에서 근본적으로 '하느님과의 관계'와 관련되어 있다. 물론 이웃 인간들과의 관계를 떼어 놓고 하느님과의 관계를 생각할 수 없지만, 하느님과의 관계에서마저 법률적 배경을 갖는 "각자에게 그의 것(권리)을 나누어 준다"는 개념을 적용하는 것은 적절치 않다.[36]

---

35 J. A. Fitzmyer, *Romans*, p. 258. 그런데 피츠마이어는 같은 글에서 'the justice of God'라는 번역이 위에서 말한 오해를 불러일으킬 염려가 있다고 말하면서도, 'the righteousness of God'이라는 번역보다 'the uprightness of God'이라는 번역을 선호한다. 이유는 'righteousness'라는 단어가 영어에서는 'self-righteousness(독선)'을 연상시키기 때문이라고 한다.

36 한국어 성경 번역본에서 그리스어 '디카이오쉬네 테우(*dikaiosynē theou*)'를 번역한 용어를 소개하면 다음과 같다: 공동번역 성서는 1,17과 3,21에서는 하느님과 "올바른 관계에 놓아 주시는 길"로, 3,25과 26에서는 "하느님의 정의"로 옮겼다. 200주년 신약성

하지만 나도 로마서를 깊이 들여다볼수록 그리스어 '디카이오쉬네 테우'를 '하느님의 정의'로 번역해야 한다는 주장도 겸손하게 경청해야 함을 느낀다. 정의라는 단어 자체가 지닌 '관계를 바로 잡아야 함을 요청하는' 의미가, 의로움이라는 단어로는 제대로 표현되지 않는다고 생각하기 때문이다.

보충 설명: '하느님의 의로움'에 대한 마르틴 루터의 해석의 전환

피츠마이어에 따르면, 마르틴 루터(M. Luther)는 1,17에 나오는 그리스어 *dikaiosynē theou*(하느님의 정의/ 의로움)를 이해하는 과정에 다음과 같은 큰 전환을 겪었다.[37]

처음에 그(루터)는 그리스어 *dikaiosynē theou*를 iustitia distributiva(분배적 정의)로 이해하였다. … 시간이 가면서 그것을 객어적 의미 곧 독일어로 "die Gerechtigkeit, die vor Gott gilt(하느님 앞에서 유효한 정의)", 또는 '인간이 하느님에게서 선물로 받는 의로움(올바름)'으로 이해하게 되었다.

서에는 일관성 있게 "당신(하느님)의 의로움"으로 번역되었다. 《개역개정판》, 《표준새번역》, 《개역한글판》에는 모두 '하나님의 의'로 번역되어 있다.

37 J. A. Fitzmyer, *Romans*, pp. 260–261.

이어 피츠마이어는, 루터가 그렇게 이해하게 된 과정을 잘 보여 주는 글로, 그가 죽기 1년 전에 작성한 라틴어 문집의 서문 중에서 일부를 직접 인용한다.[38]

> 나는 로마서에 나타난 바오로를 이해하고픈 상당한 열정에 사로잡혀 있었다. 그러나 그때까지 (내 이해를) 방해한 것은 심장에 흐르는 차가운 피가 아니라, 제1장에 있는 단 하나의 말씀 곧 "그 안에 하느님의 정의가 계시됩니다"였다. 내가 '하느님의 정의'라는 말을 싫어했기 때문이다. 나는 그 말을 모든 선생이 사용하는 바와 관습에 따라, 그들이 일컫는대로 부르자면 철학적으로 '형상적 정의(formal justice)' 또는 '능동적 정의(active justice)'로 이해하도록 가르침을 받았다. 즉 '하느님의 정의'란 그것으로 '하느님이 의로우시고', 죄인들과 불의한 자들을 벌하시는 것으로 이해하도록 배웠다.

---

38 이하의 글은 피츠마이어의 로마서 주석서에 실린 영어 번역(J. A. Fitzmyer, *Romans*, pp. 260-261)을 재인용하며 내가 재번역한 것이다(라틴어 원문도 참조했음). 피츠마이어가 인용한 글의 출처(라틴어 원문)는 WA(Weimar Ausgabe) 54.185-86이다. 피츠마이어의 번역은 영어판 루터 전집의 번역과 거의 같지만 선택한 용어가 조금 다르다. 'Preface to the Complete Edition of Luther's Latin Writings, 1545', translated by Lewis W. Spitz, in: *Luther's Works* (ed. H. T. Lehmann), Vol. 34 (Philadelphia: Muhlenberg Press, 1960), pp. 336-337. 위에 인용된 루터의 글을 브루스(F. F. Bruce)가 자유롭게 풀어 놓은 것이 존 스토트, 《로마서 강해》, 한국기독학생회출판부(IVP), 1996년, 16쪽에도 나와 있다.

나는 비난 받지 않는 수사(아우구스티노회 소속: 김영남 주)로 살고 있지만, 하느님 앞에서 양심이 매우 혼란스러웠으며 내가 죄인이라고 느꼈다. 그분(하느님)께서 그분을 만족시키려는 나의 행위[39]로 만족하신다고 믿을 수 없었다. 나는 사랑하지 않고 있었다. 참으로 나는 죄인을 벌하시는 의로우신 (공의하신) 하느님을 미워하였다. 모독하는 식은 아니었지만, 나는 확실히 크게 투덜거리며 은밀히 하느님께 화가 나 있었다. …

그런데 마침내 나는, 하느님의 자비로, 밤낮으로 묵상하다가 그 말씀(로마 1,17)의 문맥에 주의를 기울이게 되었다: "그(복음) 안에 하느님의 정의가 계시됩니다. 기록되어 있는 대로 '믿음으로 의로운 이는 살 것입니다.'" 그러자 나는 '하느님의 정의'란 (그것으로 말미암아) 의인이 하느님의 선물 즉 믿음으로 사는 것이라고 이해하기 시작했다. 그 뜻은 이러하다. '하느님의 정의'는 '복음 안에서 계시되는 것' 즉 '수동적 정의 (passive justice, 받는 정의)'이다. 하느님의 정의는, 그것으로 자비로우신 하느님께서, 우리를 믿음으로써 의롭게 하시는 것이다. "의로운 이는 믿음으로 살 것이다"라고 (성경에) 기록되어 있는 대로 말이다.

여기서 나는 온통 새롭게 태어났다고 느꼈다. 활짝 열린 문

---

[39] '그분을 만족시키려는 나의 행위'라는 번역의 원문은 간단히 '나의 만족'을 뜻하는 mea satisfactio이다.

을 통해 낙원으로 들어간 느낌이었다. 성경이 전혀 다른 얼굴로 나에게 다가왔다. 내가 기억할 수 있는 한 성경을 섭렵하면서 성경에 비슷한 경우들이 있음을 발견했다. 예컨대 '하느님의 일'이란 하느님께서 우리 안에서 하시는 일을 뜻하고, '하느님의 권능'이란 하느님께서 우리를 강하게 하시는 권능을 뜻하며, '하느님의 지혜'는 하느님께서 우리를 지혜롭게 하시는 지혜를 뜻한다는 것을 발견했다. '하느님의 힘', '하느님의 구원', '하느님의 영광'도(그렇게 해석할 수 있다).

제2장
그리스도의 구속救贖 은총이 없는
인류의 상태(1,18-3,20)

1. 생각의 흐름과 구성

바오로는 1,16-17에서 로마서(특히 교의 단원인 1-11장)의 주제를 이미 제시하였다. 그리고 "믿는 사람이면 누구에게나 구원을 가져다주는"(1,16) 복음 안에서 하느님의 의로움이 "율법과 상관없이"(3,21), "믿음으로"(1,17; 3,22.28 참조) 계시된다는 기쁜 소식을 3,21 이하(3,21-26 또는 3,21-4,25)에서 긍정적 방법(via positiva)으로 제시할 것이다. 그 사이에 있는 1,18-3,20에서는 먼저 인류 전체가 하느님께서 베푸시는 자비로운 구원을 간절히 원하는 상태에 있음을 묘사하려고 한다. 인간이 저질러 놓은 행위만을 본다면, 이방인들(1,18-32)이나 유다인들(2,1-29)이나 모두 죄 중에 있기 때문에(특히 3,9.19 참조) 하느님의 진노의 심판을 받아 마땅한 처지에 있다고 말한다.

아마 1,16-17에서 '기쁜 소식'의 선포를 들은 로마 교회의 신자들은, 바로 이어지는 1,18에서 바오로가 갑자기 "하느님의 진노가 하늘에서부터 나타나고 있습니다" 하며 전하는 '나쁜(무서운) 소식'을 듣고 무척 놀랐을 것이다. 그러나 이 어두운 부분(1,18-3,20)은 바오로가 로마 교우들에게 확신을 갖게 하려는 '복음'의 밝은 부분을 더욱 돋보이게 하는 역할을 한다. 바오로는 여기서 인간이 처한 매우 어려운 상황과, 이런 처지에서 스스로의 힘으로 벗어날 수 없다는 것을 깨닫게 함으로써, 그들이 예수 그리스도를 통한 '하느님의 복음'(1,1 참조)을 믿음으로 받아들이게 하려고 노력하는 것이다.

1,18-3,20의 구성은 다음과 같다.

① 1,18-32: 죄인들을[40] 향한 하느님의 진노
② 2,1-29: 유다인들도 "변명의 여지가 없음"
③ 3,1-20: 모든 인간이 죄의 지배 아래 있음

2. 죄인들을 향한 하느님의 진노(1,18-32)

1,18은 이 단락(1,18-3,20)의 제목 역할을 한다. 바오로는 18절에 주제를 제시하고 19-32절에서 그것을 이방인들과 관련하여 전개한다. 전반부인 19-21절에서는 하느님의 진노가 왜 내리게 되었고, 거기에 대하여 왜 변명할 수 없는지 그 이유를 댄다. 후반부인 22-32절에서는 하느님께서 자연 세계에서 당신을 계시하시는 데에도 사람들이 그분을 인정하지 않

---

[40] 대다수 학자가 1,18-32에서 바오로가 '하느님의 진노'를 받아 마땅한 처지에 있다고 보는 사람을 '이방인들(유다인이 아닌 사람들)'로 본다. 이는 특히 1,18-3,20 단원의 구조("유다인이나 이방인이나 모두 죄 아래 있다"는 3,9.19의 결론으로 가는 구조)를 볼 때 옳은 지적이다. 하지만 엄밀히 말해 1,18-32의 내용이 유다인은 제외하고 이방인에게만 적용되는 것이라고 주장할 수는 없다. 예컨대 1,19-21에서 말하는 이른바 '자연(피조물)을 통한 하느님의 계시'는 유다인에게도 똑같이 해당된다. 또 예언자들의 비판에도 자주 나오듯이, 유다(이스라엘) 백성에게도 (특히 넓은 의미로 생각하면) '우상 숭배'의 유혹은 상존한다. 따라서 1,18-32의 표현은 (주로 이방인을 겨냥하여 한 말이지만) 인간 전체를 향한 말로 보아야 할 것이다. 이에 관하여 날카롭게 관찰한 D. J. Moo, *Romans*, pp. 96-97 참조.

고 거절하는 결과가 어떻게 나타나는지 묘사한다.

2.1. 하느님의 진노의 계시(1,18)

1,18: "불의로 진리를 억누르는 사람들의 모든 불경과 불의에 대한 하느님의 진노가 나타나고(계시되고) 있습니다."

'하느님의 진노(orgē theou)'는 성경에 나오는 하느님상像, 특히 예수 그리스도를 통한 하느님상과 관련하여 깊이 토론되는 주제이다.[41] 구약성경에서 이 어구는 '주님(야훼)의 날'에 있게 될 '심판'과 관련된다. 구약성경의 예언자 전통에서는 악에 대한 야훼 주님의 응징적 개입을 줄기차게 선포하였다. 시간이 지나면서 악의 세력이 극악해지자, 이 악을 응징하려고 주님께서 최종적으로 개입하시는 '주님의 날'이 희망의 날로 선포되었다. 그런데 이 날은 양면성을 지녔다. 이 날이 악인들에게는 진노의 날, 멸망의 날이 될 것이지만(예컨대 스바 1,14-2,3), 동시에 의인들(갖가지 고난에도 불구하고, 주님께 충실하며 깨어 주님을 기다리던 자들)에게는 구원의 날이 될 것이기 때문이었다.

그런데 바오로를 비롯한 초창기 그리스도인들은 구약성경의 예언적 문헌에 나오는 주님의 날을 '부활 승천하신 주 예수님께서 다시 오시는 날'로 이해하였다. 그래서 바오로는 이제 그러한 날이 곧 닥쳐올 테니 그날이 '진노의 심판 날'이 되지 않고 '구원의 날'이 되도록 예수 그리스도를 확고히 믿고 살아 갈 것을 촉구하였다(1테살 1,10 참조).[42]

---

41 이에 관한 비교적 최근의 토론과 관련된 문헌 정보를 알려 주는 D. J. Moo, *Romans*, pp. 99-102를 참조할 것.

그러면 하느님의 진노는 무엇인가? 이를 그리스 신화에 등장하는 신들이 자주 보여 주는 것처럼 비이성적이거나 무책임한 분노의 폭발이나 변덕스럽거나 자의적인 분노로 이해하는 이들이 많다. 하지만 하느님의 진노는 인간의 죄와 악에 대하여 '거룩하고 의로우신 하느님께서 마땅히 보이시는 반응'을 의미한다.[43] 구약성경에서 하느님은 종종 죄에 대하여 분노로 응답하시는 분으로 묘사된다.[44] 그러나 구약성경이 근본적으로 고백하는 하느님은 분노의 하느님이 아니라 자비의 하느님이다. 다음 구절이 이를 잘 표현한다. "주님은 자비롭고 너그러우시며, 분노에 더디시고 자애와 진실이 충만하시다"(탈출 34,6; 참조 시편 86,15; 103,8; 145,8; 요엘 2,13; 요나 4,2; 느헤 9,17.31).[45]

---

42 1테살 1,10: "그리고 (그들은) 여러분이 어떻게 하느님께서 죽은 이들 가운데에서 일으키신 그분의 아드님, 곧 닥쳐오는 진노에서 우리를 구해 주실 예수님께서 하늘로부터 오실 것을 기다리게 되었는지 말하고 있습니다."

43 J. A. Fitzmyer, pp. 107-108; D. J. Moo, *Romans*, pp. 99-101 참조.

44 몇 가지 예만 들면 다음과 같다: 탈출 4,14; 15,7; 32,10-12. 가끔 하느님의 진노는 역사적 사건들의 과정 중에 나타난다: 민수 11,1; 예레 21,3-7(바빌로니아의 예루살렘 점령 때). 이 밖에 '하느님의 진노'라는 표현이 나오는 곳을 예시하면 다음과 같다: 시편 78,31; 이사 13,13; 26,20; 2열왕 22,13; 에즈 10,14; 2역대 12,12. 바오로 서간에서 '(하느님의) 진노가 언급되는 곳은 로마 1,18; 3,5; 4,15; 9,22; 에페 2,3이다. 또 미래 심판 때 부어질 '하느님의 진노'가 언급되는 곳은 로마 2,5.8; 5,9; 콜로 3,6; 1테살 1,10이다.

45 신약성경은 하느님의 아들 예수 그리스도를 통한 계시에서 하느님은 무엇보다도 '사랑(자비)의 하느님'이라는 것을 극도로 강조한다. 그럼에도 엄연하게 남아 있는 진실은, 신약성경이 (특히 바오로 사도가) 선포하는 하느님은 어떤 불의가 벌어져도 그대로 수수방관하는 분이라는 의미의 '자비의 하느님'이 결코 아니라는 점이다. 이런 점에서 하느님의 진노에 관한 1,18 이하의 본문과 행실에 따른 심판에 관한 바오로의 말씀을 상기하는 것은 매우 중요하다(이에 관하여는 이 책 132-134쪽 참조).
이 맥락에서 좀 벗어나는 것 같지만 하느님의 진노라는 주제와 관련하여, '은총과 일부 학자들은 1장의 17절과 18절이 병행(대구)을 이루는 데 주목하면서[46] 하느님의 진노를 계시하는 것은 하느님의 의로움을 계시하는 것의 일부라고 본다.[47] 이 견해에 의하면 하느님의 의로움(정의)은 죄에 대한 하느님의 진노에서 드러난다. 하느님이 당신의 의로움(정의)을 죄에 대한 벌로만 드러내시는 것은 아닐지 몰라도, 그 벌에 하느님의 진노가 포함되어 있다는 주장은 언뜻 보면 설득력이 커 보인다. 하지만 앞에서 '하느님의 의로움'의 의미에 관하여 자세히 살펴본 바와 같이[48] 이 주장

정의(의로움)'에 관한 베네딕토 16세의 다음 글은 의미 있게 다가온다. "하느님께서는 정의이시며 정의를 이루십니다. 이것이 우리의 위안이고 희망입니다. 그리고 그분의 정의 안에는 은총도 있습니다. … 은총은 정의를 배제하지 않습니다. 은총은 그른 것을 옳게 만들지 않습니다. 은총은 우리가 이 세상에서 무슨 짓을 하였든지, 결국 모두 똑같아지도록 모든 것을 닦아 내버리는 지우개가 아닙니다. 예를 들어 도스토예프스키가 소설 『카라마조프의 형제들』에서 이러한 하늘 나라와 이러한 은총을 반대한 것은 옳았습니다. 결국, 악인들은 마치 아무 일도 없었던 것처럼 자신들이 희생시킨 이들과 나란히 영원한 잔칫상에 앉아 있을 수 없습니다"(교황 베네딕토 16세 회칙, 《희망으로 구원된 우리》, 한국천주교중앙협의회, 2008년, 44항).

46 이 주장의 중요한 논거는 양쪽 구절(하느님의 의로움이 언급되는 17절과 하느님의 진노가 언급되는 18절)에 똑같은 동사의 똑같은 시제(현재형)가 사용된다는 점이다.
    1,17: "하느님의 의로움(*dikaiosynē theou*)이 … 계시됩니다(*apokaluptetai*)."
    1,18: "하느님의 진노(*orgē theou*)가 … 계시됩니다(*apokaluptetai*)."
    또 다른 논거는 18절에 그리스어 *gar*가 사용된 점이다. *gar*가 반드시 '왜냐하면'의 의미를 지니는 것은 아니지만 적어도 해당하는 문장이 앞 문장과 긴밀히 연결되어 있다는 점을 분명히 드러낸다.

47 예컨대 바레트는 다음과 같이 주장한다. "그러므로 [하느님의] 진노의 계시는 '하느님의 의로움'이 계시된다는 분명한 표지이다"(C. K. Barrett, *A Commentary on the Epistle to the Romans*, Black's New Testament Commentaries, London: A. & C. Black, Second Edition, 1991, p. 34).

48 이 책 86-98쪽 참조.

은 옳지 않다. 로마서의 구조에서 볼 때 1,18의 하느님 진노의 계시는 1,17의 하느님 의로움의 계시와 동의어 관계에 있지 않고 대조적 관계에 있다. 왜냐하면 1,17에 제시된 주제를 본격적으로 전개하는 대목의 시작 부분인 3,21("그러나 이제는 율법과 상관없이 하느님의 의로움이 나타났습니다")에서, 하느님의 의로움은 하느님의 진노를 통해 나타나지 않고 오히려 '하느님의 자비'를 통해 드러나기 때문이다. 바오로에 의하면, 하느님은 당신의 아드님 그리스도의 십자가 죽음을 통해(특히 3,25) 스스로의 힘으로는 죄의 압제에서 빠져 나올 수 없는 처지에 있던 인간, 그래서 하느님의 진노를 받아 마땅한 죄인인 인간(1,18-3,20 참조)에게 오히려 '믿음을 통해 거저'(특히 3,24) 하느님의 의로움이라는 자비에 참여할 수 있게 하셨다.

2.2. 피조물(자연)을 통한 하느님의 계시(1,19-21)

1,19: "하느님에 관하여 알 수 있는 것이 이미 그들에게 명백히 드러나 있기 때문입니다. 사실 하느님께서 그것을 그들에게 명백히 드러내 주셨습니다."

18절에서 하느님이 진노하시는 대상인 '모든 불경과 불의' 앞에 "진리를 억누르는 사람들의"라는 수식어가 붙어 있다. 이 점은 무(Moo)가 잘 지적하고 있듯이,[49] 이제 바오로가 말하려고 하는 논지의 실마리를 제공한다. 사람이 가지지 않은 것을 억누를 수 없다는 점을 고려해 보면, "진리를 억누른다"는 것은 "진리를 이미 가지고 있다(알고 있다)"는 것을 전제한다고 볼 수 있다. 1,19-21에서 바오로는 바로 이 점에 대하여 말

---

[49] D. J. Moo, *Encountering Romans*, p. 56.

한다. "하느님에 관하여 알 수 있는 것"이라는 표현에는 하느님은 본디 인간이 온전히 '알 수 없는 분'이라는 생각(탈출 33,20; 신명 4,12; 집회 43,31 참조)이 반영되어 있는 것 같다. 동시에 이 표현은 다음 구절에서 하느님이 당신 피조물을 통해 당신을 알아볼 수 있도록 하셨다고 말하지만, 그렇게 얻는 '하느님에 대한 인식'도 제한적임을 말해 준다.

1,20-21

앞에서 말했듯이 19-21절에서 바오로는 이방인들에게도 하느님의 진노가 내리게 된 이유를 제시한다. 창조주 하느님께서 피조물을 통해 당신 자신을 계시하시기 때문에 그들도 하느님을 알아볼 수 있었다. 그럼에도 하느님을 하느님으로 공경하지 않고 찬미와 감사를 드리지 않았기(21절) 때문에 그들도 변명할 수 없는 상태에 있다는 것이다.

1,20: "세상이 창조된 때부터, 하느님의 보이지 않는 본성 곧 그분의 영원한 힘과 신성을 조물을 통하여 알아보고 깨달을 수 있게 되었습니다. 따라서 그들은 변명할 수가 없습니다."

하느님은 본디 '볼 수 없는 분'이시지만 그분의 본성은 피조물에 반영되어 있다는 것이다. 여기서 바오로는 창조된 우주가 하느님이 손수 만드신 작품이라는 구약성경의 가르침을 반영한다[예컨대 "우러러 당신의 하늘을 바라봅니다, 당신 손가락의 작품들을 당신께서 굳건히 세우신 달과 별들을"(시편 8,4); "그분 손의 솜씨"(시편 19,2); 이사 40,26.28; 욥 12,7-9; 집회 42,15-43,33].

특히 창조주 하느님을 향한 찬양시 가운데 하나인 시편 19은 1,20-21을 이해하는 데 큰 도움을 준다. "하늘은 하느님의 영광을 이야기하고 창공은 그분 손의 솜씨를 알리네. 낮은 낮에게 말을 건네고 밤은 밤에게 지식을 전하네. 말도 없고 이야기도 없으며 그들 목소리조차 들리지 않지만 그 소리는 온 땅으로, 그 말은 누리 끝까지 퍼져 나가네"(시편 19,2-5ㄱ). 이 시편에서 하늘과 창공은 의인화된 공간이고, 낮과 밤은 의인화된 시간이다. 히브리어 원문에서 '하늘'과 '창공'은 교차배열법에 의해 2절의 시작과 끝에 놓여 있다. 땅은 천상의 말을 듣는 거대한 청중과 같다. 바오로에 의하면 모든 인간은 근본적으로 피조물을 통해 하느님께서 드러내시는 '하느님의 진리'를 깨닫도록 초대 받고 있다.

1,21ㄱ: "하느님을 알면서도 (그분을 하느님으로 찬양하거나 그분께 감사를 드리기는커녕,)"

여기서 바오로는 이방인들도 어떤 의미에서 막연하지만 하느님에 관한 지식과 체험을 가지고 있다고 인정한다. 이 점에서 일반적으로 이방인들을 '하느님을 모르는 자'로 묘사하는 구약성경과 대조된다(예레 10,25; 시편 79,6; 지혜 14,12-22 참조). 바오로는 "세상은 하느님의 지혜를 보면서도 자기의 지혜로는 하느님을 알아보지 못하였습니다"(1코린 1,21)라고 말했다. 여기서 말하는 '하느님의 지혜'는 예수님의 십자가 사건과 관련된 것이다. 그런데 하느님의 지혜를 알아볼 수 있었는데도 알아보지 못하였다는 점에서는 1,21과 일맥상통한다.

이방인들이 지닌 하느님에 관한 지식과 관련해서 바오로의 아레오파고 연설을 참고할 수 있다. "내가 돌아다니며 여러분의 예배소들을 살펴보다가, '알지 못하는 신에게'라고 새겨진 제단도 보았습니다. 여러분이 알지도 못하고 숭배하는 그 대상을 내가 여러분에게 선포하려고 합니다"(사도 17,23). "알지 못하는 신"을 경배하는 것 자체가 이미 하느님에 대한 지식을 어느 정도 지녔다는 것을 의미한다. 그러나 그 지식은 더 정화되고 교정되며 완성되어야 한다. 이 연설에서 바오로는 이방인들이 지닌 '하느님에 관한 지식'을 매우 긍정적으로 보며, 그것을 바탕으로 그들에게 복음을 전하려고 노력한다.

1,21ㄴ: "(하느님을 알면서도) 그분을 하느님으로 찬양하거나 그분께 감사를 드리기는커녕."

이 구절에 의하면, 이방인들도 하느님을 알았다면 마땅히 말과 행동으로 하느님을 찬양하고 그분께 감사를 드려야 한다고 바오로는 생각한다. 이 절에서 '찬양하다'에 해당하는 그리스어 동사(*doxazō*)를 직역하면 '영광스럽게 하다'이다. 15장에서도 바오로 사도는 같은 동사를 사용하며 다음과 같이 말한다. "한마음 한목소리로 우리 주 예수 그리스도의 아버지 하느님을 찬양하게 되기를 빕니다"(15,6). "다른 민족들은 자비하신 하느님을 찬양하게 하시려는 것이었습니다"(15,9ㄱ).

1,21ㄷ: "오히려 생각이 허망하게 되고 우둔한 마음이 어두워졌기 때문입니다."

"생각이 허망하게 되고"에 해당하는 그리스어 원문을 직역하면 "자신들의 생각들 속에서 허망하게 되었고"라는 문장이 된다. 흥미롭게도 칠십인역 예레 2,5("너희 조상들이 … 나에게서 멀어져 헛것을 따라다니다가 그들 자신도 헛것이 되었더란 말이냐?")에서 "헛것이 되었다"는 어구가 1,21에서와 같은 그리스어 동사(*emataiōthēsan*)로 표현된 것을 보면, 그것이 1,21에 반영되었다고 볼 수 있다("생각이 허망하게 된다"는 표현에 관하여는 에페 4,17: "여러분은 더 이상 헛된 마음을 가지고 살아가는 다른 민족들처럼 살아가지 마십시오" 참조). 바오로는 '허망한 생각'에 빠져 있고 '우둔한 마음'으로 어두워져 있는 상태를, 하느님을 찬양하지 않고 그분께 감사드리지 않는 이방인의 특성으로 묘사한다[에페 4,18: "그들(다른 민족=이방인) 안에 자리 잡은 무지와 완고한 마음 때문에, 그들은 정신이 어두워져 있고 하느님의 생명에서 멀어져 있습니다" 참조].

2.3. 피조물(자연)에 계시된 하느님의 진리를 거절한 결과(1,22-32)

이 단락에서 바오로는, 하느님께서 자연 세계에 당신 자신을 계시하시는 데에도 불구하고 사람들이 하느님을 인정하지 않고 거절하는 결과가 어떻게 나타나는지 묘사한다. 여기에서 바오로는 자연에 계시된 하느님의 진리를 거절하는 사람들의 행위를 '바꿔치기'로 묘사한다. '바꾸었다'를 뜻하는 그리스어 동사 엘락산(ēllaxan)과 같은 의미를 지닌 동사 메텔락산(metēllaxan)이 25절과 26ㄴ절에 나온다. 반면에, 인간의 '바꿔치기'에 대한 하느님의 대응은 '넘겨줌'으로 묘사한다. '넘겨주었다'를 뜻하는 그리스어 파레도켄(paredōken)이 24절과 26ㄴ절, 28절에 사용된다. 그리하여 한 유형이 세 번 반복된다.

① 23-24절: 첫째-인간의 '바꿔치기'와 하느님의 '넘겨줌'

"그리고 (그들은) 불멸하시는 하느님의 영광을 썩어 없어질 인간과 날짐승과 네발짐승과 길짐승 같은 형상으로 바꾸어 버렸습니다(ēllaxan). 그리하여 하느님께서는 그들이 마음의 욕망으로 더럽혀지도록 내버려 두시어(dio paredōken. 직역: '넘겨주셨습니다'), 그들이 스스로 자기들의 몸을 수치스럽게 만들도록 하셨습니다."

② 25-26ㄱ절: 둘째-인간의 '바꿔치기'와 하느님의 '넘겨줌'

"그들은 하느님의 진리를 거짓으로 바꾸어 버리고(metēllaxan), 창조주 대신에 피조물을 받들어 섬겼습니다. 창조주께서는 영원히 찬미받으실 분이십니다. 아멘. 이런 까닭에 하느님께서는 그들을 수치스러운 정욕에 넘기셨습니다(paredōken)."

③ 26ㄴ-28절: 셋째-인간의 '바꿔치기'와 하느님의 '넘겨줌'

"그리하여 그들의 여자들은 자연스러운 육체관계를 자연을 거스르는 관계로 바꾸어 버렸습니다(*metēllaxan*). … 그들이 하느님을 알아 모시려고 하지 않았기 때문에, 하느님께서는 그들이 분별없는 정신에 빠져 부당한 짓들을 하게 내버려 두셨습니다(*paredōken*, 직역: '넘겨주셨습니다')."

여기서 바오로는 인간의 '바꿔치기'와 하느님의 '넘겨줌'의 유형이 나오는 곳마다, 인간은 하느님께서 자연에 계시하신 진리를 치우고 그 자리에 자신이 만든 개념이나 왜곡된 행위를 놓는다고 말한다. 그가 특히 주목하는 죄는 우상 숭배(23.25절)와 성적性的 왜곡이다(24.26-27절). 이것들은 유다인이 이방인을 비난할 때 지적하는 전형적인 죄였다. 그중 이방인만이 아니라 이스라엘 백성도 짓는 우상 숭배의 죄를 죄의 뿌리로 보고 엄금하였던 것이다.

그런데 이미 구약성경(특히 예언서)에서도 우상 숭배와 성적 문란 행위는 깊이 연결된 것으로 언급된다는 점에 주목해야 한다. 예언자들이 '불륜'을 강력히 경고한 까닭은 우상 숭배와 불륜이 긴밀히 연결되어 있었기 때문이다. 농경생활을 하며 여러 '바알'을 신으로 숭배한 가나안 사람들은 신들의 성적 결합을 모방하는 동시에 신들의 혼인神婚을 마술적으로 자극하여 곡식의 풍요로운 수확과 다산을 보장받을 수 있게 한다는 종교 의식儀式을 행하였다. 신전에 속한 공적 창녀들과 성관계를 맺는 제의 공창祭儀 公娼 제도도 그 중의 하나였다(호세 4,14; 미카 1,7; 신명 23,18-19; 1열왕 15,12; 22,47 참조). 가나안 땅에 정착하여 농경생활을 하게 된 이스라엘 백성에게 풍성한 수확과 다산을 약속하는 이런 종교 의식은 대단히 큰 유혹이었을 것이다. 그래서 예언자들이 이러한 유혹을 계속 경고한 것이다. 지혜문학 전승에서도 우상 숭배를 패륜 행위를 포함한 갖가지 죄악의 뿌리로 간주한다(특히 지혜 14장 참조).

1,22: "그들은 지혜롭다고 자처하였지만 바보가 되었습니다."

여기서 바오로는 이방인들이 처해 있는 결과를 전체적으로 표현한다. 그 결과는 그들이 그토록 추구한 '지혜'가 아니라 정반대인 '어리석음'이다.

1,23: "그리고 [그들은] 불멸하시는 하느님의 영광을 썩어 없어질 인간과 날짐승과 네발짐승과 길짐승 같은 형상으로 바꾸어 버렸습니다(ēllaxan)."

바오로는 이방인들이 하느님께 찬양을 드리고 감사드리는(21절 참조) 대신 결국 썩어 없어지고 마는 피조물을 섬기는 어리석음에 떨어졌다(우상 숭배를 하였다)고 말한다. 사람만이 아니라 갖가지 짐승도 우상으로 숭배했다고 말한다. 여기서 바오로는 이스라엘이 금송아지를 숭배한 죄(탈출 32장 참조)를 암시하는 시편 106,19-20("그들은 호렙에서 송아지를 만들고 쇠를 부어 만든 상에 경배하였다. 그들의 영광을 풀 먹는 소의 형상과 바꾸었다")의 표현을 사용한 것 같다("영광을 … 짐승의 형상과 바꾸었다").

구약성경에서는 주 하느님의 현존이 빛나게 드러남을 '주님(야훼님)의 영광'이라고 불렀다(탈출 24,17; 40,34-35 참조). 히브리어로 '영광'을 뜻하는 '카보드(kābōd)'는 본디 '무거움'을 의미하며, 기본적으로 임금이나 중요한 인물이 지닌 명예의 무게를 함축한다. 이 개념이 주 하느님께 적용된 것이다.

1,24: "그리하여 하느님께서는 그들이 마음의 욕망으로 더럽혀지도록 내버려 두시어, 그들이 스스로 자기들의 몸을 수치스럽게 만들도록 하셨습니다."

바오로에 의하면 이방인들은 우상을 숭배하여 욕망과 도착倒錯과 자연을 거스르는 죄를 짓고 그로 인해 인간적 품위를 잃고 만다. 앞에서 보았듯이, 자연에 계시된 하느님의 진리를 거절하는 인간들의 '바꿔치기'와 이에 대한 하느님의 '넘겨줌'의 첫 번째 경우가 24절이다. 하느님께서 그들을 죄의 결과에 '내버려두는 것("넘겨줌")' 자체가 별도의 벌을 내리지 않아도 이미 '벌'의 성격을 지닌다. 이런 생각은 지혜서에도 잘 나와 있다(지혜 11,15-16: "바른길에서 지각없는 길짐승들과 볼품없는 벌레들을 숭배하게 한 저들의 미련하고 불의한 생각에 대하여 당신께서는 벌을 내리시려고 지각없는 생물들을 떼 지어 보내셨습니다. 사람이 죄를 지은 바로 그것들로 징벌도 받는다는 사실을 깨닫게 하시려는 것이었습니다").

또 시편과 요한 복음서에도 나타난다. "내가 주님, 너의 하느님이다. 너를 이집트 땅에서 끌어 올린 이다. 네 입을 한껏 벌려라, 내가 채워 주리라. 그러나 내 백성은 말을 듣지 않았고 이스라엘은 나를 따르려 하지 않았다. 그래서 내가 고집 센 그들의 마음을 내버려 두어 그들은 제멋대로 걸어갔다"[시편 81(80),11-13].[50] "아들을 믿는 사람은 심판을 받

---

50 여기서 '내버려 두었다'고 번역된 단어에 해당하는 히브리어로 '파견하다'는 뜻을 지닌 동사 '샬라흐(שלח)'가 쓰였다(히브리 성경 시편 81,13). 칠십인역(시편 80,13)에도 똑같이 엑사페스테일라(*exapesteila*, 직역: '보냈다' 또는 '파견하였다')라는 단어가 사용되었다. 이 부분을 다수의 주요 번역본이 '넘겨주었다' 또는 '내버려두었다'는 의미로 번역하였다.

그런데 시편 81,13에 나오는 "그들 마음의 완고함(고집)에 넘겨주셨다"는 표현이, 다소 엉뚱한 발상인지 모르지만 탈출기의 재앙 이야기에 나오는 "주님께서 파라오의 마음을 완고하게 하셨다"라는 표현을 연상시키며, 그 표현을 이해하도록 도움을 준다. 탈출기를 자세히 보면 파라오의 마음은 재앙이 시작되기 이전에 (즉 "주님께서 그의 마음을 완고하게 하셨다"라는 말이 나오기 전에) 그가 취한 억압의 행동으로 이미 굳어져 있었음을 알 수 있다. 재앙 이야기에서도 다섯째 재앙까지에는 "주님이 파라오의 마음을 굳게 하셨다"는 표현이 나오지 않고, 단지 "파라오는 고집을 부려 그들의

지 않는다. 그러나 믿지 않는 자는 이미 심판을 받았다. 하느님의 외아들의 이름을 믿지 않았기 때문이다. 그 심판은 이러하다. 빛이 이 세상에 왔지만, 사람들은 빛보다 어둠을 더 사랑하였다. 그들이 하는 일이 악하였기 때문이다"(요한 3,18-19). 여기에서 "이미 심판을 받았다"는 말은, 하느님께서 별도의 심판을 내리지 않더라도 '빛'이 세상에 왔는데도 빛보다 어둠을 더 사랑하는 상태에 내버려 두는 것(로마 1,24의 표현을 빌리자면 "그 상태에 넘겨주는 것") 자체가 이미 일종의 심판을 내린 것이라고 볼 때 더 잘 이해할 수 있다.

1,25: "그들은 하느님의 진리를 거짓으로 바꾸어 버리고, 창조주 대신에 피조물을 받들어 섬겼습니다. 창조주께서는 영원히 찬미받으실 분이십니다. 아멘."

여기서 바오로는 자신이 18절과 22-23절에 말한 내용을 좀 더 강하게 다시 표현한다. 이 절에 의하면 우상 숭배는 분명히 드러난 진리를 거부하는 것이며 그 본질이 거짓이다. "받들어 섬기다"는 말은 그리스어 동사 세바조마이(*sebazomai*)와 라트레우오(*latreuō*)를 합쳐 옮긴 것인데,

---

말을 들으려고 하지 않았다"는 말만 나온다. 즉 이 단계에서 파라오의 마음을 완고하게 한 주체는 파라오 자신이다. 물론 "주님께서 파라오의 마음을 완고하게 하셨다"는 표현이 주 하느님의 온전한 자유와 권한을 나타내려는 것은 분명하다. 하지만 성경은 파라오의 마음이 굳어지는 데 그의 책임도 분명히 있다는 점을 분명히 말한다. 이 점을 고려하면서 시편 81,13과 로마 1,24.26.28의 표현을 참고해 보면, "주님께서 파라오의 마음을 굳게 하셨다"는 표현에는 '주님께서 파라오를 그 마음의 고집에 내버려 두신 것'이라고 해석할 수 있다. 넓게 보면 "주님께서 파라오의 마음을 완고하게 하셨다" 또는 '주님께서 파라오로 하여금 고집을 부리게 하셨다는 말도, 결국 이야기를 듣는 이에게 주님(야훼)께서는 파라오와 같은 악인의 마음까지 당신 손안에 쥐고 계시니 흔들리지 말고 더욱 굳게 그분을 믿으라고 초대하는 말로 이해할 수 있다.

세바조마이는 일반적인 종교적 공경을 말하며("받들어") 라트레우오는 제의적(祭儀的) 예배를 가리킨다("섬긴다").[51] '창조주 하느님'을 언급하면서 바오로는 즉시 "영원히 찬미받으실 분이십니다" 하고 말한다('영원히 찬미받으실 하느님'에 관하여는 2코린 11,31 참조. '하느님께 대한 찬양'에 관하여는 1사무 25,32; 1열왕 1,48; 8,15 참조). 바오로는 유다인들이 기도 끝이나 찬양 끝에 덧붙이곤 했던 "아멘"을 여기서 덧붙였다(로마 9,5; 11,36; 15,33; 16,24.27; 1코린 14,16 참조. 구약성경에서 '아멘'이 사용되는 곳으로 신명 27,15-26; 시편 106,48; 느헤 8,6 참조). 특히 25절의 표현과 매우 유사한 표현이 시편 106,48에 나온다("주 이스라엘의 하느님께서는 찬미받으소서, 영원에서 영원까지. … 아멘! 할렐루야!").

1,26-28: "이런 까닭에 하느님께서는 그들을 수치스러운 정욕에 넘기셨습니다. 그리하여 그들의 여자들은 자연스러운 육체관계를 자연을 거스르는 관계로 바꾸어 버렸습니다. 남자들도 마찬가지로 여자와 맺는 자연스러운 육체관계를 그만두고 저희끼리 색욕을 불태웠습니다. 남자들이 남자들과 파렴치한 짓을 저지르다가, 그 탈선에 합당한 대가를 직접 받았습니다. 그들이 하느님을 알아 모시려고 하지 않았기 때문에, 하느님께서는 그들이 분별없는 정신에 빠져 부당한 짓들을 하게 내버려 두셨습니다."

이 부분은 동성애적 행위에 관하여 말하는데 26절은 여성, 27절은 남성의 경우이다. "이런 까닭에"라는 말은 "수치스러운 정욕"을 25절에서 말한 우상 숭배의 결과로 이해하고 있음을 보여 준다. 26절에 나오는 "자연을 거스르는(*para physin*)"이라는 표현에서 '자연(*physis*)'은 '창조주 하느님께서 의도하신 질서'라는 의미로 쓰였다. 구약성경에서도 동성

---

51 J. A. Fitzmyer, *Romans*, p. 285 참조.

애적 행위는 엄격하게 금지되었다(레위 18,22; 20,13; 신명 23,17; 1열왕 14,24; 15,12; 22,46; 2열왕 23,17; 창세 19,1-28의 소돔 이야기 참조).

1,28-31: "그들이 하느님을 알아 모시려고 하지 않았기 때문에, 하느님께서는 그들이 분별없는 정신에 빠져 부당한 짓들을 하게 내버려 두셨습니다. 그들은 온갖 불의와 사악과 탐욕과 악의로 가득 차 있고, 시기와 살인과 분쟁과 사기와 악덕으로 그득합니다. 그들은 험담꾼이고 중상꾼이며, 하느님을 미워하는 자고, 불손하고 오만한 자며, 허풍쟁이고 모략꾼이고, 부모에게 순종하지 않는 자며, 우둔하고 신의가 없으며 비정하고 무자비한 자입니다."

바오로는 죄의 뿌리로 보는 '우상 숭배'와 '성적 왜곡' 외에도 하느님을 경배하지 않은 결과로 인한 다른 죄도 폭넓게 제시한다. 인간의 '바꿔치기'와 하느님의 '넘겨줌'의 셋째 유형(26ㄴ-28절) 끝 부분에 언급된 "분별없는 정신에 빠져 부당한 짓들"의 예가 29-31절에 열거된다.

1,32: "이와 같은 짓을 저지르는 자들은 죽어 마땅하다는 하느님의 법규를 알면서도, 그들은 그런 짓을 할 뿐만 아니라 그 같은 짓을 저지르는 자들을 두둔하기까지 합니다."

이 구절은 1,22-32 단락을 마무리하는 판단을 내리는 곳이다. 여기서 "이와 같은 짓"은 29-31절에 열거된 갖가지 죄를 말한다. 이런 죄를 짓는 이들이 모두 정말 사형을 받아 마땅하다고 바오로가 의도했다고 보기는 어렵다. 여기서 말하는 죽음은 5,12.19에 나오는 죽음의 의미일 것이다.[52] '하느님의 법규'에서 '법규'로 번역된 그리스어 디카이오마

---

[52] 5,12: "모두 죄를 지었으므로 모든 사람에게 죽음이 미치게 되었습니다"; 5,19: "한 사람의 불순종으로 많은 이가 죄인이 되었듯이…." J. A. Fitzmyer, *Romans*, p. 289 참조.

(dikaiōma)는 로마서에서 여러 번 쓰이는데[53] 여기에 나오는 의미와 가장 유사한 곳은 8,4이다. "성령에 따라 살아가는 우리 안에서, '율법의 dikaiōma(율법이 요구하는 바)'가 채워진다."

3. 유다인들도 "변명의 여지가 없음"(2,1-29)

3.1. 생각의 흐름과 구성, 내적 통일성

2장에서 바오로는 이방인-죄인들만이 아니라 유다인-죄인들도 하느님의 '진노의 심판' 아래 놓여 있다(1,18 참조)고 말한다. 그는 유다인들이 이방인에게 없는 율법을 가지고 있다고 자랑하지만, 율법을 실천하지 않고 단지 가지고 있다는 사실 자체는 심판 때에 아무 소용 없다고 지적한다(17-24절). 그리고 '마음의 할례' 없이 외적 형식만 있는 할례도 하느님의 심판 때에 아무 소용이 없다고 말한다(25-29절).

구성: 2장은 다음 두 기준에 따라 약간 다르게 나뉜다.
(1) 대화 상대자에 따라
　2장은 1-16절과 17-29절의 두 부분으로 나눌 수 있다. 17절에서 바오로가 가상적假想的 대화 상대자를 직접 '유다인'이라고 부르기 때문이다. 물론 2인칭 단수가 17-29절에서뿐 아니라 1-5절에서도 사용되기에,

---

[53] 이 단어가 8,4에서는 "율법의 *dikaiōma*"라며 단수로, 2,26에는 "율법의 *dikaiōmata*"라며 복수로 사용되었다. 단수 형태가 '율법 전체를 통한 하느님의 근본적 요구 사항'이라는 뜻을 가진다면, 복수 형태는 "율법에 명령되어 있는 (수많은) 규정들"이라는 의미를 가진다. 이 밖에 5,16,18에서는 그리스도가 이루신 '의로운 행위'를 의미한다.

1절부터 유다인을 대화 상대자로 염두에 두고 있다는 것도 인정할 수 있다. 하지만 1-16절의 내용은 바오로가 유다인만이 아니라 이방인들에게도 말하고자 한다는 것을 암시한다.[54] 그리고 17-29절에서 대화 상대자는 분명히 '유다인'으로 한정된다.

(2) 주제어 사용의 관점에서

2장은 1-11절과 12-29절의 두 단락으로 구분할 수 있다. '율법(nomos)'이라는 단어가 12절에 (2장뿐 아니라 로마서 전체에서도) 처음 나온 뒤 12-29절에서 18번이나 나온다. 따라서 이 단락의 주요 주제가 율법임을 알 수 있다.

12-16절은 2인칭 단수가 사용되지 않는다는 점에서 17절 이후와 뚜렷이 구분된다. 이 단락에서는 유다인은 물론 '이방인들(ethnē)'도 언급된다. 또 13절은 보편적 전망을 보여 준다(hosoi: "하는 사람은 누구나…").

17-24절에서 바오로는 유다인을 가상적 대화 상대자로 분명히 밝히며, 그들에게 주어진 율법을 통해 하느님의 뜻을 알고 있음에도 불구하고 (그것을 실행하지 않아, 12-16절 참조) 죄에 떨어진 상태를 책망한다.

25-29절은 '할례(peritomē)'와 '할례 받지 않음(akrobystia)'이란 단어가 사용된다는 점에서 다른 단락과 구별된다. '할례'는 25절에 처음 나온 뒤 29절까지 매 구절마다 나와, 중요한 주제와 관련되어 있음을 보여 준다.

결국 12절 이하에서 '율법'이 많이 다루어지고 특히 24-29절에 '할례'에 관한 말이 자주 나온다는 점을 고려할 때, 이 두 주제가 연관되어 있

---

[54] 9절과 10절에 나오는 "먼저 유다인 그리고 그리스인"이라는 표현은 바오로가 유다인에게 먼저 말하고 있으나, 유다인만을 염두에 두고 말하지 않는다는 것을 암시한다. 바오로는 로마 공동체의 수신자 전체에게 말하고자 한다. 12-16절에서 특히 이방인에 관해 언급한다.

음을 알 수 있다. 즉 바오로가 2,12 이하에서 '율법의 행함'에 대하여 하는 말은 할례 문제와 관련된 것이다. 이는 앞으로 "율법에 따른 행위"의 의미를 규정할 때 유의하여 살펴볼 점이다.

(3) 결론

이상의 논의를 바탕으로 2장을 네 단락으로 나눌 수 있다: 1-11절, 12-16절, 17-24절, 25-29절.

내적 통일성: 2장은 '행함'과 '심판'이라는 두 주제가 하나로 긴밀히 엮여 내적 통일성을 보인다. 이는 두 주제와 관련된 어휘가 많이 사용된다는 점에서 입증된다(해당 어구는 필자 직역).

먼저 심판이라는 주제와 연관된 어휘들은 다음과 같다.

① 1-11절: '심판하는 사람', '변명할 여지가 없다', '하느님의 심판', '진노의 날', '하느님이 의로운 심판을 계시하실 날', '그 행실대로 갚으실 것이다'

② 12-16절: '멸망할 것이다', '심판받을 것이다', '하느님께 의로운 자들', '의롭게 될 것이다', '하느님께서 심판하실 그 날에'

③ 25-29절: '심판할 것이다', '하느님으로부터 오는 칭찬'

위에서 보듯이 심판에 관한 어휘들은 17-24절을 제외한 2장의 각 단락에 골고루 나온다. 또 17-24절에서도 '심판'과 관련된 말이 직접 나오지 않지만, 율법을 자랑하면서도 정작 율법을 어기는 유다인에 대한 센 비판은 심판과 관련되었다고 볼 수 있다(1,18의 '하느님의 진노' 참조).

한편 행함이라는 주제와 관련된 어휘들은 다음과 같다.

① 1-11절: '행하다(*prassō*)' 동사(1.2.3절), '각자에게 그 행실대로 갚으실 것이다'(6절), '선한 행실'(7절), '진리에 거역하고 불의에 비굴한 자들에게'(8절), '악을 행하는 사람'(9절), '선을 행하는 사람'(10절)

② 12-16절: '율법을 준행하는 자들'(13절), '율법의 요구를 행한다면'(14절), '마음속에 기록된 율법의 일'(15절)

③ 25-29절에서: '율법을 준행하면'(25절), '율법을 어기는 자'(25절), '율법이 요구하는 것들을 지킨다면'(26절), '율법을 지키면'(27절)

17-24절 단락은 다른 단락에 비해 행함이라는 주제와 관련된 어휘를 매우 드물게(단 한 번 23절에 나오는 '율법을 어김') 사용한다. 그러나 내용을 살펴보면 이 단락 전체가 '율법을 행함' 또는 '율법을 행하지 않음'(21-22절에 나오는 '도둑질', '간음', '노략질')을 다룬다는 것을 알 수 있다.

3.2. 하느님의 심판(2,1-11)

다음 두 가지 점에서 이 단락이 지닌 '포괄적(일반적) 전망'이 나타난다. 하나는 가상적 대화 상대자의 범위에서 나타난다. 바오로는 1절부터 유다인을 자신의 대화 상대자로 염두에 두면서도 1-11절의 내용은 유다인뿐 아니라 이방인(그리스인)을 향해 있다. 또 하나는 '일들' 또는 '행함'의 성격에서 나타난다. 여기서 바오로는 아직 '율법의 일들(*erga nomou*)'에 대해 말하지 않고, 다만 일반적 성격의 '일들'에 대해 말한다(예컨대 '선한 일들, 악한 일들'; 15절의 *to ergon tou nomou*, 14절의 *ta tou nomou* 비교). 그러나 "이기심에 사로잡혀 진리를 거스르고 쿨의를 따르는 자들에게는"(2,8)이라는 표현은, 바오로가 이 단락에서 '일들'이라는 말로 의도했던 의미가 '진리에 대해 순종하며 행한 행위들'이라는 것을[55] 암시한다('진리'에 관하여 1,18.25; 2,2.20; 3,7 참조).

2,1: "그러므로 아, 남을 심판하는 사람이여, 그대가 누구든 변명의 여지가

없습니다. 남을 심판하면서 똑같은 짓을 저지르고 있으니, 남을 심판하는 바로 그것으로 자신을 단죄하고 있기 때문입니다."

 2,1-3의 말씀은 다음 말씀을 연상시킨다. "남을 심판하지 마라. 그래야 너희도 심판받지 않는다. 너희가 심판하는 그대로 너희도 심판받고, 너희가 되질하는 바로 그 되로 너희도 받을 것이다"(마태 7,1-2). 그렇다고 이 말씀이 다른 사람의 행동에 대하여 판단을 내리는 것 자체를 금지하는 것은 아니다. 2,1-3의 경우, 다른 사람들의 잘못(죄)을 심판하면서 정작 자신도 똑같은 잘못(죄)을 저지르는 것을 질타하는 말이다. 질타의 대상이 심판하는 행위에 있지 않고, 같은 '잘못(죄)을 저지르는 데' 있다. 마태 7,1-5(특히 1-2절)의 말씀도 맥락을 고려하여 해석하자면, 남에 대하여 함부로 심판(판단)하지 말 것이며, 혹시 심판을 내려야 할 경우에는 남을 심판하기 전에 먼저 자기 잘못을 반성해야 한다는 뜻을 지닌다. 신약성경을 보면, 예수님이나 사도 바오로도 남을 판단한 적이 있었다(마태 18,15-17; 사도 5,1-10; 1코린 5,1-5; 2코린 10,1-11,15 참조).

 사실 우리의 일상생활을 관찰해 보면 때때로 우리 자신도 깜짝 놀랄 정도로 위에 인용한 예수님과 바오로의 말씀이 옳다는 것을 깨닫게 된다. 다른 사람의 잘못(죄)을 들추어내고 심판하는 말을 할 때에는 기막힐 정도로 논리정연하게 비판하면서도, 정작 자신과 자신이 비호하는 사람들의 잘못(죄)을 알아보는 데에는 그토록 비논리적이고 '눈뜬 소경'과 같은 때가 드물지 않다! 예수님의 말씀은 모든 신앙인 독자로 하여금, 특히 훈계를 하거나 남을 판단하는 입장에 있는 사람들에게 먼저 자기 자신의 삶에 대해 겸허하게 반성하라고 요청한다.

---

55 1,19-21에 의하면 하느님은 각자에게 진리에 대한 인식 능력을 주셨다.

2,4-5: "아니면, 하느님의 그 큰 호의와 관용과 인내를 업신여기는 것입니까? 그분의 호의가 그대를 회개로 이끌려 한다는 것을 모릅니까? 그대는 회개할 줄 모르는 완고한 마음으로, 하느님의 의로운 재판이 이루어지는 진노와 계시의 날에 그대에게 쏟아질 진노를 쌓고 있습니다."

여기서 바오로는 또 다른 잘못된 판단을 경고한다. 곧 하느님의 심판이 내리지 않을 것이라고 판단하는 것이다. 하느님이 인내하고 관용을 베푸시는 것은 분명하지만, 그렇다고 하느님의 심판 자체가 없어진 것은 아니다.

바오로는 하느님의 인내와 관용이 '사람들의 회개를 이끌어 내기 위한 것'이라고 말한다. "그러나 당신께서는 모든 것을 하실 수 있기에 모든 사람에게 자비하시고 사람들이 회개하도록 그들의 죄를 보아 넘겨 주십니다"(지혜 11,23; 참조 지혜 12,10; 19,2). '회개할 줄 모르는 완고한 마음으로 (하느님의 심판 때 있을) 하느님의 진노를 쌓는다'는 표현의 반대는, '선행으로 하늘에 보화를 쌓는다'(마태 6,20 참조)는 표현이다.

2,6-11: 하느님께서는 각자에게 그 행실대로 갚으실 것입니다. 꾸준히 선행을 하면서 영광과 명예와 불멸을 추구하는 이들에게는 영원한 생명을 주십니다. 그러나 이기심에 사로잡혀 진리를 거스르고 불의를 따르는 자들에게는 진노와 격분이 쏟아집니다. 먼저 유다인이 그리고 그리스인까지, 악을 저지르는 자는 누구나 환난과 고통을 겪을 것입니다. 먼저 유다인에게 그리고 그리스인에게까지, 선을 행하는 모든 이에게는 영광과 명예와 평화가 내릴 것입니다. 하느님께서는 사람을 차별하지 않으시기 때문입니다.

바오로는 시편 62,13에서 따온 "하느님께서는 각자에게 그 행실대로 갚으실 것"(2,6)이라는 말씀을 통해, 5절에 언급된 "회개할 줄 모르는 완고한 마음"의 소유자들을 날카롭게 경고한다. 7-10절은 6절 말씀을 해설하고 적용하는 역할을 한다. 하느님의 심판은 양면성을 지닌다. 7절과 10절에는 꾸준히 선행을 한 사람들에게 주어지는 영광과 명예에 관해, 그 중간인 8-9절에는 악을 행한 자들(즉 이기심에 사로잡혀 진리를 거스르고 불의를 따르는 자들)에게 주어지는 환난과 고통에 관해 언급한다. 11절은 시작 구절(6절)에 상응하며 6-11절을 마무리한다.

이 단락에서 특기할 만한 것은 교의 단원의 주제문에서 나왔던 '먼저 유다인 그리고 그리스인'(1,16)이라는 표현이 9절과 10절에 반복된다는 점이다. 이미 보았듯이, 바오로는 특히 로마서에서 유다인이 구원의 역사에서 좋은 점(선행에 대해 갚음을 받을 때)에 있어서나, 나쁜 점(악행에 대해 심판을 받을 때)에 있어서나 특별한 지위를 차지함을 인정한다. 그러면서도, 하느님의 심판은 유다인에게나 다른 민족에게나 동일한 기준에 따라 차별 없이 이루어진다는 것을 강조한다(11절).

보충 설명: '행실에 따른 심판'(특히 2,6-11)의 원칙이
바오로 신학에서 차지하는 위치

1,18-3,20을 다루면서 간과할 수 없는 문제 가운데 하나는, '행실에 따른 심판'의 원칙을 밝히는 2,6-11과 바오로의 의화론을 어떻게 조화시키느냐는 것이다. 하느님의 최종 심판의 기준은 각자가 행한 '일들'이라는 2,6-11의 원칙은 모든 인간에게 해당된다. 2장의 논증 과정에서 바오로는 자신의 말이 적용되어야 할 대상을 유다인에게 제한하지 않기 때문이다. 그러나 여기서 심판의 기준이 될 '일들'을 심

판의 대상자(유다인, 이방인, 그리스도인)에 따라 다르게 이해해야 할 필요가 있다. 예컨대 하느님의 최종 심판 때 유다인에게 적용되는 기준은 이방인들의 경우와 다르다. 그들에게는 '율법'이 주어졌기 때문이다. 이 점에 관하여 바오로는 12-13절(또는 16절까지)에서 말한다.

그렇다면 이 원칙은 그리스도 신자들에게도 해당하는가? 다음과 같은 답을 생각할 수 있다. 바오로가 1,18-3,20에서 의도적으로 그리스도에 대한 신앙에 대하여 말하지 않고(2,16은 예외[56]), '그리스도의 구속救贖 사건'과 그것을 바탕으로 하는 '그리스도에 대한 신앙'이 없는 인류의 상태를 묘사한 점은 사실이다. 그러기에 2,6-11에 나오는 심판에 관한 말씀도 일차적으로는 그리스도 신자들이 아니라, 그리스도에 대한 신앙이 없는 인류 전체를 향한 것으로 볼 수 있다.[57] 하지만 2,6-11의 표현이 매우 일반적이어서 '행실에 따른 심판'이라는

---

56 예외적으로 2,16에 나오는 "내가 전하는 복음이 가르치는 대로(직역: "나의 복음에 따라"), 하느님께서 그리스도 예수님을 통하여 사람들의 숨은 행실들을 심판하시는 그날에"라는 문장은 그리스도 신앙과 관련된 말이라고 보아야 할 것이다. 그런데 이 문장에 관하여 많은 성서학자가 어려움을 느꼈다. 바오로가 그리스도 이전의 인류 상황을 말하는 맥락에서 갑자기 '복음과 예수 그리스도'에 관하여 말한다고 보기 때문이다. 그래서 불트만(R. Bultmann)은 2,16을 후대의 삽입으로 간주하였다("Glossen im Römerbrief", *Exegetica*, Tübingen, 1967년, p. 282f). 이 견해에 대하여 케제만(E. Käsemann, *An die Römer*, 1974, p. 62)과 슐리어(H. Schlier, *Der Römerbrief*, pp. 80-81)는 반대하였는데 이는 옳다. 2,16에 관한 여러 견해에 관하여는 U. Wilckens, *Römer* I, p. 137과 J. D. G. Dunn, *Romans*, pp. 102-103 참조.
57 여기서 주목할 만한 사실은 1,18-3,20 단락에는 사람들이 하느님(주님)께 대하여 가지고 있는 '믿음(*pistis*)'이라는 단어가 한 번도 언급되지 않는다는 점이다. 3,3에 하느님과 관련되어 사용되는 *pistis*는 '(하느님의) 성실하심(신실하심)'을 뜻한다.

원칙이 그리스도인에게도 적용될 수 있다고 생각할 수 있다. 사실 바오로는 다른 많은 곳에서 그리스도인에게도 최후의 심판이 있을 것이며(하느님 또는 주 그리스도의 심판에 관하여 1테살 1,10; 2,19; 3,13; 5,9; 1코린 1,8; 5,5; 2코린 1,14 참조), 그때의 심판 기준은 2,6-11에서처럼 각자의 행실이라는 점을 분명히 보여 준다(로마 14,10-12; 1코린 3,12-15; 4,4이하; 2코린 5,10 참조[58]). 따라서 바오로가 의화론에도 불구하고 '행실에 따른 심판'에 관한 가르침을 결코 포기하지 않았다는 것은 분명하다.

그런데 그리스도 신자들에게 심판 때에 기준이 될 '일들(행실)'은 하느님 앞에서 권리처럼 감히 보상을 요구할 수 있는 '업적'이 아니다. 바오로에 의하면 하느님께서 그리스도인들에게 심판 때에 요구하실 일들이란 근본적으로 당신의 은총으로 이룰 수 있던 일들이기 때문이다. 그리스도 신자의 '일들'은 긍정적인 경우(즉 선한 행실은) 근본적으로 '믿음의 일(행위)'(1테살 1,3 참조)이며, 이 일은 '(성)령 안에서' 그리고 '(성)령의 인도하심에 따라 사는 삶'(8,4 참조)에서 이루어지므로 '(성)령의 열매'(갈라 5,22-23)라는 성격을 가진다.[59] 바오로는 그리스도 신자가 예수 그리스도에 대한 믿음을 통해 의롭게 될 때 하느님의 선물로서 '(성)령'을 받으며(갈라 3,2.5.14; 로마 5,5; 8,15 참조),

---

[58] 2,6-11의 단락이 '하느님의 심판'에 대하여 말하는 데 비하여 2코린 5,10은 '행실에 따른 그리스도의 심판'에 대하여 다음과 같이 말한다. "우리 모두 그리스도의 심판대 앞에 나서야 합니다. 그래서 저마다 좋은 것이든 나쁜 것이든, 이 몸으로 한 일에 따라 갚음을 받게 됩니다."

[59] 필리 1,11에 나오는 "의로움의 열매"라는 표현 참조.

> 바로 이 [성]령이 그리스도를 믿는 사람을 새롭게 하고, 하느님 뜻에 맞게 살 수 있도록 그에게 힘을 준다고 말한다(5,5; 7,6; 8,4 참조). 바오로에 의하면 의화義化는 자동적으로 이루어지지 않고 예수 그리스도에 대한 믿음을 통해 이루어진다. 이렇게 (예수 그리스도에 대한) 믿음이 의롭게 되는 데 필수적이듯이, 믿음의 삶에서 우러나온 '일' 역시 하느님의 심판 때에 요구된다. 그러나 업적으로가 아니라 [성]령 안에서 신앙생활을 했다는 표시로 요구되는 것이다.

3.3. 들음과 행함(2,12-16)

2장의 구성에서 보았듯이 앞 단락(2,1-11)에서 바오로는 '행함(실천)'의 일반적 의미에 대해서만 말하였다. 반면에 이 단락에서는 특정 의미의 '행함', 곧 "[모세] 율법을 행함"에 대하여 논한다. 이미 언급했듯이 율법을 뜻하는 노모스(nomos)는 12절에서 처음 나와 29절까지 18번이나 나온다. 이 단락부터 바오로는 '율법'이라는 단어로 유다인을 이방인과 대조시킨다. 바오로는 12절에서 심판의 부정적 결과 즉 멸망 또는 단죄를 받음에 대하여 말한 다음, 13절에서는 긍정적 결과 즉 '하느님 앞에서 의롭게 됨'에 대하여 말한다.

앞 단락의 마지막 문장(11절에 나오는 "하느님께서는 사람을 차별하지 않으신다")과 연결된 이 단락에서, 바오로는 하느님께서 심판 때에 어떤 의미에서 사람을 차별하지 않으시는지 계속 거론한다. 앞에서 바오로는 심판과 관련하여 죄인인 이상 이방인이나 유다인이나 차이가 없다는 것을 강조하려고 하였다.

2,12: "율법을 모르고 죄지은 자들은 누구나 율법과 관계없이 멸망하고, 율법을 알고 죄지은 자들은 누구나 율법에 따라 심판을 받을 것입니다."

유다인이나 이방인이나 자신의 행실에 따라 심판 받을 터인데 '율법이 없는(anomōs)' 이방인 죄인은 율법 없이 심판받을 것이고, 율법을 지닌 유다인 죄인은 '율법 안에서(en nomō)' 심판받을 것이라고 한다. 14절에서 바오로가 이방인을 '율법을 가지고 있지 않은 사람들'이라고 부르는 것을 참고하면, 12절에서 말하는 "율법을 모르고(직역: "율법 없이") 있는 사람들"이란 이방인을 가리키는 것이 분명하다(1코린 9,21 참조). 여기서 이방인 죄인들에 대하여는 '멸망하다'라는 동사를 사용하고 유다인 죄인들에게는 '심판을 받는다'라는 동사를 사용한다는 점에 유의해야 한다. 이방인 죄인들도 심판을 받겠지만 그들에게 적용되는 기준은 유다인이 가지고 있는 율법이 아니다.[60] 15절에 의하면 "그들의 마음에 새겨진 '율법의 일'"이 심판 때에 요구될 것이다. 바오로는 이미 1,32에서 하느님이 금지하신 행위를 알면서도 그것을 행한 사람은 누구든 죽어 마땅하다고 말한 적이 있다. 또 1,18-28에서는 이방인의 죄에 대하여 변명할 여지가 없다(1,20 참조)는 점을 강조했다.

2,13: "율법을 듣는 이가 하느님 앞에서 의로운 이가 아니라, 율법을 실천

---

[60] H. Schlier(Der Römerbrief, p. 76)도 위와 같이 생각한다. 그러나 E. P. Sanders는 다음과 같이 주장한다. "로마 2,13은 모든 인류에 관한 말이다. 유다인이든 그리스인이든 모두 율법이라는 하나의 기준에 따라 심판받는다"(Paul, the Law, and the Jewish People, p. 126). 나는 이 주장이 옳지 않다고 본다.

하는 이라야 의롭게 될 것이기 때문입니다."

이 구절에서 하느님 앞에서 의롭게 되는 것과 관련하여 율법을 실천함은 율법을 들음과 대조를 이룬다.[61] 그렇다고 율법을 들음 자체가 율법을 실천함과 반대되는 것은 아니다. 문맥에 따르면 13절은 다음과 같은 뜻으로 이해할 수 있다. "율법을 듣기만 하는 자들이 아니라, 듣고 실행하는 자들이 하느님 앞에 의롭게 될 것이다." 구약성경의 근본 가르침 가운데 하나인 '셔마'-고백(기도)에 의하면(신명 6,4-5), '들음'은 결코 '행함'과 반대되지 않는다. 오히려 행함을 포괄한다(신명 4,1.5-6.13-14; 30,11-14; 1마카 2,67; 13,48 참조). 예언자들이 요구했던 바도 요약하면 '듣지만 말고 행하라!'였다. 이 가르침은 유다 묵시문학에서도 계속된다(4에즈 7,35; 시리아 바룩 85,12 이하 참조). 또 이와 비슷한 내용을 세례자 요한(마태 3,8-10과 그 병행구), 예수님(산상 설교의 끝인 마태 7,24-27과 25,31-46), 야고보(야고 1,22-25)도 말한다.

앞에서(1,18-32) 바오로는 하느님의 진리가 알아볼 수 있도록 주어졌는데도, 이방인들이 인식한 바를 불의로 억눌렀다고 비난하였다. 2,13에서는 유다인들이 율법을 듣기만 하고 실천에 옮기지 않는다고 비난한다. 2,17-24에서도 비슷한 생각을 표현한다. 즉 유다인이 율법을 통해 (20절) (하느님의) 뜻을 알고 있는데도(18절 참조), 그것(알아차린 하느님의 뜻)을 실천하지 않는다고 비난한다. 바오로가 문제로 삼는 것은 깨달은 진리(하느님의 뜻)의 실천 여부이다. 그는 율법을 소유했다고 심판 때에 특혜를 받지 않으며, 오히려 각자 자신의 '일들'을 보여 주어야 한다(15절

---

61 참고로, 2,13에 나오는 포이에오(*poieō*) 동사의 기본 뜻은 '행하다'이다. 물론 '실천하다'는 뜻도 지니지만 '실천하다'의 뜻으로는 프라쏘(*prassō*) 동사가 주로 사용된다.

참조)는 점을 강조한다(6절과 11절 참조).

> **보충 설명: 2,14의 "다른 민족"은 누구인가?**
>
> 2,14: "다른 민족들이 율법을 가지고 있지 않으면서도 본성에 따라 율법에서 요구하는 것을 실천하면, 율법을 가지고 있지 않은 그들이 자신들에게는 율법이 됩니다."
>
> 여기 나오는 '다른 민족(이방인)'은 '이방인-그리스도 신자'인가? 단정할 수가 없다. 문맥에서 바오로가 분명히 말하지 않기 때문이다. 그가 염두에 두고 글을 쓰는 대상은 로마의 그리스도 신자들이다. 그러므로 1,18-3,20의 맥락에서 그리스도 은총 이전의 처지를 3,21-26에 묘사된 그리스도의 구속 사건 이후와 대조하는 것이 사실이기는 하지만, 이런 구도 속에 바오로의 생각을 가두어 두고 해석하려는 것은 무리라고 생각한다. 즉 2,14에서 '이방인 그리스도 신자'를 염두에 둘 가능성도 있다.
>
> 그러나 2,14에서 바오로가 분명하게 대조하는 것은 '그리스도 신자들'과 '그리스도 신자가 아닌 사람들'이 아니라 '(깨달은 하느님의 뜻, 하느님의 계명, 하느님의 진리를) 실천하는 사람들'과 '실천하지 않는 사람들'이다. 바오로는 자신들에게 주어진 모세 율법을 통하여 하느님의 뜻을 알고 있으면서도(2,18.20 참조) 그것을 실천하지 않는 유다인들과, 비록 율법을 갖고 있지는 않지만 율법이 요구하는 바의 일부를 실천하고 사는 다른 민족 사람들(이방인들)을 대조한 것이다.

3.4. 유다인들의 죄(2,17-29)

2장의 구성에서 보았듯이 17절에서 처음으로 가상적 대화 상대자를 '유다인'이라고 분명히 밝히고, 이하(29절까지)에서는 그들이 어떤 점에서 다른 민족들과 다를 바 없이 '죄 중에' 있는지를 말한다. 바오로는 유다인이 그들에게 주어진 율법을 통해 하느님의 뜻을 알고 있는데도, 그 뜻을 어기는 죄에 떨어져 있는 상태를 책망한다. 이 단락은 둘로 나뉘는데, 17-24절과 달리 25-29절의 주요 주제는 '할례'이다. '할례(peritomē)'라는 단어는 25절에 처음 등장한 뒤 29절까지 매 구절 나온다.

2,19-20: "또 자신이 눈먼 이들의 인도자고 어둠 속에 있는 이들의 빛이라고 확신하며, 율법에서 지식과 진리의 진수를 터득하였으므로 어리석은 자들의 교사이며 철없는 자들의 선생이라고 확신합니다."

이 구절의 내용과 비슷한 것이 마태 15,14에도 나온다. 조상들의 전통에 관해 논쟁한 후 바리사이들이 당신의 말씀을 못마땅하게 여긴다는 것을 제자들에게서 들으신 예수님께서 다음과 같이 말씀하신다. "그들을 내버려 두어라. 그들은 눈먼 이들의 눈먼 인도자다. 눈먼 이가 눈먼 이를 인도하면 둘 다 구덩이에 빠질 것이다." 이 말씀은 예수님 당대에 유다인들이 율법의 가르침을 바탕으로 눈먼 다른 민족들을 이끄는, '눈먼 이들의 인도자'라는 사명감을 지녔음을 보여 준다.

2,21-22: "그렇다면 남은 가르치면서 왜 자신은 가르치지 않습니까? 도둑질을 하지 말라고 설교하면서 왜 그대는 도둑질을 합니까? 간음을 하지 말라고 하면서 왜 그대는 간음을 합니까? 우상을 혐오한다고 하면서 왜 그대는 신전 물건을 훔칩니까?"

바오로의 질타는 참으로 날카롭다. 율법을 통하여 진리를 '알고 있음'과 '행함(실천)' 사이에 얼마나 큰 괴리가 있는지를 고발한다. 이러한 고발이 어찌 바오로 당대의 유다인들에게만 해당한다고 말할 수 있겠는가? 진리를 깨달았다고 자부하면서 그것을 실천하지 않는 사람이라면(그리스도인도 포함하여), 어느 시대의 사람에게나 해당하는 고발의 말씀이다.

2,23-24: "율법을 자랑하면서 왜 그대는 율법을 어겨 하느님을 모욕합니까? 과연 성경에, '하느님의 이름이 너희 때문에 다른 민족들 가운데에서 모독을 받는다.'고 기록되어 있습니다."

율법을 통해서 하느님의 뜻을 알고 있으면서도 그것을 어기는 행위는, 율법만 욕되게 하는 것이 아니라 율법을 주신 하느님도 욕되게 하는 것이라고 바오로는 말한다. 그는 과거의 예로 이사 52,5을 인용한다.

2,25: "그대가 율법을 실천하면 할례는 유익합니다. 그러나 그대가 율법을 어기면, 그대가 받은 할례는 할례가 아닌 것이 되고 맙니다."

이 단락에서 바오로는 유다인들이 율법을 통해서 깨달은 진리(지식)을 실천해야 하지만, 그렇게 하지 못하고 있음을 책망하는 맥락에서 '할례' 문제를 거론한다. 유다인들은 율법을 가지고 있다는 것 외에 자신들이 '계약의 표징'(창세 17,11)으로 할례를 받았다는 점도 자랑하였다.

2,26-27: "그러니 할례 받지 않은 이들이 율법의 규정들을 지키면, 할례를 받지 않았지만 할례를 받은 것으로 여겨지지 않겠습니까? 그리하여 몸에 할례를 받지 않았으면서도 율법을 준수하는 이들이, 법전을[62] 가지고 있고

---

[62] '법전'으로 번역된 그리스어(*gramma*)를 직역하면 '문자'(2,29; 7,6 참조)이다. 율법을 문자로 표현하는 문제에 관하여는 2,29의 해설 참조.

할례를 받았으면서도 율법을 어기는 그대를 심판할 것입니다."

바오로는 율법을 실행하지 않으면서도 율법을 가졌다는 사실을 자랑하고, 기록된 율법 규정에 따라 몸에 할례를 받았다는 사실만을 자랑거리로 여기는 유다인들을 철저하게 비판한다(바로 앞 2,17.23에 나온 '자랑하다'라는 동사 참조). 할례는 받지 않았지만 율법을 준수하는 이방인들이 율법을 어기는 유다인들을 심판하리라는 바오로의 말은 다음 말씀을 연상시킨다. "심판 때에 니네베 사람들이 이 세대와 함께 다시 살아나 이 세대를 단죄할 것이다. 그들이 요나의 설교를 듣고 회개하였기 때문이다"(마태 12,41).

2,28-29: "겉모양을 갖추었다고 유다인이 아니고, 살갗에 겉모양으로 나타난다고 할례가 아닙니다. 오히려 속으로 유다인인 사람이 참유다인이고, 문자가 아니라 〔성〕령으로 마음에 받는 할례가 참할례입니다. 그렇게 하는 이는 사람들이 아니라 하느님께 칭찬을 받습니다."

여기서 바오로는 아래 표에서 보듯 세 가지 방향에서 대조를 시킨다. 곧 '겉과 속', '문자와 영', '사람들과 하느님'의 대조이다.

"겉으로(드러나게)"	"속으로(보이지 않게)"
"문자로(en grammati)"	"영으로(en pneumati)"
"사람들로부터"	"하느님으로부터"

29절을 가까운 문맥에서 보면 "문자가 아니라 영으로"라는 어구는 '마음의 할례'가 무엇인지 수식하는 역할을 한다. 좀 넓게 보면 율법을 실행하는 방식과 관련된 표현이다(25.26절 참조). 28-29절에 나오는 "문자로"라는 표현은, 율법(28-29절의 경우에는 구체적으로 할례에 관한 율법)을

형식적으로(외적으로)만 지키는 것 즉 사람들에게 칭찬이나 받으려는 의도에서 율법을 지키는 태도를 가리킨다.

"누가 유다인이냐?" 곧 유다인의 정체성에 관한 질문과 관련하여 바오로 시대의 유다인들에게서 들을 수 있는 가장 설득력 있는 답 가운데 하나는, 남자들의 경우 '할례를 받은 사람'이었다. 그런데 28-29절에서 바오로는 '참다운 할례'가 무엇이냐고 묻는다. 바오로에 의하면, 참다운 할례는 '외적으로 겉(표피)에 받는 할례'가 아니라 '마음에 받는 할례'이다. 그리고 이 마음의 할례는 문자가 아니라 (성)령으로 받는 할례이다.

'마음의 할례'라는 표현은 구약성경에서 깊은 전통을 갖고 있다(레위 26,41; 신명 10,16; 30,6; 예레 4,4; 9,24-25; 에제 44,7.9; 참조 희년서 1,23; 1Qp 하바 11,13; 필로의 '아브라함의 이주' 92; '특별 율법들에 관하여' I,6 §305). 두 곳만 예시하겠다. "주 너희 하느님께서는 너희의 마음과 너희 후손의 마음에 할례를 베푸시어, 너희가 마음을 다하고 정신을 다하여 주 너희 하느님을 사랑하게 하셔서, 너희를 살게 해 주실 것이다"(신명 30,6). "유다 사람들과 예루살렘 주민들아 할례를 하여 자신을 주님께 바쳐라. 너희 마음의 포피를 벗겨 내어라. 그러지 않으면 너희의 악한 행실 때문에 나의 분노가 불꽃처럼 터져 나와 아무도 끌 수 없게 타오르리라"(예레 4,4).

예시한 구절이 보여 주듯, 바오로는 여기서 '마음에 받는 할례'를 언급하여 할례받았다는 것을 자랑으로 여기며 율법의 말씀을 실행하는 일은 등한시하는 유다인들을 향하여 다음 사항을 상기시킨다.

성경 자체가 말하듯 중요한 것은 외적인 할례가 아니라 '마음의 할례'다. 참된 유다인이라면 외적인 할례를 받고 하느님의 선택된 백성의 구성원이 되었다는 것에 안주해서는 안 되고, '마음에 할례를 받은 삶', 곧 불순한 동기들을 정화시키고[63] 오롯한 마음으로 (신명 30,6 참조) 율법에 계시된 하느님의 뜻을 섬기며 살아야 한다. 이렇게 사는 것이 '계약의 표징'(창세 17,11)인 할례의 참다운 의미이다.

문자와 영의 대조는 7,6과 2코린 3,6에도 나오므로, 7,6을 다룰 때 세 구절에 나오는 '문자'와 '영'의 대조를 비교하며 상세하게 다룰 것이다.[64]

4. 모든 인간이 죄의 지배 아래 있음(3,1-20)

4.1. 생각의 흐름

3,1-8에서 바오로는 2장의 내용을 듣고 생길만한 여러 반문反問을 가상하여(의문문에 유의!) 대답한 다음, 앞의 주장을 요약해 9절에서 다음과 같이 말한다. "그러면 어떻게 됩니까? 우리가 유다인으로서 나은 점이 있습니까? 전혀 없습니다. 사실 우리는 이미 앞에서 유다인들이나 그리스인들이나 다 같이 죄의 지배 아래 있다고 고발하였습니다." 이 판단은 10-18절에서 구약성경의 여러 인용문을 통해 확인된다.

---

[63] J. A. Fitzmyer, *Romans*, p. 322-323 참조.
[64] 이 책 289-291쪽.

이 성경 인용문들에 대한 결론적 언급이 19절이다(9절과 19절은 일종의 수미상관법을 이룸). "그래서 모든 입은 다물어지고 온 세상은 하느님 앞에 유죄임이 드러납니다." 20절에서 바오로는 19절에서 주장한 바의 근거를 대는 한편, 미래에 있을 하느님의 심판을 염두에 두고 1,18-3,19에서 진행한 토론의 결론을 내린다. 그의 의화론義化論이다. "어떠한 인간도 율법에 따른 행위로 하느님 앞에서 의롭게 되지 못하기 때문입니다. 율법을 통해서는 죄를 알게 될 따름입니다."

4.2. 구절 해설

3,1: "그렇다면 유다인으로서 더 이로운 점은 무엇입니까? 할례의 이점은 무엇입니까?"

앞에서 바오로가 말한 것처럼, 율법과 할례를 가지고 있다는 사실만으로는 아무 소용도 없다면, 도대체 (구원과 관련하여) 이방인들과 비교해서 '유다인들'이 가진 이로운 점은 무엇인가? 유다인들에게서 충분히 나올 수 있는 반문이다. 그들에게 '율법'은 하느님께서 시나이에서 이스라엘을 '당신의 백성'으로 삼으시며 모세를 통하여 내려주신 것이며, '할례'는 무엇보다도 하느님께서 아브라함과 맺으신 계약의 표징(창세 17,11)으로 요청된 것이었기 때문이다.

3,2: "어느 모로 보나 많이 있습니다. 우선, 하느님께서 당신의 말씀을 그들에게 맡기셨다는 것입니다."

1절에 나온 유다인들의 반문에는 다음과 같은 반문도 포함되어 있다. '유다인들(이스라엘)이 더는 하느님의 백성이 아니란 말인가? 그렇다면 하느님의 약속이 허사가 되었단 말인가?'(이 질문과 이에 대한 바오로의 분명한 답변에 관하여는 9,6; 11,29 참조) 이 심각한 반문에 대하여 바오로는 즉시 유다인들(이스라엘 백성)이 구원과 관련하여 이방인들에 비해 가진 이점이 "많이 있다"고 긍정적으로 대답한다. 여기서는 우선 한 가지만 언급할 뿐이지만 9,4-5에 가서는 일곱 가지나 언급한다.

바오로가 유다인들의 첫째 이점으로 언급하는 것은 '그들에게 하느님의 말씀이 맡겨져 있다는 점'이다. 이 '하느님의 말씀(ta logia tou theou)'이 정확히 무엇을 의미하는지에 관하여는 여러 의견이 있다. '메시아 약속'으로, '모세의 율법'으로, '성조聖祖들에게 주어진 약속'으로 보는 이들이 있다. 그러나 3,2에서 하느님의 말씀은 넓은 의미로 하느님의 뜻이 계시되어 있는 구약성경 전반을 가리킨다고 보는 것이 옳은 것 같다.[65] 그런데 구약성경은 유다인들(이스라엘)이 선택된 백성으로 지닌 이점(계약에 관한 여러 말씀, 예컨대 탈출 19,4-6; 신명 4,7-8; 시편 147,19-20; 103,7 참조)에도 불구하고, 그들이 불의하게 살 경우에 징벌이 주어진다는 점도 분명히 언급한다(신명 30,15-20; 아모 3,1-2 참조).[66]

3,3: "그러면 그들 가운데 몇 사람이 불성실할 경우에는 어떻게 됩니까? 그들의 불성실함이 하느님의 성실하심을 무효로 만들어 버린다는 말입니까?"

'불성실하다'로 번역된 그리스어(apistein)는 '믿지 않다'로 번역할 수도 있다. 여기서 바오로가 '모두'가 아니라 '일부(몇 사람)'가 불성실한 경우를 가정한다는 점에 주의를 기울여야 한다. "하느님의 성실하심/ 신실

---

[65] J. A. Fitzmyer, *Romans*, p. 326 참조.
[66] "이스라엘 자손들아, 주님이 너희를 두고, 이집트 땅에서 내가 데리고 올라온 씨족 전체를 두고 한 이 말을 들어라. 나는 이 땅의 모든 씨족 가운데에서 너희만 알았다. 그러나 그 모든 죄를 지은 너희를 나는 벌하리라"(아모 3,1-2).

하심(he pistis tou theou)"은 구약성경이 고백하는 중요한 신앙 내용이다. 특히 창세 12-50장 이른바 성조사의 기본 주제는 '하느님은 성실하시다/ 신실하시다!'이다. 약속을 받은 인간들이 부족한데도 하느님은 당신의 약속을 결코 철회하지 않으신다. 바오로가 3절의 반문에 대하여 4절에서 단호하게 "결코 그렇지 않습니다"라고 대답하는 것은 구약성경의 관점에서 보면 당연하다고 할 수 있다.

3,4: "결코 그렇지 않습니다. '당신께서 말씀하실 때에 당신의 의로움이 드러나고 사람들이 당신께 재판을 걸면 당신께서 이기실 것입니다.'라고 성경에 기록되어 있듯이, 사람은 모두 거짓말쟁이지만 하느님은 진실하신 분이시라는 것이 드러나야 합니다."

바오로는 여기서 히브리어 성경이 아니라 칠십인역 성경 시편 51,6을 인용하는데, 그것도 약간 변화시켜 인용한다.

3,5-6: "그런데 우리의 불의가 하느님의 의로움을 드러낸다면, 무엇이라고 말해야 합니까? 인간의 방식으로 말해서, 하느님께서는 진노를 내리시므로 불의하시다고 해야 합니까? 결코 그렇지 않습니다. 그래서야 하느님께서 어떻게 세상을 심판하실 수 있겠습니까?"

5절은 가상적 토론 상대자가 논리적으로 제기할 법한 반문이다. 5절의 마지막 문장("하느님께서는 진노를 내리시므로 불의하시다고 해야 합니까?")에 제시된 질문은, 1,17의 하느님의 의로움과 1,18의 하느님의 진노의 관계에 관한 토론에서 중요한 의미를 지닌다. 적어도 3,5 이하에서 바오로가 하느님의 의로움의 계시와 하느님의 진노의 계시를 모순된 것으로 보지 않는다는 점은 분명하다. 바오로는 5절에 제기된 반문에 대하여 6절에서 단호하게 "결코 그렇지 않습니다"라고 대답한다. 하느님을 종말에 세상(모든 인간)을 심판하실 분으로 보는 것은 유다인들의 기본 신앙이다(이사 66,16; 요엘 3,12; 시편 94,2; 96,13).

3,7-8: "나의 거짓으로 하느님의 진실하심이 더욱 돋보여 그분 영광에 보탬이 된다면, 왜 내가 여전히 죄인으로 심판을 받아야 합니까? 더 나아가서 '악을 행하여 선이 생기게 하자.'고 해야 하지 않겠습니까? 사실 어떤 자들은 우리가 그런 말을 한다면서 우리를 비방하고 있습니다. 그러나 그런 자들은 합당한 심판을 받을 것입니다."

7절은 5절에 나왔던 반문의 내용과 같다. 다만 이곳에서는 하느님의 속성으로 '성실하심(신실하심, *pistis*)' 대신에 '진실하심(*alētheia*)'이 언급된다는 것이 다르다. 8절은 바오로의 의화론 가르침에 대하여 불만을 갖고 있는 일부 사람들의 오해를 반영한다. 이런 오해는 6,1("그렇다면 우리가 무엇이라고 말해야 합니까? 은총이 많아지도록 우리가 계속 죄 안에 머물러 있어야 합니까?")과 6,15("그렇다면 우리가 무엇이라고 말해야 합니까? 우리가 율법 아래 있지 않고 은총 아래 있으니 죄를 지어도 좋습니까?")에서도 반복되어 언급된다. 물론 이에 대하여 바오로는 매번 단호하게 "결코 그렇지 않습니다"라고 대답한다.

3,9: "그러면 어떻게 됩니까? 우리가 유다인으로서 나은 점이 있습니까?[67]

---

[67] 3,9에서 "우리가 유다인으로서 나은 점이 있습니까?"라고 번역된 문장에 해당하는 그리스어 원문과 관련하여 학자들 사이에 이견이 좀 있다. 본문을 다르게 전하는 사본들도 있으나 위의 번역에 해당하는 본문이 가장 원문에 가까운 것으로 학자 대다수가 인정한다. 번역문에 나오는 '유다인으로서'는 원문에 없으나 문맥을 고려하여(3,1 참조) 삽입한 말이다. 그리고 "우리가 … 나은 점이 있습니까?"에 해당하는 그리스어 동사 '*proechometha*'의 번역과 관련해서는 이견이 큰 편이다. 학자 대다수는 이 동사(*proechomai*)를 중간태로 보고 '나은 점을 가지고 있다'는 의미로 번역하지만, 일부 학자들(예컨대 Fitzmyer, Lightfoot, Stowers)은 수동태로 보고 '추월당하다, 뒤쳐지다,

전혀 없습니다. 사실 우리는 이미 앞에서 유다인들이나 그리스인들이나 다 같이 죄의 지배 아래 있다[68]고 고발하였습니다."

여기서 바오로는 앞(1,18-3,8)에서 주장한 것을 요약한다. 앞부분에 관한 이 구절의 해석을 놓고 다소 이견이 있긴 하지만 '유다인으로서 나은 점이 전혀 없다'(3,9)는 말이 '유다인으로서 이로운 점이 더 많다'는 앞(3,1-3)의 말과 모순된 것으로 보아서는 안 된다. 3,1-3에서 말하는 '유다인들의 이점'은 구원의 역사에서 지니는 이점이기 때문이다. 바오로는 유다인들이 구원의 역사에서 지니는 이점이 많다 하더라도, 그것이 하느님의 심판 앞에서는 이점을 보장하지 않는다고 본다. 2,6-11에서 바오로가 말한 '행실에 따른 하느님의 심판'이라는 관점에서 볼 때, 유다인들이 다른 민족들에 비해 더 나은 상태에 있지 못하다는 것이다. '율법을 가지고 있었지만' 유다인들도 죄를 지었기 때문이다. 사실 2장 전체, 특히 2,17-29은 이에 관한 말이었다.

따라서 3,9의 앞 문장은 '유다인들의 죄'에 관하여 앞서 말한 내용을 종합하고, 마지막 문장은 1,18-32에서 '이방인들의 죄'에 대하여 고발한 내용까지 포함하여 1,18-3,8 전체를 종합한다고 볼 수 있다. 종합적 판단은 "유다인들이나 그리스인들이나 다 같이 죄의 지배 아래 있다"는 점이다. 여기서 '죄'를 뜻하는 그리스어 '하마르티아(hamartia)'가 로마서에서 처음 등장한다. 바오로는 이 단어를 주로 단수로 사용하면서 의인법을 써서 죄인을 종으로 부리는 세력으로 묘사한다(이에 관하여는 6장에

더 못하다' 등으로 번역한다. 또 중간태로 보면서도 그 의미를 '변명하다'로 보는 학자들도 있다(예컨대 Godet, Murray, Stuhlmacher). 이에 관하여 좀 더 자세한 점은 D. J. Moo, *Romans*, pp. 198-200; P. Stuhlmacher, *Römer*, p. 52 참조.
68 직역하면 "죄의 아래에 있다"이다.

꽤 자주 나오는 죄의 종살이와 죄에서의 해방에 관한 언급, 특히 6,6-7,16-17,20-22을 참조할 것).

3,10-18의 연쇄 인용문

3,1-20의 구성에서 보았듯이 3,10-18에서 바오로는 "이는 성경에 기록된 그대로입니다(*kathōs gegraptai*)"라는 인용 양식을 사용하여, 3,9의 주장("유다인들이나 그리스인들이나 다 같이 죄의 지배 아래 있다")을 뒷받침할 성경 말씀을 구약성경의 여러 곳에서 연쇄적으로 인용한다. 시편 말씀 몇 개와 이사야 예언서(59,7-8)의 말씀이 중심을 이루고 짧지만 코헬 7,20과 잠언 1,16도 사용된다. 19절에서 앞의 인용문을 가리켜 "율법(*nomos*)이 말하는 것"이라고 표현하지만 정작 '(모세) 율법(모세 오경)'이 직접 인용된 곳은 없다. 이렇게 바오로는 드물지만 노모스(*nomos*)라는 단어를 '율법'만이 아니라 구약성경 전체를 가리키는 의미로 사용하기도 한다(예컨대 1코린 14,21).[69] 그렇게 사용한 배경에는, 유다인들이 '토라(모세 율법)' 외의 다른 성경을 근본적으로 토라에 대한 해석으로 보는 관점이 있다고 이해해야 할 것이다. 또 노모스에 해당하는 히브리어 '토라'의 근본 의미가 가르침이라는 것을 생각하면 오경을 포함한 다른 성경 말씀도 근본적으로 하느님의 '가르침'이기 때문이다.

이 연쇄 인용문의 대략적 구성은 다음과 같다. 시작 부분인 10-12절에는 "없다"는 표현이 무려 여섯 번이나 나온다.[70] 이렇게 하여 단락의

---

69 이곳에서 바오로는 이사야 예언서를 인용하면서 "율법(*nomos*)에 이렇게 기록되어 있습니다"라고 말한다.

70 정확히 말하면, 10-12절에 '없다'를 뜻하는 그리스어 '*ouk estin*'이 다섯 번, '하나도 없다'를 뜻하는 '*oude heis*'가 한 번 나온다. 18절에서 '*ouk estin*'이라는 표현이 또 한 번

첫 문장(10절의 첫 문장)에 나오는 "의로운 이가 없다. 하나도 없다"는 말이 인용문 전체의 제목으로 구실한다. 이 단락 전체(13-18절)에 몸의 여러 지체가 언급된다는 점이 눈에 띈다. 먼저 13-14절에는 특히 '말하는 것'과 관련된 지체(목구멍, 혀, 입술, 입)가 언급되면서 사람들이 말(언어)로 저지르는 죄의 무서운 실상을 고발한다.[71] 반면에 15-17절에는 '발'과 관련된 표현이 나오면서, 발로 짓는 죄 곧 행동으로 짓는 죄가 고발된다. 18절에서는 마지막으로 몸의 지체 가운데 '눈'이 언급된다. "그들의 눈에는 하느님을 두려워하는 빛이 없다."[72] 인간 삶에서 '보는 것'과 '생각하는 것'이 깊이 관련되어 있기에, '눈'에 대한 언급은 '생각'에 관한 언급이라고 볼 수 있다. 이렇게 보면 바오로는 연쇄 인용문을 통해 인간이 말(13-14절)과 행동(15-17절)뿐 아니라 생각(18절)에 이르기까지 철저히 죄의 지배 아래 있다고 고발하는 것이다.

3,10: "의로운 이가 없다. 하나도 없다."

3,10은 코헬 7,20의 다음 문장에서 인용한 것 같다 "죄를 짓지 않고 선만을 행하는 의로운 인간이란 이 세상에 없다." 쿰란 문헌에도 "당신 심판에서 의로운 이는 아무도 없다"는 표현이 여러 번 나온다(1QH 9,14; 4,29-31; 7,17 등).

3,11: "깨닫는 이 없고 하느님을 찾는 이 없다."

시편 14,2에서 따온 이 말씀은 3장의 맥락에서 인간의 '불의함'과 그

나온다.
71 혀(언어)로 짓는 죄의 위험성에 대한 경고에 대하여 특히 야고 1,19.26; 3,3-12; 집회 28,13-26 참조.
72 3,18의 직역: "그들의 눈앞에는 하느님의 두려움이 없다."

들이 하느님을 찾지 않는 데서 오는 '어리석음'이 연결되어 있음을 지적한다. 이 점은 다음 말씀을 연상시킨다. "하느님을 알면서도 그분을 하느님으로 찬양하거나 그분께 감사를 드리기는커녕, 오히려 생각이 허망하게 되고 우둔한 마음이 어두워졌기 때문입니다"(1,21).

3,12: "모두 빗나가 다 함께 쓸모없이 되어 버렸다. 호의를 베푸는 이가 없다. 하나도 없다."

시편 14,3과 말마디가 비슷하다. "쓸모없이 되어 버렸다"로 번역된 동사는 "타락하였다"라고, 또 '호의'로 번역된 그리스 단어는 '선행'이라고 번역될 수 있다. 인간의 타락이 선행을 하나도 베풀지 않는 것으로 표현된다는 것이다.

3,13: "그들 목구멍은 열린 무덤, 혀로는 사람을 속이고 입술 밑에는 살무사의 독을 품는다."

앞 두 문장에는 칠십인역 시편 5,10이 그대로, 세 번째 문장에는 칠십인역 시편 140,4이 인용되었다. 13절의 움직임은 목구멍→혀→입술로 진행된다. 이 움직임은 다음 구절에서 입→발→눈으로 계속 이어진다.

3,14: "그들의 입은 저주와 독설로 가득하고"

인용 구절은 시편 10,7(칠십인역 9,28)이다.

3,15: "발은 남의 피를 쏟는 일에 재빠르며"

이 문장은 이사 59,7 또는 잠언 1,16[73]의 인용이다. 바오로는 말로 짓는 죄에 이어, 15-17절에서 발로 짓는 죄를 고발한다. 살인과 폭력에 대한 언급은 다시 1,29("그들은 온갖 불의와 사악과 탐욕과 악의로 가득 차 있고, 시기와 살인과 분쟁과 사기와 악덕으로 그득합니다")을 연상시킨다.

---

73 잠언 1,16: "그들의 발은 악을 저지르러 줄달음치고 남의 피를 쏟으려고 서두른다."

3,16: "그들이 가는 길에는 파멸과 비참만이 있다."

계속 이사 59,7의 인용이다.

3,17: "그들은 평화의 길을 알지 못한다."

이사 59,8의 인용이다. "평화의 길"이라는 표현과 관련하여 즈카르야의 노래의 마지막 문장을 참조하라. "어둠과 죽음의 그늘에 앉아 있는 이들을 비추시고 우리 발을 평화의 길로 이끌어 주실 것이다"(루카 1,79).

3,18: "그들의 눈에는 하느님을 두려워하는 빛이 없다."

시편 36,2ㄴ의 인용문이다. '눈'에 관한 언급은 몸의 지체들(목구멍→혀→입술→입→발→눈)에 관한 언급 전체를 종합하는 성격을 지니고 있다. 이 점은 '하느님의 두려움(하느님에 대한 경외)'이라는 표현에서도 드러난다. 구약성경에 의하면 의인은 누구보다도 하느님을 경외하는 사람이다(창세 22,12; 신명 6,2 참조). 지혜문학서들의 근본 가르침에 의하면 "하느님을 두려워함(경외함)은 지혜의 근본이다"(잠언 1,7; 9,10; 15,33; 욥 28,28; 집회 1,14; 시편 111,10 참조).

3,19-20

3,19-20은 1,18-3,20 단원을 마무리하면서 3,21에서 시작되는 새 단원을 도입하는 다리 역할을 한다. 이는 3,20에 나오는 어휘들이 로마서의 나머지 부분에서 어떻게 사용되는지를 보기만 해도 충분하다.[74]

문법으로 보면 3,19과 3,20은 긴밀하게 연결되어 있다(이유 접속사와 19절에 나오는 '하느님'을 받는 인칭대명사). 19절은 10ㄴ-18절에 나오는 일

---

74 이에 관하여는 "왜 바오로는 3,20에서 '아무도 율법의 일들로는 의롭게 되지 못한다'고 말하는가?"라는 질문을 다루는 곳에서 더 자세히 다룬다.

련의 구약성경 인용문을 마무리한다. 이 인용문들은 1,18-2,29에서 바오로가 하고자 한 말을 요약하는 9절의 내용을 뒷받침해 준다. '모두가 죄의 지배 아래 있'(3,9ㄴ)는 상황과 '온 세상은 하느님 앞에 유죄임이 드러난다'(19절 참조)는 지적은 서로 긴밀히 연결된다. 바로 이 상황과 관련해서 20절에서 "어떠한 인간도 율법에 따른 행위로 하느님 앞에서 의롭게 되지 못할 것"이라는 말이 나온다.[75]

또 3,19-20은 다음 단원인 3,21-4,25을 도입하는 역할도 한다.

3,19: "우리가 알다시피, 율법이 말하는 것은 모두 율법 아래 사는 사람들에게 해당됩니다. 그래서 모든 입은 다물어지고 온 세상은 하느님 앞에 유죄임이 드러납니다."

여기서 바오로는 자신들은 바오로의 고발(3,10-18)에서 예외일 것이라고 생각하는 유다인들을 염두에 두고, 그들도 그런 고발을 면할 수 없다고 말한다. 율법(토라)의 말씀이 누구보다도 그들에게 적용되기 때문이다. 바오로가 사용하는 '율법(토라)'이라는 단어(*nomos*)는 우선적으로 모세 율법을 의미하나, 구약성경 전체를 가리킬 때도 있다(예컨대 1코린 14,21).[76] 3,19-20에서 율법이라는 단어는 이렇게 넓은 의미로 쓰였다. 여기서 율법은 3,1-18의 여러 인용문을 전제하기 때문이다.

---

[75] '율법에 따른 행위'에 관하여는 3,27-28; 4,2; 4,6 참조. '의롭게 하다'에 관하여는 3,24. 26,28,30; 4,2,5; 5,1,9 참조. "율법을 통해서는 죄를 알게 될 따름이다"와 관련해서는 4,15; 5,13 참조.

[76] 1코린 14,21: "율법에 이렇게 기록되어 있습니다. '내가 또 다른 신령한 언어를 말하는 자들을 통하여 다른 나라 사람들의 입술을 통하여 이 백성에게 말할지라도 그들은 내 말을 귀담아듣지 않으리라.' 하고 주님께서 말씀하신다." 인용되는 문장은 이사 28,11 이하이다.

3,20: "어떠한 인간도 율법에 따른 행위로 하느님 앞에서 의롭게 되지 못하기 때문입니다. 율법을 통해서는 죄를 알게 될 따름입니다."

"때문입니다": 그리스어 접속사 디오티(*dioti*)의 뜻은 '그러므로'가 아니라 '왜냐하면'이다(로마 1,19.21; 8,7; 루카 2,7 참조). 즉 3,20은 앞 단락의 '결과'가 아니라 '이유'를 제시하는 문장이다. 바오로는 여기서 자신이 주장하는 의화론의 원칙 가운데 하나("율법에 따른 행위들로는 의롭게 되지 못한다")를 말함으로써 앞에서 말한 내용의 이유를 제시한다. 의화론 원칙의 나머지 부분 즉 "믿음으로써 의롭게 된다"에 관하여는 3,28에서 다룬다.

"하느님 앞에서": 이 어구는 3,20의 문장이 하느님의 심판을 배경으로 한다는 점을 보여 준다. 여기에 암시된 시편 142,2(칠십인역) 자체가 이미 심판을 배경으로 삼고 있다. 앞의 문맥에서도 심판의 배경은 분명하다. 심판에 관한 어휘가 10-18절을 요약하는 19절에도 나오고, 8절과 6절과 4절에도 나온다.[77] 나는 '의롭게 하다' 동사를 2,13에서처럼 3,20에서도 '법정적' 의미 즉 하느님의 심판을 배경으로 삼는 용어로 이해해야 한다고 생각한다. 적어도 1,18-3,20의 맥락에서 의화義化는 하느님의 심판 때의 의화를 의미한다. 1,18-3,20에서 바오로는 (의도적으로) 그리스도에 대한 신앙 또는 그리스도를 믿는 신앙생활의 시작에 관하여 말하지 않는다. 오히려 그리스도에 대한 신앙이 없는(3,21-26, 특히 24-25절에서 말하는 그리스도의 구속 사건이 있기 전, 따라서 그 사건을 기초로 한 그리스도 신앙이 있기 전) 인류의 상황을 묘사하려고 노력한다고 보인다.

"어떠한 인간도"(직역: "모든 살은"): 바오로는 칠십인역 시편 142,2에 있

---

77 2장의 '심판'과 관련된 어휘에 관하여는 앞의 128쪽을 볼 것.

는 "살아 있는 모든 것"이라는 어구를 "모든 살" 즉 "모든 인간"이라고 고쳤는데, 언뜻 보면 별다른 의미가 없는 변경이라고 여겨지지만 "모두가 죄의 지배 아래 있다"(3,9; 참조 3,10-18)는 것을 강조하는 맥락에서 보면 의미가 있다. '살(sarx)'이라는 단어가 인간을 그 나약함과 사멸성死滅性, 또는 죄에 떨어진 상태라는 관점에서 볼 때 쓰이는 용어이기 때문이다(7,5; 8,3 참조).[78]

"율법을 통해서는 죄를 알게 될 따름입니다": 여기에 나오는 "죄를 알게 됨"(직역: "죄의 인식")은 죄를 짓게 되는 것, 죄를 경험하여 알게 되는 것을 의미하지 않는다(거기에 대하여는 7,7-8 참조). 3,20에서는 율법을 통하여 '죄의식을 갖게 된다'는 것을 말하고자 한다. 바오로는 이미 앞에서 상당히 길게 성경을 인용하면서(3,10-18) 독자들이 죄의 지배를 받고 있는 인류의 상황(특히 3,9)을 깨닫게 하려고 노력했다. 모든 사람이 죄의 지배 아래 있고(3,9) 그러기에 하느님 앞에서 벌을 받아 마땅한 처지에 있지만(3,19), 율법은 이 상태에서 인류를 끌어낼 능력이 없고, 죄를 인식하게 하는 수단만 제공할 뿐이라고 바오로는 말한다.

"율법에 따른 행위로 의롭게 되지 못할 것이다": 이 문장을 이해하려면 우선 "율법에 따른 행위로"라고 번역된 그리스어 전치사구(*ex ergōn nomou*)의 의미를 규정해야 한다. 바오로가 이 어구를 어떤 의미로 사용하는지 밝혀야 한다.

---

[78] J. D. G. Dunn, *Jesus, Paul, and the Law*, 1990, p. 159; K. Kertelge, *Rechtfertigung bei Paulus*, Münster: Ashendorff Verlag, 1966, pp. 214.219 참조.

보충 설명: 바오로는 그리스어 전치사구 '엑스 에르곤 노무
(ex ergōn nomou)'를 어떤 의미로 쓰는가?

나는 바오로가 사용한 그리스어 전치사구 중에 ex ergōn nomou(갈라 2,16; 3,2.5; 로마 3,28), chōris nomou(3,21), 그리고 ex ergōn 또는 chōris ergōn(4,2.6)이 사용된 예를 종합적으로 분석한 후,[79] 다음과 같은 결론을 내렸다.

① 바오로는 erga nomou(직역: "율법의 일들") 어구를 늘 전치사 ex 또는 chōris와 함께 사용한다. 이 경우 전치사 ex는 원천 또는 근거를 표현한다.
② 갈라 3,10이 분명히 보여 주듯, 바오로에게 ex ergōn nomou는 근본적으로 erga nomou를 삶의 바탕으로 삼는 종교적 태도를 표현한다. 이와 반대되는 태도로 사는 삶은 ek pisteōs(믿음으로써)의 삶이다.
③ 바오로는 ex ergōn nomou를 대부분(3,20은 예외) '그리스도에 대한 신앙을 가진 삶의 시작(의화 또는 '영을 받음')'과 관련해서 사용하는데, erga nomou가 신앙생활의 출발을 위한 근거가 아니라고 주장한다는 의미에서 부정적으로 사용한다. 바오로가 이 표현을 통해 강조하는 것은 신앙생활의 새 출발이 지닌 은총이라는 성격이다.

---

79 이에 관한 자세한 내용은 김영남, "로마 2,13과 3,20에 나오는 의화(義化)에 관한 진술의 상호관계", 〈가톨릭성서연구〉 1호(2002년), 303-340쪽 참조.

④ 이 전치사구(*ex ergōn nomou*)는 의화론 논쟁에서 쓰이는데, 그 논쟁이 생겨난 중요한 교회사적(사회적) 배경은 갈라티아서에서 뚜렷이 드러나듯이(갈라 5,1-6,11; 6,12-13; 2,3-4.12.15) 할례 문제이다. '할례 없는 의화'라는 주장은 의화가 지닌 은총이라는 성격 및 예수 그리스도 안에서 누리는 자유(갈라 2,4; 5,1.13)에 대한 강조와 깊이 연결되어 있다.

보충 설명: 3,20에 사용된 *ex ergōn nomou*가
특별한 의미를 지니고 있는가?

앞에서 우리는 3,20을 제외한 다른 곳에서 바오로가 전치사구 *ex ergōn nomou*를 어떤 의미로 사용했는지 살펴본 뒤 잠정적 결론을 내렸다. 이제는 3,20에 나오는 이 전치사구의 의미를 좀 더 포괄적으로 규정하면서, 혹시 바오로가 여기서 *erga nomou*('율법의 일들') 어구를 '율법이 요구하는 행위들' 또는 '율법에 따른 행위들' 외에 어떤 특별한 의미를 더 부여하여 사용하였는지 살펴보고자 한다. 이 문제에 관하여 현대 성서학자들 중에는 "예"라고 대답하는 사람이 많다. 세 가지 대답을 예시할 것인데, 이것들은 동시에 왜 바오로가 3,20에서 "아무도 *ex ergōn nomou*로는 의롭게 되지 못할 것이다"라고 말했는지에 대하여도 답을 줄 것이다.

① 율법의 일들(*erga nomou*)은 '업적'의 의미를 지닌다고 보며, 불트만과 그의 영향을 깊이 받은 학자들이 주장하는 견해다. 그들이 '업적(Leistungen)'이라고 할 때에는 "하느님 앞에서 (마치 권리처럼) 내세울 만한(자랑할 만한) 행위들"이라는 의미로 말한다.[80]

근래에 일부 학자들이 이 견해를 강력히 반대하고 나섰다.[81] 가장 먼저 비판한 빌켄스(U. Wilckens)는, 불트만식의 해석을 따른다면 로마 3,20과 갈라 2,16의 뜻은 다음과 같이 될 것이라고 말한다. "율법을 위반한 사람들만이 아니라 율법을 행한 사람들도, 특히 경건한 사람도 율법의 일들로는 의롭게 되지 못한다. 왜냐하면 자신의 업적을 근거로 하느님 앞에서 의화를 요구할 수 있으려니 하는 의도 자체가 이미 깊은 면에서 죄이기 때문이다."[82] 다시 말해, 불트만식의 해석을 따른다면, 3,20에서 "아무도 '율법의 일들(*ex ergōn nomou*)'로는 의롭게 되지 못할 것"이라고 말한 이유는, 바오로가 율법의 일들을 근거로 의롭게 되려고 하는 태도 자체를 잘못(또는 죄)이라고 생각했기 때문이라는 것이다.

빌켄스는 이 어구를 평범한 의미 곧 '율법의 요구대로 실천한 행위들'이란 의미로 이해하면서, 3,20과 갈라 2,16에서 바오로가 율법의 일들이 의화에 아무 소용이 없다고 말하는 이유는 바로

---

80 이에 관하여는 134쪽 참조.
81 예컨대 U. Wilckens, E. P. Sanders, H. Räisänen, J. D. G. Dunn, Thomas R. Schreiner, F. Watson, R. Heiligenthal 등이다.
82 U. Wilckens, *Der Brief an die Römer* I (Neukirchen-Vluyn, 1978 초판, 1987 수정판), p. 176.

"모든 인간이 예외 없이 죄인이며, '죄인들의 의화'란 율법의 일이 아니기 때문이다"[83]라고 단호하게 주장한다.

② 율법의 일들(erga nomou)이라는 어구는 유다인의 '정체성 표지(identity markers)'를 뜻한다고 보는 견해로, 던(J. D. G. Dunn)의 주장이다. 그는 바오로의 의화론에 나오는 이 어구가 '율법이 요구하는 행위들'을 가리키는 것이 아니라 유다인들을 다른 민족들과 구별시키는 행위들, 곧 유다인의 정체성을 확인해 주는 일부 행위들 특히 '할례', '음식 규정', '안식일 법'을 준행함을 의미한다고 본다.[84] 던은 성서학자들이 율법에 관한 바오로의 진술을 올바로 해석하려면 그의 시대에 율법이 가지고 있던 사회적 기능을 진지하게 고려해야 한다고 강조하는데, 그의 지적은 옳다.

던에 의하면, 바오로가 3,20에서 "아무도 '율법의 일들(ex ergōn nomou)'로는 의롭게 되지 못할 것"이라고 말한 이유는, 이방인이었던 사람이 그리스도인이 되려고 할 때 그에게 할례, 음식 규정, 안식일 법 등과 같은 '유다인의 정체성 표지'를 지키라고 강요하는 것은 예수 그리스도를 통해 드러난 하느님의 보편적 구원 의지를 거스르는 태도라고 보았기 때문이라는 것이다. 왓슨(F. Watson)도 던과 비슷한 방향의 주장을 하는데, 내가 판단하기에 다음에 나오는 그의 견해는 바오로의 신학을 너무 단순화시켰다.

---

[83] 같은 책, p. 176.
[84] J. D. G. Dunn, *Romans*, 1988, p. 159; J. D. G. Dunn, *Jesus, Paul, and the Law*, p. 210 참조.

"로마 3,20-22.27 이하; 4,2-8에서 바오로가 '신앙'과 '일들'을 대조할 때, '일들'은 인간의 윤리적 행위 전반을 가리키지 않고 특별한 행위 곧 '유다(인)적 생활 방식'을 가리킨다. 바오로가 구원은 '율법의 일들'로써가 아니라 그리스도에 대한 믿음을 통해서 (온다)라고 주장하는 것은, 구원은 유다 공동체가 아니라 그리스도교 공동체에서 발견된다고 주장하는 것과 마찬가지이며, 두 공동체가 근본적으로 분리되었다고 말하는 것과 마찬가지이다."[85]

③ 율법의 일들(*erga nomou*)이라는 어구를 계약 공동체의 '입회 조건(entrance requirement)'으로 보는 견해로, 샌더스(E. P. Sanders)의 주장이다.[86] 그에 의하면 바오로가 3,20에서 "아무도 율법의 일들로는 의롭게 되지 못할 것"이라고 말한 이유는, 당시 교회가 이방인들을 수용하는 과정에서 불거져 나온 심각한 문제 때문이라는 것이다. 즉 그리스도를 믿고 교회 안으로 들어오려는 이방인들에게도 율법의 일들, 특히 할례, 안식일 법, 음식 규정들을 지키도록 요구할 것인가 여부에 관한 문제와 관련이 있다고 본다. 바오로는 새 계약 공동체인 교회의 '입회 조건'으로 특수한 의미의 율법의 일들을 요구하는 것을 반대하고, '입회 조건'이라는 말을 써야 한다면 그 조건은 '예수 그리스도에 대한 믿음'이라고 보았다.

---

85 F. Watson, *Paul, Judaism and the Gentiles. A Sociological Approach*, Cambridge, 1986, p. 119.

86 샌더스는 자신의 저서 *Paul, The Law, and the Jewish People*의 제4장(pp. 17-64)의 제목을 "The law is not an entrance requirement"라고 붙였다. 그의 주장에 대해서는 앞의 책, pp. 102-103을 참조할 것.

이 견해는 율법이 가진 사회학적 기능에 유의하면서 '율법의 일들'을 율법이 요구하는 행위들이 아니라 특정 '행위'에 제한한다는 점에서 던의 견해와 밀접히 연결된다. 그런데 샌더스의 견해는 율법의 일들의 사회학적 기능을 초창기 교회의 상황과 관련하여 좀 더 구체적으로 밝히고, 이를 유다인들의 계약 공동체 이해를 배경으로 삼아 설명한다는 점에서 던의 견해와 다르다고 볼 수 있다.

보충 설명: 3,20에서 바오로는 왜 '율법에 따른 행위로는 아무도 의롭게 되지 못할 것'이라고 말하는가?

첫째 이유는 같은 절의 후반에서 제시된다. "율법을 통해서는 죄를 알게 될 따름입니다"(3,20ㄴ). 바오로가 이유로 제시한 '율법과 죄'의 관계는 7,7-8,4에서 깊게 다루어질 텐데, 여기서 그가 말한 바의 핵심 내용은 다음과 같다. 율법 자체는 "거룩하고"(7,12) '영적인 것'으로 좋은 것이나 이미 죄의 노예가 되어 있는 인간(7,24 참조)에게는 무능하다, 즉 율법 본연의 기능을 수행할 수 없다는 것이다. 그런데 1,18-3,20의 맥락에서 죄는 큰 역할을 한다.

3,20에서 언급되는 '죄(*hamartia*)'는 즉시 3,9을 떠올려 준다. 이 관계를 좀 더 잘 이해하기 위해서는 1,18-3,20에서 묘사된 인류의 처

지에 주목할 필요가 있다. 여기서 인류는 주어진 진리에 순종하지 않고 있으며[1,19-32(이방인들); 2,8(유다인들, 이방인들 함께) 참조], 그리하여 이방인이건 유다인이건 모두가 변명할 여지가 없이(1,20; 2,1 참조) 하느님의 벌을 받아 마땅한 처지에 있다(1,18; 3,19 참조). 의인은 하나도 없다(3,10-18 참조). 유다인이건, 이방인이건, 모두 죄(의 세력) 아래에 놓여 있다(3,9). 이런 암담한 처지에 있는 인류에게 율법은 어떤 역할을 하는가? 바오로는 1,18-3,20의 단원을 마무리하는 3,20ㄴ에서 율법은 죄의 지배 아래에 있는 인류를 끌어내 줄(해방시킬) 능력이 없고, 다만 죄를 인식하게 하는 수단(그리스어 전치사 *dia* 참조)을 제공할 따름이라고 설명한다.

또 다른 이유이면서 결정적 이유는 3,21-26에서 주어진다. 하느님께서 죄의 세력 아래에 놓여 있는(1,18-3,19) 인류에게 은혜를 베푸셨다는 것이다(3,24 참조). 이제 정하신 때가 되어 종말론적으로(3,21에 나오는 "그러나 이제" 참조) '예수 그리스도 안에서' [3,24-25: '예수 그리스도의 피(죽음)를 통하여' 참조] 인류에게 의화의 새로운 수단으로 율법이 아닌(3,21에 나오는 "율법과 상관없이" 참조), "예수 그리스도에 대한 믿음"(3,22 참조)을 제시하셨다는 점이 그러하다.

보충 설명: 2,13과 3,20의 관계 규명 및 그와 관련된 '심판'과 '의화'에 관한 논의의 결론

2장을 해석할 때, 여기에서 바오로가 말하는 심판에 관한 언명과 그와 관련된 '행함'에 대한 강조를 단지 '그리스도교 신앙 이전 사고'의 잔재일 뿐이라며 없는 듯이 무시할 수 있다. 또 2장의 율법에 관한 언명은 다른 곳에 나오는 바오로의 의화론에 관한 말과 '모순 관계에 있다'고 간주하고 무시해 버릴 수도 있다. 또는 율법과 관련된 2장의 언급들의 존재를 인정하더라도 바오로 신학에서 별로 중요한 자리를 차지하지 않는 생각으로 간주할 수도 있다. 그러나 이러한 해석은 2장의 본문 내용에도 맞지 않을 뿐 아니라, 바오로 신학의 중요한 부분을 소홀히 하는 것이다. 그렇게 해석하면 바오로의 의화론이 지닌 심오함과 풍부함까지 잃어버리게 된다.

로마서의 구조에서 볼 때 1,18-3,20에 나오는 심판과 상벌(상선벌악)에 관한 진술 곧 깨달은 진리를 실천할 것을 강조하는 말씀은 그 자체를 말하기 위한 것이 아니다. 그것은 1,16-17에서 주제로 제시되었고 3,21 이하에서 자세히 다루어지는 복음(믿음을 통하여 선사되는 '하느님의 의'에 관한 기쁜 소식)을 강조하는 데 목적이 있다. 나는 바오로가 의도적으로 1,18-3,20에서 (그리스도에 대한) '믿음(*pistis*)'에 대하여 말하지 않는 이유는, 그리스도의 구속 사건과 그리스도에 대한 신앙의 길이 있기 전에 인류가 어떤 처지에 있었는지를 극명하게 대조하기 위해서라고 생각한다. 자비로운(은혜로운) '하느님의 의로움'에 관한 바오로의 기쁜 소식(복음)은 심판의 메시지(깨달은 진리를 실천하도록 강조)를 제거하지 않고, 오히려 포괄한다.

제3장
믿음을 통한 의화(3,21-4,25)

1. 율법과 상관없이, 그리스도 예수에 대한 믿음을 통해 선사되는 의화와 그리스도의 죽음을 통한 속량(3,21-26)

1.1. 중요성과 문맥, 구성

이 단락에는 그리스도 사건이 가져온 세 가지 구원 효과가 표현된다. 그래서 그리스도교 신학에서 대단히 중요한 부분으로 꼽힌다. 그리스도교 구원론에서 결정적으로 중요한 세 용어가 여기에 나온다: 의화(*dikaiōsis*, 라틴어 iustificatio, 영어 justification), 구속 또는 속량贖良(*apolytrōsis*, 라틴어 redemptio, 영어 redemption), 속죄 (제물)(*hilastērion*, 라틴어 propitiatio 또는 expiatio, 영어 propitiation 또는 expiation).

문맥: 1,16-17에서 바오로는 로마서 교의 단원의 주제를 제시하였다. 그 주제란 그가 전하는 복음은 "믿는 사람이면 누구에게나 구원을 가져다주는 하느님의 힘"이며, 이 "복음 안에서 하느님의 의로움이 계시"된다는 것이다. 1,18-3,20에서는 이방인들이나 유다인들이나 모두가 죄 중에 있기 때문에 하느님의 진노의 심판을 받아 마땅한 상태에 있어, 인류 전체가 하느님의 자비로운 구원을 간절히 필요로 한다고 말하였다. 이제 3,21-26에서 바오로는 1,16-17에 제시된 주제를 긍정적 방식으로 전개한다.

내용 구성: 바오로는 여기서 '하느님의 의로움의 계시'라는 주제를 다음과 같이 전개한다.[87]

21절에서는 모세 율법과의 관계를 다루고, 22절에서는 하느님의 의로움이 계시된 보편적 방향에 대하여 말하며(차별 없이, "믿는 모든 이들을 위한"), 23절에서는 그것이 계시될 필요성에 대하여 말한다(모두가 죄를 지었고, 하느님의 영광이 결여되어 있는 상태). 24ㄱ절에서는 하느님의 의로움이 지닌 은총의 성격에 관하여("그분의 은총으로 거저"), 24ㄴ-25절에서는 그것이 계시된 방법에 관하여 말한다(예수 그리스도의 속량의 죽음을 통한 의화). 끝으로 25ㄴ-26절에서는 하느님의 의로움이 계시된 사건의 목적에 관하여 말한다('당신의 의로움을 보여 주기 위하여, 당신이 의롭고 의롭게 하신다는 것을 드러내시기 위하여').[88]

문맥과의 연관성: 21-22절은 바오로가 1,2과 1,16-17을 반복하면서 설명을 첨가한 것으로, 23절은 1,18-3,20의 내용을 요약한 것으로, 24-26절은 의화, 구속, 속죄에 관한 바오로 이전의 전승 문구를 재해석한 것으로 볼 수 있다.[89]

강조점: 전체적으로 이 대목에서는 다음 세 사항이 강조되었다. ① 하느님의 의로움이 지닌 은총의 성격, ② 하느님의 주도하심, ③ 하느님께서 결정적으로 새로운 일을 시작하셨다는 점. 이에 대하여 아래에서 좀 더 자세히 설명할 것이다.

---

[87] J. A. Fitzmyer, *Romans*, p. 342 참조.
[88] 그리스어 원문의 구조를 반영하여 직역한 3,25-26의 번역문을 참조할 것.
[89] J. A. Fitzmyer, *Romans*, p. 342 참조.

3.21-26의 그리스어 원문의 구조를 반영한 필자 직역

21   그러나 이제
     율법과 상관없이 **하느님의 의로움**이 나타났습니다.
     〔그것은〕 율법과 예언자들로부터 증언되는 것〔입니다〕.
22   **하느님의 의로움**은 예수 그리스도에 대한 믿음을 통해
              믿는 모든 이들을 향한(위한) 것〔입니다〕.
     〔거기에는〕 차별(차이)이 없습니다.
23   왜냐하면 모든 이가 죄를 지었고 하느님의 영광을 결여하고 있기
     때문입니다.
24   거저 의롭게 됩니다.
              그분의 은총으로
              그리스도 예수 안에서 〔이루어진〕 속량을 통해서
25 ㄱ **그분을** 하느님께서는 **속죄 장소**(속죄 제물/ 속죄 수단)로 **내세우셨습**
     니다.
   ㄴ   믿음을 통해서
   ㄷ   그분의 피로써
   ㄹ 〔이는〕 당신의 **의로움**을 보여 주시기 위함〔입니다〕.
   ㅁ   이미 저질러진 죄들의 용서(묵과) 때문〔입니다〕.
26 ㄱ   하느님의 인내(의 때)에
   ㄴ **당신의 의로움을** 보여 주시기 위하여
   ㄷ   지금 이때에〔는〕
   ㄹ 〔이는〕 **당신이 의로우시다는** 것을 위함이며
   ㅁ   예수에 대한 믿음으로 사는 사람을 **의롭게 하신다는 것**을 위함
     〔입니다〕.

3,21-26의 그리스어 원문의 구조를 반영한 경문 음역

21 *nyni de*

　　*chōris nomou **dikaiosynē theou** pepanerōtai*

　　martyroumenē hypo tou nomou kai tōn prophētōn

22 ***dikaiosynē** de **theou** dia pisteōs Iēsou Christou*

　　　　eis pantas tous pisteuontas

　　　　ou gar estin diastolē.

23 *pantes gar hēmarton kai hysterountai tēs doxēs tou theou*

24 *dikaioumenoi dōrean*

　　　　tē autou chariti

　　　　dia tēs apolytrōseōs tēs en Christō Iēsou

25 ***hon proetheto ho theos hilastērion***

　　　　dia [tēs] pisteōs

　　en tō autou haimati

　　eis endeixin** tēs **dikaiosynēs autou

　　　　dia tēn paresin tōn progegonotōn hamartēmatōn

26　　*en tē anochē tou theou*

　　pros tēn endeixin** tēs **dikaiosynēs autou

　　　　en tō nyn kairō

　　*eis to einai auton **dikaion** kai **dikaiounta** ton ek pisteōs Iēsou.*

1.2. 구절 해설

3,21ㄱ: "그러나 이제는 율법과 상관없이 하느님의 의로움이 나타났습니다."
"그러나 이제(*nyni de*)"는 구원사에서 결정적 새 시기가 왔음을 말해 준다(이 어구가 나오는 3,26; 5,9.11; 6,22; 7,6; 8,1.18; 11,5.30.31; 13,11 참조). 26절에 나오는 "이때에"라는 표현도 결정적으로 새로운 시기가 시작되었음을 말해 준다.[90] 앞(1,18–3,20)에서 바오로는 모든 인간이 "죄의 지배 아래"(3,9) 있어 하느님의 진노를 받아 마땅한 처지, 말하자면 출구가 전혀 보이지 않는 처지에 있다고 말했다. 그런데 여기(3,21)부터는 그러한 처지에 있는 인류에게 하느님께서 구원을 위해 '결정적으로 새로운 일'을 하셨으며[91] 그 효과가 현재에도 미치고 있다고 말한다['나타나다'는 동사의 현재완료형(*pepanerōtai*)이 쓰였는데, 그리스어에서 현재완료형은 과거

---

[90] 여기서 독자는 예수의 시대와 바오로 사도의 시대, 더 나아가 신약성경이 기록되던 시대 전반에 걸쳐 유다인들 가운데 팽배해 있던 묵시문학(apocalypticism)적 사고방식에 주목할 필요가 있다. 묵시문학적 역사관에 의하면 악의 세력이 온 세상과 역사를 지배하는 것같이 보이지만 역사는 하느님이 장악하고 계셔서, 악한 현 세상(*aiōn*)은 하느님의 개입으로 곧 멸망할 것이며, 의인들이 구원을 받는 새 세상이 곧 도래할 것이었다[갈라 1,4: "지금의 이 악한 세상(*aiōn*)에서 구해 내시려고" 참조].
바오로에 의하면 인류는 그리스도 사건으로 말미암아, '옛 세상'에서 '새 세상'으로 접어들었다. 하느님께서 미리 정하신 결정적 새 세상이 이미 시작되었다(1코린 10,11: "세상 종말에 다다른 우리에게"; 갈라 4,4: "때가 차자 하느님께서 당신의 아드님을 보내시어" 참조). 옛 세상에서는 인류가 모두 죄를 지어 하느님의 진노 아래에 대책 없이 있었는데(1,18–3,20), 이제 그리스도 사건을 통하여 열린 새 세상에서는 하느님의 의로움에 참여할 기회가 활짝 열려 있다는 것이다(3,21–26).

[91] 3,25에 의하면, 이 결정적 사건은 (그리스도의 부활을 전제하지만) 무엇보다도 '그리스도의 십자가 죽음' 사건이다.

에 이루어진 일이 현재까지 영향을 미칠 때 사용된다].

바오로가 '하느님의 진노'에 대하여 말할 때에는(1,18) 현재형을 사용했다. "… 모든 불경과 불의에 대한 하느님의 진노가 하늘에서부터 나타나고 있습니다(*apokalyptetai*, 직역: "계시됩니다")." 이는 1,18-3,20 단락이 불경과 불의를 저지르며 사는 사람들을 향해 '그렇게 살면 하느님의 진노를 받는다'고 경고하는 의미도 지닌다는 것을 암시한다. 로마서 문맥에서 보면 3,21에 나오는 '하느님의 의로움'이라는 어구는 1,17에 나온 '하느님의 의로움'이라는 어구를 계승하는 반면에, 1,18에 나온 '하느님의 진노'라는 어구와는 대조를 이룬다.

"**율법과 상관없이**(*chōris nomou*)": 원문에서 단락의 앞자리에 놓인("그러나 이제는"을 뜻하는 *nyni de*의 다음 자리) 이 어구는 바오로의 의화론 논증에서 대단히 중요한 의미를 지닌다. 바오로의 의화론에서 "사람이 의롭게 되는 것은 '율법의 일들로써(*ex ergōn nomou*)'가 아니라 '믿음을 통해서(*dia pisteōs*)'이다"라는 표현(로마 3,28; 갈라 2,16 참조)이 핵심인데, 이 어구가 여기에 나오는 '율법의 일들로써가 아니라'에 해당하기 때문이다. 3,28에는 3,21의 "*chōris nomou*"와 유사한 "*chōris ergōn nomou*(율법의 일들 없이)"라는 표현이 사용된다.

사실 *erga nomou*라는 어구의 해석을 둘러싼 논란이 크지만, 여기서는 우선 '율법에 따른 행위들', '율법의 요구에 따라 행한 행위들'이라는 의미로 사용하겠다. 그런데 이 "*erga nomou* 없이 하느님의 의로움이 나타났다"는 말은 놀랍다. 유다인들은 일반적으로 모세 율법이 명하는 것을 모두 올바로 지킬 때에만 의롭게 된다고 이해했기 때문이다. "율법과 상관없이"라는 어구가 3,21-26 단락의 앞머리에 사용된 것을 보면, 바오로는 "하느님의 의로움이 율법과 상관없이 나타났다는 것"을, "그러나 이제는"이라는 어구로 표현된 구원사의 결정적 새 시기가 갖는 '새로움'의 특성으로 이해했다는 것을 알 수 있다.

3,21ㄴ: "(이는) 율법과 예언자들이 증언하는 것입니다."

그리스어 문법으로 보면 '율법과 예언자들에 의해 증언되는 것'은 하느님의 의로움, 정확히 말해 '율법과 상관없는 하느님의 의로움'이다. 바로 앞에서 "율법과 상관없이"라고 말했는데 "율법"에 의해 증언된다고 말하니 모순처럼 여겨질 수 있다. 그런데 앞에서 언급했듯이 '율법 없이'라는 어구는 가까운 문맥을 고려해 보면 '율법의 일들 없이'라는 말의 다른 표현으로 볼 수 있다. 또 단순화시켜 말하자면, 3,21ㄱ에 나오는 "율법과 상관없이"라는 어구의 율법은 주로 '법, 규정'이라는 관점에서 본 율법을 뜻하고, 3,21ㄴ에 나오는 "율법과 예언서"라는 어구의 율법은 '하느님의 뜻'이 계시된 글(곧 '성경')이라는 관점에서 본 율법을 뜻한다고 볼 수 있다.

"율법과 예언자들(또는 "율법과 예언서들")"[92)]이라는 말은 구약성경 전체를 지칭하는 관용적 표현이다(마태 5,17; 7,12; 11,13; 22,40; 루카 16,16; 요한 1,45; 사도 13,15; 24,14; 28,23; 또한 2마카 15,9; 4마카 18,10 참조).[93)] 이

---

92 그리스어 원문의 "*nomos kai prophetai*"에서 *prophetai*는 '예언자들' 또는 '예언서들'로 번역될 수 있다. 여기서 말하는 율법이 '율법서'를 가리킨다고 보면, 같이 사용되는 *prophetai*도 책이라는 관점에서 '예언서들'로 번역하는 것이 더 좋을 것 같다.

93 유다인들의 전통적 성경 구분법인 '율법(토라*Torah*), 예언서들(너비임*Neviim*), 성문서聖文書(커투빔*Ketuvim*)'(앞글자를 따서 유다인들은 '타나크*TANAKH*'라고 부름)라는 표현은 예수 시대와 신약성경 시대에는 널리 사용된 것 같지 않다. 경전의 범위 역시, 오경과 예언서의 경계는 정해졌으나 이른바 성문서의 경계는 아직 정해지지 않았던 것 같다[이와 관련하여 집회서 역자의 서문(1절)에 나오는 "율법과 예언서와 그 뒤를 이은 다른 글들", 루카 24,44의 "율법과 예언서와 시편에 기록된 모든 것"이라는 표

표현에서 드러나듯이 바오로는 구약성경 자체가 이미 자신이 주장하고자 하는 의화론을 증언한다고 본다. 그는 자신이 선포하는 복음이 구약성경("율법과 예언서")의 증언과 일치한다는 점을 매우 중요하게 생각하였다. 이미 로마서의 첫 부분에서 "그것(하느님의 복음)은 하느님께서 당신의 예언자들을 통하여 미리 성경에 약속해 놓으신 것"(1,2)이라고 말하였고 1,16-17에서 주제를 제시할 때에도 하바 2,4을 인용하여 자기주장의 근거로 삼았다. 또 4장에서는 아브라함의 예를 통해 자신의 의화론을 논증하려고 한다.

3,22ㄱ: "예수 그리스도에 대한 믿음을 통한 (하느님의 의로움)"

"예수 그리스도"에 해당되는 그리스어 원문의 2격이 객어적 2격이냐 주어적 2격이냐에 관하여 토론이 활발하다. 그것을 객어적 2격으로 보면 "예수 그리스도의 믿음(pistis Iēsou Christou)"은 '예수 그리스도에 대한 믿음'이라고 이해되고, 주어적 2격으로 보면 '예수 그리스도께서 지니셨던 충실성(신실함)'으로 이해된다. 그것을 주어적 2격으로 이해하는 학자들은[94] 예수 그리스도께서 십자가 위에서 돌아가시기까지 순종하면서 보여 준 아버지 하느님에 대한 충실함을 통하여 하느님의 의로움이 선사된다고 주장한다. 이들은 주어적 2격에 대한 예로 3,3에 나오는 "하느님의 성실하심(pistis)"과 4,12.16의 아브라함의 "믿음(pistis)"의 경우를 든다. 그러나 대다수 주석가들은[95] 전통적 견해에 따라 여전히 객어적 2격

현 참조].

[94] 예컨대 특히 L. T. Johnson과 R. B. Hays; 이 밖에 G. Howard, L. Ramaroson, M. Hooker, S. K. Williams. 이에 관한 자세한 서지 사항은 J. A. Fitzmyer, *Romans*, p. 345; D. J. Moo, *Romans*, p. 224. n. 25 참조.

[95] 예컨대 M. Luther, E. Käsemann, O. Kuss, H. Schlier, U. Wilckens, C. E. B.

으로 해석한다. 내 생각에 주어적 2격의 해석에도 정당성을 지닌 측면이 분명히 있다. 그리고 바오로가 그리스도께서 십자가에 달려 돌아가시기까지 순종하셨다는 점을 매우 중요한 사항으로 가르쳤다고 본다(예컨대 필리 2,8). 하지만 3,21-26에서 바오로가 강조하고자 한 것은 예수 그리스도가 지니셨던 충실성이 아니라, 예수 그리스도에 대한 믿음이라고 생각한다. 사실 바오로는 로마서의 나머지 부분에서 그리스도의 '충실성'에 대하여 관심을 두고 있지 않다. 그가 독자들에게 강조하려는 것은 의화를 위한 '예수 그리스도에 대한 믿음'의 필요성이다. 바오로는 자신의 서간에서 예수 그리스도를 신앙의 대상으로 분명히 제시한다(로마 10,9; 1코린 12,3; 2코린 4,5.14). 특히 의화론 논쟁에서 결정적으로 중요한 갈라 2,16에 "우리는 그리스도 예수를 믿었다(eis Christon Iēsoun episteusamen)"는 문장이 나온다는 점에 유의해야 한다. 신약성경에서 '믿다'라는 뜻의 그리스어 동사 피스테우에인(pisteuein)의 주어로 그리스도가 사용된 적이 없다고 판단된다. "우리 믿음의 영도자이시며 완성자이신 예수님"(히브 12,2)이라는 구절에서조차 그런 의미가 들어 있지 않다[이 밖에도 믿음(pistis)과 관련된 객어적 2격의 용례들에 관하여는 마르 11,22; 사도 3,16; 필리 1,27 참조].

3,22ㄴ: "(하느님의 의로움은) 믿는 모든 이를 위한 것입니다. 거기에는 아무 차별도 없습니다."

유다인이나 그리스인이나 차별 없이(1,14.16; 2,9-11; 10,12 참조), 하느님의 의로움을 선사받을 기회는 이제 모든 인간에게 동등하게 주어져

Cranfield, J. D. G. Dunn, J. A. Fitzmyer, D. J. Moo. 이에 관한 자세한 서지 사항은 J. A. Fitzmyer, *Romans*, p. 345 참조.

있다. 바오로는 이미 1,16-17에서 하느님의 의로움이 계시되는 "복음은 … 믿는 사람이면 누구에게나 구원을 가져다주는 하느님의 힘"이라고 선포하였다. 하느님의 의로움이 믿는 이면 누구에게나 '개방되어 있다' 는 이 개방성이야말로 바오로가 선포한 기쁜 소식의 중요한 내용이다 (개방성에 관하여는 3,9.29; 11,25-26.31-32 참조[96]).

3,23: "모든 사람이 죄를 지어 하느님의 영광을 잃었습니다."

이 구절은 1,18-3,20의 내용을 요약한 것이라고 볼 수 있다. '모두가 죄를 지었다'는 내용은 5,12 이하에서 더 깊게 다루어질 것이다. 그리스도를 통한 구원이 모든 인간을 향해 있다는 점은 '모두가 죄를 지어 비구원적非救援的 상태'에 있음을 배경에 두고 있다. "하느님의 영광을 잃었습니다"라는 문장에서 '잃었습니다'에 해당하는 그리스어 동사의 능동태(hysterein)는 '늦게 오다', '이르지 못하다', 또는 '부족하다'를 뜻하고, 이 동사의 중간태(hystereisthai)는 '결여되어 있다', '목도에 이르지 못하다'를 뜻한다(반의어는 '넘치다'는 뜻의 *perisseuein*).

그러므로 23절은 "모두가 죄를 지어 그들에게 하느님의 영광이 결여되어 있다" 또는 "… 하느님의 영광에 참여하지 못하고 있다"는 뜻으로 이해하는 것이 옳은 것 같다. '하느님의 영광을 잃어버렸다'는 해석은 아담이 죄를 지은 후 에덴 동산에서 쫓겨났다는 창세기의 내용을 배경에

---

[96] 이와 관련하여 다음 구절도 대단히 중요하다. "여러분은 모두 그리스도 예수님 안에서 믿음으로 하느님의 자녀가 되었습니다. 그리스도와 하나 되는 세례를 받은 여러분은 다 그리스도를 입었습니다. 그래서 유다인도 그리스인도 없고, 종도 자유인도 없으며, 남자도 여자도 없습니다. 여러분은 모두 그리스도 예수님 안에서 하나입니다"(갈라 3,26-28); "우리는 유다인이든 그리스인이든 종이든 자유인이든 모두 한 성령 안에서 세례를 받아 한 몸이 되었습니다. 또 모두 한 성령을 받아 마셨습니다"(1코린 12,13).

둔 것이다. 즉 아담이 참여하던 낙원 생활(하느님의 영광에 참여하는 생활)을 잃어버렸던 것처럼(창세 2-3장 참조), 모든 인간이 죄를 지어 하느님의 영광을 잃어버렸다는 해석이다(모세 묵시록 20,2 참조).

여기서 '하느님의 영광'은 무엇을 뜻하는가? 영광이라고 번역되는 단어(그리스어 *doxa*, 히브리어 *kābōd*)는 구약성경에서 주로 피조물 안에 드러나는 권능에 찬 하느님의 현존과 관련되어 사용되었다.[97] 예컨대 "거룩하시다, 거룩하시다, 거룩하시다, 만군의 주님! 온 땅에 그분의 영광이 가득하다"(이사 6,3); "그때에 구름이 만남의 천막을 덮고 주님의 영광이 성막에 가득 찼다. 모세는 만남의 천막 안으로 들어갈 수 없었다. 구름이 그 천막 위에 자리 잡고 주님의 영광이 성막에 가득 차 있었기 때문이다"(탈출 40,34-35). 바오로는 하느님의 현존에서 발산되는(?) 일종의 광채인 이 영광이 하느님의 내밀한 현존에 가까이 있는 사람들에게도 선사되는 것으로 묘사한다. 예를 들면 "믿음 덕분에, 우리는 … 하느님의 영광에 참여하리라는 희망[98]을 자랑으로 여깁니다"(5,2); "그리스도와 함께 영광을 누리려면 그분과 함께 고난을 받아야 합니다. 장차 우리에게 계시될 영광에 견주면, 지금 이 시대에 우리가 겪는 고난은 아무것도 아니라고 생각합니다"(8,17-18); "우리는 모두 너울을 벗은 얼굴로 주님의 영광을 거울로 보듯 어렴풋이 바라보면서, 더욱더 영광스럽

---

97 '영광'에 관한 9,4의 해설을 더 참조할 것.
98 "하느님의 영광에 참여하리라는 희망"과 관련하여 다음 두 구절도 참조할 것: "그리스도께서는 만물을 당신께 복종시키실 수도 있는 그 권능으로, 우리의 비천한 몸을 당신의 영광스러운 몸과 같은 모습으로 변화시켜 주실 것입니다"(필리 3,21); "이렇게 되라고 하느님께서는 우리의 복음을 통하여 여러분을 부르셨습니다. 우리 주 예수 그리스도의 영광을 차지하게 하시려는 것입니다"(2테살 2,14).

게 그분과 같은 모습으로 바뀌어 갑니다. 이는 영이신 주님께서 이루시는 일입니다"(2코린 3,18). 요약하면 3,23에서 바오로는 인간은 죄를 지었기 때문에 하느님의 현존으로부터 멀어졌고, 그래서 하느님의 영광이 결여된 상태에서 살았다고 말한다.

3,24ㄱ: "그러나 그리스도 예수님 안에서 이루어진 속량을 통하여"

그리스어 원문에서는 이 구절이 분사(*dikaioumenoi*)로 시작하는데 문법으로 따져 보면 갑작스럽게 느껴진다. 사실 적지 않은 학자들이 전승 문구의 범위에 대하여는 의견을 달리하지만, 대체로 3,24-26에 바오로 이전부터 초창기 교회에서 사용되던 전승 문구(formula)가 들어 있다고 본다. 그 근거로 다음 세 가지가 주로 거론된다. ① 시작 문장에 분사가 사용된다는 점, ② 바오로의 다른 서간에는 나타나지 않고 여기에만 나오는 특수 어휘, 예컨대 그리스어 힐라스테리온(*hilastērion*, 속죄판, 속죄 장소, 속죄 수단, 속죄 제물) 등이 사용된다는 점, ③ 반복 어구가 등장한다는 점이다. 예컨대 24절에서 "거저"라는 표현이 앞에 있는데 같은 내용을 표현하는 '은총으로'라는 말이 다시 사용된 점과, 25절에 나왔던 "당신의 의로움을 보여 주시려고"라는 표현이 26절에 반복된다는 점이 그러하다.

속량의 의미: 속량贖良 또는 구속救贖으로 번역되는 그리스어 '아포뤼트로시스(*apolytrōsis*)'는 몸값을 지불하고 포로나 종을 풀어 주는 사회제도를 배경으로 하는 말로, 구원을 해방 또는 자유라는 관점에서 표현한다. 신약성경에서 이 어휘를 사용한(로마 3,24; 8,23; 루카 21,28; 1코린 1,30; 에페 1,7.14 등) 배경에는 하느님을 '고엘'로 이해하는 전통이 있다. 히브리어 고엘(*goʾēl*)은 친족의 일원이 자유인의 지위를 잃었을 때 대가를 지불하고 풀어낼 의무를 지닌 가까운 친척을 가리키는 용어로서 '구

속자', '구원자', '책임져 주는 자'로 번역된다. 구약성경에서는 하느님께서 당신 백성을 이집트 종살이와(탈출 6,6-7; 신명 7,8; 15,15) 바빌론 유배에서(특히 제2이사야서. 이사 41,14; 43,14; 44,6; 47,4) 해방시키신 것을 묘사할 때, '속량' 또는 '구속'이라는 명사나 그와 관련된 동사를 사용하였다.

바오로가 '속량'이라는 어휘를 사용하는 경우에는 구약성경의 이런 용례를 배경에 둔다. 바오로는 그리스도를 통한 구원의 효과를 묘사하면서, 그리스도인은 하느님께서 몸값을 내고 산 사람들이라고 말한다 (1코린 6,20: "하느님께서 값을 치르고 여러분을 속량해 주셨습니다"; 1코린 7,22-23: "… 마찬가지로 부르심을 받은 자유인은 그리스도의 종입니다. 하느님께서 값을 치르고 여러분을 속량해 주셨습니다. 사람의 종이 되지 마십시오"; 참조 갈라 3,13; 4,5). 3,25을 보면 "사람들의 속량"을 위해 지불된 몸값은 "그리스도의 피" 곧 그분의 십자가상 죽음이라는 것을 알 수 있다(에페 1,7; 1베드 1,18-19 참조). 요컨대 사랑 때문에 바친 그리스도의 생명(5,8; 8,32)을 하느님께서 인류 구원을 위하여 내놓으신 '몸값(대가)'으로 본 것이다. 그러나 바오로는 이 속량 과정에서 누구에게 그 값이 치러졌는지에 대하여는 의도적으로 더 이상 언급하지 않는다. 이에 관하여 무(Moo)가 제시한 대답이 무척 좋다. "물론 우리는, 그리스도교 교회의 처음 몇 세기에 널리 퍼졌던 견해처럼, 그리스도의 죽음은 하느님께서 사탄에게 지불한 몸값이었다고 생각해서는 안 된다. 성경에 좀 더 부합하는 대답은, 그리고 25절에 함축되어 있을 대답은 '의로운 판결을 내려야 하는 재판관이신 하느님 자신이야말로 그 몸값을 받는 분이시다'일 것이다."[99]

---

[99] D. J. Moo, *Romans*, p. 230. 하느님께서 인류의 속량을 위하여 당신의 아드님을 몸

"그리스도 예수 안에서": 이 문장에서 '안에서'로 옮겨진 그리스어 전치사 엔(en)은 두 가지 의미로 해석할 수 있다. '수단적 의미'로 이해하면 그리스도 예수를 통해서 곧 그분이 십자가 위에서 돌아가심으로써 속량이 이루어졌다는 의미이다. '장소적 의미'로 이해하면 속량은 그리스도 예수 안에서 이루어진다, 또는 그리스도 예수와 결합되어 있을 때 속량이 된다는 의미를 갖는다.[100]

3,24ㄴ: "그분의 은총으로 거저 의롭게 됩니다."

원문에서는 이 문장이 24절의 첫 자리에 나온다. 이 문장의 주어는 23절에 나왔던 '모든 이'이다. 모든 사람(유다인이든 이방인이든 구별 없이)이 같은 방법으로 '의롭게 된다'는 것이야말로 바오로가 로마서에서 강조하는 사항이다. "의롭게 됩니다"에 해당하는 그리스어 단어는 현재분사(dikaioumenoi) 형태이다. 모든 이가 예수 그리스도에 대한 믿음을 통해 의롭게 되지만, 이 의화는 "그리스도 예수님 안에서 [이루어진][101] 속량을 통해서(dia tēs apolytrōseōs tēs en Christō Iēsou)" 이루어지는 것이

값으로 내주셨다는 것과 관련된 토론에 관하여는 3,25에 나오는 hilasterion에 관한 논의를 다루면서 더 살필 것이다. 이 책 179-185쪽 참조.

100 에페 1,7과 콜로 1,14에 나오는 "그리스도 안에서 우리는 속량을 가지고 있다"는 표현에서 속량은 죄의 용서와 동일시된다[에페 1,7: "우리는 그리스도 안에서, 그리스도의 피를 통하여 속량을, 곧 죄의 용서를 받았습니다(즉역: "가지고 있습니다"). 이는 하느님의 그 풍성한 은총에 따라 이루어진 것입니다"; 콜로 1,14: "이 아드님 안에서 우리는 속량을, 곧 죄의 용서를 받습니다"].

101 이 단어는 원문에 없는데, 의미를 살려 집어넣은 말이다 과거형 '이루어진' 대신 현재형 '이루어지는'으로 바꿀 수도 있다. 물론 25절을 보면 '속량'은 과거에 있었던 그리스도의 십자가 사건에서 '이루어진' 것으로 봐야 한다. 다만 인류를 죄의 종살이에서 풀어낸 속량으로 인한 구원의 효과가 후대의 모든 믿는 이들에게 현재 미치고 있다는 점에서 '이루어지는'이라고도 볼 수 있다.

다. 과거에 있었던 그리스도의 십자가 죽음을 통해 이루어진 속량의 구원 효과가, 그리스도에 대한 믿음을 통해 후대의 모든 믿는 이들에게 선사된다는 것이다.

이미 "거저"라는 말로 의화가 지닌 은총의 성격을 충분히 드러냈는데도 '은총으로'라는 말을 덧붙여 그 성격을 더욱 강조한다. 3,21-26의 단락을 시작하는 첫자리에 나왔던 "율법과 상관없이"(21절)라는 어구도 의화가 지닌 은총의 성격을 강조하는 표현이었다.

3,25-26 원문의 문법 구조

앞에 제시한 '직역 본문'에 잘 나와 있듯이, 25-26절이 우리말 번역에서는 몇 개의 문장으로 끊어질 수밖에 없지만, 원문에서는 전체가 처음에 나오는 관계대명사 *hon*("그분을")에 줄줄이 연결되어 있는 한 문장이다. 전체 문장의 유일한 주어는 25ㄱ절에 나오는 *theos*("하느님")이고 유일한 종결동사는 *proetheto*("내세우셨습니다")이다. 즉 25-26절은 "하느님께서 그리스도 예수를 속죄 장소로 내세우셨습니다"라는 중심 문장에 무려 여덟 개의 전치사구를 덧붙인 형식으로 짜여 있다. 그 가운데 네 가지가 "하느님께서 그리스도 예수를 속죄 장소로 내세우신" 목적을 드러낸다(*eis* 전치사구가 두 번, *pros* 전치사구가 한 번, *dia*+4격 전치사구가 한 번). 이 문법 구조는 그리스도 사건이 전적으로 인류를 구원하시려는 하느님의 강력한 의지에서 이루어진 것이라는 점을 보여 준다.

보충 설명: 3,25의 그리스어 힐라스테리온(hilastērion)의 의미

25-26절을 올바로 이해하려면 '속죄 제물', '속죄 장소', '속죄 수단' 등으로 번역되는 그리스어 hilasterion의 의미를 정확히 이해하는 것이 꼭 필요하다. 이 단어의 의미에 관하여는 다음과 같은 세 가지 견해가 있다.

① 속죄일 예식에서 언급되는 '속죄판'(속죄 장소)으로 이해하는 견해
  성전 지성소에 있는 계약 궤(증거 궤)의 덮개 판이 히브리어로 카포렛(kapporet)인데, 칠십인역에서는 이를 to hilastērion으로 번역했다(성경에서는 '속죄판'으로 번역). 탈출 25,17-22에 의하면 속죄판은 계약의 궤를 덮은 순금판으로, 판의 좌우에 커룹 둘이 속죄판을 향하여 마주보고 서서 날개로 그것을 덮도록 되어 있다(탈출 30,6; 민수 7,89; 히브 9,5 참조). 참고로 창세 3,24에서는 커룹들이 쫓겨난 아담과 하와가 돌아오지 못하도록 에덴 동산을 지키는 존재로 묘사되는데, 탈출 25,19 이하에서는 하느님의 보이지 않는 현존을 지키는 문지기 역할을 한다.
  계약 궤는 하느님께서 지상에 현존하시는 장소로 생각되었기 때문에, 그것을 덮고 있는 속죄판(카포렛)은 후에 전례 중에 '하느님을 만날 수 있는 곳'으로 이해되었다. 동시에 이 속죄단은, 그 앞에서 이스라엘 자손들이 거기에 현존하시는 하느님께 죄 사함을 받는다는 점에서, '속죄가 이루어지는 장소'로도 이해되었다. 레위 16장에 상세히

기술된 속죄일 예식에 의하면, 주님께서는 이 속죄판 위에 나타나시고(레위 16,2), 그분의 현존 앞에서 속죄 예식 전체가 진행된다. 대사제는 일 년에 한 번 있는 속죄일에 우선 자기 죄를 사함 받기 위해 '속죄 제사'를 바친 다음 백성을 위한 속죄 제사를 바치는데, 이때 '속죄 제물'인 숫염소의 피를 휘장 안에 있는 지성소 내부로 가져가 속죄판 위와 앞에 일곱 번 뿌린다. 이 행위가 속죄 예식에서 가장 중요한 부분이다. 그리하여 속죄판이 '속죄의 장소' 곧 죄가 사해지는 장소로 여겨졌다. 이런 배경에서 지성소 전체를 "속죄소(베트 하카포렛 bet hakapporet, 카포렛의 집)"라고도 부른다(1역대 28,11).[102]

이렇게 3,25의 그리스어 힐라스테리온이 레위 16장에 나오는 히브리어 카포렛을 번역한 말이라고 본다면, 이 단어가 '속죄 제물'을 직접 가리키지 않는다는 것은 분명하다. 나 역시 이러한 배경을 바탕으로 3,25의 힐라스테이온을 '속죄 장소'로 번역하는 것이 가장 바람직하다고 생각한다. 여기서 바오로는, "옛 계약"(2코린 3,14)의 시대에 속죄판이 차지하였던 자리를 "새 계약"(1코린 11,25; 2코린 3,6)의 시대에서는 그리스도가 차지하고 있음을 암시한다고 볼 수 있다. 다시 말해 구약시대에 지성소에 있던 속죄판은 하느님께서 당신 백성을 만나 주시고 그들의 죄를 사해 주시던 핵심 장소였다. 그런데 그리스도의 죽음과 부활로 말미암아 그 이후에는 그리스도야말로 하느님께서 당신 백성을 만나 주시고 그들의 죄를 사해 주시는 곳이라고 간주했다는 것이다. 바오로 사도에게 '속죄'(죄의 사함)는 '그리스도(죽음

---

102 U. Wilckens, *Römer* I, pp. 190-192 참조.

과 부활)를 통하여', '그리스도 안에서' 이루어지는 것이기 때문이다(2코린 5,18-19 참조).[103] 이 점은 그리스도를 '새로운 성전'으로 보는 신학적 관점(요한 2,19-21)과 연결되어 있다. 빌켄스는 긴 해설 끝에 그리스어 *hilastērion*은 "속죄를 선사하는 하느님의 현존 장소"를 의미한다고 결론짓는다.[104]

② 힐라스테리온을 '속죄 수단'으로 이해하는 견해

이 견해는 힐라스테리온을 '속죄 장소'로 보는 견해와 크게 다르지는 않다. 다만 예수 그리스도를 속죄 장소라고 일컫는 것이 적절하지 않다고 볼 뿐이다. 예컨대 피츠마이어는 'means of expiating sin'으로 번역했다.

③ 힐라스테리온을 '속죄 제물'로 이해하는 견해

우리말에서 속죄贖罪는 "금품이나 공로로 지은 죄를 씻음[갚음]"(동

---

[103] 바오로는 '화해'라는 용어로 '죄 사함'에 관하여 말하고(2코린 5,18-19), 그리스도의 죽음을 통한 의화와 화해를 긴밀하게 연결하기도 한다(5,6-11). 이 두 단락의 문맥에서 그가 강조하는 것은, 그리스도의 십자가상 죽음을 통해 최고로 드러난 그리스도의 사랑(2코린 5,14)과 하느님의 사랑(특히 5,5.8)이다. '죄의 용서'를 위해 인간이 스스로 아무것도 할 수 없는 처지에 있을 때, 하느님께서 먼저 나서시어 그리스도의 죽음과 부활을 통해 세상을(우리를) 당신과 회해하게 하셨다는 것이다. 이에 관해서는 이 책의 5,1-11에 관한 해설의 끝부분에 길게 인용된 '의화와 화해의 관계'에 관한 슈툴마허의 글을 참조하라. 그 가운데 일부만 미리 인용한다. "피조물에 대한 하나님의 사랑으로부터, 하나님 스스로 원하셨고, 예수께서 순종하심으로 응하셨던, 하나님의 아들의 십자가 죽음에 내어줌이 칭의의 유일한 근거가 되는 속죄 사건이다(롬 3,25-26; 5,8-9; 8,3)"(페터 슈툴마허, 《로마서 주석》, 장로회신학대학출판부, 2002년, 148쪽).

[104] U. Wilckens, *Römer* I, p. 192.

아새국어사전), "(뉘우침이나 좋은 일로) 자기의 죄를 덮거나 없애는 것"
(연세국어대사전)을 의미한다. 즉 이 단어에는 영어든 우리말이든 '죗
값을 치르다'라는 의미가 들어 있다. 몇몇 번역본이 힐라스테리온을
이런 식으로 해석하였다. 예컨대 독일어 Sühne(루터 번역; EIN), 프랑
스어 expiation(TOB), 영어 expiation(RSV와 NAB)과 sacrifice of atone-
ment(NIV와 NRSV)로 번역한 경우이다.

④ 힐라스테리온을 '달래기'라는 뜻과 관련시킨 견해

일부 번역본이 그러하다(예컨대 KJV의 영어 propitiation; 참조 NRV는
sacrificio propitiatorio라고 번역). 이 번역을 선호하는 이들에 의하면,
성경 밖의 일반 그리스어 문헌에서 힐라스테리온은 '달래다'라는 뜻
을 지닌 그리스어 힐라스케스타이(hilaskesthai)와 관련되어 있다는 것
이다.[105] propitiation은 ③번에 제시된 expiation과 똑같이 속죄를
뜻하지만, '하느님의 진노를 누그러뜨린다(거두게 한다)'는 어감을 가
진다는 점에서 다르다. 이런 어감을 살린다면 propitiation은 '하느님
의 진노를 누그러뜨리게(거두게) 하려는 속죄 제물'이라고 번역할 수
있다. 그리스 신화에 진노하는 신들을 달래는 장면이 자주 나오는
데, 이때 사용되는 힐라스테리온은 바로 그런 '달래기(누그러뜨림)'를

---

[105] A. Deissmann, "ἱλαστήριος und ἱλαστήριον. Eine lexikalische Studie", ZNW 4(1903) pp. 207-208. 몇몇 학자는 3,25의 힐라스테리온에 관사가 붙어 있지 않으므로 '속죄판' 또는 '속죄 장소'로 이해해서는 안 된다고 주장한다. 관사가 붙어 있어야 '속죄판'을 의미할 수 있다는 것이다. 그러나 이 주장은 그리스어 문법에서 볼 때 설득력이 크지 않다. 이에 관한 좀 더 자세한 문헌 자료에 관하여 D. J. Moo, *Romans*, pp. 233.236 참조.

의미한다는 것이다. 이렇게 해석하는 사람들은 하느님께서 예수 그리스도의 죽음을 통해 당신의 진노를 거두셨다고 본다. 이 경우 예수 그리스도의 죽음은 하느님의 진노를 '달래는' 또는 '진정시키는' 제물의 역할을 한 셈이 된다.

그러나 힐라스테리온을 이렇게 번역하는 학자들도, 그 달램의 의미를 그리스나 그 밖의 다른 민족들의 신화에 나오는 변덕 많은 신들의 분노를 달래는 의미로 이해하지는 않는다. 그러면서 성경에서 말하는 '하느님의 진노'는 무절제하거나 전혀 예측할 수 없는 진노 또는 보복하는 진노가 아니라, 지극히 거룩하신 하느님께서 죄(악)에 대하여 마땅히 그리고 불가피하게 보이시는 반응이라는 점을 강조한다.[106] 또 성경 밖의 다른 종교인들의 속죄 제사의 경우에는 인간이

---

[106] 무(Moo)는 3,25의 힐라스테리온에 관해 상세히 논의하는 가운데, 성경에서 말하는 '하느님의 진노'가 이교인들의 속죄 제사에 나오듯이 변덕스럽고 보복적인 분노가 결코 아니라는 점을 매우 강조한다. 그러면서도 이 단어의 개념에서 하느님의 진노를 거두게 한다는 측면을 완전히 배제하는 견해를 강력히 반대한다. 그는 이와 관련하여 많은 학자에게 큰 영향을 미친 다드(Dodd)의 다음 견해도 반박한다. 다드는 힐라스테리온과 그 파생어들은 성경 밖의 그리스어 문헌에서 자주 분노를 거두게 하는 수단, 신들의 분노를 누그러뜨리는(라틴어 propitiatio는 직역하면 '달래기') 수단의 의미로 사용되지만, 성경에서는 이런 의미로 사용되지 않는다고 단호하게 주장했다[C. H. Dodd, "ἱλαστεσθαι, Its Cognates, Derivatives and Synonyms in the Septuaginta," *JTS* 32(1931), pp. 352-360]. 그러나 무는 구약성경에서도 자주 '죄의 용서'를 하느님께서 '당신 진노를 거두시는 것'과 관련시킨다는 점을 논거로 내세워 다드의 견해는 잘못되었다고 주장한다. 이런 배경에서 그는 3,25의 힐라스테리온을 'propitiatory sacrifice'라고 번역한다. 그러면서도 인간이 속죄하여 하느님의 진노를 거두시도록 '속죄할 수단'을 마련하시는 분도 하느님이심을 강조한다. 이에 관한 상세한 내용은 D. J. Moo, *Romans*, 특히 pp. 234-235 참조.

변덕 많은 신들의 진노를 달랠 수 있다고 보는 데 비하여, 바오로는 인간의 처지만을 본다면 하느님의 진노를 결코 '달랠 수 없다'고 본다. 모든 이가 죄를 지었기 때문이다(1,18-3,20; 3,23; 5,12 참조). 그리고 성경 밖의 다른 민족들의 '속죄 제사'의 경우에는 신들에게 제사를 바쳐 진노를 달래고 인간의 죄를 용서하도록 (신들을) 변화시킨다고 생각하는 데 비하여, 성경에 나오는 제사의 구조에 따르면 엄밀히 말해 속죄 제사를 통해 하느님이 변화되지 않고 인간이 변화된다. 속죄 제사를 통해 죄인인 인간이 거룩하신 하느님과 친교를 가질 자격을 얻도록(용서를 받아 하느님과의 올바른 관계에 들어갈 수 있도록) 변화되기 때문이다.[107]

그런데 힐라스테리온의 뜻을 '속죄 제물'로 보는 해석에는 문제가 약간 있다. 앞에서 보았듯이 바오로가 사용하는 이 단어는, 칠십인역 (특히 레위 16장)에서 '속죄 제물'이 아니라 분명히 '속죄판(속죄 장소)'을 뜻하기 때문이다.[108] 바오로가 이 단어를 이곳에서만 사용하면서도

---

[107] 그리스도의 십자가상 죽음을 '속량의 몸값'으로 생각하는 것(3,24의 그리스어 *apolytrōsis* 의 해석과 관련하여)과 '속죄 제물' 또는 '속죄 수단'으로 생각하는 것(3,25의 그리스어 *hilastērion*의 해석과 관련하여)이 제기하는 심각한 오해와 관련하여 U. Wilckens, *Römer* I, pp. 195-196 참조. 특히 195쪽 각주 551에 실려 있는 캔터베리의 안셀모의 보상설(보속설, Satisfaktionslehre) 자체에 대한 오해를 날카롭게 비판하는 그레샤케(G. Greshake)의 글도 참조할 것. 나아가 5,1-11에 관한 이 책의 주석(234쪽) 끝에 길게 인용한 라칭거(전임 교황 베네딕토 16세)의 글도 꼭 참조할 것.

[108] 베네딕토 16세는 3,25의 그리스어 *hilastērion*에 관한 여러 해석 가운데, 첫째 해석을 주장하는 대표적 학자인 울리히 빌켄스의 견해를 출처까지 밝히며 받아들인다(교황

> 그 의미를 설명하지 않는 것으로 보아, 독자들이 그 뜻을 다 알고 있
> 다고 전제하는 것 같다. 바오로 당대의 유다인들도 해마다 속죄일 예
> 식을 성대하게 거행하고 있었기 때문에 이 단어의 의미를 잘 알고 있
> 었을 것이다.[109]

3,25ㄱ: "하느님께서는 예수님을 속죄의 제물로 내세우셨습니다."

여기서 "내세우셨습니다"로 번역된 그리스어 프로에테토[*proetheto*: *protithēmi* 동사의 아오리스트(단순과거) 중간태]는 "계획하셨습니다"라고 번역될 수도 있다.[110] 두 가지 번역이 나름대로 의미가 있다. 다만 "내

베네딕토 16세-요제프 라칭거, 《나자렛 예수 2》, 58쪽; 참조 59-60,290-291쪽). 빌켄스는 *hilastērion*이 "속죄를 선사하는 하느님 현존의 장소"를 의미한다고 결론을 내렸다(U. Wilckens, *Römer* I, p. 192). 베네딕토 16세에게 *hilastērion*을 속죄의 희생 제물이 아니라 '속죄판' 또는 '속죄를 선사하는 하느님 현존의 장소'로 이해하는 것은, 나자렛 예수의 십자가 처형을 '속죄'의 죽음으로 보는 것을 잔인한 하느님상像의 잔재라고 공박하는 반대자들의 주장을 반박하는 데 사용되는 중요한 논거이다.

109 슈툴마허(로마서 주석, 110-111쪽)는, 로마에 살던 유다인 출신 그리스도 신자들이 그리스도인이 되기 전에 회당 예식에 참여하면서 속죄일 예식에 대하여도 잘 알고 있었을 것이기 때문에, 계약 궤를 덮고 있던 '속죄판'에 대해서도 잘 알고 있었을 것이라고 추정하는데, 이는 옳은 지적이다. 유다인이 아닌 그리스도 신자들도, 동료 유다인 그리스도 신자들의 영향 속에서 속죄일 예식에 대하여 친숙했을 것이다. 주지하다시피 예루살렘 성전은 70년에 파괴되었다.

110 그리스어 동사 프로티테미(*protithēmi*)가 로마 1,13와 에게 1,9의 경우에는 '계획하다'의 의미로 사용된다. 이 동사의 명사형인 프로테시스(*prothesis*)도 신약성경에서 드물지 않게 '계획'이라는 의미로 쓰인다(8,28; 9,11).

세우셨습니다"로 번역될 때에는 '공개적' 성격이 강조된다. 하느님께서 십자가 사건이라는 공개된 사건을 통하여 인류를 구속/ 속량 또는 속죄 하고자 하시는 당신의 의지를 드러내셨다는 의미가 강조된다. 그리스어 힐라스테리온이 '속죄판'으로 지닌 이미지를 고려해 보면 프로에테토는 "내세우셨습니다"라는 의미로 이해하는 것이 더 옳은 것 같다.

3,25ㄴㄷ: "예수님의 피로 〔이루어진 속죄는〕 믿음으로 〔얻어집니다〕."

이 말에 의하면 그리스도를 믿는 이들이 속죄의 은혜를 받게 된 것은 그리스도 죽음의 덕분이다.

3,25ㄹㅁ: "〔사람들이〕 이전에 지은 죄들을 용서하시어 당신의 의로움을 보여 주시려고 〔그리하신 것입니다〕."

이 문장에서 "용서하시어"에 해당하는 그리스어 원문(*dia tēn paresin*)과 관련하여 학자들의 견해가 두 가지 점에서 크게 대립한다. 하나는 그리스어 파레시스(*paresis*)의 의미에 관해서고, 또 하나는 4격(목적격)과 함께 사용된 그리스어 전치사 디아*dia*의 의미('때문에'로 보느냐, '함으로써'로 보느냐)에 관해서다.

보충 설명: 3,25ㅁ의 그리스어 *paresis*는 묵과인가 용서인가?

그리스어 파레시스(*paresis*)는 신약성경과 칠십인역 전체를 통하여 이곳에만 나올 정도로 매우 드물게 사용된 단어다. 이 단어를 '묵과默過(영어 passing over)'라고 번역하는 학자들은[111] 어원적으로 '지나가

---

111 3,25의 *paresis*를 이 방향(묵과 또는 벌하지 않고 놓아 둠)으로 이해하는 번역본의 예

다' 또는 '지나가게 하다'를 뜻하는[112] 그리스어 동사 *parienai*와 연결하여 이해한다. 26절의 첫 자리에 나오는 "하느님의 인내"라는 단어도 *paresis*가 '묵과'라는 의미를 가질 수 있다고 지지해 준다. 이렇게 해석하는 학자들은 26절에 나오는 "이제 (이)때"와 "하느님의 인내 (의 때)"가 대조된다고 본다.

그러나 다른 많은 학자들은 오랜 번역 전통에 따라 이 단어를 평범하게 '용서'라고 번역한다.[113] 25절 앞에 나온 그리스어 *hilastērion*이 이미 품고 있는 '죄 사함'의 의미를, *paresis*가 나오는 긴 전치사구가 다시 한 번 분명히 밝힌다고 보는 것이다. 이 견해는 그리스도의

로 RSV, NRSV, NJB, NIV, TOB 등이 있고, 개별 학자로는 Barrett, Dodd, Huby, Kuss, Lagrange, Michel, Schlier, Cranfield, Moo 등이 있다. 이 단어에 관한 슐리어 (H. Schlier)의 더 자세한 견해(26절의 "하느님의 인내"와 관련된 내용)에 관하여는 이 책 189쪽을 더 볼 것.

112 루카 11,42; 히브 12,12; 집회 23,2 참조.

113 예컨대 대중 라틴어 번역본(불가타)은 remissio로, 루터 번역본과 EIN은 Vergebung으로, KJV은 remission으로, NAB은 forgiveness로 번역했다. 개별 학자로는 Kümmel, Käsemann, Wilckens, Stuhlmacher 등이 있다. 피츠마이어도 여러 견해를 제시한 후 3,25에서 *paresis*가 '용서'의 의미로 사용되었다고 결론짓는다. 신약성경에서 '용서'의 의미로 사용된 다른 그리스어 *aphesis*(콜로 1,24; 에페 1,7; 루카 1,77; 3,3; 24,27; 사도 2,38)의 의미와 다르지 않다는 것이다.

빌켄스는 26절 시작에 나오는 하느님의 '인내'를 '진노를 참으시는 것' 정도로 보는 견해에 반대한다. 오히려 여기서 말하는 '하느님의 인내'는 탈출 34,6-7ㄱ("주님은, 주님은 자비하고 너그러운 하느님이다. 분노에 더디고 자애와 진실이 충만하며 천대에 이르기까지 자애를 베풀고 죄악과 악행과 잘못을 용서한다")에서처럼, 근본적으로 계약의 하느님께서 죄인인 당신 백성에게 용서를 베푸시는 자비에 대하여 말하는 구약성경의 전통 속에 있다고 본다(U. Wilckens, *Römer* I, p. 197).

십자가 사건이 인류가 과거에 저지른 죄를 용서하기 위해 행해졌다는 점을 강조한다. 나는 이 단어를 '용서'의 의미로 볼 수 있다는 점을 인정하면서도, 여기에 본래 함축되어 있는 '묵과'의 의미를 완전히 무시해서는 안 된다고 생각한다.

25ㅁ절의 "용서하시어"라는 번역에 해당하는 그리스어 원문(dia tēn paresin)에 4격(목적격)과 함께 사용된 그리스어 전치사 dia의 의미를 둘러싸고도 논쟁이 있다. 즉 '… 때문에' 또는 '…목적으로(염두에 두고)'의 의미로 보아야 하느냐, 아니면 '…을 통하여', '…으로써'의 의미로 보아야 하느냐는 문제다. 그리스어 문법의 가장 일반적인 용법을 따른다면 목적격과 함께 사용된 전치사 dia는 전자의 해석('… 때문에' 또는 '…을 목적으로')이 옳다. 그렇지만 전문가들은 후자의 해석이 매우 드물지만 불가능한 것은 아니라고 한다.[114]

3,26ㄱ: "〔이 죄들은〕 하느님께서 관용을 베푸실 때에 〔저질러졌습니다〕."
이 번역문의 그리스어 원문을 직역하면 "하느님의 인내에서(en tē ano-

---

114 이에 관한 예를, 바우어(W. Bauer, *Wörterbuch zum Neuen Testament*, p. 360)에 의하면 묵시 12,11; 13,14에서 찾아볼 수 있다. EIN도 3,25에 나오는 목적격과 함께 사용된 전치사 dia를 "…을 통하여"로 번역하였다["durch (die Vergebung der Sünden)"]. 그러나 대부분의 번역본과 학자들은 같은 곳을 '… 때문에', '… 위하여', '…을 목적으로'라고 번역하였다. 예컨대 불가타에는 "propter remissionem(용서 때문에)"으로 나온다. D. J. Moo, *Romans*, p. 239. n. 96 참조.

chē)"뿐이다(나머지 어구는 문맥을 고려하여 보충한 부분). "하느님의 인내에 서"라는 어구를 어디에 연결시켜 이해하느냐가 문제가 될 수 있으나, 25절 끝 부분에 나오는 "이미 저질러진 죄들"에 대한 수식구로 보는 해석이 무난하다. 또 이 전치사구를 "하느님의 인내(관용)의 때에"라고 시간적 의미로 이해하는 것도 가능하다. 이는 앞 구절의 "과거에 저지른 죄들"이라는 어구에서 '과거(그리스어 접두사 *pro*)'를 시간적으로 해석한 것에 상응한다.

예수 그리스도가 오시기까지 죄인들은 하느님의 진노 아래에 있었지만, 그 진노가 매번 죄를 응징하기 위한 벌로 이어지진 않았다. 하느님은 "불의로 진리를 억누르는 사람들의 모든 불경과 불의에 대한" 당신의 진노(1,18)와 '의로운 심판'(2,5)을 참고 계셨다. 슐리어(H. Schlier)는 26절에 나오는 "하느님의 인내"와 관련하여, 25절 끝에 나오는 "이미 저질러진 죄들의 *paresis*" 어구에 나오는 *paresis*는 '(죄들의) 용서'가 아니라 '묵과'를 의미한다고 강조한다. 그는 '하느님이 묵과하시는' 이 시간은 죄인들이 회개하도록 기회를 주는 것으로서, 그들이 이 시간을 그렇게 쓰지 않는다면, 오히려 종말 심판의 날에 하느님의 진노를 끌어 모으는 시간이 될 것이라고 말한다. 하지만 슐리어도 이 *paresis*(묵과)의 때가 종결되었다고 본다. 하느님의 의로움이 예수 그리스도 안에서 계시되었기 때문이다. 따라서 슐리어의 해석에 의하면, 하느님의 의로움이 하느님의 은총으로 드러나는 '지금 이 시기'는 믿음의 결단이 요청되는 때다.[115]

나는 슐리어가 하느님의 의로움에 관한 복음에서 '회개와 결단'의 메시지를 보는 해석은 참으로 옳으며, 이 점은 오늘의 신학 경향을 고려

---

115 H. Schlier, *Römer*, pp. 113-114 참조.

해 볼 때 명심해야 할 부분이라고 생각한다. 우리가 22절에서 보았고 또 앞으로도 여러 곳에서 확인하겠지만, 하느님의 의로움은 분명히 율법에 따른 행위들로 획득되는 것이 아니라 은총으로 주어지는 것이다(24절의 "거저, 은총으로 의롭게 됩니다" 참조). 하지만 그 은총은 무조건적으로, 강제로 주어지지 않고, 믿음으로 받아들이는 사람들에게 주어진다(3,22; 1,16 참조).

하느님은, 믿는 이면 누구에게나 지금까지의 죄를 용서받고 의롭게 될 수 있는 길을 열어 주셨다. 어떻게? 이에 대한 대답이 3,25-26의 중심인 다음 문장이다. "하느님께서는 예수님을 속죄의 제물(hilastērion)로 내세우셨습니다." 그런데 이 말씀을 들으며 신앙인 독자들은 바오로가 다른 기회에 말한 다음 사실도 결코 잊어서는 안 된다. 곧 하느님의 아들 그리스도 예수의 십자가상 죽음은 인류에 대한 '하느님 사랑'의 최고 표현이며(5,8; 8,32.39 참조), 인류에 대한 '그리스도의 사랑'의 최고조 표현이라는 점이다(로마 8,35; 2코린 5,14-15.17-21 참조).

3,26ㄴㄷ: "지금 이 시대에는[116] 하느님께서 당신의 의로움을 보여 주시어 (보여 주시기 위하여)"

이 문장(원문에서 전치사구)도 중심 문장("하느님께서 예수님을 속죄의 제물로 내세우셨습니다")을 수식하는 일련의 목적 전치사구 중 하나이다. "당신의 의로움을 보여 주시기 위하여"라는 문장이 25절에도 나왔는데, 다른 점은 "위하여"를 뜻하는 그리스어 전치사가 *eis*(25절)와 *pros*(26절)

---

116 "지금 이때(시대)에"라는 어구는 하느님께서 그리스도의 십자가 사건을 통해 당신의 의로움을 드러내신 일이 과거뿐 아니라("이미 저질러진 죄들" 참조), "지금 이때"(그리스도 사건 이후의 시대)에도 의미가 있음을 말해 준다.

로 달리 쓰였다는 것뿐이다.

3,26ㄹㅁ: "당신께서 의로우신 분이며 또 예수님을 믿는 이를 의롭게 하시는 분임을 드러내십니다(드러내시기 위하여)."

이 문장도 중심 문장을 수식하는 일련의 목적 전치사구 중 하나이다. 바오로에 의하면 그리스도의 십자가 사건을 통하여 하느님께서는 당신이 '의로우시다'는 것(당신의 의로움)을 드러내셨다. 그리고 그 이후에는 하느님께서 (인간 스스로는 도저히 하느님 앞에 '의롭게' 설 수 없지만) 그리스도에 대한 믿음으로 살아가는 사람을, 그리스도의 십자가상 죽음을 통한 속량을 근거로 하여, 의롭게 하신다(당신 앞에 '의롭게' 서 있을 수 있게 하신다)는 것이다.

그런데 '하느님의 의로움'이란 어구의 의미가 21-22절과 25-26절의 경우가 다르다고 보는 학자들이 있다.[117] 예컨대 무(Moo)에 의하면, 25-26절에 나오는 '하느님의 의로움(*dikaiosynē theou*)'을 해석하는 방향은 크게 보아 둘이다. 첫째는 이 어구가 하느님이 지니신 의로움이라는 속

---

[117] 불트만(R. Bultmann, *Theologie des Neuen Testaments*, 1976, p. 49)은 25절에 나오는 하느님의 의로움의 의미와 26절에 나오는 하느님의 의로움의 의미가 서로 다르게 사용되었다고 본다. 25절의 경우에는 전통적인 의미의 iustitia distributiva(분배 정의), 즉 의로움을 요구하고 불의를 처벌하시는 데서 드러나는 '의로움'의 의미로 사용되었다. 반면에 26절의 경우에는 종말론적인 구원 행동으로 죄인을 벌하지 않고 오히려 죄를 용서하시는 데 드러나는 '의로움'이라는 의미로 사용되었다고 본다. 불트만에 의하면 이러한 차이가 생겨난 이유는, 25절은 교회에서 사용되던 전승문인 반면에 26절은 전승 내용을 바오로가 '수정'한 것이기 때문이라고 설명한다. 그러나 25절과 26절의 본문을 엄밀히 볼 때, 그런 내용상의 차이를 주장할 만한 확실한 근거를 찾아보기 어렵다. 더구나 바오로 사도가 자신이 동의하지 않은 전승 내용을, 특별한 설명도 없이 그대로 사용한다는 견해는 더욱 받아들이기 어렵다. U. Wilckens, *Römer* I, p. 195 참조; 좀 다른 관점으로 D. J. Moo, *Romans*, p. 240. n. 108 참조.

성(예컨대 의로우신, 공의하신 하느님) 또는 하느님께서 이 속성에 따라 행하심(예컨대 죄인/ 악인들에게 벌을 내리고 의인들을 구원하시는 일)을 뜻한다고 보는 해석(*dikaiosynē theou*의 2격을 '주어적 2격'으로 보는 해석; 분배 정의)이다. 이 해석에 따르면, 25ㄹㅁ절과 26절은 대략 다음과 같이 의역할 수 있다. "하느님의 인내의 때에, 이전에 저질러진 죄들을 하느님께서 묵과(*paresis*)하셨기 때문에(*dia*+4격) 〔필요했던〕 당신이 의로우시다는 속성과 이 속성에 따라 행동하시는 것을 드러내기 위하여."[118]

이 해석은, 무엇보다도 25-26절에서 제일 끝 전치사구인 "당신께서 의로우신 분이시며(직역: "당신이 의로우시다는 것을 위하여")"라는 문장에서 강한 지지를 받는다. 이 문장이야말로 이론의 여지없이 의로움(정의)이라는 하느님의 속성을 표현하기 때문이다. 그러니 이 문장 바로 앞에 나오는 '하느님의 의로움'을 하느님의 속성으로 보는 해석은 자연스럽다.

둘째 해석은 이 어구의 의로움을 '계약에 충실함' 또는 '계약에 충실한 구원 행위'로 보는 것이다. 이 해석의 관점에서 25ㄹㅁ절과 26ㄱㄴ절은 대략 다음과 같이 번역된다. "하느님의 인내의 때에, 이전에 저질러진 죄들을 용서(*paresis*)하심으로써, 당신의 구원하는 충실함(*dikaiosynē*)을 드러내기 위하여."[119] 무는 오늘날 대다수 학자들이 둘째 해석을 선호하지만,[120] 자신이 보기에 적어도 25-26절의 경우에는 첫째 해석이

---

[118] D. J. Moo, *Romans*, pp. 237-238.
[119] 같은 책, p. 238. 무에 의하면 3,25-26에 나오는 하느님의 의로움은, 21-22절에 나오는 하느님의 의로움과 분명히 다른 것을 의미한다. 21절과 22절에는 하느님께서 죄인들을 의롭게 하시는 과정이 명시되어 있다(같은 책, p. 240 참조).
[120] 무에 의하면 큄멜의 다음 논문이 둘째 해석의 길을 열었다. W. G. Kümmel, "Πάρεσις und ἔνδειξις, Ein Beitrag zum Verständnis der paulinischen Rechtfertigungslehre," *ZTK* 49(1952), pp. 154-167. (Moo, *Romans*, p. 238에서 재인용). 무

더 탄탄한 근거를 가지고 있다고 주장한다.[121] 첫째 해석은, 25-26절의 내부에서 '하느님께서 그리스도 예수를 속죄 제물/ 속죄 수단으로 내세우신' 이유 가운데 하나를 설명하는(즉, '벌을 내리지 않고 묵과하셨던 죄들 때문에'라고 설명하는) 역할을 한다고 볼 때, 본문에 탄탄한 근거를 가지고 있다는 것이다. 이미 보았듯이(25절의 *dia tēn paresin* 참조), 목적격과 함께 사용되는 그리스어 전치사 *dia*는 통상 '…대문에'를 뜻하기 때문이다. 길게 소개한 무의 의견을 요약하면 다음과 같다.[122]

> 하느님께서 '과거에 저질러진 죄들을 벌하지 않고 묵과하신 것 때문에'(25ㄹㅁ절) '그리스도 예수를 속죄 제물로 내세우셨으며'(25ㄱ절), 또 그렇게 하심으로써 '당신의 의로움을 드러내셨으며'(25ㄹ절과 26ㄴ절) "당신이 의로우시다는 것"(26ㄹ절)도 드러내셨다.

위의 글에 나오는 "때문에"에 대하여 보충 설명을 하면 다음과 같다.

> 마땅히 벌을 받아야 할 죄인(악인)들이 (하느님의 자비로) 벌을 받지 않고 넘어간 일들 때문에 사람들 사이에서 하느님의 의로우심(정의)에 대한 의문이 생겨났으므로(3,4-5 참조), 하느님의 의로움이 바로 세워져야 할 필요성이 있었다. 그러나 모두가 죄의 지배 아래

에 의하면 큄멜의 해석 방향을 따르는 학자들은 Käsemann, Müller, Schlier, Wilckens, Dunn, Reumann, Stuhlmacher, Campbell 등이다.
121 무도 3,21-22에 나오는 하느님의 의로움을 하느님의 속성으로 보지 않고, '계약에 충실한 하느님의 구원 행위'라는 관점에서 해석한다.
122 D. J. Moo, *Romans*, p. 238 참조.

에 있는 인간 편에서는 그렇게 할 능력이 전혀 없었다(특히 3,9,23). 그런데 놀랍게도 하느님께서 그리스도 예수의 십자가 사건을 통해 그것(당신의 의로움)을 바로 세우셨다는 것이다.

나는 이런 해석이 한편으로는 그리스도 예수의 십자가 죽음을 통해 드러난 하느님의 자비를 극구 강조하고, 다른 한편으로는 인간들이 죄를 저지른 책임의 엄중함을 강조하는 점에서는 옳다고 본다. 하지만 이 해석은, 자칫하면 잘못 이해된 캔터베리의 안셀모의 보상설이[123] 불러일으킨 경직된 하느님 이미지를 가지게 할 수 있으므로, 바오로의 원래 의도를 곡해할 위험성도 크다고 생각한다. 이 해석에 의한 '하느님의 의로움'은 경직된 법정적 분배 정의(forensische iustitia distributiva)인 것 같다.[124]

바오로에 의하면 그리스도의 십자가상 죽음의 사건은, 전적으로 자유로운 하느님께서 인류의 구원을 위해 몸소 결정하여 행하신 사건이다(25-26절에서 강조된 하느님의 주도하심의 은혜 참조). 이는 자유로운 자비의 표현이지, 결코 어떤 '필요성' 때문에(예컨대 손상된 당신의 정의가 보상되어야 하기 때문에) 일어날 수밖에 없는 사건이 아니었다. 나는 로마서의

---

[123] 그레샤케는 다음 글에서 일반적으로 널리 알려진 안셀모의 보상설은, 안셀모 자신이 주장하려고 했던 의도가 변형되어 있다고 날카롭게 주장한다. G. Greshake, "Erlösung und Freiheit. Zur Neuinterpretation der Erlösungslehre Anselms von Canterbury," *TThQ* (1974), pp. 323-345. 이에 대하여 상세히 소개하는 U. Wilckens, *Römer* I, pp. 195-196. n. 551 참조. 독일어 Satisfaktionslehre를 앞에서 '보상설'이라고 번역했지만, 불충분한 번역이다. 이 단어의 정확한 번역이 무엇인지도 논란의 여지가 있다. '보속설補贖說' 또는 '충족설充足說'이라는 번역도 가능하다.

[124] U. Wilckens, 같은 책, p. 195 참조.

전체 맥락을 고려할 때, 3,21-26에서 바오로가 극구 강조하고자 하는 것은 그리스도 예수의 십자가 죽음을 통해 보여 준 하느님의 놀라운 자비라고 생각한다. 그런데 잘못된 안셀모의 보상설로 대변되는 하느님의 이미지는, 자비의 하느님이 아니라 당신을 거스른 죄에 대하여 반드시 상응하는 처벌을 내리는 (손상된 명예를 반드시 회복해야 하는) 진노의 하느님의 모습이다.

여기서 '하느님의 의로움'에 관한 빌켄스의 다음 말도 유념해 볼 필요가 있다.

> "하느님께서는 당신의 의로움 안에서(당신의 의로움을 드러내시면서), 죄인에게서 등을 돌리시지 않으신다. 그를 당신의 진노의 심판에 떨어지게 하지 않으신다. 오히려 불의한 자를 의롭게 만드신다. 그런데 '율법에 따른 행위들로써(*ex ergōn nomou*)'가 아니라, … 오직 '예수에 대한 믿음으로써(*ek pisteōs Iēsou*)' 그렇게 하신다."[125]

26절의 마지막 문장("예수님을 믿는 이를 의롭게 하시는 분임을 드러내십니다") 가운데 "예수님을 믿는 이"이라고 번역된 부분(*ho ek pisteōs Iēsou*)은 "예수님에 대한 믿음으로 사는 이"라고도 번역될 수 있다. 참고로 갈라 3,9-10을 보면, 믿음으로 사는 이들(*hoi ek pisteōs*)과 율법의 일들로써 사는 이들(*hoi ex ergōn nomou*)이라는 어구가 대조되어 나타난다. 두 어구가 다 근본적인 종교적 태도를 표현한다고 볼 수 있다. 전자는 자기 삶의 근본 바탕을 믿음에 두고 사는 사람을, 반면에 후자는 자기 삶의 기

---

[125] 같은 책, p. 198.

본 근거를 율법의 일들 또는 율법에 따른 행위에 두고 사는 사람을 뜻한다고 볼 수 있다.

빌켄스는 예수(Iēsou)라는 단어가 원문에서 21-26절 단락의 제일 끝에 놓여 있다는 점에 주목하여 다음과 같이 해석한다: "'예수'라는 단어가 끝자리에 놓이면서 강조된다. '믿음 일반'을 통해서가 아니라 '예수에 대한 믿음'을 통해서 즉 당신의 의로움을 그리스도의 속죄 죽음에서 드러내신 하느님에 대한 믿음을 통해서, 죄인이 의로움을 얻는다는 것이다."[126]

3,21-26이 오늘의 우리에게 제기하는 문제

3,21-26을 면밀히 살펴본 후, 우리는 다시 한 번 그리스도를 믿고 사는 사람들이 은혜로 받는 '죄의 용서'는 결코 '값싼 용서'가 아니라는 점을 분명하게 확인하게 된다. 그리스도를 믿는 이들이 선물로 받는 의화는, 하느님의 아드님이신 예수 그리스도의 수난과 십자가 죽음이라는 엄청난 대가를 근거로 한 것이다. 바오로의 서간에서 이 점은 거듭 언급된다(1코린 6,20; 7,22-23; 갈라 3,13; 4,5 참조). 앞에서 살펴 본 3,25에 의하면 죄인인 사람들의 속량 또는 구속을 위해 지불된 몸값은 '그리스도의 피' 곧 그분의 십자가 죽음이다(에페 1,7; 1베드 1,18 이하 참조). 여러 구절에서 보듯이 바오로는, 사랑 때문에 바

---

[126] U. Wilckens, *Römer* I, p. 198.

친 그분의 생명(5,8; 8,32)이야말로 하느님께서 인류 구원을 위하여 내놓으신 '몸값(대가)'이라고 보았다. 그에 의하면 인간 자신의 처지나 한 일을 보면 도저히 용서받을 자격이 없으나, 오로지 예수 그리스도의 수난과 죽음(부활은 전제되어 있음)으로 인한 은총의 덕분으로 용서받을 수 있게 된 것이다.

이런 말씀들을 진지하게 생각하여, 그리스도인은 스스로 누리는 의화나 용서가 결코 값싼 것이 아님을 명심해야 한다. 예컨대 천인공노할 죄를 저지르고도 순간적으로 참회하면 모든 죄를 용서받는다고 쉽게 생각해서는 안 된다. 참다운 통회를 이루려면, 그리스도의 수난과 죽음을 기억해야 한다. 그 은혜에 대하여 한없는 감사의 마음을 가져야 한다. 바로 이런 감사의 마음이 다른 사람들을 향하여 펼치는 우리 사랑의 원천이라는 점을 잊지 말아야 할 것이다.

바로 그렇기 때문에 그리스도교의 공적公的 기도는 대부분 "우리 주 예수 그리스도를 통하여" 바치게 되어 있다. 마찬가지로 그리스도교의 각종 성사聖事 역시 그리스도의 수난과 죽음 (그리고 부활)을 근거로 삼는다. 예컨대 가톨릭교회의 고해성사의 사죄경은 다음과 같이 시작한다. "인자하신 천주 성부께서 당신 성자의 죽음과 부활로 세상을 당신과 화해시켜 주시고(2코린 5,19 참조) 죄를 사하시기 위하여 성령을 보내 주셨으니(요한 20,22-23 참조)…"

2. 믿음을 통한 의화의 보편성(3,27-31)

2.1. 문맥과 구성

3,27-31은 바로 앞 단락(3,21-26)에서 말한 내용(그리스도의 십자가 사건을 통한 '하느님의 의로움'의 계시와 '믿음을 통한 의화')의 결과를 표현한다. 두 단락은 문체에서 구별된다. 21-26절이 '선포'의 음조를 가진 반면에, 27-31절은 '디아트리베'로서 논쟁 성격을 띠기 때문이다. 그리스어 디아트리베(*diatribē*)는 대화의 상대를 가정하고 그와 질의응답하면서 토론하는 방법을 가리키는 전문용어로 '가상 대화 논법'이라고 번역할 수 있다.

27절에서 바오로는 "그러니 자랑할 것이 어디 있습니까?"라는 질문을 던지며 2,17에 나왔던 '유다인들의 자랑'(3,1 참조)이라는 주제와 연결시킨다. 그런데 27절뿐 아니라 29절과 31절에 나오는 질문들은 수사적 질문이면서도, 바오로가 실제로 처해 있던 대화의 상황(바오로의 복음 선포에 대하여 동족 유다인들이 반문/반발하는 상황)에 뿌리를 둔 것이다.

2.2. 구절 해설

3,27: "그러니 자랑할 것이 어디 있습니까? 전혀 없습니다. 무슨 법으로 그리되었습니까? 행위의 법입니까? 아닙니다. 믿음의 법입니다."

가상적 토론 상대가 제기하는 첫 질문은 "그러니 자랑할 것이 어디 있습니까?"이다. 바오로의 대답은 매우 단호하다. "전혀 없습니다(직역: "배제되었습니다")". 이어서 바오로는 다시 자세하게 묻고 대답한다. "무슨 법으로 그리되었습니까? 행위의 법입니까? 아닙니다. 믿음의 법입니다." 여기 나오는 '법(nomos)'은 무엇을 의미하는가? 많은 학자가 이 법을 (모세) 율법이라기보다 '원칙'[127]이라는 의미로 이해한다. 다른 학자들은 27절에서 율법을 이해하는 근본적 관점의 대립을 본다. 즉 '행위의 법'이란 행위를 해석의 기준으로 삼는 율법 이해를 뜻하고, '믿음의 법'이란 믿음을 해석의 기준으로 삼는 율법 이해를 뜻한다고 본다.[128]

3,28: "사실 사람은 율법에 따른 행위와 상관없이 믿음으로 의롭게 된다고 우리는 확신합니다."

이 구절에는 갈라 2,16과 함께 바오로 의화론의 정식定式이라고 불리는 문장("사람은 율법의 일들/ 율법에 따른 행위들과 상관없이 믿음으로 의롭게 된다")이 포함되어 있다. 문장의 주어인 '사람(ar.thrōpos)'에는 관사가

---

[127] 예를 들어 RSV, NIV, NAB, NJB 등의 번역본과, Murray, Barrett, Kuss, Morris, Fitzmyer 등의 학자가 3,27의 *nomos*를 은유적 의미에서 '원리/ 원칙'이란 의미로 번역했다. 언어학적으로 *nomos*가 은유적 의미에서 '원리'라는 의미로 사용될 수 있다는 점은 여러 자료로 확인되었다(D. J. Moo, *Romans*, p. 249. n. 17에 나오는 자료 참조). 무는 좀 더 조심스럽게 판단한다. 27절에 나오는 '법'이라는 단어가 모두 은유적 의미에서 '원리'를 뜻한다기보다, 바오로가 여기서 일종의 단어 놀이를 하고 있다고 본다(같은 책, pp. 249-250). 바오로는 행위의 원리와 믿음의 원리를 대조하지만, 이렇게 대조하면서도 늘 율법과 관련된 문제를 의식하고 있다. 사실 3,27의 가까운 맥락에서 바오로가 막연한 법이 아니라 '모세 율법'에 관하여 말하는 것은 분명하다. 이에 관한 예는 특히 3,21-26의 단락을 시작하는 3,21과, 3,27-31의 단락을 마무리하면서 동시에 4장을 도입하는 역할을 하는 3,31에서 볼 수 있다.

[128] 예컨대 크랜필드(C. E. B. Cranfield, *Romans*, pp. 219-220)는 '행위들의 법(*nomos tōn ergōn*)'은 행위들을 통하여 의롭게 되는 것을 추구하도록 이끄는 것으로 (잘못) 이해된 율법을 뜻하며, '믿음의 법(*nomos pisteōs*)'이란, 신앙으로 이끄는 것으로 (올바로) 이해된 율법을 뜻한다고 본다. 크랜필드는 이와 유사한 용례를 9,31 이하에서도 볼 수 있다고 주장한다. 9,31-32에서 바오로는 '의로움의 율법'을 *ek pisteōs*(믿음을 바탕으로/ 믿음으로) 추구하지 않고, *ex ergōn*(일들을 바탕으로/ 일들로써) 추구한 것이 이스라엘의 잘못이라고 말한다.

붙어 있지 않아 어느 특정 부류의 사람만이 아니라 모든 인간에게 적용되는 원리처럼 표현되어 있다. "우리는 확신합니다"라는 문장의 복수 1인칭 '우리'는 두 가지로 해석할 수 있다. 하나는 바오로와 그 밖의 그리스도교 복음 선포자들이고, 또 하나는 바오로와 편지의 수신자인 로마의 그리스도 신자들이다.

그런데 위의 문장에 나오는 "믿음으로(*pistei*)"라는 말을 번역하면서 루터(M. Luther)는 '오직(독일어 allein)'이라는 부사를 덧붙였다. 그렇게 하여 '오직 믿음으로(라틴어 sola fide)'라는 유명한 구호가 생겨났다. 그리스어 원문에는 '오직'이란 단어가 "믿음으로"에 붙어 있지 않지만 문장 구조상 "믿음으로"를 강조하고, 그것이 "율법에 따른 행위들과 상관없이(*chōris ergōn nomou*)"라는 어구와 대조를 이루고 있음을 감안할 때, "믿음으로" 어구를 통해 바오로가 의도한 내용은 '오직 믿음으로'라고 볼 수 있다.[129]

그런데 3,28의 의화론 문장에서 "믿음으로"에 대조가 되는 것은 "율법에 따른 행위들"이다. 당연한 말을 하는 것 같지만, 여기서 언급되는 율법(*nomos*)은 막연한 법이 아니라 히브리어로 '토라'라고 불리는 모세오경을 뜻한다. "율법에 따른 행위들을 통해(*ex ergōn nomou*)서는 누구도 의롭게 되지 못한다"(3,20)는 점은 1,18-3,20의 단원에서 바오로가 도달

---

[129] 이런 견해를 펼치는 가톨릭교회의 학자로 O. Kuss, J. A. Fitzmyer(*Romans*, p. 363)를 들 수 있다. 교부들의 해석과 관련하여 D. J. Moo, *Romans*, p. 250. n. 25 참조. 그런데 '루터 번역'을 제외하고는 대부분의 유럽 번역본과 한국어 번역본들도 3,28의 "믿음으로/ 믿음을 통하여"에 '오직'이라는 단어를 삽입하지 않았다. 다만《개역개정》과《개역한글》번역본은 1,17ㄴ의 경우 "오직 의인은 믿음으로 말미암아 살리라" 하며 '오직'이라는 단어를 삽입하였다. 로마서의 교의 단원의 주제가 제시되는 곳이므로, 바오로의 의도 속에 '오직'이라는 의미가 포함되어 있다고 해석한 것이다.

한 결론이었다. 로마서의 구조에서 살펴보았듯이, 1,16-17에 제시된 주제가 1,18-3,20의 단원에서는 부정적 방법으로 전개되었다고 볼 수 있다. 반면에 3,21-31(또는 4,25)의 단원에서는, 그리스도 사건 이후 종말론적으로 조성된 인류의 처지를 배경으로 긍정적 방법으로 전개된다고 볼 수 있다.

위에 제시된 3,28의 번역문 가운데 "확신합니다"라고 번역된 그리스어 동사 로기조마이(logizomai)의 의미는 다양하다. 기본 뜻인 '계산하다' 외에 '평가하다', '(무엇을 무엇으로) 셈하다', '생각하다(여기다)'를 뜻한다.[130] '주장하다' 또는 '확신하다'라는 번역은[131] 문맥에 따른 의미를 강조한 것이다(8,18; 14,14 참조).

3,29-30: "하느님은 유다인들만의 하느님이십니까? 다른 민족들의 하느님은 아니십니까? 아닙니다. 다른 민족들의 하느님이시기도 합니다. 정녕 하느님은 한 분이십니다. 그분께서 할례 받은 이들도 믿음으로 의롭게 하시고, 할례 받지 않은 이들도 믿음을 통하여 의롭게 해 주실 것입니다."

또 다른 질문과 응답이 나온다. "하느님은 유다인들만의 하느님이십니까?…"라는 질문은 어떤 답이 나올지 번연히 알면서 하는 수사적 질문으로서 강조법 가운데 하나이다. 이에 대해 바오로 스스로 내놓은 응답의 논거는 유다인이라면 누구도 부인 못할 '하느님의 유일성'[최고 계명에 관한 대담(마르 12,29-30)에 인용된 신명 6,4-5 참조]이다. 이어서 바오로

---

[130] W. Bauer, *Wörterbuch zum Neuen Testaments*, pp. 840-941.
[131] 크랜필드(*Romans*, p. 220)는 동사 *logizomai*가 3,28에서는 "신앙-판단, 곧 복음의 빛 속에서 도달한 확신"을 가리킨다고 본다. 피츠마이어(*Romans*, p. 363)의 견해도 크랜필드와 비슷하다. 주요 번역본을 보면, 다수가 '…라고 여기다(판단하다)'로 옮기며, EIN이 '확신하다'로 번역하였다.

는 '믿음을 통한 의화'야말로 유다인("할례를 받은 이들")이건 이방인("할례 받지 않은 이들")이건 모든 사람을 의롭게 하는 방법임을 강조한다. 여기서 유념해야 할 부분은 바오로가 '의화의 방법'을 논하면서 유다인들이 믿는 하느님이 동시에 "이방인들(다른 민족들)의 하느님이시기도 하다"고 명시적으로 언급한다는 점이다. 로마서의 전체 흐름을 고려할 때 바오로가 3,29-30에서 주장하는 바의 이면에는 '율법의 일들(율법의 요구에 따라 한 행위들)'을 의화의 근거로(방법으로) 삼는 것이 의화의 길에서 이방인들을 배제하게 된다는 문제의식이 놓여 있다고 볼 수 있다.

3,31: "그렇다면 우리가 믿음으로 율법을 무효가 되게 하는 것입니까? 결코 그렇지 않습니다. 오히려 율법을 굳게 세우자는 것입니다."

또 다른 질문과 그에 대한 응답이 나온다. 가상의 토론 상대가 질문하는 내용은 이러하다. "그렇다면 우리가 믿음으로 율법을 무효가 되게 하는 것입니까?" 유다인인 토론 상대는 28절에서 바오로가 선언한 의화의 대원칙, 곧 의화는 (예수 그리스도에 대한) 믿음을 근거로 이루어지지 율법의 일들을 근거로 이루어지는 것이 아니라는 주장이 사실이라면, 결국 그 주장은 "율법은 더 이상 유효하지 않다"고 선언하는 것이나 마찬가지 아니냐고 반박하는 것이다. 바오로는 선교 과정에서 유다인 반대자들에게 이 반박을 수없이 들었을 것이다.

이에 대하여 바오로는 단호하게 아니라고 대답한다. "결코 그렇지 않습니다.[132] 오히려 율법을 굳게 세우자는 것입니다." 어떤 의미에서 "율

---

132 의문문 다음에 바로 나오는 "결코 그렇지 않습니다(*mē genoito*)"라는 말은, 바오로가 강하게 부정할 때 즐겨 사용하는 표현으로 특히 로마서에서 자주 쓰인다(3,4.6.31; 6,2.15; 7,7.13; 9,14; 11,1.11 참조).

법을 굳게 세우자는 것"인지는 4장에 나오는 '아브라함의 예'를 통해서 드러난다.

3. 아브라함의 예에서 드러난 '믿음을 통한 의화'와 믿음의 성격(4장)

3.1. 문맥과 구성

4장에서 바오로는 앞에서(특히 3,28) 언급한, '사람은 율법에 따른 행위와 상관없이 믿음으로 의롭게 된다'는 의화의 원칙을 창세기에 나오는 아브라함의 예를 들어 논증한다. 이러한 예증例證은 그가 3,31에서 한 말('믿음으로 율법을 무효가 되게 하는 것이 아니라 굳게 세우고자 한다')이 무엇을 의미하는지 보여 주는 역할도 한다.

4장에서 바오로는 당대의 라삐들과 같은 방식으로 성경을 해설하며 자기주장을 뒷받침하는 논거를 제시한다. 복잡한 것 같은 그의 논증이 지향하는 목표는 결국 다음의 두 가지이다. 첫째 목표는 사람이 의롭게 되는 것은 근본적으로 '믿음을 통해서'이지, 어떤 행위(업적)를 통해서(예컨대 할례를 받는 행위)가 아니라는 점을 제시하는 것이다. 그에 대한 성경의 예는 아브라함 성조가 아직 할례를 받기(창세 17장) 이전에 '믿음을 통해서 의롭게 되었다'(창세 15,6)는 것이다. 둘째 목표는 아브라함이 어떻게 (유다인들뿐 아니라 이방인들까지 포함하여) 모든 믿는 이들의 조상이 되었는지를 제시하는 것이다.[133] 이 목표의 속 내용은 결국 할례를 받는 것이 계약의 백성에 속하기 위한 필수 조건이 아니라는 것이다. 할례를 받지 않고도 '믿음을 통하여' 의롭게 될 수 있다는 것이 아브라함의 예에서 분명히 드러났기 때문이다. 바오로에 의하면 이방인 출신 그리스도 신자들은 할례를 받지 않고도 믿음으로 의롭게 된 아브라함의 발자취를 따르는 사람들이며, 그런 의미에서 그들도 아브라함의 후손이요 계약의 백성에 속하는 구성원이다(특히 11-12절).

바오로는 왜 '아브라함'을 예로 드는가? 유다인에게 아브라함은 민족의 시조始祖일 뿐만 아니라, 신앙인 나아가 의인義人의 전형적 인물이기 때문이다.

4장은 크게 보아 다음 네 단락으로 구분해 볼 수 있다. 각 단락의 주제어로 1-8절에서는 '행위들(erga)', 9-12절에서는 '할례(peritomē)', 13-22절에서는 '약속(epaggelia)'을 들 수 있다. 23-25절은 일종의 결론으로 아브라함의 예가 (바오로가 처한) 현재에 어떤 의미가 있는지에 대하여 말하는 부분이다.

① 1-8절: 아브라함의 의화는 '행위들'로 된 것이 아니라 믿음을 통해서 된 것이다.

② 9-12절: 아브라함의 의화는 '할례'로 된 것이 아니라 믿음을 통해서 된 것이다.

③ 13-22절: 아브라함에게 주어진 '약속'은 율법에 따라 사는 이가 아

---

133 참고로 말하자면, 창세 17,5에서 하느님께서 아브람(Abram)에게 주신 새로운 이름은 아브라암(Abraam, 칠십인역)과 아브라함(마소라 본문)으로 약간 다르다. 그러나 두 이름 모두 양쪽 성경에서 다 같이 "너를 많은 민족들의 아버지로 삼았다"고 말씀하시면서 하느님께서 주신 이름이다. 아브라함이 수많은 민족의 아버지가 된다는 점은, 로마 4장에서도 큰 의미가 있다. 바오로는 여기서(특히 13-22절) 아브라함이 유다인만의 조상이 아니라, 아브라함의 믿음에 따라 살아가는 모든 이(이방인을 포함하여)의 조상이라는 점을 강조하기 때문이다.

니라 아브라함이 보여 준 믿음에 따라 사는 이에게 실현된다.

④ 23-25절: 예증의 적용-현재를 위한 성경의 의미.

3.2. 구절 해설

4,1: "그렇다면 혈육으로 우리 선조인 아브라함이 찾아 얻은 것을 두고 우리가 무엇이라고 말해야 합니까?"

이 구절의 그리스어 원문에 관해 주요 수사본들 사이에 약간 차이가 있다. 위에 인용한 성경의 번역문은 시나이 사본, 알렉산드리아 사본 등이 전하는 본문이다. 그런데 바티칸 사본(B)을 포함한 일부 중요한 사본들에는 "찾아 얻은 것"에 해당하는 그리스어 헤우레케나이(*heurēkenai*)가 없다. 이 경우 4,1은 "그렇다면 혈육으로 우리 선조인 아브라함을 두고 우리가 무엇이라고 말해야 합니까?"라고 옮겨진다. 이 본문이 성경의 번역문보다 더 잘 이해되는 것은 사실이다. 그래서 RSV와 NEB와 일부 주석학자들이 바티칸 사본의 본문을 선호한다. "무엇이라고 말해야 합니까?"라는 표현에 관해서는 6,1의 해설을 볼 것.

4,3: "성경은 무엇이라고 말합니까? '아브라함이 하느님을 믿으니, 하느님께서 믿음을 의로움으로 인정해 주셨다' 하였습니다."

4장에서 중심 역할을 하는 성경 구절이 여기에 인용된 창세 15,6이다. 이 번역의 후반절 "하느님께서 믿음을 의로움으로 인정해 주셨다"에 해당하는 원문을 직역하면 "[그것이] 그에게 의로움으로 인정(간주)되었다"[134]이다. 원문에는 의로움으로 인정된 주체가 명시되어 있지 않지만,

---

134 바오로가 칠십인역에서 인용한 창세 15,6 후반절의 원문은 "*elogisthē autō eis*

문맥상 주체는 바로 앞 문장에 언급된 '아브라함의 믿음'이 분명하다. 또 해당 원문에는 하느님이 언급되어 있지 않지만 신적神的 수동태를 사용하여 '인정하는 주체'가 하느님이라는 것을 표현했다.[135]

사실 4장은 위의 말씀에 대한 주석이라고 볼 수 있다. 7-8절에 인용된 시편 32,1-2(칠십인역 31,1-2)과 17절에 인용된 창세 17,5("내가 너를 많은 민족의 조상으로 만들었다")도 3절에 나오는 창세 15,6을 주석하는 데 도움을 준다. 창세 15,6의 인용문 중에서 '의로움으로 인정받았다(간주되었다)(*elogisthē eis dikaiosynēn*)'는 문장이 그대로 세 번이나 (9.22.23절) 반복되고, '인정하다(*logizomai*)'라는 동사가 사용되는 곳까지 모두 계산하면 무려 11곳이나 된다(12-21절을 제외하고는 거의 모든 구절에 나온다)는 점에서 이 인용문의 중요성이 분명히 드러난다.[136]

4장에서 이처럼 중요하게 사용되는 그리스어 동사(중간태) 로기조마이(*logizomai*)는[137] 기본 뜻('계산하다') 외에 위의 번역처럼 '인정하다', '간

---

dikaiosynēn"이다.
135 '인정(간주)되었다'에 해당하는 그리스어 동사 *elogisthē*는 아오리스트(단순과거) 수동태로 신적 수동태(passivum divinum)라고 보아야 한다. 하느님이란 주어를 밝히지 않기 위해 사용되는 신적 수동태는 때로 '신학적 수동태'라고 불린다.
136 창세 15,6의 중요성은 세 가지 점에서 특별하다. ① 이 구절은 성경 전체에서 '믿다'라는 동사가 처음 나오는 곳이다. ② '믿음'과 '의로움을 얻음'이 연결되어 나오는 몇 안 되는 구약성경 구절 중의 하나이다. ③ 이 구절의 맥락에서 아브라함은 이스라엘의 조상이며 하느님께서 몸소 주시는 약속을 받는 사람으로 묘사된다. 바오로가 이 구절을 얼마나 중요하게 여기는지는, 갈라 3장에서도 이 구절을 성경 인증의 핵심 논거로 삼는다는 점에서도 잘 드러난다.
137 그리스어 동사 *logizomai*의 현재형은 중간태(동사의 형태는 수동태이지만 의미는 능동적일 경우)로 사용되거나(로마 4,6; 참조 1코린 13,5; 2코린 5,19), 수동태로 사용된다(4,4). 참고로 로마 4,3.9.22에 인용된 창세 15,6(칠십인역)에 나오는 그리스어 동사

주하다'의 의미도 가질 수 있다. 이 동사는 상거래에도 종종 사용되었는데, 그 경우에는 "무엇을 무엇으로 셈하다(장부에 기입記入하다)"를 의미했다고 한다. 4,3에서 이 동사는 상거래에 사용되는 표현을 은유적으로 인간 행위에 적용한 예로 볼 수 있다(시편 106,31; 1마카 2,52; 필레 18 참조). 구약성경의 후기 문헌 및 유다이즘 문헌에 의하면 사람의 선행과 악행은 모두 장부에 기록된다고 여겼다(에스 6,1; 다니 7,10; 희년서 30,17; 2바룩 묵시록 24,1 등).[138]

그런데 우리는 4장에서 바오로가 '의로움'과 관련하여 *logizomai* 동사 외에 디카이오오(*dikaioō*, 의롭게 하다, 의롭다고 선언하다) 동사도 사용한다는 점(2절과 5절)을 잊지 말아야 한다. 전능하신 하느님께서 의롭다고 선언하시거나 인정하시면, 그런 선언과 인정을 받은 인간은 '의롭게 된다.' *logizomai* 동사가 사용된 것을 근거로 내세워 바오로의 구원론과 관련하여 의화義化라는 말을 쓰면 안 되고, 반드시 칭의稱義나 의인義認이라는 말을 써야 한다고 주장하는 것은 옳지 않다[특히 5,1의 첫 자리에 나오는 문장, "믿음으로 의롭게 된 우리는…(*dikaiōthentes oun ek pisteôs*)"를 참조할 것; 5,9도 참조].

4,4-5: "일을 하는 사람에게는 품삯이 선물이 아니라 당연한 보수로 여겨집니다. 그러나 일을 하지 않더라도 불경한 자를 의롭게 하시는 분을 믿는 사람은, 그 믿음을 의로움으로 인정받습니다."

---

*elogisthē*는 아오리스트 수동태이다. 그리스어의 아오리스트 시제에서 수동태와 중간태는 완전히 구분된다. W. Bauer, *Wörterbuch zum Neuen Testament*, pp. 940-942 참조.

[138] J. A. Fitzmyer, *Romans*, p. 373; 박영식, 로마서, 68쪽 참조; 좀 더 자세한 점은 H.-W. Bartsch, "*logizomai*", in: *EWNT* II, pp. 874-876 참조.

4,1-8에서 의화가 지닌 '은총'의 성격이 강조된 것은 분명하다. 이 점은 4-5절에서 '일하다'와 '일하지 않다'가 대조되고, "품삯"이라는 단어가 사용되며, "당연한 보수"와 '은총으로(선물로)'가 대조된 사실에서[139] 드러난다. 고용주는 일한 사람에게 임금을 지불할 의무는 가지지만 '선물'을 줄 의무는 없다. 이런 표현을 통해 바오로는 아브라함의 의화(창세 15,6)에서조차 의화는 철저히 하느님의 선물(은총)이었음을 강조한다. 창세 15,6의 문맥에서 보면, 아브라함에게 무엇인가 하느님 앞에 자랑스럽게 내세울 것(4,2 참조)이 있어서 의롭게 된 것이 아니었다. 다만 그는 확실한 것이 거의 없는 데에도 하느님의 말씀을 조건 없이 믿었고, 그 믿음으로 의롭게 된 것이다. 의화가 은총이라는 점은 "불경한 자를 의롭게 하시는 분"(5절)이라는 표현에서 가장 크게 강조된다고 볼 수 있다. 사실 이 점은 이미 3,21에서 '은총으로'라는 표현과 '거저'라는 부사가 겹쳐 나오는 데서도 강조되었다.

이렇게 바오로가 의화의 은총성을 강조하는 것은 틀림없다. 의화는 믿음을 통해 은총으로(선물로) 이루어지는 것이다. 하지만 여기서 독자들이 고려해야 할 점이 있다. 바오로는 4장에서 "율법의 일(행위)들로써"(*ex ergôn nomou*)라는 어구를 사용하지 않고, "일(행위)들로써"(*ex ergôn*, 4,2) 또는 "행위들과 상관없이"(*chōris ergōn*, 4,6)에 대해서만 말한다. 아브라함 시절에는 아직 (모세) 율법이 주어지지 않았기 때문에 "율법의 일들(행위들)"이라는 표현을 사용할 수 없음을 감안해서 그렇게 한 것이다. 바오로가 처한 역사적 상황에서 '의화론'과 관련하여 실제로 문제가 되

---

[139] 4,4에서 '선물'에 해당하는 그리스어를 직역하면 '은총(*charis*)'이고, '당연한 보수'라고 번역된 그리스어는 '빚(의무)'이다.

었던 것은, 일반적인 일들/ 행위 자체와 믿음의 대립(대조)이 아니라, '율법의 일들(율법이 요구하는 일들, 행위)'과 '예수 그리스도에 대한 믿음'의 대립이었다.

5절에서 하느님을 "불경한 자를 의롭게 하시는 분(일부 번역본에는 "죄인을 의롭게 하시는 분")"이라고 부르는 것은 구약성경을 배경으로 들을 때 참으로 놀랍고 충격적인 표현이다. 구약성경에 따르면 판관들은 의인을 불경하다고 판결해서도 안 되지만, '불경한 자'나 '죄인'에게 '의롭다'는 판결을 내려서도 결코 안 된다(탈출 23,6-8; 잠언 17,15; 이사 5,23).

5절의 이 유명한 어구를 통해 바오로가 본디 말하고자 한 점은 예수 그리스도를 믿는 이들이 놓인 처지가 '은혜롭다'는 것이다('은총의 지위'에 관하여는 5,2 참조). 유다인이든 이방인이든 인류가 처한 실제 사정을 보면 모두가 하느님의 진노를 받아 마땅한 죄인의 처지였지만(1,18-3,20의 내용), 놀랍게도 하느님께서는 당신 아드님의 죽음과 부활을 통해 인류에게 큰 은총을 베푸셔서 그분을 믿는 이면 누구나 구원받을 수 있는 길을 열어 놓으셨다는 것이다(1,16-17; 3,21-26의 핵심 내용).

4,7-8: "행복하여라, 불법을 용서받고 죄가 덮어진 사람들!
　　　　행복하여라, 주님께서 죄를 헤아리지 않으시는 사람!"

위에 인용된 시편 32,1-2은 로마 4장에서 창세 15,6의 해설을 보조해 준다. 3절에 인용된 창세 15,6에 나오는 그리스어 동사 *logizomai*가 여기서도 사용된다(위 번역문에서 '헤아리다'로 옮겨졌다). 여기에 의화라는 말이 직접 나오지 않지만, 의화의 내용이 '불법을 용서받고', 죄가 덮어지고', '죄가 헤아려지지 않는다'라는 병행구로 표현되어 있다.[140]

---

[140] 의화의 '은혜로움'이 4,7-8에 인용된 시편 말씀을 통해 '행복함(복됨)'으로 표현된다!

4,9-12

이 단락을 주도하는 어휘는 '할례'라고 볼 수 있다. 의화와 할례의 관계에 대하여 말하는 부분이다. 역사비평적 성경 해석 방법을 아는 현대의 독자들에게 창세기에 나오는 이야기의 순서는 별 의미가 없는 듯이 여겨질 수 있지만, 바오로를 포함한 당대의 율법학자들에게 그 순서는 대단히 중요한 의미를 지녔다. 아브라함이 믿음을 통해 하느님께 '의로움의 지위'를 받았다는 이야기는 창세기 15장에 나오고, 그가 할례를 받았다는 것은 창세기 17장(9-14절)에 가서야 나온다는 점은 바오로의 논증에서 결정적으로 중요한 의미를 지닌다. 바오로는 아브라함 이야기의 이러한 순서를 통해 하느님께서 의화의 수단은 할례가 아니라 믿음이라는 것을 이미 계시하셨다고 본다(4,3에 나오는 "성경이 무엇이라고 말합니까?"라는 표현을 참조).

나아가 바오로는 4,11에서 아브라함의 예를 근거로 삼아 할례는 하느님의 '계약의 백성'에 들어가기 위한 필수 요소가 아니라, '믿음으로 얻은 의로움을 확증하는 것(믿음의 의로움을 나타내는 외적 표징)'일 뿐이라고 말한다.

바오로는 당대의 교회 상황에서, 이방인들이 그리스도교에 입문하려고 할 때 그들에게까지 할례 받을 것을 강요하는 데 대하여 강력히 반발하였다(예컨대 갈라 2,3; 5,1-12; 6,12). 그에 의하면 하느님 백성의 일원이 되게 하는 본질적 요소는 '할례'를 포함한 율법 규정의 준수에 있지 않고, (오직) 예수 그리스도에 대한 믿음에 있었다.

4,13-22

이 단락을 주도하는 어휘는 '약속'이다. 약속의 내용은 단락의 시작인 13절에 나오는 "세상의 상속자가 되리라는 약속"이고, 그것은 17절에 인용된 창세 17,5의 "많은 민족의 조상"이 되리라는 약속에서 비롯한다. 이 단락에서 바오로가 도달하고자 하는 목표는 16절 끝에 나오는 "아브라함은 우리 모두의 조상입니다"라고 볼 수 있다. 여기서 "우리 모두"는 유다인이든 이방인이든 하느님의 아드님이신 예수 그리스도를 믿는 사람 모두를 가리킨다(갈라 3,26-29 참조). 문제는 '아브라함이 많은 민족의 조상이 되리라'는 하느님의 약속이 어떻게 성취되느냐는 점이다. 바오로에 의하면 그 약속은 율법에 따른 행위들로 성취되지 않고, 아브라함처럼 믿고 그 발자취를 뒤따름으로써 성취된다. 바오로는 사실 수많은 이방인들도 '믿음으로써' 아브라함의 후손이 되었다고 본다.

"율법은 진노를 자아내기 때문입니다. 율법이 없는 곳에는 범법(parabasis)도 없습니다"(4,15)에 관하여는 "율법이 들어와 범죄가 많아지게 하였습니다"(5,20ㄱ)에 관한 자세한 해설 참조.

4,17ㄴ-22

여기서 바오로는 아브라함이 지녔던 믿음의 내용을 '희망'과 관련하여 서술하는데, 바로 이 부분이 4장의 고유한 점으로 갈라 3장과 비교된다. 둘 다 '누가 아브라함의 후손이냐'는 점에 대하여 토론하지만(갈라 3,6-29과 로마 4,11ㄴ-17ㄱ 비교),[141] 갈라 3장에서는 격앙된 상태에서 반

---

[141] 갈라 3,6-29의 성경 인증에서도 '누가 아브라함의 후손이냐'는 문제는 중요했다. 단락의 첫 구절인 3,6에서 바오로는 로마 4,3에도 인용된 창세 15,6을 인용한 다음 즉시 "그래서 믿음으로 사는 이들이 바로 아브라함의 자손임을 알아야 합니다"(갈라 3,7)라고 답을 제시한 후, 이를 여러 가지로 논증한다. 이 논증의 마지막 단계에서 다음과 같이 결론을 내리는데 특히 마지막 구절이 인상적이다. "여러분은 모두 그리스

대자들의 견해를 반박하는 데 집중한 나머지 '아브라함의 믿음의 성격'에 대해 다루지 못했다.

반면에 로마 4장에서는 '율법의 일들로써가 아니라 믿음으로써 의롭게 된다'는 점을 일단 밝힌 다음, 차분하게 아브라함의 믿음이 어떤 믿음이었는지에 대하여 설명한다. 이 설명 중에 그리스도인들의 신앙을 이해하는 데 참으로 소중한 말씀이 나온다.

4,17ㄴ-18: "그(아브라함)는 죽은 이들을 다시 살리시고 존재하지 않는 것들을 존재하도록 불러내시는 하느님을 믿었습니다. 그는 희망을 거슬러,[142] 희망 위에서 … 믿었습니다"(필자 직역).

여기서 바오로가 언급하는 아브라함의 절망적 상황(하느님의 약속이 전혀 실현될 수 없게 보이는 상황)은 4,19에 의하면 아브라함이 백 살가량이나 되었고, 이미 불임 상태인 그의 아내 사라도 고령이 되어 자식을

도 예수님 안에서 믿음으로 하느님의 자녀가 되었습니다. … 그래서 유다인도 그리스인도 없고, 종도 자유인도 없으며, 남자도 여자도 없습니다. 여러분은 모두 그리스도 예수님 안에서 하나입니다. 여러분이 그리스도께 속한다면, 여러분이야말로 아브라함의 후손이며 약속에 따른 상속자입니다"(갈라 3,26-29).

142 로마 4,18: "그는 희망이 없어도 희망하며 … 믿었습니다." 필자 직역: "그는 희망을 거슬러 희망 위에서 믿었습니다(*para elpida epi elpidi episteusen*)." 그리스어 전치사 *para*는 상당히 다양하게 사용된다. 2격(명사)과 함께 사용될 때에는 '…로부터'를, 3격(명사)과 함께 사용될 때에는 '곁에' 또는 '가까이'를, 4격(명사)과 함께 사용될 때에는 '… 가장자리를 따라서(예컨대 "호숫가를 따라서")' 또는 '…을 거슬러' 또는 '…와 비교하여'를 뜻한다. 4,18의 경우에는 '희망'을 뜻하는 *elpis*의 4격과 함께 사용되었다. 그래서 *para elpida*를 직역하면 "희망을 거슬러"가 된다. 외국의 저명한 여러 번역본도 이 "거슬러"라는 표현을 살렸다. 믿음이 가진 '희망의 차원'에 관하여는 로마 5,5; 8,24; 1테살 4,13 등을 참조하라.

가질 가능성이 전혀 없어 보이는 상황이다.[143] 그러니 4,19만을 본다면 바오로가 4,17ㄴ에서 말하는 "죽은 이들을 다시 살리시고 존재하지 않던 것들을 존재하도록 불러내시는 하느님"에 대한 아브라함의 믿음은, (적어도 일차적으로는) 죽은 몸이나 다름없던 고령의 아브라함과 죽은 모태를 지닌 사라 사이에서 아들이 태어나게 하시겠다는 하느님의 말씀에 대한 믿음이었다.

그러나 나는 바오로가 말하는 절망적 상황의 배경에는 창세 22장의 일화도 들어 있다고 생각한다. 고령이라는 사실 자체가 '많은 민족의 조상이 되리라'는 하느님의 말씀을 믿기 어렵게 만드는 상황이긴 했겠지만, 그것만으로는 '죽은 자들을 다시 살리시고 … 하느님에 대한 믿음'을 거론할 만큼 절박한 상황이라고 보기 어렵다고 생각하기 때문이다. 4,17ㄴ-18에 표현된 절박감을 제대로 이해하려면 창세 22장의 일화를 기억할 필요가 있다. 이사악을 주시어 꺼져 가는 듯 보이던 아브라함의 노년에 희망의 등불을 환히 켜 주신 바로 그 하느님께서 사랑하는 외아들 이사악을 제물로 바치라고 하였을 때, 아브라함이 겪었을 심적 고통을 깊이 생각해 볼 필요가 있다. 모든 희망이 물거품처럼 사라지고 절망의 나락으로 떨어질 '신앙의 위기'에도 불구하고, 바오로에 의하면 아브라함은 꿋꿋이 믿음의 길을 걸어갔던 것이다.

창세기에 의하면 아브라함은 과연 '믿음의 사람'이었다. 고향 칼데아

---

143 창세 17,16-17에 의하면, 하느님께서 아브라함에게 "네ㄱ- 그(사라)에게서 아들을 얻게 해 주겠다. …"고 말씀하시자, 아브라함은 다음과 같은 반응을 보인다. "아브라함은 얼굴을 땅에 대고 엎드려 웃으면서 마음속으로 생각하였다. '나이 백 살 된 자에게서 아이가 태어난다고? 그리고 아흔 살이 된 사라가 아이를 낳을 수 있단 말인가?'"

지방 우르를 떠나서(창세 12,4; 참조 11,31) 막펠라 동굴에 묻힐 때까지(창세 25장) 그의 일생 전체는, 하느님의 말씀이라면 때로는 그것이 참으로 믿기 어렵고(창세 17,17 참조) 이해하기 힘들며 두려운 말씀(창세 22장 참조)이라 하더라도, 철저히 순종하며 따르는 '믿음의 길'이었다. 그 길에는 이사악을 바치라는 일화에서 대표적으로 드러나듯이, 모든 희망이 무너지고 죽음의 낭떠러지로 떨어지는 듯한('죽음의 그늘진 골짜기를 걷는 듯한' 시편 23,4 참조) 위기도 놓여 있었다.

바오로는 아브라함의 믿음에서 벌써 '죽은 자들의 부활에 대한 믿음'의 차원을 보고 있다. 후대의 그리스도인들도 죽음의 낭떠러지에 떨어질 것 같은 위기를 맞이했을 때, 바오로 사도의 힘찬 말씀 곧 우리가 믿는 하느님은 "죽은 이들을 다시 살리시고 존재하지 않던 것들을 존재하도록 불러내시는 하느님"이심을 기억할 수 있다면, 그것을 기억한다는 사실 자체가 그들에게 큰 은총이 될 것이다.

바오로는 이방인들도 '계약의 백성'의 구성원이 되려면 할례와 음식 규정 등을 포함한 율법 규정들을 반드시 준수해야 한다는 주장을 반박하기 위해, 사람은 행위들(업적)을 통해서가 아니라 '믿음을 통해서' 의롭게 된다는 점을 강조했다. 4장의 앞부분에서도 바로 이 점을 강조했다. 그렇다고 바오로가 말하는 믿음이 행동(실천)을 배제하고 머리로만 믿는 사변적 믿음인가? 결코 그렇지 않다. 바로 이 점을 4,17ㄴ-22, 특히 17ㄴ-18절이 잘 보여 준다. 바오로가 말하는 믿음은 "죽은 이들을 다시 살리시고 존재하지 않던 것들을 존재하도록 불러내시는 하느님"께 온 삶을 내맡기는 투신을 가져오는 것이다. 계속 강조하듯이, 의화는 인간이 이루어 놓은 어떤 일(업적)을 근거로 하지 않는다. 그것은 믿음을 근거로 하느님께서 은총으로 베푸시는 것이다. 그런데 바오로에 의하면

"믿음으로 의롭게 된"(5,1) 이후, 믿음은 의롭게 된 사람에게 하느님을 향해 온 삶을 투신할 것을 요청한다(6장의 내용이다). 이때 바오로가 중요하게 여긴 것은, (죄를 섬기지 않고) 오로지 하느님을 섬기며 하느님의 뜻에 따라 살 수 있게 하는 힘이 성령을 통해 믿는 이들에게 선사되었고 계속 선사된다는 점이다.[144]

이 단락의 끝자리(22절)에서 바오로는 4장 첫머리에서 성경 인증의 핵심 논거로 제시하였던 창세 15,6의 말씀 가운데 "하느님께서 믿음을 의로움으로 인정해 주셨다"(3절)는 부분을 다시 인용하며 아브라함의 예를 통한 성경 인증을 마무리한다.

바오로는 3,29-30에서 유다인이든 이방인이든 인류에게는 오직 한 분이신 하느님이 계시다고 언급하면서, 의화의 길도 '믿음을 통한 의화'의 길 하나뿐이라고 주장하였다. 4,13-22에서는 유다인이든 이방인이든 믿는 이는 누구나 같은 신앙인이요 아브라함의 후손이라고 말한다. 이는 바오로가 선포하는 구원의 메시지가 보편성을 지닌다는 주장이다. 앞에 나왔던 "복음은 먼저 유다인에게 그리고 그리스인에게까지, 믿는 이면 누구에게나 구원을 가져다주는 하느님의 힘"(1,16)이라는 표현에 담긴 내용이 재차 부연 설명되는 것이라고 볼 수 있다.

4,23-25

바오로는 앞(3절)에서 주제문으로 제시한 창세 15,6의 문장 일부("하

---

[144] 바오로가 그리스도인들에게 권고하는 바의 핵심은 바로 '성령에 따라 살아가라'는 것이다(이에 관해 로마 5,5; 7,6; 8장 전체; 갈라 3,2.5.14; 4,6; 5,13-25. 특히 '(성)령의 열매'에 관한 갈라 5,22-23을 참조할 것).

느님께서 인정해 주셨다")[145]를 23절에서 다시 언급한다. (이렇게 바오로는 4장 전체에서 창세 15,6에 대한 성경 주석을 하며 자신의 의화론을 변호한 것이다.) 그러면서 그 말씀이 그리스도인에게 주는 의미와 그리스도 신앙의 핵심 내용인 '우리를 위한 그리스도의 수난과 부활'의 의미에 대하여 언급한다.[146] 여기에는 바오로가 성경을 '살아 있는 하느님의 말씀'으로 이해하고 있음이 드러난다. 그에게 성경은 비록 과거에 기록되었지만, 후대의 신앙인 독자들에게도 '말하고 있는'(4,3에 나오는 "성경은 무엇이라고 말합니까?" 참조) 살아 있는 말씀이다.

---

[145] 앞에서 보았듯이, 이 부분의 원문 *elogisthē autō*를 직역하면 "그에게 인정(간주)되었습니다"이다.

[146] 4장의 마지막 구절(25절)은 관계대명사로 연결된 문장인데, 원문을 직역하면 다음과 같다. "그분(우리 주 예수님)은 우리의 범죄들(*paraptōmata*) 때문에 넘겨지셨고(*paredothē*), 우리의 의화(*dikaiōsis*) 때문에 일으켜지셨습니다(*ēgerthē*)." 1코린 15,1-11(특히 3-5절)에 의하면 바오로 자신이 전해 받았다가 가장 중요한 것으로 코린토 신자들에게 전해 준 복음의 핵심 내용은 결국 '우리를 위한 그리스도의 죽음(묻힘을 포함하여)과 일으켜지심(발현을 포함하여)'이었다.

제4장
믿음으로 의롭게 된 그리스도인의 상태(5,1-8,39)

1. 의롭게 된 이들이 누리는 삶: 평화와 '확신에 찬 희망'(5,1-11)

1.1. 문맥과 구성

바오로가 1,18-3,20에서는 믿음을 통한 의화의 필요성에 대하여, 3,21-4,25에서는 의화의 방법(율법에 따른 행위들을 통해서가 아니라 믿음을 통한 의화)에 대하여 주장하였다고 볼 수 있다면, 이제 5-8장에서 그는 "(이미) 믿음으로 의롭게 된"(5,1) 그리스도인들의 '상태' 또는 '지위(라틴어 status)'를 설명한다고 볼 수 있다.

5,1-11은 3,21-4,25과 5-8장을 잇는 다리 역할을 한다. 입문에서 보았듯이, 로마서의 구성을 말할 때 5장 전체 또는 5,1-11의 위치에 관하여는 성서주석자들의 견해가 갈라져 있다.[147] 5,1-11은 8장 끝 부분과 관련되는 점이 많다. 5-8장의 단원에서 시작 단락(5,1-11)과 마지막 단락(8,31-39)은 나머지를 포괄하는, 일종의 수미상관법 역할을 한다고 볼 수 있다. 양쪽에 믿음으로 의롭게 된 그리스도 신자들이 겪는 '고난의 현실'이라는 주제와 관련하여, 그것을 이겨 낼 수 있게 하는 '하느님의 사랑'이라는 주제가 함께 나온다. 이런 점에서 '확신' 또는 '확신에 찬 희

---

147 이에 관하여는 이 책 31-33쪽을 볼 것.

망'이 양쪽(5,1-11; 8,31-39)을 지배하는 주제라고 볼 수 있다.

5,12-21에 나오는 '아담과 그리스도'의 관계에 대한 예형론(typologia)적 해석도 5,1-11의 '불굴의 희망' 또는 '확신에 찬 희망'의 기초를 이룬다. 6장과 7장에서는 이 확신에 찬 희망을 위협하는 세력을 다룬다. 6장에서는 '죄의 세력'의 위협 앞에 있는 그리스도 신자들의 상태를 다루고, 7장에서는 이런 죄의 세력 앞에서 인간을 돕는 데 무력하고, 오히려 죄에 이용되어 인간을 억압하는 또 하나의 세력으로 돌변하는 '율법'의 문제를 다룬다. 8장(1-30절)에서는 이렇게 죄의 세력에 팔린 몸이 되어(7,14 참조) 신음하면서도 율법의 도움을 받지 못하는 처지에 있는 인간을 위해, 그리스도에 대한 믿음을 통해서 '선물로 주어지는' 성령이 어떤 역할을 하는지가 묘사된다.

구성: 5,1-11의 구성은 다음과 같다.

① 1-2절: 도입문
② 3-4절: 고난의 현실
③ 5절: 고난에 굴복하지 않는 희망과 그 희망의 근거인 '성령을 통한 하느님의 사랑'
④ 6-8절: 하느님의 사랑이 최고조로 표현된, 그리스도의 대속적代贖的 죽음
⑤ 9-11절: 그리스도의 대속적 죽음을 근거로 한 의화와 하느님과의 화해 및 미래 종말론적 구원에 대한 확고한 희망

이 단락의 중심 주제어는 '희망에 찬 확신'인 것 같다. 2ㄴ절("하느님의 영광에 참여하리라는 희망을 자랑으로 여깁니다")과 5ㄱ절("희망은 우리를 부끄럽게 하지 않습니다")에 희망이라는 단어가 나올 뿐 아니라, 9-10절에 반복해서 나오는 "구원을 받게 되리라는 것은 더욱 분명합니다"라는

문장을 통해 표현되는 내용도 희망이라고 볼 수 있기 때문이다. 사실 3-4절에 나오는 '고난'에 관련한 표현들도 희망과 관련되어 있다. 바오로가 말하는 '희망'은 아무런 고난도 없기 때문이 아니라, 현실의 여러 고난에도 불구하고 가질 수 있는 희망이기 때문이다.

바오로에 의하면 이런 불굴의 희망을 가지게 하는 근거는 하느님께서 성령을 통해 그들 마음 안에 흠뻑 부어놓으신 "하느님의 사랑"(5,5)에 있다. 그런데 6-8절에 의하면 하느님께서는 "우리에 대한 당신의 사랑"을 '우리를 위한 그리스도의 죽음'을 통해 확실히 드러내 보이셨다(증명하셨다). 이 그리스도의 죽음이 가져온 '구원의 효과'라는 주제의 연장선에서, 9-10절은 의화('의롭게 되었고')와 화해('그분과 화해하게 되었고')라는 용어를 사용한다. 그러면서 그를 바탕으로 '미래에 있을 구원("구원을 받게 되리라는 것")'에 대한 확신을 피력한다. 11절은 화해의 주제를 다루면서 단락 전체를 마무리하는 역할을 한다.

1.2. 구절 해설

5,1: "그러므로 믿음으로 의롭게 된 우리는 우리 주 예수 그리스도를 통하여 하느님과 더불어 평화를 누립니다."

5장의 첫머리("그러므로 믿음으로 의롭게 된 우리는")는 바오로가 앞에서 특히 3,21-4,25에서 논증하려고 했던 '믿음을 통한 의화'를 다시 요약하면서 그 결과("그러므로")에 대하여 말하려고 한다는 것을 보여 준다. 흥미로운 점은 '믿음(*pistis*)'이라는 명사가 5장 1절과 2절에 언급된 다음에는 9장 끝 부분(30절)에 이르기까지 나오지 않는다는 것이다. 이것은 바오로가 5-8장에서 제시하려는 내용은 믿음을 통한 의화라기보다 그 결과, 또는 '의롭게 된 이후의 삶'이라는 점을 알려 준다. 좀 더 정확히 말하자면, 믿음을 통한 의화의 결과가 그리스도인들의 삶에서 구체적으로 어떻게 드러나는지를 표현하고자 한다.

"우리는": 5,1-11에 나오는 '우리'는 '믿음을 통해서 의롭게 된' 그리스도 신자들을 가리킨다. 바오로는 이 단락에서 자신을 포함한 그리스도인들의 신앙 체험(?)에 호소하고 있다. 아오리스트(단순과거) 시제로 표현된 동사 "의롭게 된(*dikaiōthentes*)"이 5,1-11 단락의 시작 부분인 1절과 끝 부분(9-11절)의 시작인 9절에 거듭 쓰여, 그리스도 신자들은 이미 믿음을 통해서 '의롭게 된' 상태에 있다는 것이 강조된다.

"우리 주 예수 그리스도를 통하여": 이미 1,5과 4장 끝에 나왔던 이 어구가 5,1-11 단락의 끝, 그리고 5장, 6장, 7장, 8장의 끝에 매번 후렴구처럼 나온다. 이는 바오로가 이곳(5-8장 전체)에서 말(호소)하는 내용 전체가 바로 "우리 주 예수 그리스도를 통하여" 하느님께서 베푸신 은총에 근거하고 있음을 잘 보여 준다. 이 어구는 부활하여 살아 계신 그리스도께서 그리스도 신자들에게 하느님에게서 오는 구원을 현재 베풀고 계시다는 뜻을 함축하는데, 초대 교회의 전례에서 사용되던 것 같다,

"하느님과 더불어 평화를 누립니다"(직역: "하느님을 향하여 평화를 지니고 있습니다"[148]): 5-8장의 첫 구절인 5,1에서 바오로는 우선 그리스도인을

---

[148] '평화를 누립니다'라고 직설법으로 된 사본도 있으며, '평화를 누립시다'라고 접속법으로 된 사본도 있으나(그리스어 원문에는 발음이 비슷한 알파벳 한 글자 단모음 o와 장모음 ō의 차이만 있다. *echomen*과 *echōmen*의 차이이다) 여기서는 문맥을 중요하게 고려하여 직설법으로 번역했다. 바오로는 5,1-11에서 그리스도 신자들에게 하느님을 향하여 '평화로운 태도'를 가지라고 권고하는 것이 아니라, 그들이 현재 누리고 있는 상태(의롭게 된 상태, 은총의 처지, 화해된 상태, 하느님을 향한 평화의 상태)에 대

믿음으로 의롭게 되어 하느님을 향하여 평화를 간직한 사람으로 묘사한다. 바오로가 믿음을 통한 의화의 여러 결과 가운데 첫째로 말하는 것이 '하느님을 향한 평화'이다. 그리스도를 믿음으로써 '의롭게 된 이들은' 이제는 더 이상 죄인으로서 하느님의 진노가 떨어질까(로마 1,18; 5,9; 1테살 1,10 참조) 전전긍긍하지 않고, 하느님을 향하여 '평화'를 누리고 있다는 것이다. 여기서 말하는 평화의 개념은 마음의 평화나 양심의 평화 또는 다툼이 없는 상태를 포함할 수는 있지만 그것들을 우선적으로 의미하지 않고, 근본적으로 하느님께서 그리스도를 통해서 베푸신 구원의 선물을 가리킨다. 그것은 근본적으로 '샬롬'이라는 히브리어 단어가 본디 지닌 뜻 그대로 '하느님과의 온전한 관계'에서 형성되는 평화로서, 바오로가 10-11절에서 '화해'라는 말로 설명하고 2절에서 '은총의 처지'라고 말하는 것과 관련된다.

바오로는 5,1의 내용과 비슷한 점을 '성령'과 관련지어 8,15(갈라 4,6 참조)에서 다음과 같이 말한다. "여러분은 사람을 다시 두려움에 빠뜨리는 종살이의 영을 받은 것이 아니라, 여러분을 자녀로 삼도록 해 주시는 영을 받았습니다. 이 성령의 힘으로 우리가 '아빠(Abba, 압바)! 아버지!' 하고 외치는 것입니다." (장성한 이들을 포함하여) 자녀들이 사랑과 신뢰를 품고 (두려움 없이) '아빠!'라고 부르며 다가가는 것처럼, 그리스도인들도 예수 그리스도를 통하여 하느님을 향하여 두려움 없이 '압바! 아버지'라고 부르며 다가갈 수 있는 처지(5,2 참조)가 되었다는 것이다.

5,2ㄱ: "믿음 덕분에, 우리는 그리스도를 통하여 우리가 서 있는 이 은총 속으로"

하여 체험을 바탕으로 설명한다.

바오로에 의하면 그리스도교 신앙인은 "은총 속에 서 있는", 곧 은총 지위地位에 있는 사람이다. '서 있는'이라고 번역된 동사가 원문에는 현재완료형(hestēkamen)이다. 이는 현재 그리스도교 신앙인이 누리는 하느님과의 관계(의화, 평화 등)가 일시적인 것이 아니라, 지속적(안정적)인 것임을 보여 준다.

5,2ㄴ: "이 은총 속으로 들어올 수 있게 되었습니다."

직역하면 "이 은총에 대한 접근(권)을 가졌습니다(현재완료형)." 이 문장에서 '접근'에 해당하는 그리스어 프로사고게(*prosagōgē*)는 본디 신분이 높은 사람(예컨대 임금)의 면전에 다가갈 수 있음을 뜻한다. '은총에 다가간다'는 표현을 이해하는 데에는 히브 4,16("그러므로 확신을 가지고 은총의 어좌로 나아갑시다")의 도움이 크다. 히브리서 저자에 의하면 두려울 정도로 거룩한 자리인 '하느님의 어좌'가 그리스도의 수난과 죽음으로 인하여 그리스도 신자들에게는 "은총의 어좌"로 변하였다(히브 10,20 참조). 그러기에 그리스도에 대한 믿음 안에서 두려워하지 말고 은총의 어좌로 나아가자고 적극적으로 호소한다(에페 3,12: "우리는 그리스도 안에서 그분에 대한 믿음으로 확신을 가지고 하느님께 담대히 나아갈 수 있습니다" 참조). '이 은총 속에 들어가 서 있다'는 것은 "하느님과 더불어 평화를 누린다"는 1절의 내용을 다른 식으로 표현한 것이다.

5,2ㄷ: "하느님의 영광에 참여하리라는 희망을[149] 자랑으로 여깁니다."[150]

---

[149] 그리스어 원문에는 '참여'라는 단어가 들어 있지 않다. 직역하면 "하느님의 영광에 대한 희망"

[150] 2절 끝과 3절, 11절에서 "자랑으로 여기다"로 번역된 그리스어 동사 *kauchaomai*를 일부 (주로 영어권) 번역본들(KJV, RSV, NIV, NJB)이 "즐거워하다(rejoice)"로 옮긴다. 문맥을 고려할 때 이런 뜻도 가질 수 있으나 이 동사의 기본 의미가 '자랑하다'라

3,23에서 바오로는 인류가 죄를 지어 하느님의 영광을 결여한(상실한) 상태에 있다고 말했는데, 이제 그 반대의 상태가 이루어질 희망에 대하여 말한다. 8,18에서도 바오로는 "계시될 영광"에 대한 강력한 희망을 표현하는데, 이때 말하는 '영광'도 '하느님의 영광'에 참여하는 영광을 의미할 것이다(필리 3,21; 2테살 2,14 참조). '하느님의 영광'이라는 어구에 나오는 '영광'(히브리어 kābōd; 그리스어 doxa)은 구약성경에서 유일하고 참되신 하느님께 본질적으로 속해 있는 광채와 엄위를 뜻한다. 하느님의 현존과 밀접히 관련되어 사용된다.[151]

'희망'이라는 단어가 여기서 다시 언급되는데, 이것도 '믿음을 통한 의화'의 결과 가운데 하나이다. 그리스도인들은 이미 그리스도를 통하여 은총 지위에 받아들여졌지만, 하느님의 영광에 참여하는 일은 미래에 이루어질 일로 희망의 대상이다.

5,3-4: "그뿐만 아니라 우리는 환난도 자랑으로 여깁니다. 우리가 알고 있듯이, 환난은 인내를 자아내고 인내는 수양을, 수양은 희망을 자아냅니다."

는 점을 명심해야 한다. 또 위의 번역문에서 "…을 자랑하다"로 옮겨진 곳의 원문을 직역하면 "…에서 자랑하다"이다. 즉 2절 끝은 "… 희망 위에서 자랑합니다"이고, 3절은 "환난 속에서 자랑합니다"이며, 11절은 "하느님 안에서 자랑합니다"이다.

[151] 그리스어 doxa가 성경 밖에서 일반적(세속적)으로 사용될 때에는 '의견'을 의미했다. 그런데 칠십인역의 번역자들은 '영광'을 뜻하는 히브리어 kābōd를 그리스어 doxa로 번역했다. 신약성경의 저자들도 doxa를 구약성경에서 쓰이는 의미로 사용했다. 히브리어 kābōd의 어근이 가지는 기본 의미는 '무겁다,' '묵직하다'이다. 이 기본 의미에서 나아가 사람들에게 적용될 경우 '존귀함', '영예', '명성'을 뜻한다(시편 49,16; 이사 16,14; 참조 마태 4,8). 하느님께 적용될 경우 doxa는 그분의 '무거운' 현존, '엄위하신' 현존을 뜻한다. 하느님의 엄위하신 또는 찬란한 현존으로서의 영광은 성막에 나타나며(탈출 40,34), 대자연에도 나타날 수 있고(시편 97,1-6), 하느님의 위업이 드러날 때(이사 40,5)와 역사의 절정에서 모든 민족들 앞에도 나타난다(이사 66,18).

여기에서 환난[152]-인내-수양(단련)-희망의 네 단어가 꼬리를 물며 나온다. 중요한 점은 여기에 언급된 '환난 속의 인내'와 '수양(단련된 성품)'과 '희망'을 갖는 것 자체도 그리스도를 통한 하느님의 은총을 바탕으로 삼는다는 것이다.

5,5: "그리고 희망은 우리를 부끄럽게 하지 않습니다. 우리가 받은 성령을 통하여 하느님의 사랑이 우리 마음에 부어졌기 때문입니다."

여기서 '부끄럽게 하다'로 번역된 그리스어 동사 카타이스퀴노(*kataischynō*)는 구약성경에서 곤경 중에 하느님께 희망을 두었을 때 부끄러운 일을 당하지 않았다는 맥락에서 사용된다. 다음 시편 구절에서 그 예를 볼 수 있다. "저희 선조들은 … 당신을 신뢰하여 부끄러운 일을 당하지 않았습니다(부끄럽게 되지 않았습니다)"(시편 22,5-6); "당신께 피신하니 수치(부끄러움)를 당하지 않게 하소서"(시편 25,20).

바오로에 의하면 그리스도 신자들은 신앙생활을 시작할 때 모두 '성령'을 받았다(1코린 12,13: "우리는 … 모두 한 성령 안에서 세례를 받아 한 몸이 되었습니다. 또 모두 한 성령을 받아 마셨습니다" 참조). 갈라 3,2-5도 신앙생활을 시작하였을 때 성령을 받았다는 것을 전제한다. 흥미로운 점은 바오로가 5,5에서는 "하느님의 사랑"이 물처럼 "우리 마음에 부어졌다"고 표현하는데 비하여, 1코린 12,13에서는 성령을 물처럼 "마셨다"고 표현한다는 점이다. 물의 은유를 사용하여 '성령'을 표현하는 것은 구약성경의 전통에 따른 것이다(사도 2,17-18에 인용된 요엘 3,1-5에 "나의 영을 부어 주리라"는 표현이 반복되어 나온다).

"하느님의 사랑이 … 우리 마음에 부어졌다"는 문장에서 '부어졌다'는

---

152 직역하면 "환난 속에서(*en tais thlipsesin*)"

동사의 시제는 원문에 현재완료로 되어 있다.[153] 신약성경 그리스어에서 현재완료 시제는 과거에 일어난 어느 행위의 결과(효과)가 현재에도 영향을 미치고 있을 때 사용된다는 점을 고려하면, 5,5은 그리스도 신자들의 마음 안에 하느님의 사랑이 '흠뻑' 부어져 있음을 나타낸다. 또 5,5에서는 그리스도 신자들의 삶에 나타나는 성령(pneuma hagion)의 역할이 로마서에서 처음 언급된다. 성령의 역할이 본격적으로 설명되는 곳은 8장이다. 8장은 '성령의 장'이라고 불러도 과언이 아닐 만큼 바오로 서간에서 성령이 가장 많이 언급되는 곳이다. 성령이 하는 역할 가운데 하나는 우리로 하여금 하느님의 사랑을 새롭게 또는 깊게 깨닫게 하는 것이라고 볼 수 있다(1코린 2,12 참조).

내가 보기에 5,5이야말로 바오로 사도가 선포하는 '복음福音'이 글자 그대로 왜 기쁜 소식인지 가장 쉽게 보여 주는 구절이다. 믿음과 세례를 통하여 그리스도와 결합되어 살아가는 사람들(갈라 3,27; 로마 6,3-5 참조)은 성령을 통하여 '하느님의 사랑'을 흠뻑 받은 이들이다(1테살 1,4: "하느님께 사랑받는 형제 여러분"; 로마 1,7: "하느님께 사랑받는 로마의 모든 신자에게" 참조).

하느님의 사랑을 담뿍 받은 상태에 있다는 것이야말로 그리스도 신자들에게 기쁨의 원천이고, 어떤 역경에도 굴복하지 않게 하는 '불굴의 희망'의 원천이다. 바오로가 여기서 말하는 '하느님의 사랑'은 외적으로 모든 것이 원하는 대로 잘 풀릴 때에만 체험할 수 있는 것이 아니라, 어떤 역경에도 불구하고 체험할 수 있는 것이다(3-4절의 '환난' 참조). 이 점

---

153 5,5에 나오는 그리스어 *ekkechytai*는 '붓다', '따르다'를 뜻하는 동사 *ekcheō*의 현재완료 수동태 단수 3인칭이다.

을 바오로는 5-8장 단원의 마지막 부분에서 감격적인 어투로 표현한다. "무엇이 우리를 그리스도의 사랑에서 갈라놓을 수 있겠습니까? 환난입니까? 역경입니까? 박해입니까? 굶주림입니까? 헐벗음입니까? 위험입니까? 칼입니까?"(8,35) "그 어떤 것도 우리 주 그리스도 예수님에게서 드러난 하느님의 사랑에서 우리를 떼어 놓을 수 없습니다"(8,39).

5,6-11

바오로는 여기에서 우리에 대한 하느님의 사랑이 어떻게 드러났는지 설명하는데, 그 요점은 8절에 나온다. "우리가 아직 죄인이었을 때에 그리스도께서 우리를 위하여 돌아가심으로써, 하느님께서는 우리에 대한 당신의 사랑을 증명해 주셨습니다." 이 말씀은 바오로가 '우리를 위한 그리스도의 죽음'("정해진 때에 불경한 자들을 위해 돌아가셨습니다"라는 6절의 표현도 참조)을 우리에 대한 하느님 사랑의 결정적 표현으로 보고 있음을 알려 준다. 요한 1서도 같은 입장을 취한다. "하느님의 사랑은 우리에게 이렇게 나타났습니다. 곧 하느님께서 당신의 외아드님을 세상에 보내시어 우리가 그분을 통하여 살게 해 주셨습니다. 그 사랑은 이렇습니다. 우리가 하느님을 사랑한 것이 아니라, 그분께서 우리를 사랑하시어 당신의 아드님을 우리 죄를 위한 속죄 제물로 보내 주신 것입니다"(1요한 4,9-10).

그런데 5,8의 "우리에 대한 당신(하느님)의 사랑"이란 어구에서 "우리"의 범위는 어떻게 되는가? 물론 5,1에 언급된 "믿음으로 의롭게 된" 그리스도 신자들이 우선 포함되는 것은 분명하다. 그렇다고 해서 "우리"를 그리스도 신자들에게만 국한하여 이해할 수 있는가? 이는 매우 중요한 질문이다. 바오로 서간은 아니지만, 요한 3,16에 의하면("하느님께서는 세상을 너무나 사랑하신 나머지 외아들을 내주시어,[154] 그를 믿는 사람은 누구나 멸망하지 않고 영원한 생명을 얻게 하셨다") 그리스도의 죽음은 명백히 온 세상(인류)에 대한 하느님 사랑의 표현이다.

이러한 여러 말씀에 의하면, 그리스도(하느님의 아드님)가 인류를 구원하기 위해 몸소 겪으신 수난과 죽음에서 곧 인류에 대한 그리스도의 사랑에서 하느님의 사랑은 최고조로 드러났다. 이 문제와 관련하여, 바오로 역시 2코린 5,14-15에서 그리스도의 죽음이 '모든 사람'을 위한 것이었음을 분명히 밝힌다. 더구나 "그리스도의 사랑"을 언급하면서, "그분께서 모든 사람을 위하여 돌아가셨다"는 말을 두 번씩이나 한다. "그리스도의 사랑이 우리를 다그칩니다. 한 분께서 모든 사람을 위하여 돌아가셨고 그리하여 결국 모든 사람이 죽은 것이라고 우리가 확신하기 때문입니다. 그분께서는 모든 사람을 위하여 돌아가셨습니다. 살아 있는 이들이 이제는 자신을 위하여 살지 않고, 자기들을 위하여 돌아가셨다가 되살아나신 분을 위하여 살게 하시려는 것입니다"(2코린 5,14-15).

앞의 구절과 같은 단락에 속한 2코린 5,19도 이 문제를 논의하는 데 매우 중요하다. 비록 이곳에서 의화(5,1.9)가 아닌 '화해' 주제를 다루지만,[155] 그리스도의 죽음과 부활을 통해 하느님께서 세상을 당신과 화해시키셨다고 말한다. "하느님께서는 그리스도 안에서 세상을 당신과 화해하게 하시면서, 사람들에게 그들의 잘못을 따지지 않으시고 우리에게 화해의 말씀을 맡기셨습니다"(2코린 5,19).

---

154 요한 복음 3장의 문맥에서 보면, 16절 바로 앞에서 모세의 구리 뱀과 그리스도의 현양되심에 관해 언급한다. 따라서 16절에 나오는 '내주심'은 그리스도의 십자가상 죽음을 가리키는 것이 분명하다.
155 이 뒤에 나오는 5,9-10에서 '의화'와 '화해'는 병렬적으로 언급된다.

그리스도가 온 세상(인류)을 위해 죽으셨다는 것은 그리스도교의 근본 믿음 중의 하나다.[156] 이를 위한 강력한 논거는 5,12-21에 나오는 아담-그리스도 예형론에 들어 있다고 (특히 12절과 18절) 생각한다. 그리고 "모든 사람이 죄를 지어 하느님의 영광을 잃었습니다"(3,23)라는 표현은, 로마서의 전체 맥락에서, 그리스도 사건 특히 그분의 죽음과 부활을 통하여 이제 인류는 그동안 잃어버렸던 '하느님의 영광'에 다시 참여할 희망을 갖게 되었다는 점을 강조하는 역할을 한다. 그 영광에 참여할 수 있는 길은 예수 그리스도에 대한 믿음의 길이다.

사실 5,6-11 단락에 속한 거의 모든 구절에 그리스도의 죽음과 관련된 단어들이 나오는데["돌아가셨다"(6절, 8절), "그분의 피로"(9절), "그분 아드님의 죽음으로"(10절)], 이는 바오로가 그리스도의 죽음을 통해 우리에게 주어진 은총이 얼마나 크다고 생각하였는지를 반영한다.

그런데 "의로운 이를 위해서라도 죽을 사람은 거의 없습니다. 혹시 착한 사람을 위해서라면 누가 죽겠다고 나설지도 모릅니다"(7절)라는 말씀에서, 바오로가 어떤 의미에서 '의로운 이'와 '착한 이(좋은 이)'를 구별하는지가 명확하지 않다. 만약에 착한 이를 사랑하는 이로 볼 수 있다면 좀 더 이해할 수 있다. 사랑하는 사람을 위해서 목숨도 내놓는 경우는 가끔 있다. 아무튼 7절에서 바오로가 강조하고자 한 것은 '우리를 위한 그리스도의 죽음'이 얼마나 놀라운 은총인지를 드러내는 것이다. 바

---

156 이 점은 성찬례(성체성사) 제정 장면의 다음 말씀에 압축되어 있다. "이는 많은 사람을 위하여 흘리는 내 계약의 피다"(마르 14,24); "이는 죄를 용서해 주려고 많은 사람을 위하여 흘리는 내 계약의 피다"(마태 26,28). 물론 이 구절들에 나오는 단어 "많은"이 '모든'이라는 의미를 갖는가에 관하여는 토론이 필요하다. 바오로는 5,18-20에서 '모든'과 '많은'이란 단어를 혼용한다.

오로에 의하면 그리스도께서는 의인義人도 선인善人도 아닌(7절), 오히려 죄인이며(8절) 불경한 자이고(6절) 하느님의 원수(10절)인 우리 곧 아무런 자격도 없는 "우리를 위하여 돌아가셨다"(6.8절). 이는 그만큼 그분의 사랑이 컸음을 강조한다.

9-10절에서 바오로는 앞에 나온 1-8절의 주요 내용을 반복하며 핵심 내용인 '그리스도인이 지닌 희망의 확실성'(2ㄴ.5ㄱ절)을 강조한다. 두 구절은 다음과 같이 병행을 이룬다.

9절	10절
그러므로 이제 그분의 피로 의롭게 된 우리가	(만일) 그분 아드님의 죽음으로 우리가 하느님의 원수였을 때에 화해하게 되었다면, 화해가 이루어진 (지금)
그분을 통하여	그 아드님의 생명으로
하느님의 진노에서 구원을 받게 되리라는 것은	구원을 받게 되리라는 것은
더욱 분명합니다.	더욱 분명합니다.

이 두 구절에서 바오로는 당시 라삐들이 활용하던 성경 해석 방법 중에서, 그들이 칼-와호메르(*qal-wahōmer*, 히브리어, '가벼운 것과 무거운 것')라고 불렀고 후대의 서구 전통에서 a minori ad maius(라틴어, '더 작은 것에서부터 더 큰 것으로')라고 부른 방법을 사용한다. 이 방법의 특성은 두 문장(진술)을 비교하면서, 뒤에 나오는 문장에 '(하물며) 더욱(*pollō mallon*)'이라는 표현을 덧붙이는 것이다.[157] 병행을 이루는 두 구절에서, 의화의 관점(9절)에서든 화해의 관점(10절)에서든 결국 강조되는 것은 "구원을 받게 될 것이다(*sōthēsometha*)"라는 확신이다. 하느님께서 과거에 이미 매우 어려운 일인, 그럴 자격이 없는 죄인(불경한 이)이었던 우리를 의롭게 하시고 당신과 화해시켜 주셨다면, 이제 당신과 그런 관계를 맺고 있는 우리를 미래의 종말론적 진노에서 구원해 주실 것은 더욱(*pollō mallon*) 분명하다는 것이다.

5,9: "이제 그분의 피로 의롭게 된 우리가 그분을 통하여 하느님의 진노에서 구원을 받게 되리라는 것은 더욱 분명합니다."

이 구절은 1,18-3,20 단원에서 바오로가 전개한 내용과 "닥쳐오는 진노에서 우리를 구해 주실 예수님께서…"(1테살 1,10)의 표현을 연상시킨다. 유념해서 볼 것은 9절에서 그리스도 신자들에게 '의화'[158]는 이미 이루어진 과거의 일로 표현하고(1절 시작에서도 그랬음), '구원'은 미래의 일로 표현한다는 점이다(10,9.13; 11,14.26 참조). 여기서 말하는 구원은 죄와 죽음을 뒤로하고 하느님의 심판을 거친 후에 받게 되는 최종적(종말론

---

157 유다인들이 사용하던 성경 해석 방법, 예를 들면 힐렐의 규칙들(Middoth of Hillel)에 관하여 H. L. Strack, *Introduction to Talmud and Midrash*, New York: Ateneum, 1980, pp. 93-94 참조. 힐렐의 규칙들 가운데 첫째가 칼-와호메르(*Qal-wahōmer*)이고, 둘째 방법이 게제라 샤와(*Gezerah Shawah*)이다. 신약성경에 사용된 유다교의 주석(논증) 방법에 관하여는 구체적 예를 제시하는 교황청 성서위원회, 《그리스도교 성경 안의 유다 민족과 그 성서》, 한국천주교주교회의 옮김, 한국천주교중앙협의회, 2010년, 38-43쪽 참조.

158 가톨릭교회가 '의화義化'라고 부르는 용어를 개신교회는 '의롭다고 부른다'는 의미에서 '칭의稱義'라고 부르는 게 일반적이나, 가끔 '의롭다고 인정한다'는 뜻에서 '의인義認'이라고도 부른다.

적) 구원을 뜻한다. 그 구원은 그리스도 사건, 곧 그분의 죽음과 부활 이후 이미 시작되었다. 이 점은 바오로가 교의 단원의 주제문에 속한 1,16("복음은 믿는 이면 누구에게나 구원을 가져다주는 하느님의 힘이다")에서 선포한 바 있다. 바오로에 의하면 복음이 선포되고, 그 복음을 믿음으로 받아들이는 사람들에게는 '구원으로 이끄는 힘'이 이미 작용하기 시작한 것이다. 그러나 이렇게 '이미' 시작된 구원은 '아직' 완성되지 않았다.

그런데 비교적 드물게 바오로가 구원을 과거의 일로 표현하기도 한다. 8,24("우리는 희망으로 구원을 받았습니다")이 대표적 예이다. 하지만 이 구절에서도 구원은 아직 완성된 것이 아니다. 왜냐하면 8,24의 가까운 맥락(특히 23절)은 "성령을 첫 선물로 받은" 그리스도 신자들도 현실의 고난 속에서 탄식하고 있다고 말하기 때문이다.[159] 한편, 드문 일이지만 바오로가 의화를 미래의 일로 표현할 때도 있다. 예컨대 갈라 5,5("우리는 성령을 통하며 믿음으로 의로워지기를 간절히 희망합니다")이 그러하다. '하느님의 진노'에 관하여는 1,18의 해설을 찾조하라.

5,10-11: "우리가 … 그분 아드님의 죽음으로 그분과 화해하게 되었다면, 화해가 이루어진 지금 그 아드님의 생명으로 구원을 받게 되리라는 것은 더욱 분명합니다. … 우리는 또한 우리 주 예수 그리스도를 통하여 하느님을 자랑합니다. 이 그리스도를 통하여 이제 화해가 이루어진 것입니다."

---

[159] 이 밖에 '구원'이 과거 시제로 표현된 예로 다음 구절을 더 들 수 있다. "여러분은 믿음을 통하여 은총으로 구원을 받았습니다"(에페 2,8. 현재완료 수동태 분사가 사용되었음); "그러나 우리 구원자이신 하느님의 호의와 인간애가 드러난 그때, 하느님께서 우리를 구원해 주셨습니다. 우리가 한 의로운 일 때문이 아니라 당신 자비에 따라, 성령을 통하여 거듭나고 새로워지도록 물로 씻어 구원하신 것입니다"(티토 3,4-5).

여기에서 바오로는 '화해'에 대하여 말하는데, 이는 1절에서 하느님을 향한 평화에 대하여 말한 것을 다른 식으로 표현한 것이다. 그런데 하느님과의 관계에서 이루어지는 화해도 그리스도의 죽음을 통해 하느님께 선사받은 것이다. 이 점은 11절 끝 문장에[160] 정확히 표현되어 있다.

11절은 이 단락(5,1-11) 앞에 나왔던 주요 요소를 반복하면서 마무리한다.

- 자랑하다(즐거워하다)(2절과 3절),
- 하느님을 향한 평화(1절)의 다른 표현인 하느님과의 화해(10절),
- 이 자랑, 평화, 화해가 "우리 주 예수 그리스도를 통하여"(1절, 2절, 6-8절, 9절, 10절) 선사된다.

5,1-11의 맥락에서 바오로가 의화(1절, 9절)와 함께 화해(화목)에 대하여 말하는 점에 주의를 기울일 필요가 있다. 속죄, 속량(구속), 의화, 화해는 모두 예수 그리스도의 죽음을 통하여 이루어진 것으로 서로 구별은 되지만 분리할 수 없도록 연결되어 있다. 그 가운데 '화해'라는 주제야말로, 인류에게 구원의 결과를 가져온 그리스도 사건의 근본적인 출발점이 인류를 향한 하느님의 사랑에 있다는 것을 가장 잘 드러내는 것 같다. 의화는 근본적으로 '하느님의 심판'을 배경에 둔 법정 용어이고, 속량은 종살이라는 사회제도를 배경으로 하며, 속죄는 희생 제물을 바치는 제사를 배경에 깔고 있다. 이들에 비추어 화해는 뒤틀려 있거나 끊어져 있던 관계의 회복을 말하기에, 현대인들이 그리스도 사건의 은혜로움을 깊게 이해하는 데 큰 도움을 준다. 속죄, 속량, 의화라는 용어

---

[160] "화해가 이루어진 것입니다"라고 번역된 부분을 직역하면 "화해를 받았습니다"이다.

보다 더 친근한 주제라고 볼 수 있다.[161] 하느님께서 그리스도를 통해 인간을 의롭게 해 주신다고 할 때, 그 의화 또는 의르움(정의)이 지닌 은 총적 성격은 '화해'에 관한 말씀을 통해 더 강조된다. 요제프 라칭거(전임 교황 베네딕토 16세)는 오래 전에 쓴 글에서 이 점을 명료하게 말한다. 내용이 중요하기 때문에 좀 길게 인용한다.[162] 아울러 페터 슈툴마허가 의화(칭의)와 화해의 관계에 대하여 말하는 내용도 매우 좋아서 아래에 인용한다.[163]

---

161 '화해'와 관련하여 2코린 5,14-21의 맥락에 나오는 다음 말씀은 매우 중요하다. "이 모든 것은 그리스도를 통하여 우리를 당신과 화해하게 하시고 또 우리에게 화해의 직분을 맡기신 하느님에게서 옵니다. 곧 하느님께서는 그리스도 안에서 세상을 당신과 화해하게 하시면서, 사람들에게 그들의 잘못을 따지지 않으시고 우리에게 화해의 말씀을 맡기셨습니다"(2코린 5,18-19). 2코린 5,11-21에 의하면, 바오로가 수행하는 새 계약의 사도직은 무엇보다도 '화해에 봉사하는 사도직'이다. 그 밖에 의화와 속죄의 관련성에 관해서는 3,25(21-26), 의화와 화해의 관련성에 관해서는 5,6-11 참조.
162 요셉 라칭어, 《그리스도 신앙-어제와 오늘》, 장익 옮김, 분도출판사, 2007년 신정판, 284-286(특히 285)쪽. 인용문 중에 '정의' 옆에 삽입한 '의로움'이라는 말, 줄 바꿈, 밑줄, 굵은 글씨 등은 필자가 강조하기 위해 덧붙인 표시다.
163 페터 슈툴마허, 《로마서 주석》(독일어 신약성경 주석총서 제6권), 장흥길 옮김, 장로회신학대학출판부, 2002년, 148-149쪽. 줄 바꿈 및 밑줄 굵은 글씨 등은 필자가 강조하기 위해 덧붙인 표시다.

보충 설명: 의화와 화해에 관한 요셉 라칭어의 견해

본시오 빌라도 통치 아래서 고난을 받으시고
십자가에 못 박혀 돌아가시고 묻히셨으며

정의(의로움)와 은혜
예수를 그리스도로 고백하는 신앙 안에서 십자가는 어떠한 위치를 차지하는가. 이 신앙 개조信仰個條는 이 문제를 우리에게 다시 제기한다. … 이 문제에 있어 그리스도교계의 통념은 앞서 다른 테두리에서 그 기조를 본 켄터베리 안셀무스의 보속신학補贖神學이 한 걸음 퇴화된 속물에 물들어 있다. 많은 그리스도인과 특히 신앙을 멀리서만 아는 이들에게는 십자가는 마치 모독당하고 다시 회복된 정의 구조 안에서만 이해될 수 있는 것으로 보인다. 십자가는 하느님의 무한히 모독된 정의正義가 하나의 무한한 보속으로 다시 화해를 찾은 형태라고들 생각한다. … 신이 강요하는 듯한 '무한한 보속'이 이중으로 섬뜩한 각도에서 나타난다. 어떤 신심서적들을 보면 십자가에 대한 그리스도 신앙이 가차없는 정의 때문에 한 인간의 희생, 그것도 자기 아들의 희생을 요구한 신상神像을 그려 주고 있다. 사랑의 복음을 믿을 수 없게 하는 그런 정의에 우리는 소스라쳐 얼굴을 돌리게 된다.
 이런 관념이 아무리 보편적이라 할지라도 그릇되었음은 마찬가지다. 성경에는 십자가가 모독된 정의 구조의 작용으로 나타나 있지 않다. 그와는 정반대로 성경에는 십자가가 자신을 남김없이 주는 사랑의 철저성의 구현으로 … 나타나 있다. 유심히 보면 성경의 십자가 신학에는 비그리스도 종교사의 보속 관념과 구원 관념에 비해 하나의 혁명이 표명되고 있다.

세계 대종교大宗敎들의 경우 보속이라고 하면 보통 무너진 대신對神 관계를 인간의 속죄 행위로써 도로 수립함을 말한다. 거의 모든 종교에 속죄의 문제가 중심이 되어 있다. 이것은 신 앞에 서 있는 인간의 죄의식에서 종교가 우러나오기 때문이고, 종교가 이 죄책감에서 벗어나고 신에게 바치는 속죄 행위로써 죄를 극복하려는 시도를 뜻하기 때문이다. 신과 화해하고 그의 호의를 얻으려는 속죄 행위가 종교사의 중추를 이루고 있다.

신약의 경우는 이와 거의 정반대인 듯하다. 인간이 신에게 나아가서 속죄의 제물을 바치는 것이 아니라 신이 인간에게로 와서 인간에게 베푸는 것이다. 신은 그의 사랑의 힘으로 솔선하여 창조적 자비를 통해 불의의 인간을 의화義化하고 죽었던 자를 되살림으로써 <u>침해된 정의를 스스로 바로 잡아 주는 것</u>이다. 그의 정의(의로움)는 은혜다. 비뚤어진 인간을 심판(richten)하는 정의, 곧 곧게 하고 바로잡는 능동적 정의다. 이것이 바로 그리스도교가 종교사에 기여한 전환이다.

신약은 인간이 잘못했기 때문에 마땅히 신을 화해시켜야 한다고 가르치지 않는다. 오히려 "하느님께서는 그리스도 안에서 세상을 당신과 화해하게 하셨다"(2코린 5,19)고 한다. 이것이야말로 고금에 없던 새로운 말이다. 이것이 그리스도적 실존의 출발점이며 <u>신약적 십자가 신학의 중심</u>이다. 하느님은 <u>죄인들이 찾아와 화해를 구하기를 기</u>

다리지 않고 먼저 그들을 마중 나가 화해한다. 여기에 강생(人化)과 십자가의 참된 향방이 있다.

보충 설명: 칭의稱義와 화해의 관계에 관한 페터 슈툴마허의 견해

바울의 경우 칭의와 화해는 불가분으로 공속共屬되어 있다. 고린도후서 5장 14-21절에서처럼 로마서 5장 1-11절에서도 속죄 말씀과 칭의 말씀 그리고 화해 말씀은 솔기 없이 서로 엉켜 있다.

피조물에 대한 하나님의 사랑으로부터
하나님 스스로 원하셨고
예수께서 순종하심으로 응하셨던,
하나님의 아들의 십자가 죽음에 내어줌이
칭의의 유일한 근거가 되는 속죄 사건이다(롬 3,25-26; 5,8-9; 8,3).

하나님께서 죄를 알지 못하는, 당신 아들을 친히 우리를 위해 '죄로' 삼으셨던 것은 우리가 그로 말미암아 하나님의 의에 참여하게 하기 위함이었다(고후 5,21). 헬라어 구약성경(LXX)에서 죄 때문에 드려진 속죄 제물이 때때로 전문적인 제의 용어로 간단하고 짧게 '죄'라고 일컬어졌기 때문에(레위 4,21.24 참조), 고후 5장 21절은 하나님께서 그리스도를 우리를 위해, '속죄 제물'로 삼으셨다는 것을 의미하며, 로마서 8장 3절은 이것을 입증해 준다.

예수의 피는 경건하지 않은 죄인을 위한 무한히 가치 있는 속죄 수단이다(고전 6,20; 로마 3,25; 5,9). <u>그리스도 안에서</u> 그리스도로 말미암은 <u>하나님</u>의 속죄 행위는 칭의를 위한 역사적인 법적 근거를 세운다.

화해는 칭의와 결합되어 있는 하나님의 은총이며 현재적인 구원 획득이다(롬 5,11; 고후 5,20-6,2). 그것도 인격적인 면에서 그렇다. 즉 하나님은 자신의 편에서 죄인과 하나님 사이에 놓여 있는 원수됨을 극복하시고 끝내셨다. 하나님은 그리스도를 통해 자신과 화해한 자들과 '화평'(평화)의 관계를 맺으셨다(롬 5,1; 엡 2,13-16). 그러니까 하나님은 자유로운 뜻과 자유로운 은혜로부터 속죄를 이루시고, 칭의를 약속하시며 화해를 세우신 분이다. 로마 11,15,32와 콜로 1,19-20은 하나님의 화해 행위가 우주적인 차원을 갖는다는 것을 알게 해 준다. …

교회의 교리 전통이 오늘날에 이르기까지 ① <u>그리스도의 피로 말미암은, 하나님의 진노를 가라앉히는 것</u>에 관해 달하거니와 또는 ② <u>죄로 말미암아 위엄이 손상된</u> 하나님에게 <u>예수의 희생 제사적 죽음을 통해</u> 일어난 어떤 명예 회복을 말하기는 하지만, 사도 바울의 속죄 본문이나 화해 본문은 이것에 대해 <u>아직 언급하지 않는다</u>. 바울에게 화해에 관한 말씀이 얼마나 높은 구절 가치를 가지는가를 고후 5,18에서 그리스도를 통해 자신에게 맡겨진 사도적인 선포 직분을 화

> 해의 직책(직무)으로 부른다는 사실이 보여 준다. 이런 직분은 모세가
> 옛 언약에서 행했던 죽음의 직분이나 정죄의 직분에 대하여 영의 직
> 분과 의의 직분으로 서 있는 것이다.

나는 위의 긴 인용문에서 라칭거와 슈툴마허가 잘못된 견해라고 함께 지적한 다음 내용을 인정한다. 즉, 그리스도의 십자가를 '손상된 정의를 회복시키기 위해 하느님께서 아드님에게 요구한 희생 제물'로 보는 견해는, 잔혹한 신상을 불러일으키는 것으로 잘못된 것이다. 그리스도의 십자가는 인류에 대한 '그리스도의 사랑'을 드러낸 최고의 표현이며 동시에 그리스도를 통한 '하느님의 사랑'을 최고로 표현한 것이다.

그러나 다음 내용도 인정해야 바오로의 말씀을 올바로 이해하는 것이라고 생각한다. 즉 바오로가 그리스도의 십자가에서 그리스도와 하느님의 사랑이 최고로 표현되었다고 본 것은 사실이다. 하지만 인류의 죄에 대한 '하느님의 진노'에 대하여도 분명히 말하였다. 그 예로 로마 1,18; 5,9("하느님의 진노에서 구원을 받을 것이다."), 1테살 1,10("닥쳐오는 진노에서 우리를 구해 주실 예수님"), 그 밖에 행실에 따른 하느님의 심판 또는 그리스도의 심판에 관한 말씀들을 들 수 있다.

바오로는 인류와 하느님의 관계가 손상되고 깨져 있다는 점(3,23; 1,18-3,20; 5,12-21)을 인정하고, 죄의 무서운 힘과 하느님에게서 떠나 있는 인간이 처한 '비非구원적 상태'의 심각성을 자각하는 것이 필요하다고 역설한다. 손상된 정의(의로움)는 분명히 회복되어야 한다. 강조되어

야 할 점은 그것이 회복되는 방법이다. 인간이 먼저 하느님께 희생 제물을 드려야 하는 방식이 아니라, 하느님께서 먼저 인간에게 은총으로 화해하도록 마련해 주셨다는 점이다. 이 은총을 받는 길이, 바오로에 따르면 '믿음'이다.

5,1-11의 해설을 마치며

이 단락에서 내 마음에 가장 깊게 새겨진 말씀은 5절이다. "그리고 희망은 우리를 부끄럽게 하지 않습니다. 우리가 받은 성령을 통하여 하느님의 사랑이 우리 마음에 부어졌기 때문입니다." 이 말씀은 마치 뜨거운 여름날 바짝 말라 있는 스펀지에 시원한 샘물이 부어지는 장면을 연상시킨다. 갖가지 죄로 바짝 메말라 있던 우리 마음속에 하느님께서 성령을 통해 '당신의 사랑'이라는 시원한 샘물을 흠뻑 부어 주셨다는 소식이야말로 얼마나 기쁜 소식이고 희망찬 소식인가! 동시에 이 말씀은 그리스도의 죽음을 통한 은총이 그토록 크고, 그분에 대한 믿음이 그토록 중요하다는 것을 강조한다. 바오로가 한 말은 아니지만, 다음 말씀도 5,5을 깊이 이해하는 데 도움이 된다. "목마른 사람은 다 나에게 와서 마셔라. 나를 믿는 사람은 성경 말씀대로 '그 속에서부터 생수의 강들이 흘러나올 것이다'"(요한 7,37-38).

2. 아담과 그리스도, 죄와 죽음의 지배와 은총의 지배(5,12-21)

이 단락은 신학자들이 원죄론의 전거典據로 많이 사용하면서 자주 논쟁

거리가 되었다. 그러나 문장이 논리적으로 매끄럽게 진행되지 않기 때문에 바오로의 깊은 생각을 따라잡기가 매우 힘들다. 나는 성경 주석적 관점에서 바오로의 의도를 파악하는 데 초점을 맞추겠다. 그리고 지면 관계상 중요한 몇 구절만 해설하겠다.

2.1. 문맥과 구성, 강조점

문법을 살펴보면 5,12-21에서는 앞 단락(5,1-11)에 자주 나왔던 "우리"가 더 이상 사용되지 않는다(다음 단락인 6,1-11에서는 다시 "우리"가 사용된다). 그 대신 "한 사람"(아담 또는 그리스도)[164]과 "모든 이"(또는 "많은 이")라는 표현이 여러 군데 나온다. 이 점을 고찰하면, 이 단락에서는 단지 (믿음으로 의롭게 된) 우리만이 아니라 인류 전체(모든 이)에게 미친 그리스도 사건의 영향(효과)에 대하여 말한다는 점을 알 수 있다.

12절의 시작에 놓인 "그러므로(이 때문에)"라는 말은 이 단락이 바로 앞 단락(1-11절) 또는 앞 문장(11절)과 논리적으로 연결되어 있음을 말하는데, 그 연결점이 독자에게는 잘 보이지 않는다. 그러나 앞에서 말한 문법 사항을 중시하여 연결점을 찾아보면, 이 단락은 5,1-11의 내용이 가능하게 된 조건에 대하여 말한다고 볼 수 있다. 즉 앞(5,1-11)에서 바오로는 "그리스도를 믿는 우리"가 은총의 상태를 누리게 되었다고 말했는데, 이는 (12-21절에서 말하는) 인류 전체에게 주어진 그리스도 사건의 효과(결과) 때문에 가능하게 되었다고 설명하는 것이다.

구성: 이 단락(5,12-21)은 12-14절, 15-17절, 18-21절의 세 부분으로

---

[164] '한 사람'이라는 표현이 5,12-21에 무려 열두 번이나 나온다.

구성되어 있다고 볼 수 있다. 12ㄷ-14절에서 모세의 율법이 있기 전에도 죄가 있었고, 그 결과로 죽음도 있었다고 설명한다. 14절 끝에서 "아담은 장차 오실 분의 예형입니다"라는 말로써 아담과 그리스도의 관계가 소개된 다음, 15-17절에서는 먼저 그 '차이점'이 강조된다. 여기에 그리스어 ei … pollō mallon(만일 …하다면, (하물며) 더욱 …하다) 구문이 두 번(15절과 17절), ouch hōs(…같지 않듯이)가 두 번 나온다. 이는 강조점이 유사성보다 차이점에 있다는 것을 암시한다.

18-21절에서는 한 사람이 전체(모든 사람/ 많은 이)에 영향을 미친다는 점에서 아담과 그리스도의 유사점을 소개한다. 그렇지만 아담과 그리스도의 분명한 대조는 계속된다. 18절과 19절, 21절에는 매 구절 똑같은 그리스어 구문 hōsper(hōs) … houtōs kai(…하는 것처럼, 이렇게 또한, 영어의 just as … so also)가 나온다. 이와 거의 비슷한 구문(hōsper … kai houtōs)이 12절에도 나오지만, 문장이 완결되어 있지 않다. 12절에서 단절된 내용은 18절에 가서야 비로소 완결된다. 그리고 앞 단락(5,1-11)의 9절과 10절에 나왔던 ei … pollō mallon의 구문이 이 단락의 15절과 17절에 다시 쓰인다.

이렇게 바오로는 이 단락에서 아담-그리스도 예형론을 전개할 때도 같은 구문을 사용하여, 자신이 아담과 그리스도 사이의 유사성뿐 아니라 차이점도 말하려고 한다는 의도를 드러낸다.[165] 그는 예수 그리스도의 효과(은총, 의로움, 생명)가 아담의 효과(죄와 죽음)를 능가하고도 남을 정도로 풍요롭다는 것을 강조하려고 한다.

---

[165] 그리스어 구문 hōsper … houtōs kai(…하듯이 … 또한 이렇게 …)에서 강조점은 houtōs kai 이하 문장의 내용에 놓여 있다.

강조점: 전체적으로 보아 이 대목에서 바오로가 강조하는 것은 '그리스도를 통한 은총의 힘'이다. 그 힘은 죄와 죽음의 힘보다 비교할 수 없이 더 크다는 것이다. 이 단락의 핵심 메시지는 다섯 번이나 사용되는 '지배하다(다스리다, basileuō)' 동사를 보면 분명해진다. 14절에서는 죽음의 지배에 대하여 말한다("아담부터 모세까지는 죽음이 지배하였습니다"). 그리고 시작 구절(12절)에 나오는 "죄가 세상에 들어왔고 … 모든 사람에게 죽음이 미치게 되었습니다"는 말도 결국 죽음의 지배에 대하여 말하는 것이나 마찬가지다. 17절에서도 죽음의 지배에 대하여 말하는데, 여기서는 은총과 의로움의 선물을 충만히 받은 이들의 지배와 대조되어 있다. 그리고 끝 구절(21절)은 12절에서 시작한 내용을 전체적으로 종합한다고 볼 수 있는데, 거기에 나오는 여러 수식구를 제외하고 보면 결국 죽음을 통한 죄의 지배와 예수 그리스도를 통한 은총의 지배를 대조하고 있다. 즉 바오로는 '그리스도를 통한 은총의 지배'가 (아담으로 상징된 그리스도 이전의 인류를 지배한) '죽음을 통한 죄의 지배'보다 훨씬 더 강하다는 것을 줄곧 강조하는 것이다.

2.2. 구절 해설

5,12: "그러므로 한 사람을 통하여 죄가 세상에 들어왔고
　　　　죄를 통하여 죽음이 들어왔듯이
　　　　또한 이렇게
　　　　모두 죄를 지었으므로
　　　　모든 사람에게 죽음이 미치게 되었습니다."[166]

그리스어 원문에서 이 구절은 완결되지 않은 문장이다. 귀결문이 시작되었지만(kai houtōs, "또한 이렇게"), 앞 문장("…하듯이", hōsper 이하의 문장)에 상응하는 내용이 나오지 않는다. 12절에서 기대되는 귀결문은 다음과 유사한 문장일 것이다. "한 사람 그리스도를 통하여 생명이 모든 사람에게 미치게 되었습니다." 사실 이 내용은 18ㄴ절의 다음 문장에 표현되어 있다. "한 사람의 의로운 행위로 모든 사람이 의롭게 되어 생명을 받습니다."

12절의 배경에는 분명히 창세 2-3장의 이야기가 전제되어 있다. 이 이야기에 의하면 첫 인간은 하느님의 은총으로 죽지 않을 가능성을 가졌으나, 하느님의 지시(계명)를 어겨(창세 2,16-17과 3,17을 비교) 즉 죄를 범함으로써 하느님께서 마련해 주셨던 '생명의 세계'인 낙원에서 쫓겨나 죽는 존재가 되었다(창세 3,19; 5,5 참조). 바오로의 글처럼 창세 3장에는 "한 사람을 통하여 죄가 세상에 들어왔고, 죄를 통하여 죽음이 들어왔다"는 내용이 들어 있다.

5,12ㄱ: "한 사람을 통하여 죄가 세상에 들어왔고"

여기서 '죄'는 의인화된 악한 세력, 하느님께 적대적이며 인간을 하느님에게서 떼어 놓는 세력으로 묘사된다. 한편, 지혜 2,24에는 "악마의 시기로 세상에 죽음이 들어"왔다고 서술된다.

---

166 5,12이 신학적으로 중요하기에, 그리스어 원문의 구조를 반영한 영문 음역을 제시한다.

dia touto hōsper di'henos anthrōpou he hamartia eis ton kosmon eisēlthen
    kai dia tēs hamartias ho thanatos,
    kai houtōs eis pantas anthrōpous, ho thanatos diēthen,
    eph' hō pantes hēmarton.

앞에서 보았듯이 이 단락의 한편에서는 죽음의 지배에 대하여 말하고 다른 한편에서는 은총의 지배에 대하여 말한다. 그런데 죽음의 지배는 내용적으로 '죄의 지배'나 마찬가지다. 죽음은 죄로 말미암아 생겨난 것이기 때문이다(12ㄴ절).

5,12ㄹ: "모두에게 죽음이 미치게 되었습니다"

나는 5,12 이하에서 말하는 '죄와 죽음의 지배'가, 똑같지는 않지만 창세 1-11장의 원역사에서도 읽어 볼 수 있는 내용이라고 생각한다. 창세기의 원역사도 죄의 지배에 대하여 말하고 있다(물론, 죄의 지배에도 불구하고 하느님께서 베푸시는 자비의 손길에 대하여도 강조한다).

창세 1-2장에는 조화와 질서를 갖춘 원래의 아름다운 세상과 인간의 모습이 묘사된다. 그러나 인간이 하느님의 돌보심을 저버리고 순종하지 않음으로써, 즉 죄를 지음으로써 깨어지기 시작한다(창세 3장). 땅까지도 인간의 죄 때문에 저주를 받는다(창세 3,17). 죄를 지은 후, 즉 하느님과 인간 사이의 관계가 깨어지자, 인간 서로서로의 관계도 깨어져 나간다. 하와를 보고 "내 뼈에서 나온 뼈요 내 살에서 나온 살이로구나!" 하며 환호하던 아담이, 죄를 지은 후에는 하와에게 탓을 전가한다(창세 2,23과 3,12을 비교). 그리고 아담과 하와의 죄에 이어서, 형이 무죄한 아우 아벨을 죽이는 끔찍한 죄가 발생한다. 그리고 죄는 점점 증가하여 세상에 만연하게 된다(창세 6,5-6,11-12). 이 이야기는 인간 자신의 존귀함과 조화된 인간 상호의 삶은 처음부터 창조주와의 올바른 관계를 전제하고 있음을 분명히 말해 준다.[167]

---

167 김영남, "성서적 관점에서 본 '폭력의 길'과 '생명의 길'", 〈성서사도직 회보〉 16호(2003

5,12ㄷ: "모두 죄를 지었으므로"

여기서 중요한 문제가 제기된다. "모두 죄를 지었으므로"라는 위의 번역에서처럼 12절의 그리스어 에프 호(*eph' hō*)를 이유를 나타내는 접속사로 볼 수 있다고 인정하더라도, 5,12-21에서 말하는 죄가 개개인이 구체적으로 짓는 죄(가톨릭교회의 용어로 '본죄')일 뿐인가, 아니면 다른 차원의 죄(가톨릭교회에서 말하는 '원죄')이기도 한가이다. 결론부터 말하자면, 다른 차원의 죄에 대하여도 말하는 것이 분명하다. 여러 가지 이유 가운데 가장 분명한 것 한 가지를 제시하면 다음과 같다. 15-19절에서 바오로는 '한 사람'의 범죄 또는 불순종이 '모든 사람'(또는 '많은 사람')에게 죽음, 심판, 유죄 판결을 가져왔다는 것을 여러 번 강조한다(물론 전체적으로는 그리스도를 통한 은총의 결과와 대비하려는 독적이지만). 이 구절들은 분명히 아담의 죄에 후대의 모든(많은) 인간이 얽혀 들어가 있다고 바오로가 생각했음을 보여 준다. 사실 12절의 에프 호(*eph' hō*)는 고대 라틴어 번역본에서 in quo라고 번역되었듯이 "그 사람(아담) 안에서"라고 번역될 수 있는 단어다.

원죄론과 관련하여 훌륭한 글을 하나 인용한다. "원죄에 관해 말을 한다는 것부터가 그 어떤 인간도 영점[168]에서, '완전한 상태'status integritatis(역사에 전혀 감염되지 않은 상태)에서 출발할 수 없음을 의미한다"(요셉 라칭어, 《그리스도 신앙-어제와 오늘》, 신정판 252쪽, 초판 195쪽). 인간은 누구나 이 세상에 태어날 때에 이미 주어진 조건 속에 태어나기 마련이다. 그런데 그 조건이 '세상의 죄'로 이미 오염되어 있다. 대부분

년), 10-26쪽.
[168] 零點(Nullpunkt, Zero).

의 사람들은 죄로 오염된 이 세상에 살면서 본인도 죄를 지어 (후대의) 다른 사람들에게 죄로 더 오염된 조건을 지닌 세상을 남겨놓고 떠난다. 소수의 사람만이 세상의 죄를 줄여 놓고 세상을 떠난다.

그러나 신약성경의 메시지는 '운명론'이 아니다. 죄를 지을 수밖에 없는 운명이라 생각하고 체념하라고 요청하지 않는다. 오히려 정반대이다. 신약성경 특히 바오로 사도의 서간은 세상의 죄, 물려받은 죄가 너무 많다고 주저하지 말고, 죄와 죽음의 세력을 와해시킨 그리스도의 '능력', 그분 은총의 힘(다스림)을 믿으라고 초대한다. 원죄론은 근본적으로 인간에게 미치는 죄와 죽음의 힘이 크지만, 그것이 아무리 크다 하더라도 '그리스도의 은총'의 힘을 누르지 못한다는 가르침이라고 볼 수 있다. 사실 바오로는 "여러분은 율법 아래 있지 않고 은총 아래 있습니다"(6,14)라고 선언하는데 이 말을 5,12-21의 대목에 미리 적용하여 표현하면 다음과 같은 메시지가 나온다. "여러분은 죄와 죽음의 [지배] 아래 있지 않고 은총의 지배 아래 있습니다."

보충 설명: 5,12ㄷ에 나오는 그리스어 에프 호(*eph' hō*)의 해석 문제

5,12ㄷ의 번역문에서 "~므로"에 해당하는 그리스어 에프 호(*eph' hō*)에 대한 해석은 원죄론과 연관하여 무척 많이 토론된다(피츠마이어 신부는 로마서 주석서에서 이 단어의 의미에 관한 학자들의 견해를 무려 열한 가지나 소개한다[169]). 그리스어 문법으로 보면 *eph' hō*는 전치사 에

---

[169] J. A. Fitzmyer, *Romans*, pp. 413-417.

피(*epi*)와 남성/ 중성 단수 3격 관계대명사인 호(*hō*)의 결합이다. 영어로 있는 그대로 번역한다면 'on/ in whom' 또는 'or./ in which'가 된다. 사실 고대 라틴어 사본과 불가타 번역에서는 in quo(영어의 in whom 또는 in which)로 옮겼다. 여기서 관계대명사의 선행사를 12절 앞에 언급된 '한 사람' 곧 아담[170]으로 볼 경우에, 에프 호 판테스 헤마르톤(*eph' hō pantes hēmarton*)이라는 문장은 "그 사람(아담) 안에서 모두가 죄를 지었다"고 해석된다. 사실 이 해석이 아우구스티노 이래로 서방 교회에서 주류를 이루었다.

그러나 그리스어 문법에서 이 해석의 문제점이 여러 가지로 제기되었다. 그중의 하나가 바오로가 정말 '아담 안에서'라는 의미로 표현하려고 했다면 전치사 *epi*가 아니라 *en*을 사용했을 것이라는 점이다. 사실 1코린 15,22에는 "아담 안에서(*en Adam*) 모든 이가 죽듯이"라는 표현이 나온다. 또 그리스어 원문에서 *eph' hō*에 나오는 *hō*를 관계대명사로 볼 경우, 선행사가 12절 안에서 너무나 멀리 떨어져 있다는 점도 문제로 지적된다.

여러 견해가 있지만 현대의 많은 주석학자들은 에프 호(*eph' hō*) 자체를 이유를 나타내는 접속사의 하나(… 때문에, …하였으므로)로 해석하는 것을 선호한다.[171] 사실 2코린 5,4와 필리 3,12에서 바오로는

---

[170] 아담이라는 말이 직접 언급되어 있지 않지만, 문맥을 보면 이 '한 사람'이 아담을 의미하는 것은 분명하다.
[171] 몇 명만 열거하면 다음과 같다. Barrett, Bruce, Bultmann, Byrne, Cranfield, Dodd, Dunn, Huby, Käsemann, Kuss, Lagrange, Michel, Moo, Murray, Pesch, Prat, Sanday & Headlam, Schlier, Wilckens.

*eph' hō*를 이유를 나타내는 접속사의 의미로 사용하고 있다고 볼 수 있다. 그런데 피츠마이어는 대다수의 현대 주석학자들과 달리 이 단어를 결과를 나타내는 접속사로 이해하고 "…한 결과로(with the result that), 그래서(so that)"라고 번역한다(*Roman*, p. 416). 그에 의하면 5,12 ㄷㄹ은 다음과 같이 번역된다.[172] "그러므로 한 사람을 통하여 죄가

---

[172] 사실 피츠마이어도 과거에는 5,12에 나오는 그리스어 에프호(*eph' hō*)를 대다수 다른 학자들의 해석에 따라 이유를 나타내는 접속사로 해석하였으나 앵커 바이블(Anchor Bible) 시리즈의 로마서 주석서를 집필하면서 이에 관하여 더 자세히 연구할 필요성을 크게 느끼고 다음 논문을 발표하였다. J. A. Fitzmyer, "The Consecutive Meaning of ΕΦ'Ω in Romans 5,12", *New Testament Studies* 39(1993), pp. 321-339. 이 논문에 예로 제시된 여러 그리스 고전 문헌과 그 영문 번역문에 의하면, 피츠마이어는 그리스어 *eph' hō*를 분명히 '그 결과로' 또는 '그래서'의 의미로 이해하였다. 즉 피츠마이어에게 12절의 "모든 이가 죄를 지었다"는 문장은 그 앞에서 언급된 내용('아담의 죄'와 그를 통한 죽음의 세상 진입과 그 확산)의 결과를 의미한다.

피츠마이어는 위의 언어학적(문법적) 연구를 바탕으로 5,12와 관련하여 다음과 같이 해석한다. "만일 그리스어 에프호(*eph' hō*) 절이 아담이 지은 죄의 결과를 표현한다면, 이는 인간 행위의 보편적 죄스러움을 주장하는 것으로 보인다. … 이렇게 바오로는 12절에서 인간의 죽음과 죄의 원인을 두 가지, 곧 '아담'과 '모든 인간의 행위'에 두는 것 같다. 이렇게 죄 많은 인류의 운명은 궁극적으로 그의 머리인 아담이 (그에게) 행한 것 위에 놓여 있다. (바오로에게) 인간이 처해 있는 죄와 죽을 운명이라는 조건의 일차적 원인 작용은 아담에게 있다. 하지만 '이차적 결과적 원인 작용(a secondary resultant causality)'은 모든 인간의 죄스러운 행위에 있는 것이다"(J. A. Fitzmyer, "The Consecutive Meaning", p. 339). 그러면서 피츠마이어는 번의 다음 글을 인용한다. "아무도 전적으로 혼자 죄를 짓지 않으며, 아무도 인류의 집단적 짐(죄)에 더 보태지 않으면서 죄를 짓지 않는다"(B. Byrne, *Reckoning with Romans: A Contemporary Reading of Paul's Gospel*, Wilmington: DEL: Glazier, 1986, p. 116).

슈라이너도 5,12의 그리스어 에프호(*eph' hō*)를 결과적 의미로 보아야 한다는 피츠마이어의 주장에 동조한다. 하지만 해석은 좀 다르게 한다. 슈라이너는 여러 논거를

세상에 들어왔고 죄를 통하여 죽음이 [들어왔으며], 또한 이렇게 죽음이 모든 인간에게 퍼졌고 그 결과로 모든 이가 죄를 지었듯이, …"173)

나는 5,12의 *eph' hō*를 이유를 나타내는 접속사("… 때문에")로 보는 해석이 가장 설득력이 있다고 생각한다. 그리고 이 견해가 결과를 나타내는 접속사로 보는 해석(피츠마이어와 박영식의 주장)을 배제하는 것도 아니라고 생각한다. 사실 "모두가 죄를 지어"라고 번역할 경우, 이 번역에는 결과로 나타났다는 의미("모두가 죄를 지은 결과로")와 이유를 밝히는 의미("모두가 죄를 지었기 때문에")가 다 포함될 수 있다. 이렇게 볼 경우에는 원죄론과 관련하여 '개인의 책임'이 매우 강조되는 결과가 나온다.

제시하며 5,12ㄷㄹ을 다음과 같은 의미로 해석한다. "아담을 통하여 세상에 들어오는 죽음을 근거로(on the basis of) 모든 사람이 죄를 지었다"(Th. R. Schreiner, *Romans*, Grand Rapids: Baker Academic, 1998, p. 274). 슈라이너가 어떤 의미에서 이런 말을 하는지 다음 글을 보면 알 수 있다. "아담이 지은 죄의 결과로 죽음이 세상이 들어와 모든 사람을 삼켜 버렸다; 모든 사람은 아담의 죄로 말미암아 하느님으로부터 소외되어 영적으로 죽은 세상에 들어간다. 죽음의 상태에 있는 (즉, 하느님께로부터 분리된) 세상에 들어감으로 말미암아 모든 인간이 죄를 짓는다"(앞의 책, pp. 275-276).

한편 박영식은 5,12ㄷㄹ을 다음과 같이 독특하게 번역하였다. "또한 이렇게 죽음은, 모든 이가 죄를 지은 결과, 모든 사람에게 퍼졌듯이, …" (박영식, 로마서, 70쪽). 박영식의 번역에 "결과"라는 말이 들어가 있지만, 이 경우에 "모든 이가 죄를 지었다"는 것은 "죽음이 모든 사람에게 퍼졌다"는 문장의 결과가 아니라 원인이다.

173 앞에서 보았듯이 5,12에서 "…하였듯이"로 시작된 문장은 마무리되지 않았다.

5,13: "사실 율법이 있기 전에도 세상에 죄가 있었지만, 율법이 없어서 죄가 죄로 헤아려지지 않았습니다."

여기서 말하는 '율법'은 14절에 "아담부터 모세까지는"이라는 표현이 나오는 것을 보면 '모세 율법'을 가리키는 것이 분명하다. "율법이 없어서 죄가 죄로 헤아려지지 않았습니다"라는 말은 바오로가 이미 4,15과 3,20에서 말한 것에 상응한다.[174] 모세 율법이 공포되기 전에는, 공포된 법을 어긴다는 의미(범법, 위법)의 죄는 아직 없었다는 것이다. 그리고 "헤아려지지 않았습니다"라는 표현은 천상의 책에 인간의 행실이 기록되어 있다는 유다인의 생각을 전제한다(4,3의 해설 참조).

5,14: "그러나 아담부터 모세까지는, 아담의 범죄와 같은 방식으로 죄를 짓지 않은 자들까지도 죽음이 지배하였습니다."

여기서 "아담의 범죄와 같은 방식으로" 지은 죄란 아담처럼 명백히 주어진 하느님의 계명을 어기는 죄를 의미한다. 그런데 아담부터 모세까지는 아담 같은 방식으로 죄를 짓지 않은 사람들까지도 죽음의 지배를 받았다면(1코린 15,22: "아담 안에서 모든 사람이 죽는 것과 같이" 참조), '이들에게 죽음을 가져온 죄는 도대체 어떤 것일까?' 하는 질문이 제기될 수밖에 없다. 이에 관하여 가톨릭교회는 전통적으로 '아담 안에서 지은 죄'(아담의 죄의 결과)라는 의미의 원죄라고 본다. 원죄는 각 개인이 자유의지로 하느님의 계명을 어긴 죄라는 의미의 본죄와 구분된다.

5,14 끝: "아담은 장차 오실 분의 예형입니다."[175]

---

[174] 4,15: "율법이 없는 곳에는 범법도 없습니다"; 3,20: "율법을 통해서는 죄를 알게 될 따름입니다."

[175] 6,17에 나오는 '표준 가르침'에 관한 각주 참조. 여기에 나오는 그리스어 *typos*는 정확히 번역하기가 어려운 단어이다. 그래서 여러 가지로 번역된다. 5,14("아담은 장차 오

여기서 바오로는 성경 해석의 한 방법인 예형론을 사용한다. 예형론은 성경에 기록된 역사의 테두리 안에서, 하느님께서 세우신 어떤 인물이나 사건 또는 제도를 후대의 어떤 인물이나 사건 또는 제도의 예형像型(미리 보여 준 것, *typos*)으로 해석한다. 바오로는 5,14의 경우 아담을 장차 오실 예수 그리스도의 예형으로 본다. 1코린 10,1-6에서는 이집트 탈출을 예형론적으로 해석한다. 모세를 그리스도의 계형으로, 홍해와 갈대 바다를 세례수의 예형으로 해석한 것이다. 히브리서 저자는 멜키체덱의 사제직을 하느님께서 그리스도의 사제직을 미리 보여 주신 것(예형)으로 해석한다(히브 7장). 예형론에서는 근본적으로 신약을 구약의 완성으로 이해한다.

바오로는 이미 1코린 15,22.45에서 인류의 시조인 아담을 '새 인류의 시작'인 그리스도와 비교하였다. "아담 안에서 모든 사람이 죽는 것과 같이 그리스도 안에서 모든 사람이 살아날 것입니다"(1코린 15,22). "성경에도 이렇게 기록되어 있습니다. '첫 인간 아담이 생명체가 되었다.' 마지막 아담은 생명을 주는 영이 되셨습니다"(1코린 15,45).

5,15-17

5,15ㄴㄷ: "사실 그 한 사람의 범죄로 많은 사람이 죽었지만, 하느님의 은총과 예수 그리스도 한 사람의 은혜로운 선물은 많은 사람에게 충만히 내렸습니다."

5,17: "사실 그 한 사람의 범죄로 그 한 사람을 통하여 죽음이 지배하게 되

실 분의 예형입니다")에서 이 단어를 '예형'이라고 번역하였다. 바오로는 많은 경우에 *typos*를 '본보기/ 모범'이라는 의미로 사용한다(예컨대 1테살 1,7; 2테살 3,9; 필리 3,17; 1코린 10,6).

없지만, 은총과 의로움의 선물을 충만히 받은 이들은 예수 그리스도 한 분을 통하여 생명을 누리며 지배할 것입니다."

앞에서 언급한 예형론적 해석에서 조심해야 할 점은 해당하는 인물이나 사건이 어떤 점에서 '예형'인지를 잘 분별해야 한다는 것이다. 5,12-21의 경우가 대표적인 예다. 아담과 그리스도의 관계는 '인류에게 보편적으로 영향을 주었다는 점'에서는 유사성이 있고(이 점에 관하여는 18-21절에서 본격적으로 다룸) 그런 점에서 아담을 그리스도의 예형이라고 할 수 있지만, 실제 내용에서는 오히려 차이점을 강조한다. 아담을 통해서는 죄가 세상에 들어왔지만, 그리스도를 통해서는 인류에게 은총이 넘쳐흐르게 되었다는 점을 강조하기 때문이다.

아담과 그리스도의 차이점에 대한 강조는 15절과 16절의 서두에 "…과 같지 않고(oux hōs)"라는 표현이 나오고, "…하다면, 〔하물며〕 더욱 더(ei … pollō mallon …)"라는 구문이 15절과 17절에 거듭 사용된다는 점에서 분명히 드러난다. 나는 이런 그리스어 구문의 특성을 살려 다음과 같이 번역하는 것이 위에 제시된 성경의 번역보다 더 좋다고 본다.[176]

5,15ㄴㄷ: "사실 그 한 사람의 범죄로 그 많은 사람이 죽었<u>다면</u>, 하느님의 은총과 한 사람 예수 그리스도의 은총 안에서의 선물은 <u>얼마나 더 많은 이에게 흘러넘쳤겠습니까</u>."

5,17: "사실 그 한 사람의 범죄로, 그 한 사람을 통하여, 죽음이 지배하게 되었<u>다면</u>, 은총과 의로움의 선물을 충만히 받은 이들은 예수 그리스도 그 한 분을 통하여 <u>얼마나 더</u> 생명 안에서 다스리게 되겠습니까."

특히 15절 첫자리에 나오는 "그러나 …과 같지 않고"는 바오로가 14

---

[176] 밑줄 친 부분이 새롭게 시도된 번역이다.

절에서 자신이 말한 내용("아담은 장차 오실 분의 예형입니다")이 오해를 불러일으킬 염려가 있다는 것을 느끼고, 즉시 (앞서 말한 내용을) 보완하여 설명하려고 한다는 점을 분명히 보여 준다. 아담과의 차이점을 강조하는 경향은 12-21절 대목의 마지막 부분(20절)에 나오는 다음 표현에서 절정에 이른다고 볼 수 있다. "그러나 죄가 많아진 그곳에 은총이 충만히 내렸습니다(hypereperisseusen)."

5,18-19

바오로는 12절에서 문장을 완결하지 못하고 끝냈던 내용을 18-19절에서 완성한다. 18절과 19절은 그리스어 hōs/ hōsper ··· houtōs kai 구문을 함께 사용하여 문장 구조가 유사하다. hōs/ hōsper(···처럼)에 딸린 문장은 아담을 특징짓고, houtōs kai(이렇게 또한)에 딸린 문장은 그리스도를 특징짓는다. 아담이 행한 것(범죄, 불순종)과 그리스도가 행한 것(의로운 행위, 순종)이 대조된다.[177] 더 중요한 것은 대조된 그 행위의 결과이다. 아담의 불순종의 범죄로 인해 '모든 사람이 유죄 판결을 받게 되었고', 그리스도의 순종의 의로운 행위로 인해 '모든 사람이 의로운 사람이 될 것이다.'[178]

---

[177] 그리스도의 순종에 관하여는 필리 2,8의 다음 말씀이 매우 중요하다. "(그리스도는) 당신 자신을 낮추시어 죽음에 이르기까지, 십자가 죽음이 이르기까지 순종하셨습니다." 필리 2,6-11의 그리스도 찬가의 전반부는 그리스도의 지상 삶 전체를 하느님 아버지에 대한 '순종'으로 묘사한다.

[178] 5,19에서 바오로가 아담과 그리스도를 대조하면서 동사의 시제를 섬세하게 구분하여 사용했다는 점은 특기할 만하다. 아담의 불순종의 결과와 관련해서는 그리스어 kathistēmi 동사의 아오리스트(단순과거) 시제를 쓰고(katisthēsan), 그리스도의 의로운 순종의 결과와 관련해서는 미래 시제(kathistēsontai)를 쓴다. 이 미래 시제가 세상의 종말(eschaton)만을 가리키는 것은 아니다. '논리적 미래'로 보면 된다. "죄인이 되

보충 설명: 5,15,18-19에 나오는 "모든"과 "많은"의 의미적 상호관계

5,15ㄴㄷ: "사실 그 한 사람의 범죄로 그 <u>많은 사람</u>이 죽었다면, 하느님의 은총과 한 사람 예수 그리스도의 은총 안에서의 선물은 얼마나 더 <u>많은 이</u>에게 흘러넘쳤겠습니까."[179]

5,18-19

18 "그러므로 <u>한 사람</u>의 범죄로 <u>모든 사람</u>이 유죄 판결을 받았듯이,

<u>한 사람</u>의 의로운 행위로 <u>모든 사람</u>이 의롭게 되어 생명을 받습니다.[180]

19 <u>한 사람</u>의 불순종으로 <u>많은 이</u>가 죄인이 되었듯이,

<u>한 사람</u>의 순종으로 <u>많은 이</u>가 의로운 사람이 될 것입니다."

었다" 또는 "의로운 사람이 될 것이다"라는 문장에서 '되게 하다'의 의미로 번역된 그리스어 *kathistēmi* 동사는 본디 '앉히다, 세우다, 임명하다'라는 의미를 가진다. 이 의미를 살려 19절의 "많은 이가 죄인이 되었다"는 문장을 다시 옮기면 "많은 이가 죄인의 상태에 세워졌다"가 된다. 또 "많은 이가 의롭게 될 것이다"를 다시 번역하면 "많은 이가 의로운 이(의인)의 지위에 앉혀질 것이다"가 된다. 하느님의 심판(법정)을 배경으로 한 표현이다.

179 필자가 그리스어 원문을 직역 가깝게 번역한 것임.
180 "의롭게 되어 생명을 받습니다"에 해당하는 그리스어 원문을 직역하면 "생명의 의화義化(*dikaiōsis*)에로"이다.

대다수의 학자는 5,15의 "그 한 사람의 범죄로 많은 사람이 죽었지만"이라는 문장에 나오는 "많은 (사람)(hoi polloi)"은 5,12에서 바오로가 말한 "모든 사람(pantes anthrōpoi)"을 뜻한다고 본다. 15절의 문장은 12절에 나왔던 "한 사람을 통하여 죄가 세상에 들어왔고 … 모든 사람에게 죽음이 미치게 되었습니다"에 상응하는 것이기 때문이다. 또 위에 제시한 5,18-19의 대구對句적 구조를 보면, 바오로가 19절에서 "많은 이"를 18절에 나온 "모든 사람"이라는 의미로 사용한 것이 분명하기 때문이다.[181]

많은 학자가 수용하는 예레미아스의 주장에 의하면, 그리스어 *hoi*

---

[181] J. Jeremias, "polloi", in: *Thologisches Wörterbuch zum Neuen Testament* VI, pp. 536-545, 특히 p. 543; J. A. Fitzmyer, *Romans*, p. 419; C. E. B. Cranfield, *Romans* I, p. 285; U. Wilckens, *Römer* I, p. 322. n. 1075; 페터 슈툴마허, 《로마서 주석》, 장흥길 옮김, 156-157쪽; R. Jewett, *Romans*, (Hermenia-A Critical and Historical Commentary on the Bible), Minneapolis: Fortress Press, 2007, p. 380; 그러나 무(D. J. Moo, *Romans*, p. 336)는 그리스어 "(hoi) polloi"를 포괄적 의미(곧 '모든 이'의 의미)로 해석하는 것은 신중해야 한다고 강조한다. 그도 이 단어가 '모든 이를 의미할 수 있다는 점은 인정한다. 곧 5,15의 조건절에 나오는 "많은 이(hoi polloi)"는 '모든 이'를 뜻한다고 본다. 하지만 그는 5,15의 후반절("하느님의 은총과 한 사람 예수 그리스도의 은총 안에서의 선물은 얼마나 더 많은 이에게 흘러넘쳤겠습니까")에 나오는 "많은 이(hoi polloi)"는 모든 이를 뜻하지 않고, 제한적 의미의 '다수'를 뜻한다고 본다. 그 근거로 무는 바오로가 가까운 맥락인 17절에서 "은총과 의로움의 선물을 충만히 받은 이들"에 대하여 강조한다는 점을 제시한다. 무의 날카로운 지적은 경청할 만하다.

대다수의 학자는 '많은'을 뜻하는 그리스어 *polloi*가 관사와 함께 사용된 경우(*hoi polloi*)와 관사 없이 사용된 경우에 의미의 차이가 있느냐에 대하여 토론한다. 피츠마이어(*Romans*, p. 419)는 관사가 붙은 경우가 칠십인역에서 매우 드물었다는 점(예컨대 다니 12,4)을 강조한다.

> *polloi*(많은 이, 영어로는 the many)가 이렇게 포괄적 의미('모든 이'라는 의미)로 사용되는 것은, 바오로에게서만 예외적으로 볼 수 있는 예가 아니다. 이 용법 자체가 셈어적 어법에 해당하며,[182] 가장 중요한 예를 이사 52,13-53,12(주님의 종의 넷째 노래)에서 (그중에서도 53,11-12에서) 찾아볼 수 있다고 한다. 그에 의하면 마르 10,45는 히브리어 본문 이사 53,11-12를 배경으로 삼으며, 거기서 "많은 이"는 "모든 이"라는 의미로 쓰였다.[183]

5,20: "율법이 들어와 범죄가 많아지게 하였습니다. 그러나 죄가 많아진 그

---

[182] 예레미아스는 다음과 같이 주장했다. "그리스어의 경우와 달리 '많은'을 뜻하는 히브리어 (*hā*) *rabbîm*과 아람어 *saggî 'în*은 배타적 의미('모든'이 아닌 '많은'의 의미)뿐 아니라, 포괄적 의미 즉 '셀 수 없이 많은', '엄청난 무리', '모든'의 의미도 가질 수 있다. 유다계 그리스어 문헌들에 나오는 그리스어 (*hoi*) *polloi*의 경우도 마찬가지이다"(J. Jeremias, *ThWNT* VI, p. 536).

[183] 예컨대 슈툴마허(《로마서 주석》, 156-157쪽)는 예레미아스(J. Jeremias, *ThWNT* VI, pp. 536-545)의 견해를 따라 '주님의 종의 넷째 노래' 가운데 "의로운 나의 종은 많은 이들을 의롭게 하고, 그들의 죄악을 짊어지리라. … 그가 많은 이들의 죄를 메고 갔으며 무법자들을 위하여 빌었기 때문이다"(이사 53,11-12)라는 문장에 나오는 "많은 이"와, "사람의 아들은 섬김을 받으러 온 것이 아니라 섬기러 왔고, 또 많은 이들의 몸값으로(*Lytron anti pollōn*) 자기 목숨을 바치러 왔다"(마르 10,45)는 문장에 나오는 "많은 이"도 포괄적인 의미(곧 '모든 이')로 사용되었다고 본다. 학자들에게 널리 받아들여진 이 견해에 대하여 근년에는 반론이 크게 제기되었다. 심지어 교황 베네딕토 16세의 저서 《나자렛 예수 2》(특히 174-177쪽)에도 이 문제("많은 이"라는 표현을 "모든 이"로 이해할 수 있느냐 여부)가 다루어질 정도이다.

곳에 은총이 충만히 내렸습니다."

20ㄱ절[184]은 "범죄가 많아지도록(범죄를 증가시키기 위해) 율법이 들어왔습니다"라고 번역될 수도 있다. 사실 그리스어 원문에서 접속사 히나(hina)가 사용되었는데, 이 접속사는 기본적으로 '···하기 위하여'라는 목적 접속사로 사용된다는 점을 고려하면, 후자의 번역이 더 우선적이라고 볼 수도 있다. 물론 이 접속사가 경우에 따라 결과를 표현할 때도 있다(예컨대 요한 9,2; 갈라 5,17). 이와 관련해 학자들 사이에 견해 차이가 있다. 여기에 사용된 접속사를 목적 접속사로 보는 사람들은, 20ㄱ절에서 하느님께서 율법을 주신 목적을 보려고 한다.

그러면 "율법이 들어와 범죄(범법)가 많아지게 하였다"라는 문장은 무엇을 의미하는가? 여기에 대하여 대답하기 전에 우선 분명히 해 둘 것은, '범죄(범법)가 많아지도록'이라는 목적은 하느님의 계획에서 최종 목적이 아니라는 점이다. 바로 이어지는 20ㄴ절의 "죄가 많아진 그곳에 은총이 충만히 내렸습니다"라는 문장과 21절이 확인하고 있듯이, 하느님의 최종 계획은 예수 그리스도를 통한 은총의 지배이지 죄의 지배가 결코 아니다. 이런 큰 틀에서 볼 때, 바오로에 의하면 (모세) 율법은 율법이 주어지기 전부터 있었던 죄(13절)의 상황, 죄가 지배하는 상황을 극복하게 하기는커녕 죄가 오히려 많아지게 하였다는 것이다.

다시 묻는다. "율법이 들어와 범죄(범법)가 많아지게 하였다"는 문장의 의미는 무엇인가? 이에 관한 세 가지 해석을 소개한다.[185]

① 어떤 이들은 '금지된 열매' 심리와 관련시켜 해석한다. 즉 금지한

---

[184] 5,20ㄱ의 그리스어 원문 "*nomos de pareisēlthen, hina pleonasē to paraptōma*" 참조.
[185] 이에 관한 더 자세한 내용은 D. J. Moo, *Romans*, pp. 347-348 참조.

다는 명령(금령) 때문에 그 명령이 없으면 저지르지 않을 행동도 하게 되는 심리처럼, 율법의 금령들로 말미암아 오히려 법을 더 많이 어기도록 했다는 해석이다.

② 어떤 이(예컨대 R. 불트만)는 율법을 지키라는 강요가 사람들로 하여금 율법을 지키는 데에서 종교적 안정감을 찾도록 부추겨, 결과적으로 자기 자신의 의로움을 추구하게 하였다는 점에서 죄를 많게 하였다고 본다. 이런 주장을 하는 사람은 '자기 자신의 의로움을 추구하는 것' 자체를 죄로 본다.

③ 어떤 이들은 4,15과 5,14을 크게 고려하여 해석한다.[186] 그들은 4,15("율법은 진노를 자아내기 때문입니다. 율법이 없는 곳에는 범법도 없습니다")의 말씀처럼(5,14도 참조), 율법이 주어지기 전에도 세상에는 하느님의 뜻을 어기는 죄가 있었다고 본다.[187] 하지만 그때에는 그 죄가 명시적으로 계시된 하느님의 '율법'에 대한 위반(범법, *parabasis*)이 아니었다. 그러다 모세 율법이 이스라엘 백성에게 계시되자, 그다음에는 죄와 관련하여 차원이 크게 달라졌다. 이제 그들에게 죄는 '명시적으로 계시된 하느님의 뜻(법)'을 거역하는 것이 된 것이다. 그래서 율법이 계시되기 전과 비교하여 죄가 더욱 무거워졌다. 이렇게 율법이 들어옴으로써 '죄'가 가중되었다는 의미에서 바오로가 5,20에서 "율법이 들어와 범죄가 많아지게 하였습니다"라고 말했다고 이 학자들은 해석한다. 다음 말씀이 이런 해석을 지원할 수 있는 것 같다. "오히려 죄가 그 선한 것을 통하여

---

[186] 이 견해를 선호하는 학자들은 예컨대 D. J. Moo, *Romans*, p. 348; D. J. Moo, NIV 적용 주석 로마서, 195쪽과 230쪽 참조.

[187] 20절에 사용된 '범죄(*paraptōma*)'라는 단어가 15,16,18절에서는 '아담의 죄'를 묘사하는 데 쓰였다.

나에게 죽음을 가져왔습니다. 죄가 죄로 드러나게, 죄가 계명을 통하여 철저히 죄가 되게 하려는 것입니다"(7,13).[188]

20ㄱ절을 통해 바오로가 말하고자 하는 것은 결국, (모세) 율법에는 아담 이후 진행된 죄와 죽음의 지배라는 상황에서 인간(아담)을 해방시킬 힘이 없다는 것이다. 이에 관하여 바오로는 7장에서 다시 길게 다룬다. 앞에서도 말하였듯이, 바오로는 본래 이 대목(5,12-21)에서 율법의 무능을 말하려 하지 않고 '우리 주 예수 그리스도를 통한 은총의 지배'를 강조하려 했다.[189]

5,21: "이는 죄가 죽음으로 지배한 것처럼, 은총이 우리 주 예수 그리스도를 통하여 영원한 생명을 가져다주는 의로움으로 지배하게 하려는 것입니다."

21절은 20절 끝에 나온 '은총이 넘쳐흐름'의 목적을 제시한다. 그러면서 앞에서 다룬 아담과 그리스도의 비교 및 대조를 절정으로 끌어올린다. 이때 앞에 나온 핵심 주제어들이 다시 등장하며, 마지막으로 그리스어 *hōsper* ⋯ *houtōs kai*(⋯하는 것처럼, 이렇게 또한)의 구문이 사용된다. 마지막으로 죄를 통한 죽음의 지배와 의로움을 통해 영원한 생명으로 이끄는 은총의 지배가 이루는 대조가 강조된다. 이때 은총은 우리 주 예수 그리스도를 통한 은총이다.

---

[188] 특히 C. E. B. Cranfield, *Romans*, p. 293; U. Wilckens, *Römer* I, p. 329 참조.

[189] 아담과 그리스도를 대조시키는 5,12-21의 단락에서까지 13절과 20절을 통해 (모세) 율법의 역할에 대하여 언급하는 것을 보면, 로마서에서 바오로가 이 주제(율법의 역할)를 얼마나 중요하게 생각하고 있는지가 드러난다. 이 점은 이어지는 6,1-14의 맥락에서도 드러난다. 세례의 의미에 대하여 길게 다룬 다음 6,14에서 바오로는 다음과 같이 율법과 관련시켜 단락을 마무리한다: "죄가 여러분 위에 군림할 수는 없습니다. 여러분은 율법 아래 있지 않고 은총 아래 있습니다."

맺음말

앞에서 말했듯이, 바오로는 5,12-21에서 그리스도를 통한 은총의 지배가[190] ('아담'으로 상징화된 그리스도 이전의 인류를 지배한) 죽음을 통한 죄의 지배보다 훨씬 더 강하다는 것을 강조한다. 그에 의하면 하느님께서는 때가 차자(갈라 4,4) 당신의 아들 그리스도를 통해 (특히 그분의 죽음과 부활을 통해) 죽음을 통한 죄의 지배를 없애는 길을 마련하셨고, 이제 그리스도가 이룩한 구원 사건을 근거로 하여 그리스도를 믿는 이들(17절의 표현을 빌리자면 "은총과 의로움의 선물을 충만히 받은 이들")을 죄와 죽음 밑에서 하던 종살이에서 해방시키셨다는 것이다. 이 소식이야말로 바오로가 전하고자 하는 '기쁜 소식'의 중심 내용 중의 하나이다. 이 중심 메시지를 바탕으로 이른바 원죄론도 이해해야 한다.

3. 세례를 받았다는 것과 윤리 생활의 관계(6,1-14)

3.1. 문맥과 구성

바오로는 6장에서 죄의 문제를 다룬다. 전반부(1-14절)에서는 이 문제를 세례성사와 관련지어 다루고, 후반부(15-23절)에서는 전반부의 끝 부분인 12-14절의 내용을 발전시킨다. 한마디로 6장에서 바오로는, 그리

---

[190] 이 점은 5,15-21에 은총(*charis* 카리스)과 은사(*charisma* 카리스마)라는 단어가 합쳐서 일곱 번이나 사용되는 점에서 확인된다. 더구나 5,12-21의 마지막 문장에 '은총'과 '다스리다' 동사가 결합되어 나온다("은총이 다스리도록")는 점에서 다시 확인된다.

스도 신자는 그리스도 예수에 대한 믿음과 세례로 '새로운 생명'(4절, 직역: '생명의 새로움')을 선사받아 살게 되므로, 다시는 '옛 인간'(6절)으로 돌아가 죄의 종노릇을 하면 안 된다고 가르친다.

본문은 크게 둘로 나뉜다. 곧 세례성사의 의미에 대하여 말하는 단락 1(1–11절)과 그것을 바탕으로 권고하는 단락 2(12–14절)이다. 단락 1은 다시 문제 제기(1절), 답변(2절), 세례의 이미지를 사용한 (2절 내용에 대한) 첫째 해설(3–4절), 둘째 해설(5–7절), 셋째 해설(8–10절, 앞의 해설과 병행되는 내용 있음), 결문(11절)으로 나뉜다. 결문은 2절의 답변을 다시 진술하면서 단락 1을 마무리한다. 바오로는 단락 1의 내용을 근거로 하여 단락 2에서 '죄의 지배를 받지 않도록 하라'고 권고한다.

앞 단락(5,12–21)에서 중단되었던 복수 1인칭(우리)이 6,1에 다시 등장하여 단락 1 전체를 지배하다시피 한다. 복수 2인칭(여러분)은 3절에 살짝 언급된 뒤 사라졌다가 단락을 마무리하는 11절에 다시 등장한다. 복수 2인칭의 사용은 단락 1을 통해 바오로가 편지의 수신자인 로마의 그리스도 신자들에게 권고하려는 의도를 갖고 있음을 보여 준다. 복수 2인칭은 단락 2도 지배한다.

3.2. 구절 해설

바오로가 '세례성사의 의미'에 대하여 말하는 6,1–11은 그리스도교 신학에서 매우 중요한 부분이다. 독자는 바오로가 왜 여기서 세례성사에 대하여 말하는지 주의를 기울여야 한다. 바오로는 여기서 세례성사라는 주제를 독립해서 다루지 않고 윤리 생활과 연관하여 말한다. 그가 이 주제를 다루게 된 계기는 단락의 첫머리에 나온다.

6,1: "그렇다면 우리가 무엇이라고 말해야 합니까? 은총이 많아지도록 우리가 계속 죄 안에 머물러 있어야 합니까?"

이 질문(반문)이 생긴 직접적인 계기는 "죄가 많아진 그곳에 은총이 충만히 내렸습니다"(5,20)라는 말인데, 만일 이에 대해 "예"(즉 "은총을 많이 받기 위해서는 죄 안에 머물러 있어야 한다")라고 대답한다면 바오로가 심혈을 기울여 선포한 복음 전체의 진실성이 무너진다. 바오로는 여기서 '예수 그리스도를 통한 은총(하느님 사랑)의 충만함'에 대한 강조가 율법 없이 제멋대로 사는 방종의 삶을 방조하는 것이 결코 아니라는 것을 강조하기 위해, 일부러 도전적인 질문을 던진 것이다. 사실 그는 이미 이런 방법을 사용한 적이 있다. 예컨대 3,5에서 바오로는 "그런데 우리의 불의가 하느님의 의로움을 드러낸다면, 무엇이라고 말해야 합니까? 인간의 방식으로 말해서, 하느님께서 진노를 내리시므로 불의하시다고 해야 합니까?"라는 도전적 질문(누구나 들으면 즉시 '아니다'라는 답이 나올 질문)을 던지고 6,2에서처럼 즉시(3,6에서) "결코 그렇지 않습니다(*mē genoito*)"라고 분명한 답을 주었다.

6,2: "결코 그렇지 않습니다. 죄에서는 이미 죽은 우리가 어떻게 여전히 죄 안에 살 수 있겠습니까?"

바오로는 그리스도 신앙인이 '죄에서는 이미 죽은 사람'이라고 규정한다. 그렇게 죽은 사람이 어떻게 계속 죄 안에 머물러 살려고 할 수 있겠느냐는 식으로 말한다. 그런데 '죄에서는 죽었다'는 것이 무슨 의미인가? "죄에서는(*tē hamartia*)"에 해당하는 그리스어 단어는 3격(여격)으로 되어 있다. 그래서 "죄에 대하여"[191], "죄와 관련해서", "죄를 위하여"[192] 등 여러 가지로 번역된다. 나는 '죄에서는 죽었다'라는 표현이 너무 모호하다고 생각하여 '죄에 대하여 죽었다'는 번역을 선호한다. 그런데 이 표현이 10절과 11절에 반복해서 나오는데, 거기에서 '죄에 대하여 죽는 것'과 '하느님을 향해 사는 것'이 긴밀히 연관되어 있다. 또 12-14절을 보면 죄에 대하여 죽는 것과 반대되는 것을 좀 더 구체적으로 욕망에 순종하는 것, 자신의 지체를 불의의 도구로 죄에 넘기는 것이라고 표현한다. 그리스도인에게 은총으로 주어진 새 지위(새 생명)에 합당하게, 죄에 대하여는 '이미 죽었다'라는 각오로 살아가라는 말이다. 다시 죄를 지어 죄의 종이 되어서는 결코 안 된다는 말이다.

'죄에 대하여 죽었다'는 바오로의 말이 지닌 의미는 6절에 종합적으로 표현된다. 거기에서 이 표현은 '우리의 옛 인간이 그리스도와 함께 십자가에 못 박혔다'는 말로, 그리스도와 함께 십자가에 못 박힌 결과는 "더 이상 죄의 종노릇을 하지 않게 되었다"는 말로 표현된다. '죄에 대하여서는 죽었다'는 말과 '그리스도와 함께 십자가에 못 박혔다'는 말의 의미를 이해하는데 다음 세 구절이 큰 도움을 준다. "나는 하느님을 위하여 살려고, 율법과 관련해서는[193] 이미 … 죽었습니다. 나는 그리스도와 함께 십자가에 못 박혔습니다"(갈라 2,19). "그리스도 예수님께 속한 이들은 자기 육을 그 욕정과 욕망과 함께 십자가에 못 박았습니다"(갈라 5,24). "그리스도의 십자가로 말미암아, 내 쪽에서 보면 세상이 십자가에 못 박혔고 세상 쪽에서 보면 내가 십자가에 못 박혔습니다"(갈라 6,14).

6,3-4: "그리스도 예수님과 하나 되는 세례를 받은 우리가 모두 그분의 죽음과 하나 되는 세례를 받았다는 사실을 여러분은 모릅니까? 과연 우리는

---

191 대부분의 번역본이 "죄에 대하여(to sin)"로 옮겼다.
192 예컨대 독일 공동번역은 다음과 같이 2절을 번역했다: "Keineswegs! Wie können wir, die wir für die Sünde tot sind, noch in ihr leben?'
193 "율법에 대하여는"이라고 번역할 수 있다. 이 경우에도 관계 3격이 사용되었다.

그분의 죽음과 하나 되는 세례를 통하여 그분과 함께 묻혔습니다. 그리하여 그리스도께서 아버지의 영광을 통하여 죽은 이들 가운데에서 되살아나신 것처럼, 우리도 새로운 삶을 살아가게 되었습니다."

여기에서 바오로는 그리스도인들이 이미 죄와 관련해서는 죽은 사람들이라는 것을 설명하기 위하여 그들이 받은 세례의 의미에 대하여 말한다. 이때 그는 당시 그리스도 신앙 공동체에서 행해지던 '세례성사'를 전제하며, 로마 교우들이 바오로가 말하는 세례의 의미를 이미 알고 있다고 전제한다. 이 점은 "… 사실을 여러분은 모릅니까?"라는 표현에서 엿볼 수 있다.

여기서 "그리스도 예수님과 하나 되는 세례를 받은 우리가"라는 구절에 해당하는 원문을 직역하면 "우리는 그리스도 예수님 안으로(eis Christon Iēsoun) 세례를 받았습니다(ebaptisthēmen)"라는 문장이 된다. 그 당시의 세례 예식이 물속에 들어갔다 나오는 것이었다고 생각하면 이 표현을 잘 이해할 수 있다. 이 표현에 의하면 그리스도를 믿고 세례를 받은 사람은, 세례를 받을 때 자기 몸을 물속에 푹 잠그듯이 자신의 전 존재가 그리스도 안에 푹 잠기게 한 사람이다. 세례는 단지 세례받는 사람을 예수의 제자(추종자)로 만드는 정도의 것이 아니라, 그분의 몸에 결합시키는 예식이라는 뜻이다. 바오로는 이때 '그리스도 안에 자신을 잠그는 행위'는 그분의 죽음이라는 물에 잠그는 행위를 포함한다고 강조한다. 그런데 그리스도의 죽음은 바오로에 의하면 성부에 대한 최고의 순종을 표현한 것이며, 동시에 인류에 대한 하느님의 사랑을 최고조로 표현한 것이다(로마 5,8; 8,32.35.39; 필리 2,6-11). 그리스도인은 바로 이런 분과 결합된 사람이다. 그러므로 그 신원에 합당하게 살려면 그리스도처럼 하느님의 뜻에 순종하며, 죄와 관련해서는 죽은 사람으로 살아야 한다는 것이 6,1-14에서 바오로가 말하고자 하는 권고의 요지이다.

또 6,3-4에 의하면 예수 그리스도를 믿고 세례를 받은 사람은 예수 그리스도와, 특히 그분(예수 그리스도)의 죽음과 하나가 되었다. 바오로는 그리스도인이 죄에 대해서는 죽은 몸이라는 것을 말하기 위하여 '그리스도의 죽음과 하나가 되었다'고 말하지만, 즉시 이어서 그분의 부활과도 하나가 되었다고 말한다. 그런데 그리스도인이 '그리스도의 부활'에 참여하는 것에 대하여는 '이미(already)'와 '아직 아니(not yet)'를 동시에 말한다. '새로운 생명'은 그리스도인이 그리스도와 결합함으로써 '이미' 누리게 된 현재 상태를 말한다. 반면에 "사실 우리가 그분처럼 죽어 그분과 결합되었다면, 부활 때에도 분명히 그리될 것입니다"(5절)라는 말씀과, "그래서 우리가 그리스도와 함께 죽었으니 그분과 함께 살리라고 우리는 믿습니다"(8절; 참조 8,17: "그리스도와 함께 영광을 누리려면 그분과 함께 고난을 받아야 합니다")라는 말씀은 그리스도인이 참여하는 부활이 '아직 아니'의 차원을 갖고 있음을 말해 준다.

6,1-14에서 바오로는 그리스도인의 신원을 '그리스도와 결합되어 있는 존재'로 보며, 그들이 그리스도의 죽음과 부활의 신비에 참여하고 있다는 점을 강조한다. 그래서 이를 표현하기 위해 '(그리스도와) 함께 … 하다'라는 동사들('함께'를 뜻하는 그리스어 *syn*과 조합을 이룬 동사들)을 자주 사용한다: 함께-묻혔습니다(*syn-etaphēmen*, 4절), 함께-결합되어 있는(*sym-phytoi*, 5절), 함께-십자가에 못 박혔습니다(*syn-estaurōthē*, 6절), 함께-죽었습니다(*apethanomen syn*, 8절), 그분과 함께 살 것입니다(*syzēsomen autō*, 8절).

6,5: "사실 우리가 그분처럼 죽어 그분과 결합되었다면, 부활 때에도 분명히 그리될 것입니다."

이 가운데 '그리스도와 결합되었다'는 표현이 지니는 의미를 살펴볼 필요가 있다. '결합된'에 해당하는 그리스어 심피토이(*symphytoi*)는 본래 나무를 접붙일 때 사용되던 용어다. 접목된 어린 나뭇가지는 기존의 나무가 공급하는 수액을 받아 그 나무와 하나 되어 자라난다. 이 이미지를 통해 바오로는 그리스도께서 당신을 믿는 이들에게 주시는 '생명'을 표현한다. 그리스도인은 그리스도에게 접목된 존재다. 말하자면 나뭇가지 안에 수액이 흐르고 있듯이, 그리스도를 믿고 사는 사람 안에도 그리스도께서 주시는 생명이 흐르고 있다는 것이다(요한 15장 참조).

4절에 '새로운 삶'으로 번역된 원문을 직역하면 '생명의 새로움(*kainotēs zōēs*)'[194]이다. 이 표현이 6절에 나오는 '옛 인간(*ho palaios anthrōpos*)'과 뚜렷한 대조를 이루고 있음에 유의할 필요가 있다.

2절: "아직도 그(죄) 안에서 살겠습니까?"

4절: "생명의 새로움 속에 살아가게 되었습니다."

6절: "우리의 옛 인간이 그분과 함께 십자가에 못 박혔습니다."

"우리가 더 이상 죄의 종노릇을 하지 않게 되었습니다."

이 일련의 표현은 그리스도를 믿고 세례를 받은 그리스도인에게 온전히 새로운 삶이 시작되었음을 강조한다. 바오로는 세례받기 전의 삶을 옛 인간이라고 부르고, 그 '옛 인간'은 그리스도와 함께 십자가에 못

---

194 7,6에서 바오로는 '영(*pneuma*)의 새로움(*kainotēs*)'과 '문자(*gramma*)의 낡음(옛것, *palaiotēs*)'을 대조한다. 문자와 (성)령의 대조가 의미하는 바에 관한 좀 더 상세한 내용은 7,6의 해설을 볼 것. 그런데 바오로가 '새로움' 또는 '새로운(*kainos*)'이라는 단어를, 새 계약의 설정과 더불어 시작된 구원의 새 시대(*aiōn*)와 관련지어 사용한다는 점에 주의를 기울여야 한다. 명사 '새로움'이 사용된 6,4과 7,6; 형용사 '새로운'이 사용된 1코린 11,25(새 계약); 2코린 3,6(새 계약); 5,17(새로운 피조물); 갈라 6,15(새 창조); 에페 2,15(새 인간); 4,24(새 인간) 참조.

박혀 죽었다'고 표현할 정도로 세례를 받기 전과 후의 차이를 크게 본다. 세례를 통해 죄의 종살이를 하던 옛 인간은 죽고 그리스도 안에서 (그리스도께서 주시는 생명을 받아) 하느님을 향해 '새 인간'(바오로의 표현에 충실하자면 '새 생명', '새로운 삶')으로 살아갈 수 있게 되었다고 본다. 바오로는 7,6에서 '(성)령의 새로움'(성령이 주는 새로움) 속에서 살아가는 삶에 대하여 말한다. 이 새로움이 2코린 5,17에 다음과 같이 표현되어 있다. "누구든지 그리스도 안에 있으면 그는 새로운 피조물입니다. 옛것은 지나갔습니다. 보십시오. 새것이 되었습니다."

6,6: "우리는 압니다. 우리의 옛 인간이 그분과 함께 십자가에 못 박힘으로써 죄의 지배를 받는 몸이 소멸하여, 우리가 더 이상 죄의 종노릇을 하지 않게 되었습니다."

'죄의 지배를 받는 몸'이라고 번역된 곳을 직역하면 '죄의 몸'이다. 여기서 '몸'은 (영혼과 반대되는 의미에서) 죽어 없어질 인간의 물질적 부분만을 가리키는 것이 아니라, 특정한 관점에서 인간 전체를 가리킨다. 여기서는 특히 하느님과 그분의 성령에 열려 있지 않고 죄에 기울어져 있는 인간을 가리켜 '죄의 몸'이라고 일컫는다. 달리 말해, 죄의 몸이란 성령 없는 인간의 지상 조건이라고 말할 수 있다. 이에 대하여 바오로는 7장(특히 13-24절)에서 깊이 다룰 것이다.

6,7: "죽은 사람은 죄에서 벗어나기 때문입니다."

여기서 '죄에서 벗어났다(해방되었다)'는 말은[195] 그리스도인에게 더는

---

195   6장에는 "죄의 종노릇(종살이)"라는 표현이 6.17.20절에 언급되고, "죄에서 벗어났다 (해방되었다)"는 표현이 7.18.22절에 등장한다. 바오로는 그리스도 신자가 죄의 종이 되어 살던 상태에서 해방된 사람(그런 신분의 사람)이라는 사실을 매우 강조한다 (신앙인의 직설법적 상황). 그러면서 그것을 바탕으로 '죄에서 해방된 사람답게 살

죄를 지을 능력이 없다는 것이 아니라(6,12-13; 8,13; 13,8-10; 또 7장의 '나'에 관한 토론 참조) 그가 죄의 지배권에서 벗어났다는 것을 의미한다. 세례를 받았어도 아직 '육의 나약함'(6,19 참조)을 지닌 그리스도인이 어떤 근거로 그렇게 될 수 있는가? 바오로는 8-11절에서, 아무런 죄도 없으신 그리스도께서(2코린 5,21) '그들의 죄 때문에'(1코린 15,3의 "우리의 죄 때문에" 참조) 속죄의 죽음을 겪으셨고(3,25; 4,25; 5,8; 8,3 참조), 부활하여 살아 계신 그리스도와 그들이 하나가 되어 있기 때문에 그렇다고 설명한다.

보충 설명: '그리스도와 함께 죽고 함께 부활한다'는 표현의 의미

크랜필드(C. E. B. Cranfield)는 "그리스도와 함께 죽고 그리스도와 함께 부활하는 것(일으켜지는 것)"의 의미를 '법적法的 의미', '세례(성사)적 의미', '윤리적 의미', '종말론적 의미'로 간결하게 정리하였는데, 그 내용이 매우 훌륭하다.[196] 그에 따르면 우리는 이 네 가지 의미에서 그리스도의 죽음과 부활 안에서, 그분과 함께 죽고 그분과 함께 부활한다. 이 네 가지 의미가 12-14절에 나오는 권고의 기초이다.

아가라고 강력히 요청한다(신앙인의 명령법적 상황). 6,12-23이 이런 구도 속에 들어 있다.

[196] C. E. B. Cranfield, *On Romans and Other New Testament Essays*, Edinburgh: T.&T. Clark, 1998, pp. 69-80, 특히 p. 75. 비교적 쉬운 문체로 된 위의 글보다 더 자세한 설명은 C. E. B. Cranfield, *The Epistle to the Romans*, vol. 1, (ICC 28), Edinburgh: T.&T. Clark, 1975, pp. 299-300 참조.

① 하느님께서 그리스도의 죽음과 부활을 '우리를 위한' 것으로 간주하기로 결정하셨다는 의미에서, (우리는 그분과 함께 죽었고 그분과 함께 부활했다.)[197]

② '세례 때에' 우리는 그분과 함께 죽고 그분과 함께 부활했다. 세례는 우리에 관해 하느님이 하신 그 결정의 보증이요 증표(seal, 인호)로 우리 각자에게 주어졌기 때문이다.

③ 그러므로 우리는 매일 매시간 죄에 대하여는 죽으려고 노력해야 하고, '생명의 새로움'(6,4)으로 우리 자신이 '일으켜지도록(부활하도록)' 노력해야 한다.

④ (그렇게 살다 보면) 어느 날엔가 우리가 죽을 때 죄에 대하여 최종적으로 죽을 것이다. 그리고 마침내 죽은 이들의 부활에 참여할 것이다.

피츠마이어(J. A. Fitzmyer, *Romans*, pp. 432-433)도 앞에 인용한 크랜필드의 글을 자세히 소개한 다음, '그리스도와 함께 죽고 그리스도와 함께 부활하는 것'에 관한 바오로의 글은 그리스도의 죽음과 부활의 의미에 관한 다음과 같은 이해를 전제한다고 본다.

그리스도의 죽음을 통해 죄의 통치(지배)는 무너졌으며, 옛 시대의 모든 지배자들과 권세들은 쫓겨났다. 그리스도의 부

---

197 필자가 덧붙여 설명하자면, 그리스도께서 '우리를 위하여', '우리를 대신하여' 돌아가심으로써 우리는 '그분을 통해', '그분 안에서' 죽었다고 말한 것이다.

활에서(부활을 통해) 새 시대가 시작되었다. 이 그리스도의 죽음과 부활에 참여함으로써 그리스도인들은 죄의 지배(통치)에서 해방되었고 '부활하신' 그분의 영광스러운 생명의 영역으로 옮겨졌다.

피츠마이어는 이어서 '죄에 대하여 죽는다는 것'에 관한 오리게네스의 명료한 주석을 덧붙여 놓았다.

죄의 갈망에 복종하는 것은 죄에 대하여 살아 있는 것이다. 그러나 죄의 욕망(갈망)에 복종하지 않는 것 또는 죄의 의지에 굴복하지 않는 것, 바로 이것이 죄에 대하여 죽는 것이다. … 그런데 누군가 죄인들을 위하여 돌아가신 그리스도의 죽음으로부터 단련을 받아 … 이 모든 일에서 참회한다면, 그 사람이야말로 참으로 그리스도의 죽음을 통하여 '죄에 대하여 죽은 사람'이라고 말할 수 있다.

* 오리게네스(Origenes, 185-254년)는 아우구스티노(354-430년)를 제외하면 고대 그리스도교에서 가장 많은 작품을 쓴 저술가로, 특히 성경을 많이 주석하였다. 더 자세한 사항은 H. R. 드룹너,《교부학》, 하성수 옮김, 분도출판사, 2001년, 220-232쪽, 특히 221쪽 참조.

6,12-14

이 대목은 6장에서 1-11절 단락과 15-23절 단락을 연결하는 구실을 한다. 12-14절에서 바오로는 앞(1-11절)에서 다룬 내용을 근거로 하여 "…하십시오"라고 연이어 권고한다.[198] 그 초점은 죄의 권세에서 해방된 목적이 방종에 있지 않고 '하느님을 섬기는 데' 있음을 강조하는 데 있다(10,11,13절 참조). "여러분은 율법 아래 있지 않고 은총 아래 있습니다"(14절). 이 문장에 따르면 세례받은 그리스도인이 하는 윤리적 행위는 종처럼 강제로 하는 것이 아니라, 근본적으로 하느님께서 그리스도를 통해 베푸신 은총을 근거로 은총에 응답하는 차원에서 하는 것이다. 8장에서 잘 드러나겠지만, 그 윤리적 행위는 그리스도인 개인의 노력만으로 되지 않고 하느님께서 성령을 통해 베푸시는 은총으로 말미암아 가능하기 때문이다.

맺음말

6,1-14, 특히 3-5절은 그리스도 신자들에게 그들이 받았던 세례성사의 의미를 되새겨 보게 한다. 적어도 6장에서 바오로가 가르치는 세례성사는 '죽음에 비견될 수 있는 결정적 새 출발을 가능하게 하는 예식'이다. 이 새 출발은 그리스도의 대속죄적代贖罪的 죽음이라는 은총을 근거로 하고, 근본적으로 우리를 위해 돌아가시고 묻히시고 부활하신(1코린 15,3-5 참조) 분과 결합하는 데서 가능해진 것이다. 또 이 새 출발은 죄의 지배를 받으며 살던 과거의 삶(6,11절)에 대하여는 단호히 죽고

---

[198] 6,13의 "여러분의 지체를 불의의 도구로 죄에 넘기지 마십시오"라는 문장에서 '도구'로 번역된 그리스어 *hopla*는 보통 '무기'라고 번역되는 단어다.

'예수 그리스도 안에서'(11절) '새 생명으로'(4절) 힘차게 하느님을 위하여 살아가는 것이다.

6,1-14에서 바오로가 세례받은 사람들이 가져야 할 신앙 자세에 대하여 말하는 내용은, 그리스도교에서 말하는 은총은 결코 '값싼 은총'이 아니라는 것을 다시 한 번 독자에게 확인시켜 준다. 그것은 지존하신 하느님의 아드님께서 죄인인 인류를 위하여 당신 생명을 내주심으로 받은 '매우 값비싼 은총'이기 때문이다(1코린 6,20; 7,23의 "하느님께서 값을 치르고 여러분을 속량해 주셨습니다"; 1베드 1,18-19 참조). 바오로가 선포한 '그리스도를 통한 하느님의 은총'은 신앙인에게 아무런 노력도 요구하지 않는 값싼 것이 결코 아니다. 그 은총은 죄에 대하여는 죽기를, 죄의 지배를 받는 옛 인간은 죽기를 요구하는 진지한 차원을 가지고 있다.

보충 설명: 그리스도의 부활에 참여한다는 것

6,1-14에서 바오로가 '그리스도와 함께 죽는 것'에 대하여는 '과거' 시제로(예컨대 4ㄱ.5ㄱ.8ㄱ절), 반면에 '그리스도와 함께 부활하는 것'에 대하여는 '미래' 시제로(예컨대 4ㄴ.5ㄴ.8ㄴ절) 표현한 것은 사실이다.

4ㄱ절: "우리는 그분의 죽음과 하나 되는 세례를 통하여 그분과 함께 묻혔습니다."

4ㄴ절: "그리하여 그리스도께서 … 되살아나신 것처럼, 우리도 새로운 삶을 살아가게 되었습니다."

> 5ㄱ절: "우리가 그분처럼 죽어 그분과 결합되었다면,"
> 5ㄴ절: "부활 때에도 분명히 그리될 것입니다."[199]
> 8ㄱ절: "우리가 그리스도와 함께 죽었으니"
> 8ㄴ절: "그분과 함께 살리라고 믿습니다."

그러나 크랜필드가 잘 제시하였듯이, 믿음과 세례를 통하여 그리스도와 일치해 있는, 그래서 '그리스도 안에 있는 이'라고 불리는 그리스도인들은, 그리스도와 함께 죽는 차원뿐 아니라 그리스도와 함께 부활하는 차원도 '이미' 지니고 있다고 봐야 할 것이다. 이에 대한 가장 중요한 근거는, 그들에게 예수 그리스도는 (아무리 훌륭하다고 하더라도 결국 죽어 없어지고 만 한 인간이 아니라) 살아 계신 주님으로 그들의 삶에서 역사하고 계신 분이라는 데 있다. 즉, 부활하여 살아 계신 그분의 힘이 이미 그리스도 신자들의 현실 삶에서 작용하고 있다는 데 있다(2코린 4,10-11; 필리 3,10 참조). 물론 여기에도 근본적인 종말론적 긴장, 곧 '이미'와 '아직' 사이의 긴장은 남아 있다.

사실 6,1-14에서 그리스도인들에게 이미 그리스도의 부활에 참여하는 차원이 있다는 점을 보여 주는 구절이 두 곳 있다. 그리스도의 부활로 말미암아 가능하게 된 "생명의 새로움"(4절의 "새로운 삶")이라는 표현과 "죽은 이들 가운데에서 살아난 사람으로서 자신을 하느님께 바치십시오"(13절)라는 문장이다. 완성된 상태로는 아니지만 이미 그리스도의 부활에 참여하고 있다는 점을 좀 더 분명히 보여 주는

---

[199] 직역하면 "생명의 새로움 속에서 걸을 것입니다."

다른 구절들도 있다. "여러분은 세례 때에 그리스도와 함께 묻혔고, 그리스도를 죽은 이들 가운데에서 일으키신 하느님의 능력에 대한 믿음으로 그리스도 안에서 그분과 함께 되살아났습니다"(콜로 2,12); "그러므로 여러분은 그리스도와 함께 다시 살아났으니, 저 위에 있는 것을 추구하십시오"(콜로 3,1); "하느님께서는 그리스도 예수님 안에서 우리를 그분과 함께 일으키시고 그분과 함께 하늘에 앉히셨습니다"(에페 2,6).

몇몇 학자(Prat, Zahn, Harrison, Fitzmyer, Frid, Porter 등)는 6,4ㄴ.5ㄴ.8ㄴ절에 나오는 미래 시제가 시간적 의미의 미래뿐 아니라 '논리적 미래'로도 해석될 수 있다고 본다. 논리적 미래는 어떤 사건에 불가피하게 따라오는 사건을 가리키는 경우에 사용된다. 8ㄴ절에서 논리적 미래가 사용되었다는 것은 '그리스도와 함께 사는 것'을 '그리스도와 함께 죽은 것'의 논리적 결과로 본다는 것이다. 더 자세한 토론과 자료에 관하여 D. J. Moo, *Romans*, p. 371 참조.

보충 설명: 그리스도의 은총을 값싼 은총으로 만드는 신앙 태도에 대한 고발

"값싼 은총"이라는 표현은 디트리히 본회퍼(Dietrich Bonhoeffer)가 1937년에 쓴 글에 처음 나온다. 본회퍼는 '그리스도를 추종함'에 관하여 말하는 가운데 그리스도의 은총을 값싼 은총으로 만드는 신앙 태도의 문제점을 준열하게 고발한다.

"값싼 은총(die billige Gnade)"은 우리 교회의 최대의 적이다. 우리의 투쟁은 오늘 '값비싼 은총(die teure Gnade)'을 위한 것이다. 값싼 은총이란, 헐값 취급받는 은총, 싸구려 용서, 싸구려 위로, 싸구려 성사를 의미한다. … 우리가 늘 새롭게 추구해야 하는 복음은 값비싼 은총이다. 우리가 늘 새롭게 청해야 하는 선물, 늘 새롭게 두드려야 하는 문은 값비싼 은총이다. 은총이 비싸다고 하는 이유는 그것이 추종(Nachfolge)하라고 부르기 때문이다. 그것이 은총이라고 하는 이유는, 그 추종이 다름 아니라 '예수 그리스도'를 추종하는 것이기 때문이다. 그것이 비싼 이유는 그것(추종)이 인간에게 생명을 대가로 요구하기 때문이다. 그것이 은총인 이유는 그에게 비로소 생명을 선사하기 때문이다. 그것이 비싼 이유는 그것이 죄를 단죄하기 때문이다. 그것이 은총인 이유는 그것이 죄인을 의롭게 하기 때문이다.

* 출처: M. Theobald, *Römerbrief Kapitel 1-11*, (Stuttgarter Kleiner Kommentar Neues Testament 6/1), Stuttgart: Verlag Katholisches Bibelwerk, 1992, pp. 188-189에서 재인용.

4. 죄에서 해방된 그리스도인의 책임(6,15-23)

4.1. 문맥

6,15-23은 '은총과 죄의 관계'를 다룬다. 6,14의 마지막 문장은 "여러분은 율법 아래 있지 않고 은총 아래 있습니다"였다. 바오로는 이 문장이 가져올 오해를 피하기 위해 6,15에서 "죄를 지어도 좋습니까?"라는 수사적 질문을 하고, 거기에 대하여 즉시 "결코 그렇지 않습니다"라고 단호하게 대답한다.

"결코 그렇지 않습니다"라는 점에 대하여 내용상 병행을 이루는 두 개의 단락(15-18절과 19-23절)으로 논증을 전개한다. "여러분은 죄에서 해방되었습니다"라는 표현이 18절과 22절에 반복되고, "죄의 종"(17.20절)이라는 표현과 "의로움의 종"(18절)이라는 표현이 대조를 이룬다. 의로움의 종이라는 표현은 앞에 나온 "순종의 종"(16절)이라는 표현과 연결되는 한편, 뒤에 나오는 "하느님의 종"(22절)이라는 표현과도 연결된다. 바오로는 의로움을 섬기는 종살이는 생명으로 이끌지만, 죄를 섬기는 종살이는 죽음으로 이끈다고 단호하게 말한다.

이 단락(6,15-23)의 중심인 17절에는, 그리스도 신자가 되기 전과 후의 차이점이 다음과 같이 대조되어 나온다.

"여러분이 <u>전에는</u> 죄의 종이었지만,
　　<u>이제는</u> … 전해 받은 표준 가르침에 마음으로부터 순종하
　　게 되었습니다."

사실 명령법으로 표현된 바오로의 권고들은 직설법으로 표현된 이 '은총의 처지'를 바탕으로 제시된 것이다.

6,15-23의 요점은, 그리스도 신자들은 그리스도와 결합되어 은혜롭게도 죄의 종살이에서 해방되었으므로 이제 그 은총으로 선사된 자유를 방종의 계기로 삼아서는 안 되고, 의로움 속에서 하느님을 섬기는 데 사용함으로써 성화聖化에 이르러야 한다는 것이다. 죄에서 해방된 목적은 '하느님을 섬기는 데' 있다. 바오로에 의하면 하느님과의 이 연결고리야말로 참 자유의 근거이다.

4.2. 구절 해설

6,15: "그렇다면 우리가 무엇이라고 말해야 합니까? 우리가 율법 아래 있지 않고 은총 아래 있으니 죄를 지어도 좋습니까? 결코 그렇지 않습니다."

바오로는 6,1에서 그랬듯 6,15에서도 ① "그렇다면 우리가 무엇이라고 말해야 합니까?"라는 질문으로 독자의 주의를 끈 다음, ② 앞에 나왔던 문장을 사용하여 터무니없는 질문을 제기하고, ③ 거기에 대하여 바로 "결코 그렇지 않습니다(mē genoito)"라고 단호하게 대답한다.

6,16: "여러분이 어떤 사람에게 자신을 종으로 넘겨 순종하면 여러분이 순종하는 그 사람의 종이라는 사실을 모릅니까? 여러분은 죽음으로 이끄는 죄의 종이 되거나 의로움으로 이끄는 순종의 종이 되거나 하는 것입니다."

바오로는 여기서 그리스도 신자들은, 계속 '죄'라는 주인을 선택하여 섬기는 종이 되든지 '순종'을 선택하여 섬기는 종(22절의 '하느님의 종')이 되든지 양자택일해야 하는 입장에 있다고 말한다. 죄는 죽음으로 이끌고 순종은 의로움으로 이끈다고 말한다. 이런 결단을 요청하는 말씀이 신명 30,15-20에도 나온다. "보아라, 내가 오늘 너희 앞에 생명과 행복, 죽음과 불행을 내놓는다"는 말씀으로 시작하는 이 단락에 의하면, 하느님의 뜻에 대한 순종은 생명과 행복으로 이끌지만 불순종은 죽음과 불행으로 이끈다. 이 단락(신명 30,15-20)은 가톨릭교회에서 재의 수요일 다음 목요일 미사의 제1독서로 사용된다. 이는 사순 시기를 시작하면서 단호한 신앙적 결단을 촉구하기 위한 것이다.

6,17: "그러나 하느님께 감사하게도, 여러분이 전에는 죄의 종이었지만, 이제는 여러분이 전해 받은[200] 표준 가르침에[201] 마음으로부터 순종하게 되었습니다."

바오로는 독자인 교우들이 옳게 선택하였음에 대하여, 교우들에게 감사하지 않고 하느님께 감사한다. 그들이 그렇게 선택한 것 자체를 하느님께서 베풀어 주신 은총의 덕분이라고 보았기 때문일 것이다. 과거와 현재가 대비되어 있다("전에는", "이제는"). 과거에 그들(독자인 교우들)은 죄의 종이었다. 바오로에 의하면, 죄는 언뜻 보면 죄를 짓는 사람에게 '자유'를 주는 것 같지만, 실상은 그를 '종'(노예)으로 만든다(요한 8,34: "죄를 짓는 자는 누구나 죄의 종이다" 참조). 이제는 그들이 전해 받

---

[200] 가톨릭 공용 성경에 "여러분이 전해 받은"이라고 단순하게 번역된 그리스어 원문을 직역하면 "그 안으로 여러분이 넘겨진(전해진)"이다. 특이한 문장이다. 그리고 '순종하다(hypakouō)' 동사도 목적어로 보통 3격(여격) 명사를 가지는데 6,17에서는 4격(대격) 명사를 가지고 있다. 이 이상한 문장 구조를 근거로 일부 학자들(예컨대 R. Bultmann, Furnish, Schmithals, Gagnon. 더 자세한 내용은 D. J. Moo, *Romans*, p. 401 참조)은 '표준 가르침'이라는 말이 나오는 6,17을 후대에 삽입된 구절이라고 주장하였다. 그러나 이러한 주장은 무엇보다도 본문비평(textual criticism)의 관점에서 근거가 없다. 그리고 '전해 주다'와 '전해 받다'라는 동사는 유다인들이 전승傳承의 수수授受 관계를 표현할 때 사용하던 일종의 전문용어였다(예컨대 선조들의 어록 Abot 1,1). 바오로도 이런 유다인의 전통적 방법을 사용하였다(예로 1코린 11,23; 15,3).

[201] "보충 설명: 6,17의 '표준 가르침'에 관하여" 참조.

은[202] '표준 가르침(교리)'에 마음으로부터 순종하게 되었다. 놀라운 점은 여기서 바오로가 복음과 믿음을 감정이나 이끌림, 체험 등으로 묘사하지 않고, 교회 공동체에 전승된 '교리'와 관련하여 설명한다는 점이다.

> ### 보충 설명: 6,17의 "표준 가르침"에 관하여
>
> 여기서 '표준 가르침'이라고 번역된 그리스어는 튀포스 디다케스(*typos didachēs*)인데, 직역하면 '가르침의 모형(母型 또는 模型)' 또는 '가르침의 틀'이다. 그리스어 *typos*는 정확히 번역하기가 어려운 단어라 여러 가지로 번역된다. '예형'으로 번역되기도 하나(5,14: "아담은 장차 오실 분의 예형입니다") 바오로는 많은 경우에 '본보기/ 모범(영어 example 또는 model)'이라는 의미로 사용한다(1테살 1,7; 2테살 3,9; 필리 3,17; 1코린 10,6). 참고로 이 단어(*typos didachēs*)를 외국의 주요 번역본들은 다음과 같이 번역하였다: forma doctrina(불가타), die Gestalt der Lehre(루터 역본), the form of doctrine(KJV), the standard of teaching(RSV), the pattern of teaching(NAB), the form of teaching(NRSV; NIV; NJB), l'enseignement commun(TOB).
>
> 초창기 교회에서 신자들의 신앙과 그에 따른 생활과 관련하여

---

202 각주 200에서 보았듯이 이 부분의 그리스어 원문은 "그 안으로 여러분이 넘겨진"이라고 수동태로 표현되었다. 이것을 신적(神的) 수동태로 보고 해석하면, 바오로는 토마의 그리스도 신자들이 '표준 가르침'에 순종하게 된 것 자체에도 하느님의 힘이 작용한 것으로 생각했다고 말할 수 있다.

> *typos*(모형, 틀, 기준)의 역할을 하는 가르침이 형성되었다고 보면, 6,17의 말씀을 이해하기 쉽다. 이 '가르침의 틀'은 사도들과 예수님의 목격 증인들에게서 시작되어 다른 신자들에게 계속 전해지면서 (완전히 굳어진 것은 아니겠지만) 어느 정도의 '틀'을 갖추었을 것이다. 대표적인 예로 들 수 있는 1코린 15,3-5에서 바오로는 자신도 '전해 받았던' 복음을 코린토 신자들에게 '전해 주었다'는 점을 장중한 문체로 강조한다(1코린 11,23도 참조). 그런 다음에 자신이 전해 받은 복음의 내용이 무엇이었는지를 밝힌다. 이 경우에 그 '복음의 내용'은 전승 과정에서 일정한 틀을 갖춘 것이다. 다음 구절에서도, 초창기 교회에 신앙생활과 관련해서 어느 정도의 틀을 갖춘 가르침이 있었다는 점을 추정할 수 있다. "여러분은 어떻게 살아가야 하는지, 어떻게 해야 하느님 마음에 들 수 있는지 우리에게 배웠고, 또 그렇게 살아가고 있습니다. 더욱더 그렇게 살아가십시오. 우리가 주 예수님의 권위로 여러분에게 지시해 준 것들을 여러분은 잘 알고 있습니다"(1테살 4,1-2).

6,18: "여러분은 죄에서 해방되어 의로움의 종이 되었습니다."

16절에 나왔던 양자택일과 관련된 말이다. '죄'와 '의로움' 사이에 선택을 해야 한다. 한쪽을 주인으로 선택하면 다른 쪽은 거부하게 된다. 이렇게 보면 바오로가 말하는 그리스도인의 자유는 '새로운 종살이'라고 이해할 수 있다. 역설적인 표현이다. 이 표현은 바오로 서간의 다른 곳에서도 나타난다. 거기서 바오로는 "형제 여러분, 여러분은 자유롭게 되라고 부르심을 받았습니다"라며 자유를 강조한 다음, 곧바로 "다만 그 자유를 육을 위하는 구실로 삼지 마십시오. 오히려 사랑으로 서로 섬기십시오"(갈라 5,13) 하며 '섬김'을 강조한다. "서로 섬기십시오(*douleuete allēlois*)"라는 문장은 "서로 종이 되십시오"라고 번역할 수 있다. 물론 차이점도 있다. 갈라 5,14에서는 교우들 상호간의 섬김을 말하는 데 비하여, 로마 6장에서는 우선적으로 (죄에서 벗어나) '하느님 섬김'에 대하여 말한다(특히 22절 참조).

6,19: "나는 여러분이 지닌 육의 나약성 때문에 사람들의 방식으로 말합니다. 여러분이 전에 자기 지체를 더러움과 불법에 종으로 넘겨 불법에 빠져 있었듯이, 이제는 자기 지체를 의로움에 종으로 바쳐 성화에 이르십시오."

6,18을 보면 바오로 자신이 그리스도인의 삶을 '종살이'에 비유하는 것 자체가 적절하지 않다는 것을 의식하고 있다. 그런 표현을 사용하는 점에 대하여 수신자들에게 이해를 구하기 때문이다. 또 그가 그리스도인의 삶은 근본적으로 종살이가 아니라 성령 안에서의 자유라고 인식하기 때문이다. 그리스도인은 성령을 통해 하느님을 '아빠! 아버지!'라고 부를 수 있는 자유인이다(갈라 4,7: "그대는 더 이상 종이 아니라 자녀입니다"; 로마 8,15: "여러분은 사람을 다시 두려움에 빠뜨리는 종살이의 영을 받은 것이 아니라, 여러분을 자녀로 삼도록 해 주시는 영을 받았습니다. 이 성령의 힘으로 우리가 '아빠! 아버지!' 하고 외치는 것입니다"). 바오로는 사람들이 지닌 "육肉의 나약성" 때문에 자신이 '종살이'라는 용어를 쓴다고 밝힌다. 그러면서 사실 그리스도 신자인 수신자들이 과거에 자유를 방종의 구실로 삼아 '더러움(불결)과 불법'에 빠져 있었던 점을 상기시키면서, 이제는 자유를 '의로움'과 '거룩함'(성화聖化)을 위해 사용하라고 권고한다.

여기서 말하는 의로움은 일차적으로 하느님께서 그리스도 예수를 통해 믿는 이들에게 선물로 마련해 주신 의로움을 뜻하지만, 이차적으로는 믿는 이들이 생활 속에서 지켜낸 의로움이기도 하다. 성화 역시 하느님께서 그리스도를 통해 믿는 이들을 당신께 부르실 때 그들에게 주신 선물을 의미하면서, 동시에 그것을 근거로 삼아 노력한 삶의 결과인 '죄 없는 삶'을 의미한다.

6,20-22: "여러분이 죄의 종이었을 때에는 의로움에 매이지 않았습니다. 그때에 여러분이 지금은 부끄럽게 여기는 것들을 행하여 무슨 소득을 거두었습니까? 그러한 것들의 끝은 죽음입니다. 그런데 이제 여러분이 죄에서 해방되고 하느님의 종이 되어 얻는 소득은 성화로 이끌어 줍니다. 또 그 끝은 영원한 생명입니다."

20-21절은 과거의 삶, 22절은 현재의 삶을 묘사하는데 서로 대비되어 있다. 바오로는 '죄에 대한 종살이'의 결말은 죽음이지만, 죄로부터의 해방을 의미하는 '하느님에 대한 종살이'의 결말은 성화이며 영원한 생명이라고 말한다.

	상태 또는 지위 (status)	결과(열매)	최종 결과
그때(그리스도인이 되기 전) -- 21절	죄의 종	부끄러움을 가져오는 결과들	죽음
이제(그리스도인이 된 후) -- 22절	죄에서 해방되어 하느님의 종이 됨 (참조: 18절의 '의로움의 종')	성화로 이끌어 주는 결과들	영원한 생명

6,23: "죄가 주는 품삯은 죽음이지만, 하느님의 은사는 우리 주 그리스도 예수님 안에서 받는 영원한 생명이기 때문입니다."

23절은 가깝게는 6,15-22 단락을, 좀 더 멀리는 6,1에서 시작된 '죄와 은총의 문제'에 관한 논증 전체를 마무리한다. '품삯'이라고 번역된 그리스어 단어 옵소니아(*opsōnia*)는 본디 군인들에게 지불되었던 임금을 의미했다. 그런데 이 절에서 '죄가 주는 품삯'이라는 표현에 제대로 상응하는 표현은 '하느님이 주시는 품삯'일 터인데, 바오로는 하느님이 주시는 것에 '품삯'이라는 말을 쓰지 않는다는 점에 유의해야 한다. 하느님이 주시는 생명은 결코 품삯으로 획득되는 것이 아니기 때문이다. 죽음은 품삯으로 주어지지만, 생명은 '은총'으로 주어지기 때문이다.

6,15-23을 정리하며

그리스도인이 올바로 이해한 자유와 은총에 관한 복음은 순수하고 진지한 윤리 생활의 기초이지 결코 그 반대가 아니다. 그러나 이 윤리 생활은 내적 자유(예컨대 하느님을 아빠, 아버지라 부를 수 있는 '하느님의 자녀'로서 가진 자유)의 결실이다. 은총을 강조하는 일이 그리스도인에게 책임을 면제시켜 주지는 않는다. 오히려 책임감을 강하게 해 준다. 그리스도인은 그리스도의 죽음과 부활에 이미 참여하여 "죄의 종살이에서 해방되었지만"(6,6-8.17-18.22), 죄의 유혹을 이겨 내기 위해 또는 죄의 세력과 싸우기 위해 아무 노력도 하지 않아도 될 정도로, 그렇게 죄의 영향권에서 완전히 벗어나지 못했다(로마 6,11-13; 8,13; 갈라 5,17; 에페 6,10-17 참조). 그들은 그리스도의 부활에 ('몸의 부활'을 통해) 완전히 참여하기 위하여 종말론적 긴장('이미'와 '아직 아니' 사이의 긴장) 속에서 인내하며 기다릴 줄 알아야 한다. 6장과 관련하여 다음 말씀은 특히 인상적이다. "여러분이 육에 따라 살면 죽을 것입니다. 그러나 성령의 힘으로 몸의 행실을 죽이면 살 것입니다"(8,13).

5. 율법에서 해방된 그리스도인들의 근본적 상태(7,1-6)
"성령의 새로움 속에서 이루어지는 하느님 섬김"

5.1. 문맥과 구성

앞 단락(6,15-23)이 '은총과 죄의 관계'를 다루는 데 비하여 7,1-6은 7,1-8,11의 서문으로서 '율법과 죄와 성령의 관계'를 요약한다고 볼 수 있다. 7,6의 내용(성령의 새로움 속에서 이루어지는 하느님 섬김)은 8장의 주제를 미리 보여 주는 부분이기도 하다.

    7,1-3은 "법의 구속력은 살아 있는 사람에게만 적용된다"는 법의 일반 원칙의 한 예를 제시하고, 4-6절은 그 예를 '그리스도인과 율법의 관계'에 적용한다. 자세히 본다면, 1절에는 법의 일반 원칙이 제시되고 2-3절에는 그 원칙이 혼인 관련 율법에 적용된다. 4절에는 율법을 대하는 그리스도인의 근본 입장이 나오고, 5-6절에는 율법과 관련하여 그리스도 신앙을 갖기 전과 후에 달라진 상황이 대조적으로 제시된다.

5.2. 구절 해설

7,4ㄱ: "나의 형제 여러분, 여러분도 이와 같이 그리스도의 몸 덕분에 율법과 관련해서는 죽음으로써,"

4절에서 바오로는 2-3절에 나왔던 '혼인 관련 법'의 예를 그리스도인들이 모세 율법에 대하여, 또 그리스도 및 하느님에 대하여 가지는 관계에 적용한다. "율법과 관련해서는 죽음으로써"라고 번역된 부분의 원문을 직역하면 "율법과 관련해서는 죽임을 당했습니다(*ethanatōthēte*)"이다(200주년 신약성서 보급판은 이렇게 번역했다).

언제 어떻게 로마의 그리스도인들이 "율법과 관련해서 죽임을 당했다"는 말인가? 답부터 말하자면 그들이 세례 때에 그리스도와 결합함으로써 그렇게 되었다고 볼 수 있다. "그리스도의 몸 덕분에"라는 표현이 이해의 실마리가 된다. 4절에서 말하는 그리스도의 몸은 그리스도께서 우리를 위해 십자가에서 내어 주신 몸을 의미한다. 그리스도인은 믿음과 세례를 통하여 이런 그리스도의 몸에 결합하게 된다. 우리를 위한 그리스도의 죽음 덕분에 세례를 받을 때 우리는 그분의 죽음과 하나가 될 수 있다.

사실 6,3-11에서 바오로는 세례의 의미에 대하여 말하면서 그리스도인들은 '그리스도의 죽음과 하나 되는 세례를 받은 것'이며(6,3), 세례를 받음으로써 '그리스도와 함께 십자가에 못 박힌 것'(6,6)이라고 말했다. 그 결과 '죄에 대하여는 죽었다고 생각하다'(6,11)고 권고했다. 이렇게 6,11에서 죄와 관련해서 말한 것을 7,4에서는 율법에 적용하는 것이다.

그런데 "율법과 관련해서(율법에 대하여)는 죽었다"는 말이 무슨 의미인가? 이를 알아보려면 다른 서간에 나오는 같은 표현을 참조할 필요가 있다. 갈라 2,19에 나오는 "나는 율법과 관련해서는 이미 율법으로 말미암아 죽었습니다"라는 문장을 예수님의 경우에 적용해 보면, '율법에 의거한 단죄를 받고 죽었다"는 것을 뜻한다. 이렇게 볼 때, "율법과 관련해서 죽었다'는 말은 율법이 더는 구속력(지배력)을 갖지 못한다는 것을 의미한다. 죽은 사람에 대하여는 율법이 구속력을 갖지 못하기 때문이다 (7,1 참조). 갈라 2,19에서 바오로가 '율법에 대하여 죽었다'고 말할 수 있는 근거는 자신이 "그리스도와 함께 십자가에 못 박혔다"고 이해한 데 있다. 6,3-11에서 강조된 내용이지만, 바오로에 의하면 믿음과 세례를 통하여 그리스도인들은 그리스도와 결합하였으며, 그래서 그리스도의 죽음과 묻힘 그리고 부활에 동참하였다. 이를 근거로 하여 7,4에서 바오로는 '율법과 관련하여 죽었다'고 말하는 것이다.

7,4ㄴ: "(율법과 관련해서는 죽음으로써,) 다른 분 곧 죽은 이들 가운데에서 되살아나신 분의 차지가 되었습니다. 그래서 우리는 하느님을 위한 열매를 맺게 되었습니다."

율법에 매여 살다가 거기서 풀려난 목적은 해방 그 자체에 있지 않고, 새로운 결합 곧 그리스도와 결합하고 더 나아가 하느님을 위해 '열매'를 맺는 데 있다. 일부 학자들은 여기서 바오로가 계속 혼인의 비유를 염두에 두고 있다고 보아, 4ㄴ절에 나오는 "하느님을 위한 열매"를 (하느님의) 자녀로 이해한다. 하지만 나는 그 열매란 하느님을 기쁘게 해 드리는 삶의 열매(갈라 5,22의 '성령의 열매' 같은 것)로 해석하는 것이 적절하다고 생각한다.

4절에서 바오로는, 여인이 남편이 죽은 다음에는 남편과 맺었던 혼인 계약에서 풀려나 다른 남자와 혼인할 수 있는 것처럼(2-3절 참조), 그리스도인도 율법에서 풀려나 그리스도에게 소속될 수 있게 되었다고 말한다. 그런데 가만히 살펴보면 2-3절에 제시된 예와 4절에 나오는 예의 적용이 정확히 일치하지는 않는다. 앞의 예에서는 '남편'이 죽는데, 뒤의 적용에서 죽는 것은 남편에 해당하는 율법이 아니라 여인에 해당하는 '그리스도인'이기 때문이다. 그리스도인은 세례를 통하여 그리스도와 함께 죽었기 때문이다. 결국 바오로에게 중요한 점은 '죽음'으로써 옛 계약이 해소되고 새 계약을 맺을 수 있게 되었다는 것이다.

7,5-6: 사실 우리가 육에 있을 때에는,
> 율법으로 말미암은 죄들의 욕정들이 우리 지체들 안에서 작용하여
> 죽음에 이르는 열매를 맺게 하였습니다.
> 그러나 우리가 이제는,
> 우리를 사로잡고 있던 율법으로부터, 죽음으로써 벗어났습니다.
> 그리하여 문자의 옛것이 아니라
> 〔성〕령의 새로움 안에서 섬기게 되었습니다(필자 직역).

7,5-6[203]에는 율법과 관련하여 그리스도 신앙을 갖기 전과 후에 달라진 처지가 대조적으로 제시된다. 많은 학자가 5절은 7,7-24의 주제를 예고하며, 6절은 8장 특히 1-16절의 주제를 예고한다고 본다.[204] 5절에 의하면 그리스도 신앙을 갖기 전에 처한 상황의 특성은 "육(㐖)에 〔갇혀〕 있는 것(en sarki)"[205]이며 '율법으로 말미암아 … 죽음에 이르는 열매를

---

203) 가톨릭 공용 성경에 따른 7,5-6의 번역문: "사실 전에 우리가 육에 갇혀 있을 때에는, 율법으로 말미암아 생겨난 죄 많은 여러 욕정이 우리 지체 안에서 작용하여 죽음에 이르는 열매를 맺게 하였습니다. 그러나 우리가 이제는, 우리를 사로잡고 있던 율법과 관련해서는 죽음으로써 그것에서 벗어났습니다. 그리하여 법전이라는 옛 방식이 아니라 성령이라는 새 방식으로 하느님을 섬기게 되었습니다."
204 로마서에서 바오로는 5,5 이후 7,6 이전까지 '영(*pneuma*)'이라는 단어를 사용하지 않았는데, 8장의 전반부부터 매우 자주 사용한다.
205 5절의 원문 자체에는 '갇혀 있다'는 표현이 없다. 다만 그 의미가 함축되어 있다고 볼 수 있다. "육에 있는" 상태가 죽음에 이르는 열매를 맺는 상태로 묘사되었기 때문이다. 그런 결과가 생기는 이유는 '율법으로 말미암아' 죄의 욕정이 지체들 안에 작용하기 때문이라고 본다. 그런데 이어지는 6절에서 바오로는 "우리(그리스도인)는 그

맺는 삶'이었다. 반면에 7,6에 의하면 그리스도 신앙을 갖고 있는 현 상황의 특성은 "〔성〕령의 새로움 안에(en kainotēti pneumatos) 있는 것"이며 '율법에서 벗어나 (하느님을) 섬기는 삶'이다. '성령의 새로움으로'라는 표현과 대조되는 것은 '문자의 옛것으로(en palaiotēti grammatos)'이다. 결국 옛 삶의 특성은 문자의 옛것(낡은 문자)으로 (하느님을) 섬기는 것이다.

7,6(영의 새로움; 문자의 낡음)과 6,4("생명의 새로움/ 새로운 삶") 그리고 2코린 3,6("새 계약은 문자가 아니라 〔성〕령으로 된 것이며, 문자는 죽이나 〔성〕령은 살린다")의 상관성을 고려해 보면, 바오로는 '영(pneuma)'과 '생명(zōē)' 그리고 '새로움(kainotēs)'의 세 개념을 불가분의 관계로 생각했다는 것을 알 수 있다. 예수 그리스도의 죽음으로 맺어진 새 계약으로 말미암아(1코린 11,25 참조) 선사된 '〔성〕령'을 통해[206] 생명과 새로움이 주어진다는 것을 강조하고자 한 것 같다.

나는 바오로 사도의 서간들을 공부할수록 이 점 곧 성령과 새로움, 생명력의 상호관계가 그리스도교 신앙생활에 참으로 중요하다는 점을 더욱 깨닫게 된다. 성령이야말로 교회의 생명력, 활력, 새로움의 원천이다. 프란치스코 교황이 등장하면서 가톨릭교회 안에 새로운 활력이 생기는 것 같다. 많은 사람이 '교회의 쇄신', '새로운 복음화'에 관하여 말하고 있다. 그런데 바오로 서간에 따르자면, 교회가 주님께서 원하시는

것(율법) 안에 갇혀 있다가(en hō kateichometha) 벗어났다(katērgēthēmen apo tou nomou)"고 말한다.

206 5장 5절과 8절의 관계를 고려하면, "하느님의 사랑이 성령을 통해 우리 마음 안에 부어진 것"(5절)은 그리스도의 죽음을 근거로 해서 이루어진 것임을 알 수 있다. 그러니 그리스도 신자들이 성령을 받는 것도 바로 8절에 나오는 '그리스도의 죽음'을 근거로 하고 있다고 말할 수 있다.

대로 새로워지려면 '성령의 인도에 따라' 살아야 한다. 새로움과 생명력의 근원이 바로 성령이시기 때문이다.

보충 설명: 7,6에서 '문자'와 '영'이 대조된 의미

7,6의 마지막 문장 ("그리하여 문자의 옛것이 아니라 (성)령의 새로움 안에서 섬기게 되었습니다": 필자 직역)에는 두 가지 대조가 나타난다.[207] 한편으로는 옛것(palaiotēs)과 새로움(kainotēs)이, 다른 한편으로는 (성)령(pneuma)과 문자(gramma)가 대조된다. 형용사 형태가 아니라 '옛것'과 '새로움'이라는 명사가 직접 사용됨으로써, 5절에 나왔던 '과거'("육에 있을 때")와 6절의 '지금'("그러나 이제") 사이에 결정적 변화가 있었음이 강조된다. '영의 새로움'이란 영이라는 새로움 또는 영의 특성을 갖는 새로움을 의미하고, '문자의 옛것(낡음)'이란 문자라는 옛것 또는 문자라는 특성을 갖는 낡음을 의미한다고 볼 수 있다.

그런데 바오로는 이미 2,28-29과 2코린 3,6에서 영과 문자를 대조한 바 있다. 7,6에서 문자와 영의 대조가 지닌 의미를 알기 위해서는 이 두 곳을 살펴볼 필요가 있다. 2,28-29에 나오는 영과 문자의 대조에 관해서는 앞에서 보았으므로[208] 짧게 언급하겠다. 가까운 문맥

---

[207] 7,6의 마지막 문장은 번역본마다 다르다. 가톨릭 공용 성경: "그리하여 법전이라는 옛 방식이 아니라 성령이라는 새 방식으로 하느님을 섬기게 되었습니다." 박영식의 로마서: "그것은 우리가 성문화된 법전의 낡은 방법으로가 아니라 영의 새로운 방법으로 (하느님을) 섬기기 위함입니다."

[208] 2,28-29에 관한 해설을 볼 것.

에서 보면 2,28-29의[209] "문자가 아니라 영으로"라는 어구는 "마음에 받는 할례"가 무엇인지 수식하는 구실을 한다. 좀 넓게 보면 율법을 실천하는 방식과 관련된 표현이다(2,25.26 참조). 2,28-29에 나오는 "문자로(en grammati)"라는 표현은 율법을 형식적으로 지키는 것, 즉 사람들에게 칭찬이나 받으려는 의도에서 율법을 외적으로 지키는 태도를 가리킨다.

7,6에 나오는 '문자와 영'의 대조는 2,28-29보다 2코린 3,6에 나오는 것에 더 가깝다.[210] 2코린 3,6과 그 문맥에서 문자와 영의 대조가 새 계약(2코린 3,6)과 옛 계약(2코린 3,14)의 대조와 함께 나오는 것처럼, 7,6에도 문자와 영의 대조가 옛것과 새것(새로움)의 대조와 함께 나오기 때문이다. 그런데 7,6에서 말하는 옛 시대는 율법에 사로잡혀 있던 시대를, 새 시대는 율법에서 풀려난 시대를 의미한다. 따라서 7,6에서 영과 대조되는 문자는 바로 앞뒤에서 사용한 '율법(nomos)'을 가리키고 있음이 분명하다. 2,29에 나오는 문자와 영의 대조에서도 문

---

[209] "겉모양을 갖추었다고 유다인이 아니고, 살갗에 겉모양으로 나타난다고 할례가 아닙니다. 오히려 속으로 유다인인 사람이 참유다인이고, 문자가 아니라 [성]령으로 마음에 받는 할례가 참할례입니다. 그렇게 하는 이는 사람들이 아니라 하느님께 칭찬을 받습니다"(2,28-29).

[210] 위에 인용된 2코린 3,3에서 바오로는 "새 마음, 새 영, 살로 된 마음"을 넣어 주겠다는 에제 36,26(11,19)의 표현을 사용한다. 2코린 3,6에 나오는 '새 계약'에 대하여 예고한 예레 31,31-34와 함께, 에제 36,26은 바오로가 이해한 새 계약의 의미를 파악하는 데 중요한 역할을 한다. 바오로가 새 계약과 대비해 옛 계약에 대하여 말하고(2코린 3,14) "모세의 율법을 읽을 때마다"(2코린 3,15)라고 표현하는 것을 보면, 2코린 3장에서 말하는 '문자'가 '모세 율법'과 관련 있음을 알 수 있다.

자가 '율법'을 가리키는 것은 분명한 듯하다. 문맥어서 "율법을 실천하는(준수하는)"(2,13.25.26.27) 방식에 대하여 말하기 때문이다.

보충 설명: 2코린 3,6에서 '영'과 '문자'가 대조된 의미[211]

"하느님께서 우리에게 새 계약의 일꾼이 되는 자격을 주셨습니다. 이 계약은 문자가 아니라 성령으로 된 것입니다. 문자는 사람을 죽이고 성령은 사람을 살립니다"(2코린 3,6).

로마 7,6에서처럼 2코린 3,6의 문맥에서도 옛것과 새로움이 대조를 이루는데, 영에는 새로움이라는, 문자에는 옛것/ 낡음이라는 질적 평가가 붙어 있다. 문맥에서 바오로는 두 가지 '봉사,' 직분(*diakonia*)[212]에 대하여 말한다. 새 계약의 봉사는 '(성)령의 봉사'라고 규정하고, 옛 계약의 봉사는 '돌에 문자로 새겨 넣은 죽음의 봉사'라고 부른다. 즉 죽음으로 이끄는 봉사이며, 돌에 새겨진 문자에 매인 봉사라는 판단이 들어가 있다. 또한 새 계약의 봉사는 '의로움의 봉사'라고 부

---

211 이에 관하여 김영남, "2코린 3장에 나타난 '새 계약'의 특성으로서의 (성)령의 역할에 관한 연구", 〈가톨릭신학과사상〉 68호(2011년 겨울), 50-91쪽, 특히 54-60쪽 참조.
212 그리스어 *diakonia*는 기본적으로 '봉사(섬김)'를 뜻하지만, 이곳처럼 '직분'을 뜻할 수 있다.

르고, 옛 계약의 봉사는 '단죄의 봉사'라고 부른다(2코린 3,9). 이렇게 2코린 3,6의 맥락에서 바오로는 새 계약과 옛 계약을 여러 가지로 대조하며 새 계약의 봉사가 옛 계약의 봉사보다 훨씬 더 우월함을 강조한다.

그런데 여기서 중요한 점은, 바오로는 결코 '옛 계약' 자체가 사람들을 단죄와 죽음으로 이끈다고 말하지 않는다는 것이다. 이는 다음과 같은 표현에 잘 드러나 있다. "돌에 문자로 새겨 넣은 죽음의 직분[213]도 영광스럽게 이루어졌습니다"(2코린 3,7); "그렇다면 성령의 직분은 얼마나 더 영광스럽겠습니까?"(2코린 3,8); "영광으로 빛나던 것이 더 뛰어난 영광 때문에 빛을 잃게 되었습니다. 곧 사라질 것도 영광스러웠다면 길이 남을 것은 더욱더 영광스러울 것입니다"(2코린 3,10-11). 이 표현들을 보면, 바오로가 옛 계약 자체를 부정적으로 평가했다기보다 옛 계약과 관련된 사람들의 특정한 태도를 문제로 삼는다고 볼 수 있다. 달리 말하자면, 새 계약으로 조성된 새로운 종말론적 상황이 기존의 계약을 옛것으로 만들었다고 볼 수 있다. 새것이 옴으로써 기존의 것이 옛것이 된 것이다.

"(새 계약은) 문자가 아니라 영의 것입니다. 문자는 죽이고 영은 살립니다"(2코린 3,6 필자 직역)라는 구절에 나오는 문자와 영의 대조를, 근본적으로 구약성경을 해석하는 두 가지 기본 태도[예컨대 '문자적(literal)' 해석 태도와 '영적(spiritual)' 해석 태도]의 대조로 보는 견해는 널리

---

213 여기서 '직분'이라고 번역된 그리스어는 *diakonia*이다.

퍼져 있다. 이 견해가 바오로의 신학에서 나름대로 정당성을 가지지만, 2코린 3,6에서 바오로가 의도한 의미는 아니었다고 봐야 한다.

왜냐하면 2코린 3,6에서 바오로가 말하는 '문자'는 단순히 어떤 본문의 글자만을 뜻하지 않고 특정한 관점에서 바라본 (모세) 율법을 뜻하기 때문이다. 또 거기서 말하는 '영' 역시 인간의 영이나 정신을 뜻하지 않고 하느님에게서 오는 영 곧 성령을 뜻하기 때문이다. 다시 말해 2코린 3,6의 영과 문자의 대조는 (성)령과 특정한 관점에서 바라본 모세 율법의 대조를 뜻한다. 특정한 관점이란 기록되어 고정된 율법이 인간을 외부에서 법적으로 강제한다고 보는 것을 뜻한다. '새 계약'(2코린 3,6; 1코린 11,25)의 관점에서 볼 때, 문자로 고정된 율법이 외부에서 강제하는 구실을 하는 데 비해, 그리스도인이 믿음과 세례를 통해 받는 (성)령은 인간을 내면에서 변화시키는 구실을 한다. 이 관점에서 볼 때 문자적 율법은 지나간 옛 계약(2코린 3,14)이라는 것이다.

다른 한편, 율법과 관련하여 '문자'라는 어휘를 사용한 것을 이해하기 위해서는 초창기 교회에서 바오로가 처한 상황도 고려해야 한다. 바오로는 유다인들의 경직된 율법 해석의 태도만 반박한 것이 아니다. 그들이 예수 그리스도 사건을 통해 하느님께서 마련해 주신 종말론적 구원의 길을 외면한 채 고정된 문자인 율법에 매달려 모든 율법 조항을 이방인들에게까지, '계약의 백성'이 되려면 의무적으로 지켜야 한다고 강요하는 것도 반박하였다.

6. 죄의 종이 된 '나'에게 율법이 지니는 의미(7,7-25)

6.1. 문맥과 구성

바오로는 7,6 다음에 바로 8,1 이하로 넘어가 성령의 새로움 안에서 하느님을 섬기는 삶에 대하여 논할 수도 있었을 것이다. 그러나 그는 '그리스도인은 율법과 관련해서는 죽었으며, 그래서 그 지배력에서 해방되었다'라는 7,4-5의 주장이 불러올 강한 반발을 염두에 두고 7,7-24에서 '율법과 죄의 문제'를 길게 다루면서 율법과 관련된 수신자들의 오해를 풀려고 노력한다.

이 단락(7,7-25)의 특징은 단수 일인칭 인칭대명사 '나(*egō*)'가 매우 자주 사용되고 '율법(*nomos*)'과 '죄(*hamartia*)'의 관계에 관련된 표현들이 자주 나온다는 점이다. 첫 구절에 나오는 "그렇다면 우리가 무엇이라고 말해야 합니까? 율법이 죄입니까?"(7,7)라는 수사적 질문과 '나'의 빈번한 사용을 감안해 보면, 이 단락에서 다루는 문제는 죄와 율법 그리고 '나'의 상호관계라고 말할 수 있다.

문맥을 고려하면서 이 대목을 전체적으로 보면, 바오로는 모세 율법을 적극 옹호하면서도 동시에 그것의 무능함(약함)을(8,3 참조) 강조한다. 모세 율법을 옹호하는 데에는, 로마서를 쓰기 전까지 선교 과정에서 그 율법에 관하여 한 말에 관하여 사람들(특히 유다인 출신 그리스도인)이 지닌 오해를 풀고자 하는 의도가 들어 있다. 그리고 모세 율법의 무능을 강조하는 목적은 뒤이어 8장에서 전개할 '그리스도 예수 안에서 성령에 따라 사는 삶'의 필요성과 풍요로움을 강조하기 위한 것이다.

바오로가 모세 율법을 옹호하는 내용은 다음 구절에서 잘 나타난다.

"율법이 죄입니까? 결코 그렇지 않습니다"(7ㄱ절); "율법은 거룩합니다. 계명도 거룩하고 의롭고 선한 것입니다"(12절); "그 선한 것이 나에게는 죽음이 되었다는 말입니까? 결코 그렇지 않습니다"(13ㄱ절); "우리가 알고 있듯이 율법은 영적인 것입니다"(14절). 한마디로 율법 자체는 거룩하고 올바르고 좋은 것이며(12절) 영적인 것(14절)이다. 율법에 관한 이런 말은 갈라티아서에서 율법에 대하여 했던 표현(예컨대 갈라 3,13,19)에 비하면 놀랍도록 긍정적이다. 갈라티아서를 쓸 때, 바오로는 수신자 교회의 신자들이 자신이 선포한 복음에서 통째로 떨어져 나가 '율법의 노예' 상태로 되돌아갈 위험을 느껴 급히 써 보냈다. 반면에 로마서(7장)를 쓸 때는 안팎의 상태가 차분했고 과거의 선교 체험에 비추어 불필요한 오해를 씻고자 노력했다.

이 단락은 크게 두 부분 곧 7-13절과 14-25절로 구성된다. 구분하는 근거는 이러하다. ① 시제가 다르다. 앞부분은 과거 시제인데, 뒷부분은 현재 시제이다. ② 특징적 어휘가 다르다. 예컨대 7-13절에는 나오지 않는 '바라다(원하다)', '(행)하다'라는 동사가 14-25절(특히 15-21절)에는 매우 자주 나온다.

6.2. 구절 해설

7,7-13

7,7: "그렇다면 우리가 무엇이라고 말해야 합니까?[214] 율법이 죄입니까? …."

---

214 이 질문은 긴 토론을 시작할 때 바오로가 즐겨 사용하는 표현이다(4,1; 6,1.15; 8,31; 9,14.30 참조).

첫머리의 질문은 율법에 관해 부정적으로 표현한 바로 앞 구절의 내용에 대한 당연한 반응이다.
– 5절: 율법이 죄 많은 여러 욕정을 불러일으킨다는 말과, 그래서 결국 죽음에 이르는 결과를 가져오게 한다는 표현.
– 6절: "우리를 사로잡고 있던 율법"이라는 표현과, 죽음으로써 (겨우) 거기서 풀려날 만큼 그 억압이 컸다고 말하는 점, 율법을 '문자'라고 부르며 '옛것'이라고 부정적으로 평가하는 점.

7ㄱㄴ절의 문제 제기에 대하여 바오로는 단도직입적으로 "결코 그렇지 않습니다(mē genoito)"[215]라고 선언한다(7ㄷ절). 그런데 율법이 죄가 아니라고 단호히 선언하면서도, 7ㄹ절에서 바오로는 죄와 관련한 율법의 부정적 역할을 언급한다. 즉 율법이 나에게 죄를 알게 하는 역할을 했다고 말하면서 율법에 속한 성경 한 구절(탈출 20,17)을 인용한다. "그러나 율법이 없었다면 나는 죄를 몰랐을 것입니다. 율법에서 '탐내서는 안 된다.'고 하지 않았으면 나는 탐욕을 알지 못하였을 것입니다."

7,8–11

7ㄹ절을 보완 설명한다. 그중 10절은 본디 율법(계명)의 근본 목적이 생명으로 이끄는 데 있는데, 결과적으로 죽음으로 이끄는 것이 되었다고 말한다. 11절에서는 그렇게 된 이유가 '죄'가 계명(율법)을 도구로 삼아[216] '나'를 속였기 때문이라고 설명한다. 8–11절에서 바오로는 분명한

---

215 이것 또한 바오로가 강한 부정을 할 때 즐겨 사용하는 표현이다(3,4.6.31; 6,2.15; 7,7. 13; 9,14; 11,1.11 참조).
216 8절("이 계명을 빌미로 죄가 내 안에 온갖 탐욕을 일으켜 놓았습니다")과 11절("죄가 계명을 빌미로 나를 속이고 또 그것으로 나를 죽인 것입니다")에서 "빌미"로 번역된 그리스어 aphormē는 '교두보'라는 뜻을 가진 군사 용어다(갈라 5,13에도 쓰임).

어조로 율법을 변호한다. 이 태도는 12절과 14절에서 절정에 이른다.[217]

7,12: "그러나 율법은 거룩합니다. 계명도 거룩하고 의롭고 선한 것입니다."

이 절은 7-11절에서 바오로가 한 말의 목표점으로 볼 수 있다. 7절 시작에서 제기된 "율법이 죄입니까?"라는 질문과는 정반대 방향("율법은 거룩합니다")에서 답이 제시된다.

7,13: "그렇다면 그 선한 것이 나에게는 죽음이 되었다는 말입니까? 결코 그렇지 않습니다. 오히려 죄가 그 선한 것을 통하여 나이게 죽음을 가져왔습니다. 죄가 죄로 드러나게, 죄가 계명을 통하여 철저히 죄가 되게 하려는 것입니다."

이 구절은 율법, 죄, '나'의 삼각관계에 대한 보충 설명이다. 7절에서처럼 여기서도 율법 또는 계명(entolē)이 나를 죄로 이끄는 요인이란 말이냐는 반문이 제기된다. 여기서도 즉시 "결코 그렇지 않다"고 강하게 부인한다. 이어서 죽음을 가져온 근본 요인은 '죄'라고 밝힌다. 그러면서도 죄가 '선한 율법'을 도구로 삼아 죽음을 가져왔다고 설명한다. 이어 나오는 목적절에서 바오로는 율법의 역할 가운데 '죄가 죄로 드러나게 하는 역할'을 언급한다.

7,14-25

이 단락에서 바오로는 자신의 생각을 피력하는 데 얼마나 열정적인지, 같은 내용을 여러 번 반복한다. 15절의 내용을 19절에, 17절의 내용

---

217 7,8-11에서 바오로는 '율법'이라는 단어 대신 '계명'이라는 단어를 사용했다. 하지만 그 단어를 사용한 까닭은 7절 끝에 인용된 "탐내서는 안 된다"는 구체적인 계명(십계명의 끝 계명) 때문일 것이다. 그리고 이 계명은 모세 율법의 한 부분으로 언급된 것이다.

을 20절에 반복한다. 2장에서 '말(또는 들음)과 행함' 사이의 갈등이 부각되었다면(특히 2,13 참조) 7,14-25에는 율법에 나타난 하느님의 뜻을 실행하고자 하는 '의지'와 '실행' 사이의 갈등이 극적으로 묘사된다. 바오로는 "나는 내가 바라는 것을 하지 않고 오히려 내가 싫어하는 것을 합니다"(15절)라는 식의 표현을 네 번이나 한다(15-16.17-19절).

7,14: "우리가 알고 있듯이 율법은 영적인 것입니다. 그러나 나는 육적인 존재, 죄의 종으로 팔린 몸입니다."

여기서 율법과 나, 영적인 것과 육적인 것이 대조된다. '영적인 것(pneumatikos)'이라는 말은 하느님의 영역 또는 성령의 영역에 속한 것, 따라서 하느님의 힘과 생명을 간직하고 있는 것을 의미한다. 반면에 '육적인 것(sarkinos)'이란 육(肉)으로 이루어진 것을 의미하는데, 성경에서 육(그리스어 sarx, 히브리어 basar)은 인간을 '죽어 없어질 나약한 존재'라는 면에서 묘사할 때 쓰이는 어휘이다(대표적 예로 이사 40,6 참조). 바오로 서간에서 육은 영과 대조되어 사용되면서, 인간을 "하느님을 향하지 않고, 유한하고 지상적 지평으로 기울어져 있는 측면"에서 표현하며(피츠마이어, Romans, 474쪽 참조), 7,14-25에서는 특히 '죄의 세력 아래 머물며 노예가 되어 있는 인간'을 표현한다. 8장에서 길게 다루어질 (성)령에 따른 삶과 육에 따른 삶의 대조에서, 영은 인간이 태생적으로 갖고 있는 영적인 면이 아니라 (후천적으로) 하느님께서 인간에게 주신 '성령'을 말한다. 그리스도에 대한 믿음과 세례를 통해 받은 성령을 의미한다(로마 5,5; 갈라 3,2.5 참조). 그렇게 선사된 성령의 인도를 받아 그 힘으로 살아가라고 권고하는 것이다.

율법 자체는 거룩하고(12절) 영적인 것(14절)이지만, 문제는 '죄'에 율법이 이용된다는 점(7-13절)과 죄에 팔려가 종이 된 육적인 인간(14절 참조)에 있다. 사실 7,14-24.25ㄴ의 긴 말은 결국 율법 자체는 영적인 것으로 하느님의 것이고 좋은 것이지만, 죄의 종이 되어 신음하는 인간을 구출(구원)할 힘이 없다는 것을 고백하는 내용이다. 율법은 하느님께서 금지하는 것을 피하고, 하느님께서 하라고 이르신 말씀을 실행하도록 인간에게 힘을 주지 못한다. 그래서 죄의 종이 된 인간을 '생명으로 이끌어 줄' 본연의 임무를 수행하지 못하고 오히려 죽음의 결과를 가져오게 한다는 것이다.

7,14-24에서 인간은 자기 자신의 주인이 아니라 '죄의 종'이 된 존재로 묘사된다. 그러기에 자신에게서 소외된 인간의 갈등이 다양하게 묘사된다. 거의 분열된 처지이다. '내'가 둘이다. 선을 행하기를 원하는 나와, 악과 함께 있는 나다(21절). 법도 두 개다. 내적 인간이 기뻐하는 '하느님의 법'이 있는가 하면(22절), 내 지체 안에 있으면서 내 이성의 법과 대결하는 다른 법 곧 '죄의 법'이 있다(23절). 부르짖음도 두 가지다. 하나는 "나는 과연 비참한 인간입니다. 누가 이 죽음에 빠진 몸에서 나를 구해 줄 수 있습니까?"(24절)라는 비탄의 부르짖음이고, 또 하나는 "우리 주 예수 그리스도를 통하여 하느님께 감사!"(25ㄱ절)라는 감사의 외침이다.

7,25ㄱ: "우리 주 예수 그리스도를 통하여 나를 구해 주신 하느님께 감사드립니다."

이 구절의 원문을 직역하면 "우리 주 예수 그리스도를 통하여 하느님께 감사!"(번역에서 "나를 구해 주신"이라는 말은 의미상 집어넣은 것)이다. 이 문장이 25ㄴ절 다음에 오면 8장과 연결되면서 더 자연스러울 텐데 미리 튀어 나온 느낌을 준다. 그러나 바로 이 '감사의 탄성'이 바오로가 14-24절에서 무엇을 의도했는지를 잘 드러내 준다고 볼 수 있다. 그것은 여기에 묘사된 탈출구 없는 처지에서 구출될 방법은 '무능한 율법'에 있지 않고, 바로 '주 예수 그리스도'와 '성령'께 있다는 것을 강조하려는 것이다. 8장은 그리스도 예수를 통해서 구속救贖된(해방된) 사람들의 삶을 성령과 관련하여 묘사한다.

보충 설명: 7,7–25에 나오는 '나'는 누구인가?[218]

예로부터 7,7–25를 해석하면서 가장 많이 논란된 것은 이 단락에 자주 나오는 '나(egō)'를 누구로 이해하느냐는 문제였다. 이에 대한 대답에 따라 7,7–25의 이해가 크게 달라진다.

먼저 질문해야 할 문제는 7–13절의 '나'와 14–25절의 '나'를 같은 나로 볼 수 있느냐는 것이다. 답은 '그렇다'이다. 양쪽 단락의 나는 같은 나로 봐야 한다. 두 단락이 불가분하게 연결되어 있기 때문이다. 14–25절은 13절에서 제기한 문제("그렇다면 그 선한 것이 나에게는 죽음이 되었다는 말입니까?")를 논의한 부분으로 볼 수 있고, 13절은 그 앞의 7–12절에서 말한 내용을 전제로 한 일종의 이의 제기 부분이기 때문이다. 그러나 두 단락의 나는 같은 '나'이지만, 둘이 처한 상

---

218 7장의 '나'에 관한 연구에 대하여는 큄멜의 다음 글이 오래되었지만, 현대의 고전처럼 되어 있다. W. G. Kümmel, *Das Subjekt des 7. Kapitels des Römerbriefes*, Altenburg: Pierer, 1929; 현재는 다음 글에 실려 있음. in: W. G. Kümmel, *Römer 7 und das Bild des Menschen im Neuen Testament. Zwei Studien*, München: C. Kaiser, 1974, pp. 1–160. 최근의 문헌 정보와 학자들의 견해에 대한 분석은 J. A. Fitzmyer, *Romans*, pp. 464–466; 특히 D. J. Moo, *Romans*, pp. 423–431 참조.

황은 다르다고 봐야 할 것이다. 과거 시제와 현재 시제가 그 차이점을 말해 준다.

'나'는 바오로 자신을 가리키는가?

한마디로 대답하면, 그렇게 보기 어렵다. 그 근거는 다음과 같다. 이 단락의 나를 바오로 자신이라고 보는 견해를 흔히 '자서전적 해석'이라 부른다.[219] 즉 바오로가 그리스도 신자가 되기 전이나 그 후에, 유다인으로서 모세 율법과 관련하여 겪은 자신의 '체험'을 말한다고 보는 것이다.[220] 이것이 특별한 문제의식 없이 로마 7장을 읽을 때 가장 자연스럽게 갖게 되는 견해일 것이다. 사실 교회사를 통해 가장 많은 학자가 취했던 견해이기도 하다. 하지만 이 견해에 대한 반론이 크게 제기된다. 가장 큰 반론은 바오로 서간에서 나온다. 특히 14-25절의 경우 '나'는 율법의 요구를 지키고자 하는 원의는 간절하나 그것을 실행할 수 없는 비참한 상태(24절 참조)에 대하여 탄식한다. 그러나 바오로가 직접 기록한 필리 3,6이나 갈라 1,13-14에 의

---

[219] 피츠마이어(*Romans*, pp. 463-465)는 7,7-25에 나오는 '나'의 정체에 관한 학자들의 견해를 다섯 가지로 요약한다: ① 자서전적 이해, ② 심리학적 이해, ③ 아담 같은 존재로 이해, ④ 그리스도인으로 보는 견해, ⑤ 우주적-역사적 차원에서 보는 견해. 무(*Romans*, pp. 424-431)는 7,7-25의 '나'에 대한 해석에 네 가지 '방향'이 있다고 말한다 ① 자서전적 해석 방향, ② 아담적 해석 방향, ③ 이스라엘적 해석 방향, ④ 실존적 해석 방향.

[220] 물론 여기서 말하는 '나의 체험'은 바오로만이 겪은 체험이라기보다, 사람들이 듣고 공감할 수 있는 일반적(전형적) 체험일 것이다.

하면, 그는 그리스도 신앙을 갖기 전에 율법의 요구 사항을 지키고자 하였으나 지킬 수 없어서 좌절했던 사람이 아니었다. 바오로는 그때 자신이 율법을 지키는 데 "흠잡을 데 없는 사람이었다"(필리 3,6)고 주장한다.

7,14-25의 '나'를 그리스도인이 되기 전의 바오로에게 적용할 수 없다면, 그리스도인이 된 바오로에게는 더더욱 적용할 수 없다. 그는 이미 7,5에서 그리스도 신자들은 '율법의 노예 상태'에서 해방되었다고 선포한 사람이기 때문이다. 그리고 7,25ㄱ에 들어가 있는 삽입구가 암시하듯이, 바오로에 의하면 그리스도인은 24절에 표현된 그런 탈출구 없는 비참한(절망적) 상황에 갇혀 있는 사람이 아니다. 믿음과 세례를 통하여 그리스도와 결합되어 있기 때문이다. 그들은 주 예수 그리스도를 통해서(25ㄱ절 참조) 그 비참한 상황에서 벗어났으며, 그 후에 비슷한 상황이 발생하더라도 벗어날 수 있다는 희망을 가지고 있다. 그리스도 예수 안에 있는(8,1.2 등) 그들에게는 성령이 주어졌고(로마 5,5; 갈라 3,2.5 참조), 성령에 따라 살아갈 때 그들에게는 "율법이 요구하는 바가 채워지게 된다"(8,4). 사실 8장 전체는 성령에 따른 그리스도인의 삶에 대해 말한다고 볼 수 있다.

바오로가 7,14-24.25ㄴ에서 묘사하는 '나'는, 6장과 8장에서 말한 그리스도인들의 처지(*status*)와 상반되는 모습이다. 다음 예를 보자.

7,14: "나는 육적인 존재, 죄에 종으로 팔린 몸입니다."
6장: "여러분은 죄에서 해방되었습니다"(6,18.22; 참조 6,2.6.14).

> 7,23: "(내 지체 안에는 다른 법이 있어) ··· 나를 내 지체 안에 있
> 는 죄의 법에 사로잡히게 합니다."
> 8,2: "그리스도 예수님 안에서 생명을 주시는 성령의 법이 그
> 대를 죄와 죽음의 법에서 해방시켜 주었기 때문입니다."

로마서의 전체 구조에서 볼 때 7장과 8장은 대립 구도로 짜여 있다(특히 7,14-24.25ㄴ과 8,1-11). 8장이 밝은 부분이라면, 7장은 8장이 대조적으로 잘 드러나도록 해 주는 어두운 부분이다. 또 바오로는 7,7-25에서 단 한 번도 사용하지 않는 '영(*pneuma*)'이라는 단어를 8장에서는 매우 자주 언급한다(로마서에서 *pneuma*는 서른네 번 사용되는데 8장에만 스물한 번 쓰인다). 7,6에 언급된 영과 관련된 진술은 8장의 주제를 예고한 것이라고 볼 수 있다. 바오로는 7,7-24.25ㄴ에서 '그리스도와 성령이 없는' 상태에서 죄의 세력 앞에 노출된 인간의 처지가 얼마나 어려운지(특히 7,24의 외침 참조) 표현한다.[221] 반면에 8장(특히 1-11절)에서는 7,14-25에서 나왔던 주요 주제어인 육과 죄와 율법을 (성)령과의 관계에서 다루면서 '그리스도 예수 안에 있는' 또는 '성령이 그 안에 있는' 이들의 삶에 대하여 본격적으로 이야기하려고 한다.

7,7-13의 나를 바오로 자신으로 볼 경우, 가장 큰 문제는 "전에는

---

[221] 7,14-24에 묘사된 '죄'와의 싸움이 좌절과 패배로 끝난다는 점(7,24 참조)은 이 단락의 '나'를 그리스도인의 '나'로 보기 어렵게 만드는 중요한 논거이다. 바오로에 의하면 그리스도인은 "우리 주 예수 그리스도를 통하여"(7,25ㄱ) 그리고 하느님께 선사받은 '성령을 통하여'(8장) 죄를 이겨 낼 수 있다는 확신(특히 8,1-2)을 지니고 있다.

내가 율법과 상관없이 살았습니다"(9절)라는 표현을 이해하기 어렵다는 데 있다. 어떤 이들은 바오로가 이른바 '바르 미츠와[히브리어 *bar mitswah*, 직역하면 '율법(규정)의 아들']' 예식을 치르기 전 단계에 이 말을 적용할 수 있다고 주장한다. 유다인 소년이 12세쯤 치르는 이 예식은 가톨릭 신자인 소년이 견진성사를 받는 것에 비견할 수 있는데, 이 예식을 치르기 전의 유다인 소년에게는 율법 전체를 지킬 의무가 없었다. 그렇다고 해서 태어난 지 여드레 만에 할례를 받을 정도로 (필리 3,5 참조) 경건한 유다인 가정 출신이었던 바오로를 두고, 그 예식을 받기 전까지 '율법과 상관없이 살았다'고 말하는 것은 매우 이해하기 어려운 일이다.

'나'는 수사학적 표현법의 하나인가?

결론부터 말하자면, 그렇다고 봐야 한다. 7,7-25의 '나'는 그리스도 안에 있지 않은 상태, 따라서 성령이 안에 살지 않는 상태에 있는 인류를 표현하기 위한 수사학적 도구로 이해할 필요가 있다.

이런 견해 가운데 하나가 나를 '아담 같은 나'로 보는 것이다. 일부 학자들은 특히 7,7-13의 나를 창세 3장에 나오는 인류의 원조 아담과 관련하여 이해한다.[222] 엄밀히 말해 바오로가 7,7-13의 '나'와 창

---

222 각주 219에 언급된 '아담적 해석'이 여기에 해당한다. 세부적으로 이 해석을 7,7-11에만 적용하느냐, 7,14-25에도 적용하느냐에 따라 학자들의 견해가 달라진다. 하지만 적어도 이 해석을 주장하는 사람들은, 한 인간인 '내'가 첫 인간 '아담'과의 관련성 때문에(5,12-21 참조) '아담 안에서' 7,7-11 또는 7,7-25에 나오는 상황을 체험하게 된다고 본다.

세 3장의 아담을 동일시한다고 볼 수는 없지만, 적어도 그가 여기서 '아담'을 염두에 두고 있음은 분명하다. 나와 아담이 관련되는 부분을 몇 가지 열거하면 다음과 같다. ① 양쪽에 다같이 '한 인간'이 나온다. ② 양쪽의 인간 모두 주어진 '하느님의 계명'이 문제 된다. ③ 양쪽에 (나와 계명 외에) 제3의 등장인물이 나온다. 7장에는 의인화된 '죄'가 나오고, 창세 3장에는 '뱀'이 등장한다. ④ 7장에서 죄가 하는 역할과 창세 3장에서 뱀이 하는 역할이 유사하다. 죄와 뱀은 하느님께서 사람에게 주신 '계명'을 빌미 삼아 사람을 "속인다"(7,11: 또는 "유혹한다/ 꾄다"; 창세 3,13 참조). ⑤ 양쪽에서 하느님의 계명은 본디 '생명을 위해' 주어진 것이었다. 그런데 이 계명이 죄로 인해 사람을 '죽음'으로 이끈다.

'나'의 정체에 관한 논의를 마무리하며

나는 위에서 7,7-25의 '나'를 그리스도 안에 있지 않은 상태, 따라서 성령이 안에 없는 상태의 인류를 표현하기 위한 수사학적 도구로 이해할 필요가 있다고 결론 내렸다. 그렇다고 해서 7,14-25의 '내'가 보여 주는 갈등 체험이 바오로 자신을 포함한 그리스도인의 체험과 무관하다고 볼 수는 없다. 물론 모든 그리스도인이 겪는 체험이라고 주장할 수는 없지만, 분명히 많은 그리스도 신자가 '죄의 유혹'에 직면하여 겪는 갖가지 갈등을 표현한다고 볼 수 있다. 그런 갈등을 배경으로 7-25절을 읽을 때 깊은 의미를 발견할 수 있다. 사실 그리스도 안에 있는 상태 또는 성령이 안에 계심은 우리가 물건을 가지듯이 '한번에', '완전히 소유할 수 있는 것'이 아니다. 그것은 근본적으로 꾸준한 믿음이 있어야 가능하다.[223] 그리스도 신자라 하더라도 그리스도나 성령과 상관없이 자신의 힘으로만 살아가려고 할 때가 있다. 바오로는 그럴 때 24절의 표현처럼 좌절하게 된다고 말한다.[224]

---

[223] 앞에서 언급하였듯이, 바오로가 6장에서 로마의 그리스도 신자들에게 "여러분은 죄에서 해방되었습니다"라고 여러 번 선언한 것은 사실이지만(6,18.22; 참조 6,2.6.14), 그렇다고 '죄의 위협'이 더 이상 존재하지 않는다고 말한 것은 아니다. 오히려 "이제 죄에 대하여는 죽었다"는 각오로 살라는 여러 권고는(6,11-14.19; 8,13; 참조 13,11-14) 그리스도 신자들에게 죄의 위협(유혹)이 상존하고 있음을 전제한다. 바오로에 의하면, 그리스도인은 근본적으로 '이미'와 '아직 아니'의 종말론적 긴장 속에 살고 있다.

[224] 이런 설명을 전제한다면, 나는 바오로 사도의 원래 의도가 무엇이었는지에 관해 앞에서 내린 결론을 견지하면서도, 7,7-24.25ㄴ에 묘사된 '나'를 그리스도인 바오로가 체험한 '나'에 대한 묘사로 보고, 그것을 후대의 그리스도 신자들의 체험에 적용하는 해석이 나름대로 근거를 가진다고 생각한다. 그러나 분명히 해야 할 점은, 바오로에 의하면, 그리스도 신자들에게 '죄와의 싸움'은 근본적으로 패배가 예정된 절망적인 것이 결코 아니라는 것이다. 7,25ㄱ이 분명히 제시하듯이 그리스도 신자들은 "우리 주 예수 그리스도를 통하여", 그리고 8장에서 장중하게 표현되듯이 그들에게 선사된 '성령을 통해' 죄의 세력을 이겨 낼 힘을 지니고 있다. 바오로에 의하면 그리스도인은 죄와 싸우되 우리 주 예수 그리스도 안에서, 성령을 통해 '승리하리라'는 확고한 희망을 지니고 있다.

> **보충 설명: "의인이면서 동시에 죄인"이라는 마르틴 루터의 주장**
>
> 마르틴 루터는 7,7-25를 근거로 세례를 받은 그리스도인도 "의인이면서 동시에 죄인(라틴어 simul iustus et peccator)"이라고 주장했다. 이와 관련하여 슈툴마허는 다음과 같이 말한다. "루터는 1522년 자신이 번역한 소위 9월 성경의 유명한 로마서 서문에서 로마서 7장 7-25절을 증거로 삼아 세례받은 그리스도인 역시도 그가 죽을 때까지 '죄인인 동시에 의인'으로 머무를 것이며 또 머물러야 한다고 강조하였다"(페터 슈툴마허, 《로마서 주석》, 203쪽).
>
> 그런데 슈툴마허는 위에 제시된 루터의 견해가 7,7-25의 본문으로부터 충분한 지지를 받지 못한다고 말하며, 그 근거로 갈라 5,16 이하의 단락과 로마 8,5 이하의 단락을 예로 제시한다. 그는 이 단락들에서 바오로가 세례받은 그리스도인도 '육'의 권세를 통한 유혹에 의해 늘 위협을 받는다는 점을 강조했다고 주장한다. 슈툴마허는 더 나아가, 갈라티아서에서 바오로가 이미 그리스도 신자가 된 사람들이 그리스도 안에서 받은 하느님의 은혜로부터 다시 떨어져 나갈 수 있다는 것을 전제하며, 그것에 대하여 크게 걱정했던 점도 예로 든다. 이어서 슈툴마허는 다음과 같이 결론을 내린다. "그래서 율법 아래 있는, 아담적인 나의 곤경은 바울에게는 믿음으로 이겼으나 늘 새롭게 실제로 존재하고 있는 위험이다. 바울에 의하면 그리스도인은 '죄인인 동시에 의인'은 아니지만 그리스도인은 '의로우나 동시에 유혹 받을 수 있으며', 그것도 그가 그리스도에 의해 영광에 들어갈 때

> 까지 계속 그러할 것이다(빌 3:20-21 참조)"(페터 슈툴마허, 앞의 책, 204쪽; Peter Stuhlmacher, *Der Brief an die Römer*, NTD 6, Göttingen: Vandenhoeck & Ruprecht, 1989, pp. 106-107 참조).

7. 성령의 힘을 받은 그리스도인의 삶(8,1-17)

7.1. 중요성과 구성

중요성: 8장은 하느님께서 그리스도를 통해 마련해 주신 새로운 삶이 얼마나 풍요로운 것인지를 다음과 같이 종합적으로 드러낸다는 점에서, 그리스도인의 삶을 이해하는 데 대단히 중요한 곳이다.

8장에 의하면 그리스도인은 무엇보다도 그리스도 예수님 안에 있어 단죄받지 않는다(1절). 그들이 죄와 죽음의 법에서 해방되었기 때문이다(2절). 그들 안에는 하느님께서 주신 성령이 머무르시며[內住(9,11절)], 그들은 그 성령으로 말미암아 하느님께 사랑받는 양자/ 양녀가 되었고(15-16절), 그래서 상속자로서 하느님의 영광에 참여할 희망을 확고하게 지닌다. 그들이 지닌 이 희망은 현실의 갖가지 고난에도 불구하고(17-27절) 반드시 이루어질 것이다(28-30절). 그 희망은, 그 어느 것도, 어떤 고난도 그들을 떼어 놓을 수 없는 '그리스도의 사랑'을 통해 드러난 '하느님의 사랑'에 대한 희망이기 때문이다(31-39절).

그런데 그리스도인이 이토록 풍요롭게 누리는 복된 처지(단죄가 없음,

성령의 내주(內住), 하느님의 양자/ 양녀들이 되었음, 하느님의 영광에 참여하게 되었음, 어떤 것도 떼어 놓을 수 없는 하느님의 사랑을 그리스도를 통해 받고 있음 등)는 모두 하느님께서 그들에게 선사하신 '성령'의 역할과 연관된다. 8장은 '성령의 장'이라고 불릴 정도로 성령에 대하여 많이 언급한다. 그런 의미에서 8장은 그리스도인의 삶에서 성령이 차지하는 역할을 알아보기 위해 반드시 읽어야 할 중요한 부분이다.[225]

문맥: 로마서 전체로 볼 때, 8장과 7장이 대조적이라는 점에 유의해서 8장을 해석해야 한다. 크게 보아 8장은 율법까지도 도구로 삼는 죄의 지배(7장)에서 벗어나 성령의 힘 속에 하느님의 자녀로 두려움 없이 살아가는 그리스도인의 삶에 대하여 이야기한다. '그리스도 또는 그분의 영이 없는' 상태(7장)와 '그리스도 또는 성령 안에 있는' 상태가 대조되어 있다. 7,7-25과 특히 8,1-11이 대조적이라는 점은 '죄의 지배'에서 '성령의 지배'로 바뀐다는 점에서도 확인된다. '내 안에 살고 있는 죄'(7,17.20)에 대하여 말하다가, '여러분 안에 살고 계시는 영'(8,9ㄴ; 11ㄱㄴ)에 대해 말한다. 이런 지배(자)의 변화는 예수 그리스도를 통한 하느님의 은혜로운 개입(1-3절)의 결과로 이루어진 것이다.

앞에서 언급하였듯이, 8장은 7,6에서 예고된 '(성)령의 새로움 안에서

---

[225] 그리스어 *pneuma*가 로마서에 서른네 번 나오는데, 그중 스물한 번이 8장에 그것도 1-17절에 집중되어 나온다. 두 번(15ㄱ절과 16ㄴ절)을 제외하고는 모두 성령을 가리킨다. 8장 이전에는 단 세 번(1,4; 5,5; 7,6)만 사용되었다. 가톨릭 공용 성경에서는 8장에서 *pneuma*(영)이라는 단어에 *hagion*(거룩한)이라는 형용사가 덧붙여 있지 않더라도(5,5; 9,1; 14,17; 15,13.16.19에서는 *pneuma hagion*을 사용), 내용상 이 단어가 인간의 영이 아니라 하느님의 영이나 그리스도의 영을 의미할 때에는 '성령'이라고 번역하였다. 서양 번역본, 예컨대 영어권에서는 흔히 소문자와 대문자로 인간의 '영(spirit)'과 신적인 '영(Spirit)'을 구분한다.

섬기는 삶'이라는 주제를 전개하는 부분이다. 아울러 바오로가 죄의 문제를 다루는 6장과 죄의 세력에 이용되는 율법의 문제를 다루는 7장으로 중단되었던, 5장 첫 부분(5,1-11)의 주제를 다시 발전시키는 곳이라고 볼 수 있다(예컨대 5,1과 8,1을 비교할 것).

구성: 이 단락은 크게 네 부분으로 나눌 수 있다. 먼저 8,1-4의 상황은 7,7-24.25ㄴ의 비참한 상황과 대조를 이룬다. 1절은 이 반전된 상황을 '예수 그리스도 안에 있는 상황'으로 규정한다. 2-4절은 1절을 설명하면서 동시에 7,25ㄱ에 미리 나왔던 감사의 외침("우리 주 예수 그리스도를 통하여 하느님께 감사!")의 근거를 제시한다. 새로운 상황을 '해방된 상황'으로 묘사한다는 점에 유의해야 한다.

5-11절에서 먼저 4ㄴ절에 '육을 따르는 삶'과 '성령을 따르는 삶'이 나오고, 이것이 5-8절에서 여러 방향으로 대조되어 나타난다. 이 대조는 11절(또는 13절)까지 계속된다고 볼 수 있다. 9-11절에서 바오로는 수신자들에게 직접 호소한다(복수 2인칭 '여러분'이 다시 사용된다). 이 부분에는 하느님의 영과 관련된 조건절(…하면, …)이 네 번이나 나온다. 여기서 영은 하느님의 영이나 그리스도의 영, 또는 예수님을 죽은 이들 가운데서 일으키신 분의 영으로 언급되는데, 이는 8장에서 말하는 영이 '그리스도의 부활'과 매우 긴밀히 관련되어 있음을 보여 준다.

12-13절에서 바오로는 앞에서 말한 하느님의 구원 행위를 바탕으로 성령에 따라 살아야 할 그리스도인의 책임을 강조한다.

끝으로 14-17절에서 바오로는 그리스도인들은 하느님께서 주신 성령을 통해 하느님께 사랑받은 자녀가 되었으며, 따라서 '상속자'로서 장차 하느님의 영광에 참여할 수 있게 되었다는 점을 강조한다.

7.2. 구절 해설

8,1: "그러므로 이제 그리스도 예수님 안에 있는 이들은 단죄를 받을 일이 없습니다."

그리스어 원문에는 1절에 동사가 없다. 그래서 1절은 일종의 제목처럼 강조된 느낌을 준다. 사실 그리스도인이 누리고 있는 복된 처지에 대한 확신이 8장 전체를 관통한다. 단죄를 뜻하는 그리스어 카타크리마(*katakrima*)가[226] 재판 때의 '유죄 판결'을 의미하기에, 의화義化(*diakiōsis*)를 재판 때의 '무죄 선언'으로 볼 수 있다면 이 둘은 반대어라고 할 수 있다. 예수 그리스도를 믿어 의롭게 된 사람들은(5,1 참조) 그리스도 예수 안에 있는 한(그리스도 예수와 결합되어 있는 한) 더 이상 단죄를 두려워하지 않아도 된다.

"그러므로 이제"에서 '이제'는 그리스도의 죽음과 부활을 통해 새롭게 형성된 구원의 현재, 종말론적 현재를 가리킨다고 볼 수 있다[3,21; 7,6에 나오는 "그러나 이제(*nyni de*)"와 3,26; 5,9.11에 나오는 '이제, 지금(*nyn*)' 참조].

"그리스도 예수님 안에 있는 이들에게는"(직역) 새롭게 형성된 구원의 상황이 엄밀히 말해 그들에게 열려 있는 사항이다. 바오로는 의도적으로 7,7-24에서는 '그리스도 예수'라는 표현을 사용하지 않았다. 그러면 왜 그리스도 예수 안에 있는 이들에게는 단죄가 없는가? 이에 대하여

---

[226] 그리스어 *katakrima*가 신약성경에서 로마 5,16.18과 8,1에만 나온다는 점은 유념할 만하다. 5,16.18에서 바오로는 아담과 그리스도를 대비하면서, 아담의 죄로 모든 사람에게 유죄 판결(단죄, *katakrima*)이 내려졌지만, 그리스도의 의로운 행위(*dikaiōma*)로 모든 사람에게 무죄 선언(의화, *dikaiōsis*)이 내려졌다고 말했다. 이런 어휘 사용을 보면, 바오로는 5,12-21의 생각을 배경에 두고 8,1을 기술한다고 볼 수 있다.

2절 이하에서 설명한다.

8,2: "그리스도 예수님 안에서 생명을 주시는 성령의 법이 그대를 죄와 죽음의 법에서 해방시켜 주었기 때문입니다."

해석하기가 매우 어려운 구절 중의 하나이다. 해석의 가장 큰 어려움은 여기서 말하는 '법(*nomos*)'을 어떻게 이해해야 하느냐는 것이다. 양쪽에 나오는 법을 다 '(모세) 율법'으로 해석해야 하는지 아니면 예컨대 '원칙, 법칙' 또는 '질서, 체제' 등의 은유적 의미로 이해해야 하는지 결정하기가 매우 어렵다. 나는 적어도 "생명을 주시는 성령의 법"(직역: '생명의 영의 법')에 나오는 '법'은 모세 율법을 의미하지 않는다고 생각한다.[227] 7,14-24에서 바오로가 말하는 내용도 결국 율법은 죄의 지배를 받고 있는 육적 인간을 죄와 죽음에서 해방시킬 수 없다는 것이기 때문이다. 생명을 주는 영의 법은 결국 '생명을 주는 성령' 자체를 의미한다. 11절에 의하면 예수님을 죽은 이들 가운데에서 일으키신 분의 영은 죽을 몸도 살리신다. 성령은 그리스도 예수 안에 살아가는 사람들이 지닌 '새 생명'(7,6 참조)의 원천으로, 그들에게 생명력을 불러일으키고 그들을 죄와 죽음에서 떼어 놓는(해방하는) 능력을 지니고 있다. 바로 이 능력을 율법은 가지지 못했던 것이다.

이와 달리, 나는 "죄와 죽음의 법"이라는 표현에서 '법'은 분명 7,14-24(특히 23-24절)에서 언급했던 법 곧 '(모세) 율법'을 의미할 가능성이 충분히 있다고 생각한다. 하지만 이 경우에도 '법'을 은유적 의미(예컨대 원칙, 질서)로 이해하는 것이 더 좋을 듯하다. 왜냐하면 바오로가 말하

---

227 그리스어 *nomos*가 '(모세) 율법'이 아니라 '원칙, 질서'를 뜻할 수 있다는 점에 관하여는 3,27과 7,22-23의 예를 더 살펴보라.

고자 하는 자유 곧 그리스도인이 누리게 된 해방의 상태는, '율법으로부터의 해방'을 훨씬 뛰어 넘는 '죄와 죽음으로부터의 자유'라는 최고 차원을 의미하기 때문이다. 좁게 보면 7장에서 '율법으로부터의 자유'(7,4-6)를 말한다고 볼 수 있지만, 5-6장까지 포함한 좀 더 넓은 맥락에서 보면 바오로가 말하고자 하는 것은 '죄와 죽음으로부터의 자유'라는 차원이다.

8,3: "율법이 육으로 말미암아 나약해져 이룰 수 없던 것을 〖하느님께서 이루셨습니다.〗 곧 당신의 친아드님을 죄 많은 육의 모습을 지닌 속죄 제물로 보내시어 그 육 안에서 죄를 처단하셨습니다."

문법으로 보면(3절 첫 자리에 있는 접속사 gar 참조) 8,3-4은 2절("… 해방시켜 주었기 때문입니다")의 근거를 대며 설명하는 역할을 한다. 즉 3절은 2절에서 말하는 그 해방이 어떻게 이루어졌는지, 나아가 1절에서 말하는 '단죄가 없는 상황'이 어떻게 해서 이루어졌는지를 설명한다. 3ㄴ절에 의하면 그 새로운 상황은 '하느님께서 당신의 친아드님을 보내시어 … 속죄 제물로 삼으신 사건' 덕분에 생긴 것이다.

3ㄱ절은 그리스어 문법상 미완성 문장이다. 3ㄱ절 가운데 "하느님께서 이루셨습니다"는 의미를 살려 삽입한 부분이다. "율법이 이룰 수 없던 것"이라는 표현에 바오로는 "육으로 말미암아 나약해져"라는 말을 덧붙인다. 갈라티아서의 경우와 달리, 로마서에서 바오로는 율법에 대한 자신의 견해에 대해 수신자들이 오해하는 것을 풀려고 계속 노력한다. 바오로는 앞에서 이미 율법 자체는 "거룩하고"(7,12), "영적인 것"(7,14)임을 인정하였다. 다만 문제는 내가 "육적인 존재, 죄의 종으로 팔린 몸"(7,14)이라는 데 있다. 7,14-24은 죄의 종이 된 '나'에게 율법이 얼마나 무능한지 보여 준다. 이런 7,14-24의 전체 내용과 바로 앞의 8,2 내용을

함께 고려해 보면, 8,3에 나오는 "율법이 이룰 수 없던 것"이란 죄를 짓지 않도록 인간을 도와주고, 그래서 죄의 결과인 죽음으로부터 인간을 해방시켜 주는 것이라고 볼 수 있다. 이어지는 8,4에 의하면, 예수 그리스도를 통한 하느님의 은혜로운 개입으로 말미암아 "율법이 요구하는 바"(즉 하느님께서 율법을 통해 요구하시는 것)가 충족된다.

"죄 많은 육의 모습을 지닌"이라는 어구에서 '죄 많은 육'(직역: '죄의 육(신)')이라는 말은 7,14-24에서 묘사된 죄에 팔려 종이 된 육신(7,14 참조)의 상황을 가리킨다. "육의 모습을 지닌"이라는 어구를 직역하면 '육의 비슷함(homoiōma)으로' 또는 '육을 닮은 모습으로'이다. 바오로가 단순히 "죄 많은 육을 지닌"이라고 말하지 않고 "죄 많은 육의 비슷함으로"라고 '비슷함'이라는 단어를 삽입한 데는 나름대로 큰 의미가 있다. 이 단어는 예수께서 아무런 죄도 짓지 않으셨다는 것을 표현하는 역할을 하기 때문이다(2코린 5,21; 히브 4,15; 7,26 참조). 그러나 이를 근거로 이른바 가현설假現說(doketismus), 곧 예수는 참 인간이 아니라 '인간 비슷하게' 나타났을 뿐이라는 주장을 해서는 안 된다. 바오로가 강조하고자 하는 것은 죄의 지배를 받고 신음하는 인류를 구원하시기 위해 하느님의 아드님이 인간의 조건을 참으로 받아들이셨다는 것이기 때문이다.

육肉의 의미: 혈육 관계를 표현하는 일부(4,1; 9,3.5.8; 11,14)를 예외로 치면, 바오로는 이 단어로 죽어 사라질 나약한 존재라는 면에서 본 인간을 표현한다. 8장의 맥락에서 이 단어는 하느님의 영의 인도하심에 열려 있지 못하고, 지상적이며 죄스러운 경향에 매여 있는 '자연적이고 물질적인 인간'을 의미한다. 그럼에도 바오로는 육이 영을 가두어 둔다고 말하지도 않고, 육 또는 몸 자체를 죄악시하지도 않는다. 7,14-25에 의하면 '육'은 죄의 지배를 받는 영역이다. 8,3에서 바오로는 죄가 지배하는 바로 그곳 "육에서(*en tē sarki*) 하느님은 그 죄를 처단(단죄)하셨다"(필자 직역)고 선언한다.

속죄 제물로: 그리스어 원문에 *peri hamartias*(직역: '죄에 관하여')라고 된 이 어구를 "속죄 제물로"라고 번역하는 근거는 칠십인역의 예에 있다. 칠십인역에서는 히브리어 성경에 나오는 *al-hatṭa't* 또는 *le-hatta't*("속죄 제물로"라는 의미)를 거의 매번 *peri tēs hamartias*로 옮겼다(레위 4,3.14.28.35; 5,6-8.10.11.13).

8,4: "이는 육이 아니라 성령에 따라 살아가는 우리 안에서, 율법이 요구하는 바가 채워지게 하려는 것이었습니다."

4절의 목적절은 3절에 언급한 하느님의 은혜로운 개입이 지향하는 목적에 대해 말해 준다. 여기서 "율법의 요구(*dikaiōma tou nomou*)가 채워진다"는 어구에 대한 해석이 결정적으로 중요하다. 이 어구에서 바오로가 의도하는 것은, [모세] 율법에 기록된 수많은 규정을 그리스도 사건 이전에는 지킬 수 없었는데 이제 그리스도인들은 그것을 지킬 수 있게 되었다는 것인가? 이 질문에 대하여는 바오로 서간을 전반적으로 볼 때 "결코 아니다"라고 답해야 할 것이다. 여기서 '율법의 요구'란 율법을 통한 수많은 요구 사항이 아니라, 율법을 통하여 하느님께서 근본적으로 의도하신 바를 뜻하는 것 같기 때문이다(2,26의 복수형과 비교).

이 어구에 쓰인 '채워진다'는 수동태 표현에도 유의할 필요가 있다. 바오로는 단순히 '우리가 율법의 요구를 채우도록'이라고 쓰지 않고 "우리 안에서 채워지도록(충족되도록)"이라고 썼다. 여기에 덧붙여 우리는 "육이 아니라 성령에 따라 살아가는 우리"라고 규정된다. 즉 율법 요구의 성취는 우리의 노력 여하에 달려 있지 않다는 점이 여기서 분명히 드러난다. 율법의 요구는 우리가 육이 아니라 성령의 인도하심에 따라 살아갈 때 '성취되는 것이다.' 그런데 이 성령은 바오로에 의하면 믿는 이들에게 선사된 것(갈라 3,2.5; 4,6; 로마 5,5 참조)이다. 인간이 노력하여 여러 면에서 생명력을 증진시킬 수 있다. 하지만 바오로에 의하면 궁극적으로 인간이 죄와 죽음에서 해방되기 위해서는 인간의 노력만으로는 안 된다. 하느님의 성령을 받아야 하고, 그 성령의 인도에 따라 살아야 한다.

8,5-8

이 단락에서 4ㄴ절에 나왔던 육(*sarx*)과 〔성〕령(*pneuma*)의 대조가 여러 방향에서 재조명된다. 이 대조는 11절(또는 13절)까지 계속된다고 볼 수 있다. 바오로가 5-8절에서 말하고자 하는 전체 방향은 '육은 죽음을 가져오고 〔성〕령은 생명을 가져온다'는 것이다.[228]

8,5-6: "무릇 육을 따르는 자들은 육에 속한 것을 생각하고, 성령을 따르는 이들은 성령에 속한 것을 생각합니다. 육의 관심사는 죽음이고 성령의 관심사는 생명과 평화입니다."

여기서 "육을 따르는 자들"에 해당하는 그리스어 원문을 직역하면

---

228 8,5-9에 나오는 여러 대조를 다음과 같이 정리해 볼 수 있다.
5절: ① 육에 따라 존재함(*kata sarka einai*) //
　　〔성〕령에 따라 존재함(*kata pneuma einai*)
② 육에 속한 것을 생각함(*ta tēs sarkos phronein*) //
　　성령에 속한 것을 생각함(*ta tou pneumatos* 〔*phronein*〕)
6절: ③ 육의 관심사(*to phronēma tēs sarkos*) //
　　〔성〕령의 관심사(*to pronēma tou pneumatos*)
④ 죽음(*thanatos*) // 생명과 평화(*zōē kai eirēnē*)
8-9절: ⑤ 육 안에 있음(*en sarki einai*) // 〔성〕령 안에 있음(*en pneumati einai*) 또는 "하느님의 영(그리스도의 영)이 … 안에 거주함"(*pneuma theou [Christou] oikei en*…)

"육에 따라 존재하는 이들"이다. 5절의 "육에 속한 것을 생각하는 것"이라는 표현이 6절에서는 "육의 관심사(*to phronēma tēs sarkos*)"로 표현되어 있다. 이런 생각과 사고방식[229]에서 나오는 결과를 바오로는 죽음이라고 말한다. 6,21.23에 의하면 죽음은 죄의 결과이다(특히 6,23: "죄의 품삯은 죽음이다"). 반면에 성령을 따르는 삶의 결과는 "생명과 평화"이다. 바오로에게 [성]령은 근본적으로 '생명을 주는 영'이다(특히 8,2 "그리스도 예수 안에서의 생명의 영"; 2코린 3,6 참조). 그리고 6,22-23에 의하면 죄에서 해방되어 하느님을 섬기는 삶의 종착점은 영원한 생명이다.

가까운 문맥에서 볼 때 여기서 "평화"라는 단어가 나오는 것은 좀 뜻밖이다. 하지만 뜻밖에 사용된다는 사실 자체에서, 바오로가 '평화'라는 주제를 매우 중요하게 여겼다는 것을 엿볼 수 있다. 평화는 '믿음을 통한 의화'의 결과이며(5,1) 바오로가 서두 인사 때마다 축원하는 내용("은총과 평화")의 하나이다. 8,6에서 말하는 평화가 근본적으로 그리스도를 믿음으로써 선사받은 [성]령에 따른 삶의 결과인 것처럼, 갈라 5,22에서도 평화는 성령을 따른 삶의 결과 곧 [성]령의 열매("사랑, 기쁨, 평화, 인내, 호의" 등)의 하나이다. 14,17에서도 "의로움과 평화"는 "성령 안에서(*en pneumati hagiō*)" 서로 긴밀하게 연결되어 있다.[230] 갈라 5,19에서 바오로는 육을 따르는 삶의 결과를 "육의 행실들"이라고 표현했다.

8,7-8: "육의 관심사는 하느님을 적대하는 것이기 때문입니다. 사실 그것은 하느님의 법에 복종하지 않을 뿐만 아니라 복종할 수도 없습니다. 육 안에

---

[229] 위에서 '관심사'라고 번역된 *pronēma*를 일부 학자들은 '사고방식'으로 옮긴다. 예컨대 D. J. Moo, *Romans*, pp. 486-487.

[230] 14,17: "하느님의 나라는 먹고 마시는 일이 아니라, 성령 안에서 누리는 의로움과 평화와 기쁨입니다."

있는 자들은 하느님 마음에 들 수 없습니다."

이 말씀을 잘 이해하려면 바오로가 7,14-24에서 한 말을 배경에 두어야 한다. 거기서 묘사되는 인간(수사학적 "나")은, 율법 그 자체는 "거룩하고"(7,12) "영적인 것"(7,14ㄱ)이라는 것을 분명히 알고 있고, 그래서 내적으로는 이 "하느님의 율법을 두고 기뻐하기까지 한다"(7,22). 그리고 행하고자 하는 원의도 의지도 있지만(7,18-20), 그것을 행할 수 없는 자신의 처지를 두고 다음과 같이 절규하였다. "나는 과연 비참한 인간입니다. 누가 이 죽음에 빠진 몸에서 나를 구해 줄 수 있습니까?" 이 비참한 처지를 7,14ㄴ에서는 "〔죄에 팔린〕육적인(sarkinos) 인간"[231]의 처지라고 보았다. 이 처지는 7,5에 의하면 '육에 있었을 때(hote einai en tē sarki)'의 처지이다. 8,7에서 말하는 "하느님의 법에 복종하지 않을 뿐만 아니라 복종할 수도 없는" 처지가 바로 7,14-24에서 묘사한 '육적인 인간'의 처지이다.

이 처지에서 벗어날 수 있기 위해서는 주 예수 그리스도에 대한 믿음을 통해 〔성〕령의 힘을 받아야 하고, 받은 다음에는 그 〔성〕령 안에(en pneumati) 머물며, 〔성〕령을 따라(kata pneuma) 살아가려고 노력해야 한다. 이 점에 대하여 말하는 곳이 바로 8,1-11(13)이다. "하느님 마음에 들다(동사 areskō)"에 관하여는 1테살 2,15을 참조하라.[232]

8,9: "그러나 하느님의 영이 여러분 안에 사시기만 하면, 여러분은 육 안에

---

[231] "죄에 팔린 육적인 인간"(직역)이라는 7,14의 표현은 8,3에 나오는 "죄의 육(sarx hamartia)"이라는 표현과 긴밀히 연결되어 있다.

[232] "하느님" 또는 "주님의 마음에 들다"와 관련하여 "마음에 들다"라는 뜻으로 euareskō 동사가 사용된 곳에 관하여는 로마 12,1 이하; 14,18; 2코린 5,9; 에페 5,10; 콜로 3,20; 히브 12,28; 13,21 참조.

있지 않고 성령 안에 있게 됩니다. 누구든지 그리스도의 영을 모시고 있지 않으면, 그는 그리스도께 속한 사람이 아닙니다."

5-8절에서 바오로는 복수 3인칭으로("…하는 이들" 식으로) 일반적으로 말하였는데, 9절에서는 "여러분"이라는 호칭을 다시 쓰면서 로마 교우들에게 직접 호소한다. 그리스어 원문에서 9절의 시작 문장은 조건문이 아니라, "여러분은 육 안에 있지 않고 성령 안에 있습니다"라는 서술문이라 매우 긍정적 어감을 준다. 수신자인 로마의 그리스도 신자들이 "그리스도 예수 안에 있는 이들"로서(8,1 참조) 이미 육이 아니라 〔성〕령 안에 있다는 것을 확인시켜 주기 때문이다. 여기서 바오로가 바라보는 그리스도 신앙인의 지위(처지)를 정리해 보면 다음과 같다.

> 그리스도 신자들은 예수 그리스도를 믿음으로써 의롭게 되었으며(로마 5,1.9; 1코린 6,11; 참조 로마 3,24), 동시에 세례를 통하여 그리스도 예수와 결합되었고(로마 6,3-4), 〔성〕령을 받아(1코린 6,11; 12,13; 로마 5,5) 하느님께 사랑받는 자녀가 되었다(로마 8,15; 갈라 4,6). 그들은 그리스도 예수 안에 있는 사람으로(로마 8,1; 갈라 3,28), 은혜롭게도 이미 〔성〕령의 힘의 영역 안에 머물러 있다.

그런데 이런 은총의 처지(5,2 참조)에 있는 그리스도인에게는 이 은총에 감사하며 응답하는 믿음의 삶이 계속 요청된다. 이 요청이 8,1-13의 단락에도 나오는데(특히 13절에서는 강력한 경고와 함께 요청된다), 9절에는 '조건문' 안에 표현되어 있다.

"하느님의 영이 여러분 안에 사시면(거주하시면)": 성령론과 관련하여 여기에 중요한 표현이 새로 나온다. 9절과 11절에 의하면, 믿음과 세례를 통하여 그리스도 신자들은 단지 '성령 안에 있을' 뿐만 아니라, 성령(9절에서 한편으로는 '하느님의 영', 다른 한편으로는 '그리스도의 영'이라고 말함)께서 그들 안에 '거주하신다'(동사 oikeō). 바로 이 구절(8,9.11)이 "성령의 내주內住"라는 용어가 나온 원천이다. 바오로는 이미 그리스도인들의 몸(sōma) 자체가 '그들 안에 있는 성령의 성전'이라고 말했다(1코린 6,19; 참조 2코린 6,16).

9ㄷ절에서 "그리스도의 영을 모시는 것(가지는 것)"은 바오로가 말한 '[성]령에 따라 살아가는 것', '[성]령 안에 있는 것'을 달리 표현한 말이다. 성령을 모시고 산다는 것은 성령께서 자신의 삶에 영향력을 발휘할 수 있도록 자신을 열어 놓고 사는 것을 의미한다. 바오로는 이를 14절에서는 "성령의 인도를 받는 것"이라고 표현한다. 9ㄷ절에 의하면 "그리스도의 영을 모시고 사는 것"이야말로 그리스도께 속한 사람(즉, 진정한 그리스도인)인지 아닌지를 가늠하는 기준이다.

8,10-11: "그러나 그리스도께서 여러분 안에 계시면, 몸은 비록 죄 때문에 죽은 것이 되지만, 의로움 때문에 성령께서 여러분의[233] 생명이 되어 주십니다. 예수님을 죽은 이들 가운데에서 일으키신 분의 영께서 여러분 안에 사시면, 그리스도를 죽은 이들 가운데에서 일으키신 분께서 여러분 안에 사시는 당신의 영을 통하여[234] 여러분의 죽을 몸도 다시 살리실 것입니다."

---

233 "여러분의 생명"에서 '여러분의'는 뜻을 살리려고 삽입한 말이다. TOB가 이런 식으로 번역하였다.
234 "영을 통하여"라고 번역된 부분의 그리스어 원문이 두 가지로 전해진다. 일부 수사본(a, A, C 등)에는 "dia ··· pneumatos(영을 통하여)"로, 또 다른 수사본(B, D, F, G, 등)에는 "dia ··· pneuma(영 때문에)"로 되어 있다. 외적 증거만 가지고는 결정을 내릴 수 없을 만큼 양쪽 증거가 다 좋다. 피(Fee)는 "dia ··· pneuma"로 읽는 것이 옳다고 강력히 주장한다(G. D. Fee, *God's Empowering Presence*, p. 543. n. 205).

10절에 나오는 "성령께서"의 그리스어 원문은 *pneuma*이다. 이 단어가 '영'을 뜻하지만, '하느님의 영'으로 보는 견해와 '인간의 영'으로 보는 견해로 나뉜다. 적지 않은 학자들이 이 단어를 인간의 영으로 보고 단순히 '영'이라고 번역한다.[235] 그러나 10절의 이 단어는 9절과 11절에 하느님의 영 또는 그리스도의 영으로 분명히 나오는 '성령'을 가리킨다고 봐야 할 것이다. 가장 큰 논거는 8장의 다른 곳에서 '영'이 한결같이 하느님의 영 또는 그리스도의 영을 가리킨다는 점이다. 이렇게 보아야 그리스어 본문에 새로운 요소를 집어넣지 않고도 뜻이 통한다.[236]

그렇지만 10절의 *pneuma*를 하느님의 영으로 해석하면서도, 이 단어가 지닌 이중적 의미를 살리려고 애쓰는 학자들도 있다. 예컨대 빌켄스는 10절 끝의 *pneuma*는 9절에서 말한 하느님의 영이며 동시에 그리스도의 영인 '성령'을 의미한다고 본다. 하지만 몸(*sōma*)과 영(*pneuma*)의 대구(對句)가 뚜렷하다는 점과 6,11에[237] 비슷한 문구(죽어 있는-살아 있는)가 나온다는 점을 감안하여, 영(*pneuma*)이 여기서는 '인간학적 기능'을

---

235 예를 들어 영어 번역본의 경우, RSV, NAB, NIV, NJB는 8,10의 '영'을 인간의 영을 의미하는 spirit로 번역하였다. 그러면서 생명이라는 명사를 '살아 있는'이라는 형용사(영어의 경우 alive)로 바꾼다. 그리고 RSV, NIV, NJB는 spirit(영)이라는 단어 앞에 your(여러분의)를 붙여 뜻을 더욱 분명히 하려고 하였다. 이에 관하여 좀 더 자세한 점은 D. J. Moo, *Romans*, p. 492 참조.
236 흥미롭게도 RSV의 개정판인 NRSV는, RSV가 인간의 영을 뜻하는 spirit으로 번역했던 8,10의 *pneuma*를 하느님의 영을 뜻하는 'Spirit'으로 개정하였다.
237 6,11: "이와 같이 여러분 자신도 죄에서는(죄에 대하여는) 죽었지만 그리스도 예수님 안에서 하느님을 위하여 살고 있다고 생각하십시오."

하고 있다고 본다.[238] 피츠마이어는[239] 10절의 영을 인간의 '영'(영어의 spirit)으로 번역하면서도, 바오로가 여기서 이 단어가 두 가지 의미(하느님의 영 또는 인간의 영)를 가질 수 있다는 점을 수사학적으로 활용한다고 설명한다.

"그리스도께서 여러분 안에 계시면"(10절)에 관해서는 "이제는 내가 사는 것이 아니라 그리스도께서 내 안에 사시는 것입니다"(갈라 2,20)라는 말씀을 참조하라(또한 2코린 5,17; 13,5 참조).[240] 이 말은 그리스도인들이 믿음과 세례로 근본적으로 그리스도와 결합되어 있다는 점(예컨대 6,1-11)을 좀 다르게 표현한 것이다. 즉 그리스도께서 여러분 안에 계시면, 몸은 비록 죄 때문에 죽은 것이 되지만 의로움 때문에 성령께서 여러분의 생명이 되어 준다는 뜻이다. 그리스도인의 생명력의 원천인 〔성〕령이 없으면, 그들의 몸은 죄 때문에(죄의 영향 때문에) 죽은 것이나 마찬가지이다(5,12; 참조 6,6; 7,24). 그러나 그리스도와 결합되어 있으면, 〔성〕령을 통해 생명이 주어진다(8,2 참조).

11절에서 바오로는 부활 신앙을 매우 강조한다. 강조를 위해 간단히

---

238 빌켄스는 드 베테(de Wette)의 다음과 같은 의미 풀이를 인용한다: "그리스도의 영이 너희 안에 있으면, 너희는 생명에 참여한다(6절). 하지만 영으로만 참여한다. 반면에 몸은 죽음에 넘겨져 있다"(드 베테, 115). 빌켄스는 앞의 글을 인용한 다음 오해를 피하려는 듯 바로 다음과 같은 말을 덧붙인다. "(여기서 말한) '영(*pneuma*)'은 그리스도 신자 자신(자아)을 뜻한다. 이 자신(자아)가 바로 '그리스도의 영'의 내주內住를 통해 규정되는 것이다"(U. Wilckens, *Römer* II, pp. 132-133. 특히 n. 543)
239 J. A. Fitzmyer, *Romans*, pp. 490-491.
240 2코린 5,17: "누구든지 그리스도 안에 있으면 그는 새로운 피조물입니다"; 2코린 13,5: "스스로 시험해 보십시오. 예수 그리스도께서 여러분 안에 계시다는 것을 깨닫지 못합니까?"

'하느님'이라고 쓸 것을 일부러 "예수님을 죽은 이들 가운데에서 일으키신 분"이라고 길게 서술하고, 거의 비슷한 표현을 다음 문장에서 반복한다. 예수 그리스도를 죽은 이들 가운데서 일으키신 하느님 아버지께서 그리스도를 믿은 이들 또한 다시 살리실 것이라는 기본 믿음(로마 6,4.8; 1코린 15,12-58)이 여기에 다시 표현된 것이다.

11절에서 새로운 점은 '성령'과 관련된 부분이 더 들어가 있다는 점이다. "여러분 안에 사시는 당신의 영을 통하여 여러분의 죽을 몸도 다시 살리실 것입니다." 사실 이 점('성령'과 '다시 일으켜 세움'의 연결점)은 죽은 이들의 부활 신앙을 논증하는 1코린 15장에도 들어 있다. "마지막 아담(그리스도)은 생명을 주는 영이 되셨습니다"(1코린 15,45). 그런데 "죽을 몸을 살릴 것이다"라는 말씀은 장차 육체적 죽음 후에 결정적으로 있게 될 '죽은 자들의 부활'(몸의 부활)뿐 아니라, 육체적 죽음 이전에도 "죄 때문에 죽은"(10절) 몸이 생명의 원천이신 하느님의 영을 통하여 다시 살아난다는 의미도 갖고 있다고 볼 수 있다.

8,12-13: "그러므로 형제 여러분, 우리는 육에 따라 살도록 육에 빚을 진 사람이 아닙니다. 여러분이 육에 따라 살면 죽을 것입니다. 그러나 성령의 힘으로 몸의 행실을 죽이면 살 것입니다."

"형제 여러분"이라는 호칭을 다시 사용하며(7,4 참조) 바오로는 로마 교우들을 향한 자신의 친밀한 마음을 표현한다. 8,1-17에서 12-13절은 앞뒤를 연결하는 부분이다. 한편으로는 앞 단락인 1-11절에서 다룬 내용과 관련하여 결론을 끌어낸다. 다른 한편으로는 '성령과 하느님의 자녀로서의 삶'에 대하여 말하는 14-17절을 준비한다.

"우리는 육에 따라 살도록 육에 빚을 진 사람이 아닙니다." 바오로에 의하면, 그리스도를 믿음으로써 '의롭게 되어'(5,1; 8,1 참조) 그리스도 안에 있는 그리스도 신자들은(8,1 참조) [성]령을 받아 죄와 죽음의 세력에서 해방된 상태에 있다(8,2 참조). 그러니 그들은 더 이상 육의 요구에 따라야 할 의무를 갖지 않는다. 이제는 그들 안에 머무르시는 하느님의 영이자 동시에 그리스도의 영인 성령(8,9-11 참조)에 따라 살아야 한다. 그러면서 13절에서 바오로는 강력한 경고도 잊지 않는다. "여러분이 육에 따라 살면 죽을 것입니다." 하느님의 구원 계획에 대한 확신으로 가득 찬 8장에서[241] 이렇게 강한 경고가 나온다는 점은 놀랍다. 하지만, 그렇기 때문에 이 경고를 진지하게 받아들여야 한다. 위의 문장에는 '의롭게 된 이들'도 아직 [성]령에 따라 살지 않고 '육에 따라'[242] 살게 될 위험이 있다는 것이 전제되어 있다. 그렇게 육에 따라 사는 사람들은 죽음을 피할 수 없게 된다는 것이다(6,23의 "죄가 주는 품삯은 죽음입니다"; 8,6 참조).[243] 여기서 말하는 '죽음'은 분명 육체적 죽음이 아니라 신학적

---

[241] 몇 가지만 흘낏 보아도 이 점은 분명히 드러난다. "그러므로 이제 그리스도 예수님 안에 있는 이들은 단죄를 받을 일이 없습니다"(1절); "그리스도 예수님 안에서 … 그대를 죄와 죽음의 법에서 해방시켜 주었기 때문입니다"(2절); '예정, 예지, 부름, 의화, 영광스럽게 됨'에 관한 말씀(28-30절); 어느 것도 그리스도의 사랑, 그분을 통한 하느님의 사랑에서 떼어 놓을 수 없다고 찬미하는 내용(31-39절)을 참조할 것.

[242] 3절을 해설할 때 언급했듯이, 8장의 맥락에서 '육에 따라 산다는 것'은 '하느님의 영'의 인도하심에 열려 있지 못하고, 지상적이며 죄스러운 경향에 따라 사는 것을 의미한다. "육"을 단순히 인간의 육체적 또는 '동물적' 욕망(식욕, 성욕 등)으로만 간주해도 안 되고, 인간 안에 있는 '죄스런 본성'으로만 간주해서도 안 된다. 이에 관하여 J. A. Fitzmyer, *Romans*, p. 127; D. J. Moo, *Romans*, p. 494 참조.

[243] 13절에서 바오로는 단순히 '죽다' 동사의 미래형을 사용하지 않고, *mellō* 동사(…하려고 하다)와 함께 '죽다' 동사의 부정사(*apothnēskein*)을 사용했다. 이렇게 함으로써 "죽게 되어 있다"는 의미를 살렸다. 그 의미를 다음과 같이 풀어 볼 수 있다. "육에 따라 그렇게 살아가면 죽게 될 것이다(죽음을 피할 수 없다)."

의미의 죽음, 곧 생명의 원천이신 하느님으로부터 분리된다는 의미의 죽음일 것이다. 이 죽음은 "육에 따라 사는 사람들에게"(즉 제한된 사람들에게) 벌로 주어지는 죽음이지, 주님의 재림 이전에 모든 인간이 겪을 육체적 죽음은 아니다.

그런데 바오로는 죽음을 강력히 경고하는 데 그치지 않고 격려의 말도 전한다. "그러나 성령의 힘으로 몸의 행실을 죽이면 살 것입니다." 앞의 1-11절에서 바오로는 여러 가지 방법으로, 그리스도를 믿는 이들에게 선사되었으며 그들 안에 계시는 〔성〕령이야말로 그들의 '새 생명'이 갖는 활력의 원천임을 역설하고 그 '성령'에 따라 살아가라고 독려했다. 13절에서는 〔성〕령에 따라 산다는 표현보다 더 강한 "성령의 힘으로 몸의 행실을 죽이는 것"이라는 표현을 쓴다. '몸의 행실'이라고 할 때 바오로는 몸(sōma)이라는 단어를 육(sarx)의 의미로 사용하는 것 같다. 그는 '죽이다'라는 단어를 써서 잘못된 삶을 단호하게 끊을 것을 요청한다.

그런데 바오로는 몸의 행실을 죽이는 이 일을 "성령의 힘으로"(직역하면 "〔성〕령으로") 하라고 요청한다. 이 말("〔성〕령으로")은 신학적으로 큰 의미를 갖는데, "몸의 행실을 죽이는" 일이 인간의 힘만으로 되는 것이 아니라는 의미를 포함하기 때문이다. 그리고 바오로가 말하는 "몸의 행실을 죽이는 것"이 금욕생활만을 의미하는 것은 아닌 듯하다. 금욕생활을 포함하겠지만, 그런 생활 자체가 하느님께서 주신 성령의 인도하심에 적극적으로 의탁하는(순종하는) 삶의 결과로 나오는 것이기 때문이다(갈라 5,16 "성령의 인도에 따라 살아가십시오. 그러면 육의 욕망을 채우지 않게 될 것입니다" 참조). 또 이 표현에서 "살 것이다"라는 말은 어떤 의미인가? 부활하신 그리스도와 '그분의 성령'이 주시는 생명으로 살 것이라는 의미일 것이다. 그리스도인은 이미 그 '생명' 속에 살고 있다(7,6; 8,2

참조). 그러나 아직 완성된 상태에서 이 생명을 누리고 있지 못하다. 그들은 장차 확실히 "계시될 영광"에 대한 희망 속에 살고 있다(8,18-30 참조).

8,14-15: "하느님의 영의 인도를 받는 이들은 모두 하느님의 자녀입니다. 여러분은 사람을 다시 두려움에 빠뜨리는 종살이의 영을 받은 것이 아니라, 여러분을 자녀로 삼도록 해 주시는 영을 받았습니다. 이 성령의 힘으로 우리가 '아빠! 아버지!' 하고 외치는 것입니다."

하느님의 자녀가 된다는 것이 무엇을 의미하는지는 반대되는 상황과 대조해 볼 때 분명히 드러난다. 바오로는 '하느님의 자녀가 된 상태'의 반대되는 상황으로 '두려움 속에 있는 종살이'를 제시한다. 그런데 "종살이의 영"이라는 표현에서 종살이는 무엇을 가리키는가? 로마서의 맥락에서 종살이는 무엇보다도 '죄의 종이 되어 사는 것'을 가리킨다. 이에 관하여는 특히 6장에 자주 언급되었다(6,6-7.17-18.20.22). 그리고 7장에 의하면 죄의 종이 되어 있는 인간에게는 '율법'마저 죄의 도구가 되어 인간을 억압하는 세력이 되고 만다(7,4-5.14-24 참조). 그러나 그리스도 예수님을 믿어 그분과 결합되어(6,3-5) 그분 안에서 살고 있는 그리스도인은 그들에게 선사된 성령의 도움으로 그 종살이에서 해방되었다(특히 8,2). 8,15에서 바오로는 종살이와 정반대되는 처지를 하느님을 아빠 아버지라고 부를 수 있는 '자유로움'의 처지로 보며, 그리스도인들이 선사받은 성령이 바로 그렇게 해 준다고 말한다. 하느님의 자녀가 된 상태의 가장 큰 특성을 '자유로움'으로 본 것이다.

'*Abba*(압바)는 아람어인데, 일반적으로 아버지를 뜻하는 단어 '*ab*의 절대형(강조형)이다(영어로 표현하면 the Father). 아람어에서는 절대형이 호격呼格 역할도 한다. 8,15과 갈라 4,6에 각각 '*Abbá* 다음에 호 파테르

(*ho patēr*, 아버지)가 나오는데, 이 단어는 아람어를 모르는 독자들을 위해 직역해 놓은 것이다. 그런데 제대로 호격의 의미를 살려 번역하려면 *ho patēr*가 아니라 *pater*(루카 11,2 참조)라고 써야 했다.

'*Abbá*는 자녀들이 (장성한 자녀들을 포함하여) 아버지를 친근하게 부를 때 쓰는 말이었다. 그런데, 하느님의 초월성이 매우 강조되던 시절(예컨대 '속죄의 날' 예식 때, 지성소에 들어가기까지 거쳐야 하는 엄숙한 여러 과정을 참조)에 감히 하느님을 이렇게 부른다는 것은 참으로 놀라운 일이었다. 그리스도교는 겟세마니 기도 때 예수님이 하느님을 향하여 '*Abbá*라고 부르며 기도하셨다(마르 14,36)는 것을 특별히 기억하고 있다. "아빠(압바)! 아버지!"라는 호칭 사용과 관련하여 그리스도인이 명심해야 할 점은 바로 하느님을 그렇게 부를 수 있을 만큼 가까운 분으로, 사랑의 주님으로 모시게 된 은총을 예수님에 대한 신앙을 통해 받게 되었다는 점이다. 이렇게 하느님을 두려움의 대상이 아니라 '아빠'라고 부를 수 있는 사랑의 대상으로, 또 각자의 인생과는 상관없이 멀리 계신 분이 아니라 내밀하게 만날 수 있는 분으로 느끼게 해 주는 이가 바로 '성령'이시라는 것이 8장을 통해 분명하게 드러난다(곧이어 나올 8,26 이하에 대한 해설을 꼭 참조할 것).

8,14에 의하면 성령의 인도하심에 의탁하며 사는 것이야말로 그리스도 신자들이 '하느님의 자녀'임을 드러내는 표지이다. 그런데 바로 앞의 8,13에 나오는 강력한 권고("여러분이 육에 따라 살견 죽을 것입니다. 그러나 성령의 힘으로 몸의 행실을 죽이면 살 것입니다")를 고려해 보면 8,14의 말씀은 다음과 같이 권고하는 의미를 품고 있다. "여러분이 하느님의 자녀라면, 성령의 인도하심에 따라 살아가십시오."

8,15에 의하면 하느님의 자녀로서 사는 삶의 특성은 무엇보다 '자유'

에 있다. 이 말씀에 의하면 근본적으로 하느님을 향하여 (하느님을 그토록 가깝게 느끼며) "아빠! 아버지!" 하고 외칠 수 있는 것도 '성령 안에서' (성령의 힘으로) 가능하다. 하느님을 향하여 "아빠! 아버지!" 하고 외치는 것을 강렬한 기도의 표현이라고 본다면 8,15을 근거로 그리스도 신자들의 기도는 근본적으로 '성령 안에서 이루어진다'고 말할 수 있다.[244] "진정 여러분이 자녀이기 때문에 하느님께서 당신 아드님의 영을 우리 마음 안에 보내 주셨습니다. 그 영께서 '아빠! 아버지!' 하고 외치고 계십니다"(갈라 4,6). "성령께서는 모든 것을, 그리고 하느님의 깊은 비밀까지도 통찰하십니다"(1코린 2,10).

8,26-27의 해설 때 상세하게 살펴보겠지만, 근본적으로 신앙인들이 하느님과 친교를 가질 수 있도록 성령께서 중재자 구실을 한다고 볼 때, 바오로의 생각에 하느님 아버지와의 친교를 표현하는 기도가 성령 안에서 이루어진다는 것은 당연하다. 또 이어지는 구절인 8,16은 "우리가 하느님의 자녀임을 우리 영에게 증언해 주는" 성령의 역할에 대하여 말한다. 이 말에서 성령은 하느님의 자녀라는 정체성을 유지하며 살아가도록 그리스도 신자들을 이끌어 준다는 것을 알 수 있다.

---

[244] 이에 관해서는 8,26-27에 대한 해설을 볼 것.

보충 설명: 8,14에서 그리스어 '휘오이 테우(huioi theou)'를 사용한 의미

8,14에서 "하느님의 자녀"로 번역된 부분의 그리스어 원문(huioi theou)을 직역하면 "하느님의 아들들"이다. 그리고 15절에서 "자녀로 삼도록 해 주시는"이라고 번역된 부분의 그리스어(huiothesia)를 직역하면 '아들로 삼음, 양자 입양'이다. 두 단어에 다 '아들(huios)'이라는 단어가 들어가 있다. 문맥을 보면, 바오로가 huioi(아들들)라는 단어를 남녀에 상관없이(특히 갈라 3,28 참조) '자녀'라는 의미로 쓴 것은 틀림없다. 로마서의 수신자가 남자 신자들에 국한하지 않는다는 것은 너무나 분명하다(8,17에서는 '자녀'라는 뜻의 그리스어 tekna가 쓰인다).

하지만 바오로가 자녀를 뜻하는 단어 tekna를 쓰지 않고 굳이 huioi라는 단어를 선택한 의도는 무엇일까? 그리스도 신자들이 '하느님의 아드님(huios)'이신(1,3.4.9; 5,10; 8,3.14.19.29.32; 갈라 1,16; 2,20; 4,4) 예수 그리스도를 통하여 '하느님의 아들들(huioi)'이 되었다는 점을 표현하려는 그의 특별한 의도가 있었던 것 같다. 이 또한 그리스도를 통한 은총임을 강조하는 표현이다. 원래 그런 자격을 갖지 못한 그리스도인이 그리스도의 속량(로마 3,24; 1코린 1,30; 갈라 4,5; 참조 갈라 3,13)의 은총 덕분에 '하느님의 자녀가 되는 자격(huiothesia)'을 얻은 것(로마 8,15; 참조 갈라 4,5ㄴ)이라는 주장이다.

보충 설명: 8,15의 그리스어 '휘오테시아(huiothesia)'의 의미

그리스어 huiothesia는 여러 가지로 번역되었다: '하느님의 자녀 되는 자격'(가톨릭 공용 성경); '자녀가 되는 자격'(공동번역); '아들 되는 자격' 또는 '아들의 신분'(200주년 성서); '양자 신분'(박영식); 영어권 서적의 adoption, adoptive sonship 등. 이 단어는 그리스-로마 문화권에서 자주 있던 양자 입양을 표현하는 법적 용어였는데, 칠십인역에는 나오지 않는다. 바오로는 huiothesia(자녀가 되는 자격)라는 용어를 사용하여, 한편으로는 그리스도 신자가 지닌 '하느님의 자녀(아들)'라는 신원이 예수 그리스도와 하느님의 '유일무이한 부자 관계'와는 근본적인 차이가 있음을 드러낸다.

다른 한편, 이 용어를 사용하여 바오로는 그리스도 신자가 '참으로 하느님의 자녀가 되었음'을 강조한다. 로마 제도에서 일단 양자가 된 사람은 법적으로 새 아버지의 집에서 아들이 갖는 모든 권한을 가지기 때문이다. 이런 배경에서 보면 "자녀(tekna)이면 상속자이기도 합니다"(8,17)라는 표현을 잘 이해할 수 있다. 바오로는 '양자 입양'을 뜻하는 휘오테시아라는 용어를 그리스도 신자들에게 적용하여 그들에게 새로운 시작, 새로운 출발이 은총으로 주어졌다는 점을 잘 드러낸다. 그리스도의 죽음과 부활을 통해 시작된 새 시대(갈라 1,4; 3,13; 4,4 참조)가 가져온 은총의 새로움(7,6의 "영의 새로움" 참조)은 8,14-17의 맥락보다 갈라 4,4-7의 맥락에서 더 잘 드러나는 것 같다. "그러므로 그대는 더 이상 종(doulos)이 아니라 자녀(huios, 직역: 아들)

> 입니다. 그리고 자녀(*huios*)라면 하느님께서 세워 주신 상속자이기도 합니다"(갈라 4,7; 이 구절은 3,1-4,7의 결문이다).

8,17: "자녀이면 상속자이기도 합니다. 우리는 하느님의 상속자입니다. 그리스도와 더불어 공동 상속자인 것입니다. 다만 그리스도와 함께 영광을 누리려면 그분과 함께 고난을 받아야 합니다."[245]

그리스도인은 그리스도께서 이루신 구속의 은혜로 하느님의 자녀로 입양되었다. '하느님의 아드님'이시기 때문에 진정한 의미의 '상속자'인 그리스도 덕분에 하느님의 상속자가 된 것이다. '상속'이라는 말이 드러내는 의미는 무엇보다도 '선물이라는 성격'이다. 상속 재산은 늘 선물이지, 결코 성취해 낸 결과물(업적)이 아니다. 바오로가 말하는 상속 재산은 종말론적으로 그들이 참여하게 될 '하느님의 영광'(3,23; 특히 5,2 "믿음 덕분에, 우리는 그리스도를 통하여 … 그리고 하느님의 영광에 참여하리라는 희망을 자랑으로 여깁니다"; 8,18 참조)이라고 볼 수 있다. 17절에 의하면 그리스도인들은 그리스도와 더불어 공동 상속자로서 그분의 "영광"을 함께 누릴 것이다(이 확신과 관련해서 다음 단락에 나오는 8,18과 8,30을 참

---

245 위의 번역에서 "다만 그리스도와 함께 영광을 누리려면 그분과 함께 고난을 받아야 합니다"에 해당하는 그리스어 원문을 직역하면 다음과 같다. "우리가 〔진정〕 〔그분과〕 함께 영광도 받기 위하여, 〔그분과〕 함께 고난을 받는다면 말입니다." 참고로 박영식(로마서, 90쪽)은 다음과 같이 번역하였다. "그것은 우리가 (그분과 함께) 영광을 같이 누리기 위해 (그분과 함께) 같이 고난을 받는다는 조건하에서입니다."

조할 것).

그런데 바오로는 그리스도 덕분에 그리스도인이 하느님의 공동 상속자가 되었다고 말하면서 즉시, 그리스도와 함께 영광을 누리기 위해서는 그들도 그리스도와 함께 고난을 겪어야 한다고 말한다. 바오로는 그리스도인이 겪는 고통을 그리스도와 함께 겪는 고통의 차원에서 이해한다. 이 말씀은 공관 복음서에서 공통적으로 강조되는 '십자가 추종'에 관한 예수의 다음 말씀을 상기시킨다. "누구든지 내 뒤를 따르려면 자신을 버리고 제 십자가를 지고 나를 따라야 한다"(마르 8,34; 참조 마태 16,24; 루카 9,23).

8. 장차 계시될 영광에 대한 희망과 현재의 고난, 그리고 그 속에서 이루어지는 성령의 역할(8,18-30)[246]

8.1. 문맥과 구성

이 단락(8,18-30)에는 사람들이 큰 관심을 가질 말씀이 많다. 19-22절에 나오는 '피조물의 탄식', 26절에 나오는 '나약한 우리를 대신하는 성령의 탄식과 기도', 28절에 나오는 "하느님을 사랑하는 사람들에게는 모든 것이 작용하여 선을 이룬다"는 말씀, 그리고 29-30절에 나오는 하느

---

246 이에 관한 자세한 내용에 관하여는 김영남, "로마 8,18-30을 통해 본 '고난 속에 드러나는 성령의 역할'", 《빛을 따라서》, [최창무(안드레아) 대주교 고희 기념 논총], 가톨릭대학교 사목연구소, 2006년, 43-76쪽.

님의 예정豫定과 관련된 말씀이 그 예이다.

8장의 전체 맥락에서 볼 때 이 대목(18-30절)을 깊이 이해하기 위해서는, 비록 짧게 다루어지지만 '성령의 역할'에 주의를 기울일 필요가 있다. 바오로는 그리스도인들이 고난 가운데서 갖고 있는 희망에 대하여 이야기하는 가운데 자연스럽게 그가 앞(1-17절)에서 중요하게 다루었던 성령의 역할에 대하여 다시 말한다. 여기서 바오로는 성령께서는 '속으로 탄식하며'(23절) '나약한'(26절) 처지에 있는 그리스도인들이 어려움을 극복하고 희망을 갖도록 떠받쳐 주신다고 말한다.

빌켄스(Wilckens)는 이 단락의 맥락과 관련하여 깊은 관찰을 보여 준다. 그에 의하면 바오로는 8장에서 5,1-5의 주제를 발전시킨다. 8,1-17이 5,5에서 말한 성령의 선물에 대하여 말한다고 본다면 8,18-30에서는 5,2-4에서 말했던 내용 곧 현재 고난을 겪으면서도 품고 있는 불굴의 희망에 대하여 말한다는 것이다.[247] 그 희망의 근거로 5,1-5은 '성령을 통하여 우리 마음 안에 부어진 하느님의 사랑'을 말한다. 8장에서 바오로가 하느님의 사랑에 대하여 직접 언급한 다지막 단락(8,31-39)의 마지막 구절이지만, 나는 하느님의 사랑이라는 주제가 '성령의 역할'이라는 주제를 통해 8,18-27에도 들어 있다고 생각한다. 5,1-5에서 성령이 하느님 사랑의 통로로 그리스도 신자들에게 고난 가운데에서도 희망을 잃지 않게 하는 역할을 한다고 제시되었던 것처럼, 8,18-27에서도 성령은 신음(탄식)을 불러일으키는 여러 고난 속에서 그리스도인이 희망을 잃지 않게 한다.

구성: 앞에 나왔던 "그리스도와 함께 영광을 누리려면 그분과 함께

---

[247] U. Wilckens, *Römer* II, p. 151.

고난을 받아야 합니다"(17절)라는 문장의 '영광과 고난'이 이 단락의 주제어다. "장차 우리에게 계시될 영광에 견주면, 지금 이 시대에 우리가 겪는 고난은 아무것도 아니라고 생각합니다"(18절)라는 구절이 이 단락의 주제문 구실을 한다. 이 단락의 끝 단어도 영광에 관한 것이다. 전체적으로 볼 때, 바오로는 이 단락에서 그리스도인이 고난 가운데에서도 불굴의 희망을 가질 수 있는 근거를 제시하려고 노력한다.

단락의 구성은 아래와 같다.

19-22절: 모든 피조물이 겪는 고난과 미래에 참여할 영광
23-25절: 그리스도인들의 고난(23절)과 희망(24-25절)
26-27절: 희망과 관련된 성령의 역할
28-30절: 하느님의 확고한 구원 계획

8.2. 구절 해설

8,18: "장차 우리에게 계시될 영광에 견주면, 지금 이 시대에 우리가 겪는 고난은 아무것도 아니라고 생각합니다."

이 문장은 바오로가 인간의 고통과 고뇌를 경시하거나 외면하였다는 것을 의미하지 않는다. 사실 바오로의 서간들은 그가 이 세상의 고통을 얼마나 가까이 대면하고 살았는지를 잘 보여 준다. 멀리 갈 필요도 없이 8,35에 열거된 고난(역경)들만 보아도 이는 분명하다. 더구나 19-22절에서는 '모든 피조물의 탄식(신음)'까지 거론한다. 바오로가 편지의 수신자 교우들에게 말하고자 하는 것은 세상 현실의 고난을 무시하거나 외면하는 것이 아니라, 그리스도에 대한 신앙을 근거로 그것을 올바로('확고한 희망 속에') 바라보는 것이다. 17절에서 나타나듯, 바오로에 의하면

그리스도인의 삶에서 (그리스도와 함께하는) 고난이 없으면 (그리스도와 함께하는) 영광도 없다.

8,19-22: 다른 모든 피조물의 탄식과 희망
8,19: "사실 피조물은 하느님의 자녀들이 나타나기를 간절히 기다리고 있습니다."

19-22절에서 '피조물(ktisis)'이 의미하는 바에 대하여는 예로부터 여러 견해가 있었다. 예컨대 22절에 나오는 "모든 피조물"이라는 표현을 문자 그대로 인간을 포함한 피조물 전체(천사들도 포함하여)로 이해하는가 하면, 그리스도인들을 제외한 모든 피조물로 보기도 하고, 인간을 제외한 모든 피조물로 보기도 하였다. 던(Dunn)이 신중하게 지적한대로 39절의 표현("저 높은 곳도, 저 깊은 곳도, 그 밖의 어떠한 피조물도 우리 주 그리스도 예수님에게서 드러난 하느님의 사랑에서 우리를 떼어 놓을 수 없습니다")이 암시하듯이, 바오로가 19-22절에서 피조물의 범위를 확실하게 한정하지는 않은 것 같다.[248] 하지만 여기서 주로 '인간이 아닌 피조물'(천사들은 배제)을 염두에 두고 있음은 분명한 것 같다. 그 근거로 우선 바오로가 19절에서 피조물과 하느님의 자녀들을 구분하고, 22-23절에서는 모든 피조물의 탄식과 성령의 첫 선물을 받은 우리 자신(그리스도인)의 탄식을 구분하는 것을 들 수 있다.

그러면 19절에 나오는 '하느님의 자녀들'은 누구인가? 바오로에 의하면 그들은 죄에 물들고 죄의 종이 된 인간이 아니라, '구속救贖된, 의롭게 된, 영광스럽게 된 인간'이다. 피조물이 고대하는 인간은 바로 이런

---

[248] J. D. G. Dunn, *Romans*, p. 469.

의미의 '하느님의 자녀들'이다. 인간이 죄에서 벗어나 의롭게 되고 영광스럽게 변화될 때(창세 1-2장의 창조 이야기를 고려하여 표현하자면, 인간이 창조주 하느님께서 창조하실 때의 본디 모습을 회복할 때), 피조물도 그런 인간이 누리게 될 영광의 자유에 참여하게 될 것이라고 바오로는 본 것이다. 이 희망에 대하여 말하는 것이 20절 끝과 21절이다.

8,20-21: "피조물이 허무의 지배 아래 든 것은 자의가 아니라 그렇게 하신 분의 뜻이었습니다. 그러나 그것은 희망을 간직하고 있습니다. 피조물도 멸망의 종살이에서 해방되어, 하느님의 자녀들이 누리는 영광의 자유를 얻을 것입니다."

피조물은 현재 허무(또는 허망함)에 빠져(21절에 의하면 "멸망의 종살이"에 빠져) 신음하는 상태에 있다. '피조물이 허무의 지배 아래 들게 한'(직역: "피조물이 허무에게 굴복하게 한") 주체가 누구냐 하는 것도 토론거리이다. 위에 인용한 성경의 번역은 그 주체를 '하느님'으로 보는데, 이 번역은 옳다. 20절의 그리스어 원문 끝에 나오는 "희망으로(*eph' helpidi*)"[249]라는 어구는 그 앞에 있는 "굴복하게 한 분(사람)(*hypotassanta*)"과 연결하여 해석해야 하는데, 그럴 경우 '굴복하게 한' 주체를 아담으로 보기는 어렵기 때문이다. 그렇다고 하여 피조물이 아담과 같은 죄인들 때문에 허무에 빠지게 되었다고 바오로가 생각하였을 가능성까지 배제되는 것은 아니다. 앞의 해석은, 땅은 인간이 지은 죄 때문에 저주받았다고 말하는 창세 3,17을 참조할 때 지지를 받는다. 그때 땅에 저주의 판결을 내리신 분은 하느님이므로 8,20에서 하느님을 "피조물이 허무에게 굴복하게 한 분"으로 표현할 수도 있다.

---

[249] 성경에는 "그러나 그것은 희망을 간직하고 있습니다"라고 되어 있다.

8,22: "우리는 모든 피조물이 지금까지 다 함께 탄식하며 진통을 겪고 있음을 알고 있습니다."

바오로는 여기서 "함께(syn)"라는 접두사를 가진 동사("함께 탄식하다", "함께 진통을 겪다")들을 연이어 사용하여, 피조굴도 (종말론적) 구원을 갈망하는 인간의 아픔에 깊이 연루되어 있음을 강조한다. 그런데 이 구절의 표현을 이해하는 데 창세 1-11장이 도움을 준다. '하느님의 모상'으로, 만물의 영장으로 창조된 인간은(창세 1,1-2,4; 특히 1,26-28) 다른 피조물들이 창조주 하느님의 뜻에 따라 본연의 모습을 잃지 않고 질서와 조화를 이루며 살아가도록 돌보아야 할 책임을 받았다. 그런데 조화와 질서를 갖춘 원래의 아름다운 세상과 인간의 모습은, 인간이 하느님의 돌보심을 저버리고 순종하지 않음으로써 즉 죄를 지음으로써 깨어지기 시작한다(창세 3장). 죄를 지어 하느님과 인간의 관계가 깨어지자 인간 서로 간의 관계도 깨어져 나간다. 아담과 하와의 죄에 이어 형이 무죄한 아우 아벨을 죽이는 끔찍한 죄가 발생한다. 죄는 점점 증가하여 세상에 만연한다(창세 6,5-6.11-12). 인간의 죄 때문에 땅(다른 피조물)까지도 저주를 받고(창세 3,17)[250] 신음한다. 이에 관해 일찍이 호세아 예언자가 자연(환경) 파괴의 원인은 근본적으로 인간의 죄에 있고 그 죄의 뿌리는 하느님을 알아 뵙지 못하는 데 있다고 말하였다. 놀라울 정도로

---

[250] 8,19-22에 나오는 '피조물이 하느님의 자녀들이 나타나기를 고대하며 신음하고 있다'는 생각의 배후에 창세 3장 특히 17-19절의 영향이 있다는 점에 대하여는 학자들이 일반적으로 받아들인다. 이에 관하여는 B. Byrne, *"Sons of God"–"Seed of Abraham"*, (Analecta Biblica 83), Rome: Gregorian University Press, 1979, pp. 104-108. 특히 104쪽의 n. 101(참고 문헌)을 참조. 창서 3,17-19의 말씀은 인간이 타락에서 벗어나 원래의 모습을 회복할 때에 다른 피조물도 그 혜택을 입게 될 것이라는 믿음을 갖는 데에도 큰 영향력을 발휘했을 것이다.

현대적 감각을 지닌 말씀이다.[251]

"이스라엘 자손들아 주님의 말씀을 들어라.
주님께서 이 땅의 주민들을 고소하신다.
정녕 이 땅에는 진실도 없고 신의도 없으며 하느님을 아는 예지도 없다.
저주와 속임수와 살인, 도둑질과 간음이 난무하고 유혈 참극이 그치지
않는다. 그러므로 이 땅은 통곡하고 온 주민은 생기를 잃어 간다.
들짐승과 하늘의 새들 바다의 물고기들마저 죽어 간다."
(호세 4,1-3; 참조 예레 12,4[252]; 이사 24,4-6)

바오로는 8,19-22에서 인간의 죄의 결과를 함께 겪으며 신음하는 다른 피조물도 이제 인간이 하느님의 자녀가 되어 등장할 때, 허무와 부패의 속박에서 벗어나 인간이 누리는 영광에 참여하게 될 것이라고 말한다.

인상적인 것은 바오로가 8,22에서 산모가 출산하기 전에 겪는 고통을 표현하는 동사(진통을 겪다, ōdinō)를 사용한다는 점이다. 진통(산고)이라는 단어는 고통과 희망을 동시에 말해 준다. 한편으로는 현재 겪고 있는 매우 큰 고통을 표현하지만, 다른 한편으로는 그 고통이 곧 끝나고 엄청난 기쁨을 맞이할 것을 예고한다. 8,18-30의 맥락에서 이 어휘 선택은 큰 의미를 갖는다. 이 동사를 통해 바오로가 말하고자 하는 내

---

251 이에 관해서는 김영남, "그리스도교 안에서 보는 물의 의미", 〈사목연구〉 제11집 (2003년), 142-161쪽, 특히 158쪽 참조.
252 예레 12,4: "언제까지나 땅이 통곡하고 온 들녘의 풀이 말라 가야 합니까? 그곳에 사는 자들의 악행 때문에 짐승과 새들이 사라져 가고 있습니다. '그분께서 우리의 앞날에 관심을 두지 않으신다.'고 저들이 말합니다."

용이 결국 이 단락의 첫머리에 나오는 내용과 같기 때문이다. "장차 우리에게 계시될 영광에 견주면, 지금 이 시대에 우리가 겪는 고난은 아무것도 아니라고 생각합니다"(8,18).

보충 설명: '탄식하다'인가 '신음하다'인가?
– 그리스어 동사 stenazō의 우리말 번역 문제 –

22절에서 "탄식하다"로 번역된 그리스어 동사(stenazō)는 "신음하다"라고도 번역될 수 있다. 국내외의 여러 번역본에서도 많은 경우에 두 가지 번역이 병용되어 있다. 그러나 나는 우리말에서 두 단어의 의미가 크게 다르기 때문에 구분해서 번역할 필요가 있다고 생각한다. 이 동사가 사용된 다른 구절들에서 '신음하다'(예컨대 2코린 5,2.4) 또는 '탄식하다'(예컨대 히브 13,17; 마르 7,34)로 나눠 번역하는 것이 더 좋다. 칠십인역 탈출 2,24; 6,5의 경우에는(사도 7,34도 같은 배경) 이집트 땅에서 종살이하던 이스라엘 백성의 처지에 대하여 말하므로, 그리스어 stenagmos와 stenazō를 각각 '신음' 또는 '신음하다'라고 번역하는 게 더 낫다. 이곳 8,22.23.26의 경우, 나는 22절과 23절에 나오는 그리스어 stenazō 동사를 '신음하다'로 옮기는 것이 '탄식하다'로 번역하는 것보다 8,18-30의 배경인 현세에서 겪는 고난에 더 잘 어울린다고 생각한다. 26절의 경우에는 성령의 stenagmos에 대하여 말하므로 신음보다 '탄식'이라는 번역이 더 적합하다고 생각한다.

8,23: "그러나 피조물만이 아니라 성령을 첫 선물로 받은 우리 자신도 하느님의 자녀가 되기를, 우리의 몸이 속량되기를 기다리며 속으로 탄식하고 있습니다."

이 구절에서 "첫 선물"로 번역된 그리스어 아파르케(*aparchē*)는 본디 한 해의 첫 열매(맏물)를 뜻한다. 그래서 이 단어의 뜻인 '첫 열매'를 '(성)령의 열매'(갈라 5,22-23)라는 표현과 연결하여, "(성)령의 맏물"이라는 어구를 '성령이 가진 여러 열매 가운데 첫 열매/ 선물'이라는 뜻으로 해석하는 학자들도 있다.[253] 이렇게 해석할 여지는 있지만, 23절의 경우 '부가적(동격적同格的) 2격'으로 보아 '성령이라는 맏물'로 해석하는 것이 더 적절하다고 생각한다. 성령과 관련해서는 '첫 선물'이라는 번역도 적절하다. 성령이야말로 그리스도를 믿고 세례를 받은 사람에게 '처음 주어진 선물'이라고(갈라 3,2.5; 4,6; 1코린 12,13; 로마 5,5 참조) 볼 수 있기 때문이다. 그리고 첫 열매가 연이어 나올 다음 열매(곡식과 과일)들을 예고하듯이, 성령이라는 첫 선물도 그다음에 주어질 다른 선물들을 예고한다. 사실 바오로는 상업 용어인 '보증금(*arrabōn*)'이라는 단어를 성령에게 적용하기까지 한다. "하느님께서는 또한 ⋯ 우리 마음 안에 성령을 보증으로 주셨습니다"(2코린 1,22; 참조 5,5).[254]

---

253 예컨대 W. Sanday and C. Headlam, *The Epistle to the Romans*, Edinburgh, 1902, p. 209; J. Murray, *The Epistle to the Romans*, Grand Rapids, 1959, pp. 306-307.
254 '성령의 맏물'이라는 표현에 함축된 의미를 던(J. D. G. Dunn, *Romans*, p. 473)은 세 가지로 요약한다. ① 첫 열매는 추수의 첫 다발이다. 즉 추수가 시작된 것이다. ② 첫 열매는 추수 전체의 첫 번째 작은 부분이다. 이 경우에 '전체'는 몸의 부활, 되살려진 죽은 남녀들의 추수를 뜻한다. ③ 첫 열매는 전체와 함께 있는 조각(부분)들로 구성된다. 따라서 성령의 선물, 곧 신자 안에서 이루어지는 '성령의 작용'과 '영적 몸(*sōma pneumatikon*)의 부활'이라는 마지막 열매 사이에는 연속성이 있다.

"우리 자신도 하느님의 자녀가 되기를 … 기다리며"라는 문장은 앞뒤 문맥으로 볼 때 당황스럽다. 바오로는 방금 앞에서(15-17절) 그리스도인들은 이미 '양자 입양 [자격](huiothesia)'을 가진 하느님의 자녀이며, 자녀가 되도록 해 주시는 영을 하느님께 선물로 받았고, 이 성령께서 그들이 하느님의 자녀라는 것을 증언해 주신다고 선언하였다.[255] 그런데 상반되게도 23절에서는 그리스도인들이 아직 하느님의 자녀가 되지 못한 것처럼(huiothesia를 받지 못한 것처럼) 표현한다. 14절과 16절에는 그리스도인들이 하느님의 자녀라는 것이 '현재형'으로 표현되었는데, 23절에는 "자녀가 되기(huiothesia)를 기다리며"라고 미래의 일로 표현되었다. 이 사실을 어떻게 이해해야 할까?

그리고 "우리의 몸이 속량되기를 기다리며 속으로 탄식하고 있습니다"라는 문장도 이해하기가 어렵다. 이 문장은 우선 "하느님의 자녀가 되기를 기다리며"라는 표현을 풀이하는 역할을 한다. 그런데 "누가 이 죽음에 빠진 몸에서 나를 구해 줄 수 있습니까?"(7,24)라는 절망적 외침과 이에 대한 응답인 "우리 주 그리스도를 통하여 하느님께 감사!"(7,25)

---

[255] 초기 교회에서는 전반적으로 '성령을 받는 것'이 세례받는 것과 연결되어 있었다. "여러분은 주 예수 그리스도의 이름과 우리 하느님의 영으로 깨끗이 씻겨졌습니다. 그리고 거룩하게 되었고 또 의롭게 되었습니다"(1코린 6,11); "우리는 … 모두 한 성령 안에서 세례를 받아 한 몸이 되었습니다. 또 모두 한 성령을 받아 마셨습니다"(1코린 12,13). 갈라 3,2에도 '성령을 받았다'는 말이 나오지만, '세례'는 직접 언급되지 않는다. 하지만 "성령으로 시작하고서는 육으로 마칠 셈입니까?"(갈라 3,3)라는 문장에서 '성령으로 시작한다'는 말은 신앙생활을 시작하면서 받은 세례를 암시한다고 생각한다. 이 밖에도 "하느님께서는 또한 우리에게 인장을 찍으시고 우리 마음 안에 성령을 보증으로 주셨습니다"(2코린 1,22; 참조 사도 9,17; 10,44-47; 19,2; 티토 3,5; 히브 6,4; 10,15-17; 1베드 1,2; 1요한 3,24) 참조. 또 U. Wilckens, *Römer* II, p. 131. Anm. 535 참조.

라는 외침을 보면, 분명 그리스도인들에게 주 예수 그리스도를 통한 몸의 속량은 이미 과거 체험이다(로마 3,25; 8,2; 1코린 1,30 참조). 그런데 8,23에서는 그리스도인들이 몸의 속량을 "속으로 [깊이] 탄식하며 기다리고" 있는 것으로 나타난다. 이 사실을 어떻게 이해해야 할 것인가?

나는 바로 이런 곳들(8,23의 "하느님의 자녀가 되기를 기다립니다"와 "몸의 속량을 기다립니다" 참조)이 바오로의 구원론이 지닌 '이미'와 '아직' 사이의 긴장 관계를 잘 드러내는 곳이라고 생각한다. 이 단락(8,18-30) 전체가 이 종말론적 긴장 관계를 배경으로 한다. '하느님의 자녀가 됨'이라는 주제와 관련해서 보면, 그리스도를 믿는 이들은 믿음과 세례를 통하여 '이미' 하느님의 자녀가 되었다. 그러나 그들은 '아직' 최종 목적지에 도달해 있지 않다. 나약한 육신(8,3 참조) 속에 신음하며 하느님의 자녀로서 본연의 모습을 드러내도록 노력하며 살아가야 한다.[256]

몸의 속량도 마찬가지로 '이미'와 '아직'의 종말론적 긴장 관계에 있다. 그리스도 신자들은 그리스도에 대한 믿음과 세례를 통하여 이미 죄와 죽음의 종살이에서 해방(속량)되었고 성령을 통해 부활하신 그리스도의 생명력에 참여하는 상태에 있다. 그렇지만 그들이 온전한 영광의 상태에 다다른 것은 '아직 아니다.' 그래서 그들은 아직도 고난을 겪는다. 그러나 현재 겪는 고난과 탄식은 "장차 [종말 때에 계시될] 영광에 견주

---

[256] 크랜필드(C. E. B. Cranfield, Romans, p. 419)는 좀 특이한 해석을 펼친다. 그에 의하면, 14-16절이 보여 주듯이 그리스도 신자들은 이미 입양된 하느님의 아들이지만 '양자로 입양되었음'이 아직 공적으로 선포되지 않은 상태에 있다고 해석한다. 그러기에 23절에서 "huiothesia(양자 입양; 아들 되는 자격)를 우리가 기다린다는 것"은 우리의 huiothesia가 최종적으로 드러남, 우리가 하느님의 자녀라는 것이 온전히 드러남을 의미한다고 본다.

면, … 아무것도 아니다"(18절). 그런데 이와 관련하여 바오로의 관점에서 볼 때 꼭 언급해야 할 매우 중요한 사항이 있다. 그것은 그리스도 신자들이 고난 속에 무방비 상태로 방치된 것이 아니라 성령께서 그들과 함께하신다는 사실이다. 그리스도 신자들에게는 성령이 첫 선물로 주어져 있으며, 그 성령께서 고난 중에 있는 그들에게 고난을 극복할 힘을 주신다는 점이다.

8,23에는 우리가 하느님의 자녀가 되었다는 것이 충만히 드러나는 것과 주님의 재림(*parousia*) 때에 최종적으로 있게 될 '우리 몸의 속량'이 동일시되어 있는 것 같다. 크랜필드(Cranfield)와 던(Dunn)은 바오로가 여기서 '몸의 속량(*apolytrōsis tou sōmatos*)'이라는 표현을 통해 '몸의 부활'(로마 8,11; 2코린 5,1-5)을 염두에 두고 있다고 확신하는데, 설득력 있는 주장이다. 23절에서 말하는 '속량된 몸'은 1코린 15,44-46에서 말하는 "영적인 몸", 즉 성령에 의해 철저히 변화되고 활기를 찾은 몸일 것이다. 그것은 우리가 그동안 종속되어 있던 허망함, 허무(*mataiotēs*, 20절)와 부패, 썩음(*phtora*, 21절)에서 최종적으로 해방된다는 뜻이다. 몸(*sōma*)이 다른 인간이나 사물과 관계를 맺고 행동하는 인간을 의미한다고 본다면, '몸의 속량'이란 인간이 연루되어 있는 모든 잘못된 관계에서 벗어나 온전히 회복된 관계에 놓이게 됨을 의미한다고 볼 수 있다. 흥미로운 점은 2코린 5,1-5에서도 8,23에서처럼 종말론적 희망을 배경에 두고 '신음(탄식)한다'는 말이 나오고 또 영의 선물에 대하여 말한다는 것이다. "이 천막집에서 우리는 탄식하며(신음하며), 우리의 하늘 거처를 옷처럼 덧입기를 갈망합니다"(2코린 5,2); "바로 이 일을 위하여 … 그분(하느님)께서 우리에게 그 보증으로 성령을 주셨습니다"(2코린 5,5).

8,24-25: "사실 우리는 희망으로 구원을 받았습니다. 보이는 것을 희망하

는 것은 희망이 아닙니다. 보이는 것을 누가 희망합니까? 우리는 보이지 않는 것을 희망하기에 인내심을 가지고 기다립니다."

바오로는 '구원을 받다'라는 동사를 일반적으로 미래형으로 사용한다(로마 5,9-10; 10,9; 필리 2,12 참조). 이런 시제 사용은 바오로가 구원(sōthēria)을 종말론적인 것, 아직 기다려야 할 미래의 것으로 이해하였음을 보여 준다. 그런데 8,24에서 구원은 이미 이루어진 것[단순과거(아오리스트) 시제 참조]으로 표현된다. 그러면서도 구원이 지닌 미래의 요소('아직'의 상태)가 남아 있다. 이 점은 "우리는 구원을 받았습니다"라는 문장에 덧붙여 있는 "희망으로"라는 어구를 통해 드러나고, 뒤이어 나오는 희망과 관련된 설명에서 '보이지 않는 성격'(체험으로 잘 인식되지 않는다는 점)이 강조됨으로 더욱 분명해진다. 그리스도인은 그리스도 안에서 이미 이루어진(시작된) 구원이 종말론적으로 완성될 날을 간절히 기다리며 사는 '희망'의 사람이다(특히 1테살 4,13; 1코린 15,19; 1베드 3,15 참조). 이런 확고한 희망의 삶은 인내를 필요로 한다(로마 5,2-4; 2코린 4,18; 5,7 참조).

8,26ㄱ: "이와 같이, 성령께서도 나약한 우리를 도와주십니다."

여기서 "이와 같이"가 염두에 둔 비교 대상은 피조물의 탄식(21절) 및 우리의 탄식(23절)에 이은 '성령의 탄식'(26절 끝)이다. 그러나 바오로가 26절에서 강조하는 것은 제일 끝에 나오는 성령의 탄식이 아니라 첫머리에 나오는 '성령의 도움'이다. 바오로에 의하면, 모든 피조물과 함께 구원의 완성을 갈망하는 그리스도인에게 확고한 희망을 갖게 하는 이는 누구보다 그들 안에 머물러 계시는 성령(8,9.11)이다. 바오로는 이미 5,5에서 이 내용을 감격적으로 선언한 적이 있다.

그런데 성령이 돕는 우리의 나약함은 무엇인가? 그것은 아래 문장이 보여 주듯 기도할 줄 모르는 데서 드러나는 '나약함'이다. 기도와 관련되어 나타나는 이 나약함은 문맥에서 볼 때, 근본적으로 그리스도인이 현실에서 고난을 겪지만 아직 종말론적 영광에 이르지 못한 상태에서 나타난다. 죽어 사라질 존재로서 육체적 나약함을 지니고(8,3 참조) "몸의 속량을 기다리며" 다른 피조물들과 함께 "속으로 탄식하고 있는"(23절) 상태의 약함이다. 탄식이 터져 나오게 하는 '나약함'에는 사멸할 존재로서 지닌 육체적 나약함뿐 아니라 도덕적·영성적 나약함도 포함된다. 바오로는 이러한 약함 속에 있는 이들을 성령께서 도우신다고 말한다.

8,26ㄷ: "성령께서 몸소 … 우리를 대신하여 간구해 주십니다."[257]

너무나 힘겨운 고난 속에 있을 때, 우리는 간절히 기도하고 싶지만 도대체 무엇을 (어떻게) 기도해야 할지조차 모를 정도로 나약해진다.[258] 그때 "성령께서 몸소 우리를 위해 대신 기도해 주신다"는 바오로의 말은 고난을 겪는 이에게 큰 위로를 준다. 던(Dunn)은 26ㄷ절과 관련하여 다음과 같이 의미 깊은 해석을 하는데, 유념할 필요가 있다. "성령은 신자들의 전적인 무능력을 제거하거나 변모시키지 않으신다. 오히려 그 무능력 '안에서' 그리고 그 무능력을 '통해서' 작용하신다."[259]

---

257 그리스어 entygchanō 동사는 '…을 위해 나서다', '간구(간청)하다'의 뜻으로 다른 곳에서도 쓰인다(예컨대 8,27.34; 11,2; 히브 7,25). 바오로는 26ㄷ절에서 이 동사에 '위하여'를 뜻하는 접두사 hyper를 덧붙여 사용하는데 이는 유일한 경우이다. 여기서 이 접두사는 나약한 신자들을 위해 기도하는 성령의 도움을 매우 강조해 준다.
258 이런 경우에는 극심한 육체적 고통뿐 아니라 정신적 고통을 겪는 때가 포함된다. 예를 들면 갑작스런 사고로 인한 가족 친지들과의 사별, 너무나 억울한 일을 당했을 때, 너무나 큰 실패를 경험했을 때 등이다.
259 J. D. G. Dunn, *Romans*, p. 477-478; 던의 다음 말도 참조. "바울의 성령론의 놀라

8,26ㄴ-27: "우리는 올바른 방식으로 기도할 줄 모르지만, 성령께서 몸소 말로 다할 수 없이 탄식하시며 우리를 대신하여 간구해 주십니다. 마음속까지 살펴보시는 분께서는 이러한 성령의 생각이 무엇인지 아십니다. 성령께서 하느님의 뜻에 따라 성도들을 위하여 간구하시기 때문입니다."

위에서 "말로 다할 수 없이 탄식하시며"라고 번역된 그리스어 원문 (stenagmois alalētois)을 직역하면 "(말로) 표현할 수 없는 탄식들로써"이다. 이것이 무엇인지에 관하여 학자들 사이에 의견이 갈린다. 일부 학자들은 바오로가 8,26-27에서 이 표현을 쓰면서 1코린 12장과 14장에 나오는 '신령한 언어(glōssa, 개신교의 일반 용어로는 '방언')' 현상을 특별히 염두에 두었다고 생각한다.[260] 신령한 언어로 말하는 것도 성령의 영향 속에 하는 기도의 일종이라고 볼 수 있다면, 8,26에서 말하는 성령의 기도(성령께서 신자들을 대신하여 간구하는 기도)와 1코린 14,4의 '신령한 언어로 말하는 것' 사이에 공통점이 전혀 없다고 할 수는 없다.

하지만 이 해석에는 설득력이 없다. 우선 그리스어 알랄레토스(alalētos)가 기본적으로 '말해지지 않은' 또는 '말로 표현되지 않은' 것을 의미한다고 본다면, 답은 분명해진다. 왜냐하면 바오로가 1코린 14장에서 말하는 신령한 언어는 비록 다른 사람들이 제대로 알아듣지 못하지만 '말로 표현된' 것이다. 누군가는 해석할 수 있는 말이다(1코린 12,10; 14,13

운 한 특징은 이것이다: 성령은 힘이 있을 때가 아니라 연약함 중에서 체험된다" (제임스 D. G. 던, 《바울신학》, 크리스챤다이제스트, 2003년, 597쪽).

260 예컨대 E. Käsemann, "Der gottesdienstliche Schrei nach Erlösung," *Paulinische Perspektiven*, Tübingen, 1969, pp. 211-236. 빌켄스(*Römer* II, p. 161)에 의하면 케제만 이전에 일찍이 오리게네스와 크리소스토모도 이와 비슷한 주장을 폈다고 한다. 이에 관한 더 자세한 정보는 J. A. Fitzmyer, *Romans*, p. 519 참조.

참조). 그러나 8,26에 나오는 성령의 기도를 사람들은 알아들을 수 없다. 그것이 '말로 표현되지 않은 탄식들(stenagmoi alalētoi)'로 드리는 기도이기 때문이다. 바오로가 신령한 언어를 말하는 은사르 인해 코린토 공동체에 생겨났던 불미스러운 일(일부는 우월감을 느끼고, 일부는 열등감을 느끼고 사는 문제)을 해결하려고 다양한 방법으로 노력해야 했던 사실을 고려해 보면(1코린 12-14장 참조), 8,26-27에서 바오로가 성령의 기도를 말하면서 그런 현상을 염두에 두었을 가능성은 매우 낮다.[261]

무엇을 어떻게 기도해야 할지조차 모를 정도로 나약한(어려운) 처지에 있을 때 성령께서 '우리(그리스도 신자들)를 위하여 간구하시며' '우리와 함께 탄식하신다'[262]는 8,26-27은 참으로 기쁜 소식이다. 이 말씀은, 고난 가운데 삶의 근저에서부터[263](23절의 "속으로" 참조) 신음하는 인간을 하느님께서 그냥 버려두지 않으시고 당신 성령을 통해(8,23의 '성령의 맏물'과 갈라 4,6 '성령을 보내심' 비교) 함께해 즈시며 그에게 살아갈 힘을 주신다는 소식이기 때문이다. 이런 성령의 현존이야말로 그리스도인이 고난에도 불구하고 불굴의 희망을 가질 수 있는 가장 중요한 근거이다 (5,5; 성령의 내주(內住)에 대하여 말하는 8,9.11 참조).

---

261 J. A. Fitzmyer, *Romans*, p. 519 참조; 조금 다른 견해에 관해서는 U. Wilckens, *Römer* II, pp. 161-162 참조.

262 이 표현이 본문에 직접 나오지는 않지만, 표현에 담긴 의미는 8,18-30 단락에 분명히 담겨 있다. 이 단락에서 '피조물의 탄식/ 신음'(22절) 및 '우리(그리스도 신자들)의 탄식/ 신음'(23절)과 '성령의 탄식'(26절)은 병행된다.

263 "주님, 깊은 곳에서 당신께 부르짖습니다"[시편 130(129),1] 참조. 이 시편의 라틴어 제목은 "de profondis(깊은 곳으로부터)"이다. 이 시편은 심각한 곤경 한가운데서 하느님을 향하여 울부짖는 한 신앙인의 모습을 묘사한다. 가톨릭교회에서는 장례 때 교우들이 바치는 위령기도(흔히 연도)의 일부로 잘 알려져 있다.

8,27ㄱ: "마음속까지 살펴보시는 분께서는 이러한 성령의 생각이 무엇인지 아십니다."

하느님을 "마음속까지 살펴보시는 분"으로 묘사하는 것은 구약성경에 여러 번 나온다(1사무 16,7; 1열왕 8,39; 시편 7,10; 26,2; 44,22; 139,1.2.23; 잠언 15,11; 예레 17,10). 신약성경에는 자주 나오지 않지만 중요한 표현으로 쓰인다(8,27; 사도 1,24; 15,8). 여기서 '생각'이라고 번역된 그리스어 프로네마(phronēma)는 의도, 관심사(8,6 참조)라고 번역될 수도 있다. 그런데 8,27을 이해하는 데 다음 말씀이 큰 도움을 준다. "하느님의 영이 아니고서는 아무도 하느님의 생각을 깨닫지 못합니다"(1코린 2,11). 이 말씀과 8,27은 하느님과의 참다운 친교(koinōnia)가 그분의 성령을 통해 이루어진다는 것, 따라서 기도가 올바로 이루어지기 위해서는 성령 안에서 이루어져야 한다는 점을 말해 준다. 요컨대 8,27은 성령의 여러 역할 중에서 그리스도인과 하느님의 친교를 중개해 주는 역할에 대하여 말한다. 물론 바오로는 성령은 하느님과의 친교뿐 아니라 동료 인간들 사이의 친교를 가능케 하시는 분이라고도 말한다(2코린 13,13; 필리 2,1).[264]

기도와 관련된 성령의 역할에 관하여 설명하려면 성령의 역할이 결코 기도에 국한하지 않는다는 것을 전제해야 한다. 성령은 청원기도뿐 아니라 흠숭(경배), 찬양, 감사, 참회, 탄원 등 하느님과의 친교를 가능하게 하는 다른 모든 기도 방식도 돕는다. 무엇보다도 하느님을 '아빠,

---

264 여기서 성령론의 대가大家 이브 콩가르(Yves Congar)의 말을 들어볼 필요가 있다. "영은 하느님과 우리, 그리고 우리들 사이의 소통과 친교의 원리이다. 영은 탁월하고 미묘하며 모든 이 안에 유일한 존재이되 모든 인격들을 일치시키면서도 그들의 내면성과 자유를 손상시키지 않는다"(이브 콩가르, 《나는 성령을 믿나이다 1》, 가톨릭문화총서 008, 백운철 옮김, 가톨릭출판사, 2004년, 73쪽).

아버지'로서 알아 뵙고 그분께 기도드릴 수 있게 하고(로마 8,15; 갈라 4,6 참조), 예수님을 주님으로 알아 뵙게 하는 것 자체가 이미 성령의 역할이다(1코린 12,3 참조). 8,26-27을 근거로 삼아 말하면, 우리 마음속에서 이루어지는 성령의 기도("말로 표현되지 않은 성령의 탄식")야말로 그리스도인이 드리는 기도의 원천이라 할 수 있다. 바오로에 의하면, 성령 없이는 그리스도인의 참된 기도가 가능하지 않다. 따라서 기도할 때에는 먼저 '성령의 임하심'을 청해야 한다. 27절은 바로 이런 필요성에 대하여 말한다.

8,28: "하느님을 사랑하는 이들, 그분의 계획에 따라 부르심을 받은 이들에게는 모든 것이 함께 작용하여 선을 이룬다는 것을 우리는 압니다."

이 구절은 '하느님의 (사랑의) 섭리'에 대한 가르침과 관련하여 창세 50,20[265](요셉 이야기 전체의 맥락에서)과 함께 성경에서 가장 중요한 말씀 가운데 하나이다. 이 말씀 역시 그리스도 신자들이 고난에도 불구하고 확고하게 희망을 가지도록 돕는다.

"**하느님을 사랑하는 사람들에게는**": 바오로는 여기서 그로서는 드물게, 하느님을 향한 인간의 사랑에 대해서 달한다. 하느님과 인간 사이의 사랑에 대하여 말할 때 그는 주로 '인간에 대한 하느님의 사랑'에 대하여 말한다(5,5.8; 8,37). 그리고 인간이 하느님께 대하여 가져야 하는 태도를 주로 '믿음'과 '순종'으로 설명한다. 하느님을 사랑하는 것은 구약성경에서 최고 계명에 속한다[특히 신명 6,4-5("셔마 디스라엘"); 탈출 20,6; 신명 5,10(십계명 중); 마르 12,28-34과 병행 대목에 나오는 최고 계명에 관한 대

---

[265] "형님들은 나에게 악을 꾸몄지만, 하느님께서는 그것을 선으로 바꾸셨습니다. 그것은 오늘 그분께서 이루신 것처럼, 큰 백성을 살리시려는 것이었습니다"(창세 50,20).

담 참조]. 당연히 바오로도 이것을 전제하였을 것이다. 그런데 28절의 이 문장에서 우리가 생각해야 할 점은, 인간이 하느님에 대하여 가지는 사랑 이전에 하느님께서 먼저 베풀어 주신 사랑이 있었다는 점이다. 이 점은 성경 전체의 근본 고백이다. 하느님에 대한 인간의 사랑은, 하느님께서 먼저 베푸신 사랑에 대한 응답이다(1요한 4,10.19; 로마 5,8; 1요한 3,16 참조). 이 점은 구약성경에서도 마찬가지다. 탈출기에 의하면 하느님은 십계명이라는 '사랑의 계명'을 주시기 전에 이집트의 종살이에서 해방하시고 광야 여정에서 보호하시며 인도하시는 '구원'을 먼저 베푸셨다. 이는 십계명의 시작 말씀에서 잘 드러난다. "나는 너를 이집트 땅, 종살이하던 집에서 이끌어 낸 주 너의 하느님이다"(탈출 20,2). 최고 계명에 관한 질문을 받으시고 예수님이 직접 인용하신 '셔마 이스라엘(들어라! 이스라엘아)'에 나오는 사랑의 계명(신명 6,4-5)도, 신명기 안에서 보면 앞에서 모세가 그곳(모압 평원)에 이르기까지 하느님께서 그들을 어떻게 사랑하셨는지를 길게 회고한 내용과 연관된다. 즉 "마음을 다하고 목숨을 다하고 힘을 다하여 주 하느님을 사랑하는 것"은 그보다 먼저 베풀어 주신 하느님의 사랑에 대한 응답이고, 그 사랑 때문에 가능한 사랑인 것이다.

"그분의 계획에 따라 부르심을 받은 이들": 이 문장은 8,28에서 "하느님을 사랑하는 사람들"을 부연 설명한다. 이를 진지하게 받아들여 해석하면, 바오로의 관점에서 하느님을 사랑하는 사람들은 "〔하느님의〕 계획에 따라 부르심을 받은 이들"이다. 이는 앞에서 말한 내용, 곧 하느님에 대한 인간의 사랑은 그보다 앞선 하느님의 사랑의 선택이 있었기 때문에 가능하다는 점을 확인해 준다. 바오로는 "부르심을 받은(*klētoi*) 이들"라는 표현을 그리스도 신자들에게 자주 적용한다(1,6-7; 1코린 1,24

참조). 그들이야말로 하느님의 아드님 예수 그리스도를 믿고 살아가도록 하느님께 부르심을 받은 사람이라고 생각하기 때문이다.[266]

그런데 "그분의 계획에 따라 부르심을 받은 이들에게"라는 문장의 그리스어 원문에는 "그분(하느님)의"라는 단어가 없다. 그래서 고대 해석자들 가운데에는 여기 나오는 '계획(*prothesis*)'을 하느님의 부르심에 응답한 인간의 계획으로 이해한 경우도 있었다. 그러나 아우구스티노가 해석했던 것처럼, 이 경우에는 하느님의 계획으로 해석하는 것이 옳다[9,11에서도 같은 단어 *prothesis*가 하느님의 계획(선택)의 의미로 쓰였다].

"모든 것이 함께 작용하여 선을 이룬다(직역: 모든 것이 선을 향하여 함께 작용한다).": 이 문장에서 "이룬다(*synergei*, 직역: 함께 작용한다)"로 번역된 동사의 주어로 하느님이라는 단어가 원문에 나오지 않는다 하더라도,[267] 이 문장을 하느님 없이 모든 것이 저절로 작용하여 선을 이룬다는 식으로 이해해서는 결코 안 된다. 바오로의 강조점은 "하느님을 사랑하는 사람들을 위해"(악한 것까지 포함하여) 모든 것 이면에서 하느님께서 사랑으로 돌보신다는 것이기 때문이다.

여기에서 "모든 것"은 18-27절에서 바오로가 말한 갖가지 고난을 포

---

266 바오로는 이를 다음과 같이 표현하기도 하였다. "하느님은 성실하신 분이십니다. 그분께서 당신의 아드님 우리 주 예수 그리스도와 천교를 맺도록 여러분을 불러 주셨습니다"(1코린 1,9).

267 28절에 본문비평과 관련된 문제가 있다. "모든 것이 함께 작용하여 선을 이룬다"라는 문장에 '하느님(*ho theos*)'이라는 단어가 들어가 있느냐(P46, A, B 81 등 일부 중요한 사본) 그렇지 않느냐(a, C, D, G, K 사본 등)에 따라 해석에 차이가 생긴다. 또 동사 *synergei*를 자동사(작용하다)로 보느냐 아니면 드물지간 타동사(작용하게 하다)로 보느냐에 따라 해석이 달라진다. 나는 크랜필드와 피츠마이어 등의 견해를 따라 *ho theos*(하느님)라는 단어가 본문에 없었다고 보고 동사 *synergei*를 자동사로 본다.

함한다. 이 점은 창세기의 요셉 이야기가 가장 잘 보여 준다. 하느님은 요셉의 형들이 저지른 악에서마저 결국 선을 이끌어 내셨다(특히 창세 50,20 참조). 당연한 말이지만 28절의 "모든 것"은 고난만이 아니라 당연히 좋은 것들도 포함한다. 그런데 이 문장에서 선善은 무엇을 의미하는가? 어떤 기준에서 말하는 선인가? 세속적 기준에서 말하는 성공이나 행복을 말하는가? 그렇다면 신앙인의 현실에서 볼 때 바오로의 이 말은 틀렸다! 하느님을 진심으로 사랑하려고 노력하며 살았지만, 막상 현실의 결과는 세속적 견지에서 성공과 거리가 먼 경우가 너무나 많기 때문이다. 그런데 여기 나오는 '모든 것'이 35절에[268] 열거되는 고난들도 포함한다고 보면, 바오로의 깊은 생각을 좀 더 이해하게 된다. 사실 세속적 기준으로 보면 바오로의 삶도 성공과는 거리가 멀었다. 여기서 우리는 이 단락(8,18-30)이 "장차 우리에게 계시될 영광에 견주면, 지금 이 시대에 겪는 고난은 아무 것도 아니라고 생각합니다"(18절)라는 말로 시작했음을 기억해야 한다(1코린 15,19도 꼭 참조). 넓게 보면 여기에서 바오로가 말하는 선은 '구원을 돕는 선'일 것이다.[269]

그렇다고 바오로가 여기에서 말하는 선(행복)을 현세의 행복이나 기쁨과는 전혀 상관 없는 선으로, 이 세상을 떠난 뒤에 비로소 시작되는 것으로 이해해서는 안 된다. 그런 선이라면 그것에 더 이상 '선'이라는 이름을 붙이면 안 될 것이다. 바오로가 말하는 기쁜 소식은 이미 기쁨이라는 효과를 내고 있다. 그가 말하는 하느님의 사랑이나 그리스도의 사

---

[268] 8,35: "무엇이 우리를 그리스도의 사랑에서 갈라놓을 수 있겠습니까? 환난입니까? 역경입니까? 박해입니까? 굶주림입니까? 헐벗음입니까? 위험입니까? 칼입니까?"
[269] C. E. B. Cranfield, *Romans*, p. 428 참조.

랑은 8,31-39의 찬미가에서 확인되듯이, 이미 하느님을 사랑하는 사람들의 삶에서 성령을 통해(로마 5,5; 8,15; 갈라 4,6) 강력히 체험되고 있는 현실이다. 그러나 아직 온전한 기쁨, 완성된 상태의 '선'은 아니다.

8,29-30: "하느님께서는 미리 뽑으신 이들을 당신의 아드님과 같은 모상이 되도록 미리 정하셨습니다. 그리하여 그 아드님께서 많은 형제 가운데 맏이가 되게 하셨습니다. 그렇게 미리 정하신 이들을 또한 부르셨고, 부르신 이들을 또한 의롭게 하셨으며, 의롭게 하신 이들을 또한 영광스럽게 해 주셨습니다."

이 두 절의 내용은 전체적으로 "하느님을 사랑하는 이들에게는 … 선을 이룬다"(28절)는 내용을 자세히 풀이한 것으로, 동시에 거기에 나온 약속("모든 것이 함께 작용하여 선을 이룬다")의 긍극적 근거를 제시한 것으로 볼 수 있다. 특히 그리스어 원문에서 28절의 끝 문장인 "〔그분의〕 계획에 따라 부르심을 받은 이들"을 설명하는 것 같다.

그리스어 원문에서 이 두 절은 4개의 분명한 대구(병행문)로 구성되어 있다. 각 행의 끝 동사가 다음 행의 첫 동사로 사용되어 (끝말잇기처럼) 서로 긴밀히 연결된다. 이를 직역하면 다음과 같다.[270]

²⁹ 〔그분(하느님)께서는〕

<u>미리 알던</u> 사람들을,　　　　　… 또한 <u>미리 정하셨습니다</u>.
³⁰ 그런데 미리 정하신 사람들,　이들을 또한 <u>부르셨습니다</u>.

---

[270] 8,29-30의 영문 음역: ²⁹ *hoti hous proegnō, kai proōrisen* … ³⁰ *hous de proōrisen, toutous kai ekalesen // kai hous ekalesen, toutous kai edikaiōsen // hous de edikaiōsen, toutous kai edoxasen.*

그리고 부르신 사람들,	이들을 또한 <u>의롭게 하셨습니다</u>.
그런데 의롭게 하신 사람들,	이들을 또한 <u>영광스럽게 하셨습니다</u>.

이 두 절에 나오는 모든 동사의 주어는 '그분' 곧 하느님이다. 여기서 바오로는 하느님 계획의 이행(실행)을 다섯 단계 즉 미리 아심[豫知], 미리 정하심[豫定], 부르심, 의롭게 하심[義化], 영광스럽게 하심으로 나누어 설명한다. 하느님의 다섯 가지 계획은 그분의 '미리 아심(proginōskein)'으로 시작한다. 이 동사(proginōskein)의 기본 뜻은 분명히 '미리 알다'이지만 29절의 경우 달리 해석할 수 있는 가능성을 두고 많이 토론된다. 다음 동사가 "미리 정하셨다" 곧 '예정하셨다'로 나오기 때문이다. 이 동사(proginōskein)가 하느님을 주어로 삼아 나오는 신약성경의 다른 예(로마 11,2; 사도 2,23; 1베드 1,2.20)를 보면, '미리 알다'라는 의미보다 '미리 관계를 맺다' 또는 '미리 선택하다'는 의미를 가진다.[271] '알다' 단어가 이런 의미를 가질 수 있는 것은 구약성경의 영향일 것이다.[272]

하느님 계획의 두 번째 요소는 '미리 정함' 즉 예정이다. 하느님의 은혜로운 선택과 관련된 예정이다(1코린 2,7; 에페 1,5.11 참조). 29절에서 말하는 하느님의 예정은 그리스도 신자들이 "당신의 아드님과 같은 모상이 되도록" 하는 예정이다. 그리스도 신자들은 부활하신 그리스도의 생명에 참여함으로써 점차적으로 그분의 형상을 닮아가도록 예정되어 있

---

271 가톨릭 공용 성경도 proginōskein을 '미리 뽑다(미리 선택하다)'로 번역했다.
272 칠십인역은 히브리 성경에서 히브리어 *yada*' 동사가 '내밀한 관계를 가지다', '선택하다'의 의미를 가질 경우에 ginōskein으로 번역했다(대표적 예로 창세 18,19; 예레 1,5; 아모 3,2). 많은 번역본이 앞에서 예로 든 곳을 '알다'라고 번역하지 않고 '선택하다'로 번역했다.

다는 것이다(2코린 3,18; 4,4ㄴ-6; 필리 3,21; 1코린 15,49[273] 참조). "우리는 모두 너울을 벗은 얼굴로 주님의 영광을 거울로 보듯 어렴풋이 바라보면서, 더욱더 영광스럽게 그분과 같은 모습으로 바뀌어 갑니다. 이는 영이신 주님께서 이루시는 일입니다"(2코린 3,18).

29절에서 그리스도를 형제들 가운데 "맏이"(prōtotokos, 직역: "첫 번으로 태어난")라고 부르는 표현이 매우 낯설지만, 이 표현은 그리스도를 '맏물'(첫 열매를 뜻하는 그리스어 aparchē)이라고 한 1코린 15,20("이제 그리스도께서는 죽은 이들 가운데에서 되살아나셨습니다. 즉은 이들의 맏물이 되셨습니다")을 보면 이해가 된다. '첫째로 태어난' 또는 '첫 열매'라는 표현은 하느님의 아드님이신 그리스도를 믿음으로써 그리스도 신자들도 장차 그리스도의 영광에 온전히 참여하게 될 것이라는 희망을 강조한다. 그리스도를 '형제'라고 부르는 것도 바오로 친서에서는 드문 일이다. 이 표현은 히브 2,11.12을 연상시킨다(콜로 1,15.18; 묵시 1,5 참조).[274]

8,29-30에 제시된 하느님 계획의 다섯 단계를 반드시 시간적 순서로 볼 필요는 없다. 왜냐하면 원문의 문장 구조에서 드러나듯이 "하느님께서 미리 정하신 이들", "부르신 이들", "의롭게 하신 사람들", "영광스럽게 하신 이들"로 나타난 각각의 요소가 고리처럼 서로 연결되어 있기 때문이다. 더구나 30절에서 각 행마다 "이들을(toutous)"이라는 지시대명사

---

273 필리 3,21: "그리스도께서는 만물을 당신께 복종시키실 수도 있는 그 권능으로, 우리의 비천한 몸을 당신의 영광스러운 몸과 같은 모습으로 변화시켜 주실 것입니다"; 1코린 15,49: "우리가 흙으로 된 그 사람의 모습을 지녔듯이, 하늘에 속한 그분의 모습도 지니게 될 것입니다."
274 히브 2,11-12: "그러한 까닭에 예수님께서는 그들을 형제라고 부르기를 부끄러워하지 않으시고, 이렇게 말씀하십니다. '저는 당신 이름을 제 형제들에게 전하고 모임 한가운데에서 당신을 찬양하오리다.'"

가 나오는 것도, 각 단계를 시간적 순서의 관점에서 바라보지 못하도록 한다. 그런데 이 다섯 단계와 관련된 동사들의 시제가 모두 단순과거(아오리스트)로 되어 있다. 이는 29-30절의 내용이 28절에 언급된 "(그분의) 계획에 따라 부르심을 받은 이들"에게 이미 실행되었다는 것을 의미한다. '믿음을 통한 의화'는 로마서 특히 1,16-4,25의 중심 주제였다. 또 5,1.9에서 바오로는 '의롭게 하다' 동사의 단순과거 시제를 사용하여 그리스도를 믿는 이들이 "믿음을 통해 의롭게 되었다"고 명확히 말한 바 있다. 그런데 미리 앎, 예정, 부르심, 의화에 관하여 과거 시제로 말하는 것은 즉시 이해할 수 있지만, '영광스럽게 됨'까지 과거 시제로 말한다는 점은 이해하기가 좀 어렵다. 다른 곳에서 바오로는 이 단어를 그리스도 예수를 믿는 사람들에게 주어지는 최종적 운명의 의미로 사용하기 때문이다(예컨대 1테살 2,12: "당신의 나라와 영광으로 여러분을 부르시는 하느님께 합당하게 살아가라고 여러분에게 권고하고 격려하며 역설하였습니다"). 또 이 단락(8,18-30)의 시작 구절에서도 '미래에 계시될 영광'에 관해 말하였다.

그러면 단순과거 시제로 표현된 30절의 "영광스럽게 하셨다(edoxasen)"를 어떻게 이해할 것인가? 여러 가지 해석이 있지만 넓게 받아들여지는 것은, 미래에 이루어질 '영광스럽게 됨'을 너무나 강하게 확신하여 그 일이 이미 이루어진 것처럼 느끼고 있어서 '단순과거' 시제로 표현하였다고 보는 해석인 것 같다.[275] 나는 '이미'와 '아직' 사이의 종말론적

---

275 피츠마이어(*Romans*, p. 526)는 "영광스럽게 하셨다"의 과거 시제가 토마스 데 아퀴노의 표현을 사용한다면 certitudo futuri(미래의 확실함)의 표현이고, 라그랑즈(Lagrange, *Romans*, p. 217)와 휘비(Huby, *Romans*, p. 311)도 "확실함의 예측"에서 나온 표현으로 해석했다고 한다. D. J. Moo, *Romans*, p. 536도 참조.

긴장 관계를 여기에도 적용할 수 있다고 생각한다. 예컨대 8,14-15에 의하면 그리스도를 믿는 이들은 성령을 통해 이미 하느님을 "아빠, 아버지!" 하고 부를 수 있는 사랑받는 하느님의 자녀가 되었다. 그런데 조금 뒤에 나오는 8,23에는 "성령을 첫 선물로 (이미) 받은 우리 자신도 (미래에) 하느님의 자녀가 되기를 탄식하고 있습니다"라고 나온다. 즉 하느님의 자녀가 됨에 관해서도 '이미'와 '아직'의 긴장 관계가 있다. 그리스도인은 이미 하느님의 자녀가 되었지만, 하느님의 자녀라는 점이 온전히 드러나는 상태에는 아직 도달하지 못했다는 말이다. 이 점을 '영광스럽게 됨'에도 적용할 수 있겠다. 그리스도를 믿는 이들은 부활하시어 "영광스럽게 되신" 그리스도와 믿음을 통해 결합해 있다는 점에서, 그분의 영광에 참여하고 있다. 그런 점에서 그들은 이미 '영광스럽게 된' 차원을 지니고 산다. 하지만 그 영광스럽게 됨은 아직 최종적으로 완성된 상태가 아니다. 사실 29절의 앞부분을 해설할 때 인용하였던 2코린 3,18에서, 바오로는 점진적으로 영광스럽게 됨에 대하여 말하였다.[276]

요컨대 8,29-30에서 바오로는 그리스도 신자들에 대한 하느님 계획이 확고하다고 말함으로써, 단락(8,18-30 또는 8,18-39)의 전체 의도가 그러한 것처럼, 그들이 고난 속에서도 불굴의 희망을 갖게 하려고 한다.

---

276 2코린 3,18: "우리는 모두 너울을 벗은 얼굴로 주님의 영광을 거울로 보듯 어렴풋이 바라보면서, 더욱더 영광스럽게 그분과 같은 모습으로 바뀌어 갑니다. 이는 영이신 주님께서 이루시는 일입니다." 여기에서 '점진적으로 영광스럽게 되는 것'과 '주님과 같은 모습으로 변모되는 것'이 긴밀히 연결된 점은 흥미롭다.

9. 주 예수 그리스도의 사랑을 통해 드러난 '하느님의 사랑'에 대한 확신(8,31-39)

9.1. 문맥과 구성

로마서에서 이 단락은 좁게 보면 5-8장을 마무리하고, 넓게 보면 9-11장의 '이스라엘의 문제'를 별도로 남겨둔 채 로마서의 교의 단원(1,16-11,36)을 일단 마무리하는 곳이다. 지금까지(5,1-8,30) 바오로 사도는 믿음과 세례를 통하여 그리스도와 그분의 성령과 결합하여 사는 그리스도인들의 새로운 삶이 지닌 다양한 면과 그들이 품고 있는 불멸의 희망의 근거에 대하여 설명하려고 애썼다. 이제 바오로는 5-8장 단원을 마무리하면서 그리스도 예수님을 통해서 하느님께서 보여 주신 놀라운 사랑에 대하여 찬미하고 고백하며, 아무것도 이 사랑에서 그리스도인들을 갈라놓을 수 없다는 확신을 표현한다.

구성: 8,31에서 바오로는 로마서에서 새로운 주제를 도입할 때 이미 세 번(4,1; 6,1; 7,7; 참조 9,30)이나 사용한 질문(*ti oun eroumen*, "그렇다면 우리가 무엇이라고 말해야 합니까?")을 다시 제시한다. 도입문의 구실을 하는 이 질문에 이어, 아래에서 보듯이 수사적 질문이 다섯 번이나 연속하여 나온다. 전체적으로 31ㄱ절의 도입문 이하를 전반부(31ㄴ-34절)와 후반부(35-39절)로 나눌 수 있다. 전반부에서 바오로는 하느님께서 '우리를 위하여 계시다'는 점을, 무엇보다도 그리스도의 십자가에서 이루어진 대속의 죽음을 근거로(32절) 말한다. 그러면서 하느님과 그리스도가 '우리를 위해' 계시기 때문에 어느 누구도 우리를 대적하여 고발하고 단죄할 수 없다고 강조한다. 후반부에는 고발이나 단죄와 같은 심판과 관

련된 말이 나오지 않는 대신, '그리스도의 사랑' 또는 '하느님의 사랑'이라는 말과 함께 여러 역경이 언급된다.

첫째 수사적 질문
    31ㄴ절: "하느님께서 우리 편이신데 누가 우리를 대적하겠습니까?"

둘째 수사적 질문
    32ㄱ절: "당신의 친아드님마저 아끼지 않으시고 우리 모두를 위하여 내어 주신 분께서,"
    32ㄴ절: "어찌 그 아드님과 함께 모든 것을 우리에게 베풀어 주지 않으시겠습니까?"

셋째 수사적 질문
    33ㄱ절: "하느님께 선택된 이들을 누가 고발할 수 있겠습니까?"

넷째 수사적 질문
    34ㄱ절: "누가 그들을 단죄할 수 있겠습니까?"

다섯째 수사적 질문
    35절: 일곱 가지 역경의 예와 함께 나오는 질문
    "무엇이 우리를 그리스도의 사랑에서 갈라놓을 수 있겠습니까?"

각 수사적 질문은 이미 대답을 내포하고 있다("아무도 대적하지 못합니다"; "모든 것을 베풀어 주십니다"; "아무도 고발할 수 없습니다"; "아무도 단죄할 수 없습니다"; "아무것도 갈라놓을 수 없습니다"). 각 질문에 이어지는 문장들은 제기된 질문에 대한 답이라기보다 질문에 이미 들어 있는 대답을 더욱 확고하게 하는 설명이다.

수사적 질문 가운데 첫째와 다섯째가 특별하다. 특히 첫째 수사적 질문은 31-39절 단락의 주제문이라고 볼 수 있다. 사실 "당신의 친아드님마저 아끼지 않으시고 우리 모두를 위하여 내어 주신 분께서 …"(32절)라는 내용은 "하느님께서 우리 편"(31ㄴ절의 앞부분)이시라는 말씀을 설명해 준다. 또 33-34절의 내용은 "누가 우리를 대적하겠습니까?"(31ㄴ절의 뒷부분)라는 말씀에 담긴 확신을 보완해 준다.

다섯째 수사적 질문도 특별하다. 후반부 전체(35-39절)가 이 질문, 또는 이 질문에 내포된 "그 어떤 것도 그리스도의 사랑에서 떼어 놓을 수 없다!"는 확신과 연결되어 있다. 시작인 35절에서는 '그리스도의 사랑'에 대하여 말하고, 끝 구절인 39절에서는 좀 더 세밀하게 "그리스도 [사랑] 안에서 [드러난] 하느님의 사랑"에 대하여 말한다. 36절에서는 칠십인역 시편 43,23이 인용되면서 구약의 하느님 백성도 고난을 받았음을 상기시킨다. 37절에서는 35ㄱ절의 질문 속에 담겨 있는 대답, 즉 어느 것도 그리스도의 사랑에서 그리스도인을 갈라놓을 수 없다는 내용을 확신에 찬 다른 말("우리는 그 모든 어려움을 그리스도의 사랑에 힘입어 이겨 내고도 남는다!")로 표현한다. 38-39절에는 바오로의 개인적 확신("나는 확신합니다")이 공동체("우리")의 찬미가식 고백에 포함되어 표현된다.

바오로가 전반부에서는 '그 누구도 우리 그리스도 신자들을 대적하여 단죄할 수 없다'고 말한다면, 후반부에서는 "그 어떤 역경도, 심지어 죽음도 우리 그리스도 신자들을 그리스도의 사랑에서, 나아가 그리스도의 사랑을 통해 드러난 하느님의 사랑에서 갈라놓을 수 없다!"고 찬미가적 어조로 강조한다. 전체 내용이 결국 예수님의 십자가상의 죽음에서 우리를 위한 하느님의 사랑이 결정적으로 표현되었다는 믿음에 기초하고 있다.

9.2. 구절 해설

8,31ㄱ: "그렇다면 우리가 이와 관련하여 무엇이라고 말해야 합니까?"

이는 한 대목에서 다른 대목으로 넘어갈 때 잘 사용하는 '수사적 질문'이다(앞에 나온 '구성' 참조). "이와 관련하여"에서 "이것(이것들)"은 일차적으로 바로 앞의 28-30절에서 말한 것을 가리키지만, 넓게 보면 18-30절의 단락 전체에서 말한 내용도 포함한다.

8,31ㄴ: "하느님께서 우리 편이신데 누가 우리를 대적하겠습니까?"

이 문장은 주요한 역할을 맡는다(앞의 '구성' 참조). 여기서 "하느님께서 우리 편이신데"에 해당하는 그리스어 원문을 직역하면 "하느님께서 우리를 위하여 계신다면"이다. 이 조건은 중요하다. '하느님께서 우리를 위하여 계시지 않는다면' 참으로 우리를 대적할 것이 많이 있기 때문이다. 당장 35절과 38절에 열거된 것들이 모두 우리를 대적할 수 있다. 또 1코린 15,26에도 언급되었듯이, 마지막 원수인 죽음이 패배하기는 했지만 완전히 정복당하지 않은 상태에 있다.

그런데 여기서 바오로가 말하는 '우리'는 누구인가? 좁게 보면 28-30절에서 말한 사람들이며, 넓게 보면 8장의 앞부분에서 말한 "우리"(8,12.15-16.18.22-26.28) 곧 그리스도 신자들이다. 8,28-30에 의하면 그리스도 신자들은 '하느님께서 미리 정하시고, 부르시고, 의롭게 하시고, 영광스럽게 하신' 이들이다. 8장의 앞부분에 의하면 '우리'는 믿음으로 그리스도 예수께 결합되어 '그분 안에 있는 이들'(8,1)로서 '의롭게 된 이들'(8,1과 8,30.34 비교; 5,1 참조)이며, '하느님께 사랑받는 자녀가 된 이들'(8,15-16)로서 성령의 힘을 받고 살아가는 이들(8,2.9-11.14-16.26-27)이다. 사실 바오로가 8장에서 지금까지 말한 내용 전체가 "하느님께서 우리를 위해 계신다"고 증언하는 것이나 마찬가지다.

8,32: "당신의 친아드님마저 아끼지 않으시고 … 어찌 그 아드님과 함께 모든 것을 우리에게 베풀어 주지 않으시겠습니까?"

여기서 바오로는 "하느님께서 우리를 위해 계신다"는 것이 최고조로 표현된 사건에 대하여 말한다. '친아드님을 내어 주셨다'는 표현으로, 하느님께서 우리 인간을 위하여 당신이 하실 수 있는 최고의 것을 선사하셨음을 강조한다. 사실 바오로는 이미 5,8에서 "그리스도께서 우리를 위하여 돌아가심으로써, 하느님께서는 우리에 대한 당신의 사랑을 증명해 주셨습니다"라고 말한 바 있다(1코린 6,20 참조). 바오로의 글은 아니지만 1요한 4,9-10에도 비슷한 내용이 표현되어 있다("하느님의 사랑은 우리에게 이렇게 나타났습니다. 곧 하느님께서 당신의 외아드님을 세상에 보내시어 우리가 그분을 통하여 살게 해 주셨습니다. 그 사랑은 이렇습니다. 우리가 하느님을 사랑한 것이 아니라, 그분께서 우리를 사랑하시어 당신의 아드님을 우리 죄를 위한 속죄 제물로 보내 주신 것입니다").

오리게네스 이래 학자들은 "당신의 친아드님마저 아끼지 않으시고"라는 문장에서 창세 22,16("네가 … 너의 아들, 너의 외아들까지 아끼지 않았으니")에 대한 암시를 보았다. 사실 8,32에서와 같이 칠십인역 창세 22,16에도 '아끼다'를 뜻하는 그리스어 동사(*pheidomai*)가 쓰였다. 또 "우리 모두를 위하여 내어 주신 분께서"라는 문장은 예수님의 죽음이 대속代贖의 죽음이라는 것을 말해 주는데, 초창기 교회(의 교리 교수)에서 바오로가 전해 받은 전승 문구일 가능성이 있다(4,25 참조). 위의 문장에 사용된 '내어 주다'를 뜻하는 그리스어 동사 파라디도미(*paradidōmi*)는 예수님의 수난 기사에서 유다 이스카리옷(마르 14,10-11), 수석 사제들과 원로들(마르 15,1.10), 빌라도(마르 15,15)가 각각 예수님을 '넘겨 줄'

때에 사용된다. 그러나 바오로는 예수님의 죽음이야말로 하느님께서 사랑 때문에, 우리 모두를 위하여 하신 일로 본다. "하느님께서 내어 주셨다"는 표현은 아마 네 번째 '주님(야훼)의 종'의 노래(칠십인역 이사 53,6)에 나오는 다음 구절에서 영향을 받은 것 같다. "주님께서 우리의 죄들을 위하여 그분을 내어 주셨다(paredōken)."

8,33-34:[277] "하느님께 선택된 이들을 누가 고발할 수 있겠습니까? 그들을 의롭게 해 주시는 분은 하느님이십니다. 누가 그들을 단죄할 수 있겠습니까? 돌아가셨다가 참으로 되살아나신 분, 또 하느님의 오른쪽에 앉아 계신 분, 그리고 우리를 위하여 간구해 주시는 둔이 바로 그리스도 예수님이십니다."

"누가 고발할 수 있겠습니까?(직역: 고발하겠습니까?)"와 "누가 그들을 단죄할 수 있겠습니까?(직역: 단죄하는 자입니까?)"라는 질문에서 짐작할 수 있듯이, 33-34절을 잘 이해하기 위해서는 검사, 변호사, 판사가 있는 '법정'을 연상할 필요가 있다. 이와 비슷한 예를 욥 1-2장과 즈카 3장에서 찾아볼 수 있다. 거기서 사탄은 '고발자' 역할을 한다. 그러나 그리스도인은 고발자를 두려워할 필요가 없다. 하느님께서 그냥 우리를 위하여 계신 정도가 아니라 '적극적으로' 변호하시기 때문이다. 33절에서는 '하느님께서 선택해 주셨다는 것'과 '의롭게 해 주셨다'는 사실(8,30

---

[277] 8,33-34의 그리스어 원문에서 구두점을 어떻게 찍을 것인가에 대하여 의견이 분분하다. 고대의 수사본에 구두점이 없었기 때문에 생긴 문제인데, 이로써 번역본 사이에 차이가 있다. 예컨대 각 문장을 독립적 의문문으로 보기도 하고(예로 J. A. Fitzmyer, *Romans*, p. 528), 각 절의 앞 문장은 의문문, 뒷 문장은 평서문으로 보기도 한다(가톨릭 공용 성경, NRSV, NIV, NAB 등). 후자가 더 많은 지지를 받는다. 이에 관한 자세한 내용에 관하여는 D. J. Moo, *Romars*, p. 541 참조.

참조)을 상기시킴으로써 적들의 고발이 무력하게 되었다는 내용을 표현한다. '의롭게 해 주셨다'는 말은 재판 때 '무죄 선언을 하셨다'는 의미와 같다. 다음 말씀도 바오로에게 영향을 준 것 같다. "나를 의롭다 하시는 분께서 가까이 계시는데 누가 나에게 대적하려는가? 우리 함께 나서 보자. 누가 나의 소송 상대인가? 내게 다가와 보아라. 보라, 주 하느님께서 나를 도와주시는데 나를 단죄하는 자 누구인가? 보라, 그들은 모두 옷처럼 해지고 좀이 그들을 먹어 버리리라"(이사 50,8-9).

34절에서 바오로는 '단죄'와 관련하여 말하기 시작하면서 우리를 위한 행동의 주체로 하느님 대신 그리스도를 내세운다. 우리를 단죄하시는 분은 그리스도이실 수가 없다는 것이다. 그리스도는 우리를 위하여 돌아가시고 부활하시고 승천하시어 하느님 오른편에 계시며 지금 우리를 위하여 성부께 전구轉求해 주시는 분이기 때문이다. 이 구절에서 바오로의 관심은 그리스도의 '죽음'에서 그분의 '부활'로 옮겨져 있다. 예수님의 부활을 언급하면서 '하느님 오른쪽에 앉으셨다'는 표현을 사용하는데, 이는 바오로에게서 드문 일이다. 부활하고 현양되신 그리스도께서 선택된 그리스도인을 대신하여 성부께 전구(간구)를 드린다는 표현이 나온다. 유념해 봐야 할 점은 성령만이(8,26-27 참조) 아니라 천상의 그리스도까지도 그리스도인을 위하여 전구하신다는 것이다[1요한 2,10("누가 죄를 짓더라도 하느님 앞에서 우리를 변호해 주시는 분이 계십니다")에서는 그리스도가 파라클레토스(Paraklētos, 변호자)라고 불린다. 반면에 히브 7,25와 9,24에서는 전구의 역할이 그리스도의 대사제직과 연결된다]. "누가 그들을 단죄할 수 있겠습니까?"라는 질문의 답은 이미 앞에서 제시되었다. "그러므로 이제 그리스도 예수님 안에 있는 이들은 단죄를 받을 일이 없습니다"(8,1).

8,35: "무엇이 우리를 그리스도의 사랑에서 갈라놓을 수 있겠습니까?[278] 환난입니까? 역경입니까? 박해입니까? 굶주림입니까? 헐벗음입니까? 위험입니까? 칼입니까?"

"그리스도의 사랑"에서 2격('그리스도의')은 주어적 2격이다. 즉 그리스도의 사랑은 '그리스도께서 우리에게 베푸시는 사랑'을 의미하지, 그리스도에 대한 우리의 사랑(객어적 2격)을 의미하지 않는다. 이는 37절에 묘사된 "우리를 사랑해 주신 분"의 주어가 그리스도라는 점에서 분명히 드러난다. 35절에 의하면 그리스도는 34절에 묘사된 것처럼 우리를 위하여 간구하실(변호하실) 뿐 아니라, 우리를 사랑하신다. 그리스도께서 우리를 위하여 하신 모든 일은 우리에 대한 그분의 사랑에서 나왔다(그리스도의 사랑에 관한 2코린 5,14-15; 갈라 2,20 참조). 33-34절에서는 논증이 '누가 고발하겠는가?'라는 질문과 관련되었는데, 35절부터 39절까지는 '누가 갈라놓겠는가?'라는 질문과 관련된다.

한편 그리스도 신자들을 그리스도의 사랑에서 갈라놓을 것으로 많은 사람이 염려하는 역경이 일곱 가지나 열거된다(고난 목록에 관하여는 5,3; 2코린 11,26-27 참조). 마지막에 언급된 '칼'이 눈에 띈다. 바오로가 후일 로마에서 바로 그 '칼'을 받게 될 것이기 때문이다. 특히 히브 11,36-38을 보면 끔찍한 고문에 의한 고통까지 열거되어 있다. 그러나 바오로는 어떤 위험이나 어려움도 그리스도 신자들을 향한 그리스도의 사랑을 막을 수 없다고 단언한다. 고난은 어쩌면 그리스도인의 생활 조건에

---

278 35절의 "갈라놓을 수 있겠습니까?"에 해당하는 그리스어의 직역은 "갈라놓겠습니까?"이다. 반면에 39절에는 그리스어 원문에도 '할 수 있다'를 뜻하는 동사 *dynamai* 의 미래형이 사용되어 있다.

해당하는 것인지 모른다. "여러분도 잘 알다시피 우리는 이러한 일을 겪게 되어 있습니다"(1테살 3,3). 하지만 이런 고난은 "주님과 함께"(1테살 4,17) 있도록 부르심 받은 그리스도인이 맞을 운명인 영광과 비교해 보면 아무것도 아니다. 바오로는 이미 앞에서 언급한 적이 있다. "장차 우리에게 계시될 영광에 견주면, 지금 이 시대에 우리가 겪는 고난은 아무것도 아니라고 생각합니다"(8,18).

앞에서 말했듯이, "그리스도의 사랑"이라는 어구의 2격이 주어적 2격이라고 밝힌 점은 이 구절을 올바로 이해하는 데 매우 중요하다. 왜냐하면 그리스도에 대한 우리의 사랑에서 우리를 갈라놓을 수 있는 것이 많기 때문이다(환난, 박해, 굶주림 등). 하지만 우리에 대한 그리스도의 사랑에서는 아무것도 우리를 떼어 놓을 수 없다고 바오로는 역설한다.[279] 또 이어지는 37절에서 우리를 향한 그리스도의 그 사랑, 나아가 그리스도의 사랑을 통한 하느님의 사랑 안에서(… 사랑에 힘입어) 어떤 곤경도 이겨 낼 수 있다고 바오로는 확신한다. 그리스도의 사랑을 통한 하느님의 사랑에서 어떤 곤경도 이겨 낼 수 있는 힘이 참으로 나약한 우리에게 선사된다는 것이다.

8,36: "이는 성경에 기록된 그대로입니다. '저희는 온종일 당신 때문에 살해

---

[279] 적절한 예일지 모르겠으나, 이는 '잃어버린 아들을 찾고 기뻐하는 아버지의 비유'(루카 15장)에도 잘 드러나 있다. 그 비유에서 작은아들은 아버지에 대해 가졌던 사랑을 잃어버린 적이 있다. 그래서 아버지의 사랑과 믿음을 저버리고 아버지의 유산을 독촉하여 받아 낸 다음 아버지를 떠났을 뿐 아니라, 가산을 다 탕진하며 죄를 지었다. 아들은 아버지에게서 떠나갔지만, 그 아들에 대한 아버지의 사랑은 떠나지 않았다. 이야기에서 우리가 중요하게 볼 점은, 작은아들이 살기 위해서는 기존의 자기 삶을 청산하고 '아버지의 집'으로 돌아가야(회개해야) 했다는 점이다. 죄인인 작은아들은 아버지의 변치 않는 사랑을 믿고 돌아가야 했다.

되며 도살될 양처럼 여겨집니다.'"

바오로는 칠십인역 시편 43,23(히브리 성경 시편 44,22)을 인용한다. 이 시편은 충직한 이스라엘이 원수들에게 박해와 모멸을 받는 가운데 하느님께 탄원하며 구원을 간청하는 공동 탄원시이다. 마카베오 항쟁이 벌어졌던 박해 시대에 이스라엘 백성은 이 시편의 상황을 자신, 특히 순교자들에게 적용했다고 한다. 바오로가 여기서 이 시편을 인용하는 목적은 그리스도인이 당면한 고난이 하느님 백성이 늘 겪어 왔던 것임을 보여 주는 데 있다. 신자들이 겪는 고난은 하느님께서 박해받는 사람들을 사랑하지 않으신다는 표지가 아니라, 오히려 사랑하신다는 표지일 수 있다는 것이다(2코린 4,10-11 참조).

8,37: "그러나 우리는 우리를 사랑해 주신 분의 도움게 힘입어 이 모든 것을 이겨 내고도 남습니다."

"이겨 내고도 남습니다"로 번역된 그리스어 동사 휘페르니카오(*hyper-nikaō*)는 일반 그리스어 문헌에는 나오지만 신약성경에서는 여기서만 사용되는데 '압도적 승리(영어로 표현하면 super-victory)'를 나타내고자 한 것 같다. 그리스도인은 불굴의 용기로 여러 역경을 견디어 낼 뿐만 아니라 그것들에 대해 압도적 승리를 거둔다는 것이다. 그런데 중요한 것은 '어떻게' 그런 승리가 가능한지 알아보는 일이다. 바오로에 의하면 그것은 "우리를 사랑해 주신 분을 통하여" 가능하다. 이 어구의 그리스어는 단순과거 분사형으로 표현되는데(*dia tou agapēsantos hēmas*), 여기서 단순과거는 과거에 일어난 사건(곧 예수님의 십자가 사건)을 암시한다고 볼 수 있다(32절에 이 사건이 언급되어 있음). 이는 현재 그분께서 우리를 사랑하시지 않는다는 뜻이 아니다. 오히려 정반대로 과거에 십자가 사건으로 우리에 대한 당신의 사랑을 최고조로 보여 주신 그분은 지금도 계속 사랑을 베풀어 주시기에, 그 사랑의 힘으로 모든 어려움을 이겨 내고도 남는다고 외치는 것이다.

8,38-39: "나는 확신합니다. 죽음도, 삶도, 천사도, 권세도, 현재의 것도, 미래의 것도, 권능도, 저 높은 곳도, 저 깊은 곳도, 그 밖의 어떠한 피조물도 우리 주 그리스도 예수님에게서 드러난 하느님의 사랑에서 우리를 떼어 놓을 수 없습니다."

바오로는 지금까지 전개한 찬미가 같은 글에 결론 격으로 개인적 확신을 덧붙인다. "나는 확신합니다." 어떤 것도 주 예수 그리스도에게서 드러난 하느님의 사랑에서 그리스도인들을 갈라놓을 수 없다는 것을 강조하기 위해 무려 열 번에 걸쳐 예를 든다. 35절에 열거한 예보다 전망을 훨씬 더 넓힌다. 38-39절에 '…도 아니다'를 뜻하는 그리스어 우테(*oute*)가 열 번이나 나온다. 각 단어가 연결어('그리고'를 뜻하는 그리스어 *kai* 없이 개별적으로 열거되었지만, 의미로 볼 때 두 단어씩 짝을 이루어 표현되었다는 것은 분명하다. 예외로 38절 끝에서 '권능(들)(*dynameis*)'은 단독으로 언급된다.

"죽음도, 삶도"에서 죽음을 먼저 언급한 것은 36절에 인용한 말씀에서 '살해되다'는 단어가 나오기 때문일 것이다(35절에 나열된 역경 목록의 끝에 나온 '칼'도 참조). 육체적 죽음(순교를 포함한 다양한 형태의 죽음)까지도 그리스도의 사랑에서 그리스도 신자들을 떼어 놓을 수 없다는 점은 다음 말씀을 보더라도 분명하다. "우리는 살아도 주님을 위하여 살고 죽어도 주님을 위하여 죽습니다. 그러므로 우리는 살든지 죽든지 주님의 것입니다"(14,8). 그런데 "삶도 … 하느님의 사랑에서 우리를 떼어 놓을 수 없다"는 문장은 얼른 이해하기가 어렵다. 여기서 삶을 죽음과 떼어 생각하면 안 될 것 같다. '생사 문제'라는 배경에서, '삶을 위한' 또는 '살아남기 위한' 여러 유혹도 생각해 볼 수 있다.

의인화된 시간("현재의 것도, 미래의 것도"), 의인호-된 공간("저 높은 곳도, 저 깊은 곳도")을 포함하여 우주적 차원도 언급된다. 그 중 "천사(들)"은 아마 바오로 당대의 유다인들과 이방인들이 흔히 생각했던 영적 존재를 가리키는 것 같다. 여기서 그들이 어떤(좋은, 나쁜) 역할로 언급된 것인지는 분명하지 않다(1코린 4,9; 6,3; 13,1 참조). "권세들"로 번역된 그리스어 아르카이(archai)가 '통치자'로 옮겨지는 경우도 많다.[280] 천사들을 좋은 역할로 볼 경우, 이 권세(통치자)들을 악한 것으로 보는 견해도 있다[281](악한 '권세'와 관련해서는 에페 6,12; 콜로 2,15 참조; 악한 것인지 좋은 것인지 판단하기 어려운 '권세'의 경우에 관하여는 1코린 15,24; 콜로 1,16; 에페 1,21 참조).

바오로는 열 가지나 열거하고도 부족하다고 생각했는지 "그 밖의 어떠한 피조물도"라는 말을 덧붙인다. 그리하여 보이는 것이든 보이지 않는 것이든 그 어떤 피조물도 "하느님의 사랑에서 우리를 떼어 놓을 수 없습니다"라고 선언하며 장엄하게 찬미가적인 글을 마무리한다.

8장 해설을 마무리하며

바오로는 5-8장 단락을 시작하면서 그리스도인이 지닌 불굴의 희망은 바로 '성령을 통해 우리 마음속에 부어진 하느님의 사랑'(5,5)에 기초하며, 그 사랑은 무엇보다도 예수님의 십자가 죽음에서 드러났다(5,8)고 말했다. 이 단락을 마무리하면서 바오로는 다시 한 번 그 사랑(8,32)이

---

280   예컨대 NRSV; D. J. Moo, *Romans*, p. 537.
281   예컨대 NIV는 "neither angels nor demons"라고 번역했다.

얼마나 위대한지를 장엄한 어조로 확인한다. 신앙생활을 하는 가운데 온갖 어려움과 불확실성을 겪는 그리스도 신자들에게 확실한 것은 바로 '그리스도의 사랑'을 통해 드러났고, 드러나고 있는 '우리에 대한 하느님의 사랑'이라는 것이다. 8,31-39의 말씀을 보면 볼수록 바오로가 그리스도를 통한 하느님의 사랑을 얼마나 굳건하게 확신하는지 놀랍게 느껴진다. 35절에서 역경을 일곱 가지나 열거하고 37-38절에서는 열 가지나 열거하면서, 아무것도 그리스도의 사랑과 하느님의 사랑에서 그리스도 신자들을 갈라놓을 수 없다고 선포하는 바오로의 열정적 모습에서, 그리스도의 사랑을 통한 하느님의 사랑이 그의 삶을 온전히 불사르고 있었다는 것을 새롭게 느끼게 된다. 끝으로 이 땅의 수많은 순교자를 기억한다. 그들도 이러한 사도 바오로의 말씀을 들었다면 더 큰 위로와 용기를 얻고 형장을 향해 갈 수 있었을 것이라고 묵상해 본다.

제5장 이스라엘 문제(9,1-11,36)

9-11장에서 바오로는 예수 그리스도를 믿게 된 뒤로 줄곧 그의 마음을 매우 괴롭혔던 문제, 그러나 깊이 다루지 못하고 계속 미루어 왔던 문제를 차분하게 다룬다. 그 문제란, 이방인들은 날로 복음을 많이 받아들이는데 정작 그의 동족 이스라엘의 대다수는 그가 선포하는 복음을 배척한다는 사실이었다. 이것이 바오로에게 얼마나 중요한 문제였는지는 다음 두 구절만 보아도 잘 드러난다. "사실 육으로는 내 혈족인 동포들을 위해서라면, 나 자신이 저주를 받아 그리스도에게서 떨어져 나가기라도 했으면 하는 심정입니다"(9,3). "형제 여러분, 내 마음의 소원, 그리고 내가 그들을 위하여 바치는 기도는 그들이 구원을 받게 하려는 것입니다"(10,1).

'이스라엘 문제'를 다루는 이 단락을 과거에는 교의 단원(1,16-8,39)에 연결하지 않았을 뿐만 아니라, 상대적으로 별로 중요하지 않은 일종의 '부록' 정도로 평가했다. 하지만 최근의 바오로 연구에서 그의 '유다적 배경'을 적극적으로 평가하면서, 이 단락이 로마서 신학에서 차지하는 중요성도 강조되고 있다. 사실 '유다인과 이방인의 관계', '하느님의 계획에서 이스라엘 백성이 차지하는 독특한 위치' 등은 로마서에서도 바오로가 중간 중간 중요하게 언급해 왔던 사항이다. 그 예는 다음과 같다. "복음은 먼저 유다인에게 그리고 그리스인에게까지"(1,16), "먼저 유다인이 그리고 그리스인까지"(2,9-10), "그렇다면 유다인으로서 더 이로운 점은 무엇입니까?"(3,1), "하느님은 유다인들만의 하느님이십니까? 다른 민족들의 하느님은 아니십니까?"(3,29).

그리고 의화론과 관련하여 바오로가 심각하게 다루는 율법(특히 7장)과 할례 문제(특히 4장)는, "예수 그리스도의 계시"(갈라 1,12) 이후에 이스라엘이 '계약의 백성'으로 하느님의 계획에서 차지하는 위치에 대한 근본적인 문제 제기라고 볼 수 있다. 이런 점에서 9-11장에서 바오로가 다루는 '이스라엘 문제'는 인간 바오로의 개인 문제로 가볍게 볼 사안이 결코 아니다. 그것은 바오로의 핵심 신학의 신빙성이 걸려 있는 문제이다. 바오로는 9-11장에서 '이스라엘 문제'를 깊이 다루면서, 그가 앞부분(1,16-8,39)에서 길게 논증한 의화론적 복음이 하느님의 구원 계획에도 부합한다는 점을 변호한다고 볼 수 있다.

바오로가 이 문제를 얼마나 진지하게 다루고 있는지는 이 단락 곳곳에 나오는 문제 제기를 일별해 봐도 잘 느낄 수 있다. 예를 들면 다음과 같다. "하느님의 말씀이 허사로 돌아갔다는 것입니까?"(9,6 참조), "하느님 쪽이 불의하시다는 것입니까?"(9,14), "그렇다면 하느님께서는 왜 사람을 여전히 책망하십니까?"(9,19), "그렇다면 우리가 무엇이라고 말해야 합니까? … 그런데 이스라엘은 의로움의 율법을 추구하였지만 그 율법에 이르지 못하였습니다. 왜 그렇게 되었습니까?"(9,30-32), "그러나 나는 묻습니다."(10,18.19; 11,1.11; 참조 10,14-15에 연속해서 나오는 네 가지 질문), "하느님께서 당신의 백성을 물리치신 것입니까?"(11,1), "그러면 어떻게 됩니까?"(11,7)

이 가운데서 9,6-29의 시작에 놓인 다음 말씀은 일종의 주제문처럼 중요한 역할을 한다. "그렇다고 하느님의 말씀이 허사로 돌아갔다는 것은 아닙니다"(9,6ㄱ). 옛 계약(2코린 3,14 참조)의 백성에게 약속했던 말씀이 허사가 된다면, 새로운 계약(2코린 3,6; 1코린 11,25)의 백성에게 약속한 말씀도 허사가 될 수 있다. 그러므로 예수 그리스도의 복음을 통해 새롭게 빚어진 상황(이스라엘 백성의 대다수가 예수를 메시아로 받아들이지 않는 상황, 곧 예수에 대한 믿음의 거부) 때문에 이스라엘에게 하셨던 하느님의 말씀이 허사로 돌아간 것은 결코 아니라고 설득하는 일은 바오로에게 매우 중요한 문제였다. 이는 바오로가 전하는 복음의 신빙성은 물론 하느님의 신빙성 자체도 걸려 있던 중대한 문제였다. 하느님께서 당신의 약속을 반드시 이루신다는 것은 성서적 신앙의 근본에 해당한다.

1. '예수 그리스도를 믿지 않는 이스라엘'에 대한 바오로의 슬픔과 고통 및 '하느님의 계획'(9,1-29)

9,1-29의 구성은 이러하다. 1-5절은 9-11장 전체의 서문이다. 이 서문 다음에, 몇 가지 문제 제기(앞에서 언급한 6절, 14절, 19절)를 통해 6-13절, 14-18절, 19-29절 등 세 단락으로 구분된다. 9,30-33 단락은 앞에 있는 9,6-29보다 '의로움의 추구'라는 주제로 10,1-4과 더 긴밀히 연결되므로 뒤에서 다룬다.

9,1-5

바오로는 코린토에서 로마서를 쓰기 전에, 복음 선포를 하는 긴 과정에서 자기 동족 이스라엘과 관련된 문제로 이미 많은 고통을 겪었다. 동족인 유다인들에게서 적대적 태도를 많이 경험하였다. 예루살렘 방문을 앞두고는 이 문제를 걱정하면서 로마 교우들의 기도를 부탁하기까지 한다(특히 15,30-31 참조). 그러나 바오로는 이렇게 자신을 미워하는 동족을 자주 만나면서도, 동족 이스라엘에 대한 깊은 사랑과 희망을 결코 포기하지 않는다. 9,1-5는 이런 바오로의 심경을 잘 드러내 준다.

9,1: "나는 그리스도 안에서 진실을 말하고 거짓말을 하지 않습니다. 나의 양심도 성령 안에서 증언해 줍니다."

바오로는 이제부터 말하려는 내용이 '진실'임을 강조하기 위해 반복법을 사용한다.

9,2: "그것은 커다란 슬픔과 끊임없는 아픔이 내 마음속에 자리 잡고 있다는 것입니다."

동족 이스라엘의 대다수가 예수 그리스도를 믿지 않는 상태에 대한 큰 슬픔 및 동족에 대한 애절한 사랑의 마음을 토로한다.

9,3: "사실 육으로는 내 혈족인 동포들을 위해서라면, 나 자신이 저주를 받아 그리스도에게서 떨어져 나가기라도 했으면 하는 심정입니다."

"저주"로 번역된 그리스어 아나테마(*anathema*)는 어원적으로 위에(*ana*) 놓인 것(*thema*)을 의미했다. 그런데 칠십인역에서 '전멸' 또는 '전멸하기로 서원한 봉헌물'(예컨대 여호 6,17)을 뜻하던 히브리어 헤렘(*ḥerem*)을 *anathema*로 옮겼다. 그러면서 이 단어가 '저주'라는 뜻을 갖게 되었다(1코린 12,3 참조).

바오로가 조금 앞에서 어떤 것도 그리스도의 사랑에서 그리스도인들을 떼어 놓을 수 없다고 찬미가적 어조로 장중하게 선언한(8,35) 것을 상기하면, 9,3에서 말하는 바오로의 원의는 이루어질 수 없는 것이다. 이 구절은 그만큼 동족을 사랑한다는 것을 수사적으로 표현한 말이다. 여기서 '동포들'로 번역된 단어는 아델포이(*adelphoi*)인데, 바오로는 보통 이 단어를 같은 그리스도 신앙을 갖고 있는 사람들에게 적용했다. 여기서는 예외적으로 그리스도 신앙과 상관없이 '동포들'이라는 의미로 쓰고 있다.

9,4-5ㄱ: "그들은 이스라엘 사람입니다. 하느님의 자녀가 되는 자격, 영광, 여러 계약, 율법, 예배, 여러 약속이 그들에게 주어졌습니다. 그들은 저 조상들의 후손이며, 그리스도께서도 육으로는 바로 그들에게서 태어나셨습니다."

바오로는 많은 이스라엘 사람이 예수를 그리스도(메시아)로 믿지 않는 현실을 분명히 알면서도, 9,4-5ㄱ에서 그들이 하느님의 계획에서 차지하는 '특별한 지위'를 인정하며 그 예를 여덟 가지나 든다. 이런 특별한 지위를 지니고 있는데도 이스라엘의 대다수가 그리스도를 믿지 않는다는 사실은 바오로의 슬픔과 아픔을 더욱 크게 하였다.

"**그들은 이스라엘 사람입니다**": 이스라엘이 하느님의 구원 계획에서 차지하는 특별한 위치를 될수록 긍정적으로 바라보고자 하는 9-11장의 테두리에서, 바오로가 '이스라엘 사람'(Israēlitēs, 9,4; 11,1)과 '이스라엘(Israēl)'이라는 단어를 사용하는 것은 의도적인 것 같다. '이스라엘'이라는 단어가 9-11장에서 열한 번이나 사용되는데 비해 로마서의 다른 곳에서는 단 한 번도 쓰이지 않는다. 반면에 '유다인(Ioudaios)'이라는 단어는 로마서 전체에서 열한 번 사용되는데 9-11장에서는 단 두 번(9,24; 10,12)[282] 쓰인다. 로마서 앞부분에서 바오로는 자신의 동족을 유다인으로 지칭했다(예컨대 1,16; 2,9.10.17.28-29; 3,1.9.29). '유다인'이 정치적이고 민족적인 면에서 사용되는 명칭인 반면에, '이스라엘'은 유다 민족의 구성원들이 종교적으로 지닌 특수한 지위를 함축하는 영예로운 명칭이었다. 이 이름은 주님께서 친히 야곱에게 주셨는데(창세 32,29; 35,10), 이스

---

[282] 이 두 곳에서는 유다인들과 이방인들(다른 민족들) 사이의 관계가 언급된다.

라엘 백성은 이 '이스라엘'의 후손임을 자랑스럽게 생각했고 바오로도 마찬가지였다. 이렇게 바오로가 그리스도를 믿지 않는 사람들까지 포함하여 자기 동족을 영예로운 호칭인 '이스라엘'로 부르고 또 '형제들(adelphoi)'이라고 부른다는 사실에서, 이미 9-11장에서 바오로가 그들을 긍정적으로 대하고 있음이 드러난다.

"하느님의 자녀가 되는 자격": 8,15에서 살펴보았듯이, 그리스어 휘오테시아(huiothesia)는 "하느님의 자녀가 되는 자격"(가톨릭 공용 성경) 등 여러 가지로 번역된다.[283] 바오로가, 이스라엘이 구원사에서 지닌 여러 특별한 지위를 열거하는 가운데 '하느님의 자녀가 되는 자격'을 첫째로 언급한다는 사실은, 이스라엘과 이방인 출신 그리스도 신자들의 관계와 연관하여 중요한 의미를 지닌다. 왜냐하면 여기서 바오로는, 혈통적으로 유다인이 아닌 '이방인들'은 진정한 의미로 하느님의 아드님(huios)이신 그리스도를 믿어 그분과 결합되는 조건을 통하여 비로소 하느님의 아들들(자녀들)로 입양되었음에 비하여, 아브라함의 후손인 유다인들(이스라엘 백성)은 그리스도께서 오시기 전에 이미 '하느님의 아들들(자녀들)'이 되었다고 말하기 때문이다. 이 점은 나중에 11,17 이하에서 더 분명하게 표현된다.

"영광": 전체적으로 보아 여기에 언급되는 영광(doxa)은 이스라엘 백성과 함께하며 드러나는 '주님의 현존'을 가리킨다. 구약성경에는 가끔 "주님의 영광이 나타났다"는 표현이 나온다. 갈대 바다를 지날 때(탈출 15,6.11), 광야를 헤맬 때(탈출 16,7.10), 시나이 계약 때(탈출 24,16), 성막(만남의 천막)에서(탈출 40,34-35; 레위 9,6.23; 민수 14,10.21; 16,19), 바빌론

---

283 huiothesia의 정확한 의미에 관해서는 이 책 8,15의 해설을 볼 것.

에서 풀려날 것을 선포할 때(이사 40,5), 솔로몬 성전에 계약 궤를 모신 후(1열왕 8,11) 등이다. 그와 달리 영광이 로마서의 앞부분, 특히 8장의 후반부(8,17.18.21.30)에서 종말론적인 하느님의 선물(복福)로 중요하게 다루어졌는데, 그것과 9,4의 '영광'이 어떤 관련성이 있는지를 설명하기는 어렵다. 어떤 경우에든 이 단어가 '주님(하느님)의 현존'과 관련되어 있다는 것은 분명하다.[284]

"**여러 계약**(*diathēkai*)"[285]: 이 단어로 바오로는 주 하느님께서 이스라엘의 조상들과 맺으신 여러 계약을 의미했던 것 같다. 즉 아브라함과의 계약(창세 15,18; 17,2.7.9),[286] 이사악과의 계약(창세 26,3-5), 세 성조(아브라함, 이사악, 야곱)와의 계약(탈출 2,24; 6,4-5; 레위 26,42), 모세와의 계약(탈출 24,7-8; 집회 44,12), 다윗과의 계약(2사무 23,5) 등이다. 세상에 강

---

284 3,23에서 바오로는 '모든 사람이 죄를 지어 하느님의 영광을 잃었다'고 말하고, 5,2에서는 믿음으로 의롭게 된 그리스도 신자들이 '하느님' 영광에 대한 희망을 자랑스럽게 여긴다'고 말한다.
285 외적 증거만 가지고는 결론을 내리기 어려울 정도로, 일부 중요한 사본(예컨대 P^{46}, B, D 등)에는 단수(*he diathēkē*)로 적혀 있다. 위의 번역에 선택된 것처럼 복수 형태로 나오는 사본들은 시나이 사본(ℵ), C, K 등이다. 위에 제시된 번역에서 '복수 형태'를 원문으로 본 근거는, 단수 형태로 된 원문을 필사자들이 복수로 바꿀 이유는 보이지 않는데 비해 복수 형태로 된 원문을 단수로 변경할 이유는 보이기 때문이다. 예를 들어, 열거된 앞뒤의 단어들이 단수로 되어 있어서 '계약'에 관한 단어도 단수였다고 필사자들이 착각할 수도 있고, 또는 '계약들'이라고 복수로 쓸 경우 신학적 문제들이 생겨날 것을 염려해서 단수로 고쳤을 수도 있다. 원문이 단수로 되어 있었다면 그것은 '시나이 계약'을 가리킬 것이다.
286 노아와의 계약이 창세 9,1-17에 나오지만, 이는 9,4에 나오는 '계약들'에는 포함되지 않는 것으로 봐야 한다. 창세 1-11장은 이스라엘 민족만이 아니라 인류 전체와 관련된 내용이기 때문이다. 9,4-5에서 바오로는 하느님의 구원 역사에서 이스라엘이 차지한 특별한 지위에 대하여 강조한다.

대한 민족이 많지만, 하느님께서 이스라엘처럼 작은 민족을 선택하셔서 여러 계약을 맺어 주셨다는 사실 자체를 이스라엘은 매우 은혜롭게 여겼다.

"율법(nomothesia)": 이 단어는[287] '율법을 줌(제정함)'을 뜻할 수도 있고 또는 그 행위의 결과인 '율법', '율법집'을 뜻할 수도 있다. 이 단어로 바오로는 히브리어 '토라'를 의도했던 것 같다. 하느님께서 강대한 민족들 대신 작은 민족 이스라엘을 선택하셔서 여러 번 계약을 맺으시고 율법(토라)도 주셨다는 사실 자체를 이스라엘은 은혜로 생각했다(시편 1; 19,9-11; 118; 147,19-20[288] 참조). 여기서 바오로가 '율법'과 관련하여 그가 흔히 사용하던 단어인 노모스(nomos)를 쓰지 않고, 매우 드물게 사용되는 단어인 노모테시아(nomothesia)를 사용한다는 점은 특기할 사항이다. 그 이유를 정확히 알기 어렵지만, 주님께서 이스라엘에게 당신의 율법(토라)을 '주셨다'는 점(-thesia 참조)을 강조하고 싶었거나 율법과 관련된 날카로운 논쟁들(예컨대 갈라티아서)을 피하고 싶었기 때문일 수 있다.

"예배": 칠십인역에 비교적 드물게(아홉 번) 나오는 이 단어(latreia)의 예(탈출 12,25-26; 13,5; 1마카 2,22)를 보면, 이 단어는 일차적으로 주님(야훼)께서 몸소 명하신(탈출 25-31장; 참조 여호 22,27; 1역대 28,13), 성전에서 주님께 바치는 각종 예배(예식)를 의미한다. 하느님께서 이스라엘에게 명하신 이런 예배(경신례)는 가끔 성전 창녀나 인신人身 제사(사람을

---

[287] 이 단어(그리스어 nomothesia)는 신약성경에서 여기에만 나오고 구약성경에도 안 나온다. 다만 4마카 5,35; 17,16과 필로의 글에 드물게 나올 뿐이다.
[288] 대표적으로 시편 147,19-20만 직접 인용한다. "당신의 말씀을 야곱에게 알리시고 당신의 규칙과 계명을 이스라엘에게 알리신다. 어떤 민족에게도 이같이 아니 하셨으니 그들은 계명을 알지 못한다. 할렐루야!"

희생 제물로 삼는 제사)를 동반하기도 하던 이방인들의 우상 숭배와는 전적으로 달랐다.

"**여러 약속**": 15,8에서 바오로는 "조상들이 받은 약속(조상들에게 주어진 약속들)"이라는 표현을 쓴다. 바오로가 사용하는 이 단어(약속, *epaggelia*)의 개념에서 중요한 것은 '은혜로움'의 성격이다. 주 하느님께서 이스라엘 백성의 조상들에게 주신 약속은, 인간 편에서 어떤 행위를 하는 조건으로 주신 것이 아니었다(이와 관련하여 특히 갈라 3장에 나오는 '아브라함에게 주어진 약속'을 참조할 것). 이 '은혜로움'의 성격은 9장(과 9-11장 단락 전체)에서 중요한 역할을 한다. 약속이라는 단어 대신 하느님의 말씀이라는 말이 나오지만, 그 성격은 "하느님의 말씀이 허사로 돌아갔다는 것은 아닙니다"(9,6)에도 반영되고 11-12절과 16절에도 나온다(11,28-29도 참조).

9,5ㄱ: "그들은 저 조상들의 후손이며[직역: 조상들은 그들의 것이며(그들에게 속하며)], 그리스도께서도 육으로는 바로 그들에게서 태어나셨습니다[직역: 그들로부터 육에 따른 그리스도(메시아)가 있으며]".

바오로에게 '조상들(또는 성조들)'에 대한 언급은 바로 앞에 언급된 약속들과 직접 연결되기에 매우 중요하다. 조상들에게 은혜롭게 주어진 '약속들'이 그들의 후손들에게도 유효하기 때문이다.[289]

그리스도의 탄생은 이스라엘이 하느님의 구원사에서 차지하는 특별한 지위 가운데 제일 마지막에 있으며, 동시에 그 절정에 해당한다. 1,3

---

[289] 이와 관련해서 특히 11,28-29의 다음 말씀이 중요하다. "그들은 복음의 관점에서 보면 여러분이 잘되라고 하느님의 원수가 되었지만, 선택의 관점에서 보면 조상들 덕분에 여전히 하느님께 사랑을 받는 이들입니다. 하느님의 은사와 소명은 철회될 수 없는 것이기 때문입니다."

("그분께서는 육으로는 다윗의 후손으로 태어나셨고")이 보여 주듯이 바오로는 예수님이 다윗의 후손이라는 점을 의식하고 있다(마태 1,1-17; 루카 3,23-38의 족보 참조). 여기에서 '크리스토스(Christos)'가 하느님께서 예언자들을 통하여 보내 주기로 약속하셨던 결정적 구원자를 뜻하는 '메시아(히브리어 '마쉬아흐')'라는 칭호로 사용된 점은 분명하다.[290]

9,5ㄴ: "그분은 만물 위에 계시는 하느님으로서 영원히 찬미받으실 분이십니다. 아멘."

보충 설명: 9,5ㄴ의 구두점에 관하여

이 구절은 성서 주석학자들이 많이 논쟁하는 문장이다. 그리스어 원문에서 "만물 위에 계시는 하느님(ho ōn epi pantōn theos)"에 해당하는 문장 앞에 구두점을 어떻게 찍느냐에 따라 해석이 크게 달라진다. 두 가지 견해만 말하겠다. 첫째는 구두점을 반점(,)으로 찍는 견해다. 이 견해를 따르면 위에 인용한 구절처럼 번역하게 되고, 이는 분명히 그리스도의 신성神性을 고백하는 내용이다. 이 견해가 교회의 전통적인 입장이고, 그리스어 원문 성경과 번역본의 대다수가 따르고 있다. 둘째 견해는 구두점을 온점(.)으로 찍는 견해다. 이 경우 앞의 문장과 연결해 번역하면 다음과 같이 된다. "그리스도(메시아)께서도 육으로는 바로 그들에게서 태어나셨습니다. <u>만물 위에 계시는 하느님</u>

---

[290] '크리스토스'가 메시아라는 칭호의 의미로 사용된 경우가 1코린 1,23에도 나와 있다. "우리는 십자가에 못 박히신 그리스도(메시아)를 선포합니다."

께서는 영원히 찬미 받으소서. 아멘." 여기에는 그리스도의 신성이 직접 표현되어 있지 않다. 이 견해는 유다인들의 일반적인 송영/ 영광송(doxologia)과 자연스럽게 어울린다. 에라스무스(Erasmus)가 이에 관한 토론을 처음 제기하였고 이 둘째 견해를 선호하였다고 한다. 현대에도 적지 않은 주석학자들이 이 견해를 선호하며, 영어 번역본에서는 RSV와 NEB가 이 견해를 따랐다(첫째 견해는 난외주에 실었다).

나는 첫째 견해가 그리스어 원문의 의미를 더 살렸다고 본다. 그 근거를 세 가지만 소개하겠다. ① 그리스 원문에서 앞 문장의 끝에 나오는 *kata sarka*("육으로는") 어구는 나머지 문장에서 그에 상응하는 대조적 내용을 기대하게 한다. 가장 가까운 문맥에서 말하고자 하는 내용이 본래 그리스도와 관련된 것이므로, 영광송 자체도 그리스도와 관련된 것으로 보는 것이 자연스럽다. ② 하느님(*theos*)에 대한 영광송이라면 다른 예에서 볼 수 있는 것처럼, *eulogētos*("찬미 받으실")가 *theos*의 앞에 놓여 있을 것이다. 그런데 여기에는 *theos* 다음에 놓여 있다. ③ 그리스도께 '하느님'이라는 말을 붙이는 것이 바오로의 신학에서 불가능하지 않다. 1코린 8,6과 12,3 특히 필리 2,6이 그 예이다(후기 문헌이지만 콜로 2,2; 2테살 1,12; 티토 2,13 참조).[291]

---

[291] 9,5의 구두점 문제에 관한 고전적 연구는 메츠거의 다음 논문 참조: B. M. Metzger, "The Punctuation of Rom. 9:5," in: *Christ and Spirit in the New Testament: In Honor of Charles Francis Digby Moule*, ed. B. Lindars and S. Smalley, Cambridge: Cambridge University Press, 1973, pp. 95-112. 9,5의 연구에 관하여 고대부터 1996년에 이르기까지 상세한 문헌 정보를 제공하며 간결하게 분석해 놓은 D. J. Moo, *Romans*, pp. 565-568 참조.

9,6-13

9,6: "그렇다고 하느님의 말씀이 허사로 돌아갔다는 것은 아닙니다. 사실 이스라엘 자손이라고 다 이스라엘 백성이 아닙니다."

6절의 이 말은 누군가 바오로에게 했을 법한 다음과 같은 질문에 대한 대답이다. 즉 앞의 4-5절에 열거된 것처럼 그런 특별한 지위를 지닌 이스라엘 백성 대다수가 바오로가 전한 복음을 받아들이지 않고 있다면, 구약시대에 하느님께서 그들에게 하셨던 말씀들 곧 하느님께서 그들에 대하여 가지신 계획이 다 허사가 되는 것이 아니냐는 질문이 있었던 것 같다. 이 질문에 대하여 바오로는 단락의 첫 머리에서 "그렇지 않다"고 분명히 밝힌다. 7-13절은 6절의 말씀에 근거를 댄다. 바오로의 논지를 요약하면 다음과 같다. 하느님께서 이스라엘에게 하신 약속들은 이스라엘이 무슨 자격을 갖추었기 때문이 아니라, 하느님께서 은혜롭게 그들을 선택하여 당신 백성으로 삼으신 데 근거한다. 그리고 바오로는 구약성경에서 하느님의 자유로운 선택의 예를 몇 가지 든다. 이스라엘 태생이라고 해서 다 이스라엘이 아니며(6ㄴ절),[292] 아브라함의 후손이라고 해서 다 그의 자녀가 아니다(7절). 이스마엘 대신에 이사악이, 에사우 대신에 야곱이 선택된 것은 전적으로 하느님의 자유로운 선택의 결

---

[292] 9,6ㄴ의 앞에 나오는 '이스라엘'은 야곱을 뜻한다(창세 32,29). 그런데 6ㄴ절의 뒤에 나오는 '이스라엘'(위의 번역에는 '이스라엘 백성'으로 나오나, 그리스어 원문에는 '이스라엘'로 되어 있음)은 육에 따른 이스라엘이 아니라 '신앙의 이스라엘'을 뜻한다(이와 관련하여 11,26의 '온 이스라엘'의 의미에 대한 해설도 참조할 것). 갈라 6,16의 '하느님의 이스라엘'은 이방인들도 포함한 이스라엘로, 실질적으로는 (그리스도) 교회를 뜻하는 것 같다. 하지만 9,6ㄴ 끝의 '이스라엘'은 가까운 문맥을 고려해 볼 때, 그리스도를 믿게 된 유다인들을 가리키는 것 같다.

과다. 바오로가 여기서 직접 그렇게 말하지는 않지만, 하느님께서는 옛날 성조들 가운데 자유롭게 사람들을 선택하시어 당신의 뜻을 펴나가신 것처럼 (바오로가 살던 당시의) 유다인들과 이방인들에 대해서도 자유로운 선택을 하신다는 것이다. 누가 하느님 백성이 될지를 결정하는 것은 전적으로 하느님의 자유에 달렸다. 이 점은 다음 구절들만 연결해 보더라도 분명해진다.

> 9,11-12: "두 아들이 태어나기도 전에, 그들이 선이나 악을 행하기도 전에, 하느님께서는 당신 선택의 뜻을 지속시키시려고, 또 그것이 사람의 행위가 아니라 부르시는 당신께 달려 있음을 드러내시려고, '형이 동생을 섬기리라.' 하고 레베카에게 말씀하셨습니다."
>
> 9,16.18: "그러므로 그것은 사람의 의지나 노력이 아니라 하느님의 자비에 달려 있습니다. 이렇게 하느님께서는 당신이 원하시는 대로 어떤 사람에게는 자비를 베푸시고, 당신이 원하시는 대로 어떤 사람은 완고하게 만드십니다."

9,13: "나는 야곱을 사랑하고 에사우를 미워하였다."

말라 1,2-3(칠십인역)을 인용한 이 문장은 언뜻 들으면 충격적으로 들린다. 피츠마이어(*Romans*, p. 563)에 의하면 여기처럼 "한 쪽은 사랑하고 다른 쪽은 미워하다" 식의 표현은 고대 근동에서 사용되던 일종의 과장법으로, 이 경우에 '미워하다'는 '덜 사랑하다'를 의미한다. 이 점은 구약성경의 경우 창세 29,31("주님께서는 레아가 사랑받지 못하는 것을 보시고, 그의 태를 열어 주셨다. 그러나 라헬은 임신하지 못하는 몸이었다")에 잘 나타나 있다. 이 구절에서 "사랑받지 못하다"에 해당하는 단어를 직역하면 히브리어 성경과 그리스어 성경 모두 '미움을 받다'('미워하다'의 수동태)'이다(신명 21,15-17 참조). 병행 구절인 마태 10,37과 루카 14,26을 비교해도 비슷한 현상을 볼 수 있다. 루카 14,26("누구든지 나에게 오면서 자기 아버지와 어머니, 아내와 자녀, 형제와 자매, 심지어 자기 목숨까지 미워하지 않으면, 내 제자가 될 수 없다")에 나오는 '미워하다'는 단어가, 마태 10,37("아버지나 어머니를 나보다 더 사랑하는 사람은 나에게 합당하지 않다. 아들이나 딸을 나보다 더 사랑하는 사람도 나에게 합당하지 않다")에서는 '덜 사랑하다'의 의미로 사용된다.

위의 견해와 좀 달리, 무(Moo, NIV 적용주석 로마서, 373쪽)는 크랜필드(Romans, p. 480)의 견해를 따라 9,13에 인용된 말라 1,2-3에 나오는 '사랑하다'는 '선택하다'를, '미워하다'는 '거부하다'를 의미한다고 본다. 그러나 나는, 무가 '거부하다'를 정확히 어떤 의미로 사용하느냐를 더 파악해야 하겠지만, 만일 거부를 문자 그대로 '미움'의 의미로 이해한다면 9,6-13에서 바오로가 의도했던 바를 크게 오해하는 것이라고 생각한다. 바오로의 의도는 하느님의 자유로운 '선택'을 강조하려는 것이지, 그 선택이 선택되지 못한 사람들에 대한 하느님의 미움을 의미하는 것은 아니기 때문이다.[293] 이 관점은 9-11장을 이해하는 데 매우 중요하다. 하느님께서 당신 아드님 예수 그리스도의 사건 이후에 그리스도를 믿는 이들을 선택하셨고, 따라서 사랑하신 것은 틀림없다. 그렇다고 해서 그

---

293 크랜필드(C. E. B. Cranfield, Romans, p. 480)는 말라 1,2-3에 나오는 야곱과 에사우와 관련하여 사용된 사랑과 미움을 '선택과 거부(제외됨)'의 의미로 보는 것이 더 좋다고 말한 다음 즉시 다음과 같이 덧붙인다. "그러나 다시 강조되어야 할 점은 이스마엘의 경우처럼 에사우의 경우에도, 성경의 증언에 따르자면, '거부된 사람(선택에서 배제된 사람)'도 여전히 하느님의 자비로운 보살핌의 대상이라는 점이다."

리스도를 믿지 않는 이들, 특히 그리스도를 믿지 않는 유다인들을 미워하신 것은 아니다. 바로 이런 점을 설득하려는 것이 9-11장의 집필 의도에 들어가 있다고 나는 생각한다.

또한 학자들은 9,13의 인용 구절인 말라 1,2-3에 나오는 야곱과 에사우가 말라키서에서 각각 이스라엘과 에돔 민족을 대표하는 이름이라는 점에 주목하면서, 하느님께서 당신의 구원 계획을 실행하시는 가운데 이스라엘 백성을 자유롭게 선택하셨다는 것을 바오로가 강조한다고 본다. 9,6-29에서 바오로가 말하는 하느님의 '선택'은 이사악과 이스마엘, 야곱과 에사우 등 개개인을 구원하기 위한 선택이라기보다, 인류를 구원하고자 하시는 구원 계획(창세 12,3 참조)을 실행하기 위한 선택이다.

9,14-18

9,14: "하느님 쪽이 불의하시다는 것입니까? 결코 그렇지 않습니다."

바오로는 이 단락을 "하느님 쪽이 불의하시다는 것입니까?"라는 문제 제기로 시작하고, 즉시 "결코 그렇지 않습니다'(9,14)라는 답을 주면서 성경에서 두 가지 예를 인용한다. 둘 다 탈출기에서 따온 예이다. 이 예를 통해 바오로는 하느님의 자유로운 선택이 근본적으로 자비의 표현이라고 말한다. "나는 내가 자비를 베풀려는 이에게 자비를 베풀고 동정을 베풀려는 이에게 동정을 베푼다"(15절; 참조 탈출 33,19). "그러므로 그것은 사람의 의지나 노력이 아니라[294] 하느님의 자비에 달려 있습니

---

[294] 인간은 근본적으로 자신의 의지나 노력이 아니라 하느님의 은총으로 의롭게 된다는 점은, 로마서의 앞부분에서 바오로 사도가 애써 논증하려고 했던 의화론의 중심 내용이다. 그런데 다른 곳에서 바오로는 믿음을 통하여 하느님의 은총으로 의롭게 된 그리스도 신자들이 의롭게 된 이후에 계속 '의로움'의 처지에 머무르려고 노력해야

다"(16절). 또 파라오의 예를 들어, 하느님의 자유로운 선택은 '파라오의 완고함과 반항'까지도 당신의 뜻을 이루는 데 쓰실 만큼 넓다고 본다(17절; 참조 탈출 9,16). 참고로, "성경도 파라오에게 이렇게 말합니다"라는 표현에 하느님이 들어갈 자리에 '성경'이라는 단어가 놓여 있다. 바오로에게 하느님의 말씀과 성경의 권위는 같은 차원에 있는 것으로 나온다.

바오로는 15절과 17절의 예를 종합하면서 끝 구절인 18절에서 하느님의 자유로운 선택을 재차 강조한다. "이렇게 하느님께서는 당신이 원하시는 대로 어떤 사람에게는 자비를 베푸시고, 당신이 원하시는 대로 어떤 사람은 완고하게 만드십니다"(18절). 여기서 구절의 전반부와 후반부의 짝을 맞춘다면 "어떤 사람에게는 진노를 내리십니다"라고 쓰였을 텐데 그렇게 하지 않고, "어떤 사람은 완고하게 만듭니다"라고 나온다는 점이 눈에 띈다. 이 섬세한 차이는 의도한 것이라고 생각한다. 내가 보기에 여기에 '하느님께서 누군가에게 진노하시기로 예정한 것이 아니다'라는 점이 표현된 것 같다.

9,19-29

9,19: "그렇다면 하느님께서는 왜 사람을 여전히 책망하십니까? 사실 누가 그분의 뜻을 거역할 수 있겠습니까?"

이 단락은 9,19의 질문으로 시작하여 다른 질문들로 계속 이어진다. 여기서 바오로는 구약성경에 나오는 옹기장이와 그의 작품의 관계에 대한 예(이사 29,16; 45,9; 예레 18,6)를 이용하여 인간에 대한 하느님의 '자유

한다고 말하는 것도 잊지 않는다(로마 6,12-14; 8,13; 참조 5,3-4; 필리 2,12-13).

로운 선택'을 강조한다. 옹기장이가[295] 녹로 위에 있는 진흙 덩어리를 재료로 하여 여러 가지 그릇(예컨대 귀하게 쓸 그릇, 일반 살림용으로 쓸 그릇 등)을 만들어 내듯이, 하느님께서는 당신 뜻에 따라 어떤 사람은 이렇게 만드시고 다른 사람은 또 다르게 만드시어 사용하신다. 그러니 인간이 감히 창조주 하느님의 결정에 따지고 들 수는 없다는 것이다. 9,22-23에 나오는 "진노의 그릇들"과 "자비의 그릇들"에서 그릇은 '사람'을 뜻한다. 바오로는 하느님께서는 자비의 그릇들에게 자비를 보이시려고 진노의 그릇들을 참아 주셨다고 말하는데, 자신이 이것을 크게 체험한 사람이다(이에 대하여는 하느님의 교회를 박해하였다고 1코린 15,9; 갈라 1,13; 필리 3,6에서 밝히는 바오로의 고백 참조).

**보충 설명: 9,22의 "멸망하게 되어 있는
진노의 그릇"의 번역과 관련된 문제**

9,22-23에서 "영광을 받도록 미리 마련하신(*proētoimasen eis doxan*) 자비의 그릇들"(23절)의 경우에는 하느님께서 그 그릇들을 마련하셨다는 것이 분명하다(능동태 동사로 분명히 표현되어 있음). 그러나 "진노의 그릇들"의 경우에는 그것들이 "멸망하게 되어 있는" 것이 하느님에 의해서인지 아니면 그들에 의해서인지가 분명하지 않다.[296] 그 이유

---

295 인간에 대한 하느님의 절대적 주권(자유)을 강조하기 위해 '옹기장이와 그의 질그릇(옹기)'의 이미지를 사용하는 곳으로 9,21-23 외에 이사 29,16; 41,25; 45,9; 64,7; 예레 18,6; 지혜 15,7; 집회 33,13 참조.
296 바로 이곳이 이른바 '이중 예정론'과 관련된 성경 주석적 토론에서 중요하게 다루어

> 는 "멸망하게 되어 있는"에서 "되어 있는(준비된)"에 해당하는 그리스
> 어 카테르티스메나(katērtismena)가 수동태를 의미할 수도 있고, 중간
> 태를 의미할 수도 있기 때문이다.[297] 중간태로 해석할 경우 그 사람
> 들이 '스스로를 위해 준비한'을 의미할 수 있다. 일반적으로 수동태
> 로 보는데 이 경우에도 두 가지 해석이 가능하다. 하나는 하느님에
> 의해 '멸망하도록 준비된'의 의미이고, 다른 하나의 해석은 그 사람
> 들 자신의 죄에 의해 '준비된'의 의미다.[298]

9,24: "하느님께서는 우리를 유다인 가운데에서만이 아니라 다른 민족들 가운데에서도[299] 불러 주셨습니다"

바오로의 여러 논증은 하느님께서 이방인(다른 민족)들 가운데에서도 사람들을 불러내시어 당신 백성("우리")으로 삼으셨다는 데에 수렴된다 (9,24). 이 구절에 의하면 바오로가 생각하는 하느님의 백성("우리")에는

지는 곳이다. 세밀한 부분에서는 분별하여 볼 점이 많지만 일반적으로 이중 예정론二重豫定論이란 하느님께서 어떤 사람은 구원하시기로, 어떤 사람은 단죄(멸망)하시기로 예정하셨다고 보는 이론이다.

297 katērtismena는 카타르티조(katartizō) 동사의 현재완료 수동태 분사인데, 이 동사는 '고치다', '수선하다', '준비하다'를 뜻한다.

298 이에 관해 J. A. Fitzmyer, *Romans*, p. 570; D. J. Moo, *Romans*, pp. 565-568을 더 볼 것.

299 9,24에서 바오로가 그리스어 에트네(ethnē)를 단순히 '민족들'의 의미로 쓰지 않고 유다인들과 구분되는 의미에서 '다른 민족들'의 의미로 사용하였음이 분명하다.

유다인뿐 아니라 이방인도 포함된다. 이방인도 이스라엘이 하느님의 백성으로서 가졌던 유산에 참여할 수 있게 되었다는 것이다. 이 말씀의 근거로 바오로는 유명한 호세 2,25(칠십인역)의 말씀을 인용한다. "이는 바로 호세아서에서 말하는 것과도 같습니다. '나는 내 백성이 아닌 자들을 '내 백성'이라 부르고 사랑받지 못한 여인을 '사랑받는 여인'이라 부르리라. 그들에게 '너희는 나의 백성이 아니다.' 하던 바로 그곳에서 그들은 살아 계신 하느님의 자녀라 불리리라'"(9,25-25).

나아가 바오로는 9,27에 "이스라엘 자손들의 수가 바다의 모래 같다 하여도 남은 자들만[300] 구원을 받을 것이다"(이사 10,22)라는 말씀을 인용하는데, 이 인용문은 바오로의 논증에서 중요하다. 그것이 9-11장의 본론 앞머리에 주제문처럼 불쑥 나왔던 "하느님의 말씀이 허사로 돌아갔다는 것은 아닙니다"(9,6ㄱ)라는 말씀과, "이스라엘 자손이라고 다 이스라엘 백성이 아닙니다"(9,6ㄴ)라는 표현과 연결되어 있기 때문이다. 이사야 예언서의 맥락에서 하느님께서 이스라엘 가운데 남겨 두신 '남은 자들'은 아시리아의 침공이라는 재난에서 살아남게 될 생존자를 뜻하였다. 그런데 로마서의 맥락에서 '남은 자들'은 바오로처럼 그리스도의 복음에 믿음으로 응답한 유다인들, 곧 유다계 그리스도인들을 의미한다. '남은 자(to hypoleimma)'라는 단어가 암시하듯이, 바오로는 '남지 못한 자(복음을 받아들이지 않는 유다인)'들이 훨씬 더 많다는 점을 전제한다. 9,29에 인용된 다음 말씀은 이사 1,9이다. "만군의 주님께서 우리에게

---

[300] 그리스어 원문에는 단수(to hypoleimma)로 되어 있다. '남은 자들'에 관한 예언서 구절로 이사 4,3; 6,13; 예레 23,3; 아모 5,15; 미카 4,6-7; 스바 3,12-13; 즈카 8,6-11; 13,8-9 참조.

후손을 남겨 주지 않으셨으면 우리는 소돔처럼 되고 고모라같이 되고 말았을 것이다." 이 말씀으로 바오로는 대다수의 유다인이 복음을 받아들이지 않는 상황이 성경을 통해 예견된 것이라고 말하면서도, 하느님께서 '남은 자'를 남겨 두셨다는 점을 은혜롭게 생각하고 있음을 보여 준다.

지금까지 살펴본 9,6-29의 말씀은 '자비하신 하느님의 자유로운 선택'의 의미에 대하여 진지하게 반성하도록 이끌어 준다. 신앙생활을 한다고 하면서도 하느님의 뜻을 찾고 거기에 순종하려고 하기보다, 내 뜻 또는 우리의 뜻을 이루려고 고집을 피우며 완고하게 살아가는 경우가 얼마나 많은가? 때로는 이해할 수 없는 사건이 일어날지라도, '하느님의 말씀은 결코 허사로 돌아가지 않는다'는 믿음을 갖고 인내하면서 굳세게 살아가야 함을 가르쳐 준다. 8장의 시작과 끝에서 장엄하게 선포된 것처럼, 그리스도를 통한 하느님의 사랑에서 어느 것도 우리를 떼어 놓을 수 없다는 믿음을 굳게 가져야 한다. 바오로는 그렇게 하도록 하느님께서 당신 성령(동시에 '당신 아드님의 성령': 8,9; 갈라 4,6 참조)을 통하여 우리가 하느님의 사랑을 믿고 살아갈 힘도 주신다고 가르친다.[301]

---

[301] 바오로는 사랑, 기쁨, 평화 등의 '(성)령의 열매'(갈라 5,22-23)를 맺으려면 '성령의 인도에 따라 살아가야 한다'(갈라 5,16-25)고 강조한다. 이 말씀은 하느님께서 그리스도 신자들에게 성령을 주셨고 또는 주신다는 것을 전제한다(성령을 주시는 하느님에 관해 1테살 4,8; 갈라 3,5; 로마 5,5 참조; 다양한 은사의 동일한 원천인 성령에 관하여 말하는 1코린 12,4 참조).

2. 의로움을 추구하는 길에서 걸려 넘어진 이스라엘과 그 이유(9,30-10,21)

2.1. 문맥과 구성

9장의 앞부분(9,6-29)에서 바오로 사도는 수많은 이방인이 예수 그리스도를 믿고 받아들이는 데 비하여 대다수 이스라엘이 그분을 믿지 않는다는 가슴 아픈 현실 문제를 놓고, 주로 '하느님의 계획'이라는 관점에서 다루었다. 그들이 그런 상태에 있다고 해서 "하느님의 말씀이 허사로 돌아간 것은 아니며"(9,6), 그들의 그런 상태마저도 하느님께서 예견하신 것이라며 많은 성경 말씀을 인용하였다. 이번에 다룰 9장의 끝 부분(30-33절)과 10장에서 바오로는 같은 문제(이스라엘의 문제)를 '이스라엘의 책임'이라는 관점에서 주로 다룬다. 11장에서는 같은 문제를 좀 더 긍정적인 관점('온 이스라엘의 구원'이라는 희망)에서 다룰 것이다.

구성: 이 단락은 크게 넷으로 나뉜다(9,30-33; 10,1-4; 10,5-13; 10,14-21). 그런데 단락을 10,1에서 나누지 않고 9,30에서 구분하는 것이 좀 이상할지 모르겠다. 하지만 9,30의 첫 문장인 "그렇다면 우리가 무엇이라고 말해야 합니까?(*ti oun eroumen*)"라는 어구는 바오로가 로마서에서 중요한 논증을 전환할 때 사용하는 표현법이다(예컨대 4,1; 6,1; 7,7; 8,31; 9,14). 그리고 9,30에 나오는 '의로움', '믿다' 또는 '믿음'이라는 세 단어는 9,30-10,13에서 바오로가 펼치는 논증의 핵심어다. 이를 중심으로 전개되는 세 가지 대조는 해당하는 세 단락(9,30-33; 10,1-4; 10,5-13)의 핵심을 이룬다.

9,30-31: 믿음을 바탕으로(ek pisteōs) 의로움을 추구하는 것 //
         의로움의 율법(nomos dikaiosunēs)을 추구하는 것
10,3:   하느님에게서 오는 의로움(하느님의 의로움, dikaiosynē theou) //
         자기의 의로움'(hē idia dikaiosynē)
10,5-6: 믿음을 바탕으로 한 의로움(hē dikaiosynē hē ek pisteōs)(10,6) //
         율법을 바탕으로 한 의로움(hē dikaiosynē hē ek nomou)(10,5)

10,14-21은 연속되는 질문과 그에 대한 답으로 구성된다. 앞(9-13절)에서 말한 그리스도를 믿어야 할 필요성을 전제하면서 복음 선포의 필요성을 강조한다. 이 단락에 나오는 질문에 대한 답은 거의 매번 성경 인용을 통해 주어진다.

2.2. 구절 해설

9,30-33: 의로움을 추구하는 길에서 걸려 넘어진 이스라엘

9,30-33은 9장과 10장을 연결시키는 부분이다. 여기서 바오로는 이 방인들(다른 민족들)이 그리스도에 대한 믿음을 바탕으로 '의로움'이라는 목표에 이르렀는 데 비하여, 정작 어느 민족보다도 열성적으로 의로움을 추구하였던 (대다수의) 이스라엘은 그 의로움에 도달하지 못한 현실에 대하여 마음 아파하며 진단을 내린다. "그런데 이스라엘은 의로움의 율법을 추구하였지만 그 율법에 이르지 못하였습니다"(31절).[302]

---

302 그런데 31절에 이스라엘이 이르지 못한 곳은 의로움이 아니라(실제로는 의로움에 이르지 못했다고 할 텐데), '율법'으로 나온다. 왜 이렇게 표현했을까? 율법이 의로움을

32절에서 바오로는 그 이유를 묻는다. "왜 그렇게 되었습니까?" 이어 답한다. "그것을 믿음으로 찾지 않고 행위로 찾을 수 있다고 여겼기 때문입니다"(32절). 즉 이스라엘이 잘못된 방법으로 의로움을 추구했기 때문이라는 것이다.

보충 설명: 9,32의 "믿음으로"와 "행위들로"의 대조

32절에서 *ek pisteōs*(믿음으로 또는 믿음을 바탕으로)의 방법과 *ex ergōn*(행위들로 또는 행위를 바탕으로)의 방법이 대조를 이룬다. "행위들로"에 '율법의(*nomou*)'라는 단어만 덧붙이면, 바오로의 의화론에 나오는 대표적 대조가 될 것이다.

이 대조는 바오로의 의화론의 원칙을 표현한 것으로 볼 수 있는 갈라 2,16에 이미 나왔다. "사람은 율법에 따른 행위들로(*ex ergōn nomou*)가 아니라 예수 그리스도에 대한 믿음으로(*ek pisteōs*) 의롭게 된다"(갈라 2,16; 참조 3,2.8.11). 로마서의 교의 단원의 주제문 중 하나인 1,17에서도 "복음 안에서 하느님의 의로움이 믿음에서 믿음으로(*ek pisteōs eis pistin*) 계시됩니다"라고 밝힌다. 로마서에서 의화론의 원칙을 제시한 3,28에는 갈라티아서에서 다룬 바(*ek pisteōs*와 *ex ergōn nomou*의 대조)와 같은 내용을 조금 다르게(*pistei*와 *chōris ergōn nomou*의 대조) 표현하였다. 즉 "사람은 율법에 따른 행위들(*erga nomou*)과

가져다 줄 수 있으리라고 믿고 열성을 다해 율법을 지켰는데, 정작 율법은 그런 율법(의로움의 율법)이 아니었다는 점을 그렇게 표현하였다고 볼 수 있다.

> 상관없이(chōris) 믿음으로(pistei) 의롭게 된다"는 것이다.

여기에 의화론의 주제가 제시된 것은 틀림없다. 그런데 왜 율법이라는 단어를 빼고 "믿음으로"와 "행위들로"를 대조했는가? 4,4-6에서도 바오로가 아브라함의 의화를 말하는 가운데 '행위로'가 아니라 '믿음으로'(거저, 은총으로) 의롭게 된다는 점을 강조한 바 있다. 여기서 바오로가 말하는 의로움이란 하느님의 면전에서 "너는 의롭다(죄 없다)"라는 선언을 들을 수 있는 상태를 의미한다. 그리고 '[의로움을] 행위로 찾는다'라는 말에서 행위는 '모세 율법의 규정들을 지키는 행위'를 의미한다.

9장 32절의 끝과 33절에서 바오로는 그리스도를 믿지 않는 이스라엘을 하느님께서 놓아 두신 '걸림돌'에 걸려 넘어진 것에 비유하며, 이사 28,16과 8,14을 섞어 인용한다. 그런데 눈에 띄는 것은 이 인용문에 나오는 "걸림돌(lithos proskommatos)"과 "부딪쳐 쓰러지게 하는 바위(petra skandalou)"라는 단어다. 이 단어들(특히 skandalon)은 바오로가 1코린 1,23에서 십자가에 못 박히신 그리스도가 유다인들에게는 '걸림돌'이라고 말한 것을 연상시킨다.

10,1-4: 하느님을 향한 이스라엘의 잘못된 열성과 율법의 끝/ 목표인 그리스도에 대한 믿음에서 오는 의로움

이 단락은 9,30-33과 뗄 수 없이 이어져 '의로움(dikaiosynē)'의 주제가 계속 다루어진다. 앞 단락에서는 의로움을 추구하는 잘못된 방법에 대

하여 말하였는데, 여기서는 잘못된 '열성'에 대하여 말하는 것이 좀 다를 뿐이다.

10,3: "하느님에게서 오는 의로움을 알지 못한 채 자기의 의로움을 내세우려고 힘을 쓰면서, 하느님의 의로움에 복종하지 않았기 때문입니다."

1절에서 바오로는 다시 한 번(9,2-3 참조) 동족 이스라엘과 관련하여 아픈 마음을 드러낸다. 이번에는 그들의 구원을 염원하며 기도하고 있음을 표현한다. 2-3절에서 바오로는 '하느님에 대한 열성' 자체는 매우 긍정적인 것으로 본다. 하지만 이스라엘의 열성(zēlos, "(나는) 열성으로 말하면 교회를 박해하였습니다" 필리 3,6 참조)은 하느님에게서 오는 의로움을 깨닫지 못하고 '자기 자신의 의로움'을 내세우려고 힘썼다는 점에서 잘못된 것이라고 말한다.

나아가 이스라엘이 "하느님의 의로움에 복종하지 않았다"고 말한다. 여기에 대하여 좀 설명을 하겠다. 우선 '복종(순종)하지 않았다'는 말은 하느님의 부르심에 순종하지 않았다는 것을 의미한다. 바오로에 의하면, 하느님께서는 때가 차자 당신의 아드님을 보내시어(갈라 4,4 참조) 그(아드님)를 믿고 살도록, 또는 그와 친교를 맺고 살아가도록 사람들을 부르신다(1코린 1,9). 사도(복음 선포자)들의 복음 선포는 바로 하느님의 이 부르심을 선포하는 것이다. 이 선포를 '믿음으로 받아들이는 사람'은 하느님의 부르심에 순종하는 사람이고, 믿음으로 받아들이지 않는 사람은 이 부르심에 순종하지 않는 사람이다. 예를 들어 15,31에서 바오로는 로마의 그리스도 신자들에게 자신을 위해 기도해 줄 것을 청하면서 이런 말을 한다. '내가 유다의 순종하지 않는 자들에게서 구출되도록 (기도해 주십시오.)' 이 구절에서 바오로는 예수 그리스도를 믿지 않는 사람들을, 복음 선포를 통한 하느님의 부르심(초대)에 '순종하지 않는 사람들'이라고 부른다.

'복음 (선포)에는 하느님의 의로움이 계시된다'는 내용은 이미 교의 단원의 주제문인 1,16-17에 나왔다. 바오로는 서두 인사에서(1,5) 자신이 수행하는 사도직의 목적이 '모든 민족들 가운데서 믿음의 순종을 〔일깨우기〕 위한 것'에 있다는 점을 분명히 밝힌 바 있다.

10,3의 "복종하지 않았다"는 말은 21절에 인용된 말씀과 긴밀히 연결되어 있다. "복종하지 않고 반항하는 백성에게 나는 온종일 팔을 벌리고 있었다"(10,21; 참조 이사 65,2).

보충 설명: 10,3의 "자기의 의로움"과 '하느님의 의로움'의 관계

10,3에서 "하느님에게서 오는 의로움"이라고 번역된 부분은 그리스어 원문에 *hē tou theou dikaiosynē*(직역: 하느님의 의로움)로 나온다. 여기에 나오는 소유격(*tou theou*)을 원천(origin) 소유격으로 보아 그렇게 번역한 것이다. "자기의 의로움(*hē idia dikaiosynē*)을 내세우려"는 태도는 의로움을 자기 자신의 힘으로 얻을 수 있다고 여기는 태도이다. 필리 3,9에서 바오로는 10,3에서와 좀 달리 "나의 의로움(*emē dikaiosynē*)"이란 표현을 쓰며 이렇게 말한다. "'율법에서 오는 나의 의로움이 아니라, 그리스도에 대한 믿음으로 말미암은 의로움, 곧 믿음을 바탕으로 하느님에게서 오는 의로움을 지니고 있으려는 것입니다." 필리 3,9의 그리스어 원문을 근거로 다음과 같이 좀 다르게 옮길 수도 있다. "나는 나의 의로움을 율법에서 오는 것으로가 아니라, 그리스도에

> 대한 믿음으로 말미암은 것, 곧 믿음을 바탕으로 하느님에게서 오는
> 것으로 지니고 있으려는 것입니다." 둘째 번역의 경우를 받아들인다
> 면, 바오로가 "나의 의로움" 자체를 잘못된 것으로 여기지는 않았다
> 고 말할 수 있다. 이렇게 보면 필리 3,9의 "나의 의로움"과 로마 10,3
> 에 나오는 "자기의 의로움"을 구별해서 보아야 할 것이다.
> 10,3의 "자기의 의로움을 내세우려고 힘을 쓰면서"라는 어구에는
> '자기의 의로움'이라는 말에 "내세우려고 힘을 쓰면서(zētountes stēsai,
> '세우는 것을 추구하면서')"라는 말이 첨가되어 있다. 그리고 "하느님의
> 의로움에 복종하지 않았다"는 표현도 뒤따라온다. 요컨대 바오로에
> 의하면 '나의 의로움'을 갖는 것 자체가 문제가 아니라, 그 의로움을
> 어떻게 갖느냐가 문제이다. 믿음으로 갖는 나의 의로움은 문제되지
> 않는다. 다만 나의 의로움을 믿음이 아니라 '행위로' 가지려고 하는
> 것, 더구나 예수 그리스도를 통하여 계시되는 하느님의 의로움(1,17
> 참조)에 순종하지 않는 것이 잘못이다.

10,4: "사실 그리스도는 율법의 끝이십니다. 믿는 이면 누구나 의로움을 얻게 하시려는 것입니다."

이 문장에서 '끝'으로 번역된 원문은 텔로스(teios)인데, 끝(end, termination) 또는 목표(goal)라고 번역할 수 있다. 어느 의미로 이해해야 할지에 대하여 학자들의 의견이 크게 갈린다.[303] 끝 또는 종언이라는 의미로 이해하는 것은 그리스도로 말미암아 이제 모세 율법의 시대는 끝났

다고 보기 때문인데, 이런 이해는 갈라디아서에 표현되어 있다. 그러나 로마서의 가까운 맥락을 중시해서 본다면 10,4의 텔로스는 '목표'라는 의미로 받아들이는 것이 더 옳은 것 같다. 바로 앞 단락에 나오는 '(의로움을) 추구하다' 또는 '이르다/ 도착하다'라는 표현과 2절에 나오는 '열성'이라는 단어가 이 견해를 뒷받침한다. 로마서의 넓은 맥락은 이 견해를 더욱더 지지한다. 특히 믿음으로 율법을 무효가 되게 하려는 것이 아니라 오히려 율법을 굳게 세우려고 한다고 강조해서 말하는 3,31과, 율법은 거룩하며 영적인 것이라고 분명히 말하는 7,12,14이 대표적인 예이다. 율법이 궁극적으로 사람들을 이끌어 가고자 하는 목표는 '하느님 면전에서 의로운 상태'이다. 그런데 그리스도 사건을 통해 의로움이라는 그 목표가 율법 규정을 지켜서가 아니라 그리스도를 믿음으로써 이루어지게

---

303 10,4의 그리스어 *telos*를 '끝'으로 이해하는 것이 옳다고 주장하는 학자 가운데 몇 명을 예로 들면 다음과 같다: E. Käsemann, *Commentary on Romans*, pp. 282-293; M. de Godet, *Romans*, p. 386; A. Nygren, *Romans*, pp. 379-380. 이들의 주요 논거는 이렇게 보는 것이 가까운 문맥에 더 어울린다는 것이다. 다시 말해, 그리스도가 율법의 "끝"이기 때문에 율법을 바탕으로 자기 자신의 의로움을 확보하려는 태도가 잘못이라는 것이다.

반면에 10,4의 *telos*를 '목표'로 이해하는 것이 옳다는 견해를 주장하는 학자 가운데서도 목표를 어떤 의미로 이해하느냐에 따라 약간의 차이가 있다. 어떤 학자는(예컨대 C. E. B. Cranfield, *Romans*, pp. 516-519) 그리스도를 모든 율법이 가리키는 목표, 즉 '내적 의미'라는 뜻에서 "그리스도가 율법의 목표"라고 말했다고 본다. 다른 대다수 학자들은 구원의 역사라는 관점에서 보면서, 그리스도가 오셨기 때문에 율법이 가리키던 목표에 이르렀다는 의미로 10,4을 해석한다(예컨대 R. Badenas, *Christ the End of the Law*, 1985; J. A. Fitzmyer, *Romans*, pp. 584-585). 그런데 10,4의 *telos*를 목표로 보는 해석에는 '마침'의 의미도 포함되어 있음을 잊어서는 안 된다. 9,30-32에서 바오로가 사용한 경주 이미지에 빗대어 그 경주의 '목표점'을 그리스도로 본다면, 그 목표점은 동시에 '종착점'이기도 하기 때문이다.

되었다는 의미에서 '그리스도를 율법의 목적'이라고 한 것이다.

"그리스도는 율법의 끝(목적)이십니다"라는 문장은 홀로 있지 않고, 바로 다음에 "믿는 이는 누구나 의로움을 얻게 하려는 것입니다"라는 목적절과 함께 있다. 이 점을 명심하는 것이 로마서의 맥락에서 중요하다. 바오로에게 "그리스도는 율법의 끝(목적)이십니다"라는 표현은, 이제 그리스도에 대한 믿음을 통해 의로움을 얻을 수 있는 길이 유다인뿐 아니라 모든 이에게 열렸다는 생각을 배경으로 한다. 이 생각은 가깝게는 12절에 나오는 "유다인과 그리스인 사이에 차별이 없습니다"라는 말에서 확인되는데, 이미 로마서의 여러 곳에서 바오로가 줄기차게 강조했던 내용이다(1,14.16; 2,9-11 참조). 바오로는 이미 1,16-17에서 주제를 제시하면서 '하느님의 의로움'이 계시되는 "복음은 믿는 사람이면 누구에게나 구원을 가져다 주는 하느님의 힘"이라고 선포하였다(3,9.29 참조). "믿는 사람이면 누구나"라는 그 주제가 10,4에 다시 등장한 것이다.〖하느님의〗의로움이 믿는 이면 누구에게나 '개방되어 있다'는, 이 개방성이야말로 바오로가 선포한 기쁜 소식의 중요한 내용 가운데 하나이다.

10,5-13: 의로움에 이르는 새로운 길은 모든 이에게 열려 있고, 쉽고 가까우며, 성경이 보여 주는 길이다.

10,5-8: "모세는 율법에서 오는 의로움에 관하여 이렇게 기록하고 있습니다. '그것들을 실천하는 이는 그것들로 살 것이다.' 그러나 믿음에서 오는 의로움은 이렇게 말합니다. '너는 '누가 하늘로 올라가리오?' 하고 마음속으로 생각해서는 안 된다.' 이 말씀은 그리스도를 모시고 내려오라는 것입니다. 또 말합니다. '누가 지하로 내려가리오?' 하지 마라.' 이 말씀은 그리스도를 죽은 이들 가운데에서 모시고 올라오라는 것입니다. 의로움은 또 무엇이라

고 말합니까? '그 말씀은 너희에게 가까이 있다. 너희 입과 너희 마음에 있다.' 이것이 우리가 선포하는 믿음의 말씀입니다"

  이 단락에서 바오로가 말하는 핵심은 '그리스도에 대한 믿음이 구원받는 데 필수'라는 것이다. 이 단락은 4절 말씀에 대한 성경 인증이라고 볼 수 있는데, 구약성경의 여러 말씀이 인용되거나 암시된다.

  10,5에서 바오로는 율법에서 오는 의로움에 대하여 말하면서 그 근거로 레위 18,5("그것들을 실천하는 이는 그것들로 살 것이다")를 인용한다. 이어 6-8절에서는 (그리스도에 대한) 믿음에서 오는 의로움에 관하여 말하면서, 부분적으로 인용한 신명 30,11-14을 그 당시 유다인들이 사용했던 성경 해석 방법으로 그리스도에 대한 믿음에 적용한다. 이때 구약성경을 세 번 인용한 다음에는 매번 "이것은 … 입니다(tout' estin)"[304] 표현을 반복하여(10,6.7.8) 인용된 성경의 내용을 그리스도와 관련시킨다.

  5-8절에서 '율법에서 오는 의로움'과 '믿음에서 오는 의로움'을 대조하여, 바오로는 9,32에서 말했던 내용 곧 믿음이 아니라 행위를 통해서 의로움을 추구하는 방법이 잘못되었다는 점을 보완 설명한다.

  10,6-8에 부분적으로 인용되거나 암시된 신명 30,11-14은 신명기의 거의 마지막에 나오는데, 모세가 그 앞에서 길게 설교한 모든 말씀(계명)을 지키기가 너무 어렵다고 생각하는 사람들을 염두에 두고 한 말이다. 계명들은 하늘 높은 곳으로 올라가거나 바다 건너편으로 가야 찾을 수 있는 것처럼 어렵거나 멀리 있는 것이 아니라 '가까이' 있으며, 마음만 먹으면 '쉽게' 실천할 수 있다고 격려하는 의도로 한 말이다.

---

[304] 직역하면 "이것이 … 입니다"라는 뜻이지만, 이는 일종의 관용적 표현으로 '앞에서 말한 것'을 다른 식으로 표현할 때 쓰이는 우리말 '즉'에 해당한다.

신명기가 본래 말하고자 하는 의미는 계명을 실천하는 것이 결코 어려운 일이 아니라는 것이다. 그런데 이 말씀을 바오로는 의로움을 추구하는 길에서, '그리스도에 대한 믿음을 통하여 가는 길'이 결코 어려운 것이 아니라고 말하는 데 적용한다. 반면에 "실천하는 이들이 살 것이다"(레위 18,5)라는 말씀을 인용하여 율법을 통해 의로움을 추구하는 것은 어렵다는 것을 암시한다. 사실 엄밀히 말해, 바오로의 생각에서 율법을 실천하여 의롭게 될 수는 없다(3,9-19; 9,32 참조).

바오로에 의하면 그리스도의 말씀은 그것이 어디에 있는지 찾을 필요가 없을 정도로 가까이 있고, 실천하려고 마음만 먹으면 언제나 실천할 수 있다. 그분의 말씀이 두루 선포되어 있기 때문이다(특히 8.18절 참조). 또 무엇보다도 예수님은 부활하시어 "모든 사람의 주님으로서"(12절) 살아 계시기 때문이다. 이 점에서 9-10절에 나오는 "예수님은 주님이시다"는 고백과 예수님의 부활을 믿는 신앙에 대한 언급은 큰 의미를 갖는다.

10,9: "그대가 예수님은 주님이시라고 입으로 고백하고 하느님께서 예수님을 죽은 이들 가운데에서 일으키셨다고 마음으로 믿으면 구원을 받을 것입니다."

그리스어 원문에서 9절은 8절 끝의 문장과 뗄 수 없이 연결되어 있다(9절의 시작인 그리스어 *hoti* 참조). 8절에서 바오로는 신명 30,14을 인용한 다음, 그 말씀을 그리스도 신앙에 적용하여 "이것이 우리가 선포하는 믿음의 말씀입니다"라고 말한다. 이어 9절에서는 바오로를 포함한 복음 선포자들이 선포하는 믿음의 내용이 무엇인지를 밝힌다. 그 믿음의 핵심 내용이 "예수님은 주님이시다"(1코린 12,3; 2코린 4,5; 필리 2,11 참조)라는 것과 "하느님께서 예수님을 죽은 이들 가운데에서 일으키셨다"는 것

두 가지로 나오는데, 이 둘은 서로 긴밀히 연결되어 있다. 예수님은 주님이시다는 고백은 예수님의 부활에 대한 믿음이 없으면 나올 수 없기 때문이다(예수님의 부활에 관한 신앙의 중요성에 관하여는 1테살 4,14; 1코린 15,14-15; 2코린 5,15 참조).

"예수는 주님이시다"라는 고백이 초창기 그리스도 교회에서 얼마나 중요한 자리를 차지하고 있었는지는 10,9에서뿐 아니라, 필리피서의 '그리스도 찬가'에도 잘 표현되어 있다. "그리하여 예수님의 이름 앞에 하늘과 땅 위와 땅 아래에 있는 자들이 다 무릎을 꿇고 예수님은 주님(kyrios)이시라고 모두 고백하며 하느님 아버지께 영광을 드리게 하셨습니다"(필리 2,10-11). 이 찬가에 의하면, 부활하시고 현양되신 예수님은 천상天上, 지상地上, 지하地下의 모든 세력이 그 앞에 무릎을 꿇을 정도로 지존하신 분이며 다스리시는 분이다. 다음 말씀도 그리스도교 신앙 고백의 핵심이 "예수님은 주님이시다"라고 고백하는 데 있음을 암시한다. "하느님의 영에 힘입어 말하는 사람은 아무도 '예수는 저주를 받아라.' 할 수 없고, 성령에 힘입지 않고서는 아무도 '예수님은 주님이시다.' 할 수 없습니다"(1코린 12,3). 이 말씀에서, 성령의 핵심 역할 가운데 하나가 "예수님은 주님이시다"라고 진정으로 깨닫고 고백할 수 있도록 이끌어 주는 것임을 알 수 있다.

10,10: "마음으로 믿어 의로움을 얻고, 입으로 고백하여 구원을 얻습니다."

여기서 바오로는 '의화義化'를 믿음의 결과로, '구원'을 고백의 결과로 구분하여 언급함으로써 믿음과 고백이 분리되어 있다고 생각하는 것처럼 보인다. 하지만 여기에 사용된 동의적 대구법을 고려해 보면, 이 구절에서 의화와 구원을, 믿음과 고백을 너무 분리하여 이해하려고 해서는 안 된다. 내적 믿음과 외적 고백은 불가분하게 연결되어 있다. 참된 믿음은 입술로만 하는 고백이 아니라 (특히 어려운 역경에서도) 온 삶으로 표현하는 고백으로 이어진다. 구원을 가져다주는 "예수님은 주님이시다"라는 고백과 믿음은 입술과 마음에서 한순간에 이루어진다기보다, 예수님의 뜻이 진정 '온 삶을 다스리실 때' 이루어진다.

10,11-13

11절에 인용된 구절은 9,33에 이미 인용되었던 이사 28,16의 마지막 문장이다. 그런데 9,33에는 "그를 믿는 이는 부끄러운 일을 당하지 않으리라"고 나오는데, 10,11에는 "누구나(모든 이)"라는 한 단어가 더 들어가 있다. "그를 믿는 이는 누구나 부끄러운 일을 당하지 않으리라." 여기서도 바오로가 강조하려는 "복음은 … 믿는 사람이면 누구에게나 구원을 가져다주는 하느님의 힘이다"(1,16)라는 확신이 새롭게 드러난다. 불과 몇 구절 앞인 10,4에도 이 주장이 나와 있었다. "그리스도는 율법의 끝이십니다. 믿는 이는 누구나 의로움을 얻게 하려는 것입니다."〔하느님의〕 의로움이 믿는 이면 누구에게나 개방되어 있다는, 이 개방성에 대한 강조는 바로 이어지는 12절의 첫 문장에서도 확인된다. "유다인과 그리스인 사이에 차별이 없습니다"(참조 1,14.16; 2,9-11; 3,22-23; '차별이 없다'와 관련해서는 1코린 12,13과 갈라 3,28을 꼭 참조할 것).

그리고 13절에 인용된 "주님의 이름을 받들어 부르는 이는 모두 구원을 받을 것입니다"(요엘 3,5)라는 문장에서 '주님'은 요엘 예언서의 맥락에서는 분명 '야훼 주님'이시다. 그런데 바오로는 같은 문장을 인용하면서 10,13의 "주님"을 9,33에 인용한 이사 28,16의 돌이신 예수님과 동일시한다(10,9의 "예수는 주님이시다"라는 고백 참조). 이러한 표현들은 초창기 그리스도인들이 예수님의 신성神性을 믿었다는 중요한 증거이다.

10,14-21

이 단락에는 일련의 질문과 그에 대한 답이 있다. 일종의 '가상대화 논법'[305]이다. 14-15절에 질문이 네 번이나 연속되고, 16절의 질문과 18-19절에 "그러나 나는 묻습니다"로 시작하는 두 번의 질문이 나오는데, 거의 매번 성경이 인용되면서 답변이 주어진다. 전체적으로 이 단락의 내용은 이스라엘이 선포된 말씀에 응답(순종)하지 않았으며, 그에 대하여 변명의 여지가 없다는 것이다.

10,14-15

앞 단락(9-13절)에서 말한 그리스도에 대한 믿음의 필요성을 전제하면서, 복음 선포의 필요성을 역설하기 위해 14-15ㄱ절에서 네 번이나 수사적 질문을 한다. 14절은 13절에 나오는 요엘 3,5과 연결되어 있다.

① "주님의 이름을 받들어 부르는 이는 모두 구원을 받을 것입니다"(13절).
② "자기가 믿지 않는 분을 어떻게 받들어 부를 수 있겠습니까?"(14ㄱ절)
③ "자기가 들은 적이 없는 분을 어떻게 믿을 수 있겠습니까?"(14ㄴ절)
④ "선포하는 사람이 없으면 어떻게 들을 수 있겠습니까?"(14ㄷ절)
⑤ "파견되지 않았으면 어떻게 선포할 수 있겠습니까?"(15ㄱ절)

핵심 동사를 여섯 개로 볼 수 있는데 역순으로 되어 있다: 구원을 받는

---

[305] 가상대화 논법(디아트리베 *diatribe*)은 대화 상대자를 가상하고 그와 대화하면서 토론하는 식의 수사학적 방법을 가리킨다.

다(10절. 13절) 〈 주님의 이름을 받들어 부른다 〈 믿는다 〈 듣는다 〈 말씀을 선포한다 〈 파견된다. 마지막 동사 '파견되다'는 복음 선포를 위해 '권위 있는 파견'이 필요함을 암시한다. 여기서 파견 행위의 주체가 누구인지 분명하지 않다. 사도들의 경우에는 주 그리스도께서 직접 파견하셨다고 볼 수 있다. 다른 선교사들의 경우에도 궁극적으로 파견하시는 분은 주님이라고 보아야 하지만, 사도들 또는 사도들이 이끌던 교회의 매개를 통해 파견이 이루어진다고 볼 수 있다(사도 13,1-3 참조). 대중 전달 매체가 발달되지 않았던 고대에는 포고자(선포자)의 역할이 매우 중요하였다. 광장이나 장터에서 공개적으로 선포하는 것이 소식을 전달하는 주요 수단이었기 때문이다.

10,15: "기쁜 소식을 전하는 이들의[306] 발이 얼마나 아름다운가!"

여기 인용된 말씀(이사 52,7)은 두 가지 역할을 한다. 하나는 '기쁜 소식을 전파할 사람들'이 필요하다는 것이고, 다른 하나는 "이미 그런 복음 선포자가 파견되어 있으니, 그의 말씀(복음 선포)를 들으라"는 것이다.

이사 52,7("얼마나 아름다운가, 산 위에 서서 기쁜 소식을 전하는 이의 저 발! 평화를 선포하고 기쁜 소식을 전하며 구원을 선포하는구나")의 말씀은 본

---

[306] '기쁜 소식을 전하다'에 해당하는 그리스어 원문은 한 단어(*euaggelizomai* 동사)인데, 그 안에 복음(*euaggelion*)이라는 명사가 들어 있다. 10,15에는 이 동사 다음에 목적어로 그리스어 아가타(*agatha*, '좋은 것들')가 놓여 있다. 그러니 10,15을 직역하면 "좋은 것들을 기쁜 소식으로 전하는 이들의 발이 얼마나 아름다운가!"가 될 것이다. 몇몇 수사본($\aleph^2$, D, G, K, P 등)에는 동사의 목적어가 평화(*eirene*)로 나온다. 즉 "평화를 기쁜 소식으로 전하는 이들"로 되어 있다. 이는 10,15에는 인용되지 않았으나 이사 52,7에 들어 있는 다른 말씀("평화를 선포하고 기쁜 소식을 전하며 구원을 선포하는구나")의 영향을 받은 것 같다. 이에 관하여 더 자세한 내용은 B. M. Metzger (ed.), *A Textual Commentary on the Greek New Testament*, p. 525 참조.

래, 폐허가 된 예루살렘에 남아 있던 유다인들에게["예루살렘의 폐허들아, 다 함께 기뻐하며 환성을 올려라"(이사 52,9)] 산 위를 달리며 기쁜 소식을 전하는 이의 아름다움을 칭송하는 것이다. 기쁜 소식의 내용은 '너의 하느님이 임금님이 되시어'(이사 52,7) 바빌론 유배 생활을 종식시키고("떠나라, 떠나라, 거기에서 나와라" 이사 52,11), 예루살렘을 회복시킬 때(이사 52,9)가 가까이 왔다는 것이다. 이런 맥락에 있는 이사 52,7의 '기쁜 소식'이 로마 10,5에서는 '그리스도에 관한 기쁜 소식' 또는 '그리스도를 통해 가능해진 구원에 관한 기쁜 소식'이라는 의미를 가지게 되었다. 이사 52,7은 신약성경에 쓰이는 '기쁜 소식을 전하다(euaggelizomai)'라는 동사의 모태로 구실한다.

10,16: "그러나 모든 사람이 복음에 순종한 것은 아닙니다."

이 문장을 진지하게 고려하면, 앞의 14-15절을 통해 바오로는, 하느님께서 복음을 선포할 사람들을 이미 세상에 파견하셨다는 것을 강조하려 한다. 듣지 못했다고 변명할 여지가 없다는 말이다. 이 문장을 시작으로 바오로는 다시 '그리스도를 믿지 않는 이스라엘'의 문제를 구체적으로 언급하기 시작한다.

10,17: "그러므로 믿음은 들음에서 오고[307] 들음은 그리스도의 말씀으로 이루어집니다."

"믿음은 들음에서 온다"는 17ㄱ절은 "자기가 들은 적이 없는 분을 어떻게 믿을 수 있겠습니까?"라는 14절의 말씀을 부연 설명한다. 그리하

---

[307] 바로 앞 문장인 16절 끝에 인용된 이사 53,1의 "주님, 저희가 전한 말을 누가 믿었습니까?"에 나오는 "전한 말"(메시지)에 해당하는 그리스어 단어도 아코에(*akoē*)이고, 17절에 나오는 "들음"에 해당하는 단어도 같은 *akoē*이다. 같은 단어 *akoē*가 전하는 말인 메시지를 뜻하기도 하고 들음을 뜻하기도 한다.

여 그리스도를 믿고 사는 모든 사람에게 그리스도에 관한 말씀 또는 그리스도께서 하신 말씀을 다른 사람들에게 전할 사명이 있음을 분명히 일깨워 준다. "들음은 그리스도의 말씀으로 이루어집니다"(17ㄴ절)는 문장을 직역하면 "들음은 그리스도의 말씀을 통하여"이다. 즉 동사가 생략되어 있다. 이 문장은 바로 앞 문장("믿음은 들음에서 온다")에 나오는 "들음"이 어떤 들음인지를 설명한다. "그리스도의 말씀"[308]은 그리스도께서 하신 말씀 또는 그리스도께서 맡기신 말씀을 의미할 수 있으나, 8-9절에서 그리스도에 대한 신앙을 강조했던 바로 미루어 보아 '그리스도에 대한 말씀'으로 이해하는 것이 옳은 것 같다.

10,18-21

"그러나 나는 묻습니다"로 시작하는 두 번(18절과 19절)의 질문에서, 바오로는 그리스도를 믿지 않는 이스라엘이 '선포된 말씀'을 듣지 못했거나 그것을 이해하지 못했다고 변명할 여지가 없다는 것을 여러 성경 구절을 인용하며 주장한다.

10장의 마지막 구절(21절)에 인용된 이사 65,2도 매우 인상적으로 들린다. "복종하지 않고 반항하는 백성에게 나는 온종일 팔을 벌리고 있었다"(10,21). 부모님의 사랑을 알아보지 못하고 말 안 듣고 반항하며 집 떠난 자식이 돌아오기를 간절히 기다리는 부모님처럼, 주님은 (때로는 우리 자신을 포함한) 당신 백성이 돌아오기를 간절히 기다리신다.

---

[308] 여기서 '말씀'에 해당하는 그리스어는 레마(rēma)이다. 이 단어는 로고스(logos)에 비해 드물게 사용된다.

신앙생활과 관련된 묵상

"기쁜 소식을 전하는 이들의 발이 얼마나 아름다운가!"(로마 10,15; 이사 52,7)

주 예수 그리스도의 이름을 입 밖에 낸다고 해서 복음을 전하는 것이 아니다. 남들을 그리스도 신앙에 초대하기 전에, 우선 그리스도 신자 스스로가 예수님을 주님이요 구세주로 믿는다는 것이 얼마나 좋은지(의미 있는 일인지) 체험하고 살아야 한다. 나아가 개인으로뿐 아니라 공동체로도 주님을 함께 믿고 사는 것이 얼마나 좋고 의미 있는 일인지 체험할 수 있어야 한다. 그럴 때 우리도 10,15에서 바오로 사도가 인용하는 말씀처럼 기쁘게, 행복하게 다른 사람들에게 복음을 전할 수 있다.

"믿음은 들음에서 온다"(10,17)는 말씀은 교회 안에 널리 알려졌는데, 이 구절의 앞뒤 문맥을 떠나 그리스도교 신앙생활 전반을 생각해 볼 때 매우 중요한 면을 시사해 준다. 신앙 행위는 근본적으로 '듣는 행위'이다. 자기 자신을 어떻게든지 내세우려고 하는 태도와 달리, 신앙의 태도는 자신의 삶 전체에서 하느님의 말씀을 듣고 순종하려는 태도이다 (이와 관련하여 위대한 신학자 칼 라너의 책 《말씀의 청자》를 참조할 것[309]).

9,31-32 나아가 9,30-10,21의 말씀은 자신이 정해 놓은 삶의 목표를 향해 정신없이 달리느라고, 정작 하느님께서 내 인생을 위해 정해 놓으신 목표는 본 척도 하지 않는 경우가 없는지 반성하게 한다. 그렇게 정

---

[309] 칼 라너, 《말씀의 청자(聽者). 종교철학의 기초를 놓는 작업》, 김진태 옮김, 가톨릭대학교출판부, 2004년. (독일어 책 제목: *Hörer des Wortes. Zur Grundlegung der Religionsphilosophie.*)

신없이 계속 달리다가는 언젠가 하느님께서 마련해 놓으신 "걸림돌"(9,32)에 넘어지고 말 것이다. 미리미리 주님의 말씀(뜻)을 찾고 거기에 내 삶의 방향을 맞추어 나가려고 노력해야 한다. 그런데 주님의 말씀을 찾기 위해 멀리 갈 필요는 없다. 그 말씀은 우리 가까이, 우리 입과 우리 마음에 있기 때문이다(10,8 참조).

3. 온 이스라엘의 구원에 대한 희망과, '하느님의 지혜와 자비'의 신비에 대한 찬양(11,1-36)

3.1. 문맥과 구성

9,30-10,21이 '이스라엘이 넘어진(그리스도를 믿지 못하는 상태)' 책임은 이스라엘에게 있다고 말함으로써 비교적 부정적이라고 볼 수 있다면, 11장의 내용은 긍정적이다. 여기서 바오로는 이스라엘이 그리스도를 믿지 못하는 상태는 부분적(일부 이스라엘)이고 임시적일 뿐, 장차 "온 이스라엘이 구원을 받게 될 것"(11,26)이라고 말하며 자신의 희망을 강력히 피력한다.

11장은 네 단락으로 구성된다: 1-10절, 11-24절, 25-32절, 33-36절. 첫 단락과 둘째 단락의 첫 머리(1절, 11절)에는 "내가 묻습니다"라고 시작하는 질문과 그에 대한 답이 분명하게 제시된다. 첫 단락이 이스라엘의 실패는 '부분적'일 뿐이라고 말한다면, 둘째 단락은 그것이 '임시적'일 뿐이라고 말한다고 볼 수 있다. 셋째 단락에서 바오로는 그가 앞에서 인류를 구원하려는 하느님의 계획에서 이스라엘이 차지하는 위치에 관해 논의했던 것을 '신비'(25절)라는 말을 사용하여 전체적으로 정리한다. 이 '신비'에 대한 명상은 결국 마지막 단락에서 하느님의 지혜와 자비를 찬양하는 찬미가(라틴어 hymnus) 형태로 이어진다. 이 찬미가는 9-11장의 결문이자 교의 단원(1,16-11,36) 전체의 결문이다.

3.2. 구절 해설

11,1-10

11,1: "그래서 나는 묻습니다. 하느님께서 당신의 백성을 물리치신 것입니까? 결코 그렇지 않습니다. 나 자신도 이스라엘 사람입니다. 아브라함의 후손으로서 벤야민 지파 사람입니다."

이 첫 구절이 1-10절 단락 전체의 내용을 압축하여 표현한다. "결코 그렇지 않습니다(mē genoito)"라는 문장은 바오로가 즐겨 사용하는 표현으로, 으레 앞에서 제기된 질문의 내용을 강하게 부정할 때 사용된다(3,6.31; 6,2.15; 7,7.13; 9,14; 11,1.11).

1절에서 바오로가 강조하는 내용은 이미 앞에서 한 "하느님의 말씀이 허사로 돌아갔다는 것은 아닙니다"(9,6)라는 말씀을 달리 표현한 것이다. 또 11장 끝 부분에 나오는 "하느님의 은사와 소명은 철회될 수 없는 것이기 때문입니다"(29절)라는 말씀도 같은 선상에 놓여 있다. 방금 인용한 말씀들(9,6; 11,1.29)은 이스라엘의 불신에 관해 바오로 사도가 한 말이 불러올 수 있는 오해를 미리 차단하기 위한 울타리 역할을 한다고 볼 수 있다.

사람들은 이스라엘이 예수 그리스도를 통해 드러난 하느님의 뜻을 물리쳤으므로(10,3.16에 언급된 '불순종' 참조) 하느님께서도 이스라엘을 물리치신 것이라고 생각하기 쉽다. 그러나 바오로는 하느님께서 결코 그들을 물리치신 것이 아니라고 강조하여 말한다. 그 증거로 1-10절에서 자신을 포함한 '남은 자들(유다인 그리스도인들)'이 있음을 제시한다(특히 11,5). 이를 위해 2-4절에서 엘리야 예언자를 예로 든다. 이제벨 왕비의 박해를 피해 광야로 달아나던 엘리야도 심신이 핍진한 상태에서 "주님, 저들은 당신의 예언자들을 죽이고 당신의 제단들을 헐어 버렸습니다. 이제 저 혼자 남았는데 저들은 제 목숨마저 없애려고 저를 찾고 있습니다"(로마 11,3; 1열왕 19,10)라고 하느님께 하소연한 적이 있었다. 하지만 바로 이어지는 하느님의 말씀이 알려 주듯이, 실상 그는 홀로 남지 않았다. 하느님께서 "나는 바알에게 무릎을 꿇지 않는 사람 칠천 명을 나를 위하여 남겨 두었다"(로마 11,4; 1열왕 19,18)고 말씀하시기 때문이다. 바오로는 엘리야 예언자의 경우처럼, 자신이 살던 어려운 시대에도 하느님께서는 당신 계획을 위해 당신의 사람들을 남겨 두셨다고 확신한다. 바오로도 '남은 자들'의 수가 많지 않음을 잘 알고 있다. 그러나 엘리야 예언자의 예화에서 볼 수 있듯이 남은 자의 숫자가 적다는 것은 별 문제가 안 된다고 본다.

5-6절에서 바오로는 선택 받음의 은총을 강조한다. 누군가가 '남은 자들'에 소속되었다면, 그것은 자신이 노력한 결과가 아니라 하느님께서 베푸신 은총의 덕분이라는 것을 알고 겸손해야 한다는 것이다. 이 점은 나중에 '접목된 야생 올리브 가지'의 비유를 말하면서 이방인 그리스도인들에게 그리스도를 믿지 않는 유다인들을 향해 오만한 마음을 갖지 말라고 권고하는 다음 말씀과 관련되어 있다. "그대는 잘려 나간 그 가지들을 얕보며 자만해서는 안 됩니다"(11,18; 참조 20절).

11,11-24

11,11: "그러면 내가 묻습니다. 그들은 걸려 비틀거리다가 끝내 쓰러지고 말았습니까? 결코 그렇지 않습니다. 오히려 그들의 잘못으로 다른 민족들이 구원을 받게 되었고, 그래서 그들이 다른 민족들을 시기하게 되었습니다."

바오로는 앞 단락에서, 하느님께서 남겨 놓으신 사람들에 대하여 말하는 가운데, 다른 나머지 사람들의 '완고한 마음'에 대하여 말하였다(11,7-10 참조). 이어지는 11-24절에서는 믿지 않는 이스라엘의 이런 완고한 마음 상태가 결정적인 것인지 아닌지에 대하여 논의한다. 답은 분명하다. 현재 상태는 '임시적(일시적)'일 뿐이라는 것이다.

11-16절에서 바오로는 그리스도를 믿지 않는 이스라엘의 완고함마저 인류를 구원하시려는 하느님의 큰 계획의 틀 속에 있다고 본다. 이스라엘의 완고한 마음과 배척으로 말미암아 구원이 다른 민족들에게도 이르렀고, 이스라엘의 실패로 말미암아 다른 민족들이 풍요롭게 되었다는 것이다(11,11-12). 이런 배경에서 바오로는 믿지 않는 이스라엘이 구원을 얻게 되는 이방인들(다른 민족들)을 보며 시기猜忌하게 될 것이고, 그 '시기'를 계기로 그들이 그리스도를 믿게 될 것이라고 본다(11절 끝, 14절 앞 참조). 바오로는 "그들이 모두 믿게 될 때에" 누리게 될 넘치는 풍요로움을 희망하며 확신한다(12절). '시기'라는 말이 언뜻 보면 유치하게 들릴지 모르나 바오로는 진지하게 설명한다.

13-14절을 보면 바오로는 하느님께서 자신을 '다른 민족들의 사도'(13절)로 부르셨다고 확신하면서도(1,5; 갈라 1,16; 2,7-8; 참조 사도 9,15; 22,21) 자신의 살붙이인 이스라엘의 구원을 깊이 걱정한다. 바오로에게 따라 다니는 별명, '이방인들의 사도(이민족들의 사도)'는 바로 13절에서 유래한다.

11,16: "맏물로 바치는 빵 반죽 덩이가 거룩하면 나머지 반죽도 거룩합니다. 뿌리가 거룩하면 가지들도 거룩합니다."

이 구절에 나오는 두 가지 짧은 비유는 모두 첫 부분이 나머지 전체에 미치는 영향에 대하여 말한다. 유다인들 가운데에서 남은 자들(유다인 그리스도인들)과 그리스도를 믿지 않는 나머지 유다인들의 관계를 설명하는 비유이다. '맏물로 바치는 빵 반죽 덩이'라고 번역된 부분은 그리스어 원문에서 아파르케(*aparchē*)라는 한 단어인데 보통 '맏물'로 번역된다. 이 단어는 한해의 첫 수확물인 과일이나 곡식을 일컫는데, 구약 성경에 의하면 맏물은 나중에 거두어들일 것을 대표해서 하느님께 제물로 봉헌된다(탈출 23,19; 신명 26,1-11 참조). 첫 수확으로 얻은 곡식 가루로 반죽한 빵 한 덩어리를 봉헌물로 바치면(민수 15,20-21 참조), 나머지 반죽 덩이 전체도 거룩하게 된다.

마찬가지로 이스라엘의 경우에도 비록 소수이지만 남은 자들이 거룩하게 되면, 나머지 사람들도 거룩하게 된다는 것이다. "뿌리가 거룩하면 가지들도 거룩합니다"라는 말에서 '뿌리'가 의미하는 바에 관하여는 의견이 갈린다. 앞에서 말한 것처럼 뿌리를 '남은 자들(선택된 이들)'로 볼 수도 있고 28절에 언급되는 '(이스라엘의) 조상들'로 볼 수도 있다.

11,17-24: 올리브 나무의 비유

11,17-18: "그런데 올리브 나무에서 몇몇 가지가 잘려 나가고, 야생 올리브 나무 가지인 그대가 그 가지들 자리에 접붙여져 그 올리브 나무 뿌리의 기름진 수액을 같이 받게 되었다면, 그대는 잘려 나간 그 가지들을 얕보며 자만해서는 안 됩니다. 그대가 뿌리를 지탱하는 것이 아니라 뿌리가 그대를 지탱하는 것입니다."

이 비유에서 '야생 올리브 가지'는 이방인 출신 그리스도인을 의미하고, 본래의 올리브 나무줄기에서 잘려 나간 가지들은 '그리스도를 믿지 않는 이스라엘 사람들'을 의미한다. 잘 가꾸어져 자라고 있던 올리브 나무줄기에 야생 가지들이 접목되어 본래의 나무뿌리로부터 올라오는 수액을 받아 생명력을 이어가듯이, 이방인 출신 그리스도인들도 이스라엘을 통해 하느님께서 내리시는 충만한 복(생명력)을 나누어 받는다는 것이다. 17-18절의 말씀을 진지하게 생각한다면, 이방인 출신 그리스도인들은 구약의 하느님 백성 이스라엘을 '대체하지' 않고 '계승한다.'

바오로에 의하면, 하느님의 아드님이신 예수 그리스도의 죽음과 부활 이후, 하느님께서 불러 모으신 백성은 '유다인들과 이방인들로' 구성된 단 하나의 백성이 있을 뿐이다. (달리 말해서, 교회가 이스라엘을 대체한 것이 아니다.) 그리고 이방인들이 그렇게 하느님의 백성에 합류할 수 있게 된 것은 5절에 이미 나왔던 것처럼, 자신들이 노력해서 얻은 결과가 아니라 하느님께서 은총으로 선택하신 결과였다. 그러니 이방인들은 그렇게 된 것에 대하여 감사해야 하며 믿지 않는 이스라엘을 결코 얕보아서는 안 된다. 17절의 앞부분에서 바오로는 "몇몇 가지"라고 말하는데, 이는 기존의 줄기에 달려 있던 모든 가지가 다 잘려나간 것은 아니라는 점을 암시한다. 유다인들 가운데서도 바오로와 다른 사도들을 포함하여 그리스도를 믿는 이들이 남아 있다. 이 '남은 가지들'이 여전히 뿌리를 지탱하고 있는 것이다.

참고로 말하면, 바오로가 말하는 접목 방법은 농부들이 일반적으로 하는 방법과 완전히 다르다. 농부들은 야생 가지를 잘라 기존의 좋은 나무줄기에 접을 붙이지 않고 정반대로 한다. 예컨대 찔레나무 줄기에 장미 가지를 접붙이고, 고염나무 줄기에 감나무 가지를 접붙이는 식으로 한다. 바로 이 점을 두고 바오로 사도가 도시 사람이라 접목(접붙이기)에 대해 잘 몰랐던 것이라고 설명하는 학자들도 있다. 그러나 나는 바오로 사도가 일반적 접목 방법을 알면서도 의도적으로 그렇게 말했을 가능성도 있다고 본다. 바오로가 17절에서 강조하려는 것은 근본적인 생명력을 전하는 '뿌리'가 이스라엘이라는 점이기 때문이다. 그리고 고목이 되다시피 오래된 올리브 나무줄기에 어린 나뭇가지가 새롭게 돋아 자라는 경우도 있다는 점을 참조해 볼 필요가 있다.

어떤 학자들은 18절에 나오는 '자만하지 말라'는 강력한 권고 말씀이 로마 공동체에 있었던 이방인 출신 그리스도인과 유다인 그리스도인 사이의 갈등을 반영한다고 본다. 나도 그럴 가능성은 있다고 보지만, 바오로가 여기서 로마 공동체의 문제점을 반영한다기보다 이방인 그리스도인과 유다인(이스라엘 사람) 사이의 관계에 관하여 평소에 가졌던 생각을 피력한 것으로 보는 것이 더 자연스러운 해석이라고 생각한다. 로마 공동체는 바오로가 그들 내부의 갈등에 개입할 만큼 잘 아는 공동체가 아니었다. 그리고 이 단락에서 문제가 되는 것은 이방인 그리스도인과 유다인 그리스도인의 관계가 아니라, 이방인 그리스도인과 '그리스도를 믿지 않는 유다인'의 관계이다.

11,20-24에서 바오로는 이방인 출신 그리스도인들에게 '오만한 생각을 하지 말라'고 할 뿐만 아니라, '오히려 두려워하라'(20절)고 경고까지 하면서 믿음을 가지도록 요청한다(23절 참조). "그러니 하느님의 인자하심과 함께 준엄하심도 생각하십시오. … 오직 그분의 인자하심 안에 머물러 있어야 합니다. 그렇지 않으면 그대도 잘릴 것입니다"(22절). 이어서 23-24절에서 바오로는 11장에서 본래 말하려던 주제인 '하느님께서 이스라엘을 물리치신 것이 결코 아니다'(11,1)라는 주제로 돌아온다. "그들(믿지 않는 이스라엘)도 불신을 고집하지 않으면 다시 접붙여질 것입니다.

하느님께서는 그들을 다시 접붙이실 능력이 있으십니다"(23절).

11,25-32

11,25: "형제 여러분, 나는 여러분이 이 신비를 알아 스스로 슬기롭다고 여기는 일이 없기를 바랍니다. 그 신비는 이렇습니다."

바오로는 수신자 교우들을 다시 "형제 여러분"이라고 따뜻하게 부른다. 이 호칭에는 이방인 출신 그리스도인뿐 아니라 유다인 그리스도인도 포함되어 있다고 봐야 할 것이다. 이 단락에서 바오로는 9,1부터 다룬 이스라엘 문제에 대하여 결론을 내리려고 한다. 여기서 바오로는 장차 이루어질 모든 이스라엘의 구원에 대하여 말하면서 '신비(*mystērion*)'라는 단어를 사용한다. 바오로가 말하는 '신비'는 알 수 없는 비밀을 뜻하지 않고, 과거에는 감추어져 있었으나 이제 그리스도 사건을 통해 드러난 진리를 뜻하는 일종의 전문용어이다(로마 16,25; 1코린 2,1.7; 4,1; 15,51; 에페 1,9; 3,3.4.9; 6,19; 콜로 1,26.27; 2,2; 4,3; 1티모 3,9.16 참조). 바오로에게 드러난 이 신비는 어떤 것인가? 그는 세 문장으로 표현한다. "① 이스라엘의 일부가 마음이 완고해진 상태는, ② 다른 민족들의 수가 다 찰 때까지 이어지고, ③ 그다음에는[310] 온 이스라엘이 구원을 받게 되리라는 것이다"(11,25-26). 문장 ①은 이스라엘 전체가 아니라 일부만이 완고해졌다는 것을 강조하고, ②는 이스라엘이 완고한 상태에 머무르는 것이 한시적이라는 점을 강조한다.

이 단락에서 많은 토론을 불러일으키는 곳은 문장 ③이다. 이 문장에서 "온 이스라엘"은 누구를 가리키는가? 이에 관한 견해는 크게 보아

---

[310] 원문을 직역하면 "그리고 이렇게"이다.

다음 세 가지로 요약할 수 있다. ① 그리스도 교회 전체를 가리킨다(갈라 6,16 '하느님의 이스라엘' 참조), ② '영적인 이스라엘', 곧 이스라엘 민족 가운데 선택된 사람 전체를 가리킨다(9,6 참조), ③ 이스라엘 민족 전체를 가리킨다.

이 가운데 셋째 견해(③)가 옳은 것 같다. 왜냐하면 로마서의 다른 곳에서 '이스라엘'이라는 단어가 사용된 예들을 보면 한결같이 다른 민족들과 대조되는 의미에서, 곧 인종적 또는 민족적 의미로 쓰이기 때문이다. 가장 가까운 예인 25절에서도 이런 의미로 쓰였다. 그리고 '온 이스라엘'이라는 말이 반드시 하나의 예외도 없이 모든 이스라엘을 뜻한다고 볼 필요는 없다. 이 말은 '일부 이스라엘'(11,25), '남은 자들'(11,5)과 대비되는 표현으로 '선택된 남은 자들'(그리스도인이 된 유다인)과 그리스도를 믿지 않는 나머지 유다인을 다 포함한다고 보아야 할 것이다.

> **보충 설명: "온 이스라엘이 구원을 받게 되리라"(11,26)의 해석**
>
> 26절에 나오는 '온 이스라엘'을 이스라엘 민족 전체로 보는 것이 옳다면, 이어서 다룰 문제는 온 이스라엘의 구원이 지닌 성격 곧 그 구원이 '예수 그리스도에 대한 믿음'을 통한 구원인가 여부이다. 이 문제를 토론하는 데 결정적 역할을 하는 것은, 다음 구절의 인용구(이사 59,20-21)에 나오는 '구원자(*ho rhyomenos*)'를 누구로 보느냐이다.
>
> "그다음에는 온 이스라엘이 구원을 받게 되리라는 것입니다.

이는 성경에 기록된 그대로입니다.
'시온에서 구원자가 오시어 야곱에게서 불경함을 치우시리라.
이것이 내가 그들의 죄를 없앨 때 그들과 맺어 줄 나의 계약이다'"(11,26-27).

위 문장의 '구원자'를 인용 구절에 나오는 "나" 곧 하느님(theos)으로 보는 것이 신론적神論的 해석이고, 하느님께서 보내실 메시아(그리스도, christos)로 보는 것이 그리스도론적 해석이다. 두 가지 해석이 날카롭게 대립하는 이유는 신론적 해석을 따를 경우 모든 이스라엘의 구원은 하느님께서 '그리스도 없이' 몸소 이루실 것이라는 해석도 가능해지기 때문이다. 다시 말해 이스라엘 사람들에게는 하느님께서 특별히 자비를 베푸시어 특별한 방법/ 길로, 즉 예수를 메시아로 받아들여 믿지 않고도 구원을 받을 수 있도록 해 주신다는 해석도 가능해지기 때문이다. 과연 이 해석이 바오로의 의도 속에 있다고 볼 수 있느냐가 큰 쟁점이다.

신론적 해석을 주장하는 학자들(Stendahl, Getty, Lapide, Stuhlmacher)은 두 가지를 주요 논거로 내세운다. 첫째, 바오로가 10,17 이후에는 '그리스도'에 관하여 전혀 언급하지 않는다. 둘째, 27절에 나오는 계약은 예레 31,33의 새 계약을 의미하기보다 2사무 23,5의 '영원한 계약'을 의미한다. 그들은 하느님께서 당신의 이스라엘과 맺으신 영원한 계약에 따라 몸소 이스라엘의 불경함을 치워 주시고, 온 이스라엘을 구원하실 것이라고 주장한다. 그들에 따르면, 27절 앞부분의 그리스어 원문에 동사가 없는 것이 중요한 사항이다. 그러나 가톨릭 공용 성경을 포함한 대다수 번역본은 "맺어 줄 계약"이라고 미래 시제로 번역해 놓았다.

그리스도론적 해석은 다시 두 가지로 나누어진다. 하나는 신론적 해석과 유사하게 26절에 나오는 '구원자'를 그리스도로 보되 재림 (parousia) 때의 그리스도로 보고, 27절에 나오는 '계약'을 예레 31,33의 새 계약으로 보는 해석이다. 무스너(F. Mussner)에 의하면 그리스도께서 재림하실 때, 그리스도에 대한 믿음이 선행하지 않더라도 '모든 이스라엘'의 불경함이 용서를 받고 그들이 모두 구원을 받게 될 것이라고 본다. 이런 식으로 하느님께서 이스라엘에게 구원과 관련하여 '특별한 길'[311](독일어로 Sonderweg, 무스너가 사용한 용어)을 마련하셨다는 것이다. 이 주장도 형식적으로만 보면 '그리스도를 통한 구원', '은총을 통한 구원'의 원칙은 견지하는 것이다. 게이거(J. G. Gager), 개스턴(L. Gaston)도 이와 유사한 견해를 보여 준다.

다른 하나의 그리스도론적 해석은 가장 전통적인 해석으로 모든 이스라엘의 구원을 위한 '특별한 길'을 인정하지 않는다. 이 주장의 가장 큰 논거는 로마서 전체에서 지금까지 바오로 사도가 다양한 방법을 써서 독자들을 설득하고자 노력한 핵심 내용에 있다. 그 내용은 바로 '유다인이든 이방인이든 상관없이 모든 사람이 그리스도를 믿음으로써 의롭게 된다'(특히 교의 단원의 주제문인 1,16-17 참조)는 것

---

311 여기서 '특별한'이라는 의미는 '예수 그리스도에 대한 믿음이 없이'라는 뜻이다.

> 과, 구원은 예수 그리스도에 대한 믿음에서 온다(특히 10,9-10 참조)
> 는 것이다. 이어지는 구절(11,28-32)에도 복음을 받아들이지 않은 이
> 스라엘의 불순종이 언급된다. 그런데 이른바 구원의 '특별한 길'을 인
> 정하게 되면, 이 핵심 주장을 바오로 스스로 철회하는 셈이 되어 버
> 린다. 이 견해에서 27절의 '계약'은 그리스도의 재림 때 이루어지는
> 것이 아니라 이미 예수 그리스도의 삶, 특히 그분의 죽음과 부활로
> 실현된 계약을 의미한다.[312]

28-32절에서 바오로는 "온 이스라엘이 구원을 받을 것이다"(26절)라는 주장과 관련하여 부연 설명을 하는 가운데, 그가 앞에서 전개한 논증의 요지를 상기시키면서 9-11장을 마무리한다.

11,28: "그들은 복음의 관점에서 보면 여러분이 잘되라고 〔하느님의〕 원수가 되었지만, 선택의 관점에서 보면 조상들 덕분에 〔여전히〕 하느님께 사랑

---

[312] 이스라엘 민족을 위한 구원의 '특별한 길'을 주장하는 견해를 비판하는 주요 학자들은 다음과 같다. 히발빅(R. Hvalvik), 샌더스(E. P. Sanders), 캠벨(W. S. Campbell), 데이비스(W. D. Davies), 휘브너(H. Hübner), 피츠마이어(J. A. Fitzmyer), 알레티(J.-N. Aletti). 이에 관한 자세한 문헌과 토론에 관해서는 J. A. Fitzmyer, *Romans*, pp. 619-620 참조. 알레티의 다음 글은 무엇이 문제인지를 잘 보여 준다. J.-N. Aletti, "Israele in Romani. Una svolta nell'esegesi", in *La Lettera ai Romani ieri e oggi*, S. Cipriani (ed.), Bologna: Edizioni Dehoniane Bologna, 1995, pp. 107-123, 특히 pp. 113-114.120-122.

을 받는 이들입니다."³¹³⁾

이 문장에서 "그들"은 이스라엘 사람들이고, "여러분"은 다수가 이방인으로 구성되어 있는 로마의 그리스도 신자들이다. 메시아 예수에 관한 '하느님의 복음'을 받아들이지 않았다는 점에서 이스라엘은 〖하느님의〗 원수가' 되어 있다고 볼 수 있다. 바오로에 의하면 이것이 이방인들에게는 오히려 섭리적 안배로 작용하였다. 이방인들도 원래 유다인들에게 약속되었던 구원에 참여할 수 있게 되었기 때문이다.

"선택의 관점에서 보면 조상들 덕분에 〖여전히〗 하느님께 사랑을 받는 이들입니다"(28ㄴ절)라는 말씀과 "하느님의 은사와 소명은 철회될 수 없는 것이기 때문입니다"(29절)라는 말씀은 9,6("그렇다고 하느님의 말씀이 허사로 돌아갔다는 것은 아닙니다")과 11,2("하느님께서는 미리 뽑으신 당신의 백성을 물리치지 않으셨습니다")의 말씀을 상기시킨다. 29절에 나오는 '소명'은 28절의 "조상들 덕분에"라는 표현을 참조하면, 아브라함의 소명(창세 12,1-2)과 이스라엘이 하느님의 백성으로 선택된 것을 가리킨다(예컨대 신명 7,6: "이는 너희가 주 너희 하느님의 거룩한 백성이며, 주 너희 하느님께서 너희를 선택하시어 땅 위에 있는 모든 민족들 가운데에서 너희를 당신 소유의 백성으로 삼으셨기 때문이다"; 참조 에제 20,5; 이사 41,8-10; 시편 135,4). 그런데 그리스도 사건 이후 '하느님의 부르심'에는 당신의 복음을 통한 부르심도 틀림없이 들어 있다.

30절의 의미는 11절을 참조하면 뜻이 분명하다. 하지만 이어지는 31절의 의미는 두 가지 점에서 불분명하다. 하나는 바오로가 그들(이스라

---

313 그리스어 원문에는 '하느님의'와 '여전히'가 없으며 문장에 동사도 없다. "여러분이 잘 되라고"에 해당하는 그리스어 원문을 직역하면 "여러분 때문에"이다.

엘 사람들)이 왜 "지금" 자비를 입게 될 것이라고 말하는지 분명하지 않다는 것이다. 바로 앞의 26-27절에서 재림 때 오실 '구원자'에 대하여 말했는데, 왜 여기서는 '지금 자비를 입는 것'에 대하여 말하는가? 이런 어려움 때문인지 일부 수사본에는 31절 후반부의 '이제(nyn)'라는 단어가 생략되어 있다. 아무튼 이를 보면 바오로가 이스라엘의 구원이 임박했다는 점을 강조하려고 했던 것 같다. 또 하나는 31절에서 "여러분에게 자비가 베풀어지도록"이라고 번역된 그리스어 원문($tō\ hymeterō\ eleei$)의 의미가 분명하지 않다는 점이다. 문법에 따르면 "여러분의 자비를 위하여"라고 번역될 수도 있고 "여러분의 자비로써"라고 번역될 수도 있기 때문이다. 게다가 이 어구가 어디를 수식하는 것으로 보느냐에 따라 해석이 달라진다. 즉, "여러분의 자비를 위하여" 또는 "여러분이 받고 있는 자비로 말미암아" 그들이 불순종하는 것으로 해석할 수도 있고, 아니면 "여러분의 자비로써(여러분이 받고 있는 자비로 말미암아) 그들이 자비를 입도록"이라고 해석할 수도 있다.

11,32: "사실 하느님께서 모든 사람을 불순종 안에 가두신 것은, 모든 사람에게 자비를 베푸시려는 것입니다."

3,19-20.23과 갈라 3,22-23을 연상시키는 말씀이다. 유다인이건 이방인이건 모든 사람이 하느님께 순종하지 않았으나, 하느님께서는 이 불순종을 오히려 당신의 크나큰 자비를 베푸시는 계기로 삼으신다는 것이다. 하느님께서 모든 사람을 "불순종 안에 가두셨다"는 말은 1,24.26.28에 나왔던 표현, 곧 하느님께서 인간들을 그들이 저지르는 죄의 결과에 그대로 '내버려두셨다'는 것을 상기시킨다. 그러나 하느님께서 궁극적으로 원하시는 것은 당신의 자비를 베푸시는 것이다. 하느님께서는 모든 이가 구원되기를 원하신다.

11,33-36: 하느님의 지혜와 자비에 대한 찬양

> ³³ 오! 하느님의 풍요와 지혜와 지식은 정녕 깊습니다.
> 그분의 판단은 얼마나 헤아리기 어렵고
> 그분의 길은 얼마나 알아내기 어렵습니까?
> ³⁴ "누가 주님의 생각을 안 적이 있습니까?
> 아니면 누가 그분의 조언자가 된 적이 있습니까?
> ³⁵ 아니면 누가 그분께 무엇을 드린 적이 있어
> 그분의 보답을 받을 일이 있겠습니까?"
> ³⁶ 과연 만물이 그분에게서 나와, 그분을 통하여 그분을 향하여 나아갑니다.
> 그분께 영원토록 영광이 있기를 빕니다. 아멘.

위에 배열한 전체 아홉 행에서 첫 삼 행(33절)은 경탄이고, 다음 사 행(34-35절)은 질문이고, 마지막 두 행(36절)은 선언과 영광송이다.

바오로는 9-11장까지 '이스라엘의 문제'를 자세히 다룬 뒤 헤아릴 수 없는 하느님의 지혜를 찬미하는 찬가(찬양시)로 마무리한다. 사실 그는 이미 25절에서 '신비'라는 말을 사용하기 시작하며 이런 결론을 준비하였다. 또 바로 앞부분인 30-32절에서 '자비(eleos)'와 관련된 단어를 자주 사용한 데에서 드러나듯이, 바오로가 11장의 끝에서 찬양하는 하느님의 신비는 무엇보다도 그분 '자비의 신비'이다.

이 찬미가에서 핵심 역할을 하는 문장은 "누가 주님의 생각을 안 적이 있습니까?"(34절)이다. 이 문장은 앞에서 길게 다룬 이스라엘의 문제에 관한 바오로의 논의를 종합해 준다. 명심해야 할 것은 신비라는 말을 사용하고 또 이 찬미가에서 헤아릴 수 없는 하느님의 지혜에 대하여 말하듯이, 바오로는 자신이 이스라엘의 문제에 대해 완벽히 설명했다고 '생각하지 않는다'는 점이다.

33-36절은 9-11장의 결문인 동시에 교의 단원 전체(1,16-11,36)의 결문이다. 바오로는 하느님께서 이스라엘을 대하시는 방법만 헤아릴 수 없다고 말하는 것이 아니라 당신께서 선택하신 사람들을 대하시는 방법, 나아가 인류를 향한 그분의 일 전체가 인간으로서는 온전히 헤아릴 수 없다고 고백한다. 사실 바오로는 감히 하느님의 뜻을 헤아린 것처럼 자만하지 말라는 의미에서 이미 다음과 같이 말한 적이 있다. "형제 여러분, 나는 여러분이 이 신비를 알아 스스로 슬기롭다고 여기는 일이 없기를 바랍니다"(11,25).

36절에 나오는 영광송에서 "그분"은 그리스도가 아니라 하느님이다. 이 점은 "누가 주님의 생각을 안 적이 있습니까?"(34절)라는 성경 인용문에 나오는 '주님(Kyrios)'이 히브리어 야훼(아도나이)를 번역한 말이라는 데에서 분명해진다. 11,36에 나오는 "만물이 그분에게서 나와, 그분을 통하여 그분을 향하여 나아갑니다"라는 문장에 나오는 전치사들은 각각 하느님께서 만물을 '창조하신 분'으로서 만물의 기원이며(전치사 *ek* 참조), 만물을 유지시켜 주시는 분이며(전치사 *dia* 참조), 만물의 목표[전치사 *eis* + Acc→목적격(4격) 참조]라는 점을 잘 드러낸다. 이렇게 하여 만물은 하느님께 전적으로 의존해 있다고 고백된다.

제3부

권고 단원(12,1-15,13)

제1장
권고 단원의 성격과 구성

1. 성격

바오로 사도는 편지를 쓸 때 보통 앞부분에서는 교의적(이론적) 가르침을 다루고, 후반부에 가서는 신앙 실천에 관해 일반적 권고를 한다. 한 예로 테살로니카 1서에서는 4,1부터, 갈라티아서에서는 5,13부터 권고 단락이 시작된다. 로마서에서는 12,1부터 15,13까지 권고 단원이 이어진다. 그런데 사실 이 단원의 앞에서도 "…하십시오" 형식의 권고문이 이미 나왔다(6,11-13.19; 11,18.20). 하지만 이 권고들은 그 앞에 전개된 신학적 내용이 지닌 실천적 의미를 간략히 밝혀 놓은 것일 뿐이다. 바오로는 이제까지 자신이 제시한 복음이 지닌 실천적 의미를 12,1부터 본격적으로 다루려고 한다.

앞(1,16-11,36)에서 바오로는 '하느님의 의로움'과 '믿음을 통한 의화와 구원'에 관해 교의적 토론을 벌였는데, 이제부터 그것을 바탕으로 권고하기 시작한다. 6,4에서 바오로는 '생명의 새로움 속에(*en kainotēti zōēs*)' 살아가게 되었다고 말하였다. 6,18에서는 "여러분은 죄에서 해방되어 의로움의 종이 되었다"고 말하였다. 이제 바오로는 권고 단원에서 생명의 새로움 속에 살아간다는 것과 의로움의 종이 되었다는 것이 무엇을 의미하는지에 대하여 설명한다.

권고 단원은 윤리신학 논문이 아니다. 이는 권고들이 조직적으로 전개되지 않고 엉성하게 연결되어 있다는 점에서도 잘 드러난다. 바오로가 여기서 다루는 많은 주제가 구체적이지 않고 일반적인데, 이러한 주제를 다룬 이유는 그가 로마의 그리스도 공동체를 창립하지 않았기 때문일 것이다. 그가 다룬 주제들은 아마도 과거에 창립하였던 다른 교회에도 있었던 문제들, 특히 로마서를 쓸 때 머무르고 있던 코린토 교회가 당면했던 여러 문제를 반영하는 것 같다. 그렇지만 14,1-15,13에 나오는 토론은 바오로가 다른 사람들을 통해 전해 들었던 로마 교회의 실제적 갈등 상황을 반영한다고 보아야 할 것이다.

2. 구성

권고 단원은 크게 두 부분으로 나뉜다. 전반부(12,1-13,14)에서는 그리스도인의 삶과 관련된 일반적 주제 여섯 가지를 다룬다. 후반부(14,1-15,13)에서 바오로는 그가 전해 들은 로마 공동체의 특정한 문제(강한 자들과 약한 자들 사이의 갈등과 관련된)를 다루는데, 신앙 공동체에서 강한 자들이 약한 자들에게 보여 주어야 할 '사랑의 빛'에 관하여 말한다고 볼 수 있다. 전체적으로 보면, 성령의 인도를 받는 그리스도인의 삶은 '하느님께 드리는 예배'가 되어야 한다는 내용이다. 세분하면 다음과 같다.

- 12,1-2: 권고 단원의 전체 내용을 요약하는 주제문으로, 삶 자체가 하느님께 드리는 예배가 되도록 살아가라는 내용
- 12,3-8: 분수에 맞게 다른 이들을 위해 봉사하며 하느님께 받은 은사를 사용하라는 권고
- 12,9-21: 이 세상에서 함께 살아가는 그리스도인들을 위한 권고

13,1-7: 사회의 공적 권위를 대하는 그리스도인들의 자세에 관한 권고
13,8-10: 율법을 완성하는 사랑의 빚에 관한 권고
13,11-14: 한눈팔지 않고 깨어 살아야 한다는 종말론적 권고
14,1-12: 그리스도인들이 가져야 할 '연대성'의 범위와 한계에 관한 권고
14,13-23: 신앙인 공동체 안에서 '그리스도라는 규범'의 표지들에 관한 권고
15,1-6: 모든 행위에서 그리스도의 모범을 따르라는 권고
15,7-13: 그리스도를 주님으로 믿고 그분에게 향하는 이라면, 유다인이든 이방인이든 모든 이를 기꺼이 받아들이라는 권고

제2장
일상생활 전체가 하느님께 봉헌하는
제사가 되도록 살라는 권고(12,1-21)

12,1-2: 권고 단원의 주제문 – 온 삶으로 드리는 합당한 예배

권고 단원을 시작하는 이 두 구절은, 로마서의 권고 전체를 요약한 다고 할 만큼 중요하다.

12,1: "그러므로 형제 여러분, 내가 하느님의 자비에 힘입어 여러분에게 권고합니다. 여러분의 몸을 하느님 마음에 드는 거룩한 산 제물로 바치십시오. 이것이 바로 여러분이 드려야 하는 합당한 예배입니다."

"그러므로": 앞에서 거론했던 것을 근거로 결론을 내리는 말이다. 바오로는 앞에서 그가 논의했던 것 전체의 메시지를 특히 '하느님의 자비'에 관한 메시지로 요약한다(비록 '자비'와 관련된 그리스어가 동일하지 않지만 11,31에 쓰인 '자비'라는 뜻의 명사 *eleos*와 12,8의 '불쌍히 여기다'를 뜻하는 동사 *eleeō*를 참조할 것).

"권고합니다": 이 동사에 해당하는 그리스어 파라칼레인(*parakalein*)은 전치사 파라(*para*, 옆으로, 가까이)와 동사 칼레인(*kalein*, 부르다)의 합성어다. 그 의미는 다음과 같이 다양하다: 가까이 부르다(사도 28,20 참조), 초대하다(루카 8,41 참조), 권고하다(2코린 5,20; 1테살 2,11; 4,10; 5,14 참조), 격려하다(1테살 3,2; 5,11), 위로하다(1테살 3,7; 4,18 이하 참조, '위로'라는 뜻의 명사 *paraklēsis*의 사용에 관해서는 특히 2코린 1,3-7 참조). 이런 여러 의미 가운데 기초가 되는 뜻은 인격적 관계를 전제하는 '부름(*kalein*)'이다.

바오로는 권고를 할 때 당대 사람들이 주로 사용하던 파라이네인(*parainein*) 동사를 쓰지 않고 파라칼레인(*parakalein*) 동사(15,30; 16,17), 또는 이 동사에서 파생된 명사 파라클레시스(*paraklēsis*)를 사용한다. 바오로가 이 단어를 애용하는 데에서 그의 권고가 지닌 중요한 특성을 볼 수 있다. 즉 바오로의 여러 권고는 윤리적 지침을 일방적으로 하달하는 것이 아니라, 어버이가 자녀들에게 애정을 갖고 '가까이 불러들여' 권고하는 듯한 모습을 취한다. 요컨대 바오로의 권고는 근본적으로 격려하고 호소하는 성격을 갖는다.

 "**여러분에게 권고합니다**": '권한을 받고 파견된 사도'라는 자의식(1,5; 11,13 참조)을 보여 주는 표현이다. 바오로는 자신이 로마의 그리스도인 공동체를 직접 세우지 않았지만, 그들에게 권고하는 데 주저하지 않는다.

 "**하느님의 자비에 힘입어**": 그리스어 원문에서 이 문장을 앞뒤 어디에 붙여 이해하느냐에 따라 해석이 약간 달라진다. 먼저 이 문장을 그 앞의 '권고하다' 동사와 연결해 이해할 경우, 바오로가 하는 권고의 모티브가 바로 '하느님의 자비'라는 점을 강조하게 된다. 여기서 말하는 자비는 그가 앞(9-11장, 특히 바로 앞의 11,30-32)에서 말한 유다인들과 그리스인들에게 보여 주신 하느님의 한없는 자비를 가리킨다. 반면에 뒤따라오는 "(여러분의 몸을) 바치십시오"라는 동사와 연결해 이해할 경우에는, 자신의 삶을 하느님께 맞갖은 제사로 바치는 행위 자체가 '하느님께서 베푸시는 자비'의 덕분이라는 점이 강조된다.

 바오로에 의하면 그리스도인의 윤리 생활은 근본적으로 하느님께서 베푸신 자비에 대한 응답의 성격을 가진다. '자비'라고 번역된 단어가 그리스어 원문에서 복수 형태(*oiktirmoi*)인데, 칠십인역에서 이런 복수 형태

(예컨대 2사무 24,14; 다니 2,18)는 히브리어 라하밈(raḥamim)을 옮긴 것이다. 라하밈은 '자궁'을 뜻하는 히브리어 레헴의 복수 형태로서, 어머니가 온갖 조심을 다해 아홉 달이나 모태에 품고 있다가 출산하고 아기를 핏덩어리에서부터 양육해 가는 과정에서 가지는 애정의 끈을 잘 표현한다(특히 이사 49,14-17 참조). 어떤 해석이 되건 분명한 것은, 바오로가 그리스도인의 새로움 삶은 '하느님의 자비'의 덕분이라는 것을 강조한다는 사실이다. 우리의 삶을 변화시키는 것은 우리 자신이 아니라 하느님의 자비이다. 바오로는 앞에서 비슷한 내용의 말을 한 적이 있다. "그것은 사람의 의지나 노력이 아니라 하느님의 자비에 달려 있습니다"(9,16).

"여러분의 몸을": 여기서 몸(sōma)은 영혼과 대비되는 인간의 한 부분을 가리키지 않고 하느님, 사람들, 세상과 관계를 맺고 행동하는 인간 전체를 가리킨다. '몸을 바치다'라는 문장에서 '바치다'에 해당하는 그리스어 파리스테미(paristēmi)는 다음 말씀에 나왔다. "여러분의 지체를 불의의 도구로 죄에 넘기지 마십시오. 오히려 죽은 이들 가운데에서 살아난 사람으로서 자신을 하느님께 바치고, 자기 지체를 의로움의 도구로 하느님께 바치십시오"(6,13; 참조 6,16.19).

"하느님 마음에 드는 거룩한 산 제물로": 여기서 바오로는 예루살렘 성전에서 바쳐지던 희생 제물을 염두에 두고 비교한다. 예루살렘 성전에서 바쳐지던 희생 제물은 짐승을 도살한 것이었다. 그런 의미에서 그 제물은 '죽은 제물'이었다. 그에 비교해 볼 때 바오로가 여기서 말하는 그리스도인의 제사란 자신의 삶 자체를 바치는 제사다. 그런 의미에서 '산(살아 있는) 제물'이다. 참고로 말하면 바오로가 살아 있던 시기에는 예루살렘 성전 제사가 활발하게 바쳐졌다. 예루살렘 성전이 70년에 로마 군인들에게 파괴된 후 지금까지 이스라엘 백성은 성전 제사를 바치지 못하고 있다. 그들에게 성전은 하느님께서 정해 주신 한 곳뿐이다.

"이것이 바로 여러분이 드려야 하는 합당한 예배입니다": '합당한'이라고 번역된 그리스어 형용사 로기코스(logikos)는 로고스(logos)에서 나온 말이다. 로고스는 말씀 외에 이성理性(라틴어 ratio; 영어 reason)이라는 뜻을 갖는다. 따라서 로기코스는 '로고스에 속한', 그런 의미에서 '이성적' 또는 '합리적'이라는 뜻을 가질 수 있다. 로고스적 예배란 인간에게 합당한 예배를 뜻한다고 볼 수 있다. 일부 영어 번역본(RSV, NRSV, NIV)은 로기코스를 '영적(spiritual)'으로 번역한다. 아무튼 바오로에 의하면 자신의 삶 전체를 하느님께 바치는 제사가 되도록 사는 것이야말로 인간의 '본성'에 합당한 것이다.

12,2ㄱ: "여러분은 현세에 동화되지 말고 정신을 새롭게 하여 여러분 자신이 변화되게 하십시오."

여기에는 "동화되지 말라"는 부정 명령문과 "변화되게 하십시오"라는 긍정 명령문 등 명령문 두 개가 나온다. 여기서 '현세' 즉 이 세상으로 번역된 단어에서 '세상'에 해당하는 그리스어 아이온(aiōn)은 묵시문학(apocalpticism)에서 사용되는 용어를 바오로가 그대로 쓴 것이다. 바오로 당대의 유다인들은 세상 역사를 크게 두 개의 세상(aiōn)으로, 즉 악의 세력이 지배하는 '현재의 세상'과 하느님의 통치가 드러날 '다가오는 세상'으로 나누어 생각하였다. 현재의 세상은 온통 악의 지배를 받는 것 같지만, 결국 역사를 장악하고 계신 하느님께서 몸소 곧 악한 '현 세상'을 없애고 의인들을 위해 정의와 자비의 '새 세상'을 세우실 것이라고 믿었다. 바오로 사도를 포함한 초기 그리스도인들은 그리스도의 사건으로 말미암아 이 '새 세상'이 이미 시작되었다고 믿었다. 그러니 그리스도인들은 비록 '현 세상' 안에 살고 있지만, 곧 지나가 버리고 말 세상(1코린

10,11; 갈라 1,4; 참조 1코린 7,29.31)에 동화되지 말아야 한다고 강력히 권고하는 것이다.

"변화되게 하십시오"라는 문장에는 '하느님의 은총과 성령의 도움으로 (변화된다)'라는 뜻이 전제되어 있다. 바오로는 신자들의 의지와 생각과 행동을 변화 또는 변모變貌시키도록 요청하는데, 변모는 내주內住하시는 하느님의 성령(8,9)에 의해 이루어진다. 사람은 믿음과 세례를 통하여 그리스도와 결합되어 성령을 받고(갈라 3,2-5; 1코린 12,13 참조) 하느님의 자녀가 되는데(갈라 4,6-7; 로마 8,15-16 참조), 성령께서 그를 이끌어 주신다(8,12-14). '정신'이라고 번역된 그리스어 누스(nous)는 지성적이며 윤리적 판단의 장소라는 면에서 인간을 볼 때 사용되는 단어이다. 이 구절은 그리스도 신자들에게 이러저러한 구체적 지침들을 지키는 것보다 '정신을 새롭게 하는 것'이 우선적이라는 점을 일깨워 준다(정신을 새롭게 하는 것과 관련하여 콜로 3,10; 에페 4,23; 티토 3,5 참조).

12,2ㄴ: "그리하여 무엇이 하느님의 뜻인지 … 분별할 수 있게 하십시오."

접속사 "그리하여"는 하느님의 뜻을 분별할 수 있는 능력이, 앞에서 바오로가 말한 "정신을 새롭게 하여 자신을 변화되게 하는 삶"의 결과라고 말한다. 즉 오직 새롭게 된 정신(마음)만이 하느님의 뜻을 올바로 분별할 수 있게 한다는 것이다. 하느님께서 원하시는 것이 그리스도 신자들의 행위의 궁극적 기준이 된다. "무엇이 <u>선하고</u> 무엇이 하느님 <u>마음에 들며</u> 무엇이 <u>완전한</u> 것인지 (분별할 수 있게 하십시오)." 밑줄 친 형용사 세 개는 그리스도 예수에 대한 믿음으로 의롭게 되어 살아가는 그리스도인의 변화된 삶을 압축한다(에페 5,10 참조). 피츠마이어는 12,1-2에 나오는 바오로의 가르침을 다음과 같이 요약한다.

"그리스도인들은 '이 세상'에서 하느님께 예배를 드리는 듯이 살아야 한다. 바오로는 이렇게 사는 것이 그들이 드리는 예배의 합리적 성격(tēn logikēn latreian hymōn)을 표현하는 것이라고 본다. 이런 방식으로 바오로는, 그리스도 사건의 영향으로 발생한 그리스도인의 '변형(transformation)' 또는 '변모(metamorphosis)'가 구체적 일상생활에서 작용한다고 보는 것이다. 그가 갈라 5,25에서 말하듯이 말이다. '우리는 성령으로 사는 사람들이므로[1] 성령을 따라갑시다'"(J. A. Fitzmyer, Romans, p. 639).

12,3-8: 분수에 맞게 사용하여야 할 은사들

1-2절에서 바오로가 그리스도인이라면 누구나 따라야 할 신앙생활의 대원칙을 말하였다고 한다면, 3-8절에서는 '은총으로 받은 선물의 다양성'에 대하여 말한다고 볼 수 있다. 바오로는 이 단락에서 앞(1-2절)에서 말한 대원칙을 바탕으로, 하느님께 받은 다양한 은사를 그리스도인들이 각자 자신이 처한 공동체의 환경에서 어떻게 합당하게 사용할 수 있는지에 대하여 권고한다.

바오로는 1코린 12장에서 은사의 다양성과 단일성(일치)에 관해서 상당히 길게 다룬 적이 있다. 그런데 여기(12,3-8)에서 특기할 점은 "분수에 넘치는 생각을 하지 마라", "*pistis*(믿음, 신임)의 정도에 따라 건전하게 (차분하게) 생각하라"는 권고이다.

12,3ㄱ: "하느님께서 나에게 베푸신 은총에 힘입어 (여러분 모두에게 말합니다)."

이 문장은 "하느님의 자비에 힘입어"라는 1절의 표현과 함께, 바오로

---

[1] 갈라 5,25ㄱ을 직역하면 "우리가 성령에 따라서 산다면"

가 수행하던 사도직이 전적으로 하느님께서 베푸신 은총의 덕분이라는 것을 강조한다(1,5; 11,13; 15,15 참조).

12,3ㄴ: "자신에 관하여 마땅히 생각해야 하는 것 이상으로 분수에 넘치는 생각을 하지 마십시오."

그리스어 원문(mē hyperphronein par' ho dei phronein)을 직역하면 "마땅히 가져야 할 생각보다 더 높은 생각을 가지지 마십시오"이다. 원문 자체에는 "자신에 관하여"라는 말이 없다. 바오로는 코린토에서 큰 은사를 받았다고 요란을 떠는 사람들이 지닌 '우월감'을 질타했다(1코린 12,12-27 특히 21-24절). 그 사람들의 우월감이 교회의 일치를 해치고 있었다. 12,3에서 바오로는 각 그리스도 신자에게 그들과 비슷한 태도를 버릴 것을 요구한다.

12,3ㄷ: "저마다 하느님께서 나누어 주신 믿음의 정도에 따라 건전하게 생각하십시오."

이 문장에서 크게 논란되는 것은 "믿음의 정도에 따라"가 무엇을 뜻하느냐이다. 이 문제가 중요한 이유는 "믿음의 정도(metron pisteōs)"야말로 하느님께서 원하신 다양성의 정도를 정하는 유일한 기준이기 때문이다. 우선 이 표현에서 '믿음(pistis)'이 뜻하는 바를 분명히 해 놓아야 한다. 여기서 말하는 믿음은 확실히 의화의 근거인 믿음이나 향주삼덕向主三德의 하나인 신앙이 아니다. 바오로는 어느 곳에서도 이런 신앙을 지나치게 가지지 말라고 말한 적이 없기 때문이다. 정반대로 그는 그런 신앙에서 계속 성장하라고 권고했다(로마 1,17; 2코린 10,15; 필리 1,25 참조). 나는 여기서 말하는 믿음이 우리말의 '신임信任'에 해당하는 의미를 지녔다고 생각한다. 예컨대 3,3에 나오는 '하느님의 pistis'는 하느님의 '신빙성, 믿음직함'을 말한다. 하느님께서 어떤 사람에게 임무를 주실 때, 그 사람에게 거기에 해당하는 정도程度의 신빙성(신임)을 주신다고 볼 수 있다(이에 관해 갈라 2,7의 *pepisteumai*, 1테살 2,4의 *pisteuthēnai* 참조).

문제는 사람이 하느님께서 정해 주신 정도(*metron*)를 넘어서서 원하여 다른 야망(욕심)을 가지는 데 있다. 이것(야망)은 하느님의 계획에 부합하지 않기 때문에 필히 교회와 당사자 자신에게 해를 가져온다. 하느님께서 정하신 '신임의 정도'를 존중하는 것은 매우 중요하다. 그것을 무시하고 행동하면 더는 하느님의 뜻(12,2 참조)을 행하는 것도, 하느님의 사업을 수행하는 것도 아니게 된다. 바오로의 여러 본문은 다른 표현을 사용하여 12,3에서와 비슷한 전망을 보여 준다(1테살 2,3-6; 1코린 3,10; 2코린 3,5-6; 10,13-18 참조).

12,4-6

여기서 바오로는 1코린 12,12-27에서처럼 단일성을 견지하면서도 '은사의 다양함'을 강조한다. "우리는 저마다 하느님께서 베푸신 은총에 따라 서로 다른 은사를 가지고 있습니다"(6절). 4절에서 바오로는 권고의 어조에서 설명의 논조로 넘어간다. 6절부터 바오로는 "은총의 선물들"을 열거하기 시작한다. 이 열거는 은사가 다양하게 있는 것이 꼭 필요하다는 원칙을 설명하는 것이다. 6ㄴ절부터 바오로는 각자가 은사를 사용할 때 가져야 할 덕목에 대하여 권고한다.

12,6ㄴ-8: "그것이 예언이면 믿음에 맞게 예언하고, 봉사면 봉사하는 데에 써야 합니다. 그리고 가르치는 사람이면 가르치는 일에, 권면하는 사람이면 권면하는 일에 힘쓰고, 나누어 주는 사람이면 순수한 마음으로, 지도하는 사람이면 열성으로, 자비를 베푸는 사람이면 기쁜 마음으로 해야 합니다."

위의 권고 가운데 논란이 되는 표현은 6ㄴ절의 "믿음에 맞게"라고 번역된 부분(*kata tēn analogian tēs pisteōs*)인데, 이는 '믿음에 부합하게'라고 번역할 수도 있다. 어떤 이들은 이 경우에 믿음은 '교회(가 공적으로 고백하는) 신앙'을 의미한다고 생각한다[신학 용어인 analogia fidei(신앙의 유비) 참조[2]]. 다른 이들은 위의 표현을 '신앙에 대한 개인적 확신'이라고 이해한다. 이 경우에 *pistis*는 주관적 의미로 이해된 것이다. 바오로는 '예언'의 선물이 하느님이 정해 놓으신 metron(정도) 안에서 사용되어야 한다는 것을 강조하는 것 같다. 예언자는 자신의 개인 의견이 아니라 하느님께서 그에게 맡기신 신탁神託을 선포하라고 임무를 받는다. 이 문제가 다음 표현에도 나오는 것 같다. "또한 내가 말하라고 명령하지도 않은 것을 주제넘게 내 이름으로 말하거나, 다른 신들의 이름으로 말하는 예언자가 있으면, 그 예언자는 죽어야 한다"(신명 18,20; 참조 예레 14,14; 23,21; 에제 13,3-6). 예언의 선물을 받는 그리스도 신자는 자기 개인의 생각이나 계획의 표현이 하느님의 신탁으로 둔갑하지 않도록 특별히 주의해야 한다.

12,9-21: 그리스도인의 생활 규범

12장의 셋째 단락인 9-21절에서 바오로는 로마 신자들에게 일련의

---

[2] 예컨대 제2차 바티칸 공의회는 교회의 성경 해석의 근본 기준으로 세 가지를 제시한다. ① 성경 전체의 통일성을 고려할 것, ② 전체 교회의 살아 있는 전통을 고려할 것, ③ 신앙의 유비類比를 고려할 것(《계시 헌장》 12항). 이 가운데 신앙의 유비(analogia fidei)라는 표현에서 '신앙'은 교회의 신앙 교리를 의미한다. 즉 이 기준에 의하면, 성경을 해석할 때 교회의 신앙 교리와 부합해야 한다는 것이다. 이에 관하여 교황 베네딕토 16세, 《주님의 말씀-세계주교대의원회의 후속 교황 권고》, 한국천주교중앙협의회, 2011년, 34항(70-71쪽); 안소근, "교황 권고 '주님의 말씀'과 제2차 바티칸 공의회 이후의 성경 해석", 〈사목연구〉 제30집(2012년 겨울) 22-49쪽; 안소근, "신앙의 유비", 〈가톨릭신학과사상〉 제72호(2013년 겨울), 140-172쪽 참조.

일반적 권고를 한다. 다양한 방법으로 선을 행하고 악을 피해야 하는 그리스도 신자의 의무에 대하여 역설한다. 전체적으로는 사랑이 지배해야 하는 삶에 대한 권고인데, 크게 보아 9-16절은 그리스도 신앙 공동체 내부에서 드러나야 할 사랑에 대하여 말한다면, 17-21절은 원수에게서 드러나야 할 사랑에 대하여 말한다고 볼 수 있다.

12,9: "사랑은 거짓이 없어야 합니다. 여러분은 악을 혐오하고 선을 꼭 붙드십시오."

9ㄱ절에 해당하는 그리스어 원문에는 동사가 없다. 직역하면 "사랑은 거짓이 없음"이다. 이는 9-21절의 제목(표제) 역할을 한다고 볼 수 있다. 여기서 '거짓이 없다(an-hypokritos)'는 말은 '위선적이지 않은'이라는 뜻이다. 지극히 당연한 말씀이지만 거짓된 사랑이 난무하는 세상에서 거듭 곱씹어 보아야 할 말씀이다. "악을 혐오하라"는 권고가 놀랍게 생각될 수 있다. 그러나 악에 대한 혐오는 선에 대한 강력한 긍정에서 나온다. 참사랑은 (악과 선에 대한) 참된 분별력을 갖게 해 준다(필리 1,9-10 참조).

12,10: "형제애로 서로 깊이 아끼고, 서로 존경하는 일에 먼저 나서십시오."

여기서 "깊이 아낌"이라고 번역된 단어 필로스토르고스(philostorgos)는 부모가 자녀에게 지닌 사랑처럼 가족에 대한 자연적 애정을 표현한다. 이 단어와 형제애(philadelphia)라는 단어는 모두 원래 혈연 관계에 있는 사람들에게 적용되는 것인데, 신앙 공동체의 구성원들 사이에 오가는 다정하고 따뜻한 애정을 표현하는 데 쓰였다. 그리스도 신앙인들이 공동체 안에서 나누는 사랑은 상호 애정뿐만 아니라 상호 존경으로도 나타나야 한다.

12,11: "열성이 줄지 않게 하고 마음이 성령으로 타오르게 하며 주님을 섬기십시오."

이 구절은 다음 말씀을 생각하게 한다. "성령의 불을 끄지 마십시오. 예언을 업신여기지 마십시오"(1테살 5,19-20). 테살로니카 1서에서 이 말은 바오로가 앞에서 '열광주의를 견제하라'고 한 말을 듣고 테살로니카 교우들이 너무 위축되어 진정한 성령의 활동마저도 무시할까 염려해서 한 말이다. 그래서 바오로는 교우들에게 모든 현상을 잘 살펴보고 좋고 아름다운 것이면 받아들이고 악한 것이면 멀리하라고 권고한다(1코린 14,39; 2티모 1,6 참조).

12,12: "희망 속에 기뻐하고 환난 중에 인내하며 기도에 전념하십시오."

간략하지만, 그리스도 신자들의 적극적인 삶의 기본 방향을 잘 잡아주는 말씀이다(로마 5,2; 8,24-25; 1테살 1,3 참조).

12,13: "궁핍한 성도들과 함께 나누고 손님 접대에 힘쓰십시오."

성도들과 함께 나누는 일은 초기 교회에서 중요했다(사도 2,42-45 참조). 또 당시에 여관이 매우 드물었고 안전하지 못해 여행이나 순례가 매우 어려웠던 점을 고려하면 손님 접대는 매우 중요한 덕목이었다(바오로를 포함하여 초기 선교사들의 처지를 참조. '손님 접대'에 관하여 히브 13,2; 1베드 4,9 참조).

12,14: "여러분을 박해하는 자들을 축복하십시오. 저주하지 말고 축복해 주십시오."

12,15: "기뻐하는 이들과 함께 기뻐하고 우는 이들과 함께 우십시오."

사목신학의 기본 원칙 가운데 하나라고 불릴 만한 말씀이다. 제2차 바티칸 공의회의 〈사목 헌장〉도 바오로의 이 말씀의 정신을 따르며 다음과 같이 힘차게 시작한다. "기쁨과 희망(gaudium et spes)[3], 슬픔과 고

---

3 제2차 바티칸 공의회 문헌 〈사목 헌장〉의 라틴어 명칭인 "Gaudium et spes"은 1항의

뇌, 현대인들 특히 가난하고 고통받는 모든 사람의 그것은 바로 그리스도 제자들의 기쁨과 희망이며 슬픔과 고뇌이다"(1항).

12,16: "서로 뜻을 같이하십시오. 오만한 생각을 버리고 비천한 이들과 어울리십시오. 스스로 슬기롭다고 여기지 마십시오."

바오로는 1코린 1,10-4,21에서 공동체가 분열될 조짐과 관련하여 십자가에 달리신 그리스도에 대한 선포를 상기시키면서 반복하였던 '사람을 두고 자랑하지 말라'는 취지의 말을 하였다(1코린 1,20.29.31; 3,18.21; 4,7). 그리고 그리스도 예수에 대한 신앙이라는 차원에서 모든 신자가 다 같이 동등한 품위를 지녔다고 강조하였다(1코린 12,13; 갈라 3,28). 사실 이 내용은 무엇보다도 복음서들이 증언하는 예수님의 처신에서 가장 분명하게 드러난다. 16절의 말씀은 소박하지만 실제로 공동체 안에서 큰 힘을 낼 수 있다. 이 말씀대로 다른 사람들보다 (경제적으로, 사회적 지위로, 학력으로, 신앙의 연륜으로) '높은' 위치에 있는 사람들이 겸손하게(요란 떨지 않고 조용하게) 자신보다 '낮은' 위치에 있는 사람들과 허물없이 어울리며 살아간다면, 그러한 공동체에서는 분명 복음적 빛이 퍼져 나올 것이다. 그리스도에 대한 믿음 속에서 나누는 '사랑의 친교'는 이런 조용한 변화 속에서 이루어진다.

12,17-21: 원수들과의 관계

앞에서 보았듯이 이 단락은 '원수들과의 관계'에 대하여 권고한다. 사실 하느님의 자비에 감동되어 정신을 새롭게 하여 변화가 되면(12,1-2 참조) 원수들과의 관계마저도 긍정적으로 변하게 된다. 14절에서 21절 사이에 부정 명령문이 네 번 나온다. ① 저주하지 말라(14절), ② 아무에게

시작 단어에서 따온 것이다.

도 악을 악으로 갚지 말라(17절), ③ 복수할 생각을 하지 말라(19절), ④ 악에 굴복당하지 말라(21절). 그런데 매우 놀랍게도 이 부정 명령문에 다음과 같이 매번 긍정 명령문이 뒤따른다. ① (저주하지 말고) 축복해 주십시오, ② (악을 악으로 갚지 말고) 모든 사람에게 좋은 일을 해 줄 뜻을 품으십시오, ③ (복수할 생각을 하지 말고) 하느님의 진노에 맡기십시오, ④ (악에 굴복당하지 말고) 선으로 악을 굴복시키십시오. 이렇게 그리스도교적 윤리는 근본적으로 부정적 사고가 아니라 긍정적 사고에서 출발한다.

12,17: "아무에게도 악을 악으로 갚지 말고, 모든 사람에게 좋은 일을 해 줄 뜻을 품으십시오."

이 문장에서 "모든 사람에게"로 번역된 그리스어 원문(enōpion pantōn anthrōpōn)을 직역하면 "모든 사람 앞에서"이다. 다음 말씀을 참조하라. "악을 악으로 갚거나 모욕을 모욕으로 갚지 말고 오히려 축복해 주십시오. 바로 이렇게 하라고 여러분은 부르심을 받았습니다. 그것은 여러분이 복을 상속받게 하려는 것입니다"(1베드 3,9).

12,18: "여러분 쪽에서 할 수 있는 대로, 모든 사람과 평화로이 지내십시오."

12,19-20: "사랑하는 여러분, 스스로 복수할 생각을 하지 말고 하느님의 진노에 맡기십시오. 성경에서도 '복수는 내가 할 일, 내가 보복하리라.' 하고 주님께서 말씀하십니다. 오히려 '그대의 원수가 주리거든 먹을 것을 주고, 목말라하거든 마실 것을 주십시오. 그렇게 하는 것은 그대가 숯불을 그의 머리에 놓는 셈입니다.'"

19절에서 바오로는 신명 32,35과 잠언 25,21-22을 혼합하여 인용한다. 여기서 많은 사람의 주의를 끄는 표현은 "그렇게 하는 것(굶주리는 원수에게 먹을 것을 주고, 목말라하는 원수에게 마실 것을 주는 행위)은 그대가 숯불을 그의 머리에 놓는 셈입니다"라는 문장이다. 그 문장의 뜻이 불분명한데, 대표적인 두 가지 견해는 다음과 같다. 첫째로 오리게네스, 아우구스티노, 예로니모 등은 여기에 나오는 '불타는 숯'을 '수치심으로 인한 괴로움'을 상징한다고 생각했다. 원수는 그러한 친절(자비)의 행동에 감동하여 수치심과 회한으로 마치 머리 위에 숯을 올려놓은 것처럼 머리(가슴)가 화끈거리게 된다는 것이다. 둘째로 요한 크리소스토모는 '불타는 숯'을 고상한 방식의 복수로 이해하였다. 만약 원수가 그런 호의를 입었는데도 여전히 적대적이라면 그는 그런 태도로 인해 장차 하느님께 더 큰 징벌을 받게 되는데, 그런 행위를 할 때마다 '불타는 숯불'을 제 머리 위에 쌓아 놓는 꼴이 된다는 것이다.

복음서에 의하면 예수님의 요청은 더 철저하다. "원수를 갚을 생각을 하지 말라" 정도가 아니라 "원수를 사랑하라"고 말씀하신다(마태 5,43-48; 루카 6,27-28.32-36). 엄청난 요청이다. 원수를 미워하지 않고 원수를 갚으려고 하지 않는 것도 어려운데, 원수를 사랑하라고까지 말씀하시기 때문이다. 그런데 우리가 근본적으로 복수를 하느님께 맡기고 원수를 사랑할 수 있을까? 바오로의 가르침을 종합해서 고려할 때 그렇게 할 수 있으려면 하느님께 '은총'을 받아야 한다. 그리스도인의 '원수 사랑'과 '복수 포기'는, 자기보다 약한 다른 짐승을 잡아먹는 사자 같은 야수가 아니라 희생되는 '어린양'처럼 사신 그리스도의 사랑의 삶에(요한 1,29.36에 나오는 '하느님의 어린양' 참조) 뿌리를 둔 행위이다. 그리스도는 수난을 당하실 때 이렇게 하셨다. "그분(그리스도)께서는 고욕을 당하시면서도 모욕으로 갚지 않으시고 고통을 당하시면서도 위협하지 않으시고, 의롭게 심판하시는 분께 당신 자신을 맡기셨습니다"(1베드 2,23).

12,21: "악에 굴복당하지 말고 선으로 악을 굴복시키십시오."

이 구절은 앞에 나왔던 '악을 악으로 갚지 말라'(17절)와 '복수할 생각을 하지 말라'(19절)는 말씀과 관련하여 한층 적극적인 태도를 보여 준다. 이 단락의 훌륭한 결문이다. 이와 관련한 고뎃(Godet)의 다음 표현이 매우 인상적이다. "악을 악으로 갚는 것은 악에 정복당하는 것이지만, 악을 선으로 갚으면 선으로 악을 이기는 것이다."[4] 이 말을 '원수 갚음'에 적용하여 보면 다음과 같이 말할 수 있다. 원수 갚음의 행위가 일시적으로 화풀이는 될 수 있지만, 예수님과 바오로 사도의 가르침에 비추어 보면 악(악한 방법)에 굴복당한 것이다.

---

[4] F. L. Godet, *Commentary on the Epistle to the Romans*, Zondervan, 1969, p. 439. 존 스토트, 《로마서 강해》, 정옥배 옮김, 한국기독학생회출판부, 1996년, 451-452쪽에서 재인용.

제3장
사랑은 율법의 완성(13,1-14)

1. 문맥과 구성

그리스도 신자인 독자가 시야에서 놓치지 말아야 할 것은, 앞에서 보았듯이 12,1-2이 로마서 권고 단원 전체의 근본정신을 말해 준다는 점이다. 따라서 13장의 권고도, 결국 하느님께서 당신의 아드님 그리스도 예수를 통해 인류에게 베푸신 자비에 감사하며 자신의 삶 전체를 하느님 마음에 드는 거룩한 산 제물로 바치라는 권고(12,1-2)의 틀 속에서 이해되어야 한다. 또 13장에서 그리스도의 희생 또는 사랑을 직접 언급하지 않지만 그것을 전제한다는 점도 잊어서는 안 된다. 참고로 말하면, 그리스도 또는 예수라는 단어가 13장에는 단 한 번 나온다(14절).

13장은 세 단락으로 나뉜다. 바오로는 1-7절에서 '공적 권위에 대한 그리스도인의 태도'를 다루고, 8-10절에서는 "사랑은 율법의 완성"이라며 이웃 사랑의 중요성을 강조하고, 11-14절에서는 그리스도인이 처해 있는 종말론적 상황을 강조하며 권고한다.

그중 첫 단락은 '교회와 국가의 관계'라는 주제와 관련하여 자주 논쟁의 대상이 된 본문이다. 둘째 단락은 '사랑'을 그리스도인 행위의 최고 기준으로 삼는다는 점에서, 1코린 13장 및 최고 계명에 관한 대담과 함께 매우 중요하게 다루어지는 곳이다.

2. 구절 해설

13,1-7: 공적 권위에 대한 그리스도인의 태도

비교적 느슨하게 짜인 앞 단락(12,9-21)과 달리, 이 단락(13,1-7)은 위에서 다스리는 '권위에 복종할 필요성'이라는 한 가지 주제를 중심으로 잘 짜여 있다. 그리스어 문법으로 보면 이 단락은 세 번 나오는 "복종해야 합니다"라는 명령법을 중심으로 짜여 있다. 1절("다스리는 권위에 복종해야 합니다")과 5절("양심 때문에도 복종해야 합니다")에 비교해 볼 때, 7절의 명령법("의무를 다하십시오")은 세금 납부라는 구체적인 일과 관련된 복종에 대하여 말한다.

13,1: "사람은[5] 누구나 위에서 다스리는 권위에[6] 복종해야 합니다. 하느님에게서 나오지 않는 권위란 있을 수 없고, 현재의 권위들도 하느님께서 세우신 것입니다."[7]

이 단락에서 문제가 되는 것은 '권위'라고 번역된 그리스어 엑수시아이(*exousiai*, 권위들)가 과연 무엇을 의미하느냐는 것이다. 단수 형태의 엑

---

[5] 여기서 '사람'이라고 번역된 그리스어는 프쉬케(*psychē*)이다. 많은 경우에 '영혼' 또는 '생명'이라고도 번역된다. 여기서 프쉬케는 인간의 몸이나 영과 구분되는 의미가 아니라 인간을 전체적으로 표현한다. 그래서 거의 대다수 번역본이 '사람'으로 번역한다.

[6] 일부 사본(P^{46}, D, F, G 등)은 13,1의 시작이 "위에서 다스리는 모든 권위들에 여러분은 복종하십시오"라고 되어 있다. 이 본문은 가톨릭 공용 성경에 선택된 본문과 달리 그리스어 프쉬케(*psychē*)가 빠졌고 동사의 명령법이 복수 2인칭 명령법(*hypotassesthe*)으로 바뀌었다.

[7] 그리스어 *gar*를 매번 "… 때문이다"라고 번역할 필요는 없다. 하지만 13,1에서 후반절은, 전반절에서 말한 내용("복종해야 한다")의 이유를 제시하는 역할을 하므로 "… 세우신 것이기 때문입니다"라고 번역하는 것이 더 좋을 듯하다.

수시아(*exousia*)는 일반적으로 '권한', '권위'를 뜻하는데, 드물게 '(선택할) 자유'(예: 1코린 8,9)를 뜻하기도 한다. 그런데 일부 학자들은 1절 앞부분에 나오는 *exousiai*가 단순히 (국가의) 공적 권위가 아니라, 그 뒤에 서 있는 '보이지 않는 영적(천사적) 권세들'도 부분적으로 의미한다고 주장하였다(예: 1베드 3,22; 콜로 1,16; 2,10; 에페 1,21; 3,10; 6,12).[8] 그러나 3절에 나오는 '지배자들(*archontes*)', 6절에 나오는 '조세를 바치다'와 '심부름꾼'이라는 표현을 보면[9], 13,1-7에서 바오로가 염두에 둔 권위는 영적(천사적) 권세가 아니라 인간적 권위, 그중에서도 공적 권위를 의미한다고 보아야 한다. 이 때문에 비록 '국가'라는 단어가 직접 쓰이지 않았지만 13,1-7에 사용된 *exousiai*가 국가의 공적 권위를 의미한다고 생각하는 학자들이 많다. 그런데 내 생각은 좀 다르다. 적어도 1-2절의 경우에는 *exousiai*에 관한 표현이 매우 포괄적이어서, 바오로가 이 단어로 공적 권위만이 아니라 다양한 다른 '권위들'도 염두에 두었다고 생각한다. *exousiai*라고 복수 형태가 사용된 점에 주의를 기울일 필요가 있다.

13,2: "그러므로 권위에 맞서는 자는 하느님의 질서를 거스르는 것이고, 그

---

[8] 예컨대 O. Cullmann, *The State in the New Testament*, New York: Harper & Row, 1956, pp. 55-70; K. Barth, *Church and State*, London: SCM, 1939, pp. 23-36. 이들의 주장에서 귀담아 들을 것은, 세상의 권위(공적 권위)들이 그들의 뒤에 있는 이 영적 권위(권세)들에 복종(순종)하는 것을 전제로, 바오로가 그리스도 신자들이 세상의 권위(권력)에 복종해야 한다고 말했다고 보는 점이다. 영적 권위들에 복종하지 않는 세상의 권위(권세)에는 복종할 필요가 없다는 뜻이 포함되어 있다. 다른 한편 1베드 3,22; 에페 1,21; 콜로 2,10에 의하면 이 영적 권위(권세)들은 그리스도의 지배하에 있다. 이에 관한 더 자세한 내용은 D. J. Moo, *Romans*, pp. 795-796 참조.

[9] 바오로계 서간에서 *exousiai*가 영적 권위들을 뜻하는 경우에는 늘 *archai*(권세)와 함께 사용된다는 점도 13,1의 *exousiai*를 '영적 권위들'로 보면 안 된다는 주장을 뒷받침한다.

렇게 거스르는 자들은 스스로 심판을 불러오게 됩니다."

바오로가 "사람은 누구나 위에서 다스리는 권위에 복종해야 한다"고 권고하는 근거는 하느님께서 그 권위를 세우셨다는 데 있다. 그렇기 때문에 2절에서 이 공적 권위에 맞서는 것은 하느님의 질서를 거스르는 것이라고 설명한다. 여기에 언급된 '심판'이 종말의 하느님 심판인지 아니면 지상 통치자들이 내리는 심판인지에 대하여 약간의 논쟁이 있지만, 문맥을 보면 지상 통치자들이 내리는 심판을 뜻하는 것 같다.

13,3-4

여기서 바오로는 선행을 하는 것과 악행을 하는 것을 대비하면서 공적 권위(권력)의 역할에 대하여 말한다. 그러면서 공적 권위를 행사하는 지배자를 두 번이나 '하느님의 일꾼(*theou diakonos*)'이라고 부른다(4절). 즉 그들은 "그대의 이익(직역: 선善)을 위하여 일하는 하느님의 일꾼"인 동시에, "악을 저지르는 자에게 하느님의 진노를 집행하는 그분의 일꾼"이다. 3-4절에 의하면 공적 권위의 역할은 공적으로 선악의 질서를 잡아 주는 데 있다. 물론 그것은 공적 권위가 하는 역할의 일부일 뿐이다. 너무 많은 것을 여기서 읽어 내려고 해서는 안 된다.

13,5: "그러므로 하느님의 진노[10] 때문만이 아니라 양심 때문에도 복종해야 합니다."

바오로는 수신자들이 3-4절을 잘못 이해하여 공적 권위에 복종해야 하는 동기가 단순히 복종하지 않았을 때 받게 될 '벌'에 대한 두려움에 있다고 생각할까 봐 염려하여, '양심 때문에'라는 다른 동기 하나를 덧붙인 것 같다. 앞에서 바오로가 권위는 하느님에게서 오며(1ㄴ-2절), 권

---

10 그리스어 원문에는 '하느님의'라는 단어가 없다.

위를 행사하는 지배자(통치자)는 '하느님의 일꾼(심부름꾼)'이라고 언급한 것을 보면, '양심 때문에도' 권위에 복종해야 한다는 말은 놀랍지 않다.

13,6-7

여기서 바오로는 공적 권위에 대한 복종의 구체적 예로 세금 납부를 든다. "여러분이 조세를 바치는 것도 이 때문입니다"(6절)라는 말에서 바오로는 그리스도 신자들이 (나라에) 세금을 내는 것을 당연하게 여김을 알 수 있다. 바오로는 세금을 납부하라고 권고하면서 세금을 거두어들이는 자들(4절에 언급된 '지배자들')을, "이러한 일에 정성을 다하는"이라는 수식어까지 붙여 '하느님의 심부름꾼(leitourgoi theou)'이라고 부른다. 이는 공적 권위에 대한 바오로의 태도가 얼마나 긍정적인지 엿보게 해 준다. 여기서 '심부름꾼'이라고 번역된 그리스어 레이투르고스(leitourgos)는 어원상 백성을 뜻하는 라오스(laos, 정확히 말하면 이오니아 그리스어 lēitos)와 '일하다'를 뜻하는 에르게인(ergein)의 합성어에서 파생되었는데, 백성(나라)을 위해 공적인 일을 수행하는 사람을 일컫는다.[11] 이런 의미에서 이 단어를 '공적인 하인'을 뜻하는 '공복公僕'이라고 번역할 수 있다. 이 단어가 칠십인역에서는 성전에서 봉사하는 사람에게, 신약성경에서는 주님의 일을 공적으로 행하는 사람에게 적용되었다(로마 15,16; 참조 필리 2,25; 히브 1,7; 8,2; 10,11).

13,7: "여러분은 모든 이에게 자기가 해야 할 의무를 다하십시오. 조세를 내야 할 사람에게는 조세를 내고 관세를 내야 할 사람에게는 관세를 내십시오."

여기서 바오로는 세금을 구분한다. '조세'로 번역된 포로스(phoros)는

---

11 EWNT II, p. 859; J. A. Fitzmyer, *Romans*, p. 669 참조.

재산세 또는 인두세와 같은 직접세(루카 20,22; 1마카 10,33)를 말하는데, 로마 시민은 이런 직접세를 면제받았다고 한다. 반면에 '관세'라고 번역된 텔로스(*telos*)는 관세와 판매세와 같은 간접세를 의미했다고 한다.[12]

'공적 권위에 대해 그리스도 신자들이 가져야 할 태도'[13]라는 주제에 관한 바오로 사도의 가르침을 정확히 파악하려고 할 때, 우리가 결코 잊지 않아야 할 점이 있다. 그것은 바오로가 13,1-7을 쓰기 훨씬 전에 지중해 여러 지역에 복음을 전하여 그리스도의 교회들을 세우면서 그리스도인들에게 매우 강조하였던 사항이다. 바로 그들이 여러 차이에도 불구하고 '근본적으로 동등한 종교적 품위를 지닌다'는 사실이다.

13,1-7 특히 7절을 보면 바오로는 그리스도 신자들에게 인간의 정치-사회적 질서 속에 엄연히 존재하는 '차이들'을 인정하고 존중하라고 권고한다. 그러나 우리는 바오로가 '그리스도 예수 안에서' 그리스도인들이 근본적으로 같은 종교적 품위를 지녔음을 강조하였으며, 이런 정신을 자신의 공동체에서 구현하려고 부단히 노력하였다는 것(1코린 11, 17-34 참조)을 명심해야 한다. 다음 구절이 이를 잘 말해 준다. "유다인도 그리스인도 없고, 종도 자유인도 없으며, 남자도 여자도 없습니다. 여러분은 모두 그리스도 예수님 안에서 하나입니다"(갈라 3,28). 이 말씀의 맥락을 고려하면, 바오로는 '예수 그리스도 안에서 신앙으로 말미암아 모두가 하느님의 자녀가 되었다'(갈라 3,26)는 근본적 차원에서 그들 사이에 종교적(유다인/ 그리스인)-사회적(종/ 자유인)-성적(남성/ 여성) 차별

---

12 Th. R. Schreiner, *Romans*, p. 686 참조.
13 13,1-7이 미친 영향의 역사 또는 해석의 역사를 깊이 다루면서도 잘 요약한 U. Wilckens, *Römer* III, pp. 43-66; D. J. Moo, *Romans*, pp. 806-810 참조..

이 없다고 강조하는 것이다(1코린 12,13 참조).

그런데 바오로가 13,1-7에서 공적 권위와 관련된 주제를 다루는 이유 가운데 하나는 편지의 수신자들이 로마 제국의 수도에 살고 있기 때문일 것이다.[14] 사실 로마서를 집필할 당시(57-58년 사이의 겨울로 추정), 로마의 그리스도인 공동체는 유다인 내부의 소란으로 말미암아 유다인들(유다인 출신 그리스도 신자들도 포함)이 로마에서 추방되었던 아픈 체험을 겪은 바 있었다(49년의 클라우디우스 칙령 참조).

바오로는 그리스도의 죽음과 부활과 함께 이미 새로운 시대(aiōn)가 시작되었다고 확신하였지만, 아직도 그리스도인들은 현 시대(12,2) 속에 살고 있음을 깊이 의식하고 있다. 그리스도인들은 그리스도 사건으로 말미암아 '자유롭게 되어'(갈라 2,4; 4,7; 5,1.13; 로마 7,6.24-25 참조) 이제는 천상의 시민권(필리 3,20)을 가지고 있다. 하지만 지금은 현세에 발을 딛고 있다. 그들이 받은 천상의 시민권과 자유는 방종하게 살라고, 공적 권위를 무시하며 제멋대로 살라고 받은 것이 결코 아니다.

이 편지를 쓸 때에 바오로가 처했던 역사적 상황과[15] 그의 가르침 전반을 전혀 고려하지 않은 채 이 단락(13,1-7)을 해석할 때, 그 내용을 매

---

14 티토 3,1; 1베드 2,13-17; 마르 12,13-17('황제에게 세금을 내는 문제')과 병행 대목인 마태 22,15-22와 루카 20,20-26 등을 보면 초창기 교회에서도 '그리스도 신자들과 통치자(공적 권위)의 관계'는 공통 주제 가운데 하나였던 것 같다.

15 예컨대 코린토 1서에서 잘 알 수 있듯이(1코린 1,18-31 참조), 지중해 지역의 여러 대도시를 중심으로 형성된 초창기 그리스도인 공동체가 차지한 사회적 위상은 참으로 미미했다는 점도 고려해야 한다. 바오로가 로마서를 쓰던 때는, 예수님의 십자가 처형 사건이 발생한 지 30년도 채 안 되었고 여러 곳에서 그리스도인들이 환난을 겪는 시기였다.

우 악용할 수 있다.[16] 사실 이 말씀을 근거로 그리스도인들은 어떤 종류인지 따지지 말고 모든 공적 권위(예컨대 히틀러의 나치 정권 같은 경우에도)에 순종해야 한다고 주장한 예가 있었다. 그러나 바오로는 여기에서 공적 권위(권력)가 공동선을 추구하며 정당하게 사용되는 것을 전제하여 권고한다. 공적 권위를 행사하는 이들이 "하느님의 일꾼"(4절), "하느님의 심부름꾼"(6절)처럼 일하고, (비록 분명하게 알지는 못하더라도) 하느님의 뜻에 따라 선과 악의 질서를 잡아 주는 소임(3-4절)을 하는 것을 전제로 한 권고이다. 바오로는 전체주의 국가 또는 폭군이 다스리는 국가를 염두에 두고 있지 않다.[17] 앞 단락(12,9-21)에서 시작 부분의 "악을 혐오하고 선을 꼭 붙드십시오"(12,9ㄴ)라는 말과 끝 부분의 "악에

---

16 바오로가 이 글을 통해 '그리스도 신자들과 공적 권위(국가, 정부)의 관계'에 관한 자기 생각을 총정리하려는 의도를 가졌다고 보기는 어렵다. 이 글은 논문이 아니라 편지이며, 편지 가운데에서도 이론 부분(1,16-11,36)이 아니라 일상생활과 관련된 여러 권고가 모여 있는 권고 부분(12,1-15,13)에 속해 있다.

17 바오로도 예수가 공적 권위를 가졌던 자들에게 불의한 사형선고를 받고 처형되었다는 것을 잘 의식하고 있었을 것이다. 또 성경을 잘 알고 있던 그가, 통치자들이 불의한 일들을 저지르는 경우가 드물지 않았다는 점을 몰랐을 리가 없다. 우리는 여기서 토라(율법서)가 증언하는 핵심적인 하느님 체험의 하나가 바로 이집트 탈출(Exodus) 체험임을 상기할 필요가 있다. 그것은 이스라엘이 이집트 파라오의 공적 권위 아래에서 종살이를 하다가 해방된 체험이었다. 모세는 하느님을 모르는, 그릇된 파라오의 공적 권위에 저항했던 존재다. 그 밖에도 공적 권위에 저항한 예를 예언자들의 삶에서 자주 만나게 된다(아모스, 예레미야, 다니엘 등). 신약성경의 경우, 예컨대 요한 묵시록은 교회를 박해하는 로마 제국을 '바다에서 올라온 짐승'(묵시 13장)에 비유하며 그와 같은 악의 권세들이 하느님의 권능에 찬 개입으로 멸망하게 된다는 점을 강조한다. 하느님의 뜻과 근본적으로 어긋나는 공적 권위에 대하여 그리스도인들이 어떤 태도를 가져야 하는가에 관하여는 다음 말씀을 참조하라. "그러자 베드로와 사도들이 대답하였다. '사람에게 순종하는 것보다 하느님께 순종하는 것이 더욱 마땅합니다'"(사도 5,29).

굴복당하지 말고 선으로 악을 굴복시키십시오"라는 말은 호응을 이룬다. 이 권고에서 악에 대한 바오로의 단호한 자세를 잘 알 수 있다.

13,8-10: 사랑은 율법의 완성

그리스도인들이 공적 권위에 대해 지는 의무에 대하여 말한 다음 바오로는 이어서 모든 율법을 요약하는 '사랑의 의무'에 대하여 권고한다. 바오로는 로마서를 쓰면서 지금까지 하느님의 사랑에 대하여 여러 가지 방향에서 말했다. 그는 무엇보다 '하느님께서 우리에게 베풀어 주신 사랑'(5,5.8; 8,39)을 강조하였는데, 이 사랑은 우리를 위한 그리스도의 죽음을 통해 최고조로 표현된 사랑이었다(5,8; 8,32.35.39). 이에 대해 바오로는 '그리스도의 사랑'(8,35) 또는 '성령의 사랑'(15,30)이라고 표현한다. 교의 단원에서 그토록 '하느님의 사랑(자비)'을 강조한 바오로는, 이 사랑(자비)을 근거로 하여(12,1-2) 권고 단원에 와서 '다른 인간에 대한 사랑'의 의무를 강하게 권고한다(12,9-21; 13,8-10; 14,15). 이 단락(13,8-10)의 내용과 "사랑은 거짓이 없어야 합니다"라는 권고로 시작한 12,9-21은 긴밀히 연결되어 있다.

13,1-7과 13,8-10의 연결점은 의무와 빚이다. 7절의 "의무를 다하십시오"(직역: "빚들을 갚으십시오")라는 문장에서 '의무'에 해당하는 그리스어 오페일레(*opheilē*)는 본래 (금전 관계에서 말하는) '빚'을 의미했다. 8절에는 '빚을 지다'라는 동사(*opheilō*)가 쓰였다.

13,8: "아무에게도 빚을 지지 마십시오. 그러나 서로 사랑하는 것은 예외입니다. 남을 사랑하는 사람은 율법을 완성한 것입니다."

7절에서 바오로가 "의무를 다하라"고 말할 때의 의무(빚)는 조세, 관세, 두려움과 존경 등 공적 권위에 대한 것인데, 3-10절에서 말하는 의무(빚)는 '남'(8절) 또는 '이웃'(9절과 10절)에 대한 것이다. 그러면서 '이웃(남) 사랑의 빚'이라는 이상한 표현을 쓴다.

8ㄱ절에 나오는 '에이 메(*ei mē*)'라는 그리스어를 번역하는 데 두 가지 해석이 있다. 하나는 "…을 제외하면"이라고 번역하는 것으로 번역문은 다음과 같다. "서로 사랑하는 것을 제외하고는 아무에게도 빚을 지지 마십시오." 위에 인용한 가톨릭 공용 성경의 번역문도 이 계통이다. 또 다른 해석은 "그러나" 또는 "다만"으로 번역하는 것인데(1코린 7,17 참조), 그렇게 옮기면 "아무에게도 빚을 지지 마십시오. 그러나(다만) 서로 사랑하십시오"가 된다. 이 번역문의 경우에는 앞뒤 문장의 의미가 잘 연결되지 않는다. 문법 면에서 보면 '에이 메'를 "…을 제외하면"으로 번역하는 것이 옳다.

그렇지만 "서로 사랑하는 것을 제외하고는 아무에게도 빚을 지지 마십시오"라는 문장이 도대체 무엇을 뜻하는가? 언뜻 이해가 되지 않는다. 잘 살펴보아야 뜻이 통한다. 이 문장은 다른 빚은 다 갚아야 하지만 '상호 사랑'이라는 빚은 빚진 채로 남겨 두라는 뜻이다. 다시 말하면 사랑의 빚을 갚을 필요가 없다는 뜻이 아니라 '서로 사랑하는 것'을 계속 빚(의무)으로 느끼며 살라는 뜻이다. 사실 바오로의 생각에 의하면 그리스도 신자들에게 '서로 사랑해야 하는 의무(빚)'는 끝이 없다. 누구도 "이제는 더 이상 서로 사랑하지 않아도 될 만큼 충분히 사랑했다"고 말할 수 없다. 공동번역 성서는 13,8을 바로 이해할 수 있도록 의미를 살려 다음과 같이 옮겼다. "남에게 해야 할 의무를 다하십시오. 그러나 아무리 해도 다할 수 없는 의무가 한 가지 있습니다. 그것은 사랑의 의무입니다."

'**사랑의 빚**': 따지고 보면 매우 어색한 표현이다. 사랑은 돈을 주고받

듯이 할 수 있는 것이 아니기 때문이다. 조건 없이 주는 것이지 상대가 과거에 행한 일이나 미래에 보답할 일을 전제로 하는 행위가 결코 아니기 때문이다. 이런 문제점을 배경으로 피츠마이어(Romans, p. 677)는 '사랑의 빚'이라는 바오로의 표현을 일종의 모순어법(oxymoron: 뜻이 대립되는 어구를 결합하여 새로운 뜻이나 효과를 노리는 수사법. 예컨대 '공공연한 비밀', '애늙은이')으로 본다. 여기서 작은 것이지만 유심히 보아야 할 점은, 바오로가 단순히 '사랑의 빚'이라 말하지 않고 '상호 사랑의 빚'이라는 말로 상호성을 강조한다는 것이다. 또 "아무에게도 빚을 지지 마십시오"라는 문장을 글자 그대로 이해하여 아무에게도 돈을 빌리지 말라는 뜻으로 받아들이는 것은, 바오로의 의도를 오해하는 것이다. 그의 의도는 '모든 이에게 해야 할 의무를 다하라'는 데 있다(13,7).

여기서 '사랑의 빚'이라는 말을 다른 면에서 더 생각해 본다. 앞에서 말한 대로 진정한 사랑은 '빚'이라고 말할 수 없는 것이지만, 아무리 갚아도 갚을 수 없는 것이 사랑이라는 점에서 '사랑의 빚'이라는 말을 원용할 수는 있다. 우리는 태어나는 순간부터, 아니 어머니의 태중에서부터 부모를 비롯한 수많은 사람에게서 사랑을 받고 살아간다. 사랑을 먹고 성장했다고 해도 결코 지나친 말이 아니다. 그런데 우리가 받은 그 많은 사랑을 어떻게 다 갚을 수 있겠는가! (궁극적으로는 하느님께서 갚아 주실 것이라고 믿으면서, 감사의 말과 행위로 보답하려고 최선의 노력을 해야 하겠지만) 우리는 우리에게 사랑을 베푼 사람들(부모, 형제, 친척, 이웃, 선생님, 친구, 동료 등)에게 직접 갚을 수 있는 경우가 많지 않다. 안타깝게도 우리가 사랑의 빚을 갚을 수 있는 길은 대부분 '간접적'이다. 우리가 받은 것처럼 반대급부 없이 다른 사람들에게 거저 베푸는 방법으로 말이다. 이런 점에서도 서로 사랑하며 살아가야 할 의무가 얼마나 큰지 다시 깊이 느끼게 된다.

상호 사랑의 범위: 13,8에 관해 논란되는 문제의 하나는 '사랑의 범위'이다. '서로 사랑하는 것'이라는 표현이 동료 그리스도 신자들 간의 사랑을 뜻한다는 주장도 있다. 하지만 결론부터 말하자면 그 사랑은 모든 이웃을 향해 열려 있다. 바오로가 다음 문장에서 '남(ton heteron)을 사랑하는 것'에 대하여 말하기 때문이다. 또 가까운 12,17("아무에게도 악을 악으로 갚지 말고, 모든 사람에게 좋은 일을 해 줄 뜻을 품으십시오")을 보더라도, 바오로는 신자들의 마음을 모든 사람을 향해 열어 놓으려고 한다.

"남을 사랑하는 사람은 율법을 완성한 것입니다": 여기에 나오는 "남을 사랑하는 사람"이라는 표현을 참고해야만 "네 이웃을 너 자신처럼 사랑해야 한다"(13,9)는 표현을 바르게 이해할 수 있다. 그리스도 신자들의 이웃 사랑이 참으로 '그리스도적'이고 그래서 '끼리끼리의 사랑'으로 변질되지 않기 위해서는, 그 사랑은 남(나와 다른, 우리와 다른 사람)에 대한 사랑을 포함해야 한다(원수 사랑에 관하여는 12,19-20에 대한 해설; '율법을 완성한다'는 의미에 관해서는 13,10의 해설 참조).

참고로 그리스어 문법상 13,8ㄷ을 위에 선택한 번역과 달리 옮길 수도 있다. 즉 "남을 사랑하는 사람"이라는 번역에서 '남'에 해당하는 그리스어(ton heteron)을 원문에서 이어지는 노몬(nomon, 율법)과 연결하여 다음과 같이 번역하는 것이다. "사랑하는 사람은 다른 율법을 완성한 것입니다." 그러나 이렇게 번역할 경우 '다른 율법'이 무엇인지 설명하기가 매우 어려워진다. 바오로가 13,8 이전에 마지막으로 '율법(nomos)'을 언급한 곳은 10,5이다.

13,9: "'간음해서는 안 된다. 살인해서는 안 된다. 도둑질해서는 안 된다. 탐내서는 안 된다.'는 계명과 그 밖의 다른 계명이 있을지라도, 그것들은 모두

이 한마디 곧 '네 이웃을 너 자신처럼 사랑해야 한다.'는 말로 요약됩니다."

바오로는 여기서 가톨릭교회에서 말하는 십계명의 순서대로, 말하자면 제6계명, 제5계명, 제7계명 그리고 제9 또는 제10계명을 인용한다. 그런데 마소라 본문이 아니라 칠십인역을 인용하고, 드 탈출 20장이 아니라 신명 5장에 나오는 십계명의 순서대로 인용한다(신명 5,17.18.19.21). 특기할 만한 것은, "거짓 증언을 해서는 안 된다"는 계명이 일부 수사본에는 들어 있지만 대다수 중요한 사본에는 빠져 있다는 점이다. 그리고 "탐내서는 안 된다"는 계명에서 '탐내다'의 목적어가 생략되어 있어, 가톨릭식으로 구분한 제9계명('남의 아내를 탐내지 마라')과 제10계명('남의 재물을 탐내지 마라') 중 어느 것인지 알 수가 없다. 바오로는 '탐내다' 동사의 목적어를 의도적으로 생략하여 '탐욕의 태도' 자체가 얼마나 위험한 것인지를 강조하려고 한 것 같다. 이미 7,7에서 "탐내서는 안 된다"는 계명을 매우 중요하게 다루었듯이, 탐욕이야말로 이웃 사랑의 계명을 어기게 하는 뿌리라고 생각한 것으로 보인다.

"그 밖의 다른 계명이 있을지라도"라는 문장에서 '다른 계명'은 일차적으로는 십계명 가운데 인용되지 않은 다른 계명을 뜻하겠지만, 동시에 율법서의 다른 계명들도 뜻한다고 보아야 한다. 그래야 10절에 나오는 '사랑은 율법의 완성'이라는 표현의 의미가 살아난다.

"네 이웃을 너 자신처럼 사랑해야 한다"는 문장에서 이웃은, 레위 19,18의 문맥에서 동포 이스라엘 사람을 의미한다. 레위 19,34에 의하면 이웃의 범위에 이스라엘 땅에 와서 머무르는 이방인들도 포함된다. '이웃의 범위'에 관한 예수님의 가르침은 착한 사마리아 사람의 예화(루카 10,29-37)에서 가장 분명히 드러난다. 바오로도 12,17-21에서 하느님의 자비에 감동된 그리스도 신자들이 보여 주는 원수 사랑의 차원에 대하여 말한 적이 있다('이웃의 범위'에 관해서는 13,8의 해설 참조). 다음 말씀에서 바오로가 지닌 생각의 틀이 분명히 드러난다. "하느님은 유다인들만의 하느님이십니까? 다른 민족들의 하느님은 아니십니까?"(3,29)

13,10ㄱ: "사랑은 이웃에게 악을 저지르지 않습니다."

"사랑은 거짓이 없어야 합니다"(12,9)라는 표현처럼, 이 문장도 지극히 당연한 말씀으로 들린다. 그러나 '사랑한다'는 말을 수없이 건네면서도 정작 상대와의 관계에 진실이 없고 실제로 고통을 주어 '악을 저지르는 경우'가 있음을 반성해 보면, 이 말씀이 참으로 묵직하게 마음에 다가온다. 설령 '교육적 의도'가 있다 하더라도 상대가 자신의 말과 행동으로 계속 고통을 느끼고 있다면, 그것은 악을 저지르는 짓이다. 그러니 그 방법을 포기하고 사랑의 방법으로 빨리 전환해야 할 것이다.

13,10ㄴ: "그러므로 사랑은 율법의 완성입니다."

우선 이 말은 앞에 나왔던 "남을 사랑하는 사람은 율법을 완성한 것입니다"(13,8ㄴ)라는 표현의 연장선에서, 9절에서 말한 내용을 좀 확대한 것이라고 볼 수 있다. 어떤 의미에서 '사랑이 율법의 완성'이라는 말인가? 혹시 율법의 완성이 '모세 율법의 완벽한 준수', 곧 수많은 율법 규정을 완벽하게 준수한다는 것을 의미하는가? 그것은 분명히 아니다. 이는 유다인들에게 가장 중요한 할례 율법에 관한 바오로의 태도만 보아도 분명하다. 바오로는 그리스도 신자가 되려고 하는 이방인에게 할례를 강요하는 것을 강력히 반대하였다. 할례를 강요하는 것은 그리스도 신자들에게 율법서의 모든 계명을 지키라고 강요하는 것이나 마찬가지이고(갈라 5,1-6, 특히 3-4절 참조), 그렇게 하는 것은 그리스도를 통해 하느님의 자녀들이 누리게 된 자유를 빼앗아 그들을 다시 '율법의 노예'로 만드는 것이라고 보았기 때문이다(갈라 2,4; 4,7; 5,1.13 참조).

바오로가 말하는 '율법의 완성(plērōma tou nomou)'이 수많은 율법 규정을 완벽하게 준수한다는 것을 뜻하는 것이 아니라면, 그것은 어떤 의미로 사용된 것인가? 나는 '율법의 완성'이라는 표현이 8,4에 나왔던 '율법의 요구의 성취'라는 표현의 변형이라고 생각한다. 8,4에서 바오로는 "이는 육이 아니라 성령에 따라 살아가는 우리 안에서, 율법이 요구하는 바가 채워지게 하려는 것이었습니다"[18]라고 말하는데, 여기서 '율법의 요구(to dikaiōma tou nomou)'란 율법을 통하여 하느님께서 근본적으로 요청하시는 것을 뜻한다. 8,4의 목적절은 8,3에서 언급한 하느님의 은혜로운 개입("율법이 육으로 말미암아 나약해져 이룰 수 없던 것을 하느님께서 이루셨습니다. 곧 당신의 친아드님을 죄 많은 육의 모습을 지닌 속죄 제물로 보내시어 그 육 안에서 죄를 처단하셨습니다")의 목적을 말해 준다. 해석에서 결정적으로 중요한 것은 "율법의 요구가 채워진다(완성된다)"는 어구를 어떻게 해석하느냐는 것이다. 그리스도 사건 이전에는 모세 율법에 기록된 수많은 규정을 지킬 수가 없었는데 이제 그리스도인들은 그것을 지킬 수 있게 되었다는 뜻인가? 바오로 서간을 전반적으로 볼 때 이 질문에 대한 답은 '결코 아니다'이다.

여기서 '율법의 요구'란 율법에 나오는 수많은 요구 사항이 아니라, '율법을 통해 하느님이 근본적으로 요청하신 것'을 의미한다고 본다. 율법의 '요구(to dikaiōma)'가 2,26에서처럼 복수 형태(ta dikaiōmata)로 나오

---

[18] 8,4에 나오는 *to dikaiōma tou nomou*는 다양하게 번역된다. 불가타: iustificatio legis; KJV: the righteousness of the law; RSV: the just requirement of the law; NIV: the righteous requirements of the law; TOB: la justice exigée par la loi; EIN: die Forderung des Gesetzes; NAB: the righteous decree of the law; 피츠마이어: the requirement of the law.

지 않고 단수 형태를 취한다는 사실이 이 점을 암시한다. 또 "율법의 요구가 채워진다"는 문장에서 '채우다', '완성하다'라는 동사가 지닌 여러 의미도 좀 더 살펴볼 필요가 있다. 바오로는 '율법의 요구'와 관련하여 2,26에서는 '지키다(phylassō)'라는 동사를 사용하였고 8,4(과 13,8)에서는 '채우다'(완성하다, 충족시키다, plēroō)라는 동사를 사용한다. 13,10에서는 이 동사(plēroō)의 명사형(plērōma)을 사용하고 갈라 5,14에는 동사 자체를 쓰는데, 두 군데에서 모두 율법(율법의 완성 또는 계명들의 완성)과 관련된다.

8,4을 해석하면서 유의해야 할 또 다른 점은 "율법의 요구가 채워진다"에서 '채워진다'는 수동태 표현이다. 바오로는 단순히 '우리가 율법의 요구를 채우도록'이라고 쓰지 않고 '우리 안에서 채워지도록(충족되도록)' 이라고 썼다. 여기에 덧붙여 '우리'는 "육이 아니라 성령에 따라 살아가는 우리"라고 규정된다. 즉 율법 요구의 성취는 '우리의 노력 여하'에 달려 있지 않다. 율법의 요구는 우리가 육이 아니라 성령의 인도하심에 따라 살아갈 때(갈라 5,16 참조) '성취되는 것이다.' 그런데 이 성령은 바오로에 의하면 믿는 이들에게 주어진 선물(갈라 3,2.5 참조)이다. 바오로는 "하느님께서 당신 아드님의 영을 우리 마음 안에 보내셨다"(갈라 4,6)고 말한다. 또 "우리가 받은 성령을 통하여 하느님의 사랑이 우리 마음에 부어졌기 때문입니다"(5,5)라고 말함으로써 성령의 선물과 하느님 사랑을 연결시킨다. 나아가 성령께서 '우리 안에 사신다[內住]'(8,9.11)고 말한다. 율법의 요구를 충족시킬 수 있게 된 것은 그리스도 사건을 통한 하느님의 은혜로운 개입(8,3) 덕분이다. 성령에 따라 살아갈 수 있게 된 것 자체도 그리스도 사건의 결과이다.

13,8-10에서 바오로는 율법을 통한 하느님의 근본적 요청을 '사랑'으

로 본다. 이 점은 1코린 13장과 공관 복음서에 나오는 '최고 계명에 대한 대담'이 가르치는 내용과 일맥상통한다. 진정으로 남을 사랑하는 사람은 살인하지도, 도둑질하지도, 탐내지도 않을 것이다. 그렇다고 해서 사랑의 계명을 강조하는 바오로의 말씀이 사랑만 하면 율법서의 다른 계명들이 자동적으로 준수된다거나 율법 준수가 대수롭지 않다고 말하는 것은 결코 아니다. 이 점은 바로 앞인 9절에서 바오로가 십계명에서 여러 계명을 중요하게 인용한 사실에서 확인할 수 있다.

13,8-10에서 바오로가 그리스도인의 삶에서 사랑이 차지하는 중요성을 간결하나 매우 인상적으로 강조한 것은 사실이다. 그렇다고 단 세 구절로 '사랑에 관한 논문'을 쓰려고 한 것은 아니다. 사랑에 관한 바오로의 생각을 더 자세히 알고 싶으면 먼저 1코린 13장을 보아야 한다.

13,11-14: 깨어 있어야 하는 그리스도 신자의 삶, 종말론적 권고

바오로는 여기서 종말론적 권고를 덧붙인다. 그리스도인들은 그리스도의 죽음과 부활과 더불어 종말이 시작되었다는 것을 명심하고 주님의 재림 때까지 "깨어 있어야 한다"고 강조한다. 깨어 있는 삶과 그렇지 않은 삶의 모습이 여러 가지로 대조된다. 바오로는 권고 단원을 시작하면서 신자들의 삶 자체를 하느님께서 기쁘게 받아 주실 산 제물로 바치라고 권고하였다. 그렇게 살기 위해서는 우선 "현세에 동화되지 말고, 정신을 새롭게 하여 자신이 변화되게 하라"(12,2)고 말했는데, 13,11-14에서도 같은 것을 요청한다고 볼 수 있다.

13,11: "또한 여러분은 지금이 어떤 때인지 알고 있습니다. 여러분이 잠에서 깨어날 시간이 이미 되었습니다. 이제 우리가 처음 믿을 때보다 우리의 구원이 더 가까워졌기 때문입니다."

먼저 바오로는 그리스도 신자가 종말론적으로 깨어 사는 것이 매우 중요하다고 말한다. 그는 여기에서도 일반적으로 그렇듯 명사 구원(*sōtēria*)과 동사 구원하다(*sōzō*)를 '미래적' 의미로 사용한다. 즉 그것들은 신앙인이 죄와 죽음으로부터 최종적으로 (심판 때에) 구출되는 것을 의미한다(예컨대 로마 5,9-10; 1코린 3,15; 5,5; 필리 2,12).[19]

13,12: "밤이 물러가고 낮이 가까이 왔습니다. 그러니 어둠의 행실을 벗어 버리고 빛의 갑옷을 입읍시다."

'낮과 밤', '빛과 어둠'이라는 이원론적 대조는 '선과 악'의 상징이다(1테살 5,5-8; 에페 5,8-11 참조; 1요한 2,8: "어둠이 지나가고 이미 참 빛이 비치고 있다" 참조). 13,12.14에는 그리스도교의 권고에 자주 나오는 '옷을 벗거나 입는다'는 은유가 사용된다. 밤이 지나고 낮이 밝아 오면 일어나 밤에 입었던 잠옷을 벗고 낮에 합당한 옷으로 갈아입어야 한다. 이와 같이 그리스도 신자들도 어둠의 시대의 잘못된 행실을 버리고, 그리스도를 통해 시작된 시대(세상)에 걸맞게 살아야 한다는 것이다. 옷을 '벗다(*apotitēmi*)'는 말은 세례와 관련하여 자주 사용된다. '새 생명'을 받기 위하여 죄악의 헌옷들 즉 악습들을 벗어야 한다는 것을 표현하는 말이다. 벗어 버리는 내용은 서간에 다양하게 나온다. "어둠의 행실"(13,12), "거짓"(에페 4,25), "분노, 격분, 악의, 중상, … 수치스러운 말"(콜로 3,8),

---

[19] 바오로가 위 단어(*sōtēria* 명사, *sōzō* 동사)로 과거를 가리킬 때도 있지만(예: 8,24 "우리는 희망으로 구원을 받았습니다"; 에페 2,5.8 "여러분은 믿음을 통하여 은총으로 구원을 받았습니다"; 티토 3,5 "하느님께서 우리를 구원해 주셨습니다"), 매우 예외적인 경우다. 반면에 속량 또는 구속이라는 단어(명사 *apolytrōsis*)는 그리스도의 십자가상 죽음이 지닌 구원의 효과를 설명하기 위해 '과거'로 사용된다(예: 로마 3,24; 1,30; 에페 1,7; 참조: '대가를 지불하고 산다'는 뜻을 가진 동사 [*ex*]*agorazō*가 사용된 갈라 3,13; 4,5; 1코린 6,20; 7,23).

"모든 더러움과 그 넘치는 악"(야고 1,21) 등이다.

그리스도인은 어둠의 세력이 아직도 영향력을 발휘하는 세상에서 아무런 보호 장비도 없이 살지 않는다. 현재는 갑옷을 입어야 할 정도로 악의 세력으로부터 유혹과 공격을 받고 있는 처지이다. 갑옷이 무엇인지 구체적으로 묘사되지 않지만, 성경에는 "믿음과 사랑(자애)의 갑옷"(1테살 5,8) 또는 '정의의 갑옷과 구원의 투구'(이사 59,17)라는 표현이 나온다. 신앙인의 무기에 관한 비유(에페 6,10-17)에는 진리의 띠, 정의의 갑옷, 평화의 복음이라는 군화, 믿음의 방패, 구원의 투구와 성령의 칼 등이 언급된다.

13,13: "대낮에 행동하듯이, 품위 있게 살아갑시다. 흥청대는 술잔치와 만취, 음탕과 방탕, 다툼과 시기 속에 살지 맙시다."

이 구절은 아우구스티노 성인의 일생에 큰 전환점을 가져온 것으로 유명하다. 성인이 밀라노에서 내적 위기를 겪으며 무척 번민하던 때의 일이다. 어느 날 그는 이웃집의 어떤 아이가 다음과 같이 반복해서 노래하는 소리를 들었다. "집어 들어 읽어라. 집어 들어 읽어라(Tolle lege, tolle lege)." 처음에는 그 소리가 그저 아이들이 장난하면서 하는 말인 줄로 여기다가, 불현듯 성경을 집어 들어 읽으라는 하늘의 지시라는 것을 깨달았다. 그래서 일어나 성경을 놓아 두었던 곳으로 돌아가 성경을 집어 들고 펴 보았는데, 그때 첫눈에 들어왔던 구절이 바로 13,13-14였다고 한다. 이 체험을 하기 얼마 전에, 안토니오 성인이 우연한 기회에 "가서 너의 재산을 팔아 가난한 이들에게 주어라. 그러면 네가 하늘에서 보물을 차지하게 될 것이다. 그리고 와서 나를 따라라"(마태 19,21)는 복음 말씀을 듣고 회개하게 되었다는 이야기를 들었다고 밝힌다(《고백록》 8권 12장 참조). 사람마다 주어지는 주님의 요청이 다를 수 있겠지만,

13-14절에서 바오로가 하는 권고 말씀은 아직도 많은 사람에게 '회개'를 요청하는 말로 다가갈 것이다.

13,14: "그 대신에 주 예수 그리스도를 입으십시오. 그리고 욕망을 채우려고 육신을 돌보는 일을 하지 마십시오."

12절에서 "그러니 어둠의 행실을 벗어 버리고 빛의 갑옷을 입읍시다"라고 권고하고 13절에서 그것이 구체적으로 무엇을 뜻하는지 예를 들고 난 다음, 바오로는 14절에서 그리스도인이 근본적으로 입어야 할 갑옷은 '주 예수 그리스도'라고 말한다. 이미 다른 곳에서 그리스도 신자는 세례를 받음으로써 "그리스도를 입었다"(갈라 3,27)고 말한 적이 있다. 이렇게 보면 그리스도 신자는 '또 다른 그리스도'가 된 것이라고도 말할 수 있다. 바오로는 그리스도 신자는 그리스도를 입었기 때문에 그분과 일치해 있는(특히 6,1-11 참조) 자신의 정체성을 일상생활에서 드러내야 한다고 보고, 13-14절에서 몇 가지 구체적 예를 든다. 그래서 "그리스도를 (옷) 입고 산다"는 표현과 "그리스도의 마음을 간직하고 산다"는 표현은 깊은 면에서 연결된다.

바오로는 "그리스도 예수님께서 지니셨던 그 마음을 여러분 안에 간직하십시오"(필리 2,5)라고 권고한 적이 있는데, 이 문맥에서 강조하는 그리스도의 마음은 무엇보다도 하느님께 순종하시고 십자가의 죽음에 이르기까지 당신 자신을 내주시며 낮추시는 데서 드러난 '겸손'과 '사랑'이다. 같은 맥락에서, 바오로는 옛 인간을 벗고 새 인간을 입는 것에 대하여 이렇게 말한다. "서로 거짓말을 하지 마십시오. 여러분은 옛 인간을 그 행실과 함께 벗어 버리고, 새 인간을 입은 사람입니다. 새 인간은 자기를 창조하신 분의 모상에 따라 끊임없이 새로워지면서 참 지식에 이르게 됩니다"(콜로 3,9-10).

제4장
믿음이 강한 이들과 약한 이들의 관계(14,1-23)

1. 문맥과 구성

권고 단원(12,1-15,13)의 마지막 단락(14,1-15,13)에서 바오로는 로마의 그리스도교 공동체에 있는 '믿음(확신)이 강한 이들'과 '약한 이들'의 관계를 다루면서 "서로 업신여기거나 심판하지 말고, 서로 받아 주라"고 권고한다. 사랑의 의무(13,8-10)를 공동체 구성원들의 상호관계에 적용하는 것이다. 믿음이 강한 이들과 약한 이들이 다 권고 대상에 속하지만, 강조점은 1절에서 드러나듯이 '강한 이들'을 향한 권고에 더 쏠려 있다. 즉 "약한 이들을 기꺼이 받아들이라"고 호소하는 면이 더 강하다.

14장은 두 부분으로 나누어 볼 수 있는데, 전반부(1-12절)가 후반부(13-23절)보다 더 종합적이다. 전반부에서는 강한 이들과 약한 이들 양쪽을 다 지향하고, 음식 문제뿐 아니라 특정일 준수 문제(5-6절)도 다룬다. 반면에 후반부에서는 '강한 이들'을 향한 권고의 성격이 짙고 음식 문제에 초점을 맞춘다.

2. 구절 해설

14,1-12
14,1ㄱ: "여러분은 믿음이 약한 이를 기꺼이 받아들이십시오."

여기서 바오로가 권고를 하는 대상은 '강한 이들'이라는 점이 전제되어 있다. 그런데 이 구절에서 믿음(*pistis*)이 무슨 의미로 사용되는지 의문이 생긴다. 그리스도교의 근본 신앙, 예컨대 예수 그리스도에 대한 신앙이라고 할 때의 '신앙'을 뜻하는가? 아니면 '확신'(신념)을 뜻하는가? 나는 이 단어가 여기서 신앙이 아니라 확신을 뜻한다고 본다. 그 근거로 두 가지를 제시할 수 있다. 하나는 14장의 맥락과 관련된다. 14장에서 다루는 문제는 2절에 즉시 나오듯이 어떤 음식을 먹어도 되느냐 안 되느냐는 문제, 또는 5-6절에서 보여 주듯이 '특정한 날'을 (축제일로) 중시하느냐 아니냐는 문제이지, 교의 단원에서처럼 그리스도에 대한 신앙 자체와 관련된 것이 아니다. 또 다른 근거는 2절에서 '믿다(*pisteuō*)' 동사가 사용된 예에서 찾아볼 수 있다. "어떤 사람은 무엇이나 다 먹을 수 있다고 믿지만"(2절)이라는 문장에서 '믿다'는 '여기다', '판단하다', 또는 '확신하다'와 유사한 의미를 갖지 결코 '예수 그리스도를 믿는다'라는 문장에서 가지는 의미로 사용되지 않았다. 22절에 나오는 피스티스(*pistis*)도 확신(신념)이라는 뜻으로 쓰인 것이 틀림없는데, 이 점도 1절에 나오는 '믿음'을 확신의 뜻으로 이해하도록 돕는다. 물론 여기서 말하는 '확신'도 그리스도에 대한 믿음에서 우러나오는 것이다.

그러면 이 "믿음이 약한 이"는 누구를 가리키는가? 이는 정반대의 위치에 있는 '믿음-신념이 강한 이들'이 누구인지를 생각해 보면 분명해진다. '확신이 강한 이들'이란 '무엇이나 다 먹을 수 있다'고 믿는 이들이다(2절). 그들은 "무엇이든지 그 자체로 더러운 것은 없다"(14절), 또 "모든 것이 다 깨끗하다"(20절)고 확신하는 사람들이다. 반면에 '믿음이 약한 이들'은 아직 그런 확신을 갖지 못하고, 제례적 면에서 더럽혀진 음식과 정결한 음식을 가려서 먹는 사람들, 또 특정한 날을 준수해야 한다고 믿는 사람들을 가리킨다. 학자들은 이런 '믿음 곧 확신이 약한 이들'을 정확히 규정하려고 노력했다. 예컨대 그들을 '유다인 출신 그리스도인들'이라고 규정하려고 하였다. 사실 이 주장은 어느 정도 설득력이 있다. 1코린 8장과 10장에 나오는 것처럼, 그리고 베드르의 현시 장면(사도 10,9-16)과 안티오키아 일화(갈라 2,11-16)가 생생하게 제시하듯이, 유다인에게 율법이 정한 음식 규정을 지키는 것은 무척 중요한 일이었다. 그래서 유다인 출신 그리스도 신자들이 상당수였던 초창기 교회 시대에는 이 음식 문제가 시급히 해결되어야 할 중요한 문제(사도 15장의 '사도들의 회의' 참조)였다.

하지만 14-15장에 나오는 '믿음이 약한 이들'을 모두 '유다인 그리스도인들'로 제한하는 것은 무리한 해석이다. 왜냐하면 이방인 출신 그리스도인들 가운데에서도 동료 유다인 그리스도인들의 영향을 받아 율법에 따라 음식을 철저히 가려서 먹어야 한다고 확신한 사람들이 있었을 것이고, 반대로 유다인 그리스도인들 가운데에서드 사도 바오로처럼 근본적으로 "무엇이든지 그 자체로 더러운 것은 없다"고 생각한 사람들이 있었을 것이기 때문이다. 미리 말하면 15,1에서 바오로는 "〖믿음이〗 강한 우리는…"이라며 자신을 강한 이들 편에 포함시킨다. '지식의 차원에서' 바오로는 분명히 그런 강한 입장을 보인다. 그러나 그는 '사랑의 차원'에서 약한 이웃의 처지를 고려해서 행동해야 한다고 가르쳤다(1코린 8,1-13 참조). 이런 경우야말로 "나는 약한 이들을 얻으려고 약한 이들에게는 약한 사람처럼 되었습니다"[20](1코린 9,22)라는 말씀이 딱 들어맞

---

20 이 인용구에 바로 뒤이어 다음의 유명한 말씀이 나온다. "나는 어떻게 해서든지 몇 사람이라도 구원하려고, '모든 이에게 모든 것(라틴어로 omnibus omnia)'이 되었습니다."

는 경우다.

14,1ㄴ: "그러나 여러 견해를 두고 논쟁할 생각으로 그렇게 하지는 마십시오."

여기서 '여러 견해'로 번역된 그리스어 명사 디알로기스모이(*dialogismoi*)는 번역본마다 '토론할 만한 일들', '의심할 여지가 있는 일들' 단순히 '의견들' 등 조금씩 다르게 번역된다. 바오로는 그리스도교 신앙의 본질에 해당하는 문제가 아니라 관점에 따라 좀 다르게 볼 수 있는 일들, 예컨대 어떤 음식을 먹어도 되느냐 안 되느냐와 같은 부차적 문제(14,17에 나타난 바오로의 입장)를 가지고 서로 업신여기거나(3절 참조) 심판하는 것(4절 참조)은 매우 잘못된 태도라고 일깨워 주려고 한다.

14,3: "아무것이나 먹는 사람은 가려 먹는 사람을 업신여겨서는 안 되고, 가려 먹는 사람은 아무것이나 먹는 사람을 심판해서는 안 됩니다. 하느님께서 그를 기꺼이 받아들이셨습니다."

바오로가 14장에 쓴 권고의 핵심은 3절에서 잘 드러난다. 강한 자이든 약한 자이든 서로 다른 견해를 가진 사람을 업신여기거나 심판하지 말라는 이 권고는 결국 서로 "기꺼이 받아들이라"(1절 참조)는 말이다. 바오로는 그러한 권고를 하는 가장 중요한 동기로 "하느님께서 그를 기꺼이 받아들이셨다"는 믿음을 제시한다. 뒤이은 4ㄱ절에서는 다음과 같이 강하게 말한다. "그대가 누구이기에 남의 종을 심판합니까?"

바오로가 제시한, "하느님께서 그를 기꺼이 받아들이셨기 때문"(그리스어 이유 접속사 *gar* 참조)이라는 이유는 이 단락(14,1-15,13)에서 중요한 논거로 작용한다. 동사 프로스람바노마이(*proslambanomai*, 기꺼이 받아들이다)가 14장 1절과 3절에서 사용되고, 14,1에서 시작된 긴 권고의 결론을 내리는 15,7에서 다시 사용된다. "그러므로 그리스도께서 여러분을 기꺼이 받아들이신 것처럼, 여러분도 하느님의 영광을 위하여 서로 기꺼이 받아들이십시오"(15,7). 바오로는 하느님께서 (그리스도를 통해 자비롭게) 하신 일이 신자들의 행동 기준이 되어야 한다고 권고한다. 이 논리는 다음 구절에도 나온다. "하느님께서 하신 일을 음식 때문에 그르치지 마십시오"(14,20).

14,5-6

여기서는 특정한 날을 지키는 문제가 나온다. 이 문제에서도 강한 이들은 어떤 날이든 상관없다는 개방된 태도를 보이나 약한 이들은 그렇지 않다. 5절에 나오는 각자의 확신이 어디에서 나오는지 6절에서 언급된다. 음식 문제이든, 특정일의 준수 문제이든 '강한 이들'도 '약한 이들'도 다 같이 '주님/ 하느님을 위하여 그렇게 한다'는 것이다. 그러니 그런 문제를 가지고 서로의 태도에 대하여 섣불리 판단을 내리지 말라고 바오로는 권고한다. 3절의 원칙을 적용하는 것이다.

14,7-9: "우리 가운데에는 자신을 위하여 사는 사람도 없고 자신을 위하여 죽는 사람도 없습니다. 우리는 살아도 주님을 위하여 살고 죽어도 주님을 위하여 죽습니다. 그러므로 우리는 살든지 죽든지 주님의 것입니다"(7-8절).

문맥에서 약간 벗어난 것 같은 말씀인데, 부활 신앙을 근거로 한 바오로의 사생관死生觀이 뚜렷하게 부각된 매우 중요한 구절이다. 이 구절에 의하면, 그리스도 신자에게 육체적 죽음은 그리스도에 대한 믿음으로 시작된 새 생명의 한 과정일 뿐이다. 단지 육체적 죽음을 사이에 둔 이편의 생명과 저편의 생명이라는 차이만 있을 따름이다. 이편에 있든 저편에 있든 모두 '주님과 함께 있는 생명'이기 때문이다. 이 사생관이 바오로의 생각 속에 얼마나 깊이 스며들어 있는지, 음식 문제나 특정일 준수 문제를 이야기하는 가운데 자연스럽게 '떠오를' 정도다.

주목할 점은 "서로 기꺼이 받아들이라"는 권고와 함께 "형제〔자매〕를 심판하지 말라"는 경고가 매우 강경한 어조로 반복되어 나온다는 사실이다. "그대가 누구이기에 남의 종을 심판합니까?"(4ㄱ절), "그대는 왜 그대의 형제를 업신여깁니까? … 우리는 모두 하느님의 심판대 앞에 서게 될 것입니다"(10절). 바오로는 '하느님의 심판대'라는 표현 외에 '그리스도의 심판대'(2코린 5,10)라는 표현도 사용한다.

14,13-23: 사랑과 그리스도의 모범에 따라

권고의 중심부인 이 단락에 '강한 이들'이라는 말이 직접 나오지는 않지만(15,1에서 다시 나온다), 권고의 대상은 주로 강한 이들이다. 바오로에 의하면, 그들은 무엇이든지 그 자체로 더러운 것이 없다는 것을 알지만(14,14), 자신의 확신대로만 행동해서는 안 되며 '사랑'의 기준에 따라 행동해야 한다[갈라 5,6: "사랑을 통해 효력을 내는(작용하는) 믿음"; 참조 1코린 8,1). 강한 이들은 이 세상에서 홀로 살지 않는다. 그들 곁에는 약한 형제자매가 있다. '사랑'과 '그리스도의 모범'이야말로 그리스도 신자의 행위와 태도를 위한 (근본) 동기이다. 이 단락에서 바오로는, 강한 이들이 약한 이들을 무시하고 자신의 확신에 따라서만 행동하고 싶은 유혹을 받을 수 있다고 본다. 그렇게 하면 약한 이들이 양심을 거슬러 행동하도록 오도誤導할 위험이 있다고 염려하는 것이다. 이런 상황에서 사랑과 그리스도의 모범에 의해 다스려지는 생활을 하라고 호소한다.

14,13ㄱ: "그러니 더 이상 서로 심판하지 맙시다."

이 문장은 앞 단락에서 길게 다룬 문제에 대하여 결론을 내린다. "오히려 형제 앞에 장애물이나 걸림돌을 놓지 않겠다고 결심하십시오"(13ㄴ절). 다른 이들의 행동에 자극을 받아, 약한 이들이 양심에 거슬러 행동하도록 강한 이들이 오도해서는 안 된다는 말이다(1코린 8,9 참조).

14,14ㄱ: "나는 주 예수님 안에서 알고 있고 또 확신합니다."

바오로는 그리스도인이라는 신원 이해와 부활하신 주님과 갖는 관련성에 호소하며 말한다. 그는 자신의 확신을 마무리하면서 종종 "주님 안에서"라는 말을 덧붙인다(갈라 5,10; 참조 필리 1,13; 2,24).

14,14ㄴ: "무엇이든지 그 자체로 더러운 것은 없습니다."

여기서 '더러운 것'이라고 번역된 그리스어 형용사 코이노스(*koinos*: 참조 *koinē*, *koinon*)은 본디 '공통의'라는 뜻을 가진다. 공통의 것이란 '어떤 것과도 접촉하게 되는 것'을 뜻한다고 볼 수 있다. 이 뜻에서 발전하여 코이노스는 그리스어를 사용하는 유다인 세계에서 제례적으로 정결하지 않은 음식을 가리키는 용어가 되었다(예컨대 1마카 1,47.62). 이 문장은 문맥에서 일종의 삽입구적 성격을 가진다. 이 단락(13-23절)의 나머지 부분에서 전개할 토론에 적용할 원칙을 제시한 셈이다. 그 원칙은 20절에 나오는 "모든 것이 다 깨끗합니다"라는 표현을 통해 다시 반복되는데 1코린 8,4에서 내렸던 원칙("우리는 '세상에 우상이란 없다.'는 것과 … 알고 있습니다")과도 유사하다. 우상이란 존재하지 않는 것이니, 우상에게 바쳐졌다고 하는 그 고기는 실상 '더럽혀진 것'(부정하게 된 것)이 아니었다(1티모 4,4-5: "하느님께서 창조하신 것은 다 좋은 것으로, 감사히 받기만 하면 거부할 것이 하나도 없습니다. 사실 그것들은 하느님의 말씀과 기도로 거룩해집니다"; 티토 1,15: "깨끗한 사람들에게는 모든 것이 깨끗합니다. 그러나 더러워진 자들과 믿지 않는 자들에게는 깨끗한 것이 하나도 없습니다" 참조).

14,14ㄷ: "다만 무엇이 더럽다고 생각하는 사람에게는 그것이 더럽습니다."

그러나 문제는 강한 자들이 가진 그런 지식을 갖지 못한 사람들이 있다는 데 있다(1코린 8,7 참조). 그들은 우상에게 바쳐진 고기를 '더럽혀진 것'으로 간주하였다.

14,15ㄱ: "그대의 형제가 음식 문제로 슬퍼한다면, 그대는 더 이상 사랑에 따라 살아가는 것이 아닙니다."

바오로는 그리스도인의 삶에서 가장 중요한 기준인 "사랑에 따라 살아가는 것(kata agapēn peripatein)"을 다시 제시한다(1코린 13,1-3에 후렴처럼 나오는 "사랑이 없으면 아무것도 아닙니다" 참조). 이 구절은 "사랑으로 행동하는 믿음만이[21] 중요할 따름입니다"(갈라 5,6)라는 말씀을 상기시킨다.

14,15ㄴ: "그대의 음식으로 형제를 파멸시키지 마십시오. 그리스도께서 그 사람을 위하여 돌아가셨습니다."

언뜻 보면 비교적 사소한 문제처럼 보이는 음식 문제와 관련하여 권고하면서, 놀랍게도 바오로는 '그리스도의 죽음'이라는 최고의 동기를 제시한다. 실상 음식 규정을 둘러싸고 벌어진 논쟁은 할례 문제와 함께 초창기 교회의 현실에서 시급히 해결되어야 했던 문제였다. 예를 들어, 가족 가운데 혼자 세례를 받았거나 주변의 친지와 친척이 대부분 이교인인 그리스도인에게 유다인처럼 율법서에 나오는 음식 규정들을 다 지키라고 요구하는 것은 사회생활을 포기하라고 요구하는 것이나 마찬가지였다. 애경사哀慶事를 포함하여 인간의 사회 활동에서 '음식을 함께 먹는 것'이 차지하는 중요성을 생각해 보면 그 점은 분명해진다.

그리스도의 죽음이 "우리를 위한" 대리적 죽음이었음을 바오로는 이미 앞에서 분명히 주장하였다(로마 5,6.8; 1코린 8,11 참조). 자기 양심의 소리를 따르는 약한 '형제'는 거리낌 없이 특정 음식을 먹는 그리스도 신

---

21 그리스어 원문의 의미를 살려, "사랑으로 힘을 내는 믿음"이라고 번역할 수 있다.

자들을 볼 때 마음의 상처를 입을 수 있다. 강한 이들은 계몽되고 자유롭게 된 자기 양심을 약한 이들 앞에서 자랑함으로써 사랑에 위배된 행동을 하는 것이다. 바오로는 자신의 자유가 정당하다 하더라도, 약한 이들을 사랑하기 때문에 그것(자유, 확신)을 자제하여 사용할 것을 그리스도 신자들에게 요청한다(로마 14,20; 1코린 8,1.9 참조).

14,16: "그러므로 여러분의 그 좋은 것이 모욕을 받지 않게 하십시오."

여기서 말하는 '여러분의 그 좋은 것'은 강한 사람이 지니고 있는 '확신'이라고 볼 수 있다. "무엇이든지 그 자체로서 더러운 것은 없다"(14절)는 확신이 그 한 예다. 이런 확신과 그와 관련된 자유 의식 자체는 나쁜 것이 아니다. 그런 자유는 바오로도 정당하다고 인정했다. 그러나 바오로는 (그 자유의 행동 때문에 크게 상처입는) 약한 이웃이 있다는 것을 알면서도 전혀 고려하지 않고 이 자유를 행사하는 것에 대하여는 강력히 경고한다. 사랑에 어긋나는 태도이기 때문이다. 바오로에게 '자유'(권리)는 이웃에 대한 사랑 때문에 제한될 수 있다. 그에게는 사랑의 책임이 자유의 권리보다 더 상위 기준이다(1코린 8,1-13과 비교).

14,17: "하느님의 나라는 먹고 마시는 일이 아니라, 성령 안에서 누리는 의로움과 평화와 기쁨입니다."

이 말씀은 음식 문제와 관련된 14장의 권고 가운데 가장 중요한 것 중 하나다. 바오로는 이 문장의 전후에서 '먹고 마시는 일'에 대하여 분명히 말한다. 따라서 17절을 근거로 바오로가 먹고 마시는 일 자체를 하찮은 것으로 보았다고 해석해서는 결코 안 된다. 먹고 사는 일, 예컨대 가족의 생계를 위하여 수고하는 것은 바오로에게도 소중한 일이었다. 바오로는 때때로 선교 여행 경비를 마련하기 위해 밤낮으로 기꺼이 육체노동을 하였으며(1테살 2,9; 1코린 4,12; 2테살 3,8; 사도 18,3 참조), 신자들에게도 "조용히 일하며 자기 손으로 제 일을 하라"(1테살 4,11)고 권고하였다. 즉 육체노동을 중요하게 여긴 사람이다. 바오로가 여기서 "하느님의 나라는 먹고 마시는 일이 아니다"라고 말하게 된 계기는 초창기 그리스도교 안에서 율법 규정을 둘러싸고 벌어진 논쟁 때문이었다.

그래서 '먹고 마시는 일'이라는 어구에 다른 말, 예컨대 14,1에 나온 '디알로기스모이'(dialogismoi, 의심할 여지가 있는 것들, 논의가 필요한 것들, 의견들) 또는 '아디아포라'(adiaphora, 사소한 것들, 이렇게도 저렇게도 해석될 수 있는 것들)를 대입하여 이해할 수도 있다. 즉 그리스도교의 본질에 속하지 않는 지엽적인 것에 관하여 끝도 없이 갑론을박하는 상황을 가정해 보면 이해가 될 것이다.

공관 복음서에서 "하느님의 나라"는 예수께서 선포하신 말씀의 핵심 주제로 나온다(마르 1,15; 마태 4,17 그 밖의 많은 비유의 주제 참조). 그러나 바오로에게 하느님의 나라는 핵심 주제가 아니다. 그 어구가 자주 사용되지 않을뿐더러, 사용되더라도 그것이 나오는 대목에서 주제가 되지 못한다(1테살 2,12; 1코린 4,20; 6,9.10; 15,24.50; 갈라 5,21). 17절에서 바오로는 그리스도 신자들의 신앙생활의 특성을 묘사하는 가운데 이 어구를 언급한다. 그리스도 신자들의 삶에서 '하느님의 나라'의 표지들이 드러나야 한다면, 현재 신앙 공동체 안에서 먹고 마시는 문제(6절의 특정한 날을 준수하는 문제 등)와 관련하여 계속되는 논란은 멈추어야 한다는 뜻에서 언급하는 것이다. 바오로는 그리스도 신자들의 삶의 본질은 그런 데 있지 않고 "성령 안에서 누리는 의로움과 평화와 기쁨에 있다"고 강조한다. 이 세 가지를 하느님 나라의 특성을 드러내는 종말론적 선물로 본 것이다.

사실 '의로움(dikaiosynē)'은 바오로가 로마서의 교의 단원에서 정성을 다하여 독자들에게 설명하려고 했던 핵심 주제였다. '평화'는 의로움과 관련해서도 큰 의미를 가지지만(5,1 참조), 바오로가 편지 서두에서 인사할 때마다 "은총과 평화가 여러분과 함께!"라고 축원할 정도로 중요하게 여겼다. 한편 로마서가 쓰일 당시 여러 신앙 공동체에서 공동체의 일치와 평화가 깨질 수 있을 정도로 먹고 마시는 문제가 논란되었다고 볼 수 있다면, 평화는 17절에서 바오로가 꼭 집어넣고 싶은 단어였을 것이다. 그리스도인들의 삶의 근본적 특성으로 의로움과 평화를 언급하는 것은 놀랍지 않지만, 그와 함께 '기쁨'이라는 주제를 중요하게 다룬다는 점은 유달리 눈에 띈다. 이 주제는 바오로에게서 '성령'과 깊이 연관되어 나타난다. 이 구절에서 최고조로 표현되었다고 볼 수 있지만, 이미 바오로는 "환난 속에서"도 가질 수 있는 '성령의 기쁨'에 대하여 말한 적이 있다(1테살 1,6). 또 성령의 열매에서, 사랑 바로 다음에 기쁨을 언급할 정도로 중요하게 다루었다(갈라 5,22). 바오로는 성령을 직접 언급하지 않지만[22] "끊임없이 기도하십시오. 모든 일에 감사하십시오"라는 권고와 함께 "언제나 기뻐하십시오"라고 권고한다(1테살 5,16-18). 그리스도 신자들의 삶에서 기쁨이 얼마나 큰 자리를 차지하는지를 보려면 필리피서를 보아야 한다. 필리피서에서 바오로는 비록 감옥에 갇혀 언제 어떻게 죽을지도 모르는 처지였지만, 놀랍게도 '자신의 기쁨'을 많이 표현할 뿐 아니라 교우들에게도 기뻐하라고 거듭 권고한다.

그런데 그리스어 원문에는 "성령 안에서(*en pneumati hagiō*)"라는 어구가 문장의 끝에 놓여 있다. 위에 인용한 성경에서는 이 어구를 의로움,

---

[22] 하지만 바로 이어지는 1테살 5,19에서 바오로는 "성령의 불을 끄지 마십시오"라고 권고한다.

평화, 기쁨에 다 관련된 것으로 해석하였으나, 일부 학자는(예컨대 크랜필드) 이 어구를 '기쁨'에만 관련된 것으로 해석한다. 앞에서 보았듯이 바오로 서간에서 기쁨이 성령과 특별한 관계에 있고 의로움이라는 주제가 로마서에서 차지하는 독보적인 중요성을 감안한다면, '성령 안에서'를 기쁨에만 제한하여 이해해야 한다는 주장이 나름대로 근거 있다고 볼 수 있다. 그러나 바오로의 생각을 그렇게 제한하는 것은 무리한 주장이다. 8장에서 확인하였듯이 바오로는 그리스도인들의 신앙생활 전체가 근본적으로 '성령' 안에서 이루어진다고 생각하기 때문이다. 그리스도인들은 그리스도에 대한 믿음과 세례를 통하여 '성령'을 선사받았고(갈라 3,2-3; 1코린 6,11; 12,13 참조), 그 성령이 그들의 삶 안에 사시고(8,9-11 참조) 삶을 인도하신다. 그 성령을 통하여 하느님의 사랑이 그들에게 흠뻑 부어져 있는 상태이며(5,5) 바로 그 사랑(그리스도를 통한 하느님의 사랑)이 그리스도 신자들이 가진 불굴의 희망의 원천이다(5,2-5; 8,35.39 참조).

14,18: "그리스도를 이렇게 섬기는 이는 하느님 마음에 들고 사람들에게도 인정을 받습니다."

여기서 '이렇게 섬기는 것'이란 의로움과 평화와 기쁨 속에 섬기는 것을 의미한다.

14,19: "그러니 평화와 서로의 성장에 도움이 되는 일에 힘을 쏟읍시다."

17절에서 언급한 의로움, 평화, 기쁨 가운데 '평화'에 집중하여 말한다. 여기서 말하는 평화는 우선적으로 수평적 차원 곧 이웃과의 평화를 의미한다. 반면에 5,1에서 말하는 평화는 '하느님과의 평화'라는 의미에서 수직적 평화라고 부를 수 있다. 위 구절에서 '성장'에 해당하는 그리스어 오이코도메(*oikodomē*)는 본디 '건축', '일으켜 세움'을 뜻한다. 1코린 14장에서 교회(공동체)의 건설(성장)과 관련되어 여러 번 사용되었다(명사로 1코린 14,5.12.26; 동사로 14,4.17). "지식은 교만하게 하고 사랑은 성장하게 합니다(직역: 일으켜 세웁니다)"(1코린 8,1ㄴ)라는 문장에서 성장하게 하는, 곧 일으켜 세우는 대상은 일차적으로 '공동체'라고 보아야 할 것이다. 그렇다고 개인의 성장이 배제된 것은 아니다(1코린 14,4 참조). 15,2에도 성장에 관한 비슷한 표현이 나온다.

14,20ㄱ: "하느님께서 하신 일을 음식 때문에 그르치지 마십시오."

바오로는 여기서 15절의 근본적인 권고를 반복한다. 먹고 마실 권리(자유)보다 약한 이웃을 사랑으로 배려해야 하는 그리스도인의 책임(의무)이 더 중요하다고 권고하는 것이다. 그런데 이 구절에서 '하느님의 일'은 무엇을 의미하는가? 두 가지 견해가 있다. 한쪽은 이 일이 음식 문제 때문에 슬퍼하는 형제(15절) 곧 '약한 그리스도 신자'를 의미한다고 보고, 다른 쪽은 '그리스도인들의 공동체가 이루고 있는 일치'라고 본다. 가까운 문맥을 보면 앞의 견해가 더 옳은 것 같다. "그리스도께서 그 사람을 위하여 돌아가셨습니다"(15절)라는 말씀처럼, 그 사람(음식 문제 때문에 슬퍼하는 형제)도 그리스도의 구속 은총을 입은 사람이라는 뜻에서 '하느님의 일' 가운데 하나로 볼 수 있다. 하느님께서는 그 사람을 위해서도 그리스도를 통하여 일을 하셨기 때문이다. 그러나 나는 일치라고 보는 둘째 견해도 배제해서는 안 된다고 생각한다. 바오로 서간의 넓은 문맥을 생각하면 오히려 이 견해가 더 적합한 것 같다. 하느님께서 성령을 통하여 공동체 안에 이루어 주신 일치를 깨는 것이야말로 '하느님께서 하시는 일'을 몹시 거스르는 일 중의 하나이기 때문이다. 이에 관한 가장 강력한 표현은 다음 말씀일 것이다. "누구든지 하느님의 성전을 파괴하면 하느님께서도 그자를 파멸시키실 것입니다. 하느님의 성전은 거룩하기 때문입니다. 여러분이 바로 하느님의 성전입니다"(1코린 3,17; 참조 3,9).

14,20ㄴ: "모든 것이 다 깨끗합니다."

14절에 나왔던 "무엇이든지 그 자체로 더러운 것은 없습니다"라는 말의 다른 표현이다.

14,20ㄷ: "그러나 무엇을 먹어 남에게 장애물이 되는 사람에게는 그것이 해롭습니다."

원문의 뜻이 애매하다. 직역하면 "'장애물을 통해서' 먹는 사람에게는 나쁩니다"이다. 여기서 "장애물을 통해서"라고 번역된 그리스어 어구 '디아 프로스콤마토스(dia proskommatos)'는 '장애물과 함께'라고도 번역할 수 있다. 이 어구를 어떻게 이해하느냐가 문제다. '먹는 행위'가 먹는 사람 자신에게 '장애'(예컨대 양심에 꺼림칙하게 느껴짐)를 불러 오는 것으로 이해할 수도 있고, 다른 사람에게 '장애'를 가져 오는 것으로 이해할 수도 있다. 문맥을 보면 어떤 음식을 먹는 행위가 남에게 장애물을 놓는 결과를 가져오는 경우가 충분히 예상되므로, 그리스어 원문 자체에는 '남에게'라는 단어가 들어 있지는 않지만 위에 선택된 번역처럼 "남에게 장애물이 되는"이라고 번역해도 괜찮다고 생각한다. 아무튼 바오로는 약한 교우들에게 장애물을 놓는 행위를 강력히 비판한다(로마 14,15; 참조 1코린 8,9-10).

14,21: "고기를 먹든 술을 마시든, 그 밖에 무엇을 하든, 그대의 형제에게 장애물이 되는 일은 하지 않는 것이 좋습니다."

13절의 내용을 일부 반복하면서, 바오로는 그리스도 신자들 사이에서 일치와 화목과 사랑을 이루려고 노력한다. (이 구절은 본문 비평 면에서 약간의 문제가 있다)

14,22ㄱ: "그대가 자기의 것으로 지니고 있는 신념을 하느님 앞에서도 그대로 지니십시오."

이 번역문에서 "자기의 것으로(kata seauton)"에 해당하는 어구를 '지니십시오' 동사와 연결해 번역하면 다음과 같다. "그대가 지니고 있는 신념을 하느님 앞에서 자신을 향하여 지니고 있으십시오." 여기서 '신념'이라고 번역된 말은 피스티스(pistis)로 보통 '믿음'으로 번역된다. 이 신념은 음식과 특정 (축제)일 준수에 관한 확신을 의미한다. 이 구절은, 개인적으로 지닌 분명한 신념이 잘못된 것은 아니지만, 그 신념을 음식 문제나 특정 축일을 준수하는 문제 등과 관련된 논쟁 등에 공개적으로 내세우지 말고 개인적으로 하느님 앞에서 간직하고 있으라는 권고다. 즉 조용히 마음속에 간직하라는 권고이다. 이런 권고는 여기에 나오는 그리스어 pistis가 그리스도교의 본질적 신앙을 의미한다고 보면 나올 수 없다. 왜냐하면 그 신앙은 혼자만 간직하고 있을 것이 아니라 공개적으로, 때로는 반대에도 불구하고 선포해야 하는 것이기 때문이다.

14,22ㄴ: "자기가 옳다고 여기는 일을 하면서 자신을 단죄하지 않는 사람은 행복합니다."

바오로는 자신이 확신하는 일을 하면서 양심의 가책을 받지 않게 행동할 수 있는 사람은 행복하다고 본다.

14,23ㄱ: "그러나 의심을 하면서 먹는 사람은 이미 단죄를 받았습니다."

바오로는 강한 그리스도인들이 지닌 내적 자유를 아직 가지지 못한 '약한' 그리스도인들이, 의심을 하는 상태에서 '강한 이들'의 예를 따라 그 음식을 먹는다면 죄를 짓는 것이라고 본다. 무엇인가를 먹었다는 사실 자체가 죄가 되지 않는다는 점은 이미 14절("무엇이나 그 자체로 더러운 것은 없습니다")과 20절("모든 것이 다 깨끗합니다")에서 분명히 언급되었다. 그런데 23절에서는 "의심을 하면서 먹은 행위"를 죄라고 보는데, 그 이유를 바오로는 "그것이 믿음에서 우러나온 행위가 아니기 때문"(23 ㄴ절)이라고 본다. 여기에 덧붙여 "믿음에서 우러나오지 않는 행위는 다 죄입니다"(23ㄷ절)라고까지 단언한다.

그런데 23ㄴ절과 23ㄷ절에 나오는 피스티스(*pistis*)를 믿음, 신념, 또는 양심 가운데 무엇으로 번역하느냐는 문제가 큰 논쟁거리이다. 이 문제와 관련해서 나는 '신념(확신)'으로 번역하는 것이 문맥에 적합하다고 본다. 바로 앞(22절)에서 이 단어가 그런 의미로 사용되었음이 분명하기 때문이다. 바오로가 같은 단어를 바로 다음 문장에서 다른 의미로 사용했다고 보기는 어렵다. 특히 "*pistis*에서 우러나오지 않는 행위는 다 죄입니다"(23ㄷ절)라는 격언 같은 문장은 더 많은 토론을 불러일으킨다['(모두) 다'의 범위 문제, '죄'의 개념에 관한 토론을 포함하여]. 만약 여기 나오는 *pistis*를 '그리스도교 신앙'으로 단정한다면, 이 문장은 많은 문제를 불러일으킨다. 인간의 행동 중에는 신앙과 관련 없는 중립적인 것이 많은데, 그것들을 다 죄로 볼 수 없다는 것은 너무나 분명하기 때문이다. 물론 *pistis*를 22절에서처럼 '신념'으로 번역한다고 해서 그리스도교 신앙과 완전히 동떨어진 것은 아니다. 그 신념 역시 그리스도에 대한 신앙을 바탕으로 한 것이기 때문이다. 23절의 *pistis*를 '양심'으로 번역하는 시도(오리게네스, 암브로시아스테르, 토마스 데 아퀴노 등)가 있었는데, 문맥에는 매우 적합하나[23] 이 단어가 과연 양심이라는 의미를 지닐 수 있느냐는 문제가 또 다른 토론의 대상이 된다.

---

23 양심(*syneidēsis*)이라는 단어가 1코린 10,25-30에서 여러 번 사용되는데, 거기서 다룬 문제도 '음식을 먹는 것'이었다.

요컨대 14장에서 바오로는 음식 문제 또는 특정 축일 문제와 관련하여 확신을 가지고 있는 강한 이들을 향해, 그들이 자신들의 확신을 약한 이들에게 강요해서는 [예를 들어 고기를 먹으라(2절, 21절 참조), 술을 마시라(21절 참조), 또는 안식일을 무시하라(6절 참조)고 한다든지 해서는] 안 된다고 권고한다. 여기서 '약한 이들'이란, 어떤 음식과 관련하여 그것을 먹어도 된다는 (그리스도에 대한 신앙에서 나오는) 확신을 아직 갖지 못한 이들을 의미한다.

제5장
공동체 내의 일치에 대한 호소와
그리스도의 모범(15,1-13)

15장은 두 부분으로 나뉘는데 성격이 다르다. 앞부분(15,1-13)은 권고 단원(12,1-15,13)의 마지막 부분으로, 특히 14,1에서 시작된 '공동체 내의 강한 자들과 약한 자들 사이의 일치'를 호소하는 부분을 마무리한다. 뒷부분(15,14-21)은 로마서 결문의 첫 단락이다.

15,1-6

이제 그리스도의 모범이 강한 자들에게 제시된다. 바오로는 14,1부터 강한 자들에게 권고하기 시작했지만, '강한 자들'이란 말이 직접 언급되는 곳은 15,1이 처음이다. 바오로는 "강한 우리"라고 말함으로써 자신을 강한 자들의 한 사람으로 이해하고 있음을 드러낸다. 강한 자들에게 동감을 표현하면서도, 한편으로는 그리스도의 삶을 모범으로 삼고 다른 한편으로는 성경을 근거 삼아 적극적으로 그들에게 권고한다.

15,1: "믿음이 강한 우리는 믿음이 나약한 이들의 약점을 그대로 받아 주어야 하고,"(필자 직역: "강한 우리는 강하지 못한 이들의 약점을 지고 가야 합니다.")

위 번역문은 원문에 없는 "믿음이"라는 말을 넣어 "믿음이 강한 이"와 "믿음이 나약한 이"로 옮겼다. 14,1에 나오는 "믿음이 약한 이"라는 표현을 고려한 번역이다. 앞에서 보았듯이 이 단락은 전체적으로, 공동체에서 믿음이 강한 이와 약한 이의 문제를 다루면서 서로 받아들이라고 권고한다. 이 점을 고려하면 위에 인용한 번역이 잘못되었다고 볼 수는 없다. 그러나 원문에 있는 그대로 "강한 이"와 "강하지 못한 이"로 번역하는 것이 더 좋았을 것이다. 왜냐하면 공동체 안에서 약한 이와 강한 이의 갈등이 발생할 수 있는 문제 영역은 (14장에서 다루었던) 음식 문제나 특정일을 준수하는 문제(유다인 출신 그리스도인들과 이방인 출신 그리스도인들 사이의 갈등) 외에도 많이 있을 수 있기 때문이다. 예컨대 경제적 면에서 약한 자와 강한 자인 '가난한 자'와 '부유한 자' 사이에, 사회 신분적 면에서 강한 자와 약한 자인 '자유인'과 '종' 사이에 문제가 있을 수 있다. 또 성적인 면에서 '남성'과 '여성'의 문제가 있을 수 있고, 건강의 관점에서 '병약한 이'와 '건강한 이' 사이에 문제가 있을 수 있다(갈라 3,28; 1코린 12,13; 9,22 참조). 이렇게 넓게 보면 "강한 우리는 강하지 못한 이들의 약점을 지고 가야 합니다"라고 번역할 때 그 풍부한 의미가 더 살아난다.

또 위 번역문 중에서 '그대로 받아 주다'에 해당하는 그리스어 동사 바스타조(bastazō)는 많은 경우에 '참다' 또는 '인내하다'로 번역되지만, 본래의 뜻은 '(짐을) 지다'이다[예: 갈라 6,2의 "서로 짐(barē)을 져 주십시오(bastazete)"]. 갈라 6,2에 나타난 바오로 사도의 의도가 여기 15,1에도 포함되어 있다고 생각한다. 사실 신앙 공동체 안에서도 생각이 다른 사람들과 함께 살아가는 것이 '짐을 지고 가는 것'과 같은 경우가 많다. 특히 스스로 강한 사람이라고 생각하는 사람들에게 자기보다 '약한 이들'을 품고 살아가는 것은 짐으로 느껴질 때가 많을 것이다.

15,1ㄴ-2: "〔강한 우리는〕 자기 좋을 대로 해서는 안 됩니다. 우리는 좋은 일이 생기도록, 교회의 성장이 이루어지도록, 저마다 이웃이 좋을 대로 해야 합니다."

여기서 '좋을 대로 하다'로 옮겨진 아레스코(areskō) 동사는 '…의 마음에 들다'라는 기본 뜻 외에 '…를 기쁘게 하다'라는 뜻도 가진다. 그런데 "이웃이 좋을 대로 해야 한다"는 번역이 오해를 불러일으킬 수 있다. 글자 그대로 보면, 2절의 말씀이 악한 것을 좋아하는 이웃일 경우에도 그 이웃이 좋을 대로 해야 한다는 뜻은 결코 아니기 때문이다(갈라 1,10과 1테살 2,4에 쓰인 이 동사의 용례 참조). 앞에서 말한 오해를 피하기 위해서도 우리는 "이웃이 좋을 대로 해야 한다"는 문장이 홀로 나오지 않고, "좋은 일이 생기도록, 성장이 이루어지도록"이라는 문장과 "그리스도께서도 당신 좋으실 대로 하지 않으셨다"(15,3)는 문장과 더불어 사용되었다는 점을 반드시 고려해야 한다.

"교회의 성장이 이루어지도록(직역: 성장을 위하여)"라는 어구에서 '교회의'라는 말은 뜻을 살려 덧붙인 것이다. 개인 차원의 좋은 것(善, to agaton)과 (영적) 성장/ 성숙을 위하여라는 뜻을 완전히 배제할 수는 없겠지만, 바오로가 의도하는 선善과 성장은 주로 '공동체'의 선(공동선)과 성장/ 성숙이었을 것이다(로마 14,19; 1코린 8,1; 12,7; 14,4-5 참조).

3절에서 바오로는 그리스도인의 행위의 기준은 결국 '그리스도께서 보여 주신 삶'이라고 말한다. 그 삶은 결코 자기만족을 추구한 삶이 아니라 온 인류의 구원을 위해 당신 자신을 낮추시고 비우시며 내주신 삶이었다. 이 점을 바오로는 '그리스도 찬가'(필리 2,6-11, 특히 2,6-8절)에서 뚜렷이 보여 주었다(로마 5,6-8; 8,32.39; 1코린 11,23-26 참조).

15,4: "성경에 미리 기록된 것은 (모두)[24] 우리를 가르치려고 기록된 것입

---

[24] '모두'는 필자가 삽입한 단어이다. 그리스어 hosoi, hosai, hosa는 '모든'이라는 형용사를 덧붙이지 않더라도 이하의 문장과 함께 "…하는 것은 모두"의 뜻을 가질 수 있다.

니다. 그래서 우리는 성경에서 인내를 배우고 위로를 받아 희망을 간직하게 됩니다."

이 구절은 그리스도 신자들에게 (구약)성경이 어떤 의미를 가지는지에 대해 말해 주는 매우 중요한 곳이다. 바오로도 성경이 '과거에', '과거 사람들을 위하여' 기록된 것임을 잘 알고 있었다. 하지만 그에게 성경은 지나간 시대의 고문헌에 불과한 것이 아니라 자신을 포함한 후대의 신앙인들에게 여전히 '말하고 있는', 의미(교훈적 의미) 있는 말씀이었다. 이는 매번 "성경은 말합니다"(10절, 11절, 12절 참조)라고 언급하며 성경을 인용하는 데서 잘 드러난다. 성경에 관한 이런 이해를 바오로는 이미 다른 곳에서 분명하게 표현한 적이 있다(로마 3,23-24; 1코린 9,9-10; 10,10-11; 참조 2티모 3,16).

그 밖에도 바오로가 수없이 성경 인증을 하는 것만 보아도 성경이 그에게 무척 중요한 의미를 가진다는 것을 잘 알 수 있다. 4절에서 바오로는 성경의 역할을 특히 '인내를 배우고, 위로와 희망을 간직하게 하는 것'과 관련시킨다. 이는 성경을 통해 하느님께서 후대의 신앙인들에게도 계속 말씀하고 계시다는 것을 전제한다. 인내와 위로와 희망에 대한 언급은 3절에서 시편 69,10을 인용하면서 그 내용을 수난하신 그리스도께 적용하는 것과 관련되어 있다. 3절의 시편 인용에서 우리는 바오로의 '그리스도 중심적 성경 이해'(루카 24,27 참조)의 뚜렷한 예를 만난다.

15,5-6: "인내와 위로의 하느님께서 여러분이 그리스도 예수님의 뜻에 따라 서로 뜻을 같이하게 하시어, 한마음 한목소리로 우리 주 예수 그리스도의 아버지 하느님을 찬양하게 되기를 빕니다."

여기서 바오로는 로마 교우들을 위해 기도를 바치는데, '인내'라는 주제는 "강하지 못한 이들의 약점을 지고 가야 합니다"라는 말과 관련된다. 일치하려면 인내가 얼마나 필요한지를 보여 주는 표현이다. 바오로는 공동체가 "한마음 한목소리로 하느님을 찬양하는" 일치된 모습도 하느님께서 허락해 주셔야 하는 선물로 이해하기 때문에 그것을 기도로 청한다. 바오로가 이처럼 중요하게 여기는 로마 교우들의 일치가 궁극적으로 지향하는 목적은 '우리 주 예수 그리스도의 아버지 하느님의[25] 찬양(영광)'이다. 6절에서 "한마음 한목소리로"라는 표현에서 "한 목소리로"에 해당하는 원문을 직역하면 '한 입으로'이다. 그리고 "한마음(으로)"라고 번역된 그리스어 호모튀마돈(homothymadon)은 루카 복음사가가 사도행전에서 초창기 교회의 일치된 모습을 묘사할 때 자주 사용한 단어였다(사도 1,14; 2,46; 4,24; 5,12; 15,25; 참조 7,57; 8,6; 12,20; 18,12; 19,29).

15,7-13: 강한 사람들과 약한 사람들의 관계에 관한 권고의 결론
15,7: "그러므로 그리스도께서 여러분을 기꺼이 받아들이신 것처럼, 여러분도 하느님의 영광을 위하여 서로 기꺼이 받아들이십시오."

이 구절은 바오로가 공동체 내의 강한 사람들과 약한 사람들 사이의 긴장을 배경으로 한 권고(14,1-15,13)를 마무리하면서 하는 말이다. 여기서 "기꺼이 받아들이다"라고 번역된 동사 프로스람바노마이(proslambanomai)는 바오로가 14,1("여러분은 믿음이 약한 이를 기꺼이 받아들이십시오)에서 '강한 자들'에게 권고를 시작하면서 사용하였던 단어이다. 14,3에서는 "하느님께서 그(업신여김과 비난의 대상)를 받아들이신 것"이

---

[25] "우리 주 예수 그리스도의 아버지 하느님"이라는 표현에 관하여는 2코린 1,3을 참조할 것.

그리스도 신자들이 따라야 할 행위의 기준(동기)이 되는 데 비하여, 15,7에서는 그리스도께서 신자들에게 해 주신 일이 기준이 된다("그리스도께서 여러분을 기꺼이 받아들이신 것처럼 여러분도…").

원문에 있는 "하느님의 영광을 위하여"라는 어구의 위치를 그대로 놓고 번역하면 "하느님의 영광을 위하여, 그리스도께서 여러분을 받아들이신 것처럼"이라고 옮길 수도 있다. 그러나 문맥을 고려해 보면, "하느님의 영광을 위하여"라는 어구를 "서로 기꺼이 받아들이십시오"에 연결해 이해하는 것이 바오로의 의도에 더 적합하다. 바오로는 여기서 그리스도를 믿는 모든 신자는 "하느님의 영광을 위하여" 살아야 한다고 가르치기 때문이다. 이에 관해서는 바로 앞에 나오는 6절의 끝 부분("우리 주 예수 그리스도의 아버지 하느님을 찬양하게 되기를 빕니다")과 1코린 10,31("그러므로 여러분은 먹든지 마시든지, 그리고 무슨 일을 하든지 모든 것을 하느님의 영광을 위하여 하십시오")을 참조하라.

15,8-9ㄱ

이 구절들의 내용과 9ㄴ-12절에 연속해서 나오는 성경 구절들을 보면, 바오로가 다루는 강한 이들과 약한 이들 사이의 문제가 결국은 '유다인(할례 받은 이)'과 '이방인(다른 민족)' 사이의 문제와 관련된 것임을 분명히 알 수 있다. 특히 9ㄴ절에서는 인용된 성경마다 '다른 민족들'에 대하여 언급한다. 8-9절에서 바오로는 5절에 나왔던 "여러분을 받아들이신" 그리스도의 행위를 무엇보다도 "종(*diakonos*, 일꾼)이 되셨습니다"라는 관점에서 바라본다. 이는 공동체 안의 '강한 사람들에게' 약한 사람들의 나약함을 기꺼이 받아들이라고 권고하는 14,1-15,13의 맥락(특히 15,1)에서 중요한 의미를 지닌다. 바오로는 서간에서 겸손하게 자신을 낮추라고 여러 번 권고한다(특히 필리 2,1-11; 로마 15,16; 1코린 8,1; 13,4; 갈라 5,13).

그런데 8-9절에는 그리스도께서 행하신 일의 목적이 유다인을 향한 것과 이방인을 향한 것, 두 갈래로 표현된다. 한 방향은 하느님께서 할례 받은 이들의 조상들에게 하신 약속을 이루시어 "당신께서 진실(충실)하시다는 것을 드러내는 것"이고, 다른 방향은 이방인들이 하느님의 자비를 체험하고 '하느님을 찬양하게 하는 것'이다. 바오로는 그리스도 예수의 구속救贖 행위 덕분에 유다인(이스라엘)에게 주어졌던 하느님의 복에 다른 모든 민족(이방인)도 참여할 수 있게 되었다는 것을 중요하게 생각했다. 이와 관련해서는 갈라 3,6-29(특히 8절)이 중요하다. 바오로는 거기서 자신이 주장하는 의화론을 위해 성경 인증을 하는 가운데 "모든 민족들이 네 안에서 복을 받을 것이다"(창세 12,3과 18,18의 혼합)라는 말씀을 중요하게 인용한다. 만민이 그리스도에 대한 믿음을 통해 아브라함에게 하신 하느님의 약속에 참여하게 되었다고 강조한다. 그런데 15,7-13의 맥락에서는 이방인들이 무엇보다도 하느님 찬양, 특히 '자비하신 하느님을 찬양하는 데' 참여하는 것으로 표현한다. 이 점은 이 단락에서 '하느님을 찬양(찬송)하다'라는 말이 반복된다는 사실(6절 끝, 9절 앞부분, 9ㄴ-12절에 인용된 성경 구절)에서 잘 드러난다.

15,6을 보면, 바오로가 앞에서 로마 공동체 내의 강한 이들과 약한 이들의 갈등 문제(14,1-15,6)를 길게 다룬 목적은 그들이 "한마음 한목소리로 우리 주 예수 그리스도의 아버지 하느님을 찬양하도록" 하기 위함이었던 것을 알 수 있다. 그런데 9ㄴ-12절을 보면, 로마 공동체 내부의 일치를 훨씬 넘어서, 만민 곧 모든 민족이 다 함께 "우리 주 예수 그리스도의 아버지 하느님을 찬양하도록" 하려는 더 큰 목표를 가지고 있었음을 알 수 있다.[26] 그에 의하면 그리스도 예수에 대한 믿음을 통해

이방인들도 이스라엘(유다인)의 하느님 찬양에 동참하게 되었다.

15,9ㄴ-12

바오로는 4-5절에서 성경의 중요한 역할에 대하여 말했던 바를 예증하듯이, 성경을 연속해서 네 번 인용한다. 성경 전체가 증언한다는 것을 말하기 위해서인지 율법서(오경)에서 하나, 예언서에서 하나, 성문서에서 두 개를 인용한다(성경 인증이 고리처럼 연결된 곳의 대표적 예는 3,10-20이다).

그중 첫째 인용문은 시편 18,50(=2사무 22,50)인데 한 사람이 이방인들(민족들) 가운데서 하느님을 찬송한다.[27] 둘째 인용문(신명 32,43)은 범위를 넓혀 이방인들(민족들)에게 유다인의 하느님 찬양에 동참하라고 이르고, 셋째 인용문(시편 117,1)은 모든 민족에게 주님(하느님)을 찬양하라고 촉구한다. 끝으로 넷째 인용문(이사 11,10)은 "이사이의 뿌리"라고 불리는 메시아의 통치와 그에 대한 민족들의 희망을 예고한다. 메시아에 대한 이 예고가 특히 8절의 그리스도(메시아)에 관한 언급과 연결된다.

15,13: "희망의 하느님께서 여러분을 믿음에서 얻는 모든 기쁨과 평화로 채

---

26 그닐카는 '하느님에 대한 찬양'을 바오로의 선교 신학에서 중요한 요소라고 강조한다. 그가 든 예가 이방인들(민족들)의 '주님에 대한 찬양, 찬미, 기쁨, 환호'를 중심 내용으로 한 15,9-12이다. 그닐카는 이 단락에 언급되는 이방인들의 찬양은 바오로가 기초를 닦은 교회들에서 실현되며, 바로 여기서 "바오로에게 선교는 또한 전례로 귀결됨이 뚜렷이 드러난다"(그닐카, 《바오로》, 201쪽)고 말한다.

27 15,9ㄴ에 인용된 시편 구절 "그러기에 주님, 제가 민족들 앞에서 당신을 찬송하고 당신 이름에 찬미 노래 바칩니다"(시편 18,50)에서 "제"가 시편에서는 '다윗'이지만, 여기서는 바오로가 예형론적으로 '그리스도'께 적용한 것으로 볼 수 있다. 즉 부활하신 그리스도께서 민족들(이방인들) 가운데서 하느님 아버지를 찬송하는 것으로 이해했다고 볼 수 있다.

워 주시어, 여러분의 희망이 성령의 힘으로 넘치기를 바랍니다."

바오로는 공동체 내의 강한 이들과 약한 이들의 관계에 관한 권고를 마치면서 그들을 위해 '희망의 하느님'께 기도를 드린다. 참 아름다운 축원 기도이다. 하느님이야말로 그리스도를 믿는 모든 이에게 희망과 기쁨과 평화를 주시는 원천이다. 위 구절 중 "믿음에서 얻는"에 해당하는 그리스어 원문(en tō pisteuein)을 직역하면 '믿는 것 안에 있는'이다. 여기서 명사 '믿음(pistis)'이 아니라 동사 '믿다(pisteuein)'의 부정사不定詞가 사용된다는 점에 유의하여 해석하면, 이 문장에서 바오로는 그리스도인들이 누리는 기쁨과 평화는 근본적으로 사변적 믿음이 아니라 과정을 동반한 믿음에서 오는 것임을 표현하려고 한 것 같다.

바로 앞(12절)에서 바오로는 메시아에 대한 민족들의 희망을 언급했는데, 13절에서는 희망과 함께 '성령의 힘'을 언급한다는 점을 눈여겨보아야 한다. 바오로의 생각에서 희망과 성령은 깊이 연관되어 있음에 틀림없다. 앞에서도 바오로는 그리스도인들이 지닌 불굴의 희망은 "우리가 받은 성령을 통하여 하느님의 사랑이 우리 마음에 [흠뻑] 부어졌다"(5,5)는 데 근거한다고 말하였다. 8,18-30의 맥락에서도 '그리스도인들에게 주어진 성령'은 고난 중의 그리스도인들이 희망을 갖는 데 결정적으로 중요한 역할을 한다(특히 8,23.26-27 참조). '성령의 역할'은 다음 단락(15,14-21)에서도 중요한 몫을 차지한다(특히 16절과 19절 참조).

제4부

편지의 결문(15,14–16,27)

제1장
바오로의 사도직 이해(15,14-21)

로마서의 전체 구성에서 밝혔듯이 이 단락에서 종결 부분이 시작된다. 로마서를 마무리하면서 바오로는 우선 자신이 이해하는 사도직의 의미를 로마 교우들에게 정중한 문체로 알려 준다. 서두 인사(1,1-7)에서 피력하였던 내용이 자주 반복되는 점에서, 이 단락과 서두 인사는 넓은 의미에서 일종의 수미상관首尾相關을 이룬다고 볼 수 있다. 입문에서 보았듯이, 로마서를 쓸 당시에 바오로는 '사도직'의 수행 과정에서 전환점에 서 있다고 생각하였다. 그때까지 지중해 동부 지역에서 한 활동을 정리하고 아직 복음이 전해지지 않은 지중해 서부 지역(특히 에스파냐 지역)의 선교를 구상하고 있었다. 그래서 이 단락은 바오로가 이해한 사도직의 성숙한 면모를 엿볼 수 있는 곳이기도 하다.

15,14-15: "나의 형제 여러분, 나는 여러분 자신도 선의로 가득하고 온갖 지식으로 충만할 뿐만 아니라 서로 타이를 능력이 있다고 확신합니다. 그러나 나는 하느님께서 나에게 베푸신 은총에 힘입어 여러분의 기억을 새롭게 하려고, 어떤 부분에서는 상당히 대담하게 썼습니다."

이 구절을 보면 바오로는 자신이 앞에서 길게 말한 권고(또는 서간 앞부분에서 말한 내용 전체)가 수신자인 로마 교우들에게 마음의 상처를 주거나 주제넘은 일로 비칠까 봐 염려하는 것 같다(15절 끝: "어떤 부분에서는 상당히 대담하게 썼습니다" 참조). 사실 바오로가 로마의 그리스도인 공동체를 직접 세우지도 않았고 로마서를 집필할 때까지 직접 가 본 적도 없었으며 로마 공동체의 대다수는 바오로를 모르던 사람이었음을 생각해 보면, 바오로의 염려를 충분히 이해할 수 있다. 이런 배경에서 바오로는 우선 수신자(로마 교우들)를 "나의 형제 여러분"이라고 불러 그들에 대한 깊은 신앙적 형제애를 표현한 다음, 그들에게 긴 권고를 한 이유가 그들이 신앙적으로 무지하거나 서로 가르칠 능력이 없기 때문이 결코 아니라는 것을 밝힌다.

이어 15절에서 바오로는 하느님께서 그에게 은총으로 베풀어 주신 사도직을 수행하려고 그런 편지를 썼다는 취지의 말을 한다. 여기서 강조점은 사도직의 권위를 내세우는 데 있지 않고 '사도직이 은총'임을 드러내는 데 있다. 바오로가 자신에게 맡겨진 사도직을 얼마나 은혜롭게 생각하는지는 여러 곳에 나타난다(로마 1,5의 "사도직의 은총"이라는 표현; 1코린 15,8-10 참조). "여러분의 기억을 새롭게 하려고"라는 표현은 수신자의 마음을 깊이 헤아리려는 바오로의 겸손한 태도를 보여 준다.

15,16: "이 은총은 내가 다른 민족들을 위하여 그리스도 예수님의 종이 되어, 하느님의 복음을 전하는 사제직을 수행하기 위한 것입니다. 그리하여 다른 민족들이 성령으로 거룩하게 되어 하느님께서 기꺼이 받으시는 제물이 되게 하는 것입니다."

이 구절은 바오로가 자신의 사도직을 어떻게 이해하는지를 보여 주기에 중요한데, "이방인들(이민족들)의 사도"(11,13)라는 표현을 연상시킨다. "그리스도 예수님의 종"이라는 표현은 1,1에도 나오는데, 번역된 우리말로는 똑같지만 그리스어 원문에서는 큰 차이가 있다. '종'으로 옮긴 말이 1,1에서는 둘로스(*doulos*)고 5,16에서는 레이투르고스(*leitourgos*)이다. 둘로스는 주인 밑에서 일하는 사람으로 '종' 또는 '노예'로 번역될 수 있지만, 레이투르고스는 '심부름꾼', '봉사자'로 옮길 수 있는 단어이다.[1] 13,6의 해설에서 이미 보았듯이 레이투르고스는 백성(*laos*)을 위해 공적 임무를 수행하는 사람, 또 성전에서 봉사하는 사람(사제 포함)을 뜻하기도 한다. 15,16에서 이 단어(*leitourgos*)는 사제(*hiereus*)가 성전에서 제물을 바치는 행위를 묘사하는 히에루르게오(*hierourgeō*, "사제직을 수행하다"라고 번역) 동사와 함께 쓰인다. 여기서 바오로의 사도직 이해와 관련하여 새롭고도 중요한 점을 지적할 수 있다. 바오로가 자신이 수행하는 '하느님의 복음을 전파하는 사도직'을 '사제직 수행'에 비유한다는 점이다. 이런 동사를 사용하는 데에서 우리는 바오로가 하느님의 복음 전파라는 일을 얼마나 거룩한 소명으로 받아들였는지 느낄 수 있다.[2]

그러면 바오로가 여기서 말하는 '제물'은 무엇인가? 그것은 바오로의 사도직을 통해 복음을 받아들여 '성령으로 거룩하게 된 다른 민족들'이다. 도살된 죽은 짐승이 아니라, 살아 있는 이 믿음의 사람들이 바로 하느님께서 기꺼이 받으시는 제물이라는 것이다(12,1; 필리피 교우들이 바치는 '믿음의 (희생) 제물'을 언급한 필리 2,17 참조). 물론 바오로가 성찬례 (주님의 만찬)를 주례했다고 볼 수 있고(1코린 11,20; 참조 사도 20,11), 직접 세례성사를 거행하기도 했다(1코린 1,14-16). 그러나 바오로는 사도로서 자신의 고유한 사명은, 어느 한 곳에 정주하여 성사를 집행하는 것보다 이방인에게 하루 빨리 하느님의 복음을 널리 전하는 데 있다고 이해하

---

[1] 예를 들어 영어 번역본의 경우 대부분 servant 또는 minister로 옮긴다.
[2] 15,16에서 *leitourgos*와 *hierourgeō*라는 단어가 사용되는 데 착안하여 쓴 슐리어(H. Schlier)의 논문 "사도적 복음의 '전례'(로마 15,14-21)"를 참조하라. H. Schlier, "Die 'Liturgie' der apostolischen Evangeliums (Römer 15,14-21)," in: *Das Ende der Zeit: Exegetische Aufsätze und Vorträge*, Freiburg: Herder, 1971, pp. 171-176.

였다(특히 1코린 1,17 참조).

"성령으로 거룩하게 되어"라는 표현은 바오로에게 중요하다. 자신의 사도직 활동에서 나타난 좋은 결과(예컨대 신자들의 성화聖化)는 '성령의 힘으로' 가능했다고 이해하였음을 보여 주기 때문이다. 이런 의식은 18절과 19절에도 표현되어 있다.

15,17: "그러므로 나는 그리스도 예수님 안에서 하느님을 위하여 일하는 것을 자랑으로 여깁니다."

여기서 "하느님을 위하여 일하는 것"이라고 번역된 원문(ta pros ton theon)을 직역하면 '하느님을 향한 것들' 또는 '하느님과 관련된 것들'인데, 실제로는 '하느님을 섬기는 일'을 뜻한다. 똑같은 어구가 히브 5,1에서 대사제직을 정의定義하는 가운데 언급된다. "모든 대사제는 사람들 가운데에서 뽑혀 사람들을 위하여 하느님을 섬기는 일을(ta pros ton theon) 하도록 지정된 사람입니다."

15,18-21: 은총으로 이루어진 사도직 수행

15,18: "사실 다른 민족들이 순종하게 하시려고 그리스도께서 나를 통하여 이룩하신 일 외에는, 내가 감히 더 말할 것이 없습니다."

이 구절도 바오로가 자신의 사도직은 근본적으로 그리스도께서 하시는 일로 이해하였음을 분명하게 보여 준다. 엄밀한 의미에서 바오로는 그리스도께서 '그와 함께' 일하시는 것이 아니라 '그를 통하여' 일하신다고 이해한다. 자신은 다만 그리스도의 도구로 쓰일("나를 통하여") 뿐이라고 이해한다. "그리스도께서 나를 통하여 이룩하신 일 외에는, 내가 감히 더 말할 것이 없습니다"라는 말은 "하느님께서 나에게 베푸신 은총에 힘입어"(15절)라는 표현을 재확인하는 동시에, "내가 이제껏 수행한 사도직은 모두 그리스도를 통한 은총으로 이루어졌습니다!"라고 고백하는 것이다. 바오로는 교회를 박해하기까지 했던 자신을 사도로 불러 주셨다는 것 자체(갈라 1,15-16; 1코린 15,9-10; 로마 1,5 참조)를 하느님의 한없는 은총으로 이해하였다. 그래서 복음을 전하며 사는 것 자체를 큰 은총(기쁨)으로 여겼다(예컨대 1코린 9,16.18). 나아가 이 단락에서 보듯이 자신이 사도직을 수행하는 전체 과정에서도 그리스도를 통한 하느님의 은총을 체험하였다고 고백한다. "다른 민족들이 순종하게 하시려고"라는 표현은 앞에 나왔던 "민족들에게 믿음의 순종을 일깨우려고"(1,5)라는 말씀을 기억하게 한다. 15,18에는 "믿음의"라는 말이 나타나지 않지만 내용으로는 포함되어 있다고 볼 수 있다.

15,18-19: "그 일은 말과 행동으로, 표징과 이적의 힘으로, 하느님 영의 힘으로 이루어졌습니다."

이 구절은 바오로의 사도직 활동이 빈 말로만 이루어진 것이 아니라 실제 행동으로 표현되었으며, 다른 사람들이 볼 수 있는 여러 표징과 이적도 동반했다는 것을 알려 준다. 다음 말씀도 바오로의 사도직을 이해하는 데 큰 도움을 준다.

> "사실 여러분에게 갔을 때에 나는 약했으며, 두렵고 또 무척 떨렸습니다. 나의 말과 나의 복음 선포는 지혜롭고 설득력 있는 언변으로 이루어진 것이 아니라, 성령의 힘을 드러내는 것으로 이루어졌습니다. 여러분의 믿음이 인간의 지혜가 아니라 하느님의 힘에 바탕을 두게 하려는 것이었습니다"(1코린 2,3-5).

바오로는 여기서 그리스도의 십자가를 통해 드러난 하느님의 지혜의 역설(어리석음을 통해 하느님의 지혜가 드러남, 무력 또는 무능함을 통해 하느님의 힘이 드러남)이 자신의 사도직 수행 과정에서 어떻게 드러났는지에 대하여 말한다. 코린토에 처음 갔을 때, 위의 구절에 표현되어 있듯이, 그는 참으로 약하고, 두려워하고, 떨리는 모습이었을 것이다. 언변도 뛰어나지 않았을 것이다. 그런데 바오로의 사도직 수행에 이 약하고, 두렵고 떨리는 모습만 있지 않았다는 점에 주목해야 한다. 비록 세상 지혜의 관점에서 보면 자신이 약하고 초라해 보였을지 모르지만, 바오로는 그런 약함과 떨림의 한가운데에서 하느님의 힘인 '성령의 힘'이 드러났다고 힘차게 고백하기 때문이다. "하느님 영의 힘"(15,19)이 드러나지 않고 처음부터 끝까지 약함과 두려움과 떨림 속에서만 사도직이 수행되었더라면, 그가 선포한 복음은 이방인 지역에서 전파될 수 없었을 것이다. 엉뚱하게 들릴지 모르겠지만, 내가 보기에 이는 마치 그리스도께서 부활하시지 않고 십자가에 달려 돌아가신 것으로 끝나 버렸다면 그리스도를 믿는 교회가 아예 생겨나지 않았을 것이라는 점(1코린 15,14 참조)과 비슷하다고 볼 수 있다.

  바오로에 의하면 믿음과 세례를 통하여 그리스도와 결합된 그리스도인들에게는 부활하신 그리스도의 생명력이 성령을 통하여 그들 가운데 드러나는 차원이 있기 마련이다(예컨대 갈라 3,5; 2코린 4,7-13; 1코린 12,4-11 참조). 예컨대 '표징과 이적의 힘'이 동반되는 '하느님 영의 힘'이 드러나거나(15,19) '성령의 힘'이 드러나는(1코린 2,4) 것이다. 그렇지만 바오로에 의하면 성령의 힘은 반드시 기적과 같이 요란스러운 방식으로만 드러나지 않는다. 오히려 바오로는 은사(카리스마)를 둘러싼 불미스러운 문제를 다루면서 이런 요란스러움을 추구하지 말라고 경고한 바 있다(1코린 12-14장). 그리스도인들이 선물로 받은 '[성]령'의 힘은 성령의 열매(갈라 5,22–23)로 열거되는 사랑, 기쁨, 평화 등과 같이 조용하게 드러날 수 있다. 바오로를 비롯한 초창기 그리스도교 선교사들과 신자들의 가난과 약함 또는 무식함 등에도 불구하고, 그들에게는 주위 사람들이 품었던 의심과 선입견을 압도하는 '하느님의 힘'이 드러나는 차원이 있었다고 보아야 할 것이다.

사실 복음서를 보면 예수님도 말로만 하느님 나라를 선포하지 않으시고 여러 표징을 행하셨다. 기적과 같은 놀라운 표징을 보이셨을 뿐 아니라 놀라운 행동도 하셨다. 그리고 "주님, 주님!" 하고 말로만 하는 신앙생활이 아니라 하느님 아버지의 뜻을 실행에 옮기는 신앙생활을 하라고 가르치셨다(특히 산상 설교의 끝 단락인 마태 7,21–27 참조).[3] 바오로 서간 외에도, 사도행전과 다른 서간들을 보면 초창기 교회는 말뿐 아니라 한마음 한 몸으로 일치해 살면서 가난한 사람들을 돌보는 등 외적으로 드러나는 일을 통해서도 복음을 전하였다. 위 구절의 강조점은 끝에 나오는 "하느님 영의 힘으로 이루어졌다"는 데 있다. 이 표현은 16절에 이미 나왔던 생각("성령으로 거룩하게 되어")을 한층 발전시켜 강조한다. 바오로는 자신의 모든 사도직 활동이 결국 성령의 힘으로 이루어졌다고 이해한 것이다.

15,19ㄴ: "그리하여 나는 예루살렘에서 일리리쿰까지 이르는 넓은 지역에 그리스도의 복음을 선포하는 일을 완수하였습니다."

여기서 바오로는 그동안 자신이 해 온 사도직 활동 전체를 지리적 관

---

[3] 말만이 아니라 실천을 강조하는 다음 구절도 참조하라: "자녀 여러분, 말과 혀로 사랑하지 말고 '행동으로 진리 안에서(*en ergō kai alētheia*)' 사랑합시다"(1요한 3,18); "우리는 사랑으로 진리를 말하고(*alētheuontes en agapē*) 모든 면에서 자라나 그분에게까지 이르러야 합니다"(에페 4,15).

점에서 돌이켜 본다. 그는 그동안 지중해의 동부 지역에서 자신이 해야 할 몫을 일단 마쳤다고 본다. 그렇다고 이 절의 표현을 문자 그대로 이해해서는 곤란하다. 예루살렘에서 일리리쿰에 이르는 그 넓은 지역을 빠짐없이 다 선교한 것이 아니기 때문이다. 실제로 바오로는 주요 간선 도로를 이용하여 여행하면서 사람들이 많이 모여 사는 주요 도시를 중심으로 선교 활동을 펼쳤다.

일리리쿰(Illyricum)은 로마 제국의 한 속주로 바오로 당대의 마케도니아의 북서쪽, 오늘날의 알바니아 북부와 보스니아-헤르체고비나, 크로아티아 등 발칸 반도에서 아드리아 해안(이탈리아 반도를 바라보는 쪽)을 끼고 있는 지역을 일컫는다. 문제는 신약성경의 다른 어느 곳에서도 바오로가 일리리쿰에 갔다고 말하지 않는다는 점이다. 그러나 바오로 사도가 필리피나 테살로니카에 들렀을 때, 일리리쿰 쪽에도 다녀왔을 가능성은 충분히 있다. 테살로니카에서 에냐시아 도로(Via Egnatia)를 따라 서쪽으로 좀 더 가면 일리리쿰 지역에 쉽게 도달할 수 있었다. 로마의 역사가 스트라보(Strabo)에 의하면 이 도로는 아드리아 해안에서 시작하여 일리리쿰을 통과하여 마케도니아에 이르렀다.

"일리리쿰까지"라는 표현은 애매하다. 일리리쿰 경계까지를 말하는지 일리리쿰 전체 지역을 말하는지 단어만 보아서는 분명하지 않다. 그러나 바오로 서간과 사도행전의 기록을 종합해서 고려하면, '일리리쿰 지역의 남쪽 경계에까지'라는 의미로 이해할 수 있다. 바오로는 3차 선교 여행 때 에페소를 떠나 코린토에 내려가기 전에 마케도니아에 들린 적이 있었는데(2코린 2,13; 7,5 이하; 사도 20,1-2 참조) 그때 '일리리쿰 지역의 남쪽 경계에까지' 갔다 왔을 가능성은 충분하다. 그렇게 볼 수 있다면, 바오로가 이 여행을 계속하여 코린토에 내려가 머무르는 동안에 로마서를 집필하였기 때문에, 일리리쿰에 다녀온 일은 불과 몇 개월 전 일이었을 것이다.

19절에서 또 다른 문제점은 바오로가 자신의 선교 출발지를 예루살렘으로 잡고 있다는 점이다. 사실 바오로는 안티오키아에서 선교 활동을 시작하였다. 그러나 예루살렘은 그리스도 사건이 이루어진, 그리스도교 신앙의 모태이다. 그 점에서 바오로가 예루살렘을 자신의 선교 활동의 출발지로 언급하는 것은 오히려 당연하다고 보아야 할 것이다. 실제로 바오로가 갈라티아서를 집필할 당시 논쟁적 배경에서 자신이 수행하던 사도직의 기원이 인간이 아니라 하느님께 있다는 것을 그토록 강조하면서도(특히 갈라 1,1.11-12 참조), 다마스쿠스 도상의 회심 체험 후 3년 만에 예루살렘에 올라가 케파(베드로)와 보름 동안 함께 지냈다는 것과 주님의 형제 야고보를 만났다는 사실을 명시하였다(갈라 1,17-19). 이를 보면 그가 복음 선포 과정에서 예루살렘의 사도들과 일치해 있는 것을 매우 중요하게 여겼다는 것을 알 수 있다.

또 갈라 2,1-10이 분명히 제시하듯이 바오로는 예루살렘 모교회母敎會에서 다른 사도들과 만나 중요한 결정에 참여하였다. 바오로에 의하면 그리스도 신앙의 복음은 단 하나뿐이다. 예루살렘의 사도들이건 바르나바와 바오로건 다 같이 같은 복음을 전하고 있다고 바오로는 확신하고 있었다(특히 1코린 15,11 참조). 바오로는 자신의 복음 선포 활동을 통하여 이방인 지역에서 새롭게 형성된 "하느님의 교회"(ecclesia tou theou, 1코린 1,2)들이 그들 교회의 역사적 뿌리인 예루살렘 교회와 긴밀한 친교 속에 있기를 간절히 염원하였다. 이 점은 예루살렘의 가난한 성도들을 위한 모금 및 전달과 관련하여 그가 보여 준 열정적 활동에서 확인할 수 있다(1코린 16,1-4; 2코린 8-9장; 갈라 2,10; 로마 15,25-32). 특히 3차 선교 여행 마지막에 에스파냐 선교를 결심하고 난 후 만사 제쳐두고 생명의 위험까지 무릅쓰고(15,30-31; 참조 사도 20,22-23; 21,4.7-14), 그동안 모았던 성금을 전달하기 위하여 예루살렘으로 향하는 모습에서 볼 수 있다.

"예루살렘에서 … 그리스도의 복음을 선포"했다는 말과 관련하여 자신을 "이방인들(다른 민족들)의 사도"(11,13; 참조 갈라 1,16; 로마 1,5)로 이해하는 바오로가 유다인들에게도 선교하였는지 여부에 관한 질문이 나오기도 한다. 답부터 말하자면, 유다인들에게 선교를 하지 않았다고 말할 이유가 없다. 사도행전에서 바오로 사도는 어느 지역에 갔을 때 으레 유다인 회당부터 찾아간다. 사도행전을 제쳐두고 바오로의 친서만 보더라도 답은 분명해진다. 예컨대 바오로가 유다인들에게 매를 서른아홉 대 맞았다는 기록(2코린 11,24)은 유다인들에 대한 선교를 전제한 것으로 볼 수 있다. 또 "나는 유다인들을 얻으려고 유다인들에게는 유다인처럼 되었습니다"(1코린 9,20)라는 말도 바오로가 때때로 유다인에게 선교를 하였음을 보여 준다. 다만 앞에서 언급하였고 이어지는 20절에서도 확인되듯이 바오로는 복음이 아직 전해지지 않은 이방인들의 지역에 하루 빨리 복음을 널리 전하는 것을 자신의 고유한 사명으로 이해하였다. 물론 그 지역에서 유다인들을 만나게 되면 그들에게도 복음을 전하였을 것이다.

15,20: "이와 같이 나는 그리스도께서 아직 알려지지 않으신 곳에 복음을 전하는 것을 명예로 여깁니다. 남이 닦아 놓은 기초 위에 집을 짓지 않으려는 것입니다."

이 구절도 토론의 대상이 되곤 한다. "남이 닦아 놓은 기초 위에 집을 짓지 않으려"고 한다는 표현을 글자 그대로 이해해서는 안 된다. 더구나 이 표현을 자존심 또는 다른 사도들과의 경쟁심의 차원에서 한 말로 이해하면 더욱 안 된다. 이 점은 1,15("로마에 있는 여러분에게도 복음을 전하는 것이 나의 소원입니다")을 보면 분명해진다. 분명히 자신이 기초를 놓은 공동체가 아니었는데도, 바오로는 로마 공동체에서도 복음을 전하려고 하기 때문이다. 바오로에 따르면, 복음을 선포하는 이들에게는 어떤 역할을 맡느냐가("심는" 역할이든 "물을 주는" 역할이든) 결정적으로 중요한 것이 아니었다(1코린 3장 특히 5-9절 참조). 바오로든 아폴로든 둘 다 하느님이 주인으로 계신 교회(신앙 공동체)라는 '하느님의 밭'에서, 주인이신 하느님을 위해 같이 일하는 동료 일꾼일 뿐이다. 결정적으로 중요한 것은 그리스도 신앙의 기초(1코린 3,11 참조)인, 십자가에 달리셨다가 부활하신 그리스도에 대한 믿음이라는 기초를 놓는 일이었다. 이 절은 바오로가 자신에게 맡겨진 복음 전파의 사명을 얼마나 열정적으로 수행하고 있었는지를 잘 보여 준다.

15,21: "이는 성경에 기록된 그대로입니다. '그에 관하여 전해 들은 적 없는 자들이 보고 그의 소문을 들어 본 적 없는 자들이 깨달으리라.'"

여기서 바오로는 '주님의 종'의 넷째 노래(이사 52,13-53,12)의 일부인 이사 52,15을 칠십인역에 따라 인용한다. 히브리 성경에는 "그에 관하여"라는 어구가 들어 있지 않다. 인용문에서 "… 없는 자들"은 민족들과 임금들을, "그에 관하여"에 나오는 "그"는 '고통받는 주님의 종'을 가리킨다. 바오로를 비롯한 초창기 교회는 이사야서에 나오는 고통받는 종을 '고통받는 그리스도'의 예형으로 이해하였다. 바오로는 자신의 사도직을 통하여 그리스도에 관하여 전혀 듣지 못했던 수많은 사람이 듣게 되고 믿게 되었다고 이 인용구로 말하는 것이다.

제2장
바오로의 여행 계획(15,22-33)

앞 단락(15,14-21)에서 바오로는 그때까지 자신이 수행해 온 사도직을 회고하면서 그 과정에서 드러난 하느님의 은총을 찬양하였는데, 이 단락에서는 앞으로 펼쳐 갈 자신의 선교 여행 계획을 구체적으로 로마 교우들에게 알려 준다. 행선지 세 곳(로마, 에스파냐, 예루살렘)이 언급된다. 제일 먼저 언급되는 곳은 새로운 선교지로 계획 중인 에스파냐(스페인, 24,28절)이다. 로마는 말하자면 바오로의 에스파냐 선교를 위한 중간 기착지라고 볼 수 있다. 사실 로마에는 이미 복음의 씨앗이 뿌려져서 큰 공동체가 형성되어 있으므로, 바오로가 로마를 방문하는 주된 목적은 복음 전파가 아니라 이미 받은 은총을 로마의 다른 교우들과 함께 기쁘게 나누는 데 있었다(15,24; 참조 1,11-12)고 볼 수 있다.

15,22: "그래서 내가 여러분에게 가려 했지만 여러 번이나 좌절되고 말았습니다."

바오로는 이미 1,13에서 로마 방문 계획을 여러 번 세웠으나 갈 수 없었다고 말했다.

15,23: "그러나 이제 이 지역에는 더 이상 내가 일할 곳이 없고, 또 나는 여러 해 전부터 여러분에게 가고 싶은 소망을 품어 왔습니다."

바오로는 자신이 그동안 지중해 동부 지역("이 지역")에서 모든 사람에게 복음을 다 전했다고 생각하지는 않는다. 다만 복음의 씨앗을 뿌려

교회의 기초를 놓는 것을 하느님에게서 받은 자신의 사명으로 이해했기 때문에 "이 지역"에서 자신이 할 몫은 다 했다고 본 것이다. 이제 복음의 씨앗마저 아직 뿌려지지 않은 지중해의 서쪽 끝인 에스파냐로 가 복음을 전할 계획을 세우고, 가는 길에 로마에 들르려고 하는 것이다.

15,24: "그래서 내가 에스파냐로 갈 때 지나는 길에 여러분을 보고, 먼저 얼마 동안 여러분과 기쁨을 나누고 나서 여러분의 도움을 받아 그곳으로 가게 되기를 바랍니다."

위에서 "먼저 얼마 동안 여러분과 기쁨을 나누고 나서"라고 번역된 원문을 직역하면 "먼저 부분적으로 여러분(의 동반)으로 채워지면"이다. 또 "여러분의 도움을 받아 그곳으로 가게 되기를 바랍니다"라는 문장의 원문을 직역하면, "여러분으로부터 그곳으로 파견되기를 바랍니다"이다. 다만 '파견하다'에 해당하는 그리스어 동사 프로펨페인(*propempein*)이 어떤 사람에게 여러 가지 도움(금전적 도움, 기도, 안내자 등)을 주어 파견하는 것을 뜻하기 때문에, 위와 같이 "도움을 받아"라는 말이 포함된 번역이 나왔다. 이 동사는 그리스도인들의 초기 선교 용어 가운데 하나였던 것 같다(1코린 16,6.11; 2코린 1,16; 티트 3,13; 사도 15,3; 20,38; 21,5 참조). 바오로는 자신의 에스파냐 선교에 로마 교우들이 적극 참여해 주기를 바라고 있음을 솔직히 표현한다.

15,25-29

바오로는 여기서 로마를 방문하기 전에 먼저 예루살렘을 방문할 계획임을 밝힌다. 방문의 목적은 '성도들에게 봉사하기 위하여', 즉 예루살렘의 가난한 교우들을 위한 모금을 전달하려는 데 있었다. 바오로는 전에도 예루살렘의 가난한 교우들을 돕는 행위를 '봉사(*diakonia*)'라고 표현했다(2코린 8,4; 9,1.12.13). "그러나 지금(*nyni*)은 … 봉사하러 떠납니다 (*poreuomai*)"(25절)라는 말에서 '지금'이라는 부사와 함께 현재형(떠납니다)으로 표현한 것으로 보아 이 방문은 임박해 있던 것 같다. 정확히 말해 방문 준비가 구체적으로 진행 중이었던 것 같다(16장의 첫머리에서 바오로는 로마 교우들에게 포이베를 위한 추천서를 쓰기까지 한다).

바오로는 예루살렘을 돕는 모금에 참여한 지역으로 마케도니아(필리피, 테살로니카 공동체 포함)와 아카이아(코린토 공동체 포함) 지역의 교회만을 언급하지만(26절), 갈라티아를 비롯한 다른 지역의 교우들도 참여했던 것 같다(갈라 2,10: "우리는 가난한 이들을 기억하기로 하였고, 나는 바로 그 일을 열심히 해 왔습니다"). 바오로 자신도 이때까지 모금에 적극 참여해 왔지만(1코린 16,1-4; 2코린 8,1-4.6; 9,2.12-14 참조), 로마서에서는 자기 역할에 대하여는 침묵하고 교우들의 자발적인 참여를 강조한다. "신자들이 … 자기의 것을 나누어 주기로 결정하였다"고 하며 신자들의 결정을 두 번(26절, 27절)이나 언급한다.

마음 같아서는 코린토에서 바로 로마로 떠나고 싶었겠지만, 바오로는 예루살렘의 가난한 교우들을 돕는 이 중대한 임무를 수행하기 위해 큰 어려움이 생길 수 있음을 분명히 알고 있었는데도(15,30-33에서 확실히 밝힘) 예루살렘으로 먼저 갈 결심을 했다. 여기서 우리는 자신의 뜻이 아니라 '주님의 뜻과 교우들에 대한 사랑의 봉사'를 우선하며 살아갔던 바오로의 모습을 다시 확인하게 된다.

15,27: "다른 민족들이 예루살렘 성도들의 영적 은혜를 나누어 받았으면, 그들도 물질적인 것으로 성도들을 돌볼 의무가 있습니다."

이 구절에 의하면 바오로는 이방인 지역의 교우들이 첫 번째 그리스도 공동체였던 예루살렘 공동체에 '영적 빚'을 지고 있다고 본다. 물질적 도움으로 그런 영적 빚을 온전히 갚을 수는 없지만, 적어도 그것이 그런 영적 유대감의 한 표현이라고 생각한다.

15,30-32

여기서 바오로는 예루살렘 여행을 앞두고 로마 교우들에게 자신을 위해 기도해 달라고 청한다. 그는 두 방향에서 큰 어려움이 오리라 예상한다. 하나는 그리스도를 믿지 않는 유다인들에게서 받게 될 위험이고, 다른 하나는 그리스도인이지만 바오로를 이해하지 못하고 미워하는 유다인들에게서 받게 될 오해와 반대다. 바오로에 의하면, 이방인 신자들이 예루살렘 교회를 위해 모금하는 일은 단지 경제적으로 넉넉한 교우들이 가난한 교우들을 돕는 차원을 훨씬 뛰어넘어 특별한 의미를 지녔다.[4] 그것은 유다인과 이방인의 일치에 관한 이사 60-62장의 예언을 성취한다는 의미를 지녔던 것 같다. 또 예루살렘의 모교회와 이방인 지역에서 형성된 신생 지역교회들이 나누는 친교의 구체적인 표현을 의미하기도 했다. 그래서 그 일이 그토록 소중하였다. 교회의 역사에서 또 후대 교회의 입장에서 보면 당연한 듯 보이는 이 관계(예루살렘 모교회와 지역교회들의 친교)가, 예수님이 돌아가신 지 30년도 채 되지 않던 바오로 사도의 시대에도 참으로 많은 노력이 필요했던 문제였다. 그래서 바오로는 그 일을 위해 이제까지 엄청나게 노력했고, 지금도 큰 난관을 예상하면서도 계획을 관철시키려고 하는 것이다.

그러면서 예루살렘의 유다인 신자들이 이방인 신자들의 성금을 거

---

[4] 사실 예루살렘 성도를 위한 모금에 참여한 교우들 중에도 매우 궁핍한 처지에 있는 사람들이 많았다(2코린 8,2 참조).

절하는 일이 벌어지지 않도록 로마 교우들에게 자신을 위해 기도해 달라고 요청한다. "나를 위하여 하느님께 기도드리며 나와 함께 싸워 주십시오"(30절). 바오로는 다른 사람들에게 자신을 위해 기도해 달라고 부탁하는 것을 결코 부끄럽게 여기지 않았다(기도를 청하는 예로 1테살 5,25; 2코린 1,11 참조; 간접적인 기도 요청은 필리 1,19-20; 필레 22 참조; 그 밖에 콜로 4,3-4,18; 에페 6,19-20; 2테살 3,1-3 참조).

15,31: "내가 유다의 순종하지 않는 자들에게서 구출되고 예루살렘을 위한 나의 구제 활동이 성도들에게 기꺼이 받아들여지도록"

예수 그리스도를 믿지 않는 이들을 가리켜 "순종하지 않는 자들"이라고 부르는 점에 유의할 필요가 있다. 바오로에 의하면 하느님께서는 당신의 아드님을 이 세상에 파견하시어(갈라 4,4; 로마 8,3 참조) 그분을 믿고 살아가도록 "부르신다"(1코린 1,9 참조). 그리스도 신자들은 그 부르심에 믿음으로 순종하며 응답한 사람들이고, 그리스도를 믿지 않는 사람들은 그 부르심에 순종하지 않은 사람들이다(특히 '순종/ 복종하지 않다'는 동사가 나오는 10,16,21; 11,30,31 참조). 이 절은 예루살렘의 유다인 교우들 가운데서도 (유다의 율법과 전통을 무시한다고) 바오로를 오해한 사람들이 꽤 있었고, 그들의 반대를 바오로가 매우 염려하고 있었다는 것을 잘 드러낸다. 이 사실은 로마서의 집필 동기와도 관련 있는 것 같다. 즉 로마서를 쓴 의도 중의 하나는, 이 서간을 보내 로마에 사는 많은 유다인 신자들을 잘 이해시킴으로써 그들을 통해 간접적으로 예루살렘에 있는 유다인 신자들도 설득하려는 것이었다.

15,32: "내가 하느님의 뜻에 따라 기쁜 마음으로 여러분에게 가서 여러분과 함께 쉴 수 있도록, 그렇게 해 주십시오."

로마 교우들에게 기도해 줄 것을 부탁하는 이 구절에서 "하느님의 뜻에 따라(*dia thelēmatos theou*)"라는 표현에 주목할 필요가 있다. 바오로는 자신의 여행 계획(예루살렘과 로마 여행)을 전적으로 하느님의 뜻에 맡긴다. "하느님의 뜻"이라는 표현을 바오로는 자주 사용한다(로마 1,10; 12,2; 1코린 1,1; 2코린 1,1; 8,5; 갈라 1,4; 1테살 4,3; 5,18 참조).

15,33: "평화의 하느님께서 여러분 모두와 함께 계시기를 빕니다. 아멘."

이 축원이 편지 끝에 으레 나오는 '끝 축원(축복)'의 형식을 지니지만, 여기서 평화를 기원하는 것은 반대와 분란을 크게 염려하는 현재의 문맥에서 한층 진지한 의미를 갖는다. "평화의 하느님"이란 '평화를 주시는 하느님', 또는 '평화의 원천이신 하느님'을 뜻한다(로마 16,20; 1테살 5,23; 1코린 14,33; 2코린 13,11; 히브 13,20 참조). 바오로는 편지의 서두 인사에서 반드시 "은총과 평화"를 축원하지만 끝에서는 대부분 "은총"을 축원한다(1테살 5,28; 1코린 16,23; 갈라 6,18; 필리 4,23; 2코린 13,13). "아멘"이 일부 사본(P^{46}을 포함하여)에는 빠져 있는데, 이는 아마 16,25-27에 종결 찬송/ 영광송이 나오기 때문일 것이다.

제3장
추천서, 안부 인사 및 종결 찬양(16,1-27)[5]

이 단락의 흐름은 다음과 같다. 바오로는 먼저 '포이베'라는 여성을 위해 추천서를 써 주고(1-2절), 이어 그동안 직간접으로 알고 있던 로마의 많은 교우에게 인사한다(3-16절). 뒤이어 분열을 일으키려는 자들을 조심하라는 내용으로 짧게 권고한(17-20절) 다음, 자신과 함께 코린토에 머물고 있던 교우들이 로마 교우들에게 문안한다고 전한다(21-23절). 끝에는 장중한 어조의 종결 찬송이 나온다(25-27절).

16,1-16: 포이베를 위한 추천서와 끝 인사
16,1-2: "우리의 자매이며 켕크레애 교회의 일꾼이기도 한 포이베를 여러분에게 추천합니다. 성도들의 품위에 맞게 그를 주님 안에서 맞아들이고, 그가 여러분의 도움이 필요하게 되면 무슨 일이든 도와주십시오. 사실 그는 나를 포함하여 많은 사람의 후원자였습니다."

바오로는 포이베를 위한 추천서를 써주면서 우선 그를 '자매(*adelphē*)'라고 소개하여 그가 동료 그리스도 신자임을 밝힌다(*adelphē*에 관하여 1코린 7,15; 9,5; 필레 2; 야고 2,15 참조). 포이베는 켕크레애 교회에서 중요

---

5 학자들 사이에 이견이 있지만, 나는 오늘날 대다수 학자의 견해를 따라 16,1-23이 원래부터 로마서의 한 부분이었다고 본다. 이에 관한 더 자세한 토론은 뒤에 나와 있는 '보충 설명: 16장은 로마서에 원래 있었나? 후대에 첨가되었나?'를 볼 것.

한 역할을 한 사람이었던 것 같다. 바오로가 당시의 추천서에서 쓰이는 용어인 쉰이스테미(*synistēmi*)라는 동사를 사용하여[61] 정식 추천서를 쓸 뿐 아니라, 그를 일꾼(*diakonos*)과 후원자(*prostatis*)라고 부르며 로마 교우들에게 그를 각별히 환대해 달라고 요청하기 때문이다. 포이베는 바오로가 쓴 로마서를 로마 공동체에 전달할 예정이었던 것 같다.

그런데 특별히 눈에 띄는 것은 바오로가 포이베를 디아코노스(*diakonos*)라고 남성형으로 표현한다는 점이다. 반면에 '후원자'로 번역된 프로스타티스(*prostatis*)는 여성명사(남성명사는 *prostatēs*)이다. 여기서 디아코노스는 남성명사로 사용되었다기보다 공동성共同性(common gender) 명사로 쓰였다고 볼 수 있다.[7] 그리고 이 단어가 후대 사목 서간에 나오는 교회 직무인 '부제'의 의미를 갖는다고 보기는 어렵다(필리 1,1 참조). 하지만 바오로가 포이베를 단순히 '일꾼'이라고 부르지 않고 "켕크레애 교회의"라는 수식어를 붙이며 '후원자'로 소개하는 것으로 보아, 이 여성이 켕크레애 교회에서 중요한 역할을 맡아서 했다는 점은 분명하다. 고대 그리스-로마 세계에서 그리스어 프로스타티스(*prostatis*)는 라틴어 파트로나(*patrona*)에 해당하는 단어로 단순히 도움을 주는 사람이 아니라, (사회적으로) 보호자와 변호자의 역할을 할 수 있는 사람을 가리켰다. 남의 집에서 종살이하는 가난한 사람들도 많았으며 수많은 외국인

---

6 고대 사회에서 추천서는 대단히 중요하였다. 여행객을 위한 숙박 시설이 제대로 갖추어져 있지 않았을 뿐 아니라 여러 위험이 곳곳에 도사리고 있었기 때문이다.

7 바오로는 포이베를 그리스어로 *diakonos*의 여성형인 *diakonissa*라고 부르지 않는다. *diakonissa*라는 용어는 후대 교부 시대의 교회 전통에 등장한다[사도 헌장(Constitutiones Apostolicae) 3,7]. 이에 관하여 J. A. Fitzmyer, *Romans*, p. 729; D. J. Moo, *Romans*, p. 914 참조.

들이 드나드는 켕크레애 항구의 교회에서(1코린 1,26-27; 7,21-24; 12,13 참조), 여성 교우 포이베는 많은 교우에게 '보호자'요 '후원자'의 역할을 했던 것 같다. 켕크레애는 서쪽의 레카이온과 함께 코린토에 소속된 항구라고 볼 수 있는데, 이곳을 통해 동쪽의 에페소 방향으로 항해할 수 있었다.

16,3-16,21-23에서 "안부를 전하다"와 "인사하다"는 말로 구별되어 번역된 단어가 원문에서는 같은 동사(*aspazomai*)이다. 3-16절에서처럼 복수 2인칭 명령법으로 사용될 때(*aspasasthe*)에는 "(누구 누구에게) 안부를 전해 주십시오"라고 번역되었고, 직설법 1인칭이나 3인칭으로 쓰일 때는 "(누구 누구가) 인사합니다"로 번역되었다.

16장에 나오는 문안 인사 명단이 주는 의미

16장에는 많은 이름이 등장한다. 이 명단을 대수롭지 않게 여기는 이들도 있지만 그런 태도는 매우 잘못된 것이다. 여기 나오는 그 이름 하나하나가 역사를 담고 있기 때문이다. 비록 명단에 나오는 모든 사람의 활동상을 알 수는 없지만, 이 명단을 통해 우리는 50년대 후반기에 로마와 코린토를 중심으로 활동했던 초창기 그리스도 신자들을 '이름까지 부르며' 만날 수 있다! 이 명단을 읽으면서 바오로 사도의 인간적 모습뿐 아니라 초창기 그리스도 공동체 안에서 교우들이 서로 보여 주었던 따뜻한 형제자매애를 느낄 수 있다. 이런 명단에서, 아주 작고 가난하여 무시당하기 쉬운 여건에 있었지만 부활하신 주님에 대한 믿음과 희망 속에서 서로 사랑하며 힘차게 살아갔던 초창기 교회 공동체의 모습을 엿볼 수 있다.

바오로는 다른 편지들의 끝 인사에서 안부를 물을 때 구체적인 내용을 적지 않았다. 아마 어느 누구를 편애한다는 오해를 피하기 위해서 그렇게 하였을 것이다. 그러나 로마서에서는 그가 아는 한 사람 한 사람에게 짧게라도 수식어를 붙이고 있다. 로마 교우들에 대한 자신의 친밀감을 조금이라도 더 표현하려는 노력인 것 같다. 그중 스물네 명은 실명으로 인사하고, 두 명은 간접적으로("루포스의 어머니"와 "네레우스의 누이") 인사한다.

끝 인사 명단을 통해 본 로마 교회 구성원의 다양함

16장은 로마 그리스도 공동체가 인종, 계층, 성별 면에서 다양했음을 보여 준다. 프리스카와 아퀼라는 유다인이고, 바오로가 자신의 동포(syggenēs, 7절과 11절)라고 부르는 안드로니코스와 우니아, 헤로디온도 유다인일 것이다. 그리스식 이름들도 있고 라틴어식 이름들도 있다. 이름만 갖고 사회적 지위를 단정하기 어렵지만 종(노예) 신분의 사람들도 있었던 것 같다. 암플리아투스, 우르바노, 헤르메스, 필롤로고스와 율리아 등이 비문에 종의 이름으로 나오는 경우가 있다. 그러나 당대에 전쟁이나 여러 이유로 높은 신분의 사람도 승리자(정복자)의 가정 노예가 되는 경우가 많았음을 생각해 보면, 몇몇 비문에서 종의 이름으로 나온다는 이유만으로 그런 이름을 가진 사람을 다 종으로 추정하는 것은 무리한 해석이다.

포이베 외에도 인사를 전해 달라고 청하는 명단에 여성의 이름(프리스카, 마리아, 유니아, 트리패나, 트리포사, 페르시스, 루포스의 어머니 등)이 많이 언급될 뿐만 아니라, 바오로가 그들의 역할에 대하여 높이 평가한다는 점도 눈여겨보아야 한다. 바오로가 활동하였던 초창기 교회에서 여성들이 얼마나 큰 역할을 했는지가 분명히 드러나기 때문이다(필리

4,2-3에 나오는 에우오디아와 신디케도 참조).

프리스카와 아퀼라 부부는 안부를 묻는 명단에서 제일 먼저 그리고 가장 길게(3-5절) 언급된다. 그만큼 바오로에게 소중했던 사람이었다. 프리스카는 이 이름의 지소어指小語(diminutive)인 프리스킬라(Priskilla)라는 이름으로도 나온다(사도 18,2.18,26). 이 부부는 흑해의 남쪽 지역인 폰토스 출신의 유다인이었다. 로마에서 살다가 클라우디우스 칙령 때문에 코린토로 이주하였는데 그곳에 처음 온 바오로를 만나 함께 천막 짜는 일을 하며 살았다(사도 18,2). 바오로가 2차 선교 여행을 마치고 코린토를 떠나 에페소에 잠시 들렀을 때, 바오로와 함께 코린토를 떠난 이 부부는 에페소에 계속 머무른다. 바오로는 3차 선교 여행 기간 중 주로 에페소에 머물렀는데 이때 이 부부가 바오로 사도를 크게 도와준 것 같다.[8] 코린토 1서도 바로 그들의 집에서 쓴 것으로 추정된다(1코린 16,19 참조). 그들의 집을 그곳에서 가정교회로 쓰였다. 이 부부는 후일 바오로의 후임자로 코린토 공동체를 이끌었던 아폴로에게 "하느님의 길을 더 정확히 설명해 주었다"(사도 18,26). 이는 그만큼 그들이 초창기 그리스도 공동체에서 중요한 역할을 했음을 반영한다. 바오로가 로마서를 쓸 당시에 그들은 로마로 돌아가 있었던 것 같다. 에페소에서 그랬듯이 로마에서도 그들의 집이 가정교회로 쓰인 것 같다(가정교회에 관하여는 사도 12,12; 1코린 16,19; 콜로 4,15; 필레 2 참조). 아퀼라와 프리스카 부부가 지중해 동부 지역을 쉽게 오갈 수 있었고 그들의 집이 에페소와 로

---

[8] "그들은 생명의 위협을 무릅쓰고 내 목숨을 구하여 주었습니다"(16,4)라는 말은 바오로가 "사실 우리는 이미 사형 선고를 받은 몸이라고 느꼈습니다"(2코린 1,8-10)라고 말하는 그 '죽음의 위기'와 관련 있는 것 같다(1코린 15,32 참조).

마에서 가정교회로 쓰였다는 사실은 그들이 경제적으로 넉넉했음을 암시한다.

7절은 '유니아'와 관련하여 많이 토론되는 곳이다. 원문에서 "안드로니코스와 유니아에게(Andronikon kai Iounian)"에 해당하는 부분은 4격(대격, accusative)으로 되어 있다. 여기 나오는 '유니안(Iounian)'은 남성 이름 유니아스(Iounias)의 4격, 또는 여성 이름 유니아(Iounia)의 4격일 수 있다. 언어학으로는 둘 다 가능하다. 그러나 대다수 학자들과 교회 전통은 이곳의 유니안을 여성명사 '유니아'의 4격으로 본다. 가장 큰 이유는 남성 이름 유니아스가 다른 곳에서 알려져 있지 않다는 것이다. 이렇게 볼 때 '안드로니코스와 유니아'는 부부로 보는 것이 자연스럽다(Iounian 대신 Ioulian으로 적힌 수사본도 극소수 있다).

바오로는 이 부부를 슁게네이스(syggeneis)라고 부르는데, 이 단어는 '동족, 동포' 또는 '친척'으로 번역할 수 있는 슁게네스(syggenēs)의 복수형이다. 이 단어가 9,3에서 '동족 유다인'이라는 의미로 쓰인 것을 보면 이 단어를 '동포'라고 번역하는 것이 더 좋은 것 같다. 하지만 '친척'으로 옮긴 번역본도 많이 있다. 바오로는 이 부부를 대단히 높게 평가한다. 그들은 "나와 함께 감옥에 갇혔던 … 뛰어난 사도(apostoloi)로서 나보다 먼저 그리스도를 믿은 사람들"이라고 부른다. 여기서 "나와 함께 감옥에 갇혔던(직역: 나의 동료 수인囚人들)"이라는 표현을 반드시, 바오로와 같은 시간에 같은 장소에 갇혔다는 의미로 이해할 필요는 없다. 바오로처럼, 그들도 그리스도에 대한 믿음 때문에 감옥에 갇힌 적이 있다는 의미로 해석할 수 있다. "뛰어난 사도들(episēmoi en tois apostolois)"이라고 번역된 부분을 극소수의 학자들은 "사도들 가운데에서 높이 평가받는" 또는 "사도들로부터 높이 평가받는"의 의미로 번역하는 것을 선호한다.[9] 그러나 교부들과 오늘날 대다수 학자는 "출중한(뛰어난) 사도들"이라고 해석한다.

여기서 '사도'라는 단어는 열두 사도를 비롯하여 바오로와 바르나바 등 일부 사람들에게만 적용되는 '그리스도의 사도'라는 의미보다, 아포스톨로스(apostolos)라는 단어가 본래 의미하는 바 그대로 곧 (교회에서) '파견된 사람'이라는 넓은 의미로 사용된 것 같다. 바오로는 필리피 교회가 파견한 에파프로디토스를 '아포스톨로스'라고 부른다(필리 2,25). 가톨릭 공용 성경은 이런 의미를 살려 2코린 8,23과 필리 2,25에 나오는 아포스톨로스를 "(교회들의) 대표"라고 옮겼다. 루카가 사도 14,4.14에서 사용한 아포스톨로이(apostoloi)도 교회에서 '파견된 사람들'이라는 의미를 지닌다. 루카는 사도라는 단어를 원칙적으로 열두 사도에게만 적용한다(사도 1,15-26 참조).

10절에 나오는 "아리스토불로스의 집안 식구들(hoi ek tōn Aristoboulou의 직역: 아리스토불로스의 사람들에게서 온 사람들)"에서 아리스토불로스는 당대에 흔한 이름이었다. 그런데 바오로가 여기서 언급하는 '아리스토불로스'는 유다인들에게 널리 알려진 헤로데 임금(마태 2장)의 손자를 가리킬 수 있다. 그는 헤로데 아그리파스 1세(사도 12,1)의 형이자 클라우디우스 황제의 친구로서 로마에 오랫동안 체류했다. 바오로는 아리스토불로스에게 직접 인사하지 않고 그의 권솔, 그의 집안사람들 가운데 그리스도 신자가 된 사람들에게 인사한다. 여기서 "집안 식구들"이라는 표

---

9 예컨대 J. Murray, *The Epistle to the Romans*, vol. 2, pp. 229-230; 피츠마이어(*Romans*, p. 739)에 의하면, Cornely와 Zahn도 그렇게 본다. 이렇게 보려는 학자들은 안드로니코스와 유니아를 바오로가 '사도'로 여기지 않았다고 해석하는 것이다.

현은 가족 또는 친척이라는 뜻이 아니라 그의 집안에 속해 있는 '종' 또는 '해방된 종들'을 의미한다고 보아야 할 것이다. 만약에 여기 나온 '아리스토불로스'가 헤로데 임금의 손자라면, 그 집안 식구들이야말로 유다에서 로마로 왔던 초창기 유다인 그리스도인들일 것이다.

11절에 나오는 '나르키소스의 집안 식구들'의 경우도 나르키소스의 집안에서 일하는 '종들'을 가리킬 것이다. 이 나르키소스는 클라우디우스 황제를 섬겼던 자유민으로 잘 알려진 사람일 가능성이 있다. 13절에 나오는 '루포스'는 마르 15,21에서 언급된 키레네 사람 시몬의 아들들(알렉산드로스와 루포스) 중 한 사람일 가능성이 크다. 더구나 마르코 복음서가 로마 공동체를 배경으로 쓰였다고 보는 교회의 오랜 전통을 감안하면 이 가능성은 더욱 커진다. 그러나 단정할 정도는 아니다.

"그리스도 안에서", "주님 안에서" 있었던 다양성 속의 일치

이토록 다양함을 지닌 로마 공동체에 안부 인사를 전해 달라고 부탁하면서, 바오로가 "그리스도 (예수님) 안에서"(3.9.10절)와 "주님 안에서"(8.11.12절)라는 어구를 자주 사용한다는 점이 무척 눈에 띈다. 여기서 그리스도 신자 공동체가 다양성을 활기차게 간직하면서도 일치를 이룰 수 있는 근거가 무엇인지를 분명히 알 수 있다고 생각한다. 바오로에게서 그 근거는 바로 "주님 그리스도 안에서"였다.

16,17-20: 거짓 선생들에 대한 바오로의 경고와 서간의 마침 축원

여기서 바오로는 신자들을 걸려 넘어지게 하며 공동체에 분열을 일으키는 사람들을 강하게 경고한다. 16장과 관련된 문제를 다루면서 보았듯이, 사실 이 경고는 앞부분과 비교해 대단히 이질적이다. 앞에서 바오로는 여러 수사적 방법을 동원하며 조심스럽게 글을 썼는데 이곳에서는 직설적이고 강한 표현을 쓰기 때문이다. "어떻게 바오로는 자신이 직접 세우지도 않은 공동체를 향하여 그토록 강한 어조로 권고할 수 있는가?"라는 의문이 충분히 생길 수 있다. 하지만 이 강한 경고는 그만큼 바오로가 공동체의 일치를 중요하게 여겼다는 것을 반영한다고 볼 수 있다. 그리고 이 단락을 자세히 들여다보면 전체가 다 강경한 어조로 되어 있지 않다. 19절은 부드러운 면도 지니고 20절의 후반은 서간의 끝에 나오는 '마침 축원'이다. 또 이 단락을 시작하는 동사 파라칼레오(*parakalō*, '당부하다')는 상명하달식의 강경한 어조가 아니라 부모가 사랑하는 아이들에게 사랑스럽게 타이르는 듯한 어조를 지니고 있다. 이 동사는 때로 '위로하다'는 뜻으로도 사용되며 명사형 파라클레시스(*paraklēsis*)는 '위로'의 뜻으로 더 많이 사용된다(2코린 1,3-7 참조).

그런데 왜 강한 어조의 권고가 이 자리에 있는가? 일부 학자들의 주장처럼 16장이 본디 로마가 아니라 에페소로 보내졌던 것이기 때문인가?[10] 그게 아니라 바오로가 로마서의 집필을 거의 마칠 무렵에 그 전에 알지 못했던 (거짓 선생들에 관한) 나쁜 소식을 갑자기 들었을 가능성이 있다. 거짓 선생들의 선동을 그대로 방치해 그들이 로마 교회에 발판을 구축하게 될 경우, 바오로가 계획하는 로마 공동체 방문과 에스파냐 선교와 관련된 일들이 실제로 타격을 입을 수 있었기 때문이다.

16,17: "형제 여러분, 내가 여러분에게 당부합니다. 여러분이 배운 가르침을 거슬러 분열을 일으키고 걸림돌이 되는 자들을 조심하십시오. 그들을 멀리 하십시오."

---

10 이에 관하여는 이 책 528쪽을 볼 것.

바오로는 조심하라고 당부하는 대상이 어떤 사람인지 여기서 밝히지 않는다. 다만 그들에게 그리스어 정관사(tous)를 붙이는 것을 보면, 로마 교우들은 바오로가 누구(그룹)를 두고 하는 말인지 바로 알아들었을 것이다. 대다수 학자가 그들을 '거짓 선생들'이라고 부르는 이유는 그들이 "로마 교우들이 배운 가르침을 거슬러 행동하기" 때문이다. 그렇게 하여 로마의 신자 공동체 안에 분열과 걸림돌을 만들어 내기 때문이다.

바오로는 앞에서 "여러분(로마 교우들)이 전해 받은 표준 가르침(typos didachēs)"(6,17)에 대하여 말한 바 있다. 해당 구절을 해설할 때 언급하였듯이,[11] 초창기 신자들의 신앙과 그에 따른 생활과 관련하여 typos(모형, 틀, 기준)의 역할을 하는 가르침 몇 가지가 교회 안에 형성되어 있던 것 같다(대표적 예로 1코린 15,3-5). "분열"이라고 번역된 디코스타시아(dichostasia)는 '육의 행실(악행)' 목록(갈라 5,20)에도 나오는데 '불화' 또는 '의견 충돌'이라고 번역할 수도 있다. '걸림돌(skandalon)'을 만든다(놓는다)는 것은 로마의 그리스도 신자들이 지닌 확신을 흔들어 놓는 일을 의미하는 듯하다. 그래서 바오로는 그들을 '멀리하라'고 당부한다(2테살 3,6; 1코린 5,9.11 참조).

16,18: "그들은 우리 주 그리스도를 섬기는 것이 아니라 자기의 배를 섬기는 자들로서, 달콤하고 비위에 맞는 말로 순박한 이들의 마음을 속입니다."

공동체 내에 분열(불화)을 조장하는 자들은 결코 부활하신 주님을 섬기는 것이 아니라 자기 배 곧 자기 욕심을 채우는 것이다(이와 비슷한 경고로 필리 3,18-19; 갈라 5,7-12 참조). 그런데 여기서 "배를 섬긴다"는 표현은 바오로의 반대자들이 유다인들의 '음식 관련 규정'을 이방인 출신

---

11 이에 관하여는 이 책 280-281쪽을 볼 것.

그리스도 신자들에게도 의무적으로 지키라고 강요하려는 태도를 풍자한 것으로 볼 수도 있다.

16,19: "사실 여러분의 순종은 널리 알려졌습니다. 그래서 나는 여러분의 이 일로 기뻐하면서도, 여러분이 선에는 지혜롭고 악에는 물들지 않기를 바랍니다."

이 구절은 격려하는 어조이다. 바오로가 칭찬하는 '순종'의 태도는 바로 앞(17절)에서 거짓 선생들이 선동하는 '분열(불화)'의 태도와 매우 대조적이다('신앙의 순종'에 관하여 1,5.8; 15,18; 16,26 참조).

16,20: "평화의 하느님께서 머지않아 사탄을 짓부수시어 여러분의 발아래 놓으실 것입니다."

이 구절의 문장 형식은 기원이 아니라 확신이다('…할 것이다'라는 직설법 참조). 정확히 표현하면 확신을 담은 '축원'이다('평화의 하느님'이라는 표현에 관하여는 15,33의 해설 참조). "사탄을 짓부수시어 여러분의 발아래 놓으실 것입니다"라는 표현에서 바오로는 창세 3,15을 암시한다. 거기에 나오는 뱀을 사탄으로, 거짓 선생들이 사탄의 영향 아래 있다고(2코린 11,14-15 참조) 보는 것 같다. 그리스도 신자 공동체 안에 분열(불화)을 조장하고 걸림돌을 놓는 행위 등을 악으로, 사탄의 행위로 보기 때문이다. 그러나 바오로는 "평화의 하느님"께서 공동체를 위협하는 이 모든 위험을 곧 없애 주실 것이라고 확신한다.

"우리 주 예수님의 은총이 여러분과 함께하기를 빕니다." 이는 바오로가 일반적으로 편지를 마무리할 때 사용하는 '편지 끝 축원'이다(1코린 16,23; 1테살 5,28; 참조 2테살 3,18).

16,21-23: 바오로와 함께 있는 사람들의 인사

이 대목은 바오로 곁에 있는 사람들(8명)이 로마의 그리스도 신자들에게 하는 인사로 바오로의 '편지 끝 축원'(20절)에 덧붙여 있다. 그래서 앞의 내용과 관련된 사항이 전혀 없다.

16,21: "나의 협력자 티모테오, 그리고 나의 동포들인 루키오스와 야손과 소시파테르가 여러분에게 인사합니다."

티모테오는 사도행전에 의하면 2차 선교 여행 때 리스트라에서 바오로와 처음 만난 후 줄곧 가장 가까운 협력자로 일하였다. 그는 사도 16,1-3에 의하면 그리스도 신자가 된 유다인 어머니(2티모 1,5에 의하면 '에우니케')와 그리스인(이방인) 아버지 사이에 태어났다. 티모테오는 바오로의 명에 따라 여러 교회에 여러 번 파견되었다. 예컨대 아테네에서는 테살로니카 교회의 사정을 알아보고 그곳 교우들을 격려하라고 파견되었으며(1테살 3,1-5), 에페소에서 코린토 교회로 여러 번 파견되었다(1코린 4,17; 16,10-11). 그는 지금 코린토에서 로마서를 쓰는 바오로와 함께 있으면서 로마 교우들에게 인사한다.

티모테오는 바오로의 여러 편지에서 공동 발신자로 나온다(1테살 1,1; 2코린 1,1; 필리 1,1; 필레 1; 2테살 1,1; 콜로 1,1). 또 바오로가 티모테오를 편지의 수신자로 언급하기도 한다(티모 1·2서; 참조 히브 13,23). 바오로가 로마서를 집필할 때 곁에 있는 티모테오를 '공동 발신자'로 언급하지 않는 이유는 수신자인 로마의 그리스도 신자들이 대부분 그를 몰랐기 때문일 것이다. 만일 16장이 본디 에페소로 발송된 별도의 문안 편지였다면 에페소 교우들이 잘 알고 있던 티모테오를 "나의 협력자"라고 설명할 필요가 없었을 것이다.

"루키오스"가 초창기 안티오키아 교회의 예언자와 교사들 가운데 한 사람인 "키레네 사람 루키오스"(사도 13,1)와 동일 인물인지는 불확실하다. 또 어떤 이들(예컨대 고대의 오리게네스와 현대 학자인 던)은 루키오스를 그리스어 '루카스(Loukas)'의 변형으로 보고 루카 복음사가와 동일시하려고 한다. 하지만 그럴 가능성은 낮다고 보는 학자들이 많다.

"야손"은 사도 17,5-9에 나오는 야손과 동일 인물일 가능성이 있다. 그는 바오로 일행이 처음으로 테살로니카에서 복음을 전할 때, 큰 위험을 무릅쓰고 그들을 도와주었다.

"소시파테르"는 사도 20,4에 언급된 "베로이아 사람 피로스의 아들 소파테르"와 동일 인물일 가능성이 높다. 바오로는 3차 선교 여행 말기에 코린토에서 석 달간 머무른 후(바로 이 기간에 로마서가 쓰였음) 예루살렘을 향해 여행하였는데, 그때 바오로를 동반하였던 여러 지역 교회의 대표들 중 하나가 베로이아 사람 '소파테르'였다.

16,22: "이 편지를 받아쓴 저 테르티우스도 주님 안에서 여러분에게 인사합니다."

매우 흥미로운 구절 중의 하나다. 바오로는 편지를 쓸 때 많은 경우에 자신의 말을 누군가가 받아쓰게 하였는데(1코린 16,21; 갈라 6,11; 2테살 3,17; 콜로 4,18 참조), 로마서를 받아쓴 사람이 바로 테르티우스(Tertius, 라틴어로 '셋째'란 뜻인데 셋째로 태어난 듯함)다. 그도 편지에서 바오로의 친지들이 인사하는 부분에 살짝 끼어들어 로마 교우들에게 직접 인사한다. 원문에서 문장 맨 끝에 나오는 "주님 안에서"라는 어구가 무엇을 수식하느냐에 따라 해석이 조금씩 달라진다. 이 어구가 "인사합니다"를 수식한다고 보는 경우가 위에 인용한 번역문이다. 반면에 이 어구가 "받아쓴"을 수식한다고 볼 수도 있다. "주님 안에서"의 '주님'을 테르티우스가 주인으로 섬기는 '바오로'로 보는 사람도 있다.

16,23: "나와 온 교회의 집주인인 가이오스가 여러분에게 인사합니다. 이

도시의 재정관 에라스토스, 그리고 콰르투스 형제가 여러분에게 인사합니다."

여기서 '집주인'으로 번역된 크세노스(xenos)는 보통 '낯선 사람' 또는 '외국인'으로 번역되는데 이곳처럼 손님을 맞이하는 집주인을 뜻하기도 한다. 여기서 말하는 집주인은 22절에 언급된 테르티우스의 집주인이 아니라 바오로의 집주인이다. '가이오스'라는 인물이 이곳 외에 신약성경에 네 사람 더 언급된다(사도 20,4에 나오는 데르베 사람 가이오스, 3요한 1에 나오는 소아시아 교회의 지도자 가이오스, 1코린 1,14의 가이오스, 사도 19,29에 나오는 마케도니아 사람 가이오스). 23절의 '가이오스'는 이 가운데서 바오로가 세례를 주었다고 하는 코린토 신자 가이오스(1코린 1,14)와 동일인일 가능성이 매우 높다. 왜냐하면 바오로가 지금 코린토에서 로마서를 쓰고 있기 때문이다. "나와 온 교회의 집주인인 가이오스"라는 표현에서 가이오스의 집이 가정교회로 쓰인다는 것을 알 수 있다.

여기 나오는 에라스토스는 3차 선교 여행 때 바오로가 에페소에서 마케도니아로 파견하였던 '에라스토스'와 동일 인물일 것이다(사도 19,21-22; 참조 2티모 4,20). 바오로는 그가 코린토 공동체의 신자들 가운데에서 잘 알려진 인물이기 때문에 언급하는 것 같다. 여기서 에라스토스는 '도시의 재정관(oikonomos)'으로 소개되는데, 고대 코린토에서 발굴된 한 라틴어 비문(네로 시대의 것으로 추정)에 나오는 에라스투스(그리스어 에라스토스)의 직책이 공공건물·도로·시장 등을 관리하는 조영관造營官(라틴어 aedilis, 영어 aedile)이었다. 이 비문에 나오는 조영관 에라스토스와 23절의 재정관 에라스토스를 동일 인물로 볼 수 있느냐 여부에 관하여 토론된다.

"콰르투스 형제(adelphos)"라는 표현에서 콰르투스가 그리스도 신자임을 알 수 있다. 콰르토스(kouartos)는 '넷째'를 뜻하는 라틴어 콰르투스(quartus)를 그리스어 발음으로 음역한 것이다. 어떤 학자는 이 '콰르투스(넷째)'가 앞(22절)에서 언급한 '테르티우스(셋째)'의 동생일 것이라고 추정하는데 그럴 가능성이 충분하다.

16,24

로마서에 관한 가장 오래되고 중요한 사본의 대부분(예컨대 P^{46}, ℵ, B, P^{61} 등)에는 24절이 없다. 그래서 대부분의 번역본에도 24절이 없다. 그러나 일부 후기 사본들(예컨대 D, F, G 등)은 20절에 나온 "우리 주 예수님의 은총이 여러분과 함께 하기를 빕니다"를 23절 다음에 놓았다.

16,25-27: 종결 찬송

상당히 많은 현대의 학자들이 이 종결 찬송은 바오로가 직접 쓴 대목이 아니라 후대에 덧붙여진 것이라고 강하게 주장한다. 이 대목의 위치가 수사본에 따라 상당히 다르고,[12] 또 여기 나오는 내용이 (로마서의 앞부분과 바오로의 다른 서간들과 비교해 볼 때) 부분적으로 매우 '낯설다는 것' 때문이다. 그러나 일부 학자들은 아직도 이 대목이 처음부터 원래의 로마서에 포함된 부분이었다고 변호한다.[13]

전체적으로 살펴보면, 이 종결 찬송은 로마서의 첫머리(1,5)에서 자신이 수행하는 사도직의 목표를 "모든 민족들에게 믿음의 순종을 일깨우

---

12 이에 관하여는 이 책 530-531쪽을 볼 것.
13 이와 관련된 자세한 사항에 관하여는 J. A. Fitzmyer, *Romans*, pp. 753-754; 특히 D. J. Moo, *Romans*, pp. 936-937 참조. 슈툴마허(P. Stuhlmacher)같이 권위 있는 학자가 다수의 의견에 반대하여, 이 종결 찬송은 로마서의 이차적 첨가물이 아니라고 강력히 주장한다(페터 슈툴마허, 로마서 주석, 405-407,423쪽).

려는 것"이라고 말했던 바오로의 의도와, 교의 단원의 주제문에서 '복음은 구원으로 이끄는 하느님의 힘'이라고 말했던 의도가 다시 잘 드러나는 결문이라고 볼 수 있다.

무(Moo)는 바오로가 의도적으로 로마서의 앞부분 특히 첫머리를 연상시키는 표현들을 다음과 같이 종결 찬송에서 사용하였다고 본다(*Romans*, pp. 937-938).

"능력이 있는 분에게(*tō dynamenō*)" → 참조 1,4.16
"여러분의 힘을 북돋아 주실" → 1,11
"〔나의〕 복음" → 1,1.9.16; 참조 2,16
"계시", "계시된(모습을 드러낸)" → 1,17; 3,21
"예언자들의 글을 통하여" → 1,2; 3,21
"믿음의 순종" → 1,5
"모든 민족들(이방인들) → 1,5
"한 분이신 하느님(홀로 하느님)" → 3,29-30
"지혜로우신 하느님" → 11,33-36

16,25: "하느님은 내가 전하는 복음으로, 곧 예수 그리스도의 복음 선포로, 또 오랜 세월 감추어 두셨던 신비의 계시로 여러분의 힘을 북돋아 주실 능력이 있는 분이십니다."

25-27절의 문장은 복잡하게 하나로 연결되어 있다(우리말에서는 이해를 돕기 위해 문장을 몇 개로 나누어 번역할 수밖에 없다). 그래서 25절에는 '하느님'이라는 단어가 나오지 않지만, "능력이 있는 분에게"라는 단어가 27절에 나오는 '하느님'을 수식하기 때문에 위와 같이 번역한 것이다. 영광송(doxologia, 찬송)의 문장에서 25절에서처럼 "…에게"로 시작하는 것

은 낯선 것이 아니다("…에게 영광이 있기를 빕니다": 참조 에페 3,21; 유다 24-25). 여기서는 하느님이 "여러분의 힘을 북돋아 주실 능력이 있는 분"으로 찬양을 받는다. 앞에서 바오로는 자신의 방문을 통해 영적 은사를 나누어 로마의 그리스도 신자들이 "격려를 받기를" 간절히 원한다고 말했는데(1,12), 그러한 격려는 하느님의 도움으로 가능하다는 점을 여기서 말한다.

보통 "…에 따라"로 번역되는 그리스어 전치사 카타(kata)가 여기서는 "…으로(복음으로 등)"로 옮겨졌다. 세 가지(복음, 선포, 계시된 신비)가 "힘을 북돋아 주다(stērizō 동사의 단순과거 부정사)"를 수식하여 힘을 북돋아 주는 수단으로 언급된다. 바오로가 전하는 복음은 예수 그리스도로부터 유래하지만 동시에 예수 그리스도에 대한 기쁜 소식이다. 위에서 '복음 선포'라고 번역된 그리스어 케뤼그마(kērygma)는 복음을 선포하는 '활동(영어의 preaching)'을 가리킬 수도 있고 '선포된 내용'을 뜻할 수도 있다. 아무튼 복음(euaggelion)도 선포도 그 내용은 모두 '예수 그리스도'이다. "오랜 세월 감추어 두셨던 신비의 계시로"라는 표현에서 '계시된 신비'는 실질적으로 복음과 같은 의미로 쓰인다(1코린 2,6.7.10 참조). "감추어 두셨던"이라고 번역된 그리스어는 '침묵하다'는 뜻의 시가오(sigaō) 동사의 완료수동태 분사이다.

16,26: "이제는 모습을 드러낸 이 신비가 모든 민족들을 믿음의 순종으로 이끌도록, 영원하신 하느님의 명령에 따라 예언자들의 글을 통하여 알려지게 되었습니다."

"모습을 드러낸"에 해당하는 그리스어 동사(phaneroō)는 완료수동태이다(같은 형태가 3,21의 "나타났습니다"). 이렇게 신비가 모습을 드러내고 알려지게 된 것은 "예언자들의 글들을 통하여"라고 되어 있는데, 이 "예언자들"을 구약 시대의 예언자들이 아니라 사도 시대의 '예언자들'(1코린 12,28; 에페 2,20 참조)로 보는 견해가 매우 많다. 그렇게 보는 가장 큰 이유는 바로 앞에 나온 "오랜 세월 감추어 두셨던 신비의 계시"를 그리스도 사건과 관련된 것으로 보는 게 자연스럽기 때문이다(에페 3,9; 콜로 1,26; 2티모 2,9-10 참조). 만약 그렇지 않고 26절의 '예언자들'을 구약 시대의 예언자들로 본다면 25-27절에서 예수 그리스도의 복음과 그 선포에 대해 강조한 일이 무의미해진다. 물론 바오로는 자신이 전하는 복음이 이미 구약의 예언서들을 통해 하느님께서 미리 약속하셨던 것(1,2; 3,21)이라는 점도 매우 강조한다. "영원하신 하느님의 명령에 따라"라는 표현은 온전히 하느님의 결정에 따라 감추어 두었던 신비가 계시된다는 점을 강조한다["영원하신 하느님(*aiōnios theos*)"이라는 표현에 관하여는 칠십인역 창세 21,33; 이사 40,28; 바룩 4,8 참조]. 하느님께서 그렇게 신비를 드러내신 목적은 '모든 민족들을 믿음의 순종으로 이끄는 데' 있다(이 점에 관하여는 1,5의 해설 참조).

16,27: "홀로 지혜로우신 하느님께 예수 그리스도를 통하여 영원토록 영광이 있기를 빕니다. 아멘."

"홀로 지혜로우신 하느님께"라는 표현은 이 종결 찬송(영광송)의 정점이다. 하느님은 오직 한 분뿐이시라는 점은 '만민을 위한 하느님'을 강조할 때 바오로가 사용했다(3,29-30 참조). 그지없는 하느님의 지혜에 관하여는 11,33을, "영원토록 영광이 있기를 빕니다(*hē doxa eis tous aiōnas*)"와 비슷한 표현들은 갈라 1,5; 필리 4,20; 에페 3,21; 1티모 1,17; 2티모 4,18 등을 참조하라.

보충 설명: 16장은 로마서에 원래 있었나? 후대에 첨가되었나?

일부 학자는 16장이 로마서에 원래 있던 부분이 아니라 덧붙여진 것이라고 주장한다. 한 예로 본래 이 장은 바오로가 에페소 교회에 보낸 것(예컨대 별도의 추천서)[14]이었는데, 나중에(아마 바오로의 서간집이 집성되던 1세기 말경에) 바오로가 아닌 누군가에 의해 덧붙여졌다고 주장한다[이를 로마서 16장의 '에페소 가설'이라 부른다].[15]

1. 왜 이런 가설이 생겨났는가?

크게 보아 두 가지 방향에서 제기되었다. 하나는 16장의 내용 때문에 제기되고, 다른 하나는 16장의 본문(text)에 관하여 수사본들의 전승 상태가 혼란스럽다는 점에서 제기된다.

(1) 16장의 내용에서 제기되는 두 가지 문제

하나는 16장에 나오는 긴 인사 명단이다. "어떻게 바오로 사도가

---

14 학자들이 로마서와 분리된 추천서를 말할 때에는 16,1-23을 말한다. 오늘날 16,1-23의 바오로 친저성은 일반적으로 받아들여진다. 다만 이 대목이 처음부터 로마서에 속해 있었느냐 아니냐에 관하여 토론될 뿐이다. 그러나 16,25-27의 종결 찬송에 관하여는 바오로의 친저성을 의심하는 학자들이 많다(이 책의 16,25-27 해설 참조).

15 피츠마이어(*Romans*, p. 57-58)에 의하면 에페소 가설(Ephesian hypothesis)은 1829년에 슈츠(D. Schuz)가 처음 제안했으며, 그 이후 많은 학자가 약간씩 변화시켜 이 가설을 주장하고 옹호했다. 그러나 세부 내용에 대한 학자들의 견해는 통일되어 있지 않다. 예컨대 에페소에 보낸 독립 편지는 3-20절이며 1-2절은 본래의 추천서로 보는 이들이 있다.

한 번도 가 보지 못한 로마 공동체의 교우들을 그렇게 많이 알고 있는가?"라는 질문이 제기된다. 이에 대해 에페소 가설은 이 대목이 본디 에페소로 보내진 문안 인사였다고 보면 문제가 해결된다고 주장한다. 바오로는 3차 선교 여행 중에 상당히 오래[참조 사도 19,10(두 해 동안); 20,31(삼 년 동안)] 에페소에 체류했기 때문에 그곳 교회의 사람들을 많이 알고 있었지만, 아직 가 보지도 않은 로마 교회에는 아는 사람이 그렇게 많을 수가 없다는 것이다.

또 1-15장에서 바오로는 곧 로마를 방문할 계획을 말하면서도 정작 로마 교회의 구체적 사정에 관하여는 언급하지 않았는데, 16장에 와서 갑자기 스물여섯 명의 이름을 하나씩 열거하며 길게 인사하는 점도 에페소 가설의 논거로 사용된다. 특히 프리스카와 아퀼라에게 보내는 문안 인사(16,3-5)는 에페소 가설을 뒷받침하는 결정적 논거로 쓰인다. 이 두 사람은 바오로가 코린토 1서를 집필할 당시 아직 에페소에 있었다(1코린 16,19). 그리고 2티모 4,19("프리스카와 아퀼라에게, … 안부를 전해 주십시오")을 참고하면 티모테오 2서가 집필될 당시에도 그곳에 있었던 것 같다(사도 18,18-19.24-26 참조). 나아가 에패네토스(16,5)에 관해서도 "그는 아시아(아시아주의 주도州都가 에페소)에서 그리스도를 믿은 첫 번째 사람입니다"라는 말이 덧붙여 있다. 이렇게 아퀼라와 프리스카, 그리고 에패네토스의 이름은 이 글(16,1-23)이 원래 에페소에 보내졌던 것이라고 볼 때 가장 잘 이해된다고 에페소 가설의 학자들은 주장한다. 긴 인사 명단을 넣은 목적은 포이베가 잘 영접받도록 돕는 데 있었을 것이다. 그 장소가 바오로가 오래 체류했던 에페소라고 보면 더 잘 부합할 것이다.

또 하나의 문제는 16,17-20에 나오는 거짓 선생들에 대한 강력한 (권위적) 경고가 문맥에서 매우 이질적이라는 점이다. 에페소 가설을 주장하는 학자들은 "어떻게 바오로는 자신이 직접 세우지도 않은 로마 공동체를 향하여 그렇게 강한 어조로 권고할 수 있는가?"라며 문제를 제기한다. 앞부분에서 여러 수사적 방법을 동원하며 조심스레 글을 썼는데 여기서는 너무나 강경한 어조로 쓰고 있다는 것이다. 이 학자들은 에페소 공동체를 향한 것이라면 바오로가 그곳에 오래 머물러서 그들을 잘 알기 때문에 충분히 그렇게 강경한 어조로 경고할 수도 있었을 것이라고 본다.

(2) 16장과 관련된 수사본들의 복잡한 전승 상태에서 제기되는 문제

그리스어 수사본들의 다양한 전승 상태를 파악하는 데 관건이 되는 것은 '종결 찬송'(16,25-27)의 위치이다. 그 위치에 따라 다음과 같이 7가지로 분류해 볼 수 있다. 또 여기서 중요한 여러 수사본(P^{46}, 시나이 사본, 바티칸 사본, 알렉산드리아 사본 등)에는 24절이 아예 없다는 것도 분명하게 드러난다. 다소 복잡하지만 15장까지 포함해서 16장과 관련된 수사본들의 전승 상태를 살펴보겠다.

① 24절을 제외하고는 현재 일반적으로 인정되는 신약성경인 네스틀레-알란트(Nestle-Aland)판이나 《Greek New Testament》(세계성서공회연합회 출판)에 나오는 것처럼 전하는 사본. 즉 1,1-14,23(14장

끝까지); 15,1-16,23(16,24는 없음); 종결 찬송(16,25-27)의 순서로 전하는 사본: P⁶¹, ℵ(시나이 사본), B(바티칸 사본), C, D, 1739 등

② 종결 찬송이 두 번(14장 끝과 16,23 다음) 나오는 사본. 즉 1,1-14,23; 종결 찬송(16,25-27); 15,1-16,23; 종결 찬송(16,25-27)의 순서로 전하는 사본: A, P, 5, 33, 104

③ 종결 찬송이 14장 뒤에 나오고 16장 끝부분에는 나오지 않는 사본. 곧 1,1-14,23; 종결 찬송(16,25-27); 15,1-16.24의 순서로 전하는 사본: Ψ와 대다수 사본(16,24이 있다는 것이 특기 사항)

④ 종결 찬송이 15장 뒤에 나오는 사본. 즉 1,1-15,33(33절 끝에 '아멘'이 생략되어 있음); 종결 찬송(16,25-27); 16,1-23의 순서로 전하는 사본: P⁴⁶(이 사본의 경우 시나이 사본이나 바티칸 사본과 '종결 찬송'의 위치만 다르지 다른 점은 같다.)

⑤ 종결 찬송(16,25-27)이 아예 없이 1,1-16,24로 된 사본: F, G, 629

⑥ 15장 없이 14장 끝에 16,24을 포함한 종결 찬송(16,25-27)이 덧붙여진 형태로 전하는, 곧 1,1-14,23; 16,24; 16,25-27의 순서로 전하는 사본: 라틴어 번역 사본 중 vg¹⁶⁴⁸,¹⁹⁷²,²⁰⁸⁹

⑦ 마르키온(Markion)은 15장과 16장을 생략하였다고 한다. (오리게네스가 전하는 바에 따르면)¹⁶⁾ 15장과 16장이 생략된 채 전해지던 로마서 사본은 마르키온과 그의 분리주의적 교회에서 기원한다.

---

16 피츠마이어(*Romans*, p. 57)는 이에 관한 정확한 문헌적 근거로 오리게네스, Commentarius in Epistulam ad Romanos, 10:43[PG 14,1290]를 든다(페터 슈툴마허, 로마서 주석, pp. 405-406 참조).

수사본 전승과 관련된 '16장의 에페소 가설'을 다음과 같다.[17]

① 16,1-23은 로마서의 나머지 부분과 많이 다르다. 15,33은 바오로의 다른 편지(1코린 16,23-24; 2코린 13,11; 필리 4,9 참조)에 나오는 통상적인 끝 축원이다. 즉 15,33로 편지가 마무리되었다는 인상을 주는데 다시 16,1-23이 갑작스럽게(어색하게) 이어진 느낌이다.
② P^{46}(체스터 비티 파피루스 46번)에는 15장 뒤에 종결 찬송이 나오고 그 뒤에 16,1-23이 나오는데 매우 어색하다. 후대에 이 부분(16,1-23)이 첨가된 것 같다. 더구나 P^{46}은 200년경에 쓰인 것으로 로마서에 관한 가장 오래된 사본이라는 점을 고려할 때 P^{46}의 증거는 진지하게 받아들여야 한다.
③ 이레네우스, 치프리아누스, 테르툴리아누스 등의 초기 교부 작가들은 로마 15-16장을 인용하지 않는다.
④ 16,1-2은 쉰이스테미(*synistēmi*, '추천하다') 동사를 사용하며, 그리스-로마 시대의 전형적 추천서 양식에 따라 피추천인의 소개, 그의 정체, 따뜻한 영접을 부탁함으로 되어 있다.

2. 에페소 가설에 대한 반대 논거

(1) 본문비평적 관점에서

본문비평(Textual Criticism)적 관점에서 볼 때 가장 큰 반대 논거는

---

17 이에 관하여는 J. A. Fitzmyer, *Romans*, p. 58 참조.

16장이 본래의 로마서에 속해 있었다는 것을 뒷받침하는 외적 증거가 뚜렷하다는 점이다. 중요한 그리스어 수사본들에 실린 로마서에는 대부분 16장이 포함되어 있다. 예외가 있다면 일부 라틴어 사본(불가타 사본 vg^{1648,1972,2089})과 마르키온이다. 그런데 마르키온이 15장과 16장을 생략했다는 주장은 오리게네스가 전하는 말에 근거한 것이지 실제로 그리스어로 된 사본에 근거한 것이 아니다. 더구나 마르키온이 (15장과 함께) 16장을 생략한 경우에는 그럴 만한 신학적 동기가 있었다고 보아야 할 것이다.[18]

(2) 문안 인사 명단에 대하여

"로마 교회를 한 번도 방문하지 않았는데도, 어떻게 로마 교회에 속한 사람들을 그렇게 많이 알 수 있겠는가?"라는 의문에 대하여 다음과 같이 답변할 수 있다. 바오로 사도가 여러 차례의 선교 여행을 하는 과정에 직접 또는 간접적으로 알게 된 신자들 가운데 일부가 로마로 이주했을 수 있다. 앞에서 살펴본 클라우디우스 황제의 유다인 추방령과 관련된 역사를 고려해 보면(예컨대 사도 18,1-3에 언급되는 아퀼라와 프리스킬라 부부의 경우 참조) 이 가능성은 더욱 높아진다. 황제의 칙령으로 로마시를 떠났던 유다인 출신의 그리스도 신자들이 칙령이 해제된 후(54년) 대거 로마로 귀환했을 가능성이 있기 때문이다. 특히 아퀼라와 프리스카(프리스킬라) 부부는 에페소에서 했

---

18 이에 관하여는 이 책 540쪽의 '로마서가 원래 14장으로 되어 있다는 가설' 참조.

던 것처럼(1코린 16,19) 로마로 돌아온 뒤 자기 집을 일종의 가정교회로 내놓았을 가능성도 충분하다. 이 부부 외에도 16장의 인사 명단에는 로마에 체류했을 가능성이 상당히 큰 사람들의 이름도 있다. 앞에서 설명하였듯이 16,13에 나오는 '루포스'는 마르 15,21에 언급된 '루포스'와 같은 사람일 수 있다. 또 '아리스토불로스'(16,10)는 헤로데 임금(마태 2장)의 손자이며 클라우디우스 황제의 친구로서 로마에 오랫동안 체류했던 '아리스토불로스'와 동일 인물일 수 있다. 이렇게 보면 바오로는 자신이 잘 알고 있던 이 두 부부와 로마로 이주한 몇몇 교우들을 통해서 로마의 교우들과 공동체의 사정(예를 들면 강한 자와 약한 자 사이의 갈등 등)에 대하여 상세한 내용을 들을 수 있었을 것이다.

당대의 문헌[플리니우스의 자연사(Naturalis Historia) 19:1,3-4]에 의하면 바오로 사도 시절에 조건이 좋을 경우 로마에서 코린토까지 편지가 (배편으로) 도착하는 데 열흘 정도 걸렸다고 한다. 그 당시 로마 제국에 속한 지중해 연안의 로마, 알렉산드리아, 안티오키아, 코린토, 에페소, 타르소 같은 대도시들 사이에는 활발한 왕래가 있었다. 바오로는 주요 도시들을 중심으로 여러 차례 선교 여행을 다니면서 그리스도교 공동체를 곳곳에 세웠다. 이렇게 볼 때 바오로 사도가 이곳저곳에서 직·간접적으로 사귀었던 교우들이 경제적, 군사적, 행정적 이유 등 다양한 이유로 당대의 지중해 세계의 중심 도시였던 로마에 이주해 거주할 수 있다는 것은 그다지 놀라운 일이 아니다. 더구나 구체적으로 이름까지 언급되는 사람이 스물여섯 명인데 이 숫자는 결코 많지 않다. 이런 여러 조건을 보면 코린토에 있던 바오로에게 로마의 최근 소식이 여러 번 전달될 수 있었다고 볼 수 있다.

이와 달리 만약에 16,1-23이 원래 에페소에 보낸 것이라면, 바오로는 왜 아퀼라와 프리스카에게 그렇게 상세히 문안하면서 그들과 함께 에페소에 체류하고 있었을 소스테네스(1코린 1,1), 아폴로(1코린 16,12), "스테파나스와 포르투나투스와 아카이코스"(1코린 16,17)[19]에게는 인사하지 않는지 강한 의문이 제기된다. 또 16,3에서 바오로는 프리스카와 아퀼라에게 안부를 전해 달라고 부탁하면서 그들을 "나의 협력자들인…"로 자세히 소개하는데, 만일 16장이 본래 에페소 교회에 보낸 것이라면 에페소의 신자들이 그토록 잘 알고 있던 아퀼라와 프리스카에 관하여 그렇게 소개할 필요는 없었을 것이다.

(3) 문맥의 이질성에 대하여

16,17-20의 경고가 문맥에서 너무 이질적이라는 주장에 대하여 다음과 같이 반론할 수 있다. 이 대목에는 강경한 어조뿐만 아니라 여러 어조가 섞여 있다. 17-18절과 20절 전반절이 매우 강경한(날카로운) 어조의 경고라는 점은 분명하나 19절에는 부드러운 면이 있고

---

[19] 마지막 이 세 사람은 코린토 1서에서 공동체의 대표로 질의서를 바오로에게 전달해 준 인물로 보인다. 필레몬서가 에페소에서 쓰였다고 볼 경우에는 "에파프라스, … 마르코와 아리스타르코스와 데마스와 루카"(필레 23-24)의 이름도 문안 인사 명단에 추가될 수 있을 것이다.

20절의 후반절은 축원이다. 그리고 이 대목의 시작(17절 시작 부분)에서 '당부하다'라고 번역된 파라칼로(parakalō)는 상명하달식의 강경한 어조가 아니라 부모가 사랑하는 아이들에게 타이르는 듯한 의미를 지닌다. 그럼에도 17-18절과 20절 전반절이 매우 강경한 어조인 이유는 로마서 집필을 끝내갈 무렵에, 그전에 알지 못했던 거짓 선생들에 관한 나쁜 소식을 갑자기 들었기 때문일 수 있다.[20]

이 밖에 사본 P^{46}을 논거로 들어 원래의 로마서는 15장으로 끝났고 16장은 후일 첨부된 것이라는 주장에 대하여 이렇게 반박할 수 있다. P^{46}이 중요한 증거인 것은 틀림없지만, 종결 찬송의 위치만 다를 뿐이지 P^{46}도 다른 중요한 사본처럼 16,1-23의 본문은 그대로 전하고 있다. 따라서 종결 찬송의 위치가 다르다고 그 뒤에 오는 본문 전체를 이질적인 것으로 단정 지을 수는 없다. 또한 이레네우스 등의 초기 교부 작가들이 15-16장을 인용하지 않는다는 점과 관련하여, 그것은 침묵을 근거로 한 논증이므로 결정적 논거가 되지 못한다고 반론할 수 있다.

3. 에페소 가설이 옳다면 로마서 해석에 어떤 변화가 오는가?

로마서에 16장이 없다고 가정할 경우, 로마서의 수신자인 로마 교회의 내부 사정에 대한 이해가 상당히 축소될 수밖에 없다. 로마서는 로마 교회라는 지역 공동체의 구체적 사정과는 별로 관련이 없는

---

[20] C. K. Barrett, *Romans*, p. 284-285; U. Wilckens, *Römer* Ⅲ, p. 143; D. J. Moo, *Romans*, p. 928 참조.

'회람 서간'(에페소서와 관련하여 제기되는 가설처럼)이 되어 버린다. 로마뿐 아니라 다른 어떤 교회에도(예컨대 에페소, 예루살렘 등) 보낼 수 있는 편지가 된다. 이렇게 볼 경우, 로마서 해석은 편지가 쓰이게 된 로마 공동체의 역사적 상황을 무시하거나 소홀히 하게 되어 사변적이 되기 쉽다. 사실 과거의 교회 역사에서 바오로의 의화론을 둘러싸고 벌어진 지나친 논쟁은, 바오로의 의화론이 생겨난 역사적 상황을 진지하게 고려하지 않은 데서 기인했다고 해도 과언이 아니다. 바오로 당시 교회의 상황에서 제기된 문제는, 근본적으로 볼 때 의화의 근거가 모세의 율법에 따른 행위냐 아니면 (예수 그리스도에 대한) 믿음이냐는 것이었다. 그런데 논쟁이 치열하게 진행되면서 모세의 율법 문제는 슬그머니 뒤로 빠져버리고, 행위냐 믿음이냐,[21] 또는 율법(모세의 율법뿐 아니라 다른 형태의 각종 율법을 포함하여)이냐 믿음이냐의 대조로 옮겨 갔다.[22]

반대로 기존의 전통적 견해가 받아들여진다면, 즉 16장이 본래의 로마서에 들어 있었고 처음부터 포이베를 위한 추천과 문안 인사 명

---

[21] 나도 '행위와 믿음'의 대조가 바오로의 신학에서(대표적 예로 4,4-8) 중요한 자리를 차지한다는 것을 인정한다. 하지만 이 문제 영역은 바오로의 경우 철저하게 모세 율법에 따른 행위와 믿음의 대조라는 문제 영역과 연결되어 있다고 생각한다. 이 연결점을 무시할 경우, 바오로가 의도했던 것에서 멀리 떠나 '과장된 사변 신학'으로 변질되기 쉽다.

[22] 이에 관하여는 칼-빌헬름 니부어(Karl-Wilhelm Niebuhr), "현재의 성서주석적 토론에서 본 바울로의 의화론(義化論)", 김영남 옮김, 〈가톨릭신학과사상〉 34호, 2000년, 179-209쪽 참조.

단을 지녔다고 본다면, 로마 공동체의 사정에 대하여 좀 더 구체적인 정보를 갖게 된다.

또 16장이 원래 로마서에 속했던 부분이 아니라고 볼 경우 특히 로마서의 집필 동기와 관련하여 관점에 심각한 변화가 생긴다. 본래의 로마서에는 16장이 없다고 보는 사람들 가운데 어떤 이들은, 로마서는 원래 바오로 사도가 예루살렘에 성금을 전달하러 가기 전에 거기서 만나게 될 여러 어려움을 예상하면서 자신이 선포하는 복음과 선교 활동에 대하여 오해하는 사람들이 많던 예루살렘 교회에 보낸 해명서였다고 주장한다. 아울러 16장은 나중에 그 해명서를 로마에도 또 하나 보내면서 덧붙인 것이라고 주장한다.[23] 이런 주장은 로마서의 집필 동기가 근본적으로 로마 교회와 무관하다고 보는 것이다.

그러나 오늘날 대다수의 로마서 연구자들은 16장을 본래적인 것으로 받아들이고, 로마서의 집필 동기를 (바오로 자신의 처지뿐 아니라) 로마 교회 자체에서도 찾으려고 무척 노력한다. 예컨대 슈툴마허는 바오로가 로마서를 쓸 때에는 로마 교회의 상황과 관련하여 편지를 그들에게 보내야만 하는 절박한(진지한) 동기가 있었다고 강력히 주장한다.[24] 나도 16장이 로마서의 본래의 부분이었다고 보면서 로마서의 집필 동기를 로마 교회의 내부 사정과 연결 지어 찾아보려는 노력은 마땅하다고 생각한다. 갈라티아서와 2코린 10-13장 그리고 필리 3,2-4,1 등을 통해 잘 알고 있듯이, 로마서를 쓰기 전에 바오로

---

23 이에 관하여는 페터 슈툴마허, 로마서 주석, 26쪽 참조.
24 같은 책, 28-29쪽 참조.

는 여러 도시에서 선교를 하면서 특히 유다인 출신의 일부 그리스도 신자들에게 심한 반대를 받았다. 때때로 그들은 다른 신자들을 선동하여 공동체에 분열을 일으키고, 신자들을 바오로가 선포한 복음에서 떼어 놓으려고까지 하였다. 이에 대하여 바오로는 강력히 반박하였다.

그런데 앞에서 로마서의 집필 동기를 살펴볼 때 보았던 것처럼, 로마서를 쓸 즈음 바오로는 그의 선교 활동에서 일개 전환점에 서 있었다. 그는 복음이 아직 전해지지 않은 에스파냐 선교를 구상하고, 그리로 가는 길에 그가 평소에도 몇 번이나 들르려고 하였던 로마 교회를 방문하고자 했다. 로마 교회의 후원을 얻어 에스파냐 선교를 하고자 하는 의도도 가졌던 것이다. 이런 구상을 하던 바오로는 16,17-20의 내용처럼, 자신의 선교를 반대하는 거짓 선생들이 로마 교회에서까지 발판을 구축한다면 에스파냐 선교 계획뿐 아니라 그리스도교 복음 선포가 큰 타격을 받을 위험이 있다고 판단한 것 같다.

그리고 바오로는 제국의 수도 로마에 있는 교회가 앞으로 가질 영향력을 내다보았을 가능성도 크다. 그가 보기에 장차 큰 영향력을 발휘할 수 있는 로마 교회가 거짓 복음을 전파하는 사람들의 영향권에 들어가는 것은 참으로 염려스러운 일이었을 것이다. 로마 교회가 그렇게 되지 않도록 바오로는 로마서에 그토록 정성을 기울였던 것이라고 볼 수 있다. 로마 교우들이 바오로가 선포한 복음의 의미를 잘 깨달아 참된 복음에 충실하게 살아가도록 하기 위하여 혼신을 다해 로마서를 집필하였다고 볼 수 있다.

로마서가 원래 14장으로 되어 있다는 가설에 대한 반론[25]

갬블(H. Gamble)은 로마서가 원래 14장으로 되어 있다는 가설(예컨대 마르키온의 견해)에 대해, 다음과 같이 설득력 있게 반론한다.

① 수신자란에 '로마'라는 이름 외에 다른 이름이 언급된 수사본은 없다. 따라서 로마서가 로마 교회 외에 다른 교회에 보내진 것이라는 주장은 본문에 근거를 두지 못한 것이다.
② 이 가설은 '강한 자와 약한 자의 갈등의 관계'라는 주제 아래 분명히 하나로 통일된 14,1-15,13을 둘로 분리하는 결과를 가져온다.
③ 이 가설에 의하면 바오로는 로마서를 쓸 때 다른 편지들의 경우에 꼭 쓰는 '편지의 결문'을 전혀 쓰지 않았다는 말이 된다.
④ 후기에 로마서를 전례용으로 축약한 결과 14장까지 있는 로마서가 생겨났다고 보아서도 안 된다. 예컨대 공적 예배 중에 바오로 개인의 여행 계획은 읽기에는 부적절하다고 판단하여 생략했다는 식으로[호르트(F. J. A. Hort), 라그랑즈(M.-J. Lagrange)의 견해] 간주되어서는 안 된다.
⑤ 일부 사본에서 마지막 페이지들이 떨어져 나간 결과[에멧(C. W. Emmet), 프레데(H. J. Frede)의 견해]로 14장 형태의 로마서가 생겼다고 보기도 어렵다.

---

25 이 부분은 J. A. Fitzmyer, *Romans*, p. 57의 내용을 정리한 것이다.

⑥ 갬블에 의하면 14장까지 있는 로마서의 형태는 나중에 생겨난 '가톨릭적 일반화(catholic generalization)'의 결과이다. 다시 말해 로마서를 더 넓고 일반적인 청중(독자층)이 듣기에 적합하도록 애써 만든 결과이다. 이렇게 보면 1,7,15에서 '로마'라는 단어가 생략된 점[26]과 교부 시대의 작가들이 짧은 형태의 로마서에 관해 언급한 일을 이해할 수 있다.

* 참고 문헌

- B. M. Metzger et al. (eds.), *A Textual Commentary on the Greek New Testament*, London/New York: United Bible Societies, 1975, pp. 533–536.
- J. A. Fitzmyer, "Unity and Integrity", *Romans*, (The Anchor Bible 33), New York: Doubleday, 1993, pp. 55–67(로마서, 특히 16장의 문학적 단일성과 본문비평적 문제를 다룬 연구사를 일목요연하게 정리하였다!).
- Gamble, Harry, Jr., *The Textual History of the Letter to the Romans: A Study in Textual and Literary Criticism*. SD 42, Grand Rapids: Eerdmans, 1977.

---

[26] B. M. Metzger (eds.), *A Textual Commentary on the Greek New Testament*, United Bible Societies, 1975, pp. 505–506도 이런 해석 가능성을 언급한다.

약어표

BECNT	Baker Exegetical Commentary on the New Testament
EKK	Evangelisch–Katholischer Kommentar
EWNT	Exegetisches Wörterbuch zum Neuen Testament
HThKNT	Herders Theologischer Kommentar zum Neuen Testament
ICC	International Critical Commentary
NICNT	New International Commentary on the New Testament
NTD	Das Neues Testament Deutsch
PNTC	Pillar New Testament Commentary
TWNT	Theologisches Wörterbuch zum Neuen Testament
TynNTC	Tyndale New Testament Commentary
WBC	Word Biblical Commentary
EIN	Einheitsübersetzung (독일어 '공동번역')
JB	Jerusalem Bible
KJV	King James Version
NAB	New American Bible
NIV	New International Version
NJB	New Jerusalem Bible
NRSV	New Revised Standard Version
NRV	(La Sacra Bibbia) Nuova Riveduta
RSV	Revised Standard Version
TOB	Traduction Oecumenique de la Bible (프랑스어 '공동번역')
200주년 신약성서	한국 천주교회 창립 200주년 기념 신약성서

선별된 주요 참고 문헌

이 책을 집필하는 데 큰 영향을 준 문헌들 가운데 일부만 소개한다. 더 자세한 참고 문헌은 피츠마이어(Joseph A. Fitzmyer)와 무(Douglas J. Moo)의 주석서에 실린 상세한 문헌을 참고하길 바란다. 이 두 책에는 로마서의 단원별 및 주제별 참고 문헌이 일목요연하게 잘 정리되어 있어 매우 유익하다. 2007년에 발간된 쥬웨트(R. Jewett)의 주석서에도 근래의 로마서 연구에 관한 다양한 문헌 정보가 집약되어 있어 로마서 연구에 큰 도움을 준다.

1. 주석서

Barrett, C. K., *A Commentary on the Epistle to the Romans*, London: A. & C. Black, 1957, ²1991.
Barth, K., *Der Römerbrief*, München: Ch. Kaiser, 1922, ¹⁹1989.
Bruce, F. F., *The Letter of Paul to the Romans*, (TynNTC 6), Grand Rapids: Eerdmans Publishing Company, 1985.
Bryne, B., *Romans*, (Sacra Pagina Series 6), Collegeville: Liturgical Press, 1996.
Cranfield, C. E. B., *A Critical and Exegetical Commentary on the Epistle to the Romans*, 2 vols., Edinburgh: T. & T. Clark, vol. 1. 1975; vol. 2. 1979.
Dunn, James D. G., *Romans*, 2 vols., (WBC 38), Dallas: Word Books, 1988.
Fitzmyer, Joseph A., *Romans*, (The Anchor Bible 33), New York: Doubleday, 1993.
Grelot, P., *L'Épître de saint Paul aux Romains. Une lecture pour aujourd'hui*, Versailles: Saint-Paul, 2001.
Jewett, R., *Romans*, (Hermeneia), Minneapolis: Fortress Press, 2007.

Käsemann, E., *An die Römer,* (Handbuch zum Neuen Testament 8a), Tübingen: Mohr Siebeck, ⁴1980.

Lagrange, M. J., *Saint Paul: Épître aux Romains,* Paris: Librarie Le Coffre, J. Gabalda, ⁶1950.

Moo, Douglas J., *The Epistle to the Romans,* (NICNT), Grand Rapids: Eerdmans Publishing Company, 1996.

Moo, Douglas J., *Encountering the Book of Romans. A Theological Survey,* Grand Rapids: Baker Academic, 2002.

Morris, L., *The Epistle to the Romans,* (PNTC), Grand Rapids: Eerdmans Publishing Company, 1988.

Murray, J., *The Epistle to the Romans,* 2 vols., Grand Rapids: Eerdmans Publishing Company, 1965.

Sanday, W. and Headlam, A. C., *A Critical and Exegetical Commentary on the Epistle to the Romans,* (ICC), Edinburgh: T. & T. Clark, 1902.

Schelkle, K. H., *Meditazioni sulla lettera ai Romani,* (Bibbia e liturgia 6), Brescia: Queriniana, 1967.

Schlier, H., *Der Römerbrief* (HThKNT VI), Freiburg: Herder, ²1979.

Schreiner, Thomas R., *Romans,* (Baker Exegetical Commentary on the New Testament), Grand Rapids: Baker Academic, 1998.

Stuhlmacher, P., *Der Brief and die Römer,* (NTD 6), Göttingen: Vandenheock & Ruprecht, 1998.

Theobald, M., *Römerbrief Kapitel 1−11,* (Stuttgarter Kleiner Kommentar, Neues Testament 6/1), Stuttgart: Katholisches Bibelwerk, 1992.

Wilckens, U., *Der Brief an die Römer,* 3 vols. (EKK VI, 1−3), Zürich: Benziger/ Neukirchener, 1978/1980/1982.

Zeller, D., *Der Brief an die Römer,* (Regensburger Neues Testament), Regensburg: Puster Friedrich, 1985.

던, J. D. G., 《로마서》, (WBC 38상), 김철·채천석 옮김, 솔로몬, 2003.
던, J. D. G., 《로마서》, (WBC 38하), 김철·채천석 옮김, 솔로몬, 2005.
무, D. J., 《NICNT 로마서》, 손주철 옮김, 솔로몬, 2011.

무, D. J., 《로마서》, (NIV 적용주석), 채천석 옮김, 솔로몬, 2011.
바르트, K., 《로마서 강해》, 조남홍 옮김, 한들, 1997.
박영식, 《로마서》, (한국 천주교회 200주년 신약성서 6a), 분도출판사, 1996.
슈라이너, T. R., 《로마서》, (BECNT), 배용덕 옮김, 부흥과개혁사, 2012.
슈툴마허, P., 《로마서 주석》, 장흥길 옮김, 장로회신학대학교출판부, 2002.
스토트, J., 《로마서 강해》, (BST), 정옥배 옮김, 한국기독학생회출판부, 1996.
정양모, 《로마서 풀이-인간이 구원받는 길, 구원받은 인간의 도리》, 지금여기 2012.
케제만, E., 《로마서》, (국제성서주석 34), 한국신학연구소번역실 옮김, 한국신학연구소, 1986.
크랜필드, C. E. B., 《로마서》, (ICC 국제비평주석), 문전섭·이영재 옮김, 로고스, 2010.
페로, C., 《로마인들에게 보낸 편지》, 백운철 옮김, 가톨릭출판사, 2001.

2. 기타 단행본

Barth, M. et al., *Foi et Salut selon S. Paul (Épitre aux Romains 1,16)*, (Analecta Biblica 42), Rome: Biblical Institute Press, 1970.

Blass, F./ A. Debrunner, *Grammatik des neutestamentlichen Griechisch*, Göttingen: Vandenheock & Ruprecht, [15]1979.

Byrne, B., *"Sons of God" – "Seed of Abraham"*, (Analecta Biblica 83), Rome: Gregorian University Press, 1979.

Cipriani S., (ed.), *La Lettera ai Romani ieri e oggi*, Bologna: Edizioni Dehoniane, 1995.

Cullmann, O., *The State in the New Testament*, New York: Scribner, 1956.

Deidun, T. J., *New Covenant Morality in Paul*, (Analecta Biblica 89), Rome: Biblical Institute Press, 1980.

De Lorenzi, L. (ed.), *Battesimo e giustizia in Rom 6 e 8*, (Monographical Series of 'Benedictina' 2), Rome: Abbazia S. Paolo, 1974.

De Lorenzi, L. (ed.), *Die Israelfrage nach Röm 9-11*, (Monographical Series of 'Benedictina' 3), Rome: Abbazia S. Paolo, 1977.

De Lorenzi, L. (ed.), *Dimensions de la vie chrétienne(Rm 12-13)*, (Monographical Series of 'Benedictina' 4), Rome: Abbazia S. Paolo, 1979.

De Lorenzi, L. (ed.), *Freedom and Love. The Guide for Christian Life(ICo 8-10; Rm 14-15)*, (Monographical Series of 'Benedictina' 6), Rome: Abbazia S. Paolo, 1981.

De Lorenzi, L. (ed.), *The Law of the Spirit in Rom 7 and 8*, (Monographical Series of 'Benedictina' 1), Rome: Abbazia S. Paolo, 1976.

Dunn, J. D. G., *Jesus, Paul, and the Law*, London: SPCK Publishing, 1990.

Fee, Gordon D., *God's Empowering Presence : The Holy Spirit in the Letters of Paul*, Peabody: Hendrickson Publishers, 1994.

Kertelge, K. (ed.), *Das Gesetz im Neuen Testament*, (Quaestiones Disputatae 108), Freiburg: Herder, 1986.

Kertelge, K., *Grundthemen paulinischer Theologie*, Freiburg: Herder, 1991.

Kümmel, W. G., *Römer 7 und das Bild des Menschen im Neuen Testaments. Zwei Studien*, München: C. Kaiser, 1974.

Metzger, B. M. et al. (eds.), *A Textual Commentary on the Greek New Testament*, London; New York: United Bible Societies, 1975.

O'Toole, R., *Who Is a Christian? A Study in Pauline Ethics*, Collegeville: Michael Grazier Inc., 1990.

Penna, R., *L'apostolo Paolo. Studi di esegesi e teologia*, Milano: San Paolo Edizioni, 1991.

Räisänen, H., *Paul and the Law*, Tübingen: J. C. B. Mohr, 1983.

Räisänen, H., *The Torah and Christ. Essays in German and English on the Problem of the Law in Early Christianity*, Helsinki: Kirjapaino Raamattutalo, 1986.

Rhyne, C. Th., *Faith establishes the Law*, (SBL=Society of Biblical Literature Diss. 55), Chico: Scholars Press, 1981.

Sanders, E. P., *Paul, the Law, and the Jewish People*, Philadelphia: Fortress Press, 1983.

Sanders, E. P., *Paul and Palestinian Judaism. A Comparision of Patterns of Religion*, London/ Philadelphia: SCM Press Ltd./ Fortress Press, 1977.

Schreiner, Th. R., *The Law & its Fulfillment. A Pauline Theology of Law*, Grand

Rapids: Baker Academic, 1993.
Stuhlmacher, P., *Biblische Theologie des Neuen Testaments*, Band 1, Grundlegung von Jesus zu Paulus, Göttingen: Vandenheock & Ruprecht, 1992.
Watson, F., *Paul, Judaism and the Gentiles. A Sociological Approach*, Cambridge: Cambridge University Press, 1986.
Lyonnet, S., *Etudes sur l'épître aux Romains*, (Analecta Biblica 120), Roma: Editrice Pontificio Istituto Biblico, 1990.
Lyonnet, S. & L. Sabourin, *Sin, Redemption, and Sacrifice. A Biblical and Patristic Study*, (Analecta Biblica 48), Rome: Loyola Press, 1970.
Synofzik, E., *Die Gerichts- und Vergeltungsaussagen bei Paulus*, Göttingen: Vandenheock & Ruprecht, 1977.
Westerholm, S., *Israel's Law and the Church's Faith. Paul and His Recent Interpreters*, Grand Rapids: Eerdmans Publishing Company, 1988.
Zerwick, M., *Biblical Greek*, (English edition adapted from the fourth Latin edition by J. Smith), Rome: Editrice Pontificio Istituto Biblico, 1963.
Ziesler, J. A., *The Meaning of Righteousness in Paul: A Linguistic and Theological Enquiry*, Cambridge: Cambridge University Press, 1972.

김세윤, 《예수와 바울. 신약신학 논문 모음집》, 두란노아카데미, 2001.
김영희, 《용서보다는 의화》, 가톨릭대학교출판부, 2006.
그닐카, J., 《바울로 - 사도요 증인》, 이종한 옮김, 분도출판사, 2008.
던, J. D. G., 《바울신학》, 박문재 옮김, 크리스챤다이제스트, 2003.
P. 롯사노, G. 라바시, A. 지를란다, 《새로운 성경신학사전》, 1-3권, 임승필 외 옮김, 바오로딸, 2007.
매로우, 스탠리 B., 《바오로 서간과 신학》, 안소근 옮김, 바오로딸, 2000.
목회와신학 편집부 엮음, 《로마서 어떻게 설교할 것인가》, 두란노, 2003.
슈라이너, Th. R., 《바울 신학》, 엄성옥 역, 도서출판 은성, 2005.
오그래디, 존 F., 《바오로의 편지-갈라디아서와 로마서》, 박태식 옮김, 바오로딸, 1999.
이영헌, 《바오로 신학의 기본 사상》, 바오로딸, 2011.
이현주, 《이 아무개 목사의 로마서 읽기》, 호미, 2002.

주교회의 성서위원회 엮음, 《주석 성경》, 한국천주교중앙협의회, 2010.
피, G. D., 《성령: 하나님의 능력 주시는 임재》 (상·하 권), 박규태 옮김, 새물결플러스, 2013.
피츠마이어, J. A., 《바울의 신학》, 배용덕 편역, 솔로몬, 1996.
피츠마이어, J. A., 《로마서를 통한 영신수련》, 강우식 역, 바오로딸, 2000.

3. 논문

김영남, "갈라 3,1-4,7의 맥락 안에서 본 갈라 3,14ㄴ의 "[성]령의 약속을 받는다는 것"의 의미", 〈사목연구〉 30호(2012년 겨울), 353-402쪽.
김영남, "'나자렛 예수' 제2권을 통해 본 '예수의 죽음과 부활의 의미'에 관한 교황 베네딕토 16세의 신앙의 증언", 〈사목연구〉 32호(2013년 겨울), 83-145쪽.
김영남, "로마 2,13과 3,20에 나오는 의화(義化)에 관한 진술의 상호관계", 〈가톨릭 성서연구〉 1호(2002년), 303-340쪽.
김영남, "로마서 8장 18~30절을 통해 본 '고난 속에서 드러나는 성령의 역할'", 《빛을 따라서 : 최창무(안드레아) 대주교 고희 기념 논총》, 최창무(안드레아) 대주교 고희 기념 논총 간행위원회 [편], 가톨릭대학교출판부, 2006.
김영남, "바오로 서간과 사도행전을 통해 본 '선교사 바오로'와 선교신학 그리고 그의 한국적 적용", 〈사목연구〉 22호(2009년), 97-136쪽.
김영남, "성 바오로 사도의 권고에 나타난 '사랑'과 '계명 준수'(의무)의 관계", 〈가톨릭신학과사상〉 59(2007년 여름), 46-115쪽.
김영남, "필립 3,4ㄴ-14에 나타난 바오로의 회심 체험과 율법 이해의 관계: 필립 3,9에 대한 토론을 중심으로", 〈가톨릭 신학〉 5호(2004년 겨울), 53-114쪽.
김영남, "회칙 '희망으로 구원된 우리'의 해설 및 시대적 의미 고찰", 〈사목연구〉 21호(2008년 겨울), 51-115쪽.
김영남, "2코린 3장에 나타난 '새 계약'의 특성으로서의 [성]령의 역할에 관한 연구", 〈가톨릭신학과사상〉 68호(2011년 겨울), 50-91쪽.
니부어, 칼 빌헬름, "현재의 성서주석적 토론에서 본 바울로의 의화론(義化論)", 김영남 옮김, 〈가톨릭신학과사상〉 34호(2000년), 179-209쪽.
반흐와, A., "고린토 전서 12장과 로마서 12장에 나타난 〈'일치' 속의 '다양성'〉의 필요", 김영남 옮김, 〈사목연구〉 7호(1999년), 298-323쪽.
이영헌, "바오로 사도가 이해한 예수의 죽음에 대한 성서적 고찰", 〈신학전망〉 150(2005년 가을), 광주가톨릭대학교출판부.
이영헌, "바오로의 의화론에 대한 성서적 고찰", 〈신학전망〉 154(2006년 가을), 광주가톨릭대학교출판부.

성서와함께 총서 신약 4

로마서

서울대교구 인가: 2014년 1월 7일
초판 1쇄 펴낸날: 2014년 12월 30일
4쇄 펴낸날: 2024년 3월 30일
지은이: 김영남
펴낸이: 나현오
펴낸곳: 성서와함께
06910 서울시 동작구 흑석로13길 7
Tel: (02) 822-0125~7 / Fax: (02) 822-0128
http://www.withbible.com
e-mail: order@withbible.com
등록번호 14-44(1987년 11월 25일)

ⓒ 2014 김영남
성경 ⓒ 한국천주교중앙협의회

ISBN 978-89-7635-300-9 94230
978-89-7635-910-0(총서 세트)

*이 책에 실린 내용은 펴낸이의 허가 없이 전재 및 복제할 수 없습니다.